MW01248815

EDITORIAL
kIER

Obras de la Fraternidad Cristiana Universal

Josefa Rosalía Luque Alvarez
(Hilarión de Monte Nebo, F.E.)

ARPAS ETERNAS *(Alborada Cristiana)*.
Tres tomos.

CUMBRES Y LLANURAS *(Los Amigos de Jhasua)*.
Segunda parte de *Arpas Eternas*. Dos tomos en un solo volumen.

MOISES *(El Vidente de Sinaí)*.

PARAFRASIS DE KEMPIS *(Imitación de Cristo)*.
Conjuntamente con "EL HUERTO ESCONDIDO".

Josefa Rosalía Luque Alvarez
(Sisedón de Trohade)

ORIGENES DE LA CIVILIZACION ADAMICA
(Vida de Abel). 1ro. y 2do. tomo en un solo volumen.

ORIGENES DE LA CIVILIZACION ADAMICA
(Vida de Abel). Tomo 3ro.

ORIGENES DE LA CIVILIZACION ADAMICA
(Vida de Abel). Tomo 4to.

Josefa Rosalía Luque Alvarez
(Los Maestros)

LLAVE DE ORO

Fraternidad Cristiana Universal
Dirección postal: Casilla de Correo Nº 47
(1648) Tigre; Pcia. de Buenos Aires
República Argentina

JOSEFA ROSALIA LUQUE ALVAREZ
(HILARION DE MONTE NEBO)

ARPAS
ETERNAS 2

JOSEFA ROSALIA LUQUE ALVAREZ
(HILARION DE MONTE NEBO)

ARPAS ETERNAS 2

DECIMO QUINTA EDICION

en formato mayor
cotejada con los
originales de la autora

EDITORIAL
kier

Desde 1907 un sello positivo
para un mundo que merece serlo

FRATERNIDAD CRISTIANA UNIVERSAL
Florida (F.C.N.B.M.) Prov. de Buenos Aires
1°, 2°, 3° edición
© *Hugo Jorge Ontivero Campo*
Dibujo y diagramación de tapa:
Horacio Cardo
Composición:
Cálamus
LIBRO DE EDICION ARGENTINA
Queda hecho el depósito que marca la ley 11.723
© 2003 by Editorial Kier S.A., Buenos Aires
Av. Santa Fe 1260 (C1059ABT), Buenos Aires, Argentina.
Tel: (54-11) 4811-0507 Fax: (54-11) 4811-3395
http://www.kier.com.ar - E-mail: info@kier.com.ar
Impreso en la Argentina
Printed in Argentina

LAS ESCRITURAS DEL PATRIARCA ALDIS

Dos días después Jhasua se dejaba envolver por la suave ternura del hogar paterno, que se sintió rebosante de dicha al cobijarle de nuevo bajo su vieja techumbre.

El lector adivinará los largos relatos que como una hermosa filigrana de plata se destejía alrededor de aquel hogar, pleno de paz y honradez, de sencilla fe y de inagotable piedad.

Jhasua era para todos, el hijo que estudiaba la Divina Sabiduría para ser capaz de hacer el bien a sus semejantes. Se figuraban que él debía saberlo todo y las preguntas le acosaban sin cesar.

Sólo Myriam, su dulce madre, le miraba en silencio sentada junto a él, y parecía querer descubrir con sus insistentes miradas, si la vida se lo había devuelto tal como le vio salir de su lado. Su admirable intuición de madre, encontró en la hermosa fisonomía de su hijo, algo así como la leve huella de un dolor secreto y profundo, pero nada dijo por el momento, esperando sin duda estar a solas con él para decírselo.

El joven Maestro que había en verdad alcanzado a desarrollar bastante sus facultades superiores y sus poderes internos, también percibió cambios en sus familiares más íntimos.

Joseph, su padre, aparecía más decaído y su corazón funcionaba irregularmente. Cualquier pequeño incidente le producía visible agitación.

Jhosuelín había adelgazado mucho, y tenía una marcada apariencia de enfermo del pecho.

Ana estaba resplandeciente con su ideal belleza de efigie de cera.

Su tío Jaime que tan intensamente le amaba, había venido desde Caná para encontrarse a su llegada.

Sus hermanos mayores ya casados, acudieron con algunos de sus hijos, niños aún, para que Jhasua les dijera algo sobre su porvenir. ¡La eterna ansiedad de los padres por saber anticipadamente si sus retoños tendrán vida próspera y feliz!

—Tú que eres un profeta en ciernes, debes saber estas cosas —le decían medio en broma y medio en serio.

Jhasua, acariciando a sus sobrinos, decía jovialmente tratando de complacer a todos, sin decir necedades.

—Tened por seguro que todos ellos serán lo que el Padre Celestial quiere que sean, y El sólo quiere la paz, la dicha y el bien de todos sus hijos.

Y cuando pasada la cena, fueron retirándose todos a sus respectivas moradas, quedaron por fin solos junto a la mesa, Myriam, el tío Jaime y Jhosuelín, para los cuales Jhasua tuvo siempre confidencias más íntimas. Y el alma grande y buena del futuro redentor de humanidades, fue abriendo sus alas lentamente como una blanca garza que presintiera cerca las caricias del sol, y los suaves efluvios de brisas perfumadas de jazmines y madreselvas.

—Jhasua... —díjole tímidamente su madre— ¡en estos 19 meses que duró tu ausencia, has crecido bastante de estatura y creo que también tu corazón se ha ensanchado mucho!... Me parece que has padecido fuertes sacudidas internas, aunque no acierto con la causa de ellas.

"Bien sabes que nosotros tres, hemos comprendido siempre tus más íntimos sentimientos.

"Si necesita tu alma descansar en otras almas muy tuyas, ya lo sabes Jhasua. ¡Somos tuyos siempre!

—Ya lo sé madre mía, ya lo sé y esperaba con ansia este momento. En mis varias epístolas familiares, nada puedo deciros de mis intimidades, pues sabía que ellas serían leídas por todos mis hermanos y sabéis que ellos muy poco me comprenden, a excepción de Jhosuelín, Jaime y Ana.

—Uno de los Terapeutas peregrinos —añadió el tío Jaime— nos trajo la noticia de grandes curaciones que habías hecho, y que todo el camino desde el Tabor a Ribla fue sembrado de obras extraordinarias que el señor ha obrado por intermedio tuyo. Paralíticos curados, dementes vueltos a la razón, y creo que hasta una mujer muerta vuelta a la vida.

—Pero el Terapeuta también os habrá dicho —dijo Jhasua—, que nada de todo eso se podía repetir a persona alguna fuera de vosotros.

—No pases cuidado, hermano —dijo Jhosuelín—, que de nosotros nada de esto ha salido a la luz. Nos han mandado callar y hemos callado.

—Bien. Veo que en vosotros puedo confiar. No debe importaros que muchos familiares me juzguen duramente, pensando que pierdo el tiempo.

—No, eso no lo piensan por el momento Jhasua —intervino Myriam— pues todos esperan en que tú serás el que dés brillo y esplendor a la familia, como muchos de los Profetas del pasado. Y hasta suponen algunos, que acaso tú contribuyas a que salga de la obscuridad la Fraternidad Esenia, para libertar a la nación hebrea de la opresión en que se encuentra.

—Y otros esperan —añadió Jaime— que seas tú mismo el salvador de Israel, y me consta que le han hecho grandes averiguaciones a tu padre.

—Y él, ¿qué ha contestado?

—Sencillamente que tú estudias para ser un buen Terapeuta en bien de tus semejantes, y les ha quitado toda ilusión de grandezas extraordinarias.

—En efecto —contestó Jhasua— lo que el Señor hará de mí, no lo sé aún. Yo me dejo guiar de los que por hoy son mis maestros y me indican cual es mi camino. Confieso que por mí mismo sólo una cosa he descubierto y es que por mucho que hagan todos los espíritus de buena voluntad por la dicha de los hombres, aún faltan algunos milenios de años para que ese sueño pueda acercarse a la realidad. Tal sucederá cuando el Bien haya eliminado el Mal, y hoy el mal sobre la tierra es un gigante más grande y más fuerte que Goliat.

—Pero una piedrecilla de David le tiró a tierra —dijo Jhosuelín, como para alentar a Jhasua en su glorioso camino.

—¡Sí, es verdad! y Dios hará surgir de entre rebaños de ovejas o de las arenas del desierto, el David de la hora presente —añadió Jaime.

—Así lo dicen los papiros con sus leyendas de los siglos pasados —contestó Jhasua—. La humanidad terrestre fue desde sus comienzos esclava de su propia ignorancia y del feroz egoísmo de unos pocos. Y en todas las épocas desde las más remotas edades, Dios encendió lámparas vivas en medio de las tinieblas. Como los Profetas de Israel, los hubo en todos los continentes, en todos los climas y bajo todos los cielos.

"Y el alma se entristece profundamente cuando ve el desfile heroico de mártires de la Verdad y del Bien, que dieron hasta sus vidas por la dicha de los hombres, y aún ahora el dolor hace presa de ellos.

"Grandes Fraternidades como ahora la Esenia hubo en lejanas edades; los Flamas lemures, los Profetas blancos atlantes, los Dacthylos del Atica, los Samoyedos del Báltico, los Kobdas del Nilo, los ermitaños de las Torres del Silencio de Bombay, los mendicantes de Benarés; y todos ellos que suman millares, hicieron la dicha de los hombres a costa de tremendos martirios que costaron muchas vidas.

"Pero esa dicha fue siempre efímera y fugaz, porque la semilla del mal germina en esta tierra tan fácil y rápidamente, cuanto con lentitud y esfuerzo germina la buena simiente.

—¿Qué falta, pues, para que ocurra lo contrario? —interrogó Jaime.

—Falta... falta tío Jaime, más sangre de mártires para abonar la tierra y más lluvia de amor para fecundar la semilla... —contestó Jhasua con la voz solemne de un convencido—.

"Creedme, que entrar en el templo de la Divina Sabiduría es abrazarse con el dolor, con la angustia suprema de querer y no poder llegar a la satisfacción del íntimo anhelo de encontrar la dicha y la paz para los hombres.

"Los emisarios de Dios de todas las épocas, han marcado el camino, más la humanidad, en su gran mayoría, no quiso seguirlo y no lo quiere aún hoy. Por eso vemos un mundo de esclavos sometidos a unos pocos ambiciosos audaces, que pasando sobre cadáveres han escalado las cimas del poder y del oro, y desde allí dictan leyes opuestas a la Ley Divina, pero favorables a sus intereses y conveniencias.

"No es sólo Israel que soporta el humillante dominio de déspotas extranjeros. Toda la humanidad es esclava, aún cuando sea de la misma raza el que gobierna los países que forman la actual sociedad humana.

"Durante más de un milenio, los Kobdas del Nilo en la prehistoria, hicieron sentir brisas de libertad y de paz en tres continentes; ¡pero la humanidad se enfurece un día de verse dichosa, aniquila a quienes tuvieron el valor de sacrificarse por su felicidad, y se hunde de nuevo en sus abismos de llanto, de crimen y de horror!

"Adivinabas, madre, que he padecido en mi ausencia. Es verdad y seguiré padeciendo por la inconsciencia humana, que ata las manos a los que quieren romper para siempre sus cadenas.

—Piensa, hijo mío, que tu juventud te lleva a tomar las cosas con un ardor y vehemencia excesivos.

"¿Acaso eres tú culpable de la dureza de la humanidad para escuchar a los enviados divinos?

—Madre: si tuvieras unos hijos que sin querer escucharte se precipitaran en abismos sin salida, ¿no padecerías tú por la dureza de su corazón?

—Seguramente, pero eran mis hijos, parte de mi propia vida. Mas tú padeces por la ceguera de seres que en su mayoría no conoces ni has visto nunca.

—¡Madre!... ¿qué has dicho?

"¿Y la Ley?... ¿no me manda la ley *amar al prójimo como a mí mismo,* y no somos todos hermanos, hijos del Padre Celestial?

—Sí, hijo mío, pero piensa un momento en que el Padre Celestial permite esos padecimientos y deja en sufrimiento a sus hijos, no obstante de que los ama, acaso más de lo que tú amas a todos los semejantes. Está bien sembrar el bien, pero padecer tanto por lo irremediable... ¡pobre hijo mío!, es padecer inútilmente con perjuicio de tu salud, de tu vida y de la paz y dicha de los tuyos, a los cuales has venido ligado por voluntad divina. ¿No hablo bien, acaso?

—Eres como Nebai, la dulce flor de montaña, que amándome casi tanto como tú, sólo piensa en verme feliz y dichoso. ¡Santos y puros amores, que me obligan a plegar mis alas y volver al nido suave y tranquilo, donde no llegan las tormentas de los caminos que corren hacia el ideal supremo de liberación humana!

"¡Está bien madre!... está bien; ¡el amor vence al amor, mientras llega la hora de un amor más fuerte que el dolor y la muerte!

—¿Qué quieres decir con esas palabras? —preguntó inquieta la dulce madre.

—Que tu amor y el amor de Nebai me suavizan de tal modo la vida, que no quisiera pasar de esta edad para continuar viviendo de ese dulce ensueño que ambas tejéis como un dosel de seda y flores para mí.

El tío Jaime y Jhosuelín habían comprendido bien todo el alcance de las palabras de Jhasua, pero callaron para no causar inquietudes en el alma pura y sencilla de Myriam. Unos momentos después, ella se retiró a su alcoba, dichosa de tener de nuevo a su hijo bajo su techo, mientras él con Jaime y su hermano que tenían habitación conjunta, continuaban hablando sobre el estado precario y azaroso en que el pueblo se debatía sin rumbo fijo y dividido en agrupaciones ideológicas, que la lucha continua iba llevando lentamente a un caos, cuyo final nadie podría prever.

La noticia del regreso de Jhasua a la risueña y apacible Galilea, llegó pronto a sus amigos de Jerusalén, y apenas habrían transcurrido 25 días, cuando llegaron a Nazareth cuatro de ellos: José de Arimathea, Nicodemus, Nicolás de Damasco y Gamaliel.

Joseph, el dichoso padre, que sentía verdadera ternura por José de Arimathea, les recibió afablemente, sintiendo grandemnte honrada su casa con tan ilustres visitantes.

—Ya sé, ya sé —les decía— que venís curiosos de saber si vuestro discípulo ha aprendido bastante. Yo sólo sé que me hace feliz su regreso, pero si en la sabiduría ha hecho adelantos o no, eso lo sabréis vosotros. Pasad a este cenáculo, que en seguida le haré venir.

Y les dejó para ir en busca de Jhasua que recorría el huerto, ayudando a su madre a recoger frutas y hortalizas.

—He aquí —decía Gamaliel aludiendo a Joseph— el prototipo del galileo honrado, justo, que goza de la satisfacción de no desear nada más de lo que tiene.

—En verdad —añadía Nicolás— que la Eterna Ley no pudo elegir sitio más apropiado para la formación y desarrollo espiritual y físico de su Escogido. ¡Aquí todo es sano, puro, noble! Difícilmente se encontraría un corazón perverso en Galilea.

—En cambio, nuestro Jerusalén es como un nidal de víboras —añadió Nicodemus, observador y analítico por naturaleza.

—¿Y habéis pensado a qué se deberá este fenómeno? —interrogó José de Arimathea.

—Tengo observado —contestó Nicodemus— que los sentimientos religiosos muy exaltados hacen de una ciudad cualquiera, un campo de luchas ideológicas que degenera luego en odios profundos y producen la división y el caos. Y creo que esto es lo que pasa en Jerusalén.

—Justamente —afirmó Gamaliel—. La exaltación del sentimiento religioso, oscurece la razón y hace al espíritu intolerante y duro, aferrado a su modo de ver y sin respeto alguno para el modo de ver de los demás.

—Además —dijo Nicolás— los hierosolimitanos se creen la flor y nata de la nación hebrea, y miran con cierta lástima a los galileos y con desprecio a los samaritanos, que ni siquiera se dan por ofendidos de tales sentimientos hacia ellos.

—Aquí llega nuestro Jhasua —dijo José de Arimathea, adelantándose hacia él y abrazándole antes que los demás—. ¡Pero está hecho un hombre! —le decía mirándole por todos lados.

—¿Querías que siguiera siendo aquel parvulito travieso que os hacía reir con sus diabluras? —preguntaba sonriendo Jhasua, mientras recibía las demostraciones de afecto de aquellos antiguos amigos, todos ellos de edad madura.

Y así que terminaron los saludos de práctica, iniciaron la conversación que deseaban.

Quien mayor confianza tenía en la casa, era José de Arimathea y así fue que él la comenzó:

—Bien sabes Jhasua —dijo— que nuestro grado de conocimiento de las cosas divinas nos pone en la obligación de ayudarte en todo y por todo a desenvolver tu vida actual con las mayores facilidades posibles en este atrasado plano físico. Y cumpliendo ese sagrado deber, aquí estamos Jhasua esperando escucharte para formar nuestro juicio.

—Continuáis, por lo que veo, pensando siempre que yo soy aquel que vosotros esperabais... —dijo con cierta timidez Jhasua y mirando con delicado afecto a sus cuatro interlocutores.

—Nuestra convicción no ha cambiado absolutamente en nada —dijo Nicodemus.

—Todos pensamos lo mismo —añadió Nicolás.

—Cuando la evidencia se adueña del alma humana, no es posible la vacilación ni la duda —afirmó por su parte Gamaliel.

—¿Tú no has llegado aún a esta convicción Jhasua? —le interrogó José.

—No —dijo secamente el interrogado—. Aún no he visto claro en mi *Yo íntimo*. Siento a veces en mí una fuerza sobrehumana que me ayuda a realizar obras que pasan el nivel común de las capacidades humanas. Siento que un amor inconmensurable se desata en mi fuero interno como un vendaval que me inunda de una suavidad divina, y en tales momentos me creo capaz de darme todo en aras de la felicidad humana. Mas todo esto pasa como un relámpago, y se desvanece en el razonamiento que hago, de que todo aquel que ame a su prójimo como a sí mismo en cumplimiento de la Ley, sentirá sin duda lo mismo.

"Las Escrituras Sagradas nos dicen de hombres justos, poseídos del amor de Dios y del prójimo, realizaron obras que causaron gran admiración en sus contemporáneos. Esto lo sabéis vosotros mejor que yo.

—Y vuestros maestros Esenios ¿cómo es que no os han llevado a tal convicción? —preguntó Gamaliel.

—Porque esta convicción, según ellos, no debe venir a mí del exterior, o sea del convencimiento de los demás, sino que debe levantarse desde lo más profundo, de mi *Yo íntimo*. Ellos esperan tranquilamente que ese momento llegará, más pronto o más tarde, pero llegará. Yo participo de la tranquilidad de ellos y no me preocupo mayormente de lo que *seré*, sino de lo que *debo ser* en esta hora de mi vida; un jovenzuelo que estudia la divina sabiduría y trata de desarrollar sus poderes internos lo más posible, a fin de ser útil y benéfico para sus hermanos que sufren.

— ¡Magnífico, Jhasua! —exclamaron todos a la vez.

—Has hablado como debías hablar tú, niño escogido de Dios en esta hora, para el más alto destino —añadió conmovido José de Arimathea.

—¿Y qué impresiones has recibido en este viaje de estudio? —interrogóle Nicodemus.

— ¡Algunas buenas!... A propósito; os he traído algo que creo os gustará mucho.

—Veamos, Jhasua. Dilo.

—He tomado para vosotros copias de fragmentos de prehistoria que creo que no conocéis.

—¿De veras? ¿Y dónde encontraste esos tesoros?

Jhasua les refirió que, un viejo sacerdote de Homero encontrado en Ribla, lo había obsequiado con un valioso Archivo; que según los Esenios venía a llenar grandes vacíos en las antiguas crónicas conservadas por ellos.

—¿Y esas copias de que tratan? —preguntó Nicolás.

—Ponen en claro muchos relatos que las Escrituras Sagradas de Israel han tratado muy ligeramente, acaso por falta de datos, o porque en los continuos éxodos de nuestro pueblo, tantas veces cautivo en países extranjeros, se perdieron los originales.

"Por ejemplo, nuestros libros Sagrados dedican sólo unos pocos versículos a Adán, a Eva, a Abel, y no mencionan ni de paso, a los pueblos y a los personajes que guiaron a la humanidad en aquellos lejanos tiempos.

"Bien veis que salta a la vista lo mucho que falta para decir en nuestros libros. Adán, Eva, Abel y Caín, no estaban solos en las regiones del Eúfrates, puesto que ruinas antiquísimas demuestran que todo aquello estaba lleno de pueblos y ciudades muy importantes.

"¿Quién gobernaba esos pueblos? ¿Qué fue de Adán? ¿qué fue de Eva? ¿qué fue de Caín? Si la Escritura atribuida a Moisés llama a Abel *el justo amado de Dios,* sería por grandes obras de bien que hizo. ¿Qué obras fueron esas y quiénes fueron los favorecidos por ellas?

"Nuestros libros sólo dicen que fue un pastor de ovejas, pero no podemos pensar que por solo cuidar ovejas, Moisés le llamara *el justo, amado de Dios.*

"Mis copias del Archivo, sacadas para vosotros, explican todo lo que falta a nuestros libros Sagrados que aparecen truncos, sin continuidad, ni ilación lógica en muchos de sus relatos. Sería un agravio a Moisés, pensar que fuera tan deficiente y mal hilvanada la historia escrita por él sobre los orígenes de la Civilización Adámica. Yo creo que vosotros estaréis de acuerdo conmigo sobre este punto.

Los cuatro interlocutores de Jhasua se miraron con asombro de la perspicacia y buena lógica con que el joven maestro defendía sus argumentos.

—Bien razonas Jhasua —díjole José de Arimathea— y por mi parte, estoy de acuerdo contigo, tanto más, cuanto que hace años andaba yo a la busca de los datos necesarios para llenar los vacíos inmensos de nuestros Libros Sagrados, que en muchas de sus partes no resisten a un análisis por ligero que sea.

—Perfectamente —añadió Gamaliel—. Estoy encantado de vuestra forma de razonar, pero creo que estaréis de acuerdo conmigo, que es ese un terreno en el cual se debe entrar con pies de plomo.

—No olvidéis que nuestro grande y llorado Hillel, perdió la vida en el suplicio por haber removido esos escombros, y haber dejado al descubierto lo que había debajo de ellos.

—Y en pos de Hillel, muchos otros que corrieron igual suerte —dijo Nicolás—. También yo buscaba al igual que José, pero silenciosamente a la espera de mejores tiempos.

—Creo —observó Nicodemus— que estudios de esta naturaleza deben realizarse con gran cautela hasta conseguir poner completamente en claro cuanto se ignora.

—Y así que se haya conseguido, muy tercos serán si se niegan Pontífices y Doctores a aceptar la verdad.

—Poco es lo que he podido copiar, pero ello os dará una idea de lo enorme del Archivo encontrado en Ribla —dijo Jhasua—. Mucho mejores informaciones podréis obtener si algún día visitáis el Archivo en el Santuario del Tabor a donde ha sido traído.

—¿Desde Ribla, más allá de Damasco?

—Desde Ribla, en pleno Líbano.

—"¡Oh, desciende del Líbano, esposa mía, y ven para ser coronada con jacintos y renuevos de palmas!"... —recitó solemnemente Nicodemus parodiando un pasaje de los Cantares—. Del Líbano tenía que bajar la Sabiduría, porque Ella busca las cumbres a donde no llegan los libertinos y los ignorantes. Empiezo a entusiasmarme Jhasua con ese Archivo, y desde luego propongo que vayamos cuanto antes a visitarlo.

—Como gustéis.

—¿Cuándo regresas tú al Tabor? —interrogó José.

—Aun no lo sé, pues dependerá de especiales circunstancias de mi familia. Y como apenas he llegado...

—Sí, sí, comprendo. Pongámonos de acuerdo, y cuando tú decidas volver allá, nos mandas un aviso, y alguno de nosotros irá contigo. ¿Qué os parece?

—Muy bien, José; elijamos de entre nosotros los que deben ir.

—Yo estoy dispuesto y tengo el tiempo suficiente —dijo Nicolás de Damasco.

—Y yo igualmente —añadió Nicodemus—. Pero habrá que llevar intérprete, pues no sé si las lenguas en que aparezcan los papiros serán de nuestro dominio.

—Por esa parte no hay dificultad —observó Jhasua—. En el Tabor hay actualmente diez ancianos escogidos en todos los Santuarios para servirme de Instructores, y entre ellos hay traductores de todas las lenguas más antiguas. Y actualmente ellos están haciendo las traducciones necesarias.

—Bien, bien; quedamos en que irán al Archivo, Nicolás y Nicodemus.

—Convenido —contestaron ambos.

—Ahora Jhasua, tráenos tus copias y explícanos, pequeño Maestro como tú lo comprendes —le dijo José afablemente—. Mientras, yo hablaré con tus padres para ver si es posible hospedarnos aquí por tres o cuatro días que pensamos permanecer.

—Yo tengo unos parientes cercanos —dijo Nicolás y pernoctaré allí.

—Y yo soy esperado por el Hazzán de la Sinagoga, que es hermano de mi mujer —añadió Gamaliel.

—Entonces Nicodemus y yo seremos tus huéspedes, Jhasua —dijo José, saliendo del cenáculo juntamente con él para entrevistarse con Myriam y Joseph.

José de Arimathea y Nicodemus eran familiares, pues recordará el lector que estaban casados con dos hijas de Lía, la honorable viuda de Jerusalén que ya conocemos.

Y poco después de la comida del mediodía, en el modesto cenáculo de Joseph, el honrado artesano de Nazareth, se formó como una minúscula aula donde los cuatro ilustres viajeros venidos de Jerusalén, el tío Jaime y Jhosuelín, escuchaban a Jhasua que leía su copia de fragmentos del Archivo y hacía los más hermosos y acertados comentarios.

—Tomé copia —dijo Jhasua— de la parte final de la actuación de Adán y Eva, y de Abel su hijo, sacrificado por la maldad de los hombres. Fue lo que mayor interés me despertó, porque no lo dicen nuestros Libros y yo lo ignoraba por completo. Adán y Eva no fueron los rústicos personajes que nos figuramos, sino figuras descollantes en esa civilización neolítica, y a su hijo Abel, lo llaman esas Escrituras, el Hombre-Luz.

"¡Quién sabe si no ha sido él el Mesías Salvador del Mundo que nosotros esperamos aun, por ignorar la historia de aquellos tiempos remotos!

—Cada época tiene su luz —dijo Gamaliel—. En los campos siderales como en los campos terrestres, aparecen de tanto en tanto estrellas nuevas y lámparas vivas que iluminan las tinieblas de la humanidad.

—Sí, es verdad —afirmó Nicodemus—. Bien pudo ser Abel el Mesías de aquella época, como puede ser Jhasua, el Mesías de la hora presente.

Este guardó silencio, se inclinó sobre su copia como si sólo esto le absorbiera el pensamiento, y luego de unos instantes dijo:

—Uno de los diez Instructores que tengo en el Tabor, permaneció catorce años en la gran Biblioteca de Alejandría por orden de la Fraternidad Esenia, y allí, en unión de nuestro gran hermano de ideales Filón, han extraído cuanto allí encontraron para los fines que se buscan, que como todos lo sabéis, es el poner en claro los orígenes del actual ciclo de evolución humana, porque ni en las Escrituras Sagradas hebreas, ni en las persas, ni en las indostánicas, no se encuentra una verdadera historia que resista a un buen análisis.

—Es verdad —dijo Gamaliel—. Todo aparece brumoso, cargado de simbolismo y de fantasías hermosas si se quiere, pero que no están de acuerdo ni con la razón ni con la lógica.

—Y es necesario —añadió Nicolás— que al comenzar el ciclo venidero, la humanidad nueva que ha de venir, encuentre la verdadera historia de su pasado, a fin de que, la obscuridad no la lleve a renegar de unos ideales que no le merecen fe, pues que están edificados sobre castillos de ilusiones, propias sólo para niños que no han llegado a usar la razón.

—Creo que llegaremos a un éxito bastante halagüeño si no completo— observó Jhasua—.

"Este relato, por ejemplo, es parte de los ochenta rollos de papiro que se conocen bajo el nombre de *"Escrituras del Patriarca Aldis"*, que un escultor alejandrino encontró excavando en los subsuelos de las viejas ruinas de granito y mármol, sobre las cuales hizo levantar Ptolomeo I, Alejandría, la gran ciudad egipcia que inmortalizó el nombre de Alejandro. El escultor buscaba bloques de mármol para sus trabajos, y al romper un trozo de muralla derruida, se encontró con una lápida funeraria que indicaba cubrir las cenizas del *Patriarca Aldis,* muerto a la edad de ciento tres años.

"Al levantar la losa se encontró un cuerpo momificado, que había sido sometido al embalsamamiento acostumbrado por los egipcios desde la más remota antigüedad.

"Y en la urna funeraria se encontró hacia la cabeza, un voluminoso rollo de papiros bajo doble cubierta de lino encerado y de piel de foca: eran estas *"Escrituras del Patriarca Aldis"* que parecen ser el relato más extenso conocido hasta hoy, sobre el asunto que nos ocupa a todos los que anhelamos conocer la verdad.

—Y ese *Patriarca Aldis,* ¿qué actuación tuvo en aquella lejana edad? —interrogó Nicodemus.

—Fue el padre de *Adamú,* que estudiando el relato, se vé, que este nombre corresponde al de *Adán* de los libros hebreos. El Patriarca Aldis era originario de un país de Atlántida, que se llamaba Otlana, y que fue de los últimos en hundirse cuando la gran catástrofe de aquel Continente. Refiere con muchos detalles, la salida de la gran flota marítima del Rey de Otlana huyendo de la invasión de las aguas, hacia el Continente Europeo. Entre el numeroso acompañamiento de tropas, servidumbre y familiares, Aldis era Centurión de los lanceros del rey, casado con una doncella de la servidumbre particular de la princesa Sophia, hija única del soberano, la cual amaba al capitán de la escolta real. Como el rey se opuso a tales amores, allí empezó la lucha, pues al llegar al Atica, la princesa debía casarse con el heredero de aquel antiguo reino, enlace de pura conveniencia para la alianza de fuerza que se quería realizar entre el soberano Atlante y el poderoso monarca del Atica prehistórica.

"Fue entonces que resolvieron huir: Aldis con su mujer Milcha, y la Princesa Sophia con Johevan, Capitán de la Guardia del Rey; y en una pequeña embarcación de las numerosas que formaban la flota llegaron a una pequeña Isla del Mar Egeo. Las dos parejas prófugas se internaron luego hacia el oriente, de isla en isla, y luego por la costa norte del Mar Grande. De Milcha nació Adamú, y de Sophia nació Evana.

"Aldis y Johevan fueron luego capturados por los piratas que comerciaban con esclavos, y llevados a una gran ciudad del Nilo, *Neghadá,* donde una antigua institución de beneficencia y de estudio pagaba muy buenos rescates. La embarcación con las dos mujeres y los niños muy pequeñitos, fue llevada por la corriente en una noche de viento hasta la costa de lo que hoy es Fenicia, donde encalló.

"Y en una caverna de las montañas de la costa, hallaron refugio aquellas cuatro débiles criaturas humanas. La caverna había sido habitación de muchos años por un solitario, muerto ya de vejez, y había dejado allí con sus siembras y cultivos, una pequeña majada de renos domésticos que ayudaron a vivir a los desterrados, pues una reno madre crió con su leche a los pequeños. Las madres acostumbradas a otro género de vida, se agotaron prontamente, sobre todo la princesa Sophia que murió la primera. Poco después murió Milcha, y los dos niños de muy pocos años quedaron solos con la majada de renos, viviendo de los peces que arrojaban las olas a la costa, y de las frutas y legumbres secas almacenadas por el solitario. El gran río Eúfrates llegaba entonces casi hasta la orilla del mar, pues fue siglos después que desvió su curso un gran rey de Babilonia, para hacerlo pasar por en medio de la ciudad y construir así los jardines colgantes que fueron por mucho tiempo la más grande maravilla del mundo. Y entre las praderas deliciosas del Eúfrates y la costa accidentada del mar, pasaron su primera vida Adamú y Evana. Allí fue que encontraron a Caín en una barquilla abandonada, con su madre muerta, lo cual ocurría con mucha frecuencia en esclavas que huían por los malos tratamientos, o esposas secundarias que no soportaban el despotismo de la primera esposa.

"La joven pareja que sólo tenía 13 años adoptó al huerfanito, al cual se unió tiempo después Abel nacido de Evana, lo cual parece haber dado motivo a que se creyera que ambos fueran hijos de Adamú y Evana.

"Yo os lo cuento a grandes rasgos, pero "Las Escrituras del Patriarca Aldis" que más tarde encontró a los niños, ya padres de Abel, relatan con minuciosos detalles todos los acontecimientos y de tal forma, que la verdad razonable y de una lógica irresistible, fluye de aquel relato como el agua clara de un manantial.

—El Patriarca Aldis —observó Nicodemus—, fue, pues, un testigo ocular de los acontecimientos, lo cual da motivo bien fundamentado para que podamos decir que estamos en posesión de la verdadera historia.

—Y un testigo ocular desde los 24 años de su edad hasta los 103 que duró su vida física —añadió Jhasua—. Sólo hay un paréntesis —dijo el joven Maestro— y es desde que Aldis y Johevan fueron capturados por los piratas, hasta que nuestro Patriarca Aldis encontró de nuevo a los niños, ya de 14 años, en la misma caverna entre el Eúfrates y el mar donde los dejaron sus madres. Pero este paréntesis se salva lógicamente con lo que los mismos niños ya adolescentes debieron referir al Patriarca, en cuanto a los detalles de su vida desde que ellos lo recordaban.

"A más, el mismo Patriarca Aldis hace referencia en el primer papiro, a un tierno y conmovedor relato escrito por la princesa Sophia en su propia lengua atlante, el cual refiere detalladamente la vida que ambas mujeres hicieron en la caverna desde que sus esposos fueron cautivos.

"La princesa lo escribió para que los niños supieran su origen, y lo confió a Milcha, madre de Adamú, que la sobrevivió varios años.

—La evidencia es notoria —dijo José de Arimathea— y sobre todo, una lógica tan natural, tan sin artificio que no deja la menor sombra de duda respecto a los acontecimientos.

—Y aún hay más —afirmó Jhasua— y es la concordancia de ciertos hechos del relato en cuanto a fechas, con lo que se sabe por otras antiguas escrituras de otros autores y otros países. Por ejemplo: las invasiones de los mares sobre los Continentes, en forma que toda Europa y Asia Central quedaron bajo las aguas, coincide con la fecha en que el Patriarca Aldis relata que abandonó su país el rey Atlante *Nohepastro,* y su gran buque-palacio con toda su flota anduvo varios meses sobre las aguas, hasta que éstas bajaron y sus barcos encallaron en las cimas de las montañas de Manh, la Armenia de ahora, que salieron a flor de agua por su elevación.

—¡Oh! mi querido Jhasua, todo esto es maravilloso y podemos decir con toda satisfacción que la Fraternidad Esenia, nuestra madre, es dueña de la verdad en cuanto a los orígenes de esta civilización que hasta hoy, triste es decirlo, estaba basada sobre una fábula infantil: Dios formando con sus manos un muñeco de barro al cual sopla y le da vida; le arranca luego una costilla y sale la mujer, compañera de su existencia —decía Nicolás de Damasco, como si se le quitara un enorme peso de encima.

—Y aún hay más —observó Nicodemus— y es que de ninguna forma la lógica podía arreglar lo que siguió después. En los principios del Libro del Génesis luego de relatar el asesinato que hizo Caín en la persona de Abel, añade que el *asesino huyó hacia el oriente al país de Nod, donde se casó y tuvo hijos y fundó un pueblo.* ¿De dónde sacó Caín mujer para casarse, si la única mujer del mundo era Eva sacada de la costilla de Adán? Esto sólo prueba que había seres humanos en aquellas comarcas, y que el origen de la especie humana se remonta a muchísimos siglos anteriores al relato de nuestro Génesis, que en esa parte tan reñida con la razón y con la lógica, no puede de ninguna manera atribuirse a Moisés, sin hacer un estupendo agravio al gran genio que dio a los hombres el grandioso Decálogo, que servirá a la humanidad de norma de vida justa, mientras habite este planeta.

—Sobre este punto —respondió Jhasua— he presenciado largos debates y comentarios entre mis sabios maestros Esenios, y todos hemos llegado a la conclusión siguiente:

"La verdadera historia debió perderse en la noche de los tiempos al finalizar la Civilización Sumeriana, en el Asia Central y Mesopotamia Norte, por la invasión de los hielos polares que durante una larga época devastaron esas regiones, al extremo de quedar casi desiertas.

"Esto sin duda dio motivo a que Adán y Eva niños y solos con sus madres en el país de Ethea, que hoy es Fenicia, se creyeran por largo tiempo únicos habitantes de la comarca.

"Más tarde, o sea tres siglos después de Adán y Eva, la gran Alianza de los pueblos fundada por los Kobdas del Nilo, fue destruida por luchas fratricidas, por invasiones de razas bárbaras que asolaron toda la región del Eúfrates, llegaron hasta el Africa Norte y destruyeron a sangre y fuego cuanto había hecho de grande y bueno la gloriosa Fraternidad Kobda.

"Neghadá era por entonces el Archivo del mundo civilizado y Neghadá fue destruida y degollados sus moradores.

"Dios quiso que aquel inmenso Santuario guardase en los subsuelos, y entre las urnas funerarias labradas en granito, muchas y valiosas Escrituras, debido a la costumbre de los antiguos Kobdas, de guardar junto a la momia de un hermano fallecido, algo de lo que en vida hubiera hecho. Y así el que había escrito algo, tenía allí sus papiros; el que había sido artífice, tenía también junto a su momia algunos de sus trabajos, el que había sido geómetra, químico, astrónomo o cultivador de cualquier rama del saber humano, algo de todo ello tenía en su urna funeraria. Y nuestro hermano Filón conserva en su museo particular, una momia encontrada en excavaciones de las ruinas de Neghadá, con una lira de oro colocada sobre el pecho.

"Pero volviendo al punto iniciado por Nicolás de Damasco a lo cual he querido contestar con todo lo dicho, debo añadir lo que oí a mis maestros del Tabor: No sabiendo la verdadera historia del origen de la civilización Adámica, los primitivos cronistas creyeron sin duda engrandecer los acontecimientos envolviéndolos en esa bruma maravillosa. Es bien sabido y bien conocida la tendencia de las humanidades primitivas a lo maravilloso, a lo que sobrepasa el límite a donde llega la razón, en todos los casos en que no ha sabido dar explicación lógica de un hecho cualquiera.

"Durante la Civilización Sumeriana, se sabe que hubo una especie de sociedad secreta cuyo origen venía del lejano oriente. La formaban magos negros de la peor y más funesta especie conocida entre los humanos, y para ocultar su existencia la llamaban "La Serpiente" y "Anillos" a los que formaban dicha agrupación. Todos los males, todas las enfermedades, epidemias, tempestades, inundaciones, todo era atribuido a "La Serpiente", y nuestros comentaristas Esenios juzgan, acertadamente, que de allí surgió la fábula de la serpiente que engañó a Eva. En fin, que si algún día vosotros estudiáis a fondo las "Escrituras del Patriarca Aldis" y otras más que hay, creo que comprenderéis como yo, y como todos los que anhelamos *la verdad*, y no una leyenda que no puede satisfacer jamás a quienes buscan razonamiento y clara lógica en lo que se refiere a la historia de nuestra civilización.

—Pasado el preludio, Jhasua —dijo José de Arimathea—, creo que bien podríamos iniciar la lectura de la copia que nos has traído.

Como todos demostrasen asentimiento, el joven Maestro comenzó así:

"Escrituras del Patriarca Aldis — Papiro Setenta — Refiere la muerte del Thidalá de la Gran Alianza, Bohindra, y su reemplazo por el joven Abel, llamado el Hombre-Luz.

"Una ola inmensa de paz y de justicia se extendía desde los países del Nilo, por las costas del Mar Grande, y hacia el oriente en las tierras bañadas por el gran río Eúfrates y sus afluentes; y hacia el norte hasta el Ponto Euxino y el Mar de hielo (el Báltico) y hasta las faldas de la cordillera del Cáucaso.

"A tres Continentes había llegado la influencia de los hombres de la toga azul, entre los cuales había bajado como una estrella de un cielo lejano, el Ungido del Altísimo para elevar el nivel moral y espiritual de la humanidad.

"Dos centenares de pueblos se habían unido al influjo de un hombre, mago del amor, el incomparable Bohindra, genio organizador de sociedades humanas, entre las cuales desenvolvió su misión Abel, el Hombre-Luz, hijo de Adamú y Evana.

"Una larga vida había permitido a Bohindra recoger el fruto de su inmensa siembra, y la Fraternidad humana era una hermosa realidad en los países a donde había llegado la Ley de la Gran Alianza, esa obra magna del genio y del amor, puestos al servicio de la gran causa de la unificación de pueblos, razas y naciones.

"Bohindra, anciano ya y cargado, más que de años, de merecimientos, veía terminada su labor. Veía a su biznieto Abel, retoño de Evana hija de su hijo Johevan, que se levantaba como un joven roble pleno de savia, de fuerza, de genio; y sonreía lleno de noble satisfacción. Veía a su nieta Evana ya llegada a los treinta años, apoyada en Adamú su compañero de la niñez que había respondido ampliamente a la educación recibida de las Matriarcas Kobdas, y eran Regentes de los "Pabellones de los Reyes" escuelas-templos, donde se formaba la juventud de los países aliados.

"¿Qué más podía desear? ¿Qué le faltaba por hacer?

"El Altísimo había fecundado todos sus esfuerzos, dado vida real a todos sus anhelos de paz y fraternidad humana, y nadie padecía hambre y miseria en toda la extensión de la Gran Alianza.

"Y por fin, como un halo de luz orlando su cabeza, veía a su fiel compañera Ada que circunstancias especiales pusieron a su lado como una aurora de placidez que ahuyentaba todas las sombras, como un fresco rosal plantado inesperadamente en su camino, como un don de Dios a su corazón solitario. Y rebosante su alma de dicha y de paz, con los ojos húmedos de emoción decía la frase habitual del Kobda agradecido a la Divinidad: "¡Basta, Señor, basta!... que en este pobre vaso de arcilla no cabe ni una gota más!"...

"Y haciendo un postrer saludo con ambas manos a todos cuantos le amaban, y a la muchedumbre que le aclamaba desde la gran plaza del Santuario, se retiró del ventanal porque ya la emoción le ahogaba y se sentó ante su mesa de trabajo donde durante tantas noches y tantos días había dado vida a sabias y prudentes leyes, a combinaciones ideológicas grandiosas, a sus sueños de paz y fraternidad entre los hombres.

"Y su alma que ya desbordaba, se vació sobre un papiro de su carpeta... el último papiro que debía grabar:

"¡Señor!... ¿qué puedo ya darte
Si cuando tuve lo di?...
¿Qué puede hacer esta chispa
Que sea digno de Ti?...
Los hombres en este mundo
Te han visto y hacia Ti van!...
Si no pierden el camino
Pronto hasta Ti llegarán.
Te saben Padre y te aman,
Buscan tu luz y calor;
Te saben grande excelso
Y te dan su adoración...
Tus dones les hacen buenos,
Supo tu amor perdonar
Dolorosos extravíos
De esta pobre humanidad
Si en esta heredad que es tuya
Una gota nada más
Puso la savia de mi alma
Y la ayudó a fecundar.
Que esa gota se convierta
En un anchuroso mar,
De aguas dulces y serenas
Que su sed puedan calmar!
Si un solo grano de arena
Mi débil mano aportó
Para el castillo encantado
De los que buscan tu amor,

Que se torne en fortaleza
Opuesta al negro turbión...
¡Señor!... Si todo lo he dado
¿Qué más puedo darte yo?...
Si soy sólo en tus jardines
Mariposilla fugaz,
Y en los mares de la vida
Ola que viene y se va...
Si soy pájaro que anida
En las ramas de un pinar
Y su nido lo destruyen
Las furias del huracán.
Si soy una chispa errante,
Gota de agua nada más,
Flor de efímera existencia,
Mariposilla fugaz,
¡Déjame, Señor, diluirme
En tu Eterna inmensidad!...
¿No es hora de que la gota
Retorne a su manantial?...
¿No es hora de que la chispa
Se refunda en el volcán?...
¿No puede la mariposa
Sus tenues alas plegar?...
. . . .
Soy viajero fatigado,
Tiemblan cansados mis pies...
¡Dime Señor que repose
De tu Reino en el dintel!...
¡Que este corazón se duerma
Que cese ya de latir!...
Amó tanto en esta vida
¿No es hora ya de dormir?...
¡Que tu voz me llame queda,
Que tu amor oiga mi ruego!...
¡Señor! ¡Espero que llames!
Señor!... ¡Señor!... ¡Hasta luego!...

"El anciano por cuyo noble y hermoso semblante corrían lágrimas de emoción tomó su lira para cantar en ella a media voz las estrofas que había escrito, pero la voz divina que había evocado tan intensamente le llamó en ese instnate y la noble cabeza coronada de cabellos blancos se inclinó pesadamente sobre aquella lira de oro, ofrenda de sus amigos, y en la cual tanto había cantado a todo lo grande y bello que encontró en su vida.

"Así murió Bohindra, el mago del amor, de la fe, de la esperanza, siempre renovada y floreciente. Así murió ese genial organizador de naciones, de razas, de pueblos, que sin echar por tierra límites ni barreras, supo encontrar el secreto de la paz y la dicha humana en el respeto mutuo de los derechos del hombre, desde el más poderoso hasta el más pequeño, desde el más fuerte hasta el más débil.

"Bien puede decirse que fué Bohindra, quien puso los cimientos del templo augusto de la fraternidad humana, delineada ya desde lejanas edades por el Espíritu Luz, Instructor y Guía de esta humanidad.

"Pocos momentos después corría como una ola de angustia por los vastos pabellones, pórticos y jardines del Gran Santuario de la Paz, la infausta noticia. Y como avecillas heridas se agruparon todos en torno a la reina Ada, que apoyada en Abel, en Adamú y Evana, debía hacer frente a la penosa situación creada por la desaparición del gran hombre que había llevado hasta entonces el timón de la civilización humana en aquella época.

"Un numeroso grupo de Kobdas jóvenes formados en la escuela de Bohindra, respaldarían a los familiares del extinto en el caso de que las circunstancias les pusieran de nuevo al frente de la Gran Alianza de las Naciones Unidas.

"Y el clamor inmenso de los pueblos, huérfanos de su gran conductor, designó como en una ovación delirante al joven Abel, hijo de Adamú y Evana, para suceder al incomparable Bohindra, que había encontrado en el amor fraterno el secreto de la dicha humana.

"El gran Thidalá desaparecido, dejaba su esposa viuda, joven todavía, Ada, mujer admirable que había hecho sentir su influencia sobre la mujer de todas las condiciones, y sobre la niñez, esperanza futura de naciones y pueblos. Y ella fue la Consejera Mayor del joven Abel, que reunió en torno suyo como cooperadores, a las más claras inteligencias de aquella hora.

"Una agrupación de mujeres valerosas y decididas había sido el aliento de Bohindra, en sus inmensos trabajos. Las llamaban *Matriarcas*, y varias de ellas eran dirigentes de pueblos que por diversas causas quedaron sin sus jefes.

"Y de entre estas Matriarcas, el joven apóstol de la verdad eligió dos, que en unión con la reina Ada, fueron en adelante su apoyo y su sostén en medio de los pueblos que lo habían proclamado Jefe Supremo de la Gran Alianza. Estas mujeres fueron *Walkiria de Kifauser*, soberana de los países del Norte entre el Ponto Euxino y el Káukaso y *Solania de Van*, Matriarca de Corta-agua y de todo el norte africano, desde los países del Nilo hasta la Mauritania.

—Y ese *Corta-Agua* ¿qué paraje o ciudad era? —interrogó Nicodemus interrumpiendo la lectura.

—Era el Santuario, desde el cual la Matriarca Solania sembraba el amor fraterno civilizador de pueblos, que estaba edificado sobre el inmenso peñasco en que hoy aparece *Cartago*, vocablo abreviado y derivado de *"Corta Agua"*, que alude sin duda a la atrevida audacia con que el peñón penetra en el mar como un verdadero rompe-ola —contestó Jhasua, que estaba muy familiarizado con citas de pueblos y lugares prehistóricos que aparecían en aquellos viejos relatos de un pasado remoto.

—De estas "Escrituras del Patriarca Aldis" ¿se habrán sacado copias, o estamos en poder del original? —interrogó Nicodemus.

—Eso no lo podemos saber —contestó Jhasua— pero es lógico suponer que sacarían copias por lo menos para cada uno de los Santuarios Mayores que eran tres: El de Neghadá sobre el Nilo, que es donde se encontró la momia con estos rollos, el de la Paz sobre el Eúfrates y el del Mar Caspio. Si lo que tenemos en el Archivo de Tabor, es sólo una de estas copias, no lo podemos saber por el momento. Pero tampoco esto interesa mayormente, toda vez, que original o copia, nos relata la verdadera historia de los orígenes de la actual civilización.

—Estos papiros —observó Nicolás— debe tener su historia, y sería interesante conocerla para tener un argumento más a favor de su veracidad.

—Ciertamente —contestó Jhasua— y mis maestros Esenios que en cuestión de investigaciones no son cortos, ya hicieron las que creyeron oportunas al donante de este tesoro, el sacerdote de Homero, Menandro, que aunque griego de origen, pasó casi toda su vida en la isla de Creta donde formó su hogar. Su afición a coleccionar escrituras y grabados antiguos lo hizo un personaje muy conocido, pues los unos por ofrecerle antigüedades para su Archivo-Museo, los otros por obtener datos de sucesos determinados acudían a él. Como es apasionado de Homero su ilustre antecesor, fue en la búsqueda de datos para reconstruir la vida del gran poeta griego, que Menandro se entregó con toda su alma a la adquisición de cuanta escritura o grabado antiguo se le ofrecía. Tenía agentes para este fin en distintas ciudades, y él cuenta que un buen día se le presentó una joven llena de angustia porque atravesaba por una terrible situación.

"Acababa de morir su padre, dejándola sola en el mundo sin más compañía, ni más fortuna, que una gran caja de encina llena de documentos y grabados en papiros, en carpetas de tela encerada y hasta en tabletas de madera. Alguien le indicó que eso podía representar un valor para los coleccionistas de antigüedades y le aconsejaron acudir a nuestro Menandro en busca de ayuda.

"Tanto se interesó por la caja de encina, que no sólo compró sino que tomó a esa joven por esposa y fue la madre de los dos únicos hijos que tiene. La joven recordaba haber visto esa caja en poder de su padre desde que ella fue capaz de conocimiento, y decía que le oyó muchas veces decir que un sacerdote Kopto se la dejó en depósito hasta el regreso de un viaje que iba hacer, dejándole a más unas monedas de oro acuñadas en Alejandría y con la efigie de Ptolomeo II, en pago de las molestias que aquella caja le ocasionara.

"Tal es la historia de los rollos de papiro, con las *"Escrituras del Patriarca Aldis"* y otros muchos documentos referentes al antiguo Egipto, como ser actas de la construcción de templos, palacios y acueductos. Y aunque éstos no nos interesan para nuestro fin, sirven de refuerzo a la veracidad del origen de estas Escrituras. Hay por ejemplo trozos de planos y croquis del famoso Laberinto, templo y panteón funerario mandado construir por el Faraón Amenemhat III en las orillas del Lago Meris. Y en esos planos están indicados los sitios precisos donde se guardan urnas con momias de los Faraones, y cofres con escrituras de una antigüedad remotísima. Y mi maestro Esenio que estuvo catorce años haciendo investigaciones en Alejandría con nuestro hermano Filón, asegura que esto es verdad, y no sólo tiene croquis iguales sacados por ellos, sino que hasta tiene en el Tabor, Escrituras referentes a la fundación de un antiguo reino por Menes, con un gran Santuario al que dio el nombre de Neghadá, lo cual nos hace pensar que el tal Menes muy anterior a los Faraones, debió ser un hilo perdido de los antiguos Kobdas de Neghadá en los valles del Nilo.

"Y el nombre mismo del Lago Meris aparece en esa vieja Escritura de Menes y le llama *hijo de la Matriarca Merik* que gobernaba esa región.

—En verdad Jhasua —observó José de Arimathea— lo que nos están diciendo es de una importancia capital para todos los que anhelamos reconstruir sobre bases sólidas, el templo augusto de la verdad histórica de nuestra civilización.

—Tengo más todavía —dijo Jhasua entusiasmado de verse comprendido y apoyado por sus antiguos amigos de Jerusalén—. Es lo siguiente: En la caja de encina y junto con los papiros del Patriarca Aldis, se encuentran otros rollos escritos por *Diza-Abad*, los cuales fueron encontrados en el Monte Sinaí por los guerreros del Faraón Pepi I, que conquistaron esa importante península de la Arabia Pétrea, hace 3500 a 4000 años. El hallazgo fue hecho en una gruta sepulcral perdida entre las ruinas de una ciudadela o fortaleza, de una antigüedad que no se puede precisar con fijeza.

"Lo que parece claro, es que Diza-Abad, estuvo vinculado a los sabios de Neghadá, y que el Monte Sinaí que Moisés hizo célebre después, en aquella remota época, se llamó *Peñón de Sindi*, y era un terrible presidio para criminales incorregibles.

"Y al narrar Diza-Abad parte de su vida en aquel presidio, hace referencias de paso al *Pangrave Aldis* que acompañando a su nieto Abel, estuvo en aquel paraje. Menciona asimismo los nombres de Bohindra, de Adamú y Evana y de otros personajes, a los cuales debió él la reconstrucción de su propia vida.

"Esta Escritura, aunque para nosotros no tiene la gran importancia de la otra, la refuerza y confirma admirablemente dándole vida real, lógica, continuada.

—Verdaderamente Jhasua, nos traes un descubrimiento formidable —dijo Nicolás— y tan entusiasmado estoy, que hasta se me ocurre que debíamos abrir un aula para explicar la historia de nuestra civilización.

—¡Pero no en Jerusalén, por favor! —objetó entre serio y risueño Gamaliel—. A Jerusalén le tengo pánico en esta clase de asuntos. Jerusalén sólo es bueno para asesinar Profetas y sabios, y para degollar por miles los toros en el Templo y negociar luego con sus carnes.

—En Jerusalén no, pero podría ser en Damasco mi tierra natal —observó Nicolás—. Damasco no está bajo el yugo del clero de Jerusalén, sino bajo el Legado Imperial de Siria que para nada se mezcla en asuntos ideológicos, con tal que se acepte sumisamente la autoridad del César.

—O también en Tarso —dijo de nuevo Gamaliel— donde hay grandes escuelas de sabiduría, y una fiebre de conocimientos, que acaso no la hay en ninguna otra parte por el momento. Hay quien asegura que Alejandría no le lleva mucha ventaja a Tarso en lo que a estudios superiores se refiere.

—Con el Mediterráneo de por medio, las dos ciudades se miran frente a frente como dos buenas amigas que se hablan de balcón a balcón —dijo Nicodemus complacido en extremo del punto a que había llegado la conversación—. Y pensar Jhasua —añadió— que tú, un jovenzuelo de sólo 18 años, habías de ser el conductor de este hilo de oro, que nos pone en contacto con una verdad que muchos hombres han muerto buscándola, sin poder encontrarla entre los escombros formados por la ignorancia y el fanatismo de las masas embrutecidas. Prefieren comer y dormir tranquilos, antes que molestarse removiendo ruinas para encontrar la verdad.

—Bendigamos al Altísimo que nos ha permitido este supremo goce espiritual —dijo el joven Maestro, conmovido a la vez ante el recuerdo de tantos mártires de la verdad como habían sido sacrificados en los últimos tiempos, por haber comenzado a remover los escombros encubridores de una verdad que dejaba en crítica situación los viejos textos hebreos, venerados como libros sagrados, de origen divino.

Aquí había llegado la conversación, cuando Joseph se presentó en el cenáculo anunciando que era la hora de la cena. Y Ana ayudada por Jhosuelín y Jhasua, comenzaron los preparativos sobre la gran mesa central, donde hasta hacía un momento estuvieron diseminadas las copias con que Jhasua obsequiaba a sus amigos.

—Alimentar primeramente el espíritu, y en segundo término la materia, es la perfección de la vida humana —decía José de Arimathea ocupando el lugar que le fue designado.

Durante la comida nada absolutamente se habló de aquello que ocupaba el pensamiento de los cuatro viajeros; pero cuando ella terminó y los familiares de Jhasua se hubieron retirado, el modesto cenáculo nazareno, volvió a ser el aula, donde un puñado de hombres maduros en torno a un jovencito de 18 años, buscaban afanosamente una verdad que como perla de gran valor se había perdido hacía muchos siglos, y luchaban para desenterrar de los escombros amontonados por las hecatombes que habían azotado a la humanidad y por su inconsciencia misma, que la hacía incapaz en su gran mayoría, de levantar en alto la antorcha de su inteligencia para encontrar de nuevo el camino olvidado.

Jhasua, en medio de ese silencio solemne que precede a la aparición de una verdad largo tiempo deseada, inició de nuevo la interrumpida lectura de las *"Escrituras del Patriarca Aldis"*.

"Los países de los tres Continentes que formaban la Gran Alianza de Naciones Unidas, se vieron conminados desde el Eúfrates, por sus representantes ante la Sede Central del Consejo Supremo, establecido hacia 25 años en el Gran Santuario de "La Paz", en la llanura hermosa y fértil entre el Eúfrates y el Hildekel, poco antes de reunirse ambos ríos en el vigoroso delta que desemboca en el Golfo Pérsico. Se les pedía su concurso para establecer el nuevo Consejo Supremo que continuara la obra civilizadora de paz y de concordia iniciada por Bohindra, la cual había anulado la prepotencia, los despotismos, las esclavitudes, en una palabra, la injusticia ejercida por los poderosos en perjuicio de las masas embrutecidas por la ignorancia y la miseria. Y desde los países del Ponto Euxino y del Mar Caspio, desde el Irán hasta las tierras del Danubio, por el norte, y desde el Nilo hasta la Mauritania sobre las Columnas de Hércules por el sur, se vieron reunirse en el Mediterráneo caravanas de barcos que anclaban en Dhapes, importante puerto del País de Ethea, donde terminaba el recorrido de las caravanas mensuales que cruzaban toda la inmensa pradera del Eúfrates, y las cuales conducían a los viajeros hasta los pórticos de La Paz.

"Se repetía la escena, grandemente aumentada de 25 años atrás, cuando los caudillos, príncipes o jefes de tribus se reunían en torno al blanco Santuario, abriendo sus tiendas bajo los platanares que lo rodeaban, para depositar su confianza y su fe en un hombre que había encontrado el secreto de la paz y la abundancia para los pueblos. Aquel hombre era Bohindra. El no estaba ya más sobre la tierra, pero quedaba un vástago suyo, un bisnieto: Abel, que aunque sólo contaba 28 años, era conocido de todos los pueblos de la Alianza a donde fuera enviado desde sus 20 años, en calidad de mensajero y visitante de pueblos, como un portador de los afectos y solicitudes del Kobda-Rey, para todos los países de la Alianza.

"¿En quién, pues, habían de pensar sino en Abel, en el cual veían reflejada la noble grandeza de Bohindra y su heroico desinterés, para solucionar las más difíciles situaciones y evitar luchas fratricidas entre pueblos hermanos? Y otra vez, bajo los platanares que rodeaban como un inmenso bosque el Santuario de La Paz, se oyeron los mismos clamores de 25 años atrás.

"¡Paz y concordia para nuestros pueblos!... ¡Paz y abundancia para nuestros hijos!

"¡Abel, hijo de Adamú y Evana, biznieto del gran Bohindra que llevas su sangre, y un alma copia de la suya!... ¡Abel! ¡Abel! ¡Tú serás el que llene el vacío dejado en medio de nosotros por el gran hombre que nos dio la dicha! Y un clamor ensordecedor formaba como una orquesta formidable a la terminación de aquellas palabras.

"La reina Ada envuelta en su manto blanco de Matriarca Kobda, apareció en el gran ventanal del Santuario con Abel a su lado.

"Le seguían Adamú y Evana que completaban la familia carnal del gran Thidalá desaparecido. Las aclamaciones eran delirantes, y los príncipes y caudillos, entraron a los Pórticos del Santuario, e invadieron sus grandes pabellones hasta encontrarse con Abel a quien venían buscando.

"La reina Ada les presentó sobre el gran libro de la Ley de la Alianza, la corona de lotos hecha de nácar y esmeraldas, y la estrella de turquesa que 25 años atrás habían entregado a su esposo como símbolo de la suprema autoridad que le daban.

"Y los Príncipes, puestos de acuerdo, dijeron:

"—Eres Reina y Matriarca Kobda, la fiel compañera del hombre que nos dio la paz y la dicha. Seas tú misma quien entregue a nuestro elegido esos símbolos de la Suprema Autoridad que le damos.

"Abel, mudo, sin poder articular palabra por la emoción que lo embargaba, dobló una rodilla en tierra para que la Reina Ada le colocara la diadema de lotos sobre la frente, y le prendiera en el pecho la estrella de cinco puntas que según la tradición lo asemejaba a Dios que todo lo vé y todo lo sabe.

"—La paz ha sido otra vez asegurada. La dicha de nuestros pueblos ha sido de nuevo conquistada! —exclamaban en todos los tonos los príncipes de la Alianza.

"Así llegó Abel al supremo poder; el hijo de Adamú y Evana, nacido en una caverna del país de Ethea, entre una majada de renos, y lejos del resto de la humanidad que por mucho tiempo ignoró su nacimiento.

"Era el Hombre-Luz enviado por la Eterna Ley, para guiar a los hombres por los caminos del bien, del amor y de la justicia.

"Su primer pensamiento como Jefe Supremo de la Gran Alianza fue éste: "Antes de todo, soy un Kobda poseedor de los secretos de la Divina Sabiduría". Y este pensamiento lo envolvió todo como un nimbo de luz y de amor, que lo condujo hasta el Pabellón de la Reina Ada, a la cual encontró de pie junto al sarcófago de su rey muerto, tiernamente ocupada en ordenarle la blanca cabellera, que como una madeja de nieve coronaba su noble cabeza. Habían pasado los 70 días del embalsamamiento acostumbrado.

"—¡Mi Rey! —le decía a media voz, mientras sus lágrimas caían suavemente como gotas de rocío sobre un manojo de rosas blancas—. ¡Mi Rey!... No pensaste sin duda en mí, que quedaba sola en medio de pueblos y muchedumbres que me amaban por ti.

"—Me acogiste bajo tu amparo a mis 14 años, y en vez de la esclava que pensaba ser, me colocaste en un altar como a una imagen de ternura, a la cual diste el culto reverente de un amor que no tiene igual en la tierra!... ¿Y ahora, mi rey... y ahora?....

"—Ahora estoy yo, mi Reina, a tu lado, como el hijo de tu rey, que te conservará para toda su vida, en el mismo altar en que él te dejó —dijo Abel, desde la puerta de la cámara mortuoria—. ¿Me permites pasar?...

"—Entra, Abel, hijo mío, entra, que contigo no rezan las etiquetas —le contestó Ada sin volver la cabeza para ocultar su llanto.

"El joven Kobda entró y arrodillándose a sus pies le habló así:

"—Dos madres tengo en esta vida mía: tú y Evana. Y así como mi primer pensamiento ha sido para ti, que el tuyo sea para mí, y que tu primer acto de reina viuda, sea para adoptarme en este momento y ante el cadáver de nuestro Rey, como a un verdadero hijo, al cual protegerás con tu amor durante toda tu vida.

"El llanto contenido de Ada se desató en una explosión de sollozos sobre la cabeza de Abel, que recibió aquel bautismo de lágrimas con el profundo sentimiento de amor reverente y piadoso, con que recibiera años atrás a sus 12 años, la túnica azulada que lo iniciaba en los caminos de Dios.

"—Hijo mío, Abel —le dijo la reina—; tenías que ser tú quien recibiera primero todo el dolor que ahogaba mi corazón.

"Y extendiendo ambas manos sobre aquella rubia cabeza inclinada ante ella le dijo:

"—Desde este momentos quedas en mi corazón como el hijo de Bohindra mi rey, y nunca más te apartaré de mi lado.

"Entre ambos dispusieron enseguida, que en la gran Mansión de la Sombra del Santuario se reuniera a todos los Kobdas, hombres y mujeres para hacer una concentración conjunta, con el fin de ayudar al espíritu del Kobda Rey a encontrar en plena lucidez su nuevo camino en el mundo espiritual.

"Cuando resonó el toque de llamada, todos estaban esperando ya vestidos con las túnicas blancas de los grandes acontecimientos, y la gran sala de oración se vio invadida de inmediato por aquella concurrencia blanca, que entraba en filas de diez y diez, según la costumbre.

"Al final entró la Reina Ada envuelta en su blanco manto de Matriarca Kobda, y detrás de ella, Evana, Adamú y Abel.

"El que esto escribe, ocupaba entonces un lugar en el alto Consejo de Gobierno que había formado a su alrededor Bohindra, y por ser el más anciano, de orden me correspondía ocupar el lugar del Patriarca desaparecido. Mas, un íntimo sentimiento de respeto hacia el dolor de la Matriarca Ada, me impidió hacerlo, y el lugar de Bohindra quedó vacío a su lado. Sobre uno de los brazos del sillón estaba apoyada su lira, la que él usaba siempre para las melodías de la evocación.

"Cual no sería el asombro y emoción de todos, cuando a poco de hacerse la penumbra, se sintió la suavidad inimitable de la lira de Bohindra que preludiaba su melodía favorita: *"Ven Señor que te espero"*.

"Y en el mayor silencio, apenas moviéndose imperceptiblemente unos en pos de otros, comprobamos la sutil materialización del espíritu del Kobda-Rey, que ocupaba su sitial al lado de su fiel compañera, y ejecutaba su más sublime evocación a la Divinidad.

"Pocos momentos de emoción como aquel he presenciado en mi vida. Juntos habíamos padecido luchas espantosas, juntos habíamos sido felices; Bohindra era, pues, para mí, un hermano en todo el alcance de esa palabra.

"La reina Ada y todos los sensitivos habían caído en hipnosis, y ayudaban sin duda a aquella materialización tan perfecta como no recordamos haber visto otra en mucho tiempo.

"El llanto silencioso de todos, hacía más intensa las ondas sutiles de aquel ambiente de cielo en la tierra, laborado con el amor de todos hacia el Kobda Rey que poseyó en grado sumo, el poder y la fuerza de hacerse amar de todos cuantos le conocimos.

"Abel se acercó el último a la hermosa aparición, que por su extrema blancura parecía formar luz en la penumbra violeta del Santuario. Y cuando terminó la melodía, la lira quedó sobre el asiento del sillón y la visión ya casi convertida sólo en un halo de claridad, envolvió a la Reina Ada y a Abel que se había arrodillado a sus pies, y luego se evaporó en la penumbra de la gran sala de oración, donde todos pensábamos lo mismo:

"¡Qué grande fue el amor de Bohindra que le hizo dueño de los poderes de Dios!".

"Tal fue la saturación de amor de aquella inolvidable tenida espiritual, que todos salimos de ella sintiéndonos capaces de ser redentores de hombres por el sacrificio y el amor.

"Desde ese momento comenzaron las grandes actividades de Abel, que con el apoyo y concurso de todos, supo cumplir los programas de Bohindra, en bien de los pueblos de la Alianza.

"La Fraternidad Kobda, reforzada por la unión de los últimos Dacthylos del Atica, lo fue aún más, en cuanto al elemento femenino traído al Santuario de La Paz por la Matriarca Walkiria, cuya grandeza atrajo a muchas mujeres de los países del hielo, a vestir la túnica azulada de las obras del pensamiento.

"Reunido el alto Consejo del Santuario, escuchó la palabra de Abel que decía:

"Los jefes y Príncipes de los pueblos me han designado sucesor del Kobda-Rey, porque el hecho de llevar en mis venas su sangre, representa para ellos como un derecho de parte mía y una garantía para ellos, de que yo seré justo como él fue. A las multitudes que no tienen nuestra educación espiritual, no podemos cambiarles de raíz su criterio referente a este punto, pero nosotros que estamos convencidos de que lo bueno como lo malo tiene su origen en el alma, principio inteligente del hombre, debemos obrar de acuerdo a nuestra convicción.

"Esto quiere decir que yo necesito que seáis vosotros, mis hermanos de ideales y de convicciones, quienes digáis y resolváis si debo o no ocupar el lugar del Kobda Rey en esta hora solemne de la actual civilización.

"Hilcar de Talpaken, el sabio Dacthylo que desde su llegada del Atica ocupaba el puesto de Consultor del Alto Consejo, aconsejó la conveniencia de no contrariar la voluntad de los Príncipes de la Alianza en cuanto a la designación de Abel. Y para aquietar los temores del joven Kobda, propuso que se hiciera tal como 25 años atrás, o sea que el Alto Consejo de Ancianos fuera quien respaldara al joven en todo cuanto se relacionara con el mundo exterior. De esta manera se eliminaban las inquietudes de Abel, que descargaba parte del gran peso del gobierno, en los diez Ancianos llenos de sabiduría y de prudencia, que serían los asesores en quienes confiaba plenamente.

"Esta solución propuesta por Hilcar, fue aceptada por todos, aun cuando era indispensable que ante la Gran Alianza, sólo apareciera Abel como lazo de unión entre los pueblos de tres continentes que lo habían proclamado Jefe Supremo en reemplazo de Bohindra".

Aquí terminaba uno de los papiros del Patriarca Aldis y Jhasua lo enrolló, dejando a sus amigos profundamente pensativos ante la verdadera historia que hasta entonces habían desconocido por completo.

Aquellos cuatro doctores de Israel, que habían desmenuzado sus escrituras sagradas punto por punto, procurando deslindar lo verdadero de lo ficticio, se encontraban de pronto con un monumento histórico que abría horizontes inmensos, a sus anhelos largamente acallados por la incógnita de la Esfinge que nada respondía a sus interrogantes.

Y ante el joven Maestro silencioso, los cuatro amigos traían al espejo iluminado de los recuerdos, ciertos datos verbales que la tradición oral había conservado vagamente y cortes de escrituras armenias, de grabados en arcilla encontrados entre las ruinas de la antigua Kalac, de Nínive, de las antiquísimas Sirtella y Urcaldia en Asiria y Caldea, de Menfis y Rafia en el Bajo Egipto. Templos como fortalezas, cuyas ruinas tenían una elocuencia muda; piedras que hablaban muy alto con sus jeroglíficos apenas descifrables, pero lo bastante para que espíritus analíticos y razonadores, comprendieran que la especie humana sobre la tierra venía no tan sólo de los cinco mil años que pregonaban los libros hebreos, sino de inmensas edades que no podían precisarse con cifras.

Los sepulcros de las cavernas con sus momias acompañadas de instrumentos músicos, de herramientas, de joyas, hablaban también de viejas civilizaciones desaparecidas, cuyos rastros habían quedado sepultados a medias en las movedizas arenas de los desiertos, entre las grutas de las montañas y hasta en el fondo de los grandes lagos mediterráneos que al secarse, dejaron al descubierto vestigios inconfundibles de obras humanas por encima de las cuales habían pasado millares de siglos.

La imaginación del lector, ve de seguro en este instante, erguirse majestuosa ante los cuatro doctores de Israel, la figura augusta de la Historia señalando con su dedo de diamante la vieja ruta de la humanidad sobre el planeta Tierra. Y como el lector lo ve, la vieron ellos, y su entusiasmo subió de tono hasta el punto de hacer allí mismo un pacto solemne, de buscar el encadenamiento lógico y razonado de cuanto dato o indicio encontrasen para reconstruir sobre bases sólidas, la verdadera historia de la humanidad en la Tierra.

—Nuestro hermano Filón trabaja activamente en este sentido —observó Jhasua—. Tiene una veintena de compañeros que recorren el norte de Africa en busca de esos rastros que vosotros deseáis también encontrar. Mi maestro Nasan, el que estuvo 14 años en Alejandría, tiene que ir nuevamente de aquí a tres años en cumplimiento de un convenio con Filón, como el que vosotros hacéis en este instante.

—¿Y ese convenio consistía? —interrogó Necodemus, y sin dejarle terminar respondió Jhasua:

—En que Filón en el Egipto repleto de recuerdos y de vestigios, y Nasan en Palestina y Mesopotamia, buscarían los rastros verdaderos de ese remoto pasado que acicatean la curiosidad de todos los buscadores de la Verdad.

—En tres años tenemos el tiempo suficiente para estudiar el Archivo venido de Ribla, lo cual nos habrá dado la luz que podremos llevar como aporte a la gran reunión de Alejandría —observó Nicolás de Damasco.

—Convenido. Tenemos una cita en la ciudad de Alejandro Magno para dentro de tres años —dijo José de Arimathea muy entusiasmado.

—Cuando yo tendré los veintiuno de mi edad —añadió Jhasua— por lo cual creo que valdré algo más que ahora, porque sabré más.

—Y yo —dijo el tío Jaime que hasta entonces se había limitado a ser sólo un escucha—, ¿no podría ser de la partida?

—Si le interesa este trabajo, por nosotros, no rechazamos a nadie —contestó José.

—Si no me interesasen, no estaría aquí. Mi propósito era facilitar el camino a Jhasua que acompañado por mí, no encontraría de seguro dificultades de parte de sus familiares.

—Tú también vendrás, Jhosuelín —dijo Jhasua a su hermano allí presente, como una figura silenciosa que no perdía palabra de cuanto se hablaba.

—Es mucho tiempo tres años para saber de seguro si iré o no —contestó sonriente Jhosuelín, cuyos grandes ojos obscuros llenos de luz lo asemejaban a un soñador que está siempre mirando muy a lo lejos—. Si puedo iré —añadió luego.

A los siete meses el joven cayó vencido por la enfermedad al pecho, ocasionada por aquel golpe de un pedruzco arrojado contra Jhasua y que Jhosuelín recibió en pleno tórax.

—Bien —dijo José—, no perdamos, pues, de vista este convenio. Los que estemos en condiciones físicas, acudiremos a la cita de Alejandría de aquí a tres años, o sea 36 lunas.

Como la hora ya era avanzada, pocos momentos después todos descansaban en la tranquila casita de Joseph, el artesano de Nazareth.

Y tres días después, los cuatro viajeros regresaban a Jerusalén, satisfechos del gran descubrimiento, y llevándose las copias que Jhasua les había regalado.

Llevaban, además, la promesa de Myriam y de Joseph, de que pasados tres meses dejarían al joven regresar al Tabor a donde habían convenido acompañarle Nicolás de Damasco y Nicodemus con fines de estudio del Archivo, si los Ancianos del Santuario lo permitían.

NAZARETH

Los tres meses de estadía en su pueblo natal fueron para Jhasua de un activo apostolado de misericordia. Diríase, que inconscientemente, preparaba él mismo las muchedumbres que le escucharían doce años después.

Acompañando a los Terapeutas peregrinos ejerció con éxito sus fuerzas benéficas en innumerables casos, que pasaron sin publicidad, atribuidos a las medicinas con que los Terapeutas curaban todos los males. Aun cuando los benéficos resultados fueron ocasionados por fuerza magnética o espiritual, convenía por el momento no despertar la alarma que naturalmente se sigue de hechos que para el común de las gentes, son milagrosos.

Visitó los pueblecitos de aquella comarca, en todos los cuales tenía amistades y familiares que le amaban tiernamente. Simón, que cerca al Lago Tiberíades tenía su casa, le hospedó muchas veces y probó al joven Maestro que aquella lección que le diera años atrás bajo los árboles de la entrada al Tabor, había sido muy eficaz.

—Nunca más dije una mentira, Jhasua —decía Simón, el futuro apóstol Pedro.

—Buena memoria tienes, Simón. Ya no recordaba yo aquel pasaje que tanta impresión te hizo.

Y Jhasua al decir esto irradiaba sobre aquel hombre sencillo y bueno, una tan grande ternura, que sintiéndolo él hondamente, decía conmovido:

—Eres, en verdad, un Profeta, Jhasua. Apenas estoy cerca de tí siento que se avivan en mí los remordimientos por mis descuidos en las cosas del alma, y me invaden grandes deseos de abandonarlo todo para seguirte al Santuario.

—Cada abejita en su colmena, Simón; que no es el Santuario el que hace justos a los hombres, sino que los justos hacen el Santuario.

"Si cumples con tus deberes para con Dios y con los hombres, tu casa misma puede ser un santuario. Tu barca que es tu elemento de trabajo, puede ser un santuario.

"Este lago mismo del cual sacas el alimento para tí y los tuyos, es otro templo donde el Altísimo te hace sentir su presencia a cada instante.

"La grandeza y bondad de Dios la llevamos en nosotros mismos, y ellas se exteriorizan a medida de nuestro amor hacia El.

—De aquí a tres días será el matrimono de mi hermano Andrés, y él quiere que tú vengas con nosotros ese día. ¿Vendrás Jhasua?

—Vendré, Simón, y con mucho gusto.

—La novia es una linda jovencita que tú conoces, aunque no sé si la recordarás, Jhasua.

—A ver, dímelo, que yo tengo buena memoria.

—¿Recuerdas aquella pobre familia que vivía del trabajo del padre en el molino, y que fue preso por un saquillo de harina que llevó para sus hijos?

—Sí, sí, que la esposa estaba enferma y los niños eran cinco.

"El menor era Santiaguillo, que corría siempre detrás de mí. Lo recuerdo todo, Simón.

—Pues bien, la niña mayor es la que se casa con mi hermano Andrés. Ese día estarán todos ellos aquí, y tendrán un día de felicidad completa si tú estás con nosotros.

—Vendré, Simón, vendré. Es voluntad del Padre Celestial que todos nos amemos unos a otros, y que no mezquinemos nunca la dicha grande o pequeña que podamos proporcionar a nuestros semejantes.

—La madre sanó de su mal y debido a los Terapeutas se reparó el daño hecho al padre que ahora tiene un buen jornal en el molino —siguió diciendo Simón, que veía la satisfacción con que Jhasua escuchaba las noticias de sus antiguas amistades.

Al visitar la casa de Zebedeo y Salomé, encontró al pequeño Juan con un pie dislocado por un golpe. El chiquillo que ya tenía 7 años se puso a llorar amargamente cuando vio a Jhasua que se le acercaba.

—Porque tú no estabas Jhasua se me rompió el pie —le decía entre sus lloros.

—Esto no es nada, Juanillo, y es vergüenza que llore un hombre como tú—. Y así diciendo Jhasua se sentó al borde del lecho donde tenían al niño con el pie vendado y puesto en tablillas. Le desató las vendas y apareció hinchado y rojo por la presión.

Salomé estaba allí y Zebedeo acudió después.

Jhasua tomó con ambas manos el pie enfermo durante unos instantes.

—Si el Padre Celestial te cura, ¿qué harás en primer lugar? —preguntó al niño que sonreía porque el dolor había desaparecido.

—Correré detrás de tí y no te dejaré nunca más —le contestó el niño con gran vehemencia.

—Bien, ya estás curado; pero no para correr tras de mí por el momento; sino para ayudar a tu madre en todo cuanto ella necesite de tí.

Juanillo se miraba el pie que aún tenía las señales de las vendas pero que ya no le dolía; miraba luego a Jhasua y a su madre como dudando de lo que veía.

—Vamos, bájate de la cama —díjole Jhasua— y tráeme cerezas de tu huerto que las veo ya bien maduras.

Juanillo se puso de pie y se abrazó a Jhasua llorando.

—¡Estoy curado, estoy curado, y pasé tantos días padeciendo aquí porque tú no estabás, Jhasua, porque tú no estabas!

La madre, enternecida, susurraba la oración de gratitud al Señor por la curación de su hijo, el pequeño, el mimoso, el que había de amar tan tiernamente al Hombre-Luz, que éste llegara a decir que *"Juan era la estrella de su reposo".*

—Jhasua es un profeta de Dios —decía Zebedeo a Salomé, su mujer—, porque el aliento divino le sigue a todas partes. Los pescadores del lago creen que es Eliseo porque lo descubre todo. Nada se le oculta. Otros dicen que es Moisés, porque manda sobre las aguas.

—¿Cómo es eso? —inquirió Salomé—. ¡Tú nada me habías dicho!

—Porque los Terapautas nos mandan callar. Hace tres días hizo subir el agua hasta el *banco grande* donde habían encallado dos barcas y sus dueños desesperados lloraban porque era esa toda su fortuna, su medio de ganar el pan. Las tormentas le obedecen y el viento de ayer, que hacía zozobrar las barcas, se calmó de pronto, no bien él llegó a la orilla.

—La voz va corriendo de que el hijo de Joseph es un profeta.

Este breve diálogo tenía lugar en la casita de Zebedeo, junto al lago de Tiberíades, mientras Jhasua bajo los cerezos del huerto recibía en una cesta de juncos, la fruta que Jhoanín le dejaba caer a puñados desde lo alto de los árboles.

Fue en esta breve estadía de Jhasua en su pueblo natal, que se despertó en Galilea un pensamiento que estaba dormido desde los días de su nacimiento en que hubo sucesos extraños en la casita de Joseph. Pero de eso habían pasado 18 años, y las gentes olvidan pronto lo que no afectan al orden material de su propia vida.

También estos sucesos se adormecieron semi-olvidados en el silencio esenio, reservado y cauteloso en aquella hora de inseguridad en que se vivía, bajo el yugo extranjero por una parte, y bajo el látigo de acero del clero de Jerusalén, que castigaba con severísimas penas a todo el que, fuera de los círculos del Templo se permitiera manifestaciones de poderes divinos.

Las autoridades romanas habían dejado a los Pontífices de Israel toda autoridad para juzgar a su pueblo. Sólo se les había retirado el poder de aplicar la pena de muerte. Pero la confiscación de bienes, las prisiones, las torturas, los azotes, eran ejercidos con una facilidad y frecuencia que tenían espantados a los hebreos de las tres regiones habitadas por ellos: Judea, Galilea y Samaria.

Esto explicará al lector, el silencio que los Terapeutas mandaban guardar referente a los poderes superiores que empezaban a manifestarse en Jhasua.

La ciudad de Tiberias construida sobre la margen occidental del lago, y recientemente concluida en toda la magnificencia de su fastuosa ornamentación, era el punto mágico que tenía el poder de atraer por la curiosidad, a los sencillos galileos que no habían visto nunca cosa semejante.

Y aunque los anatemas del clero contra *"La obra pagana inspiración de satanás"*, según decía, retraía un tanto a los más tímidos, este temor fue desapareciendo poco a poco, hasta el punto de que eran muy pocos los que no hubiesen llegado a conocer la dorada ciudad, orgullo de los Herodes.

En determinadas épocas del año, sobre todo en primavera y el estío, era el punto de reunión de cortesanos y cortesanas de Antipas o Antípatro, como más familiarmente se le llamaba al hijo de Herodes el Grande, que aparecía como Rey de aquella provincia, aunque su autoridad estaba limitada por otras dos más fuertes que la suya: la del Gobernador Romano, representante del César, y la del clero de Jerusalén, que para los hebreos representaba la temida Ley de Moisés.

En tales épocas, el lago de Tiberíades dejaba de ser el tranquilo escenario de los pescadores, para convertirse en un espejo encantado, donde se reflejaban las fastuosas embarcaciones encortinadas de púrpura y turquí de los cortesanos del rey.

Los festines y las orgías empezadas en los palacios, en las termas, o bajo las columnatas de mármol con techumbre de cuarzo que brillaban bajo el sol del estío, continuaban sobre el lago, que iluminado con antorchas, tomaba un aspecto fantástico y encantador.

Emisarios reales acudían solícitamente a limpiar el lago de las sucias barcazas de los pescadores, cuando iba a realizarse un festín sobre las aguas.

Un día ocurrió que Jhasua con su tío Jaime y Jhosuelín, fueron a visitar las familias amigas de las orillas del lago en las cuales había algunos enfermos. Los Terapeutas que cuidaban aquella región, estaban de viaje por otros pueblos, y Jhasua se creyó obligado a remediar la necesidad de sus hermanos.

Enseguida le informaron los pescadores que por el fuerte viento de los días pasados no habían podido salir a extender sus redes. Y que ese día que apareció hermoso y sereno, ya vino la orden de Tiberias que ningún pescador de las cercanías de la gran ciudad, saliera al lago, ni dejara redes tendidas.

—Para nosotros es la vida, es el pan, es la lumbre de nuestro hogar —decían quejándose amargamente—. Tienen sus palacios, sus parques, sus plazas y paseos. Nosotros sólo tenemos el Lago que nos da el sustento de cada día, y aun esto nos quitan los grandes magnates que están hinchados de todo.

El corazón de Jhasua sentía este clamor y se rebelaba ante la injusticia de los poderosos, que no podían ser felices sino causando dolor a los humildes.

—¿A qué hora —preguntó— son los festines de la corte?

—Comienzan al atardecer y se prolongan durante toda la noche. Ya andan poniendo los postes para las antorchas.

—Vuestra necesidad está primero que los festines de los cortesanos del rey —dijo—. Dios manda por encima de todos los reyes de la tierra, y Dios da sus poderes divinos a todo el que sabe emplearlos en cumplimiento de su voluntad.

"Tened fé en Dios, que El es vuestro Padre y mira vuestra necesidad más que el capricho voluptuoso de gentes que sólo viven para su placer.

La forma en que habló Jhasua asustó a todos, pues pensaron que iba a entrevistarse con los empleados reales que colocaban antorchas y gallardetes desde la ciudad hasta larga distancia.

—¿Qué vas a hacer? —preguntóle su tío Jaime.

—Tú y Jhosuelín venid conmigo. Vosotros todos entraos a vuestra casa y orad a Jehová para que haga justicia en este caso —dijo resueltamente.

Y poseído de una fuerza y energía que era visible para todos, subió a una barquilla amarrada a la costa, seguido del tío Jaime y Jhosuelín.

Extendieron el rústico toldo de lona para preservarse del sol, y Jhasua se sentó cómodamente y cerró sus ojos.

Una vibración tan poderosa emanaba de él, que el tío Jaime y Jhosuelín cayeron bajo su acción y se quedaron profundamente dormidos.

Cuando se despertaron, el cielo estaba color ceniza y amenazaba lluvia. Sólo habían pasado dos horas.

—Vamos —les dijo Jhasua—. La voluntad de Dios puede más que la de los hombres.

—Parece que tendremos lluvia —dijo el tío Jaime, comprendiendo lo que había pasado, o sea que su gran sobrino había puesto en juego los poderes superiores que había desarrollado en grado sumo, y que cuando es justicia, se manifiestan en bien de quienes lo necesitan y lo merecen.

Jhasua guardó silencio y cuando llegaron a la casa de los pescadores, les encontraron contentos preparando sus redes para salir al lago.

—¿Salís ahora a tender las redes? —le preguntó Jhosuelín.

—Claro está que salimos: ¿No ves que los hombres de la ciudad levantan sus aparejos del festín porque temen la lluvia?

En efecto, recogían gallardetes y colgaduras; y las balsas convertidas en plataformas con mesas y divanes, con doceles de púrpura y guirnaldas de flores, desaparecieron rápidamente. El cielo estaba amenazante y por momentos se esperaba una descarga torrencial, pues el aire se había enrarecido hasta ponerse sofocante.

Una caravana de pescadores salieron a tender sus redes.

—Nosotros no tememos la lluvia, sino al hambre —decían mientras cantando tomaban posesión de su lago, el querido lago que siempre les dió el sustento y al cual, la audacia de un reyezuelo soberbio había cambiando su viejo nombre de *Genezareth* por el de *Tieberiades* para honrar la ciudad de *Tiberias* edificada sobre la orilla occidental.

Unas horas después la tormenta se desvanecía como una bruma de ceniza, y de nuevo la claridad hermosa de un cielo de turquesa compartía la alegría de los humildes pescadores galileos que decían a coro, aunque muy bajito:

—El hijo de Joseph es un profeta de Dios al cual obedecen los elementos.

Pocos días después Jhasua tuvo conocimiento de que en la suntuosa ciudad de Tiberias ocurría un hecho que para él era insoportable y era el siguiente:

Los pobres, los hambientos, los desheredados, viven naturalmente buscando lo que desperdician de sus harturas los ricos, los felices de la vida. Y sucedía que grupos de éstos desventurados acudían a la entrada de las termas donde se levantaban tiendas movibles con toda clase de frutas y delicados manjares, para incitar el apetito de las gentes de posición que acudían a los baños. Y allí, los rostros escuálidos y hambrientos de los menesterosos a veces movían la compasión a algunas elegantes mujeres, que les pagaban en las tiendas algún puñado de frutas.

Pero este espectáculo triste, de rostros macilentos y haraposas vestiduras, no podía agradar a la corte de Antípatro cuando acudía con toda fastuosidad en lujosa litera llevada por ocho esclavos etíopes, y seguido de sus cortesanos a bañarse a las termas.

Y el mayordomo de palacio acudía siempre una hora antes de la llegada del rey a espantar todo aquel enjambre de chicuelos hambrientos, de viejos decrépitos, de paralíticos, que se arrastraban sobre una piel de oveja, etc., etc.

Aquella visión no era digna de los ojos reales ni de las sensibles cortesanas, que podían sufrir crisis de nervios ante un espectáculo semejante.

Jhasua, que se interesaba por todo dolor que azotara a los humildes, invitó un día a su tío Jaime y Jhosuelín, compañeros de todas sus andanzas de misericordia, y llegó hasta la dorada ciudad de los jardines encantados, donde había tantas plantas finas y exóticas como estatuas de mármol traídas por Herodes el Grande del otro lado del mar, y provenientes de las grandes ruinas de ciudades de Grecia y de Italia. Con tales tesoros artísticos había contribuído Tiberio César a pagar la adulación de Herodes creando una ciudad que inmortalizara su nombre: Tiberias.

Jhasua no se escandalizó como los puritanos fariseos, ni de los templos paganos, ni de la belleza desnuda de mármoles que eran en verdad obras magníficas de los más famosos escultores griegos de aquellos tiempos. De una sola cosa se escandalizó, y fué del dolor y la miseria que sufrían seres humanos en medio de la hartura y alegría insultante y desvergonzada, de los privilegiados de la fortuna.

Se sintió como si fuera el brazo de la Justicia Divina, y se colocó como un paseante cualquiera en la gran plaza de las Termas, que empezaba a llenarse de gentes para ver a la corte que debía acudir esa tarde.

Pronto llegó el mayordomo de palacio, en litera y escoltado por guardias armados de látigos.

El bajó y penetró a los pórticos donde un ejército de criados tendían tapices, alfombras de Persia en la entrada principal, y colocaba a los músicos y danzarinas en los sitios que les eran habituales. Y los guardias látigo en mano, se disponían a ejercer sus funciones contra los escuálidos cuerpos de chicuelos, famélicos, que espiaban la caída de una fruta o de una golosina en mal estado, o registraban la grandes cestas depósito, donde los vendedores arrojaban los desperdicios.

El tío Jaime y Jhosuelín temblaban, por lo que adivinaban que Jhasua iba a hacer.

Lo veían con el semblante enrojecido y todo él vibrando como una cuerda de acero que amenazaba estallar.

Un guardia pasó cerca con su látigo en lo alto hacia un grupo de chicuelos y dos mujeres indigentes con niños enfermos en brazos, que ya se disponían a huir. El guardia se quedó de pronto paralizado y con todo su cuerpo que temblaba como atacado repentinamente de un extraño mal. El tío Jaime que adivinaba a Jhasua, se acercó a una de las tiendas y compró una cesta de pastelillos y otra de uvas, y repartió tranquilamente al azorado grupo sobre quienes iba a caer el látigo del guardia.

—Idos lejos de aquí y esperadme en el camino a Nazareth —les dijo a media voz.

Jhasua se acercó al guardia que luchaba por reponerse y le dijo:

—No uséis vuestra fuerza contra seres indefensos, que hacen lo que vos haríais si tuvierais hambre.

—Yo soy mandado y cumplo con mi deber —contestó cuando pudo hablar, pues que hasta la lengua tenía entorpecida.

—El primer deber del hombre es amar a los demás hombres, y no olvidéis nunca que por encima de los reyes de la tierra, hay un Dios justiciero que defiende a los humildes.

—¿Quién eres tú que me hablas así? —preguntó el guardia azorado.

—Soy un hombre que ama a todos los hombres. Y en este momento, soy también la voz de Dios que te dice: No te prestes nunca como instrumento de la injusticia de los poderosos, y El te colmará de bienes y de salud.

El guardia se quedó lleno de estupor que él mismo no se explicaba. Aquel jovencito le causaba espanto. A los otros guardias de los látigos les ocurrió igual caso que el que acabamos de relatar.

Jhasua había puesto en acción lo que se llama en Ciencia Oculta, *el poder de ubicuidad*, que le permitió presentarse al mismo tiempo a los cuatro guardias en el momento en que iban a emprenderla a latigazos con los pobres y chicuelos desarrapados que había en la plaza; y decirles las mismas palabras que entre ellos comentaron poco después.

Y entre ellos corrió la voz de que era un mago de gran poder; y tan insistente fue el cuchicheo entre los guardias del palacio de Antípatro que el caso llegó a oídos del rey, el cual, hastiado siempre de su vida de orgías, andaba a la pesca de novedades que le divirtieran.

Y llamando a los cuatro guardias, a cada uno por separado se hizo explicar el caso del hermoso mago, que siendo tan jovenzuelo, sabía tanto.

Y mandó que le buscaran por toda la ciudad y lo trajeran a su presencia, para dar un espectáculo nuevo a sus cortesanos con los prodigios que aquél haría.

Mas Jhasua ya estaba en su casita de Nazareth, perdida entre las montañas a 30 estadios de la fastuosa ciudad, y, lógicamente, los guardias no lo encontraron.

Pero Antíprato, aunque voluble, era tenaz cuando se veía defraudado en sus caprichos, y empezó a cavilar en el asunto del mago.

—Si habla de Dios —pensó— y del amor a los mendigos hambrientos, no es un mago de la escuela de los caldeos y de los persas, sino un profeta hebreo como los que abundaron en esta tierra desde siglos atrás. Mariana, mi madrastra, contaba divertidas historias de esos profetas.

Y llamando a su mayordomo, le dijo:

—Anuncia que de aquí a tres días iré con la corte a las Termas, donde haré un gran festín. Los pordioseros acudirán en abundancia, y nuestro mago irá también a defenderles del látigo de mis guardias.

"Quiero que le traigas a mi presencia así que le veas. No quiero que le hagas daño alguno ni uses violencia con él.

Pero Jhasua, no apareció más en Tiberias, ni los pordioseros tampoco, porque el joven maestro, ayudado por el tío y Jhosuelín, fué averiguando la causa de su extremada miseria cuando les encontró aquel día en su regreso de Nazareth. Les colocaron muy discretamente entre las familias esenias, casi todos artesanos y labradores. Y los que se hallaban inutilizados para todo trabajo a causa de sus dolencias físicas, fueron llevados a los ocultos refugios-hospicios que tenían los Terapeutas, donde se les ponía en tratamiento y muchos de ellos se aliviaban de su mal, o curaban completamente.

Nuestro Jhasua estaba muy preocupado por la enfermedad que advertía en el más querido de sus hermanos: Jhosuelín.

Y un día, en íntima conversación con su madre y el tío Jaime, insinuó la conveniencia de llevarlo consigo al Santuario del Tabor, a fin de ponerlo en tratamiento por los métodos curativos que allí se usaban.

—Jhosuelín, no quiere vivir —dijo tristemente Myriam.

—¿Por qué? ¿Hay acaso algún secreto odioso que le obligue a renegar de la vida? —preguntó Jhasua.

—No lo sé hijo mío. Jhosuelín es muy reservado en sus cosas íntimas y nada dice, ni aún a su hermana Ana a la cual tanto quiere.

—Sólo tiene 21 años y nuestro padre lo quiere tanto... —añadió Jhasua—. Habrá que convencerlo que debe vivir aunque sea por la vida de nuestro padre, que se verá seriamente amenazada con un disgusto tan grave.

—Háblale tú y acaso contigo sea más comunicativo —observó el tío Jaime.

—¿Dónde está él ahora?

—Con su padre pagando los salarios a los operarios. Mañana es sábado. Vete tú allá, y di a tu padre que venga a descansar, y tú ayudarás a Jhosuelín. Retirados los jornaleros te quedas solo con él.

—Voy madre, voy. —Y Jhasua cruzó rápidamente el huerto y se perdió detrás de las pilas de maderas que se levantaban como barricadas bajo cobertizos de cañas y juncos.

La Luz Eterna, maga de los cielos que copia en su inmensa retina cuanto alienta en los mundos, descorre por momentos sus velos de misterio, y deja ver a quienes con justicia y amor la imploran en busca de la Verdad.

La maga divina copió los pasos, los pensamientos, los anhelos del Hombre-Dios en la tierra, y nosotros humildes abejitas terrestres podemos alimentarnos de esa miel suavísima y plena de belleza, de la vida íntima del Cristo en su doble aspecto de divina y humana, tan hondamente sentida.

Tal como Myriam aconsejó a su hijo, lo hizo y sucedió. Jhasua quedó con los operarios del taller y Joseph fué a ocupar su sitio habitual junto al hogar donde la dulce esposa condimentaba la cena y Jaime su hermano, le adelantaba en el telar el tejido de una alfombra destinada a Jhasua para su alcoba en el Santuario de Tabor.

—Jhasua quiere hablar a Jhosuelín sobre su curación —dijo Myriam a su esposo.

—En verdad que su mal me trae inquieto —contestó Joseph.

—Jhasua quiere llevarle con él al Santuario para que los Ancianos le curen como es debido, porque aquí ya lo ves, no es posible. Cuando se vayan los jornaleros le hablará.

—Lo que no consiga él —dijo Joseph— de seguro no lo conseguirá nadie. Este hijo es de verdad un elegido de Jehová y nada se le resiste.

—Que lo digan si no, los pescadores del lago —dijo Jaime interviniendo en la conversación. El mismo les había hecho el relato.

—Y que lo digan así mismo los guardianes del rey —añadió riendo Joseph, al recordar aquel hecho que Jaime y Jhosuelín les habían referido en secreto y con todos los detalles.

—Pero a veces me espantan esas manifestaciones del poder divino en mi hijo —decía Myriam—. Yo quería un hijo bueno y gran servidor de Dios, pero no rodeado de tanta grandeza, porque si se hace visible para todos, será menos nuestro, Joseph. A más, que en estos tiempos más que en otros anteriores, es un peligro de la vida el destacarse y llamar la atención de las gentes.

—Hay mucha cautela y prudencia en todo hermana mía, ya lo ves —decía Jaime tranquilizando a Myriam siempre alarmada por lo que pudiera ocurrir a Jhasua.

—A más Jerusalén está lejos, y mientras él no toque los intereses de los magnates del templo, no hay temor de nada.

—¿Sabes Myriam que hoy recibí una epístola de Andrés de Nicópolis, el hermano de Nicodemus, en la cual pide permiso para que su hijo Marcos comience relaciones con Ana?

—¡Oh... es una gran noticia! y ¿qué dice Ana, pobrecilla tan dulce y buena?

—No lo sabe todavía. Pero ¿dónde se han visto pregunto yo?

—Yo lo sé. Debíamos haberlo sospechado. Esto ha ocurrido en casa de nuestra prima Lía en Jerusalén. Y ahora recuerdo que en nuestra última estadía allá para las fiestas de la Pascua, Marcos frecuentaba mucho la casa de Lía y le vi varias veces hablar con Ana.

—¡Mirad, mirad, qué calladito lo tenían al asunto! —decía Jaime.

—Un vínculo más con la noble y honrada familia de nuestro querido amigo, es una gran satisfacción para mí —añadió Joseph, mientras saboreaba el humeante tazón de leche con panecillos de miel que Myriam le había servido.

Marcos, que estudiaba los filósofos griegos y estuvo luego tres años en Alejandría al lado de Filón, sería otro testigo ocular de gran importancia, que debía referir más tarde la verdadera vida del Cristo, si no hubieran desmembrado su obra, *"El Profeta Nazareno"* para dejarla reducida a la breve cadena de versículos que el mundo conoce como "Evangelio de Marcos".

Y mientras esto ocurría en la gran cocina de Myriam, en un compartimento del taller, Jhasua y Jhosuelín dialogaban íntimamente.

—Jhosuelín, ya sabes como te he querido siempre y te he obedecido como a hermano mayor, hasta el punto que bien puedo decir que fuiste quien más soportó el peso de mis impertinencias infantiles después de mi madre.

—Y yo estoy satisfecho de ello Jhasua. ¿A qué viene que me lo recuerdes?

—Es que tu enfermedad sigue su curso y tú no quieres que se te cure. Yo quiero llevarte conmigo al Tabor para que los Ancianos se encarguen de curar tu mal.

—Si Dios quisiera prolongar mi vida, tu solo deseo de mi curación sería bastante. ¿No lo has comprendido hermano?

—He comprendido que hay una fuerza oculta que obstaculiza la acción magnética y espiritual sobre ti, y por eso he querido tener esta conversación contigo para tratar de apartar esos obstáculos —decía Jhasua que al mismo tiempo ejercía presión mental sobre su hermano, del cual quería una confidencia íntima.

Por toda contestación Jhosuelín sacó de un bolsillo interior de su túnica un pequeño libreto manuscrito y hojeándolo dijo:

—Si quieres oír lo que aquí tengo escrito, quedarás enterado de lo que en este asunto te conviene saber.

—Lee, que escucho con mucho gusto.

—Como buen esenio, practico todos los ejercicios propios para mi cultivo espiritual —añadió Jhosuelín— y aquí está cuanta inspiración y manifestación interna he tenido. Oye pues:

"Apresúrate a llegar porque tus días son breves en esta tierra.

"Viniste sólo para servir de escudo al Ungido durante los años que él no podía defenderse de las fuerzas exteriores adversas.

"El ha entrado en la gloriosa faz de su vida física en que no sólo es capaz de defensa propia, sino de defender y salvar a los demás.

"Pronto la voz divina te llamará a tu puesto en el plano espiritual.

"Los custodios del Libro Eterno de la Vida te esperamos".

Albazul.

—¡Magnífico! —exclamó Jhasua—. Ahora lo comprendo todo; *Albazul* es el jerarca de la legión de Arcángeles que custodian los Archivos de la Luz Eterna. Ignoraba que tú pertenecías a esa Legión. Nunca me lo dijiste.

—Soy un esenio y sin necesidad no debo hablar de mí mismo. ¿No manda así nuestra ley? Ahora te lo digo porque veo la necesidad de que no gastes fuerza espiritual en prolongar mi vida sobre la tierra.

—¡Oh mi gran hermano!... —exclamó Jhasua enternecido hasta las lágrimas y abrazando tiernamente a Jhosuelín.

—Yo no quiero verte morir. Vive todavía por mí, por nuestro padre que irá detrás de tí, si te vas, Jhosuelín, vive todavía un tiempo más y da a nuestros padres el consuelo de dejarte curar.

"¿No ves que están desconsolados por tu resistencia a la vida? Parecería que estás cansado de ellos porque no les amas.

—También dice nuestra ley —añadió Jhosuelín— que en cuanto nos sea posible seamos complacientes con nuestros hermanos. Está bien Jhasua, accedo a ir contigo al Tabor.

—Gracias Jhosuelín, por lo menos nuestro padre tendrá el consuelo de que se hizo por tu salud cuanto se pudo hacer.

Y dos semanas después llegaban de Jerusalén, los amigos que debían ir con el joven Maestro a estudiar el Archivo de Ribla. Llegaban los cuatro: Nicolás, Gamaliel, Nicodemus y José de Arimathea.

—¿Cómo aquí José? —le decía cuando entró el primero en la casa.

—¿Qué quieres, hijo mío? El corazón no pudo resignarse a no acompañarte, y cedí al corazón. Y Gamaliel no quiso ser solo el perezoso, y aquí estamos los cuatro.

—Mejor así, por aquello de que cuatro ojos ven más que dos —decía Jhasua contento de ver que el entusiasmo de sus amigos no había disminuído en nada.

Y antes de partir, Jhasua en un aparte con sus padres les explicó referente a Jhosuelín, haciéndoles comprender que en la terminación de las vidas humanas por lo que llamamos *muerte*, no solamente hay que buscar la causa en una deficiencia física, sino en la voluntad Divina, que ha marcado a cada ser el tiempo de su vida en el plano terrestre. Y aunque hay casos en que por motivos poderosos, ciertas inteligencias guías de la evolución humana, pueden prolongar algo más una vida, como pueden abreviarla, en el caso de Jhosuelín nada podía afirmarse.

—Tu hijo, padre, es un gran espíritu y vino unos años antes que yo para protegerme y servirme de escudo en el plano terrestre, durante la época infantil que me incapacitaba para mi propia defensa. Esa época ha pasado, y él es tan consciente y tan señor de sí mismo, que esa es la causa porque no ama la vida.

"No obstante se hará por su salud cuanto sea posible, y vos padre, tendrás la fuerza necesaria para aceptar la voluntad Divina tal como ella se manifieste.

—Bien hijo, bien. Que sea como el Señor lo mande. ¡Pero yo quedaré tan solo sin él! —y el anciano padre ahogó un sollozo sobre el pecho de Jhasua que le abrazó en ese instante.

—Si no podemos evitar la partida de Jhosuelín, yo vendré a quedarme contigo hasta que cierres tus ojos padre mío.

Y la pequeña caravana partió hacia el Monte Tabor, entre cuyos boscosos laberintos se ocultaba aquel Santuario de Sabiduría y de Santidad, que derramaba amor y luz en toda aquella comarca.

La distancia era muy corta y andando a pie podía hacerse en dos horas si fuese el camino recto, pero como se hacía costeando serranías y colinas, llegaron pasado el mediodía.

Los Ancianos les esperaban, y como los siete viajeros eran esenios de los grados tercero y cuarto, tenían libre entrada en todas las dependencias de aquel original Santuario labrado por la Naturaleza, y donde bien poco había hecho la mano del hombre.

Los siete viajeros fueron instalados en la alcoba de Jhasua que era, como se recordará, un compartimento del recinto de estudio, dividido por cortinas de juncos que se trasladaban a voluntad, así para disminuir como para agrandar un local.

El tío Jaime manifestó a su llegada, que él se encargaba de atender a que nada faltase a los huéspedes y a ser el mensajero para el mundo exterior. El viejo portero Simón padre de Pedro, estaba muy agotado por los años y pocos servicios podía prestar al Santuario.

Jhosuelín se sometió dócilmente al tratamiento curativo que los Ancianos le impusieron y que le fué tan eficaz, que veinte días después regresaba al hogar con nuevas energías y con nueva vida.

Era una concesión de la Ley Eterna al justo Joseph que pedía la prolongación de la vida de su hijo.

Viéndole tan lúcido y consciente, los Ancianos dijeron a Jhosuelín.

—La Ley te concede un año más en el plano físico. Vívelo para tu padre, que por él se te da.

Veinte días permanecieron también los cuatro doctores de Israel estudiando el Archivo, del cual participará el lector si desea conocer la verdadera historia de nuestra civilización.

EL PAPIRO 79

El Archivo de Ribla con los 80 rollos de papiro que componían *"Las Escrituras del Patriarca Aldis"* entre las cuales se hallaba transcripta la breve escritura de la Princesa Sophia madre de Evana, fué como una formidable descarga de dinamita a la base de una fortaleza que guardara el fantasma de los siglos ignorados.

Y la Razón, hija divina de la Suprema Inteligencia que le otorgó como un don a la criatura humana, se levantó con esplendores de diosa ante los absortos lectores de aquellos papiros amarillentos, que una urna funeraria de las orillas del Nilo había devuelto a la humanidad que buscaba en las tinieblas.

Aparecía allí como un sol radiante, la Energía Divina transformándolo todo en el correr de inmensas edades, y por la fuerza omnipotente de sus leyes inmutables, cuya perfección es tal, que jamás son cambiadas ni interrumpidas por nada, ni por nadie.

Desde la nebulosa inmensa cirniéndose en el espacio infinito como un velo de ilusión, para luego disgregarse en burbujas de gas que serán los globos siderales, futura habitación de humanidades, hasta el imperceptible comienzo de su vida en la célula que será una larva primero, y un organismo después, todo desfiló como en un gigantesco escenario, ante los lectores estupefactos de aquel modesto Archivo sepultado en las grutas del Monte Tabor, donde ignorados hombres de grandes ideales, luchaban en la sombra para dar luz a la humanidad.

¡Qué grande aparecía la Majestad Divina ante ellos! ¿A qué quedaba reducido ese pobre Jehová pregonado por los textos hebreos que hace una figura de barro, la sopla y tiene vida: le saca una costilla y surge una mujer? Les parecía risible que seres con inteligencia y con razón, hubieran podido escribir una cosa semejante y entregarla como un dogma a la humanidad.

¡Es tan pequeña la criatura humana que difícilmente puede abarcar con su mentalidad la idea de lo *Eterno* lo que no tiene principio, ni tiene fin!

Y le es asimismo penoso y difícil, comprender y asimilar la idea de la lenta evolución y transformación de todos los seres y de todas las cosas, a través de una serie de procesos de perfeccionamiento que ocupan no sólo siglos, sino edades de millares de siglos.

El Pensamiento Eterno, condensó en el espacio infinito una nebulosa que era energía de Sí Mismo. Era lo bastante.

Esa nebulosa seguiría su evolución durante largas edades hasta llegar a formar un Sistema planetario, y en cada planeta surgiría a su tiempo la vida inorgánica primero, y orgánica después, hasta llegar, a través de millares de siglos a la perfección de la especie humana, admirable y magnífica semblanza del Eterno Creador: el alma humana animada de los poderes excelsos de su Divino Hacedor, y capacitada para llegar hasta El, después de un largo proceso de perfeccionamiento mediante el cultivo y uso de las facultades de que fue dotada.

Todo ésto comprendieron los lectores de "Las Escrituras del Patriarca Aldis" en aquellos días serenos y plácidos del otoño galileo, bajo un cielo de turquesa y en la dulce quietud de las grutas del Tabor.

Y para dar, como diríamos, una forma claramente comprensible a este relato, veamos lector amigo los papiros 79 y 80 que esbozan como en un espejo mágico la civilización de entonces, y relatan la muerte de Abel, y más tarde la de sus padres Adamú y Evana.

El lector sería el maestro Nasan, aquel que pasara 14 años en Alejandría buscando al lado de Filón, los rastros de la verdad perdida bajo los escombros amontonados por los siglos.

Los otro nueve Esenios que con él estaban encargados de instruir y guiar a Jhasua, en la conquista de la Sabiduría estaban allí presentes, más los cuatro doctores venidos de Jerusalén, el tío Jaime y Jhosuelín, era ya un conjunto respetable de inteligencias y de voluntades puestas al servicio de la verdad.

El papiro 79 era como una apoteosis del Hombre-Luz, Abel, que continuó la obra de Bohindra en favor de la paz y la justicia.

El papiro 80 relataba la muerte del justo y más tarde la de sus padres Adamú y Evana.

Y el maestro Nasan inició la lectura del rollo 79 que decía así:

"Relata la gloria de Abel, que fue como una bendición sobre los pueblos, y su trágica muerte por causa de Kaino, su hermano adoptivo.

"La Luz Divina estaba con él, porque siempre buscó el consejo de los Ancianos y jamás impuso su voluntad con violencia.

"Se creía un niño entre los hombres de experiencia y saber, y escuchaba con amor la palabra de todos para obrar aquello que convenía a todos.

"Nunca se buscó a sí mismo y parecía haber olvidado que era el Thidala, dirigente de innumerables pueblos que tenían toda su esperanza en él.

"El mismo limitó el poder omnímodo, que los Príncipes de la Alianza le dieron, y quiso a su lado una trilogía de mujeres que habían dado pruebas de prudencia y de sabiduría en los países que estaban bajo su tutela: Ada la admirable compañera de Bohindra, que por muerte de su padre, Jebuz de Galaad y por pedido de su pueblo, era Matriarca y Reina del país de Galaad. Walkiria de Kiffauser, nieta del gran civilizador de los países del norte, Lugal Marada, cuya muerte y la de sus hijos ocurrida al arrojar de su país la invasión de razas bárbaras, la colocó a ella en el alto puesto que la muerte dejó vacío. Los países del Ponto Euxino y del Cáucaso occidental, gritaban a voces lo que ella era para sus pueblos.

"Y Solania de Van, que nacida en las agrestes orillas del Lago Van, era entonces Matriarca del norte Africano desde Corta-agua, hasta las Columnas de Hércules, (desde Túnez hasta el Estrecho de Gibraltar), después de haber llevado la Ley de la Gran Alianza desde el Bajo Nilo hasta más allá de las Cataratas en el país de Artinon.

"Estas tres ilustres mujeres, tenían sus lámparas encendidas para alumbrar el camino de Abel en medio de los pueblos de tres Continentes.

"Venía después el Consejo de los diez Ancianos Kobdas, conocedores de los países de la Alianza y de sus costumbres y leyes. Y por último la Junta de representantes de cada uno de los pueblos de la Gran Alianza que pasaban de los doscientos.

"Yo no hago más —decía él— que sellar con el anillo de Bohindra lo que todos vosotros habéis querido que sea. Tan sólo me opondré cuando queráis la injusticia y la guerra, que son los más espantosos delitos que repudia la Bondad Suprema.

"Pasaron cien lunas sobre los países de la Alianza, y la barca dorada de la fraternidad se deslizaba suavemente por las aguas mansas de una paz que no alteraba ninguna borrasca.

"La serpiente voraz del egoísmo parecía haber sido exterminada para siempre.

"Luna tras luna llegaban los Koraforcas trayendo al Santuario de la Paz, los mensajes de los países aliados comunicando a la Gran Junta Central de Gobierno las innovaciones, los cambios, los proyectos, los progresos realizados, siempre dentro del marco augusto de la Ley que todos habían jurado.

"A veces el mensaje era portador de tristezas y desolaciones ocasionadas por la furia de los elementos.

"Témpanos de hielo que habían azotado poblaciones de la costa del mar, inundaciones que habían perjudicado los campos de labranza destruyendo cosechas; epidemias en los ganados, erupción de volcanes, terremotos, etc., etc.

"Pero ahí estaba almacenado el *Tesoro Sagrado* que ordenaba la ley, aportado por todos los países año por año, en previsión de estos casos funestos inevitables sobre el planeta, pero remediables oportunamente, cuando el amor fraterno reina en los corazones de los dirigentes de pueblos.

"Y entonces era digno de verse, las caravanas de camellos, asnos y mulas llevando el socorro a los pueblos que habían sido azotados por los elementos.

"Pero en este planeta de escasa evolución, no puede durar largo tiempo un estado semejante que ya fuera propio de un mundo de mayor adelanto.

"La serpiente feroz del egoísmo se despertó de nuevo, y acaso donde menos se esperaba.

"En el papiro 62 de estas Escrituras, quedó relatado que Kaino fue reconocido como nieto de Etchebea por línea paterna, por cuya razón le correspondía una participación en el vasto territorio del país de Nairi, en el alto Eúfrates. Pero la larga esclavitud de su padre cuyo paradero se ignoró por mucho tiempo, puso aquellas tierras y pueblo bajo el dominio de Iber, el soberano del país de Ethea, que las regía con toda la solicitud de un padre que se desvela por la felicidad de sus hijos. Y las tribus que poblaban aquella región no aceptaban la imposición de otro soberano. Y Kaino, que siempre se vió dominado por la ambición, no se conformaba con ser un Jefe de tercer orden en el principado pequeño de Shivara, cuya capital *Nood* estaba aún bajo la dependencia de su tío materno, su antiguo jefe y señor.

"Cuando se supo su origen y que era un descendiente directo del grande y querido Etchebea, su corazón se llenó de amargura al saberse repudiado por los pueblos que ocupaban los dominios que pertenecían a su padre.

"El genio conciliador de Bohindra había podido mantener en quietud relativa aquel espíritu turbulento como una tempestad, encomendándole misiones de importancia y muy arriesgadas en países lejanos, en los cuales pudiera hacer grandes méritos que lo hicieran conocido y amado de los pueblos.

"Mas, su carácter duro y dominante, entorpecía su propio camino, por más que la ternura maternal de Evana, la suavidad persuasiva de la reina Ada, y la sugestión que sobre él ejercía la Matriarca Walkiria, hicieron siempre un gran contrapeso a las violentas reacciones de su temperamento.

"Su tío materno, el Anciano Príncipe de Shivara, cayó postrado en cama para no levantarse más, motivo que dió origen a la perturbación de la paz en aquel país de la Gran Alianza. El Consejo del Anciano Príncipe juzgaba que Kaino debía presentarse al pueblo como sucesor, pero los jefes de las tribus no le querían para gobernante, sino que pedían a un nietecito del Príncipe, que sólo tenía 12 años de edad y sus padres habían muerto.

"El niño se hallaba internado en el Pabellón del Rey, en el Santuario de La Paz, educándose como toda la noble juventud de su tiempo.

"Kaino se afianzó en las fuerzas guerreras del país, se conquistó con promesas a todo el cuerpo de arqueros que defendía el orden y custodiaba las fronteras, y pensó que con la fuerza dominaría a las tribus que le repudiaban.

"Y el Consejo de Gobierno de Shivara pidió auxilio a la Gran Junta Central, cuya sede habitual era el Santuario de La Paz. De inmediato comprendieron Abel y Ada que el origen del disturbio era Kaino, cuya ambición habíales causado antes tantos sufrimientos. Y antes de que el desacuerdo tomara mayores proporciones, resolvieron ir a verle Evana y la Reina Ada, cuya autoridad maternal suavísima, le había desarmado en otras alteraciones semejantes.

"Una caravana de dos elefantes y 50 arqueros a caballo salió de La Paz en dirección al país de Shivara. Y mientras aquellas dos nobles mujeres, cada una en su pequeña tienda sobre el lomo de los elefantes meditaban en el modo de vencer la rebeldía de Kaino, otra mujer valerosa, Wlakiria, que se encontraba también en el Santuario de La Paz, meditaba a su vez sobre la forma justa y aceptable para los pueblos interesados de satisfacer los anhelos hasta cierto punto justos de Kaino, sin contrariar la voluntad de los pueblos.

"Postergado y humillado siempre por los acontecimientos que le salían al paso cortando sus caminos, Kaino había llegado a una exasperación tan violenta, que se hacía insoportable para todos.

"La Matriarca Walkiria sabía perfectamente hasta qué punto había lastimado a Kaino el engrandecimiento de Abel, su hermano adoptivo. Obligado a ser siempre a su lado una figura de segundo orden, se había empeñado en reconquistar por lo menos lo que según su modo de ver le correspondía por derecho, la herencia paterna que le adjudicaba en el país a Nairi, los pueblos que estaban colindantes con el país de Ethea gobernado por Iber, el dulce y paternal Iber, que era como un vaso de miel para sus súbditos:

"Todos aquellos pueblos se habían puesto por propia voluntad bajo su tutela cuando muerto el noble príncipe Etchevea y llevados como esclavos sus hijos a los países del hielo, se vieron como rebaño sin pastor.

"Iber no hacía nada por tenerles bajo su mando; antes, al contrario, les aconsejaba aceptar al que, siendo heredero natural del viejo Príncipe, tenía derecho sobre el país.

"Le dejaremos sus tierras regadas tantos años con nuestro sudor, decían algunos, y nos iremos con nuestros ganados al país de Ethea. Kaino traicionó a Bohindra, a la Gran Alianza, a los que le sirvieron de padres... ¿Qué confianza podemos tenerle?

"El conflicto estaba planteado, y así lo veía la Matriarca Walkiria, que retirada en su alcoba del Pabellón de la Reina meditaba buscando una solución.

"La fina intuición que le acompañó siempre, parecía decirle que tras de toda aquella niebla vendría algo terrible que extremecía su corazón de mujer.

"Y reunida en confidencias íntimas con Abel, Adamú y el que esto escribe,

44

que éramos como su familia del Eúfrates, seguía con el pensamiento a Evana y Ada, que marchaban hacia el país de Shivara.

"Nuestro hermano Iber —decía Abel— ha mandado mensaje que casi todos los pueblos del país de Nairi se han hecho solidarios para resistir a Kaino. No le quieren allí bajo ninguna forma. Y si él persiste en presentarse con un cuerpo de arqueros, aquello será una matanza horrible, porque todos los hombres y hasta muchas mujeres están armados de flechas, de hachas, de catapultas para esperarle.

"Lo que haya de ser será —decía Adamú—. Esperemos que la Reina Ada y Evana logren convencerle.

"En esta incertidumbre se hallaban, cuando llegó jadeante un mensajero de Shivara trayendo la noticia de que Kaino no se había dejado convencer. Que había puesto en prisión los 50 arqueros de la escolta de la Reina, y a ella y a Evana las guardaba como rehenes en el pabellón de palacio en que fueron hospedadas desde su llegada.

"—Iré yo —dijo Abel, apenas oyó la infausta noticia.

"—Y yo —añadió Adamú juntamente conmigo, que también me creía obligado a acompañar a mi nieto.

—Conviene que os quedéis —dijo Abel— para que toda esta juventud y niñez hospedada en los Pabellones de los Reyes no se alarmen, viendo que faltamos todos los íntimos que hemos cuidado de ellos.

"—Iré yo, y creo que basta —añadió Abel.

"—Llevad mi escolta de arqueros—dijo Walkiria—, que yo respondo de su valor y de su capacidad. Les tengo experimentados desde los tiempos terribles de nuestras grandes luchas en el norte. Nadie os será más fiel que ellos.

"—Bien —dijo Abel—; os acepto, Matriarca. Podéis avisarles que saldré esta misma tarde.

"Mas la Matriarca ya había forjado rápidamente su plan de acción, según su costumbre.

"Como era riguroso invierno, aquellos cien hombres vestidos con casacones y gorros de piel de oso negro que apenas les dejaban los ojos al descubierto, parecían de una estatura gigantesca cuando se presentaron a Abel ya montados en sus caballos de guerra.

"Sólo sabíamos de esta expedición de Abel, su padre, la Matriarca Walkiria y yo. Los tres le despedimos cuando ya él, vestido también de un casacón y gorro de piel negro, entró al recinto de oración. También entramos Adamú y yo. La Matriarca se dirigió a su alcoba.

"Nadie se dió cuenta que de allí salió en seguida otro arquero vestido igual que los demás. Cuando salimos con Abel al parque lateral del Santuario donde ocultaban las cabalgaduras, vimos uno de los arqueros que estaba desmontando y que otro de ellos le acercaba un caballo sobre el cual saltó con gran ligereza y se mezcló a los demás.

"¡Cuán lejos estábamos de pensar que aquel arquero retardado en montar era la Matriarca Walkiria en persona, pues ella a nadie había comunicado su intento.

"Aquel inmenso grupo de hombres vestidos de pieles negras se puso en movimiento a la mitad de la tarde con un sol velado de ligera niebla.

"—Padre —me dijo Adamú como en un sollozo—, ¡qué mal presagio tiene mi corazón en este viaje de mi hijo!

"—En verdad —respondí yo— que no vale Kaino con toda su parentela la ansiedad que nos causa a todos.

"La angustia de la Reina y de Evana es bastante para que se le condene al Peñón de Sindi, como yo quería en la otra rebeldía que tuvo, y que casi costó la vida a Bohindra. ¡Oh la piedad! La piedad es buena para los indefensos y los débiles, no para un rinoceronte siempre dispuesto a clavar los dientes.

"Desde la torre mayor del Santuario continuamos viendo aquella mancha negra que corría por la pradera a la luz pálida de un sol brumoso de invierno.

"—Extraño que no esté aquí la Matriarca Walkiria —dije yo, que había creído encontrarla en la torre.

—Estará desconsolada —me contestó Adamú—, pues ella no quería la partida de Abel por juzgarla muy peligrosa.

"—A ella no le ha pasado desapercibido el odio disimulado de Kaino para mi hijo. Fue un mal que apareció en la niñez, cuando el nacimiento de Abel, y ese mal ha crecido juntamente con él.

"—Abel ha querido evitar una matanza terrible si de aquí salían cuerpos de ejército a rescatar a la Reina y a Evana. De hacerlo así, era ya una guerra declarada.

"—El cree que aún será posible un razonamiento con Kaino.

"—Dios te oiga —le contesté, y ambos nos dirigimos al Pabellón del Rey, donde se oía la algarabía de los muchachos que se hallaban en el recreo de la tarde.

"En el Pabellón de la Reina se escuchaban los alegres cantares de las concellas, bajo la custodia de sus regentes, las Kobdas auxiliares de la Reina Ada en la educación de la juventud femenina hasta la edad de que tomaran esposo.

"Nada hacía sospechar en el Santuario que una gran tempestad se cernía sobre él.

"Cuando ya cerrada la noche entré en mi alcoba particular, encontré sobre un retazo de papiro esta breve escritura:

"Pangrave Aldis: valor! La hora llega. No decaiga vuestro ánimo, pues debéis ser la fortaleza de todos. —*Senio*".

"No necesité más para comprenderlo todo.

"La breve escritura había sido dejada allí por el sensitivo que la recibió en el recinto de oración, en el momento en que yo me despedía de Abel y mi angustiado corazón sentía ansiedades de muerte.

"¿Qué pasó allá en Shivara en los tres días que siguieron al de su partida?

"Vamos a verlo.

"Evana y la reina Ada habían agotado todos los recursos de su ternura y bondad para convencer a Kaino de que no sería más feliz por asumir el mando de los pueblos de Nairi en contra de la voluntad de los mismos.

"La sangre que se derramara por su causa caería sobre él, aplastándolo como a una sierpe venenosa.

"Su ambición desmedida que lo llevó a desertar del Santuario protector a los 15 años, le daba ahora el amargo fruto que saboreaba. Ninguno de los pueblos que por herencia le pertenecían accedían a ser gobernados por él.

"Ya que mi hermano Abel ha subido tan alto —decía—, que me ayude a subir también a mí, que me veo desposeído de todo como un animal dañino del cual todos huyen.

"Ningún soberbio comprende que su mal lo lleva en sí mismo, y se empeña en cargar sobre otro la causa y la culpa que sólo está en él.

"Convencido de que Abel podía forzar a los pueblos de Nairi y de Shivara a aceptarlo como soberano, mandó clausurar con fuertes cerrojos el pabellón en que estaban hospedadas la Reina y Evana, y puso guardias de toda su confianza. Y despachó mensajero a La Paz de que ambas habían sido tomadas como rehenes para obligar al Alto Consejo de la Alianza a pactar con él las condiciones del rescate.

"Cuando Abel llegó, y antes de entrar en Nood, se levantó bandera blanca para anunciar misión de paz y que nadie se alarmara por aquel centenar de arqueros que le escoltaban.

"La gran Fortaleza estaba al final de una avenida abierta en el espeso bosque que rodeaba el edificio, y que poblado de fieras encadenadas, ofrecía un pavoroso aspecto en la noche iluminada por antorchas que chisporroteaban.

"Ya clareaba el nuevo día cuando Abel llegó a la plazoleta de la fortaleza.

"Viajeros del Santuario de La Paz —anunció la bocina del heraldo, y esta voz llegó al pabellón de la Reina y Evana, que comprendieron lo que sucedía.

"Mas no pensaron que era Abel mismo quien venía.

"Kaino salió a recibirle escoltado por una decena de guerreros armados de lanzas. Abel hizo una señal a los suyos de que se mantuvieran a distancia, y sólo se acercó a su hermano.

"—Traigo mensaje de paz —le dijo afablemente, como si nada ocurriera y tocándole el pecho con su diestra, según el saludo de práctica.

"—La paz no me interesa, sino la justicia —contestó secamente Kaino.

"—La justicia y la paz son hermanas, y siempre están juntas. Para hablar contigo he venido, Kaino, y sólo me anima el deseo de llegar a un acuerdo.

"—Deja que entren a la fortaleza tus hombres —dijo dulcificando Kaino su voz.

"A una señal de Abel, los cien arqueros entraron en la plazoleta y se desmontaron.

"—Esperadme aquí, que yo hablaré con mi hermano.

"Y en el pórtico exterior de la fortaleza, Abel y Kaino hablaron.

"Uno de los arqueros de Abel, habló al oído al que tenía a su lado y disimuladamente y ocultándose en la sombra de los grandes árboles que enredaban sus ramas con las columnatas, se acercaron al edificio todo cuanto les fue posible.

El lector habrá comprendido que el primer arquero era la Matriarca Walkiria y el otro el que mandaba la centuria que era aquel capitán Crisanto, segundo del velero *Anade* que había salvado la vida de Abel en una oportunidad ya relatada en otra parte de estas Escrituras.

"—Mi viejo tío está para morir —decía Kaino y si tú quieres, él me nombrará su heredero del país de Shivara.

"—Bien hermano mío, yo trataré el asunto con tu tío. Te doy mi palabra y ya sabes que nunca te he engañado.

"—Quiero que obligues a Iber a que abandone a los Nairitas para que me acepten como su único soberano, puesto que lo soy por derecho paterno.

"—Bien sabes que Iber, nunca te ha resistido. Quien te resiste es el pueblo y tendrías que conquistar su amor con tus hechos Kaino.

"Figúrate que el pueblo de Nairi, se entere de que has tomado como rehenes a la reina Ada y a tu madre para conseguir tus deseos. ¿Es acción ésta que conquista el amor de los pueblos? ¿No ves Kaino que la violencia engendra odios y que el odio es una fuerza destructora?

"—No es hora de filosofía sino de obrar —contestó Kaino. Vamos a ver a mi tío. Cuando Abel pasó, Kaino tiró detrás de él tan hábilmente una lazada de cuerda encerada, que Abel quedó atado por la cintura y con sus brazos sujetos.

"Pero los dos arqueros que se habían escondido en el pórtico hicieron lo propio con Kaino, que sin saber como, se vió amarrado por dos cuerdas que se apretaban más y más a su cuerpo.

"— ¡Miserables! —grito viendo los dos arqueros que le seguían.

"—Vos lo fuiste antes, y a vuestra traición hemos respondido como se merecía —contestó Walkiria con fuerte voz.

"— ¡Esa voz, esa voz! —exclamó Kaino tratando de mirar a los ojos a aquel arquero, pero como aparecía tan cubierto de piel y a más estaba detrás de él no logró su deseo.

"—Esta voz es de la Justicia que va a pediros cuenta de lo que habéis hecho.

"— ¡La Matriarca Walkiria! —dijeron al mismo tiempo Abel y Kaino, volviendo el rostro hacia ella.

"— ¡Sí, la Matriarca Walkiria —respondió tirando hacia atrás el capuchón de piel que le ocultaba el rostro—. ¿Ereis vos el descendiente de Etchebea que reclama el puesto de su ilustre abuelo? Si se levantara de su tumba sería para maldeciros por vuestra infamia sin nombre. ¡Aprisionar a la Reina Ada, la compañera de Bohindra, que fué el padre de todos!... ¡Aprisionar a vuestra madre que os conservó la vida para que hoy la useis en contra de ella!... ¡No merecéis ver la luz del sol, ni pisar la tierra santa que nos alimenta a todos!

"La vibración de su voz y sus palabras, era tan intensa que refrenó por un momento la cólera de Kaino.

"—Vos Matriarca —dijo— no tenéis nada que ver en este asunto. Es gratuita vuestra intervención.

"—¿Habéis olvidado el pacto que hicimos en Kiffauser por el cual quedaba obligada yo a teneros en cuenta en toda empresa importante que quisiera realizar, y a vos, a no hacer nada sin consultarme? ¿Lo habéis olvidado? Yo que soy mujer he cumplido mi palabra, pero vos no habéis cumplido la vuestra. Estaría por negar que corriera por vuestras venas la sangre noble de Etchebea.

"—Matriarca —dijo Abel—, podríais haberos ahorrado este grave disgusto. Hablemos tranquilamente y todo llegará a buen término.

"Walkiria sacó de su pecho un pequeño puñal y cortó la cuerda que sujetaba a Abel.

"—Gracias Matriarca!... ahora yo cortaré la de mi hermano.

"— ¡No, Grandeza! y perdonad. A él se le debe tratar como se trata a los traidores. Me habéis hecho compartir con vos la autoridad suprema. Dejadme ejercerla en este instante. ¡Vuestra alma no puede medirse con los buitres!

"Dio tres silbidos en su vozquía de plata, y los cien arqueros entraron a la fortaleza.

"—Las llaves del encierro de la Reina y de vuestra madre —dijo a Kaino con una voz que causaba terror.

"Kaino estaba rojo de furor, pero los cien arqueros le rodeaban con sus puñales desenvainados y estaba sujeto por dos fuertes lazadas de cuerda.

"—Buscad en mi bolsillo --dijo—. El capitán Crisanto se acercó y sacó las llaves.

"—Yo abriré —dijo Abel— pues más de una vez estuve en esta fortaleza.

"Dos arqueros siguieron tras de Abel y otros dos sostenían las cuerdas que sujetaban a Kaino.

"—Sabíamos que vendrías —exclamaban a un mismo tiempo Ada y Evana abrazándose de Abel con una angustia indecible.

"—Hay que libertar a nuestra escolta —decía Ada— para defendernos de Kaino que tiene hombres armados entre el bosque.

"Los viejos criados del Príncipe salieron al ruido causado por todo este movimiento, y ellos indicaron a Abel donde estaban los arqueros. En los calabozos de la fortaleza habían sido encerrados cuando la Reina y Evana lo fueron también.

"—¡Calma! —les dijo Abel—, viéndoles enfurecidos. Preparadlo todo para que llevéis a la Reina y a mi madre a La Paz, inmediatamente.

"Volvamos hacia Kaino.

"—Habéis nacido príncipe de Nairi y de Shivara, y vuestras obras de aventurero y de foragido entorpecen vuestro camino que pudo ser de justicia y de gloria —decía Walkiria cuya exaltación nerviosa la iba llevando a ese estado en que ella solía ponerse en las situaciones culminantes. —¿Qué puede hacerse con vos que no se haya hecho ya? Sois en verdad un ser dañino que no puede gozar de libertad entre las gentes de bien.

"La Reina y Evana se negaban a partir sin Abel, el cual volvió a donde había quedado Kaino.

"Ambas le siguieron sin que él se diera cuenta y grande fué su sorpresa al encontrar a la Matriarca Walkiria como un angel de justicia de pie ante Kaino sujeto con cuerdas.

"—Venís a tiempo Reina Ada, para confirmar la sentencia que ya tengo dada contra este vil traidor que ha pisoteado cuanto hay de noble y santo en la vida. Irá al Peñón de Sindi amarrado a una roca para toda su vida.

"Evana se echó a llorar amargamente y la Reina Ada acercándose a Kaino le dijo con indecible dulzura.

"—Hijo mío, más dolor me causa ejercer justicia contigo, que el que me ha causado tu mala acción para mí. ¿Cómo olvidaste otra vez nuestro amor para tí? Kaino guardó silencio.

"Mientras tanto los hombres de su guardia habían sido avisados de lo ocurrido y como gatos monteses trepándose a los árboles, llegaron a los techos de la fortaleza por los cuales se deslizaron como culebras en busca de presa.

"Walkiria y Kaino se apercibieron, y ambos se aprestaron a la lucha.

"Los hombres de Kaino caían de los techos como frutas maduras cuando el viento sacude el árbol, y los arqueros de Walkiria les apresaban vivos o muertos según se presentara el caso.

"Los silvos de Kaino dieron a entender a los suyos que se trataba de una lucha a muerte, y se tornaron como fieras rabiosas.

De nada valía la palabra de paz de Abel que llamaba a la calma, mientras apartaba a su madre y a la Reina a un rincón del pórtico.

"—Llevadlas al interior de la Fortaleza —decía Walkiria a Abel— que mis arqueros bastan para restablecer el orden.

"En realidad lo que más deseaba la Matriarca, era alejar de allí a Abel, pues había visto las miradas de Kaino que les señalaba a sus hombres la persona de Abel, por lo cual la intención de ellos era apoderarse de él.

"Ada y Evana abrazadas de Abel le arrastraban también hacia dentro.

"Casi todos los hombres de Kaino estaban ya maniatados, cuando de pronto entró silbando una flecha que hirió al centurión de los arqueros en el hombro izquierdo, luego otra y otra más. Eran disparadas desde el espeso bosque que llegaba hasta la plazoleta delantera.

"—Adentro Príncipe Abel, adentro —gritaba Walkiria.

"—Idos vos también Matriarca —le dijo Kaino— y yo pondré calma en mis hombres. —Y diciéndolo se tiró con todo su peso sobre ella para arrojarla a tierra.

"Entonces Walkiria que parecía un dios guerrero, le puso el pie sobre la espalda pues había caído boca abajo.

"—Muerde la tierra reptil venenoso —le dijo— y que la Justicia de Dios caiga sobre ti.

"En ese preciso instante uno de los hombres de Kaino que espiaba desde el techo, arrojó con fuerza su puñal sobre Abel, que se inclinaba a socorrer a su madre presa de un desmayo. El arma aguda y de doble filo penetró como un punzón en la espalda de Abel por el lado izquierdo tocándole el corazón. Walkiria corrió hacia él y le sacó el puñal que destilaba sangre.

"— ¡No es nada, no es nada! —decía Abel procurando tenerse en pie sostenido por Walkiria y la Reina—.

"El odio es fuerza destructora. ¡El amor es vida y es paz!

"Piensa en el amor Kaino y que Dios te perdone.

" ¡Madre!... Reina mía, Walkiria, sed clementes con los que aún no saben ser buenos...

"Fueron sus últimas palabras.

"Kaino no había vuelto en sí del golpe recibido y yacía aún tendido entre los cuerpos de sus hombres heridos, y otros amarrados con cuerdas.

"Abel fue llevado al lecho de la Reina y Evana al suyo. Cuando la madre volvió al conocimiento, el gran hijo, el amado hijo que había sido su gloria y su dicha, ya no vivía más sobre la tierra.

"Se abrazó a su cadáver aun tibio y la escena que allí tuvo lugar no es para ser descripta sino para ser sentida y vivida por aquellos que sepan lo que es un amor como el que aquella madre tuvo a ese hijo.

"Kaino fué mandado al Peñón de Sindi, condenado a cadena perpetua por la intercesión de la Reina Ada que recordaba las últimas palabras de Abel: "Sed clementes con los que aun no saben ser buenos". Todos los príncipes y caudillos de la Alianza querían para él una terrible muerte: Ahorcado, descuartizado, quemado vivo, todo les parecía poco para su crimen. Las últimas palabras de Abel le salvaron la vida.

"Era el Hombre-Luz, el Hombre-Amor, el Hombre-Dios, y su amor para todos los seres envolvió también a Kaino, que amarrado a una roca en el pavoroso Peñón de Sindi, comprendió por fin, que teniéndolo todo, lo había perdido todo, y que habiendo nacido junto a la luz, se había rodeado de tinieblas, por su soberbia y desmedida ambición.

" ¡Qué doloroso regreso el de las tres amantes mujeres que recibieron el postrer suspiro del Hombre-Luz!

"Sobre el lomo de un elefante, bajo colgaduras de púrpura, regresó Abel al

Santuario de La Paz, acompañado de su madre, la Reina Ada y Walkiria.

"Había salido tres días antes a todo el correr de su caballo, a salvar a su madre y a la Reina de las furias de Kaino, y volvía traído por ellas, que aunque estaban con vida, tenían la muerte dentro del alma.

"—Mi niño rubio —decía Evana besándole los cabellos— ya no veré más tus ojos color de hoja seca.

"—¡Aquí estoy madre!... y estos mismos ojos te miran desde el inmenso infinito! —le dijo una suave voz apenas perceptible.

"Evana levantó sus ojos inundados en llanto, y vió junto a ella la visión resplandeciente de Abel.

"Ese mismo día le vimos todos en el recinto de oración, cuyo ambiente saturado de angustia, no permitía otra vibración que la de aquel nombre tan amado, que parecía le llevábamos todos grabado a fuego en el corazón".

El Esenio lector Nasan dejó caer el papiro sobre el pupitre y exclamó como en un suspiro muy hondo:

—¡Así paga siempre la humanidad a los grandes seres que le traen la luz y el amor!

Jhasua con una palidez mate en su semblante, parecía absorbido por un pensamiento profundo que hacía incierta y vaga su mirada.

Los cuatro doctores de Israel parecían volver a la realidad de su vida suspendida unas horas viviendo el pasado remoto, a donde les había llevado la lectura de los papiros del "Patriarca Aldis".

—¿Qué opináis de esto? —preguntó por fin Jhasua a sus amigos.

—Que sobrepasa a cuanto podíamos esperar —contestó José de Arimathea.

—La sencillez de la narración —añadió Nicolás de Damasco— le da el tinte inconfundible de los hechos vistos, palpados y vividos. Sólo un testigo ocular relata de ese modo.

—Y es sólo el rollo 79 que hemos leído —observó Nicodemus—. Es un pequeño fragmento de las Escrituras que constan de 80 rollos.

—Y todos desde el primero al último tienen el mismo estilo sencillo y claro sin contradicciones ni subterfugios —dijo el maestro Melkisedec, que era quien lo había traducido al sirio-caldeo, como otro maestro lo había vertido al griego que era su lengua nativa.

—Necesitamos sacar copias —decía Gamaliel para que podamos estudiar a fondo estos asuntos.

—Se están sacando, ya lo veis —replicó el Servidor—. Por lo menos ya tenemos dos: una en sirio-caldeo y otra en griego.

—Falta una en latín —dijo Nicolás— y esa si me permitís la sacaré yo.

—Ya está comenzada —dijo otro de los maestros de Jhasua— y creo que para la luna próxima estará terminada.

—Pero vosotros trabajáis como máquinas —observó el tío Jaime—. Decidme ¿cuándo dormís y cuándo coméis?

—Comer y dormir —contestó el Servidor— es cosa muy rápida y que nos lleva poco tiempo. Nuestra vida entera, es el trabajo por la Verdad Eterna que hará buenos y justos a los hombres.

—¿Creeis pues que el mayor mal de la humanidad es la ignorancia? —preguntó Nicodemus.

—Justamente. Y la obra máxima de los hombres de ideal, es dar la Verdad a las muchedumbres como el pan de cada día.

—La humanidad mata a los predicadores de la Verdad —observó Gamaliel— y de ahí viene la dificultad para su divulgación.

—Los mártires de la Verdad, surgen de nuevo a la vida y vuelven a morir por ella, y la siguen pregonando a través de los siglos que la sepultan luego bajo los escombros de falsedades que por sí mismas se derrumban —observó Tholemi otro de los sabios maestros de Jhasua.

—Hay que tener en cuenta —dijo Nicolás de Damasco— que no toda la humanidad tiene el mismo desarrollo intelectual que es necesario para comprender la Verdad Divina.

—En cuanto a la comprensión de la Grandeza Divina, tenéis razón —contestó el Servidor— pero todos podemos comprender un relato como las Escrituras del Patriarca Aldis, que son como un retazo de vida humana clara y lógicamente vivida hace 8.300 años antes de la hora actual. ¿Qué necesidad había de desfigurar los hechos naturales y sencillos, con lo inverosímil y maravilloso menos comprendido aún?

—He pensado muchas veces, que lo más indispensable que hay para predisponer a la humanidad a la comprensión de la Verdad, es familiarizarla con la ley de evolución en los mundos y en los seres —dijo Gamaliel—.

"La escuela de Sócrates y Platón tuvo esa tendencia, pero fue ahogada al nacer, por los materialistas epicúreos que encontraron más cómodo disfrutar la alegría de la vida llena de realidades palpables y halagadoras, dejando lo intangible, lo invisible, para los siglos futuros o para la vida de ultratumba."

No obstante que estos comentarios absorbían la atención general, todos percibieron que Jhasua se había quedado como sumido en profunda meditación. Y José de Arimathea le sacó de ese estado.

—Jhasua ¿en qué piensas que así te encierras en ese silencio? —le preguntó.

—Pensaba en Kaino —contestó—. ¿Qué extraña fuerza indomable será esa que le dominaba aún en medio de un ambiente como el que había entre los Kobdas? ¿Por qué él fué insensible a la influencia divina del bien y del amor, que subyugaba y atraía a todos? ¿Por qué sus torcidas tendencias no se equilibraban con el peso de tanto bien, como vió a su alrededor desde la niñez? Ser malo entre los malos puede ser fácil; pero ser malo entre los buenos, es ya una monstruosidad del mal.

—Del relato mismo del Patriarca Aldis —dijo Melkisedec— se desprende en varios pasajes, que los Kobdas se preocuparon mucho por él, debido a que por revelaciones espirituales conocieron su pasado desde remotas edades, y en casi todas sus encarnaciones anteriores había obrado mal, en contra de los obreros del bien y de la justicia, impulsado por la ambición.

—Además —añadió el Servidor— sabemos que hay seres que desde lejanos comienzos de vida física en especies inferiores, y por acontecimientos espirituales o por influencias astrales, tienen más predisposición al bien que al mal. En cambio hay otros que conservan por más tiempo las tendencias propias de sus lejanos comienzos en la materia orgánica, lo cual les dificulta sacudir el yugo de los instintos feroces y brutales.

"A esto hay que añadir, que cuando el ser llega a la capacidad de comprensión y razonamiento, está la ley del libre albedrío que abre al alma horizontes muy amplios, los cuales acepta o rechaza libremente.

"Somos libres de aceptar lo mejor, o lo peor, pero estamos sujetos a las consecuencias que trae el bien o el mal elegido.

"La variedad de los seres es infinita, y así como no hay dos fisonomías perfectamente iguales, no hay tampoco dos inteligencias iguales en evolución.

"Kaino comprendía únicamente la grandeza del poder del oro, de la fuerza y la quería poseer a toda costa. Como no podía conquistarla por sus obras dignas del amor de los pueblos, la buscaba por la violencia y por la fuerza. Tuvo evolución intelectual, pero no le interesó la evolución moral.

"Y icuántos Kainos hay en el mundo Jhasua, que teniendo a su lado el bien, la justicia, el amor, se enredan en los caminos del mal, llevados por una ambición material que acaso les de lo que anhelan, pero a costa de su propio espíritu que se retrasa inmensamente en su camino hacia el Bien Supremo, que es Dios.

Además, el bien trae consigo la luz divina, como el mal trae las tinieblas para el alma que se entrega a él.

"De ahí viene que no todas las almas comprendemos de igual manera al Bien Supremo, al Ideal Eterno.

"Somos muchos los que creemos que ese Bien Supremo del cual emana toda vida, existe con vida eterna, pero somos muy pocos los que nos dedicamos al estudio de esa Causa Suprema. Y somos pocos porque para llegar sólo a despertar en nosotros el deseo de estudiarlo y conocerlo en todas sus fases y aspectos, en toda su grandeza y poderes supremos, ya es necesario que tengamos una evolución avanzada, por lo menos que hayamos entrado de lleno en el camino de nuestro perfeccionamiento. Para desear conocer a Dios, es porque ya van muriendo en nosotros las ambiciones de grandeza material y los groseros deseos.

"Cuando a la humanidad le baste su pan en la mesa y su túnica para cubrirse, entonces seremos muchos los buscadores de Dios y los que comprenderemos sus leyes divinas y eternas, que ahora aparecen como hermosas creaciones fantásticas para la gran mayoría, debido a su atraso moral y espiritual.

—Muy bien Servidor —dijeron varias voces a la vez—. Vuestra filosofía sobre Kaino, debe ponernos en guardia a todos los que sentimos ya demasiado fuerte el impulso de dar un gran vuelo hacia la Verdad Suprema —añadió Nicodemus.

—¿Ponernos en guardia? ¿en qué sentido? —preguntó Jhasua que pareció volver a la realidad en esos momentos.

—En saber escoger los seres que han de compartir con nosotros esos vuelos sublimes y atrevidos hacia la Divinidad, a la cual queremos penetrar desde nuestro obscuro destierro —contestó Nicodemus.

—Todas las más antiguas Escuelas de Divina Sabiduría han tenido esta vigilante cautela. Y por eso la Fraternidad Esenia tiene los Siete Grados de educación y desarrollo espiritual, en los cuales vamos puliéndonos a nosotros mismos y dando pruebas de nuestro adelantamiento en los caminos de Dios —contestó el Servidor.

—En los grados primero y segundo —añadió Nasan— ya se vislumbra en cada alma si podrá volar de frente a la Luz Eterna, o si deberá quedar por más tiempo sin poder desprenderse de los prejuicios de ideas preconcebidas desde existencias anteriores.

—Hay que contar también con otras fuerzas que atan a las almas al pesado carro del atraso espiritual —observó José de Arimathea— y son las emanadas de la ley de afinidades, con las cuales debe luchar el interesado mismo y no sus maestros.

"Quiero decir que al formar nuestra aula para la divulgación de estos conocimientos, poco fruto conseguiremos si aceptamos entre los alumnos seres que tienen sus afinidades en otras corrientes adversas a la nuestra. Para la mejor comprensión, pondré un ejemplo: el de la fuente.

"Dos hombres llegan a beber; la linfa cristalina y serena les refleja su imagen en el terso espejo de la superficie. Se arrodillan sobre el musgo. Inclinan la cabeza hasta tocar con sus labios el agua y beben. Llegan otros montados en bestias y para no molestarse en bajar, entran con ellas, se remueve el lodo del fondo y el agua se enturbia. "¡Qué agua más desagradable la de esta fuente!", exclaman.

"Así pasa con la Divina Sabiduría, fuente de luz y de verdad eternas. Muchos nos acercamos a beber, pero no todos llegamos a Ella con la túnica limpia, y muchos llegamos montados en la bestia de las pasiones, de los egoísmos humanos, y de los prejuicios que hemos traído de otros ambientes y de otras ideologías.

"Los idólatras por ejemplo, que hicieron su dios de un becerro de oro o de una serpiente, o de un cabrón con cuernos de oro y rubíes, difícilmente aceptarán la idea de un Dios invisible que vive como una esencia en todo cuanto tiene vida. Y por largas edades continuarán buscando dioses materiales visibles y palpables.

"Tengo un amigo educado en la escuela griega y aun cuando ha llegado a conocer y aceptar nuestra filosofía, no puede olvidar las hermosas fantasías en las cuales nació y vivió.

"¡Cómo me cuesta pensar —decíame— que el astro de la noche no es la lámpara de Diana que busca a Endimión perdido en el bosque, sino un pequeño mundo de montañas y lagos, donde aún viven seres orgánicos".

—¡Es así amigos, es así la lucha formidable que se presenta en los campos en que se debaten los hombres! —dijo Nicolás de Damasco—. Nuestro Hillel inolvidable, llevado de su ardoroso entusiasmo por la suprema Verdad conquistada, tomó discípulos sin estricto control y eso le restó fuerza espiritual para defenderse de sus adversarios.

"Mal interpretadas sus doctrinas sobre la Causa Suprema, fue tomado como un hebreo paganizado que encontraba a Dios en el aire, en el agua, en todo cuanto existe. Y más todavía fue juzgado como un vulgar embaucador.

—Cuando una Escuela de Divina Sabiduría es homogénea y de una perfecta armonía de pensar y de sentir, esa fuerza invencible la defiende del exterior, y le forma como una barrera que nadie puede romper. Por eso las Antiguas Escuelas vivieron largos siglos, hasta que la flaqueza humana o una imprudencia impensada, traía el desequilibrio de ese ambiente sutil y elevado, y como un castillo de naipes se derrumbaba todo de un soplo".

Estas palabras del Servidor pusieron en el ambiente un dejo de tristeza que se esfumó en el suave silencio esenio en que cada cual pensaba:

"Esta flor de la Divina Sabiduría, es de tan elevada naturaleza, que los vientos de la ambición o del atraso impiden que se abra en este plano físico".

—Que la Divina Sabiduría —dijo el Servidor terminando aquella reunión— no aparte su luz de nosotros, que de verdad queremos llegar hasta Ella.

—¡Así sea! —dijeron todos, y salieron del Archivo a los vallecitos perfumado de flores que rodeaban las grutas del Santuario.

Llenos como estaban de las grandes verdades recientemente descubiertas, las conversaciones volvían sin poder apartarse de aquel piélago de luz que de pronto les había inundado.

—Mi afán es tanto —decía Nicodemus— que no soporto la espera a tener la copia para continuar sabiendo. Decidme, la muerte de Abel ¿trajo el desequilibrio de aquella magnífica organización de pueblos fundada por Bohindra?

—No —contestó el maestro Tholemi que con Melkisedec y Jhasua acompañaba a los huéspedes—. El Patriarca Aldis dice en los siguientes papiros, que los príncipes de la Alianza eligieron a Adamú para reemplazarlo y que éste quiso ser asesorado por su padre, por lo cual el Patriarca Aldis entró a formar en el Consejo de los Cinco que estaba compuesto de ellos dos y las tres Matriarcas designadas antes por Abel. Y fue a más el Patriarca del Santuario de la Paz, que de allí le quedó ese nombre de *Patriarca*, que era como un título de gran honor para su significación de equidad y justicia.

—Evana —añadió Jhasua— sólo sobrevivió tres años a la muerte de Abel, pues el amor de Seth su segundo hijo, no pudo llenar en su corazón, el gran vacío dejado por el primero. Y Adamú entristecido por este nuevo dolor, dejó en su lugar a su hijo Seth que ya entraba a sus 18 años, y cuya clara inteligencia y maduro juicio lo hacía parecer un hombre de cuarenta.

—Era la reencarnación de Senio, aquel gran Senio que había sido una lámpara viva entre los Kobdas y que desencarnó a los 12 años de Abel —añadió el maestro Tholemi.

—¿Qué fue de Adamú? —preguntó José de Arimathea.

—Se fue a Neghadá sobre el Nilo, donde vistió la túnica azulada y fue un Kobda de gran prudencia y sabiduría. Fue elegido Pharahome de Neghadá cuando cumplía 60 años.

"Su hijo Seth al cumplir los 20 años se unió en matrimonio con una hermana de la Matriarca Walkiria, y fue el fundador de una noble y sana dinastía en la Escandinavia, juntamente con otra pareja salida de Neghadá hacia aquellas regiones.

—Noruega y Suecia tienen en su lejano origen los nobles principios de la Civilización Kobda —observó Melkisedec— no obstante de estar tan apartadas de las regiones que fueron la cuna de aquella gran corriente civilizadora.

—No podíamos haber deseado otro mejor relator que el Patriarca Aldis —decía Gamaliel— que estuvo en el centro de toda aquella actividad, y cuya larga vida de 103 años parece que le fue dada para que lo viera todo y después lo contara todo a la humanidad futura.

—Y no obstante eso —observó Nicolás— la humanidad ha vivido en el engaño hasta ahora, porque malgasta y pisotea los dones divinos y apaga la luz que se le brinda.

—Es que hay cierta porción de humanidad que tiene miedo de los conocimientos superiores —observó juiciosamente Jhasua— y parece preferir la vida sin inquietudes espirituales, lo cual le resulta más cómodo.

—Es que la inquietud espiritual por saber la verdad de todas las cosas, viene cuando el espíritu humano ha pasado la línea divisoria entre el *consciente* despierto y el *consciente* dormido. Cuando la conciencia se ha despertado a la Eterna y Divina Realidad, ya no hay nada que le detenga en su ascensión a las cumbres donde hay luz.

"Mientras que cuando el *consciente* está aún dormido, no piensa por sí mismo, pues está a gusto aceptando lo que otros han pensado y sugerido a la humanidad, ya por ignorancia o ya porque juzgaron que era demasiado nueva para comprender la verdad en toda su amplitud soberana.

—Exacto maestro Melkisedec! —dijeron varias voces a la vez—. Habéis hablado como un maestro que sois —añadió Jhasua cuyo sentir y pensar vibraba a tono con sus sabios maestros.

Pocos días después, los cuatro doctores de Israel regresaron a Jerusalén llevándose el tesoro para ellos de gran valor de una copia de las Escrituras del Patriarca Aldis, para la escuela secreta que tenían en la ciudad de los Reyes.

En su estadía en el Santuario del Tabor, habían planeado además las bases para un Aula pública en la ciudad de Damasco, donde Nicolás, originario de allí, ponía a su disposición la vieja casa paterna para tal objeto. Ellos tomaron el camino del Sur, y Jhasua al despedirlos se internó en el laberinto de la montaña hacia la casita de piedra.

Oigamos ahora una conversación de él con Nebai, la hermosa jovencita hija del escultor que debía emprender viaje a Ribla con su familia. El lector recordará que el viejo sacerdote de Homero, Menandro, quería consagrarla sacerdotiza del templo de Homero que se acababa de construir.

—Esta fuente y esta pequeña casita de piedra quedará solitaria y triste con nuestra ausencia —decía la niña a Jhasua esa tarde después de la instrucción que sobre asuntos de Dios y de las almas le había hecho él, según costumbre.

—Mira Nebai; para los amantes de Dios, todas las bellezas de Dios están a su alcance.

"Esta fuente y esta casita no estarán solitarias ni tristes, porque tu recuerdo, tu pensamiento, la llenarán de luz y de alegría.

"Además, yo he pensado hacer aquí mi gabinete de estudio y meditación.

—¿De veras? ¡Oh qué bonita idea!

"¡Entonces Jhasua, a esta misma hora yo pensaré en la casita y en la fuente, en las palomas y los rosales, en los jazmineros nevados de flores y así mi destierro será menos triste.

—¿Cómo Nebai? ... ¿Le llamas destierro a Ribla? ¡Ay! No sabes lo que dices hermana mía! Cuando estés allá, todo esto que encuentras tan bello, te parecerá pobre y mezquino comparado con aquello.

"En vez de esta fuente, tendrás el hermoso río Orontes con sus platanares y sus florestas, pasando al pie de aquel venerable castillo que será tu habitación. En vez de estas palomas, garzas blancas y rosadas irán a comer a tu mano en aquel gran jardín solitario, donde el blanco templo de Homero, delicado y pequeño como un tabernáculo de mármol, te recordará a ese ser de los cantos inmortales. En vez de estas serranías galileas, el panorama imponente y grandioso de las montañas del Líbano, cuyas cumbres cubiertas siempre de nieve, se confunden con las nubes del cielo. ¿Es eso un destierro Nebai?

—Todo eso es hermoso en verdad —contestó la adolescente— ¡pero no estarás tú Jhasua, que has llegado a ocupar un lugar tan grande en mi vida! ¿A quién le preguntaré yo todas las cosas y quién me dará las respuestas que me das tú?

—Ya sabía yo que me dirías esto y por eso te dije al comenzar esta conversación, que *"para los amantes de Dios, todas las bellezas de Dios están a su alcance"*.

—Belleza de Dios es tenerte cerca de mí Jhasua y oír tu palabra. Y eso no lo tendré en Ribla. ¡Estoy tan acostumbrada a esta visita tuya todas las tardes!

—Pero tampoco la tendrías cuando yo me volviera a Nazareth con mi familia —le observó Jhasua—. Y los servidores de Dios tenemos que sobrepasar todos estos inconvenientes creados por la materia que revestimos.

—¿De qué manera? —preguntó Nebai.

—Ya sabes que la Eterna Ley tiene hilos invisibles que atan las almas unas a otras, como atas tú las flores para formar una guirnalda.

—Y ¿por qué la Ley Eterna se empeña en atar las almas con hilos invisibles? —preguntó la niña.

—Porque las almas que son afines, o sea que piensan y sienten de igual manera, forman unidas una poderosa corriente que las Inteligencias guías de la evolución humana, utilizan para impulsar las masas de seres pocos evolucionadas a dar un paso en su camino, o apartarles del mal en que se hallan sumidos.

"En los Santuarios Esenios donde he pasado casi el mayor tiempo de mi vida, se observan a diario cosas que al común de las gentes les parecerían maravillosas. Y es debido a la fuerza que tiene esa corriente que se llama *afinidad,* formada por la igualdad de pensar, de querer y de sentir entre almas que se unen para un determinado fin.

"Por ejemplo: del Santuario sale uno o varios hermanos en misión benéfica y justa sobre un determinado lugar. Los que quedan, les siguen con su pensamiento y su amor. Y en las horas del sueño les evocan y les llaman para alentarles y ayudarles al cumplimiento de lo que se proponen. En las crónicas que llevan los solitarios, se encuentran relatadas muchas de estas bellezas de Dios. En el Monte Quarantana, hubo un esenio que yo he conocido y que ya no vive en la tierra. Le llamaban *Hussin* aunque su nombre de familia era Publio Virgilio Maron, originario de Italia. Un tío materno suyo era Gran Servidor en el Santuario de Moab, y como éstos grandes maestros sabían que se acercaba el tiempo de la llegada del Mesías, querían que el ambiente terrestre se sutilizara un tanto para poder darle entrada. Hussin era un buen sujeto para intermediario, debido a su gran facultad sensitiva. Era un Esenio de tercer grado, joven todavía, y los Maestros encontraron en él las condiciones necesarias y fue enviado a la Roma de los Césares.

"La Ley Eterna no había dejado ver aún el sitio preciso en que el Espíritu Luz tomaría la vida física. Y siendo Roma la que tenía el timón de la civilización humana, los Maestros pensaron que toda la fuerza del bien y del amor debían impulsarla en aquella dirección. Y Hussin dejó la soledad del Santuario y fue a Roma llevando en sí toda la fuerza de amor, de paz y de justicia que los Esenios de todos los Santuarios emitían por medio de él.

"Y Augusto César se enamoró de los cantos divinos y proféticos de Virgilio, fue su poeta favorito; y la llamada *larga paz romana* permitió el acercamiento del *Hombre-Luz* al plano terrestre.

—Y ¿dónde está ese Hombre-Luz? —preguntó Nebai con marcado anhelo.

—Parece que los Maestros Esenios lo han descubierto ya; pero yo no lo sé todavía. Cuando lo sepa Nebai, te lo diré.

"Volvamos al asunto que veníamos tratando.

—Sí —dijo Nebai— el de los hilos invisibles.

—Bien: te decía que al igual que hacen los Maestros Esenios cuando salen algunos hermanos en misión, debemos hacer nosotros. Tu tienes que ir a Ribla con tu familia, y si tú y yo queremos, tu viaje y estadía allí puede ser de gran beneficio para muchos. Tú y yo podemos encontrarnos durante el sueño, o enviarnos el pensamiento que la ley de la telepatía llevará del uno al otro, como un delicado mensaje de nuestras almas unidas por un lazo invisible de la afinidad.

—A ver, a ver Jhasua, explícame bien eso que no lo he comprendido.

—Escúchame Nebai: el alma humana, cuando ha llegado a la evolución que tú tienes, puede desprenderse de su materia para ir hacia donde el hilo invisible de la afinidad la lleve. Tú puedes hacer hermosos ensayos, que serán como ejercicios espirituales para desarrollar la facultad de transportarse en espíritu a un determinado lugar. Por ejemplo: yo vendré a esta fuente que te es tan querida todas las tardes al ponerse el sol. Tú que sabes ésto, te tiendes en tu lecho a esa hora y te duermes pensando que el hilo invisible de la Ley te traiga a la fuente en espíritu. El grado de mi desarrollo espiritual me permitirá escuchar tu mensaje, y a veces verte como puede verse una visión mental o una visión materializada.

"En otras épocas lejanas, tú has hecho estos ejercicios, porque viviste años en una gran Escuela de Divina Sabiduría que se llamó *Fraternidad Kobda.* Fuiste maestra de otras almas más nuevas que la tuya, y tu nombre era, *Nubia de Manh.*

— ¡Oh Jhasua! ¿cómo lo sabes tú?...

—Por las historias del pasado que estudio en el Santuario con mis maestros.

"¿Nunca oíste decir que tenemos muchas vidas sobre este plano físico?

—No, jamás oí tal cosa!

—Es que tienes tan pocos años Nebai que no has tenido oportunidad de aprenderlo aún.

"La Ley Eterna es así: Todo ser en la Creación Universal, nace y muere innumerables veces. Ni tú ni yo tendremos tantos cabellos en la cabeza como vidas físicas hemos tenido en este mundo o en otros.

"Hemos recorrido en largas edades, toda la escala del progreso eterno, y aun no sabemos cuántos siglos tardaremos en llegar al fin.

—¿A cuál fin Jhasua, a cuál fin?

—A la Suprema Inteligencia, de la cual salimos un día como sale una chispa de una hoguera, y a ellos hemos de volver *convertidos en llama viva,* dice nuestra ciencia divina.

"Pues en aquella vida tuya en que fuiste una maestra Kobda con el nombre de *Nubia de Manh,* tenías, entre otras facultades, la de transportarte en espíritu a distancias, y llevada por el hilo invisible de la afinidad. De aquella vida tuya han pasado largos siglos, en los cuales habrás progresado mucho. Las facultades adquiridas en una vida, pueden ser despertadas en otra con el ejercicio y la voluntad.

—Y ¿cómo has podido saber tú Jhasua, que esa *Nubia de Manh* y yo, somos el mismo espíritu?

—Cuando los maestros Esenios trajeron aquí a tus padres y tus dos hermanos mayores, lo hicieron al principio llevados por el deseo de librar a tu madre de una horrible persecución que sufría de parte de un poderoso magnate, y por proporcionar medios honrosos de vida a tu padre y hermanos. Pero no bien estuvieron ellos instalados en esta cabaña, los maestros recibieron tu visita espiritual. Tú eras un alma sin materia, vibrando como una luz en el espacio infinito y te diste a conocer a ellos como compañera de largas edades y en particular en esa vida de **Nubia de Manh.** Les dijiste que ibas a entrar de nuevo en la vida física en este hogar en que has nacido. Los maestros Esenios esperaban tu llegada. ¿Has comprendido ahora?

—¿Cómo no he de comprenderlo si me lo explicas con tanta claridad?

—Otros con menos evolución que tú, no lo comprenderían y si yo te lo explico a ti, es porque sé que puedes entenderme.

"Si comprendes y aceptas esta sublime face de la Ley Eterna, para ti será fácil comprender, asimismo que en cada una de tus vidas pasadas te has probado y ejercitado en todas las formas y aspectos imaginables; porque es así, como el alma se forja y se perfecciona. Habrás sufrido horrores, habrás cometido desaciertos, habrás hecho obras buenas, habrás subido a posiciones encumbradas, y habrás sido esclava, vendida y comprada como una bestezuela indefensa. Esa es la Ley Eterna de la evolución, Nebai, así la queramos como la neguemos; así la aceptemos como que la rechacemos.

"Yo, por ejemplo, he sido pastor, labriego, picapedrero, marino y he sido también rey, filósofo y médico, en un país que hoy yace en el fondo de los mares, a donde fue sepultado por un gran cataclismo hace 14 mil años.

"Y hoy, ya lo ves, soy el hijo de un artesano en una ignorada comarca del mundo, mucha parte del cual ignora hasta el nombre de Nazareth.

"Cuando fui labriego o pastor, cuando rompía con mi brazo las rocas que regaba con mi sudor ¿quién podía reconocer allí al Rey Anfion de Orozuma, que ocupó la atención del mundo civilizado de entonces?

"Si hemos vivido muchas vidas, esas personalidades humanas, han tenido un nombre, ignorado de muchos o conocido de todos. Por las facultades espirituales cultivadas, podemos llegar a leer en el más remoto pasado como en el presente.

"¡Oh Nebai!... La grandeza de Dios tiene magnificencias de sabiduría y de poder, y tratar de conquistarlas con nuestro esfuerzo es el deber de las almas que han llegado a una mediana evolución. De no hacerlo así, más nos valdría haber permanecido sumidos en la obscuridad inconsciente de las especies inferiores, donde aún no se ha despertado por completo la inteligencia que vive allí en embrión, y que se le llama *instinto;* razón por la cual no existe la responsabilidad, ni el libre albedrío.

—De aquí a seis días saldremos para Ribla según lo he oído a mi padre —dijo Nebai— y perdona Jhasua que interrumpa tu explicación sobre las vidas sucesivas que creo haber comprendido bien.

"Ahora dime ¿encuentras bien que yo acceda a ser consagrada sacerdotisa de Homero?

—Sí, Nebai, porque eso es un simple accidente de tu vida que no te obliga a cambiar tu senda espiritual, y te pone en una posición muy ventajosa para hacer el bien en medio de la porción de humanidad que te rodea.

"Homero fue un genio inspirado por la belleza divina que recordaba a momentos, como si en ellos volviera a vivir en el plano superior de la legión de Amadores a la que pertenece. De esa elevada personalidad, han hecho en su país natal, Grecia, algo así como un genio benéfico y protector, al cual invocan sobre las mieses, los viñedos, los olivares, huertos y jardines, porque creen que él flota como un céfiro suave sobre cuanto hay de bello y bueno.

"Le levantan templos formados de columnatas, por entre los cuales todos podemos entrar. Y no hay más altar que un pedestal de mármol con un gran pebetero de lo mismo, donde se pone fuego para quemar perfumes y yerbas aromáticas.

"De la techumbre cuelga una lámpara de aceite de oliva que no se apaga jamás. Tu cuidado será ése, Nebai: quemar perfumes de Arabia, y alimentar la lámpara que debe arder siempre. Es un símbolo de la gloriosa inmortalidad de Homero, y de los pensamientos de amor que desde la tierra suben hasta él en busca de protección.

"*Homero vivirá eternamente*" dice la luz de su lámpara.

"*Hacia él va siempre la ofrenda de nuestro amor*" dicen las esencias que se queman en las ascuas ardientes.

"A la doncella elegida para sacerdotisa, se le asigna una renta vitalicia mientras se mantenga en estado de doncella, o sea sin tomar esposo, pero no le está prohibido casarse si así lo desea. Otra doncella la reemplazará.

"Debe cantar cada día a la salida o a la puesta del sol, una estrofa de los cantos de Homero. Debe ser la depositaria y guardiana de las ofrendas o votos que los amantes del genio tutelar le llevan a su templo. Y cuando consisten en frutas, olivas, aceite o jugo de vid, la sacerdotisa puede distribuirlos entre los niños menesterosos, que por tales dones, quedan bajo la tutela del genio benéfico.

"Tal es la tradición entre los descendientes del poeta inmortal.

"Como ves, no hay nada oneroso ni indigno en todo esto, antes al contrario, una aureola de respeto te rodeará, Nebai. Ayudarás con esto a tu propia familia, que podrá con más facilidad abrirse un camino honrado de trabajo, en un medio ambiente de equidad y rectitud.

"Ya verás, Nebai, ya verás qué ancho campo se abre ante ti para derramar el bien a manos llenas.

—¿Me ayudarás Jhasua, me ayudarás a cumplir con mi deber, en ese ancho campo en que tú me ves? —preguntóle Nebai como si le causara alarma verse sola en la nueva vida que iba a comenzar.

—¡Claro que sí! ¿Cómo lo has puesto en duda? Te ayudaré a distancia, y una vez cada año iré acompañando al anciano Menandro que mientras viva, no te descuidará.

"Además, con una madre como la tuya, nunca debes creerte sola.

"Mírala. Viene en dirección a nosotros trayéndonos una cestilla de frutas y golosinas.

La suave y dulce mujer se sentó con ellos al borde de la fuente diciendo:

—Hermoso hijo de Myriam: ¡cuánto echaremos de menos en Ribla, estas horas de amor y de paz, que traes contigo a esta cabaña!

—Acabo de enseñar a Nebai la forma de no echarme de menos —le contestó Jhasua sonriente—. Es una excelente discípula vuestra hija, y ya hemos quedado de acuerdo en todo y para todo. Ella os lo explicará, y yo os ruego que le ayudéis con vuestra tierna vigilancia, para que ella tenga firmeza en sus nuevas actividades.

"Ya os dije que mi madre vendrá a despediros según vos lo habéis pedido.

—Sí, sí la estoy esperando. ¡Myriam es el único lazo de familia que me une a estas tierras, que dejaré sin pena porque en ellas he padecido tanto!...

—¿Lo oyes, Nebai? Tu madre va a Ribla feliz y contenta. Y yo lo estoy también de que vayáis, porque hay algo en mí mismo que me dice o me anuncia, que vosotros vais a abrir el camino de la luz hacia Antioquía.

"El Orontes pasa besando vuestros jardines, y acaricia también los muros de aquella gran capital que encierra para mí como una promesa de grandes cosas. Aun no acierto a definir lo que se encierra en este sentir mío, pero creo que muy pronto os lo podré decir. Acaso en la primera visita que os haga en la próxima primavera.

Pocos momentos después, Jhasua tornaba al Santuario a pasos lentos, mientras dejaba correr su pensamiento sobre un futuro que comenzaba a ver levantarse como entre una bruma de oro pálido, hacia aquella populosa ciudad, hermosa cortesana lúbrica que vivía en un eterno festín, pero que una voz íntima le decía:

"¡Más fácil es prender el fuego del amor divino en la cortesana que ríe porque ignora el dolor ajeno, que en la rígida Jerusalén que conoce el dolor de los humildes, y levanta sobre él su pedestal de oro!..."

EL DIARIO

Cuando Jhasua entró en sus 19 años, algo muy interno, cambió en él.

Pienso que para conocer a fondo su gran personalidad, es necesario estudiarlo, al par que en su vida externa, también en su mundo interno. Y para esto nos servirá de espejo que lo refleja muy claramente, un *diario* que al entrar en sus 19 años, sintió la necesidad de llevar minuciosamente.

La separación de Nebai, la dulce y discreta confidente de sus primeros años de joven, lo dejó como sumergido en una gran soledad de espíritu. Jhosuelín y el tío Jaime se hallaban en Nazareth ayudando a Joseph al frente de su taller de carpintería, que cada vez se engrandecía y complicaba por el aumento de obras y de operarios.

Sus maestros Esenios, buscaban también de dejarle más tiempo consigo mismo, para que su espíritu pesara bien las responsabilidades que tenía sobre sí, y más que nada para que entregado más de lleno a sus propios pensamientos, se orientase hacia su verdadero camino.

—Jhasua —le dijeron un día—. Te hemos enseñado cuanto sabemos en la ciencia de Dios y de las almas. Creemos llegado el momento de que por ti mismo pongas en práctica cuanto has aprendido, y que seas juez de ti mismo en lo que concierne a tus facultades superiores y a todos los actos de tu vida.

—¿Entonces me abandonáis? —les preguntó alarmado.

—No hijo mío —le contestó Tholemi, que era el de más edad de los diez instructores—. Nos tienes a tu disposición ahora, mañana y siempre. Pero así como la madre, cuando es hora de que su niño sepa andar solo, no le lleva en brazos, sino que le deja en tierra y le impulsa a andar, así hacemos tus maestros contigo, hijo mío, que has llegado antes que otros, no sólo a andar en la tierra sino a volar como esas águilas que en los días de hermoso sol se remontan hasta perderse en el inmenso azul.

"Ahora ya eres libre de estudiar lo que quieras, de hacer concentraciones, transportes, desdoblamientos de tu Yo íntimo, irradiaciones de fuerza magnética a distancia, o en presencia, sobre los seres, o los elementos según tu criterio lo vea razonable y justo. Eso sí, en cualquier duda o tropiezo, ya sabes lo que hacemos todos: en la concentración mental de la noche y todos en conjunto hacemos una hora de consulta y comentarios. Hazte de cuenta que eres uno de nosotros, el más joven en edad física, es verdad, pero el más anciano como espíritu.

—Con esto me queréis decir —dijo Jhasua— que ya me consideráis un hombre que en las cosas del alma debe gobernarse solo.

—¿Solo has dicho? No hijo mío —respondió el Servidor—. Un Esenio nunca está solo puesto que camina guiado por la Ley. En su vivo resplandor están todos nuestros grandes Maestros: Isaías, Elías, Eliseo, Ezequiel, Jeremías, Miqueas, Daniel y tantos otros que tú conoces y has leído como·yo. Y como nuestra Ley nos enseña la forma de evocarles y recibir sus mensajes cuando es necesario, el Esenio debe tener el convencimiento de que jamás está solo.

De esta conversación tenida con sus Maestros, surgió en Jhasua la idea de llevar un *diario* en su carpetita de bolsillo. Para sentirse menos solo, allí escribiría día por día sus impresiones, sus luchas, sus ansiedades y anhelos más íntimos.

Su diario comenzaba así:

"¡Señor Dios de los grandes y de los pequeños! Los hombres me dejan solo porque juzgan que soy ya un árbol fuerte que puedo afrontar sin apoyo ni sostén, las sacudidas del vendaval".

"Para Ti Señor soy siempre el niño que comienza a andar".

"¡Padre mío que estás en los cielos y en cuanto vibra en tu creación universal... que estás dentro de mí mismo!... ¡Tú no me dejes en soledad como las criaturas me dejan, porque Tú sabes lo que ellas olvidan: que mi corazón de hombre es de carne, y necesita el calor de los afectos de familia, la ternura de la amistad, la dulzura inefable de los amores puros y santos!

"¡Tú sabes Padre mío cómo soy, cómo estoy formado con esencia tuya, con fibras tuyas, con átomos tuyos!... ¡Y mi alma, burbuja de tu eterna luz, encerrada está en una materia densa que camina por la tierra donde hay zarzales que se prenden al vestido, y lodo que mancha los pies!...

"¡Padre mío eterno! ¡Amor mío infinito! ¡Luz mía inextinguible! ¡Verdad mía Suprema!... ¡Llena Tú mis vacíos insondables y que desborden tus manantiales en mí en forma que lo tenga todo sin tener nada! ¡Que tu plenitud soberana baste para todas mis ansiedades!

Otro día escribía:

"Hoy comencé mis ejercicios de telepatía con José de Arimathea. Al transmitirle mi pensamiento poniéndome en contacto con él, he sentido una vibración de dolor, casi de angustia. Parecióme que debía tener uno de sus familiares enfermo de gravedad. Luego me convencí que era así en realidad.

"Me concentré hondamente y después de un gran esfuerzo, pude transportarme espiritualmente a su lado. Le encontré solo al lado del lecho de su única hijita mujer atacada de fiebre infecciosa. Cuando yo irradiaba sobre ella fuerza magnética, él pensó en mí con tanta intensidad que mi alma se conmovió profundamente. Creo que la niña está salvada de la muerte.

"¡Padre mío que estás en tus cielos y dentro de mí! Te doy gracias porque no me dejaste solo! Tú estabas en mí cuando yo decía a la niña: "quiero que seas sana: levántate".

"Sentado al borde de la fuente donde tantas veces hablé y escuché a Nebai, le he transmitido mi pensamiento a Ribla.

"He sentido una honda vibración de tristeza y soledad.

"En la glorieta de las glicinas la he visto con su madre que tocaba el laúd.

"He comprendido que aún no me ve, pero que ha sentido la vibración de mi presencia espiritual, porque vi correr dos lágrimas por su rostro que ocultó entre sus manos y apoyó la cabeza en el hombro de su madre.

"Le di tanto amor, consuelo y esperanza, que se animó rápidamente y buscando su carpeta escribió estas palabras:

"Hoy he sentido a Jhasua como si me hablara diciéndome que me acompaña a distancia, y que en la primera caravana me enviará una epístola.

"¡Oh Jhasua!... qué bueno es tu pensamiento que así ahuyenta del alma la tristeza y desaliento".

"Pronto podré comprobar si esto es realidad. La caravana pasa por Ribla mañana domingo. A mitad de semana estará frente al camino del Santuario. ¿Vendrá epístola de Nebai que me hablará de esto? Esperemos.

"¡Gracias Padre mío Eterno, por el don divino del pensamiento hecho a vuestras criaturas!

"¡Son las alas para volar que les habéis dado, y que ellas no quieren o no saben usar!

Dos días después Jhasua escribía en su carpeta:

"Ha llegado a mí como un grito de angustia, el pensamiento de Nicolás de Damasco. Una concentración mental profunda me ha dado la clave de este asunto. Aunque quise transportarme espiritualmente a su residencia de Jerusalén, me vi impedido de entrar.

"Siendo en su casa las asambleas de la Escuela Secreta, presiento que ha sido descubierto por un discípulo traidor, y los esbirros del Pontífice han invadido el recinto y aprisionado a algunos.

"Se empeñan en hablar de la aparición del Mesías en esta tierra y el Sanhedrín que vive temeroso de que la luz rompa las tinieblas que ocultan su vida delictuosa, la emprenden a sangre y fuego contra los que pueden servir de instrumento de la verdad.

"Me inquieta sobremanera el impedimento de penetrar espiritualmente en la residencia de Nicolás. Una fuerte intuición me dice que hay allí seres contrarios que forman una espesa barrera de odios que no puedo romper, sin exponerme a un trastorno nervioso o mental que a nada conduciría.

"¡Padre mío justo y bueno!... Fortalece a tus elegidos para que ensanchen como el mar su corazón, y perdonen a los perjuros, a los traidores, a los ingratos, que habiéndolo recibido todo de tus santos, les traicionan, les olvidan, les arrastran por el polvo para engrandecerse y gozar junto al dolor y el llanto de quienes les dieron vida, luz, ternura y calor!

Al siguiente día continuaba de este modo:

"Mi bueno y querido Nicodemus me ha visitado en mi concentración espiritual de esta noche.

"De su mensaje mental extraigo este resumen: "Nuestra Escuela de Jerusalén ha sido descubierta, porque un joven Levita ha caído víctima de la sugestión que ejerce el deseo de grandeza en ciertos seres.

"El Consejo de Vigilancia del Sanhedrín, ha ofrecido grandes prebendas en el Templo a todo Levita que dé aviso de sitios de reuniones cabalistas, donde se hable de revisación de los Libros de Moisés, o de la aparición del Mesías Libertador de Israel.

"Nicolás como dueño de casa ha sido llamado a responder al alto Tribunal.

"Esperan que saldrá bien en sus respuestas y que habrá benevolencia con él, porque forma parte de ese tribunal el tío de Gamaliel y un amigo de José de Arimathea.

"—¡Qué obscuro enigma es el alma del hombre!... pienso mientras voy anotando los mensajes mentales de los que me son queridos y me aman.

"Todo Israel, desde el solio pontificio hasta el más infeliz leñador, vibra en un anhelo conjunto por el Mesías Libertador, promesa de siglos hecha a los hebreos por sus guías y protectores.

"Y los poderosos magnates sienten una inquieta alarma cuando en medio del pueblo se forman agrupaciones preparatorias para la llegada del Mesías. ¿Por qué?... ¿qué temen?

"Todo el bien que él traiga como Hijo de Dios, como Enviado Divino, será común para todos. Será como la llegada del hijo del Rey, que le envía a su pueblo para aliviar sus fatigas y cansancios, y brindarle el festín eterno del amor. ¿Cabe aquí el temor, la alarma, la inquietud?

"Deshojando como flores mentales estas reflexiones, voy caminando hacia atrás en el panorama de mis recuerdos, como si desandara un camino que hice a mis 12 años. Vi a Jerusalén. Vi el templo desde los pórticos hasta lo más apartado de los fosos, hasta la puertecilla de escape, y el portalón de los carros y de las bestias.

"El Templo de Jehová era un mercado y un degolladero. La sangre de las bestias inmoladas corría por un acueducto de mármol labrado en el pavimento, desde el altar de los sacrificios hasta el pozo blanco de donde la extraían con cántaros para condimentar manjares que deleitan, en los festines de los magnates.

"En los patios interiores, cuadras, caballerizas y hasta entre los árboles, los traficantes y mercaderes, con ropas ensangrentadas y manos inmundas, se arrebatan las carnes aún calientes, la grasa, las vísceras humeantes, y entregan bolsas de plata y oro a los agentes sacerdotales encargados de tan lucrativo comercio.

"¿No será esta abominación inmunda, esta sacrílega profanación de la Casa de Dios, lo que engendra inquietud a los príncipes del clero, cuando el pensamiento del Mesías cruza como un meteoro por el horizonte nebuloso de su raciocinio?

"¿No vendrá el Mesías con los poderes de Moisés, y azotará de múltiples maneras a los dirigentes de Israel, como al Faraón egipcio por la dureza de su corazón?

"¿No acabará con la inicua matanza de bestias como símbolo de una fe sangrienta, nutrida y alimentada con el horrendo suplicio de inocentes animales?

"Paréceme que todos estos interrogantes golpean en las mentes sacerdotales y pontificiales, y de ahí la inquietud y alarma cuando se comenta que el Mesías ha llegado para poner todo en su debido lugar".

Más adelante estaba escrito en la carpeta de Jhasua:

"Hoy llegaron al Santuario los Terapeutas que peregrinaban por el Sur. Vienen desde el Santuario del Monte Quarantana, trayendo un cargamento de epístolas que me dedican los amigos de aquellas regiones. ¡Tan amorosas, tan tiernas, tan llenas de nobleza, que he dejado caer mi llanto sobre ellas!

"Jacobo y Bartolomé, los muchachos de la cabaña de Andrés, porteros del Santuario, la madre Bethsabé enamorada de sus nietecillos para quienes me pide muchos besos por el aire; mis tíos Elcana y Sara de Bethlehem donde nací, mis primeros amigos de recién nacido, Alfeo, Josías y Eleazar, que me relatan las mil encrucijadas de sus vidas laboriosas y justas, la tía Lía de Jerusalén temerosa por sus hijas casadas con José de Arimathea y Nicodemus, pertenecientes a la Escuela Secreta de la Cábala, recientemente descubierta por el Sanhedrín.

"¡Oh Padre mío que estás en tus cielos infinitos, y que ves la zozobra de tus hijos indefensos y débiles ante la prepotencia de los poderosos!

"¿Necesitas acaso de que yo te lo pida para remediarles? ¡Tú lo sabes, lo ves y lo sientes todo, porque todos somos como las hebras del cabello de tu cabellera de luz que todo lo penetra y lo envuelve!

"Todos ellos viven en tu amor, Padre mío eterno, y ¡Tú vives en ellos porque son tuyos como lo soy yo para toda la eternidad!

Y el alma pura y luminosa de Jhasua, seguía vaciándose como un vaso de agua clara sobre las páginas de su carpeta de bolsillo.

La mayor parte de los trabajos que se hacían en los Santuarios Esenios, consistían en aumentar las copias de toda escritura antigua para que pudiesen ser conocidas por todos los afiliados a la Fraternidad Esenia.

También labores manuales, como muebles y utensilios necesarios; el cultivo del huerto que les proporcionaba gran parte de su alimentación.

Los Ancianos sabían muy bien por avisos espirituales, que la vida de Jhasua sería breve sobre la tierra, y le era necesario aprovechar bien su tiempo en ampliar más sus conocimientos superiores para que cuando llegase la hora de presentarse a la humanidad como su Instructor, no le quedase nada sin saber. Y así, sin darle explicaciones lo destinaron con preferencia a las copias, pues que al hacerlo, iba bebiendo gota a gota la Divina Sabiduría que subió a tan extraordinarias alturas en lejanas épocas, en que otras Escuelas y Fraternidades habían cooperado con el Espíritu-Luz, a la marcha evolutiva de la humanidad.

Sin descuidar esta tarea, el joven Maestro encontró siempre tiempo para sus ejercicios espirituales, en los cuales demostró una perseverancia invencible, hacia tres concentraciones mentales diarias: A la salida del sol, al ocaso y a la segunda hora de la noche, que es la que en nuestros horarios equivale a las diez de la noche.

Eran éstas sus citas espirituales de amor, de tierna amistad, de hermandad ideológica, que servían de estímulo al amante corazón del Cristo encarnado.

Habiendo venido a la tierra para amar hasta morir, sentía más hondamente que nadie, la necesidad de amar y ser amado con esa noble lealtad de las almas justas, para quienes es un delito grave la traición a la amistad, al amor, a la unión de almas destinadas a caminar juntas en la vida a través de la eternidad.

Continuemos, amigo lector, leyendo en el corazón puro del Hombre-Luz, reflejado en las breves escrituras de su carpetita de bolsillo.

Sentado al borde de la fuente en la cabaña de piedra, poco antes bulliciosa y alegre con las risas de Nebai, Jhasua escuchaba embelesado el arrullo de las palomas, sus aleteos bañándose en la fuente, y el gorgeo de los mirlos azules, que se sentían dueños del huerto solitario.

Su mirada se posó en algo que el vientecillo de la tarde agitaba entre un jazminero cercano, y vio pendiente de él una cestilla de juncos de donde caía el delantal azul de Nebai, olvidado sin duda por ella misma en sus correrías por el huerto, cuando jugaba a la escondida con su gacela favorita.

El alma delicada y sensitiva de Jhasua a los 19 años de vida física, encontró como un poema mudo en aquellos objetos olvidados allí por su dueña, que hacía dos semanas se encontraba ya en Ribla.

En su imaginación ardiente y genial, se dibujó la imagen de la niña con su

66

delantal azul y su cestilla al brazo recogiendo jazmines y rosas para el altar hogareño, donde según el uso esenio, se guardaba el libro de la Ley y los libros de los Profetas.

Su espíritu se sumergió profundamente en sí mismo, con esa facilidad maravillosa que tienen los contemplativos por naturaleza y por hábito de hacerlo.

Y pasada una hora, volvió a la realidad de ese momento y vació en su *Diario* su sentir más íntimo y más tierno:

"Nebai —escribía emocionado— tu cestilla de recoger flores y tu delantal azul, han sido los hilos mágicos que esta tarde me han llevado hacia ti. Y te he visto, dulce niña de mi adolescencia, no ya corriendo como entonces detrás de tu gacela, sino tal como estás ahora, grave, meditativa, cantando versos de Homero acompañada por tu laúd.

"Cantabas el salmo en que el poeta se queja, de que ninguna alma humana comprende el gemido de su corazón en la soledad del destierro. ¡Oh Nebai!... ¡he comprendido que tu alma lloraba en ese salmo como el poeta inmortal, de cuyo corazón estás bebiendo tú, con avidez sedienta!

"Y al acercarme en espíritu a ti te he oído decir: "¡Jhasua!... me siento en un destierro porque he comprendido que para mí, la patria eres tú, el amigo verdadero eres tú... el aire benéfico y el astro protector eres tú! ¡La belleza de la fuente de las palomas, de los jazmineros en flor, de todo aquel huerto que me parecía encantado, eras tú Jhasua que lo llenabas todo con ese algo de cielo que tú tienes, y que no se encuentra en ninguna parte sino en ti!

"Hice un esfuerzo mental, y me sentí ayudado con fuerzas astrales y magnéticas, y mi visión ante Nebai adquirió alguna densidad. Comprendí que llegó a verme por un momento, porque soltó el laúd y abrió los brazos como para abrazarse de algo que veía. La misma vibración fuerte de sus emociones diluyó la visión, y ella comprendió que mi promesa empezaba a cumplirse porque la oí decir:

"—¡Gracias Jhasua por tu primera visita! ¡Perdóname si había llegado a dudar de ti por la tristeza de la larga espera! Creía que la pobre Nebai ausente, había sido olvidada. Tú no olvidas Jhasua como los demás seres, porque eres diferente de los demás.

"Nebai sólo tiene 15 años, demasiado pocos para pensar tan profundamente. Ya es capaz de analizar la diferencia que hay de unos seres a otros. En 15 años no ha podido conocer otras amistades. ¿Cómo sabe que soy yo diferente de los demás seres? He ahí una prueba de que el alma viene desde muy lejos y lleva andadas miles de jornadas en el eterno viaje. ¡Oh Nebai!... pequeña Nebai, Nubia de los Kobdas, Esther dominadora de Asuero, Judit vencedora de Holofernes... ¿qué serás en este y en los siglos futuros?...

"¡Dios te bendiga mujer sublime, alma de luz y de fuego que en esta hora te has cruzado en mi camino como una alondra blanca, para cantarme la estrofa inmortal del amor, que vibra en los planos sutiles y puros donde es eterno, inextinguible, sin sombras, semejante a Dios del cual emana!

"¡Gracias criatura de Dios, por el don divino de tu amor que me das como se da una flor, un vaso de agua, una redoma de esencias!... ¡Gracias, Nebai!"

Una noche, durante una concentración mental en medio de los Ancianos Maestros, y cuando irradiaba su pensamiento sobre todos los que su corazón amaba como un incendio de luz desplegado en la inmensidad, sintió la tristeza íntima de su madre que en ese momento pensaba en él.

Prestó atención, la evocó, la llamó con su alma vibrando de emoción y de amor, y percibió que ella creyéndolo presente a su lado, se incorporaba prontamente en su lecho diciéndole: — ¡Jhasua, hijo mío! ¿cómo vienes a esta hora?

¡Tan intenso había sido el llamado, que la ansiosa madre lo confundió con la voz física de su hijo... el amado hijo que siempre estaba en su mente como una estrella silenciosa que le alumbraba!...

Cuando ella se convenció que era un ensueño de su amor según ella creía, rompió a llorar silenciosamente para no ser sentida de los familiares que dormían en alcobas inmediatas.

Pero cada sollozo de la madre vibraba en el alma del hijo, como la elegía triste de un laúd que lloraba en las tinieblas.

Jhasua se concentró más hondamente aún, mientras oraba al Autor Supremo de toda luz.

—"¡Padre mío!... ¡haz que yo vea!" Se transportó a su hogar y vio.

Mas sigamos lector, hojeando su carpetita donde él escribía esa misma noche ya vuelto a su alcoba solitaria:

"En la concentración de esta noche he visitado a mi madre, cuya tristeza recogí al irradiar mi pensamiento sobre todos los que ama mi corazón. Debido a esto, pasó la hora de concentración sin darme tiempo a irradiar el pensamiento sobre todos los seres de la tierra según lo ordena la Ley.

"¡Padre mío que eres Amor Eterno, inconmensurable!... ¡Perdón por mi debilidad y pequeñez! Aun soy egoísta Padre mío, y mi corazón de carne, lleno con el amor de los míos... mi madre, me hizo olvidar de las demás criaturas... todas tuyas... nacidas de Ti mismo, como mi cuerpo nació de mi madre!"

Tranquilizada su conciencia por esta confidencia a la Divinidad, Jhasua escribía nuevamente:

"Hay honda tristeza en mi hogar. He visto a mi padre enfermo. Debe haber tenido algún grave disgusto y su corazón se afecta profundamente. Jhosuelín no consigue, con todos sus esfuerzos vigorizar su organismo que responde a su ley, que le marca poca vida física en esta hora de su camino eterno.

"Ana, mi hermana, entristecida también porque Marcos, perteneciente a la Escuela Secreta ha sido detenido, contribuye aún más a formar el pesado ambiente de angustia que encuentro en mi hogar.

"Al amanecer me pondré en camino hacia Nazareth.

"Ahorraré el viaje que los Terapeutas pensaban hacer pasado mañana. Lo que ellos debían hacer, lo haré yo.

"¡Gracias Padre mío por los dones divinos de que habéis llenado el alma humana!

"Tus poderes, tus magnificencias, tu fuerza de amor, todo nos lo habéis dado sin mezquinarnos nada...

"Y la infeliz criatura humana pegada como un molusco al pantano, olvida su noble condición de hija de Dios, para continuar indefinidamente su vida letárgica de gusano!..."

Tal como lo vemos escrito en su *Diario*, así lo hizo. Y dos horas después de salir el sol, Jhasua abrazaba a sus padres que tuvieron la más hermosa sorpresa. Era la primera vez que llegaba sin aviso previo.

—Orando al Señor por vosotros —les decía— os vi tristes por muchas razones y he venido a consolaros.

"Ninguna de las cosas que os afligen son irremediables.

—¿Cómo lo sabes tú, hijo mío? -le preguntaba su padre.

—La oración, padre mío, es la comunicación íntima de nuestra alma con Dios. Y como El lo sabe, lo ve y lo siente todo, el alma que se une a Dios en la oración puede saber, sentir y ver mucho de lo que El ve, sabe y siente.

"En mi oración de anoche comprendí vuestra tristeza y aquí estoy. Salí al amanecer, me vine por el caminito de los Terapeutas que aunque es más áspero, es más corto que el de las caravanas. Con 19 años, bien puedo saltar por entre los peñascos."

Para aquellos felices padres, ningún galardón podía igualar al amor de tal hijo... Había saltado riscos y piedras entre arroyuelos que cortaban el paso, en la semiobscuridad del amanecer, para llegarse hasta su tristeza como un rayo de sol en la tiniebla de un calabozo.

Joseph olvidaba su afección del corazón, Myriam no lloraba más, Jhosuelín sentía nuevas energías en su organismo agotado. Ana veía ya libre a Marcos, y el tío Jaime previsor en todo, traía un gran fardo de harina, miel y manteca del mercado porque adivinaba que en tal día, debía haber grandes actividades en la cocina de Myriam.

Una luna permaneció Jhasua en el hogar llenándolo todo de paz y de amor.

Al explicarles detalladamente cómo en la oración había percibido sus angustias, surgió en todos ellos el deseo de cultivarse más esmeradamente en la transmisión y percepción del pensamiento, ese mensajero divino dado por Dios a toda criatura humana.

Y en el gran cenáculo que sólo se usaba cuando había numerosos huéspedes, formaron un compartimiento dividido por espesas cortinas de tejidos de Damasco, que era lo más suntuoso que podía permitirse un artesano de posición media.

Aquel sería el recinto de oración donde los familiares se reunirían a las mismas horas en que Jhasua hacía las concentraciones diarias, con el fin de que sus almas se encontrasen unidas en el seno de Dios en los momentos de elevación espiritual.

—Si así nos encontramos tres veces cada día ¿a qué queda reducida la ausencia? —decía él—.

"Vosotros me hablaréis en el silencio del Pensamiento y yo os contestaré.

"Tal lo hicieron siempre nuestros maestros los Profetas, que debido a su gran unión con la Divinidad se convertían en mensajeros de Ella para con los hombres. Y de allí ha surgido la equivocada idea de que el Señor tiene hijos privilegiados a los cuales manifiesta su voluntad con luces especiales.

"En realidad lo que hay, es que unos hijos piensan en unirse al Padre Celestial por la oración, y otros no lo piensan jamás.

"Los que se acercan a Él con el corazón limpio de toda maldad, son iluminados y de su perseverancia en este acercamiento, vienen necesariamente las elevadas percepciones del alma que sumergida en Dios por la oración, adquiere gran lucidez en todo y para todo."

Durante los últimos días de su visita al hogar, Jhasua hizo sus concentraciones espirituales juntamente con sus familiares, a los cuales recomendó el colocarse siempre en el mismo lugar en torno a la pequeña mesa, sobre la cual colocó él mismo la Ley y los libros de los Profetas.

Idéntico trabajo realizó en las casas familiares de Simon y de Zebedeo, sus amigos del lago, de donde debían salir un día dos de sus discípulos íntimos: Pedro y Juan. Y les dijo: —"Como lo hice yo con vosotros, hacedlo con vuestros amigos íntimos y así me ayudaréis a extender sobre la tierra el velo blanco del amor y de la paz.

"¿No decís que soy un Profeta? Cooperad conmigo en acercar a Dios esta humanidad, es la misión de los Profetas.

A la madrugada del trigésimo día emprendió el regreso al Santuario acompañado del tío Jaime, hasta mitad del camino.

Escuchemos su conversación.

—Jhasua —le dijo su tío— debes saber que tu padre quiso que fuera yo el administrador de tus bienes, y como ya estás en los 19 años creo que debo darte razón de ellos.

—¿Bienes?... ¿pero, tengo yo bienes, tío Jaime? —preguntó extrañado.

—¡Cómo! ¿no lo sabes? Son los aportes acumulados desde tu nacimiento, de aquellos tres hombres justos y sabios venidos del oriente, traídos a este país por el aviso de los astros.

"Gaspar, Melchor y Baltasar no han fallado ni un solo año de enviar el oro que prometieron para cooperar a tu educación y bienestar de tu familia.

"Tu padre, delicado en extremo, sólo se permitió tomar una pequeña suma cuando tenías creo 17 meses. Dejó el taller a mi cuidado para huir contigo y Myriam al Hermón, a ocultarte de la persecución de Rabsaces, el mago de Herodes.

—Si de esto me hubieses hablado, tío Jaime, antes de salir, yo habría convencido a mi padre de que esos bienes son suyos y puede disponer de ellos como le plazca.

—Los hijos de Joseph —añadió Jaime— ignoran por completo estos aportes de los astrólogos orientales. No quiere Joseph que lo sepan, a excepción de Ana y Jhosuelín, que son alma y corazón contigo.

—Bien, tío Jaime, ya que mi padre te nombró administrador de ese oro donado a mí, te diré mi voluntad acerca de él.

"He visto que el taller necesita reparaciones indispensables para preservar de las lluvias y del sol las maderas para las obras. Esos cobertizos de caña y junco están cayéndose. También el muro que rodea el huerto está ruinoso. ¡Es lástima dejar que se destruya todo mientras el oro está en la bolsa!

"¿Para qué sirve el oro si no ha de emplearse en tener un poco más de comodidad y de bienestar?

—Y tú, Jhasua, ¿nada quieres para ti? ¿No necesitas nada? —le preguntó Jaime.

—¿Qué quieres que necesite en el Santuario? Mi vestuario, me lo dan mis padres, y el alimento, lo da el Padre Celestial. ¿Qué más necesito?

"Mira tú, que en los refugios que tienen los Terapeutas no sufran hambre y desnudez los refugiados. El Padre Celestial no te perdonará, tío Jaime, si teniendo ese oro en la bolsa, sufren hambre algunas criaturas suyas.

"Igualmente, no permitas que mi padre sufra inquietudes en el pago de sus deudas con los proveedores y con los jornaleros. La prolongación de su vida depende de su mayor tranquilidad.

"Entre tú y Jhosuelín, bien pueden arreglarse para descargarle de todo peso.

—¡Oh Jhasua! ¡No conoces a tu padre! Es tan escrupuloso en cuestión de pagos que quiere saberlo todo.

—Bien, que sepa que yo te autorizo para cubrir cualquier déficit que pueda traerle a él inquietudes.

"Tú habrás de acompañarme, tío Jaime, a visitar un día a esos tres hombres de Dios que velan por mi bien desde que nací —añadió Jhasua después de unos momentos de silencio.

—¿Cuándo será ese viaje? Recuerda que hay uno en proyecto para cuando tengas 21 años.

—Sí, el de Egipto, a reunirnos con Filón en Alejandría.

"Entonces podré visitar a Melchor en Arabia. Tiene su Escuela cercana al Sinaí.

"A Baltasar en Susan, le visitaremos el año próximo; es el más anciano y temo que la muerte me gane la delantera. Quizá a Gaspar le visitaré entonces también.

"A los tres les enviaré epístolas en este sentido.

"Hasta ahora fueron los Ancianos del Tabor quienes les enviaban noticias mías por ser yo un parvulito. Pero ahora que soy ya hombre, debo hacerlo por mí mismo.

Luego de encontrarse Jhasua en el Santuario, confió a los Ancianos en la reunión de la noche sus deseos de visitar a los sabios astrólogos de Oriente, que desde su nacimiento se habían preocupado de su bienestar material.

—Hijo mío —le dijo el Servidor—; según convenio hecho con ellos, tus padres y nosotros, de estos asuntos debíamos enterarte a los 20 años que aún no tienes. Pero, puesto que lo has sabido antes, hablemos de ello, ya que sólo faltan meses para entrar en la edad fijada.

"No creas que hayas quedado mal ante ellos por tu silencio, que ellos mismos lo han querido.

'Ahora quieres visitarles porque tu delicadeza, sabiéndote favorecido por ellos, te apremia en tal sentido, y esto era lo que ellos quisieron evitar, a fin de que nada perturbase la quietud de tu espíritu durante el crecimiento de la infancia y el desarrollo de la adolescencia.

"Como superiores maestros de almas, los sabios orientales dan el valor que tienen a las inquietudes prematuras en los cuerpos que están en formación y crecimiento, y tratan de evitar la repercusión en el espíritu.

"Y para que tu espíritu llegase a la plenitud a que está llamado a llegar, trataron ellos de evitarte angustias y terrores, comunes en los hogares azotados por todo género de contingencias.

"En nuestras crónicas que ahora ya puedes conocer, encontrarás con detalles la correspondencia que la Fraternidad Esenia ha tenido con los tres sabios astrólogos que te visitaron en la cuna.

"Los mensajes llegaban por las caravanas al Santuario del Monte Hermon en el Líbano, con los envíos anuales de treinta monedas de oro, diez por cada uno de tus tres protectores.

"En una pobre casita del suburbio de Ribla, hospedaje habitual de nuestros Terapeutas peregrinos, eran recibidos los mensajes y el donativo, que venía a nosotros y pasaba a tus padres llevado siempre por nuestros Terapeutas.

—¿Por qué no me dijisteis de esa casita refugio en Ribla, para visitarla como se visita un templo? —preguntó Jhasua.

—Por las razones antedichas hijo mío. El silencio, cuando se promete guardarlo, es sagrado para todo esenio. Se esperaba que entrases en la madurez de tu juventud, a la cual has llegado con toda la plenitud de tu espíritu que hemos procurado para ti entre todos.

"¡Jhasua!... Eres el Enviado del Altísimo para remedio de la humanidad en esta hora de su evolución, y todo cuanto hiciéramos por tu personalidad espiritual, nunca sería demasiado.

"En la primera vez que vayas a Ribla, podrás visitar el Refugio.

"El don de tus protectores está como ya lo sabes en manos de tus padres. Pero los mensajes de orden espiritual y las epístolas cruzadas entre los astrólogos orientales y nosotros, están en nuestras crónicas, y son copias de los originales que se encuentran en el Gran Santuario de Moab, según manda nuestra ley.

"El hermano cronista, queda autorizado para enseñarte todo cuanto hemos recibido referente a ti, de tus sabios protectores y amigos.

—¡Gracias Servidor! —exclamó el joven Maestro—. Veo que soy deudor de todos y por todo, y que no me bastará una vida para pagaros a todos.

—No te preocupes, ya está todo pagado con tenerte entre nosotros y haber sido designado por la Eterna Ley para formar tu nido espiritual en esta hora de tu carrera mesiánica.

Jhasua, en una explosión de amor de las que sólo él era capaz, se arrodilló sobre el pavimento en plena reunión y levantando al cielo sus ojos y sus brazos exclamó:

—¡Padre mío que eres amor eterno!... Seas tú, dueño de cuanto existe, el que pague por mí a todos cuantos me han hecho bien en la Tierra.

El Servidor lo levantó de su postración y le abrazó tiernamente.

—Este abrazo y este momento —le dijo— se ha anticipado en nueve lunas que faltan para entrar a tus 20 años. El Dios del Amor lo quiso así.

Los otros Ancianos le abrazaron igualmente, diciéndole todos, frases llenas de ternura y de esperanza para que le sirvieran de aliento y estímulo, al entrar en la segunda etapa de su misión como Instructor y Enviado Divino.

Uno de ellos, originario de Pasagardo en Persia, que por mayor conocimiento de aquella lengua era el que había sostenido la correspondencia con el sabio astrólogo Baltasar, dijo a Jhasua:

—En una de sus epístolas decía, que un momento de grandes dolores que hubo en su vida por la ignorancia humana, tuvo la debilidad de pedir la muerte por falta de valor para continuar la vida en la posición espiritual en que estaba. Y tú Jhasua en el sueño le visitaste cuando tenías trece años de vida física. Aún perduraba en ti la impresión sufrida en tu visita al Templo de Jerusalén y para consolar a Baltasar de las miserias humanas que le atormentaban, le referiste tu dolor por igual causa a tan corta edad.

"El pidió aquí la comprobación de que tú le habías visitado durante tu sueño. Por el Terapeuta que te visitaba cada luna, sabíamos bien tus impresiones en el Templo de Jerusalén.

"Te refiero esto para que sepas hasta qué punto estás ligado espiritualmente con ese noble y sabio protector tuyo, Baltasar.

"Tu visita a él sería oportuna en Babilonia donde pasa los meses de verano.

El Servidor anunció que era llegada la hora de la concentración mental y un silencio profundo se hizo de inmediato.

Velada la luz del recinto, en la suave penumbra violeta, impregnada de esencias que se quemaban en los pebeteros, con las melodías de un laud vibrando delicadamente, las almas contemplativas de los solitarios con facilidad se desprendían de la tierra para buscar en planos superiores, la luz, la sabiduría y el amor.

Por la hipnosis de uno de los maestros, fue anunciado que algunas inteligencias encarnadas iban a manifestarse mientras su cuerpo físico descansaba en el sueño.

Este aviso indicaba que debían extremarse las medidas para una mayor quietud y serenidad de mente, a fin de no causar daño alguno a los durmientes cuyo espíritu desprendido momentáneamente de la materia, llegaría hasta el recinto.

El hilo mágico de la telepatía tan cultivada por los maestros espirituales de todos los tiempos, había captado la vibración del pensamiento de Jhasua hacia sus tres protectores y amigos a larga distancia, y después de un suave silencio en la sombra, la hipnosis se produjo en el maestro Asan, persa, luego en Bad Aba el cronista, después en el más joven de los Terapeutas peregrinos, que estaba en un descanso de sus continuados viajes. Se llamaba Somed y era de origen árabe.

Las Inteligencias superiores, guías de la última encarnación Mesiánica de Jhasua, habían sin duda recogido los hilos invisibles de los pensamientos, los habían unido como cables de oro en la inmensidad infinita, y la unión de las almas se efectuaba natural y suavemente bajo la mirada eterna de la Suprema Inteligencia, que hizo a la criatura humana los dones divinos del pensamiento y del amor.

Los tres sabios astrólogos que hacía 19 años se unieron sin buscarse en el plano físico para visitar al Verbo recién encarnado, acababan de unirse en el espacio infinito para acudir al llamado de su amorosa gratitud, inquieta ya por desbordarse en ternura hacia aquellos que a larga distancia tanto le habían amado.

El mago divino del Amor es siempre invencible cuando busca el amor.

Y en la penumbra violeta de aquel santuario de rocas, se oyeron estos tres nombres pronunciados por los tres sujetos en hipnosis:

"Baltasar. Gaspar. Melchor.

—Tu amor Jhasua nos trae enlazados con hilos de seda —dijo Baltasar que habló el primero—. Bendigo al Altísimo que me ha permitido verte entrar en la segunda etapa de esta jornada tuya para la elevación espiritual de esta humanidad. No veré tu apostolado de Mesías desde este plano físico, sino desde el mundo espiritual al que tornarás triunfador a entrar en la apoteosis de una gloria conquistada con heroicos sacrificios de muchos siglos.

"Tu amor lleno de gratitud hacia tus amigos de la cuna, proyecta, ya lo veo, una visita personal, y aunque ella no entraba en nuestro programa, si la Ley lo permite, bendita sea.

"En el abrazo supremo de dos soles radiantes en el Infinito, llegaste a la vida Luz de Dios, que en ti desbordó su amor eterno para lavar la lepra de esta humanidad."

—"Gaspar de Shrinagar se acerca a ti en espíritu en el segundo portal de tu vida física; has terminado tu educación espiritual aún antes de que tu Yo se haya despertado a la conciencia de tu misión. La luz que traes encendida en ti, te deslumbra a ti mismo, y diríase que la velas para no cegar con sus vivos resplandores. Pero la hora llega ineludiblemente de la suprema clarividencia de tu Yo Superior. Para entonces estaremos contigo como en tu cuna, pero acaso desde el espacio infinito, a donde entrarás en gloriosa apoteosis, mientras *tus magos del oriente* desintegrarán en átomos imperceptibles la materia que te sirvió para tu última jornada en la Tierra.

"La Eterna Ley que nos mandó cooperar con ella desde tu nacimiento, nos manda también destejer como un velo sutil tu envoltura de carne, y que sus átomos envuelvan el planeta que fue el ara santa de tus holocaustos de Redentor. ¡Paz de Dios, Avatar Divino en tu segunda etapa de vida terrestre!"

Melchor, el humilde Melchor, el príncipe moreno que vivía llorando aquel pecado de su juventud, no osó hablar de pie, sino que arrodillado, el sensitivo en el centro de la reunión, dirigió al Verbo encarnado estas breves palabras:

"—La suprema dicha de mi espíritu me la dio la Eterna Ley al permitirme, Hijo de Dios, besarte en la cuna, ampararte en tu vida, y acompañarte en tu salida triunfal del plano terrestre.

"Esta gloria, esa felicidad suprema basta a mi espíritu para su eternidad de paz, de luz y de vida.

"¡Hijo de Dios!... bendice a tu siervo que no pide otra gloria, ni otra compensación que la de tu amor inmortal!"

Jhasua no pudo contenerse más y llorando silenciosamente se acercó al sensitivo que tendía sus brazos hacia él con viva ansiedad, y poniéndole sus manos sobre la cabeza le bendijo en nombre de Dios.

Entre los brazos de Jhasua, el alma de Melchor se desprendió de la materia que por la hipnosis había ocupado breves momentos.

Los tres sensitivos volvieron al mismo tiempo a su estado normal, y Jhasua se encontró de pie, solo al centro de la reunión. Con su cabeza inclinada sobre el pecho, parecía como agobiado por un gran peso que fuera superior a sus fuerzas.

Sus maestros lo comprendieron de inmediato.

El Servidor se levantó y fue el primero hacia él.

—La luz se va haciendo en tu camino y te embarga el asombro que casi llega al espanto —le dijo a media voz.

Le tomó la diestra y le sentó a su lado.

Ante las palabras del Servidor, todos prestaron su fuerza mental para que aquel estado vibratorio demasiado intenso se tranquilizara poco a poco.

Aquella poderosa corriente durmió a Jhasua durante todo el tiempo de la concentración mental.

Cuando se despertó estaba tranquilo y pudo desarrollar lúcidamente el tema de la disertación espiritual acostumbrada, y que esa noche le correspondía por turno. El asunto hubiérase dicho que fue elegido ex-profeso, y había sido sacada por suerte la cedulilla que decía:

"La zarza ardiendo que vio Moisés". Y al escuchar su comentario de ese pasaje, todos comprendieron que Jhasua acababa de ver también en su camino como una llamarada viva, la encrucijada primera que decidiría su senda final.

Aunque en el fondo de su espíritu había gran serenidad, no pudo dormir esa noche y muy de madrugada salió de su alcoba al vallecito sobre el cual se abrían las grutas.

Caminando sin rumbo fijo por entre el laberinto de montañas y bosquecillos, se encontró sin pensar, en la pobre cabaña de Tobías donde sus cuatro moradores estaban ya dedicados a sus faenas de cada día.

Los dos muchachos Aaron y Seth curados que fueron de su parálisis en las extremidades inferiores, ordeñaban activamente las cabras, mientras el padre, Tobías, las iba haciendo salir de los establos y encaminándolas a los sitios de pastoreo.

Beila, la buena madre, rejuvenecida por la alegría de sus dos hijos fuertes y sanos, adornada de su blanco delantal, soberana en la cocina, sacaba del rescoldo los panes dorados con que la familia tomaría el desayuno.

Estos hermosos cuadros hogareños llevaron una nueva alegría de vivir al meditabundo Jhasua.

Tobías le acercaba el cabritillo más pequeño que llevaba en brazos. Aaron le ofrecía un cantarillo de leche espumosa y calentita, y Beila salía de la cocina llevando en su delantal panecillos calientes para el *niño santo* como ella le llamaba.

Aquel amor tierno y sencillo como una *égloga pastoril*, llenó de emoción el alma sensible de Jhasua que les sonreía a todos con miradas de indefinible sentimiento de gratitud.

Y en el dulce amor de los humildes, se esfumó suavemente la penosa preocupación que los acontecimientos de la noche anterior le habían producido.

En aquella cocina de piedra rústica, alrededor de la hoguera en la que ardían gruesos troncos de leña, Jhasua se sintió de nuevo adolescente, casi niño, y compartió el desayuno familiar con gran alegría.

La familia no cabía en sí de gozo con la inesperada sorpresa, pues hacía ya tiempo que Jhasua no les visitaba.

Los amigos de Jerusalén, las copias, el archivo, el viaje a Nazareth, le habían ocupado todo su tiempo.

—Sólo os veíamos de lejos —decíale Tobías— y con eso nos bastaba.

—El escultor antes de marcharse a Ribla nos dijo que estábais muy ocupado con gentes venidas de Jerusalén —añadió Seth.

—Sí, es verdad —respondió Jhasua— pero hay otro motivo y me culpo de ello grandemente. Como ya os sabía tranquilos y dichosos, juzgué sin duda que no precisábais de mi, y quizá por eso se me pasó más tiempo sin venir.

—¿Quién no precisa de la luz del sol, niño de Dios? —dijo riendo Beila que se había sentado junto a Jhasua, para pelarle las castañas recién sacadas del fuego y ponerle manteca en las tostadas.

—En este caso, madre Beila, sois vosotros la luz del sol para mí —díjoles Jhasua alegremente— y acaso con el interés de que me la déis, será que he venido.

—¿Cómo es eso? ¿qué luz hemos de daros nosotros, humildes campesinos, perdidos entre estas montañas? —preguntó Tobías.

—¡Sí Tobías, sí! No creáis que el mucho saber trae mucha paz al espíritu. Las profundidades de la Ciencia de Dios, tiene secretos que a veces causan al alma miedo y espanto, como en las profundidades del mar se encuentran maravillas que aterran.

"Yo estaba anoche bajo una impresión semejante, y salí a la montaña pidiendo al Padre Celestial la quietud interior que me faltaba. Sin pensar llegué aquí, y en vosotros he encontrado la paz que había perdido. Ya veis pues, que soy vuestro deudor.

—Pero vos curásteis nuestro mal —díjole Aarón— y sanásteis nuestro rebaño y desde entonces, hace dos años, nuestro olivar y el viñedo y todo nuestro huerto parece como una bendición de Dios.

—Hasta los castaños que estaban plagados —añadió Beila— se han mejorado y mirad qué buenas castañas nos dan.

—En verdad —respondió Jhasua— que se comen maravillosamente. ¡Mirad cuántas ha pelado para mí la madre Beila!

—Todo bien nos vino a esta casa con vos niño santo —decía encantada la buena mujer— y aún nos decís que nos quedáis deudor.

—Yo sé lo que me digo madre Beila. Salí de mi alcoba entristecido y ahora me siento feliz.

"Vuestro amor me ha sabido tan bien como vuestra miel con castañas. Que Dios os bendiga.

—¡Y a vos os haga tan grande que iluminéis todo el mundo! —dijo Tobías.

—Gracias, y a propósito ¿sabes que tengo una idea?

—Vos lo diréis, vos mandáis en mi casa.

—En el Santuario nos hemos quedado sin porteros, y ya sabéis que tal puesto es de una extrema delicadeza. El viejo Simón fue llevado al lago donde tiene toda su familia. Quiere morir entre ellos. Yo le visité hace tres días y allí quedaron dos de nuestros Ancianos asistiéndole.

"Creo que el Servidor estará contento de que ocupéis vosotros ese lugar. ¿No os agradaría?

—Y ¿cómo dejamos esto? —preguntó Tobías.

—¿Y por qué lo habéis de dejar? El Santuario está tan cerca que sin dejar esto, podéis servirnos allá. Puedes acudir a la mañana y a la tarde unas horas. Los muchachos y la madre Beila creo que bastan para cuidar esto. ¿Qué decís vosotros?

—Que sí, que está todo bien lo que vos digáis —decía Beila—. No faltaba más que nos opusiéramos a vuestro deseo. Si los Ancianos lo quieren, no hay más que hablar. Al Santuario debemos cuanto tenemos.

—Está bien, mañana os traeré la resolución definitiva.

"Y será también el momento oportuno de que Aarón y Seth entren a la Fraternidad Esenia, ya que sus padres lo son desde hace años.

"La familia portera del Santuario debe estar unida espiritualmente con él. Conque amigos míos —díjoles Jhasua a los muchachos— si queréis ser mis hermanos, ya lo sabéis, yo mismo os entregaré el manto blanco del grado primero.

—Y ¿tendremos mucho que estudiar? —preguntó Seth que era un poco remolón para las letras.

—Un poquillo, y para que no te asustes seré yo tu primer maestro de Sagrada Escritura.

"Ya veis, algo bueno salió de esta mi visita a la madrugada. No todo había de ser comer miel con castañas y panecillos dorados. No sólo de pan vive el hombre.

Cuando Jhasua se despidió, una aura suave de alegría y de paz les inundaba a todos.

También el joven Maestro, había olvidado sus penosas preocupaciones. Tobías y sus hijos le acompañaron hasta llegar al Santuario, mientras la buena Madre Beila repetía sentada en el umbral de su puerta:

—¡Es un Profeta de Dios! Donde él entra, deja todo lleno de luz y de alegría! Que Jehová bendiga a la dichosa madre que trajo tal hijo a la vida!

Acaso pensará el lector que en la vida de un Mesías, Instructor de la humanidad de un planeta, es demasiado insignificante el sencillo episodio que acabo de relatar. Lo sería, si no estuviera él relacionado con acontecimientos que más adelante fueron piedras firmes en los cimientos del Cristianismo. La Eterna Ley se vale de seres humildes y pequeños, ignorados de la sociedad para levantar sus obras grandiosas de sabiduría y de amor.

La colocación como porteros del Santuario del Tabor de la familia de Tobías, trajo el acercamiento de un niño huérfano de madre, de 10 años de edad, hijo de padre griego, radicado en Sevthópolis de Samaria, cuyo nombre era Felipe. Su madre fue hermana de Beila esposa de Tobías la cual tomó al niño a su cuidado, y los maestros del Tabor cultivaron su espíritu. Como era muy turbulento y travieso, divertía grandemente a Jhasua, que acaso no pensó que aquel parvulito de diez años, sería un ferviente predicador de su doctrina años después, con el nombre muy conocido del *Diácono Felipe*, fundador de la primera Congregación Cristiana de Samaria.

Volvamos nuevamente a la intimidad de Jhasua, santuario secreto y divino al cual entramos en silencio y mediante su *Diario* que es el espejo en que se reflejaba.

Los nueve meses que faltaban para llegar a los veinte años, los pasó dialogando consigo mismo en la profundidad de su espíritu que buscaba su ley con un ansia indescriptible.

Durante ese tiempo, vivió tan intensamente su vida interna, que asombra ver el alto grado a que llegaron sus facultades espirituales.

Los Ancianos afirmaban que desde los tiempos de Moisés no se había visto nada semejante, ni aún en las Escuelas más consagradas a las experiencias supra-normales.

Durante este tiempo ocurrió también un hecho que vamos a conocer a través del Diario de Jhasua.

"En mis tres concentraciones espirituales de este día —escribe en su carpeta— he sentido, visto y oído algo muy singular. Desde el fondo de unas grutas muy semejantes a éstas, me llamaban por mi nombre, añadiendo los calificativos mesiánicos que algunos gozan en darme.

"Es un llamado espiritual sin voces y sin sonidos que sólo el alma percibe en los silencios hondos de la meditación.

"Los que llaman son encarnados y las grutas que habitan están en Samaria, entre las escarpadas montañas que quedan a la vista de la ciudad de Sevthópolis, punto de conjunción de todas las caravanas.

"Esas voces clamorosas y dolientes me piden que les consiga el perdón de la Fraternidad Esenia. Somos Esenios —me dicen— del tercero y cuarto grado. La soberbia hizo presa en nosotros que quisimos erigir aquí un templo como el de Jerusalén con su deslumbrante pontificado. Como eso era salirnos de nuestra ley, la protección divina se alejó de nosotros y en vez de un templo, nuestro Santuario se convirtió en madriguera de foragidos que nos amarraron con cadenas reduciéndonos a las más tristes condiciones. No quedamos ya sino tres de los veinticinco que éramos. Casi todos han perecido de hambre y de frío, y otros han huido.

. — ¡Mesías, Salvador de Israel, ten piedad de nosotros!

"Jamás oí decir —continuaba escribiendo Jhasua— que en Samaria hubiera un santuario Esenio entre las montañas al igual que los demás.

"Oí hablar y conozco el del Monte Hermon, donde estuve oculto en mi niñez; el del Carmelo donde me curé de mis alucinaciones de niño; el Monte Quarantana, donde recibí la visita de los Ancianos del gran Santuario del Monte Moab, y éste del Tabor en que he recibido mi educación espiritual de joven.

"¿Qué santuario es éste desde el cual piden socorro? Los Ancianos nunca me lo dijeron para no descubrir, sin duda, el pecado de sus hermanos rebeldes a la ley.

"No me agrada penetrar así como a traición el secreto que ellos han guardado referente a ésto, mas ¿cómo he de comprobar si ésto es una realidad, o un lazo engañoso que me tienden las inteligencias malignas para desviarme de mi camino?

"Forzoso me es preguntarles confiándoles lo que me ocurre.

"Mi espíritu está condolido profundamente de estos llamados angustiosos.

"En mi última concentración esta misma noche, no he podido menos que prometerles mentalmente que trataré de remediarles".

Y el *Diario* se cerró por esa noche.

A la mañana siguiente, después de la concentración mental matutina, Jhasua pidió al Servidor que le escuchase una confidencia íntima.

El Anciano le llevó a su alcoba, donde animado de la gran ternura que guardaba en su corazón para el joven Maestro, le invitó a hablar.

Jhasua le refirió cuanto le había ocurrido en sus concentraciones mentales del día anterior. Oigámosle:

—En cumplimiento de nuestra ley y de lo que vosotros me habéis enseñado, después de unirme con la Divinidad, extiendo mi pensamiento de amor hacia todos los que sufren, primero entre los conocidos y los lugares cercanos y luego hacia todo el planeta.

"Como algo me ocupo de Felipe, el hijo adoptivo de Beila, el pensamiento se posó en Sevthópolis donde vive su padre, que en el concepto de Tobías, nuestro actual portero, ha tomado un comercio muy delictuoso: la compra de esclavos.

"Del padre del niño me ocupaba en mi oración, cuando sentí angustiosos llamados de unos Esenios amarrados en unas grutas cercanas a esa ciudad.

"Tales voces me piden que les consiga el perdón de la Fraternidad Esenia porque reconocen haber pecado en contra de la ley.

"Tan insistentes llamados me causan una angustia indescriptible, que hasta me lleva a pensar si seré víctima de inteligencias perversas que quieren perturbar mis caminos espirituales.

—Hijo mío —le contestó el Anciano— puede haber una realidad en cuanto me dices.

"Jamás te hablamos de ese desdichado Santuario nuestro de Samaria, que se salió de su ley y pereció. Pero ya que el Señor ha permitido que por revelación espiritual lo sepas, no debo ocultártelo por más tiempo.

"Debe ser llegada la hora en que seas de verdad la luz de Dios sobre todas las tinieblas.

"Tinieblas del espíritu son las que envolvieron a esos hermanos nuestros, que cansados de la vida ignorada y sin aparato exterior, quisieron brillar en el mundo con los esplendores del Templo de Jerusalén.

"Las donaciones que los hermanos hacían para el sostenimiento de nuestro refugio de enfermos y de ancianos, las emplearon en adquirir maderas del Líbano y mármoles y plata para el templo que se proponían levantar en Sebaste, entre las hermosas construcciones hechas por Herodes el Grande, con los tesoros que fueron sudor y sangre del pueblo hebreo. El Sanhedrín de Jerusalén que está alerta siempre, llegó a saberlo, y por medio de sus hábiles aduladores para con el Rey, los que dirigían los trabajos fueron detenidos, los materiales acaparados por orden del Rey, el Santuario invadido y robado, hasta que bandas de malhechores de los que tanto abundan en las montañas de Samaria, tomaron las inaccesibles grutas como antro de ocultamiento para sus crímenes.

"Creíamos que ningún esenio quedaba y que todos habían huido. Los que no estuvieron de acuerdo con la idea que los perdió, fueron cuatro y esos se retiraron al Santuario del Carmelo, donde tú les has conocido y donde aún permanecen.

"Nosotros les avisamos que se salían de su ley que mandaba para esta hora una obra puramente espiritual y de alivio a los que sufren.

"Nuestra misión era preparar los caminos al Enviado Divino desde nuestro retiro, pues que siendo ignorados del mundo, gozábamos de la santa libertad que nos era necesaria. En toda la Palestina y Siria están diseminados nuestros hermanos, y son pocos los hogares donde no haya un esenio con una lucecita inextinguible dando claridad sin que nadie se aperciba.

—Y ahora ¿qué hacemos? —preguntó Jhasua—. ¿Cómo comprobar que tres seres están amarrados en las grutas y que piden perdón y socorro?

—Hace tres días llegó uno de nuestros Terapeutas peregrinos que conoce mucho las montañas de Samaria, porque es natural de Sichen y que estuvo más de una vez en aquel santuario.

Llamado que fue el Terapeuta, dijo que en Sevthópolis había gran alboroto entre el pueblo, porque habían sido capturados los malhechores que habitaban en las montañas y que pronto serían ejecutados.

—Si aun hay Esenios en las grutas —añadió— deben ser los que oí decir que los bandidos tenían secuestrados para evitar que dieran aviso a la justicia. Por otros Esenios que huyeron antes y dieron aviso, es que la justicia empezó a buscarles y por fin los han encontrado.

—¿Entonces las grutas estarán solas? —preguntó Jhasua.

—Probablemente, con los tres amarrados en ellas según el aviso espiritual —contestó el Servidor.

—Si vosotros me lo permitís, yo desearía ir allá para salvar a esos infelices hermanos que tan terriblemente pagan su culpa —dijo Jhasua al Servidor.

—Tu anhelo es digno de ti, hijo mío —le contestó el Servidor— pero debemos usar de mucha cautela y prudencia.

"En la concentración mental de mediodía consultaremos el caso con nuestros hermanos. Y lo que entre todos resolvamos será lo que más conviene. Queda pues tranquilo, hijo mío, que hoy mismo tendrás la respuesta.

De todo esto resultó que Jhasua con Melkisedec, con el Terapeuta samaritano como guía, con los dos hermanos Aarón y Seth y el niño Felipe, se pusieron en camino cuando pasó la caravana que venía de Tolemaida.

Ambos hermanos y el niño iban con el objeto de convencer al padre de éste, de abandonar su indigno comercio y entregarse a una vida tranquila y honrada. Beila padecía hondamente con el pensamiento de que el marido de su hermana y padre de Felipe, cayera un día como un vulgar malhechor en poder de la justicia, causando la deshonra de toda la familia. El comercio de esclavos llevaba a veces a inauditos abusos.

Al pasar la caravana por Nazareth y Naim donde se detuvo unas horas, Jhasua aprovechó para volver a ver a sus amigos de la infancia Matheo y Myrina, aquellos dos niños que tanto le amaron cuando él era un parvulito de 10 años y estaba curándose en el Santuario del Carmelo.

Fue también a su casa paterna, donde les encontró alrededor de la mesa junto al hogar para la comida del mediodía.

Myriam dejó apresuradamente la cazuela de barro con el humeante guiso de lentejas, cuando vio en el caminito del huerto la figura blanca de Jhasua como un recorte de marfil entre el verde obscuro del follaje.

—¡Otra sorpresa, hijo!... ¿qué pasa? —le preguntó abrazándole tiernamente.

—Algo muy bueno, madre. Llegué con la caravana de paso para Sevthópolis. Ya te explicaré.

Ambos entraron en la casa donde todos los rostros parecieron iluminarse con esa íntima alegría del alma que nunca es ficticia, porque se desborda como un manantial incontenible.

— ¡Jhasua en nuestra comida de hoy!... —fue la exclamación de todos.

Sentado a la mesa entre Joseph y Myriam, hizo la bendición de práctica que su padre le cedió como un gran honor hecho a su hijo, Profeta de Dios.

Les refirió lo que había ocurrido y que iba con dos Esenios más y los hijos de Tobías a restaurar el abandonado Santuario en las montañas de Samaria.

La dulce madre se llenó de espanto, pues sabían todos allí, que las grutas se habían convertido en guarida de malhechores.

— ¡No temáis nada madre! —decía Jhasua tranquilizándola—. Los bandidos fueron apresados todos, y allí sólo hay tres Esenios muriendo de hambre y miseria, amarrados en una gruta. Son ellos los que han pedido socorro.

"Salvarles y reconstruir un santuario de adoración al Señor y de trabajos mentales en ayuda de la humanidad, es una obra grandiosa ante Dios, y merece cualquier sacrificio."

La conversación siguió con estos temas, y las preguntas de todos daban motivo al joven Maestro para que él mismo y sin pretenderlo, fuera delineando cada vez más grande y más hermosa su silueta moral y espiritual de apóstol infatigable de la fraternidad y el amor en medio de la humanidad.

Cuando terminó la comida, el tío Jaime hizo un aparte con Joseph.

—Acompañaré a tu hijo en este corto viaje —le dijo— porque temo sus entusiasmos juveniles y quiero cuidarle de cerca.

—Bien, Jaime, bien. No podías haber pensado nada mejor. ¡Cuánto te agradecemos tus solicitudes para con él —le contestó Joseph.

—A más —añadió Jaime— para cualquier eventualidad, si estás de acuerdo daré a Jhasua algo de sus dineros. El acaso lo necesita y lo merece. Aquel santuario habrá sido despojado de todo.

" ¡Hace tantos años que fue asaltado por los bandidos!

—Habla esto con Jhasua y él lo resolverá —dijo el anciano al propio tiempo que Jhasua doblaba cuidadosamente una túnica y un manto nuevos que su hermana le había tejido. La madre le acomodaba en una cestilla cerrada, una porción de golosinas y frutas. ¡Dulce escena hogareña, repetida cien veces en todo hogar donde hay madres y hermanas conscientes de su misión suavizadora de todas las asperezas en la vida del hombre!

Toda la familia le acompañó hasta el camino donde se veía desde el huerto la caravana detenida. Al verles llegar, Felipe corrió hacia Jhasua diciéndole:

—Creí que no volvías más. ¡Qué susto pasé!

Jhasua acariciándole explicaba a sus familiares quién era este niño y por qué le llevaban.

—Esto te interesa a ti —le dijo Jhasua entregándole la cestilla—.

"Entre los dos daremos buena cuenta de todo esto, Felipe, si te place."

El chiquillo que ya había husmeado el olor de pasteles y melocotones puso una cara de gloria que hizo reír a todos.

El tío Jaime se incorporó a la caravana que partió mientras la familia agitaba las manos y los pañuelos, despidiendo a Jhasua y los amigos que le acompañaban.

EN SAMARIA

Era Sevthópolis una ciudad amurallada de montañas, derivaciones de la gran mole del Monte Ebath de 8077 pies de altura, que flanquean la ribera occidental del río Jordán. Estaba en el lugar en que se levanta en la actualidad la ciudad de Gilboa.

La importancia de Sevthópolis consistía, en que allí se verificaba la conjunción de todas las caravanas que atravesaban el país de norte a sur, desde Fenicia y Siria por el norte, hasta Gaza y Beersheba en el sur.

Sus calles, plazas y callejas, aparecían pobladas siempre de asnos, mulos y camellos, cargados de mercancías que las innumerables tiendas tragaban con inaudita voracidad. La compra-venta al aire libre, era la nota decorativa habitual de aquella ciudad, donde se observaban fisonomías y vestuarios de todas las razas y de todas las costumbres, de los países pobladores del Asia Central.

En medio de aquella baraúnda de hombres y de bestias cargadas, de gritería desaforada en diversas lenguas, de músicas enervantes y de danzas enloquecidas, vemos la blanca figura de Jhasua que ya bajado de su asno le lleva él mismo al abrevadero y le hace beber, temeroso del olvido de los guardianes que cuidaban de su solaz y recreo primero, y que muchas veces sonaba el cuerno del guía y las bestias no habían terminado de beber.

Nada les interesaba por el momento en la ciudad-mercado, a nuestros viajeros, y el Terapeuta guía tomó en seguida el camino de las grutas hacia el oriente, o sea hacia el río Jordán. A poco andar encontraron un arroyo que corría como una serpiente de plata por entre los riscos y peñascos.

—Este es un brazo del Jordán —les dijo a sus compañeros— y siguiendo su curso estaremos en una hora entre las grutas que buscamos.

Nuestros hermanos llamaban a este arroyo de *Las Gaviotas*, debido a la abundancia de estas aves que anidan y se multiplican entre los huecos de las peñas.

El Terapeuta había aconsejado no marchar en grupo todos juntos para evitar el llamar demasiado la atención.

Verdad es que con la llegada de la caravana y el tráfago que esto ocasionaba en la ciudad, nadie miraba los pasos silenciosos de los que se alejaban de su centro bullanguero y atolondrado.

Jhasua tenía a un lado y otro, dos guardianes inseparables: el tío Jaime y el parlanchín de Felipe que no paraba de hablar sino cuando engullía un pastel de la cestilla de Myriam.

—¿Puedo saber, tío Jaime —decía Jhasua— qué contiene ese fardo que traes?

—La compra que hice en el mercado. ¿Crees que iba a venir sin traer comestibles para esta noche y mecha encerada para alumbrarnos? También los hijos de Tobías me traen parte de la carga: unas esteras y mantas para cubrirnos. ¡Oh hijo mío! Mientras tú piensas en las almas, yo debo pensar en los cuerpos que ellas animan.

"La Ley Eterna nos manda tomar una materia para nuestra evolución, nos manda cuidarla y sostenerla en las condiciones debidas, para rendir todo lo que es necesario.

—¡Cierto, tío Jaime!... y te pareces a la Providencia Divina que vela hasta por su más insignificante criatura.

"Hay grandeza en verdad en esa tu previsión llena de solicitudes. Es la forma más humana de manifestarse el sentimiento de fraternidad entre los hombres. ¡Oh tío Jaime!... A veces te veo como un manantial que siempre está dispuesto a regar la tierra para fecundarla.

—Y ¿en qué otra forma puedo cooperar yo en tu obra apostólica, Jhasua, sino en esta de la abejita que busca afanosa el néctar en todas las flores para darnos el precioso alimento de su miel?

—¿Qué os parece si abrimos en Samaria un Refugio de desamparados como lo hicimos en las ruinas de Dobrath en Nazareth, y como los hay en Tiro y Sidón y en Bethlehem, en las grutas de Salomón? —preguntó Jhasua.

—Yo tengo una familia conocida en Samaria —contestó Jaime— y ella podría orientarnos en tal sentido. Los Terapeutas conocen Samaria como nosotros conocemos Galilea, y acaso tendrán ellos no sólo uno sino muchos refugios entre estas impenetrables montañas.

—Es verdad —dijo Jhasua— y como nuestros Terapeutas son tan impenetrables como las montañas, jamás hablan de lo que hacen por sus hermanos, si no es que una necesidad les obligue. Conmigo son expansivos y me hacen tantas concesiones que pronto lo sabremos, tío Jaime.

El travesillo Felipe que debido a este diálogo hubo de callar muy a su pesar, tiró suavemente de la túnica a Jhasua para llamar su atención.

—Jhasua —le dijo quedito— ¿no conversas conmigo?

—¡Oh mi pobre Felipe! En verdad me había olvidado de ti. Vamos, abre la cesta y dame una fruta porque tengo sed. Ofrécele aquí al tío Jaime y a los otros compañeros. Anda y no me guardes rencor.

Y Jhasua, alma tejida de ternuras infinitas, acarició la rubia cabeza del niño ligeramente entristecido porque se veía olvidado.

La alegría de Felipe estalló como una explosión, y corrió a vaciar entre todos los viajeros, las golosinas de su cesta.

—Este niño es buena arcilla para modelar un misionero —dijo Jhasua—. Es vehemente y espontáneo. Piensa y obra de inmediato. ¿Lo has observado tío Jaime?

—Lo que he observado es que el pobrecillo tiene sus ropas bastante viejas, y sus calzas demasiado grandes le lastiman los pies. Entre los fardos que traen los hijos de Tobías, le traigo una casaca y sandalias nuevas.

—Tío *providencia* te debía llamar desde ahora —díjole Jhasua—. Yo había mirado tanto el alma de Felipe y no vi sus ropas y sus sandalias.

—¡Ah Jhasua!... lo que he dicho. Tu mundo es lo alto, lo que vuela, y yo camino muy pegadito a la tierra todavía.

—Un breve descanso —dijo en alta voz el Terapeuta guía—, porque tenemos que subir por ese desfiladero que va derecho a la entrada de las grutas.

Todos se sentaron sobre las rocas o se recostaron en el césped.

El sendero áspero y sinuoso les había cansado.

Era la primera hora de la tarde y un hermoso sol otoñal envolvía el agreste paisaje con esa bruma de oro que pone tintes delicados e indefinidos en todas las cosas.

Tenían al sur las crestas eternamente nevadas del Monte Ebat, las más elevadas cimas de aquella región, que parecían desafiar a las nubes desplegadas sobre ellas como velas gigantescas de barcos invisibles.

Al oriente la cadena de montañas que encajonan al Jordán, y al occidente la llanura de Esdrelón con sus verdes planicies pobladas de rebaños.

—¡En todas partes la belleza de Dios y la armonía eterna de su creación universal! —exclamó Jhasua, con su alma absorta en la Divinidad, ante la hermosura y serenidad del paisaje.

—Y nada rompe esta armonía, sino el hombre —observó Melkisedec— que llegado al altiplano de inteligencia que piensa y razona, tuerce su rumbo a impulsos del egoísmo que nunca se harta de gritar: ¡Yo, yo, y siempre yo!

—Siempre me persigue el pensamiento de los medios que convendría usar para eliminar el egoísmo que germina entre la humanidad —dijo Jhasua, apasionado siempre del tema que parecía absorberlo todo en su vida: la felicidad humana.

—La humanidad no ha salido aun de la infancia —contestóle Melkisedec— y obra como los niños que a la vista de juguetes o de frutas, los quiere todos para sí, y extiende con ansiedad la mano para tomarlos. ¿Has pensado alguna vez, Jhasua, por qué nuestra Escuela Esenia no sale de sus grutas en las montañas?

—Nunca lo pensé porque me encuentro tan a gusto entre ellas, que estoy convencido de que es su lugar propio.

—Piensas así porque no hay egoísmo en ti. La Fraternidad Esenia se aferra a las rocas y vive entre ellas, para mantener pura y limpia la cadena invisible de amor, en que el Ungido Divino debe forjar su personalidad espiritual.

"Si saliera a vivir y desenvolverse entre la sociedad de los hombres, empezaría el egoísmo a envolverla en sus redes. Vendrían las necesidades de buenas y presentables viviendas, de vestuario al uso de todos, de aulas, de cenáculos, de templos que atrajeran a las gentes incapaces en general de dar el valor que tienen las cosas en sí mismas, y no por la apariencia exterior.

"Todo esto traería una serie y muchas series de cuidados y preocupaciones, que entorpecerían el único cuidado que debe tener una Escuela de Divina Sabiduría; que todos y cada uno de sus miembros sea como un cable de oro tendido desde los cielos a la tierra para inundarla, a ser posible, del Pensamiento y del Amor Divino.

—¡Qué realidad más hermosa acabáis de esbozarnos, maestro Melkisedec! —exclamó Jhasua—. ¡Que el Altísimo tenga a bien, que la Fraternidad no salga jamás de entre las rocas!

—Acaso se verá obligada a salir, y saldrá, y se perderá entre las multitudes inconscientes, cuando ya el Verbo Encarnado haya dejado establecido en bases firmes su nueva doctrina.

La sensibilidad de Jhasua percibió vibraciones de inteligencia superiores entre él y su interlocutor, y despertaba por unos momentos su propia clarividencia, vio en su maestro al Kobda Dhabes de la época de Abel, cuyo poder de visión futura, había llegado al más alto grado que es posible en la tierra.

—Kobda Dhabes —le dijo Jhasua en voz apenas perceptible—. Acabo de descubriros surgiendo de las montañas de arena amontonadas por los siglos! ¡Bendita sea la Eterna Energía que hizo eternas las almas!

—Ya lo ves Jhasua: En el lejano ayer, Abel y Dhabes se encontraron en la misma posición espiritual en que se encuentran unidos en esta hora Jhasua y Melkisedec —contestó el Esenio—.

"Todo nos habla, Jhasua, de que el presente es una continuación del pasado.

"Cuando lleguemos al máximum de nuestra evolución, no viviremos absorbidos por el presente como ahora. Para la clarividencia del espíritu superior, no habrá pasado, ni presente ni futuro, sino sólo *hoy*; pero un *hoy* tan grande y vivo como un resplandor de la Suprema Inteligencia, que vive siempre en un *Presente* inconmovible.

La voz del Terapeuta guía les sacó de la profundidad de sus pensamientos, y reuniéndose a todos los compañeros de viaje, comenzaron la subida por el senderillo áspero y tortuoso que llevaba a las grutas.

Llegados por fin, percibieron un fuerte olor a materia descompuesta que salía de un matorral que protegía la entrada. Manchas de sangre seca y, luego trozos de miembros humanos y de vísceras despedazadas, les dio a entender que las fieras habían descuartizado a un hombre.

El Terapeuta guía buscó la entrada, que ya no tenía ese aspecto de belleza en medio de la rusticidad con que los Esenios arreglaban sus santuarios en las rocas. Aquello aparecía como una guarida de fieras, donde toda clase de desperdicios, y de inmundicias, salía por todas partes.

¿Dónde estaban aquellos senderillos subterráneos perfumados de incienso y alumbrados débilmente con lamparillas de aceite?

¿Dónde estaban los bancos de descanso con limpias colchonetas de paja, o blancas pieles de oveja, en la gruta de entrada para reposo de los viajeros? Los cántaros del agua resecos y algunos rotos y en fragmentos, tirados por el suelo, daban el aspecto de desolación que el lector puede imaginar.

—¡Cuando el amor muere, todo muere! —exclamó Jhasua como en un sollozo, que comparaba tan desolado cuadro, con las pintorescas y esmeradas delicadezas con que los Esenios ornamentaban sus moradas entre las rocas.

—Debemos ser capaces de hacer revivir el amor en medio de este horroroso abandono —le contestó su Maestro Melkisedec.

—No tengas pena Jhasua —díjole su tío Jaime— que dentro de pocos días esto aparecerá transformado.

Felipe que lleno de miedo caminaba como prendido al manto de Jhasua, quiso consolarlo también y le dijo al oído, alzándose en la punta de los pies.

—Aún quedan en la cestilla dos pastelillos y cuatro melocotones que yo guardé para los dos. ¿Quieres comerlos?

El joven Maestro no pudo menos de sonreír ante esta salida del niño.

—Empiezas tú Felipe a hacer resucitar el amor. Cómelos tú, criatura de Dios en nombre mío, pues te regalo mi parte.

Las mechas enceradas del tío Jaime salieron de inmediato para alumbrar aquel antro nauseabundo y tenebroso.

Un silencio de muerte lo envolvía todo, y llegaron a pensar que los cautivos habrían muerto de hambre o asesinados por los bandidos al verse perseguidos.

Habían recorrido ya varios corredores y grutas, cuando el Terapeuta guía gritó con toda su fuerza.

—En nombre de Dios ¿quién vive aquí?

El eco de su voz resonó en las grutas vacías como un lamento.

Pero acallado que fue el eco, se oyeron voces humanas que parecían salir del fondo de un foso.

—Están en la bodega. Vamos allá —dijo de inmediato.

Los dos hijos de Tobías, aunque nacidos y criados en las montañas, jamás habían visto un antro tan espantoso, y apretaban con fuerza el bastón de cerezo y el mango de los cuchillos de caza que su padre les había obligado a llevar, temerosos de encontrarse de pronto con un bandido o con una fiera.

Tres hombres, ya de edad madura y vestidos de sucios harapos fue lo que encontraron. Estaban atados con una cadena en la cintura a unas fuertes vigas de encina, que los Esenios acostumbraban poner de trecho en trecho para evitar los derrumbamientos de las grutas.

Jhasua fue presuroso hacia ellos.

—Me llamásteis y he venido —les dijo con la voz que temblaba por la emoción. Los tres le tendieron sus brazos.

Y su blanca túnica se confundió con los sucios harapos de aquellos infelices hermanos, a quienes su desvarío había conducido a tan lastimoso estado.

—Traed el fardo de ropas —dijo el tío Jaime a Aarón que lo llevaba a la espalda—. Y llevad el fardo a la cocina, para que pensemos en tomar algún alimento.

"Idos todos allá que hay que vestir estos hombres.

Quedaron el tío Jaime y el Terapeuta, que provistos de las herramientas necesarias rompieron las ataduras de los tres cautivos y les vistieron túnicas limpias.

La gran cocina-comedor era en verdad, un espanto de desorden y de inmundicia. Cazuelas, tazones y marmitas, todo aparecía con residuos de comidas descompuestas; y sobre las mesas y en el pavimento, huesos de aves o de cabritos, mendrugos de pan duro, cáscaras de fruta, en fin, cuanto puede poner de manifiesto la clase de habitantes que había tenido aquel desdichado santuario, antes templo de meditación, de amor fraterno, de estudio, de belleza espiritual y física en todos sus aspectos y formas.

—Imposible comer aquí —decían espantados los hijos de Tobías, habituados al orden y la limpieza que su madre Beila ponía en toda su cabaña de piedra.

Salieron al exterior donde había sido el hermoso huerto con higueras, vides y castaños frondosos aún, pero ya amarillentos por los cierzos otoñales.

Bajo los emparrados ruinosos, encontraron la gran mesa de piedra, que los Esenios acostumbraban para sus ágapes al aire libre en la época de estío, y allí dispusieron la frugal comida.

—¿Veis cómo todo se arregla con buena voluntad? —decía el tío Jaime llegando con los tres cautivos que no parecían ya los mismos, después de las abluciones en el arroyo de "Las Gaviotas" que pasaba besando con sus aguas serenas, las grutas y el huerto de los Esenios.

Melkisedec y Jhasua se habían dedicado a inspeccionar todo el santuario, buscando el archivo y el recinto de oración que no aparecía por ninguna parte.

Todas las grutas demostraban haber sido habitaciones, pues en todas ellas se veía el estrado labrado en la roca, o enclavado en el pavimento y en el muro, si estaba hecho de madera.

Cuando se convencieron de que no estaba allí lo que buscaban, volvieron al huerto donde les esperaban para la comida.

Interrogaron a los cautivos sobre el particular y ellos dieron la clave de aquel misterio.

El Servidor del Santuario con los tres Esenios que le siguieron al Monte Carmelo por no estar de acuerdo con el giro que se daba a su Escuela de Divina Sabiduría, habían obstruido la entrada al recinto de oración y al Archivo para evitar la profanación, y porque detrás del Archivo se hallaba la sala funeraria con las momias de los Esenios muertos.

Los tres cautivos habían sido los Terapeutas que vigilaban los operarios constructores del santuario que empezaban a edificar en Sebaste. Cuando ellos volvieron a las grutas, encontraron todo despojado y sólo dos de los bandidos que aún no habían sido capturados, y que fueron los que les amarraron.

Después de la comida se dedicaron a la limpieza de las grutas y a buscar la entrada al recinto de oración que no aparecía por ninguna parte.

El Terapeuta guía y los tres cautivos conocedores a fondo de aquel viejo santuario, se orientaron pronto, y dieron por fin con un amontonamiento de piedras, tierra y yerbas secas que aparecía en un pequeño corredor.

Removido todo aquello, apareció la puertecita de piedra blanca en la cual estaba grabada con grandes letras esta sola palabra: PAZ.

Era la entrada a la galería en que se hallaba el santuario propiamente dicho, el archivo y la sala funeraria.

Entraron con el alma sobrecogida de un pavor religioso, como el que penetra a un viejo panteón sepulcral abandonado.

Allí no había desorden ninguno y sí un fuerte olor a humedad propia de lugares cerrados por largo tiempo.

Tristeza de abandono, de decepción, de desesperanza formaba como una ola aplastadora del alma, que se sentía agobiada de indefinible angustia.

Al percibirla los más sensitivos pensaban: Era el pensar y sentir del Servidor y sus tres hermanos fieles cuando al despedirse de su amado Santuario de rocas, amontonaron piedras sobre su puerta para dejarlo sepultado en la montaña donde quedaban también las momias de sus hermanos muertos.

Los hijos de Tobías con Felipe se encargaron de establecer el orden de la gran cocina, a fin de que pudiera servirles de refugio esa noche. Cargas de heno seco del vallecito vecino fueron traídas para los estrados de piedra que les servían de lecho.

Cuando brilló la limpieza en aquella inmensa gruta, donde podían caber cómodamente cien hombres, comenzaron las sorpresas agradables para los tres muchachos.

Armados de cerillas encendidas registraron todos los rincones, huecos y grietas de las rocas temerosos de alimañas y lagartos. Sólo salieron chillando algunos viejos murciélagos que escaparon rápidamente ante la roja llama de las antorchas.

En cavidades ocultas por los musgos, encontraron cántaros con vino y aceite, sacos de higos secos, nueces y castañas.

—Ya está la cena completa —gritaba Felipe saliendo de un negro hueco con una orzita toda cubierta de tierra y telas de arañas y que estaba llena de miel.

—¿Cómo es que los bandidos no devoraron todo esto? —preguntaba Seth mientras luchaba por destapar cántaros y orzas herméticamente cerrados.

—Porque el Padre Celestial lo guardó para nosotros —contestaba Felipe que había aprendido los razonamientos que Jhasua le hacía, apropiados para su mentalidad infantil.

—¿Y si todo esto no fuera, ni vino, ni miel, ni castañas?... —preguntaba Aarón.

—¿Cómo no ha de ser?... ¿No ves que está escrito en los rótulos? —replicaba el niño temeroso de verse burlado en sus esperanzas.

Y volvía a leer en cántaros, orzas y sacos: *Vino, aceite, miel, castañas y nueces, higos, aluvias...* ¿Lo veis?... bien claro está. —Y corría a la puerta de la gruta para ver si venían los compañeros, pues su deseo mayor· sería que no llegasen hasta tener todo aquello bien dispuesto sobre la mesa, en escudillas y tazones.

Mientras estas almas sencillas estaban suspensas de las pequeñas cosas, Jhasua con los Esenios y el tío Jaime buscaban ansiosamente en el Santuario el Archivo, los rollos de papiro no aparecían, pues seguramente los habría llevado el Servidor con sus tres hermanos fieles al Santuario del Carmelo.

Encontraron los grabados en arcilla, piedra y madera, en alacenas abiertas en la misma roca según la costumbre. En grandes láminas de piedra aparecían los nombres de los Esenios que fundaron el Santuario, con fechas y detalles.

En el altar central, las Tablas de la Ley, copia de la de Moisés, y en pequeñas placas de piedra blanca, los nombres de los grandes Profetas del pasado, los Maestros fundadores de la Fraternidad Esenia entre las montañas.

Elías, Eliseo, Isaías, Jeremías, Ezequiel, Esdras, Samuel; y continuaba la lista grabada en piedra de aquellos grandes clarividentes, visionarios sublimes, que habían abierto senderos de bien, de amor y de justicia a las almas desorientadas en las tinieblas de la inconsciencia.

Pero el asombro mayor les causó un pequeño bulto, como un fardo en una estera de juncos, debajo del altar que era todo de piedra blanca y cuyo saliente o plataforma, daba lugar a una cavidad en la parte inferior.

Era el cadáver seco como un haz de raíces, de un viejecito que no debía tener más que piel y huesos, a juzgar por el aspecto de aquel cadáver momificado.

El Terapeuta guía que estuvo muchas veces en el Santuario, recordaba que vio allí andar como una sombra al viejecito Ismael de 104 años, conservado allí como una reliquia del pasado.

—¿Cómo fue dejado allí?

—La única explicación lógica era que cuando el Servidor y sus tres hermanos fieles, clausuraron el Santuario, el ancianito se quedó oculto voluntariamente para morir allí.

"A sus años, no podía ya esperar mucha vida, y quiso evitarles la carga de llevarle en brazos hasta el Carmelo.

—¡Heroica fidelidad de un alma a un ideal abrazado con fe y amor! —exclamó Jhasua arrodillándose ante aquella momia como ante un objeto sagrado.

Para dormir su último sueño había colocado bajo su cabeza, un grueso cartapacio de telas enceradas y los siete mantos blancos que había recibido al entrar en cada uno de los siete grados de vida espiritual porque pasaban todos los miembros de la *Fraternidad Silenciosa*, como la llamaron muchos escritores de aquellas épocas.

Del minucioso examen hecho sobre el cartapacio encontrado bajo la cabeza del viejecito Ismael, sacaron en claro algo de la causa por qué vino aquel desquicio en aquel Santuario.

Dos Esenios jóvenes del grado tercero, nombrados Teudas y Simón de Gitón, poseedores ambos de facultades de efectos psíquicos se encontraban a disgusto entre el silencio y ocultamiento esenio. La vanidad por sus grandes facultades hizo presa en ellos, y sintieron el deseo de ser admirados del mundo. Para esto nada mejor que abrir un gran templo en Samaria, y constituir un poderoso clero que enfrentara al de Jerusalén ya demasiado orgulloso y prepotente.

En las anotaciones del viejecito Ismael podían verse las discusiones que durante mucho tiempo alteraron la paz de los Esenios de Samaria. Simón de Gitón, llamado más tarde *Simón el Mago* por las extraordinarias manifestaciones obtenidas, tuvo revelación por vía espiritual del sitio preciso donde se encontraba la gruta del "Monte Garizim" donde Moisés había mandado ocultar los vasos sagrados y todos los objetos destinados al culto, como incensarios, pebeteros, candelabros, fuentes de las ofrendas, etc., todo oro, plata y piedras preciosas. Era un constante motivo de rivalidades, celos y ambiciones la riqueza de tales donativos hechos por hebreos fanáticos que materializaban su fe y su amor a Dios en esos objetos de mayor o menor costo y riqueza. Para desterrar del pueblo estos males el gran Moisés cuyo ideal era la adoración a Dios en *espíritu y en verdad*, mandó sepultar entre las grutas de una montaña aquellos incalculables tesoros.

Una vez encontrados y en poder de ellos, se despertó de inmediato en la mayoría de los Esenios del Santuario que eran veinticinco, la idea del gran templo, rival del de Jerusalén.

Algo había trascendido al exterior de todo esto, y de allí el asalto de los bandidos al Santuario, donde se supuso que los tesoros sagrados habían sido ocultos. Los bandidos fueron ajusticiados, el tesoro repartido entre el Rey y el clero de Jerusalén, los Esenios dispersos o muertos, y sólo el Servidor y tres más que no tuvieron parte alguna en el pecado de sus hermanos, estaban a salvo en el Santuario del Carmelo.

Todo esto comprendieron Jhasua, Melkisedec, y el Terapeuta al estudiar minuciosamente el cartapacio del viejecito Ismael que esperó la muerte al pie del altar de su viejo santuario.

En la última página escrita, aparecían estas palabras reveladoras de una firmeza de convicción que asombraba: "Moisés ocultó el tesoro porque causaba la perdición de las almas. Los que fueron contra Moisés, al desenterrarlo para satisfacer su soberbia, se perdieron también. Justicia de Dios!".

Los Esenios que estuvieron cautivos inclinaron la cabeza como abrumados por su infinito peso.

El tío Jaime con los hijos de Tobías y Felipe, se encontraban ya gozando de los esplendores de la gran cocina brillando de limpia y con una resplandeciente hoguera encendida, donde las marmitas llenas de castañas y alubias, hervían desesperadamente.

Los hijos de Tobías utilizaban los conocimientos domésticos que en sus años de parálisis en sus piernas, habían aprendido. Su madre les sentaba ante la mesa y la ayudaban a hacer el pan familiar.

Cuando Jhasua con los Esenios entraron en la coçina, se vieron agradablemente sorprendidos con la mesa llena de grandes panes, que los dos hermanos asaban cuidadosamente.

—He aquí —decía Jhasua— echados los cimientos para la reconstrucción del Santuario: La hoguera encendida, las marmitas al fuego y el pan caliente sobre la mesa.

La verbosidad de Felipe se encargó de ponerles al corriente de todo cuanto habían encontrado en los obscuros escondrijos de la inmensa gruta.

Los estrados de la cocina, ya bien mullidos de suave heno seco, les servían de lechos para esa noche, y apenas terminada la cena, los tres muchachos agobiados de cansancio, se entregaron al sueño con esa tranquila serenidad de los seres que no tienen fatigosas preocupaciones.

Los dos Esenios con Jhasua y el tío Jaime volvieron al Santuario y al Archivo, donde suponían que una gran tarea les esperaba.

Y no se engañaban. Primeramente trasladaron el seco y rígido cadáver del viejecito Ismael, tal como estaba recostado en una piel de oveja y envuelto en una estera de junco, a la sala sepulcral que comunicaba con el Santuario.

Encendieron de nuevo la lámpara de aceite que según la costumbre esenia, alumbraba perennemente la sala mortuoria, como un símbolo de amor de los encarnados para los que habían partido al espacio infinito.

Los grandes cirios de cera que aparecían gastados en mitad junto a los atriles que sostenían los libros de los Profetas, fueron nuevamente encendidos, y el chisporroteo de su mortecina luz, esparció ese suave perfume de cera virgen quemándose al calor de la llama.

La gran lámpara de siete candelabros que pendía ante las Tablas de la Ley, genial concepción de Moisés, inspirado de lo alto, fue asimismo llena de aceite y encendida de nuevo.

Su luz clarísima alumbró las carátulas grabadas a fuego, en piel curtida al blanco, de los Libros de Moisés que aparecían al centro del gran altar de piedra blanca.

En el Archivo encontraron una enorme cantidad de tabletas de piedra, de madera y de arcilla, grabadas en distintas lenguas.

Y encima de todo, un pequeño papiro con estas pocas palabras:

"Jaime de Sichen (Servidor), Juan de Séghoris, Zebedeo de Sebaste y Abinabad de Joppe, declaran haber luchado con todas sus fuerzas para impedir el gran desastre y decidieron clausurar el Santuario cuando estuvieron convencidos de que nada podían hacer para evitarlo.

"Que la Sabiduría Divina reedifique lo que la inconsciencia humana ha destruido".

Y aparecieron las firmas de los cuatro, que entonces se encontraban refugiados en el Santuario del Monte Carmelo.

—"Que la Sabiduría Divina reedifique lo que la inconsciencia humana ha destruido" —repitió Jhasua releyendo una vez más el papiro que parecía exhalar efluvios de honda tristeza.

90

—¡Y lo reedificarás!... no lo dudamos, ¿verdad, tío Jaime?

—Así lo espero con el favor de Dios, Jhasua hijo mío. ¿Quién torcerá tu voluntad más dura que el diamante?

—Hagamos aquí la concentración de la noche y entre los cuatro resolvamos lo que se hará mañana.

—Entre los cuatro encarnados y yo cinco —dijo el Terapeuta caído en hipnosis—. Acabáis de llevar mi materia muerta a la sala sepulcral, y mi espíritu que esperaba con ansias este día, se acerca a vosotros como el más antiguo de los Esenios que últimamente habitaron este Santuario.

"Mandad mañana a dar el aviso al Monte Carmelo, donde los cuatro fieles esperan esta hora, pues yo se lo había prometido.

"Los Esenios tenemos el alma inconmovible como las rocas, y ninguno se resigna a dejar morir un templo del pensamiento por la inconsciencia y el egoísmo de los hombres. Ellos vendrán en seguida, y con los dos esenios que envíe cada Santuario, quedará formada de nuevo la cadena fluídica y la bóveda psíquica necesaria.

"Que el Señor perdone a los que pecaron, y de su fortaleza a los restauradores del Santuario devastado".

Todos estuvieron de acuerdo, y al siguiente día emprendió el Terapeuta el viaje al Monte Carmelo, que no quedaba a larga distancia cruzando en línea recta la llanura de Esdrelón. Un día de viaje al paso de un asno que fue contratado en Sevthópolis.

Mientras el Terapeuta viajaba hacia el Mediterráneo donde el Carmelo aparecía como una enorme cabeza de gigante levantada sobre el mar, el tío Jaime con los hijos de Tobías y Felipe, tornaban a la ciudad de Sevthópolis en busca del padre del niño, y en viaje de compras de cuanto era necesario para poner las grutas en condiciones de ser habitadas por los solitarios, que pronto volverían a besar aquellas amadas rocas donde tanto y tanto habían pensado, sentido y amado; donde aún debía vibrar el eco doloroso de su adiós lleno de angustia, cuando se vieron forzados a abandonarlas

Quedaron solos en el Santuario, Jhasua con Melkisedec y los tres Terapeutas libertados de la cadena.

Todos comprendían que era llegado el momento de una confidencia íntima para acortar distancias, o para separarse por completo.

Y ésta se produjo cuando los cinco entraron al Santuario para la concentración del medio día.

¡El alma de Jhasua vibraba como un arpa pulsada por las manos de un mago de las cuerdas!... Su amor infinito se desbordaba sobre aquellos tres hermanos que arrastrados por la corriente de vanidad y ambición devastadora del viejo santuario, estaban allí a dos pasos de él, esperando ser nuevamente acogidos, o para siempre rechazados.

Antes de comenzar la concentración, y mientras el Maestro Melkisedec encendía los cirios y ponía resinas perfumadas en los pebeteros, uno de los tres cautivos, cuyo nombre era Judas de Saba, dijo en voz baja a Jhasua:

—¡Por piedad! Tú que eres el Enviado de Jehová para salvar a Israel, intercede por nosotros para que seamos acogidos de nuevo en el Santuario.

El alma del joven Maestro pareció salir a sus ojos claros y envolviéndolos a los tres en una mirada suya indefinible, les dijo en su voz de música:

—Porque quería salvaros, he venido, y estad seguros que mi esfuerzo no se perderá en vano. Cuando el Altísimo ha querido reteneros atándoos con cadenas al Santuario ¿quién será el que se atreva a rechazaros?

—Que Dios os bendiga —dijeron en voz baja los tres.

El maestro Melkisedec por su jerarquía espiritual debía hacer de superior entre ellos, y fue quien evocó a la Divinidad recitando el Salmo que ellos llamaban de la *misericordia* y que hoy llamamos *Miserere.*

Una onda potente de amor inundó el recinto y saturó las almas hasta causar la tierna conmoción que produce el llanto.

Los tres ex cautivos se sumergieron en una suave y profunda hipnosis, que en lenguaje ocultista se llama *desdoblamiento*, y los tres, tomando personalidades de una existencia anterior, dialogaron dándose así a conocer en un lejano pasado.

Por el intercambio de palabras sostenido entre ellos, Melkisedec y Jhasua comprendieron que los Terapeutas Nar y Joab, eran una nueva encarnación de los dos hijos adoptivos del Profeta Samuel, que los recogió moribundos abandonados por su madre a los dos años de edad: Joel y Abia.

El otro Terapeuta o sea Judas de Saba era la reencarnación de Jonathan hijo del Rey Saul, según lo relata el Libro del Profeta Samuel.

Los tres espíritus conservaban a través de los siglos sus características bien marcadas. Sin ser de malos sentimientos, y amando el bien y la justicia, los tres unidos habían cometido errores en aquel remoto pasado, causando tristeza al noble corazón de Samuel, Profeta de Dios. Y unidos entonces se habían inclinado a los causantes de la ruina del Santuario Esenio, y cooperando con ellos, pareciéndoles que era mayor bien la edificación de un templo a la altura de Jerusalén, que vivir como obreros del pensamiento y del amor ocultos entre las grutas.

Judas, Ner y Joab samaritanos los tres, quedaron desde entonces fuertemente unidos a Jhasua y el primero de los tres formó parte de los discípulos íntimos que después de la muerte del Cristo, le llamaron *Judas el bueno*, para distinguirlo de Judas de Iscariote, y del apóstol Judas hijo de Tadeo.

Cuando·se despertaron de la hipnosis, los tres lloraban silenciosamente.

La decisión de recibirlos nuevamente en la Fraternidad Esenia, debía tomarse cuando el Servidor y sus tres compañeros vinieran del Carmelo, pero Jhasua y Melkisedec la habían tomado ya, y no dudaban de que sería definitiva.

Judas de Saba, cayó nuevamente en hipnosis, el Profeta Samuel hizo desbordar la suavidad tiernísima de su espíritu en aquel ambiente de piedad, de amor y de tristeza, propio de los momentos en que no se sabe, si al final sería un abrazo de acogida, o un adiós para siempre.

"—Es la hora del amor, del perdón y de la piedad infinita —dijo por medio del sensitivo—. Por eso estás aquí Ungido de Dios, porque toda la humanidad ha·delinquido.

"Los justos conquistan por sí solos su gloria y su felicidad. Son fuertes como estas rocas que os cobijan. Son fuertes como los cedros del Líbano.

"Vuelan alto como las águilas por encima de los montes, y ninguna fuerza les arroja a tierra. Pero los pequeños y débiles van cayendo a cada paso y necesitan ser levantados como levanta con amor la madre al parvulito, que cae a su lado muchas veces cada día.

"Y vosotros que habéis caído en el desvarío de las muchedumbres ambiciosas de grandezas humanas, como lo hiciérais siglos ha, en el largo día de la eternidad de las almas, levantad de nuevo el corazón ante el Ungido del Señor, que vino a la tierra para levantar los caídos, reconstruir lo que fue devastado, abrir nuevos surcos en los campos estériles, y transformarlos en trigales dorados y en hermosos huertos llenos de flores y de frutos.

"¡Paz, consuelo y esperanza a los que cayeron! ¡Amor y Luz de Dios a los fuertes que conquistaron la gloria de perdonar y de amar!

Melkisedec había ido anotando todas las manifestaciones en el gran libro que ellos llamaban "Crónicas", que servían de documento perenne de la íntima relación de la Fraternidad con el mundo espiritual, bajo cuya égida se había fundado a la luz del genio de Moisés, y, continuaba su senda inconfundible a través de quince siglos.

Terminada la concentración con el himno de acción de gracias, los únicos cinco habitantes del Santuario por esa noche, se refugiaron en la gran cocina, donde el fuego del hogar les esperaba con las marmitas que hervían y donde los estrados de piedra mullidos de heno, les brindaban el descanso.

Los tres Terapeutas samaritanos se veían ya más animados y la conversación recayó sobre un tema buscado por Jhasua:

Si había en Samaria refugios para los desamparados y huérfanos.

Judas de Saba que era el mayor de los tres, contestó que los había antes de la devastación del Santuario que era quien los sostenía. Seguramente se encontrarían en una situación muy precaria, y habríanse dispersado los refugiados a mendigar por las calles de pueblos y ciudades.

—Si os parece —añadió Judas— apenas claree el día, recorreremos nosotros tres, las montañas de la costa del Jordán llenas de grutas donde antes teníamos varios albergues, algunos de leprosos, otros de mujeres con niños contrahechos y otros de ancianos. Volveremos al anochecer trayendo buenas o malas noticias.

El rostro de Jhasua pareció iluminarse ante la proposisión de Judas, en el cual vio ya resucitado el amor al prójimo y el deseo de borrar su falta con obras de misericordia y de piedad fraterna.

Los otros dos menos expansivos y vehementes que Judas, aceptaron con alegría la misión que se les encomendaba. Volvían a ser los Terapeutas peregrinos en busca del dolor para aliviarlo.

A la madrugada siguientc, cuando Jhasua se despertó vio a Judas, Ner y Joab trabajando activamente en poner leños al fuego, otro haciendo el pan y el tercero llenando los cántaros del agua.

—Nos dormimos como obreros del pensamiento y nos despertamos como servidores de la materia! —dijo Jhasua riendo al ver los afanes de los tres Terapeutas.

— ¡Qué hemos de hacer si tenemos el jumentillo de este cuerpo que es necesario alimentar! —contestaba Judas, colgando del trípode sobre el fuego la marmita de hervir castañas.

Mientras el pan se cocía bajo el rescoldo, y las castañas hervían, los cinco entraron al Santuario para cantar el salmo del amanecer y leer un capítulo del Profeta que tenían en turno.

Era Isaías, y correspondía el capítulo 55 entre cuyos 13 versículos aparecen estos que eran como hechos para los tres Terapeutas redimidos.

"Todos los sedientos, venid a mis aguas, dice Jehová. Inclinad vuestros oídos y venid a Mí. Oíd y vivirá vuestra alma y haré con vosotros pacto eterno, como hice misericordias a David después de su pecado.

"Buscad a Jehová mientras puede ser hallado. Llamadle en tanto que está cercano.

"Deje el impío su camino, y el hombre inicuo sus pensamientos, y vuélvase a Jehová que tendrá de él misericordia y será amplio en perdonar.

"Porque mis pensamientos no son vuestros pensamientos, ni vuestros caminos, mis caminos, dijo Jehová".

El vibrar dulcísimo del laúd del maestro Melkisedec acompañaba en sus vuelos al pensamiento de los que oraban; y la honda conmiseración de Jhasua hacia los tres Terapeutas, formó una bóveda psíquica de inefable ternura y amor divino.

En aquel piélago sutil donde todo era claridad, el alma de Judas se unió tanto con la de Jhasua, que mentalmente hicieron el pacto definitivo.

"Te seguiré a todas las tierras donde pongas tu planta", decía el alma vehemente del Terapeuta.

"Te llevaré conmigo siempre que haya que levantar a los caídos", decía el alma del Cristo encarnado, respondiendo al sentir profundo del que años después sería uno de aquellos íntimos amados de su corazón.

Judas *el bueno,* cuando empezó sus actividades en cooperación del Verbo encarnado, se consagró con preferencia a redimir delincuentes y mujeres de vida desordenada, como si su espíritu consciente hubiese querido hacer con sus semejantes lo que el Cristo hizo con él.

Al mismo tiempo que los tres Terapeutas registraban las grutas de la margen occidental del Jordán, en Sevthópolis, la ciudad-plaza de las caravanas, el tío Jaime con los hijos de Tobías y Felipe buscaban a *Parmenas el griego,* como le llamaban en la bulliciosa colmena de mercados y tiendas.

Les señalaron cuál era su lugar de venta, que se encontraba al final de un vetusto corredor con pretensiones de columnata.

La apariencia era de ser aquello un bazar con toda clase de objetos artísticos traídos de Persia, como cofres, ánforas, tapices, etc. Pero detrás de la colgaduras en exposición, se realizaban los negocios de un orden muy diferente.

Si bien demostró alegrarse Parmenas de abrazar a su hijo y a sus dos sobrinos, al tío Jaime no le pasó desapercibida la inquietud que esta visita le producía.

—Id a esperarme en la tienda del viejo Isaac, donde se comen los mejores cabritos guisados —les dijo—, quiero obsequiaros a todos con una comida de lo mejor que aquí puede pedirse.

Pero el tío Jaime y los hijos de Tobías comprendieron que el deseo de Parmenas era alejarlos de allí.

—No tenemos ninguna prisa —contestaron—, y tu hijo no gusta apartarse tan pronto de ti. Iremos todos juntos.

En ese momento llegaron dos hombres por cuyos ropajes se comprendía que eran de Sidón.

—Venimos por nuestro negocio —dijeron—. Parmenas se desprendió como pudo del pequeño Felipe, y se entró con los recién llegados detrás de las colgaduras.

Poco después se oyeron sollozos de mujeres y algún grito ahogado. Jaime y los hijos de Tobías se precipitaron hacia aquel sitio.

Y habiendo pasado un corredor, se encontraron con una obscura covacha, donde tres jovencitas lloraban amargamente.

—¿Qué es esto Parmenas? ¿Has hecho de tu tienda una casa de crimen? —preguntó el tío Jaime.

—¡Salvadnos! ¡Nos llevan a Sidón vendidas a una casa de vicio! —gritaron las tres muchachas a la vez.

—¡Mentira! —gritó Parmenas—. Son escapadas del hogar y estos hombres las vuelven a su familia.

El tío Jaime miró a Aarón y éste que ya estaba aleccionado, salió rápidamente simulando hacer una denuncia.

—Vendremos luego —dijeron los hombres y se hundieron por la covacha que debía tener salida hacia otra parte. Parmenas hizo lo mismo, pues sospecharon que la salida de Aarón significaba un peligro. Simplemente fue para desbaratar el turbio negocio con el temor de la intervención de la justicia.

La ley romana sólo consideraba esclavos legalmente adquiridos, los prisioneros de guerra que eran repartidos como botín entre los guerreros vencedores.

Las jovencitas estaban con los pies y las manos sujetas con cordones fuertes tejidos de lana y seda. Cuando fueron desatadas y llevadas al exterior en la tienda, declararon haber sido sacadas de su casa con engaño. Parmenas el griego, que recorría las aldeas montañosas de Samaria, había llegado a Emon, en la falda del Monte Ebat, donde ellas vivían. Su padre había muerto de una caída a un precipicio y eran nueve hijos, ellas tres las mayores. Amenazadas de la miseria que venía sobre el hogar, la madre accedió a que fueran a servir como criadas a Sevthópolis para ayudar a la familia, mas nunca para ser vendidas como esclavas destinadas al harem de algún príncipe extranjero.

—Bien —les dijo el tío Jaime—, alabad a Dios que hemos llegado a tiempo. Al mediodía saldrá la caravana del sud que pasa por Emon. Contrataremos tres asnos y os volveréis con vuestra madre.

—¡Qué dolor será para ella que volvamos sin esperanzas de socorro para la familia! Tenemos cinco hermanos pequeños —dijo la que parecía ser mayor que apenas tendría 17 años.

—No os aflijáis. Cuando Jehová hace las cosas, las hace bien hechas.
"Venid con nosotros".

Aarón quedó con Felipe guardando la tienda de Parmenas y el tío Jaime con Seth se acercaron a la plaza de las caravanas donde los alquiladores de asnos ofrecían bestias en todos los tonos. Contrataron tres con sus aparejos y sacos de carga que fueron llenados de cereales, legumbres y frutas secas.

—Llevad estas monedas a vuestra madre —les dijo el tío Jaime, entregándoles un pequeño bolsillo con monedas de plata— y dadme vuestro nombre y las señas de vuestra casa para tener noticias vuestras en todas las caravanas.

Las jovencitas no sabían si reír o llorar. ¡Tan inesperado había sido el cambio de su situación! Fueron puestas bajo la tutela del jefe de la caravana, para quien era conocido el padre de las niñas, que alguna vez le prestó servicios al pasar por su pueblo natal.

—No os arriesguéis a salir de vuestro pueblo —les recomendó el tío Jaime—. Y decid a vuestra madre que un Terapeuta irá pronto a salvar su situación. A más tardar en la luna próxima.

De vuelta a la tienda de Parmenas, lo encontraron con Aarón y Felipe, aunque un tanto hosco y retraído.

—Dios fue misericordioso contigo Parmenas —le dijo el tío Jaime— y en vez de estar en la cárcel por tu delito, estás bajo tu tienda tranquilamente. Debes, pues, recoger este aviso y guardarlo para toda tu vida.

"Dime ¿no puedes conformarte con las ganancias que te da esta tienda, que te enredas en negocios de mala índole?

Parmenas callaba pero se advertía en él una lucha interior tremenda. De pronto, Felipe que estaba junto a él mohino y triste, dio un grito de alegría y corrió hacia la sombra formada por una colgadura de damasco.

— ¡Jhasua... cómo has venido, Jhasua! —Y se abrazó del cortinado no encontrando otra cosa al alcance de sus brazos.

Todos miraron hacia ese sitio y no veían nada sino al niño que hablaba con Jhasua abrazado al cortinaje.

Parmenas interrogaba con la mirada al tío Jaime como preguntándole si su hijo se había vuelto loco.

Pero Jaime comprendió que en el Santuario estarían en la concentración de mediodía, y el pensamiento de luz del Verbo encarnado, había venido hasta ellos en cooperación a la obra de redención que realizaban. El niño que ya había dado indicios de la facultad clarividente que se desarrolló ampliamente más tarde, lo vio y no siendo aún capaz de analizar si era visión espiritual o realidad física, se entregó espontáneamente a las manifestaciones de su amor por Jhasua.

Y cuando la visión se esfumó, Felipe sacudía el cortinado, removía cuanto objeto se hallaba cerca creyendo en su ingenuidad infantil que Jhasua jugaba a *la escondida* con él.

—¿Quién es Jhasua? —preguntó Parmenas, saliendo de su abstracción.

—Es un joven Profeta de Dios a quien tu hijo quiere mucho y el cual está interesado en arrancarte de tu camino que te llevará más tarde o más temprano a un desdichado fin. Está de aquí a medio día de viaje. ¿Quieres venir a verle, Parmenas? El te espera.

—Está bien iré. Pero esperad a la primera hora de la noche en que levanto la tienda según las ordenanzas. Y mañana a la madrugada partimos, si os parece bien.

—De acuerdo —contestó Jaime—. Pero ¿dónde dejarás todo esto?

—Tengo un socio que lo tomaría todo dándome lo que me corresponde en dineros. En verdad que estoy cansado de esta forma de vida.

—La alegría de nuestra madre —dijo Aarón— cuando esto sepa, te compensará tío Parmenas, de cuanto puedas perder.

—No volváis sin él, nos decía nuestra madre al salir de la cabaña —añadió Seth, presionando más al pobre griego, que ya se daba por vencido.

—Sabes cuánto te quiere ella, desde que en su calidad de hermana mayor, te entregó su hermana de 16 años para esposa, a la cual hiciste muy feliz en diez años, que vivió a tu lado—. Y Aarón al decir esto daba el golpe de gracia a Parmenas por cuyo rostro corrieron dos gruesas lágrimas.

—Y ¿qué haré yo entre vosotros allá? Porque yo necesito trabajar para vivir. Ya veis que tengo un hijo, y tan parecido a mi muerta que a veces creo que es ella misma que me habla y me mira.

—Eso se arreglará allá —intervino el tío Jaime—. Dispón tus cosas aquí con equidad y justicia, y no te preocupes del mañana.

"El trabajo honesto no te faltará en Galilea, donde somos todos como una sola familia.

Cuando llegó la noche, Sevthópolis no parecía la misma bullanguera y turbulenta ciudad del día anterior.

Un anciano matrimonio, originario de Chipre tenía el más tranquilo hospedaje que podía ofrecer la ciudad de las caravanas a los viajeros que desearan paz y sosiego, y allí pasaron la noche.

Y poco después del mediodía siguiente se encontraban en el Santuario, sólo habitado por Jhasua y Melkisedec, pues los tres Terapeutas no habían regresado aún de su búsqueda por las grutas ribereñas del Jordán.

Felipe, que estaba como ahogado aún por el incidente de la tienda, así que vio a Jhasua, lo soltó todo, como un borbotón de agua largo tiempo contenido:

—Te escondiste detrás del cortinado y no pude hallarte más, Jhasua. ¿Por qué me hiciste esa mala jugada? Así no se juega a la escondida. Cuando se termina, hay que darse la mano el vencedor con el vencido, y tú escapaste y no te vi más.

Jhasua y Melkisedec sonreían comprendiendo lo que había pasado, pues que ambos eran conscientes del desdoblamiento espiritual realizado para lograr la redención de Parmenas.

—Padre —decía el niño—. Este es Jhasua que estuvo en tu tienda ayer al mediodía.

—Ya entenderás más adelante amigo mío, el significado de las palabras de tu hijo —díjole Jhasua, viendo el asombro de Parmenas.

—Debéis estar cansados, y la comida ya nos espera —añadió Melkisedec, llevándolos a la gran gruta-cocina.

Allí encontraron al tío Jaime que con los hijos de Tobías, descargaban los asnos de los grandes sacos de provisiones que habían traído nuevamente.

—Por fin comemos con un blanco mantel —decía Seth extendiendo uno flamante sobre la gran mesa de encina.

—Y con vasos de cobre que brillan como el sol —decía Felipe mirándose en uno de ellos como en un espejo.

—Celebramos la llegada de tu padre, Felipe, que ya quedará entre nosotros —decía Jhasua feliz y dichoso, como siempre que se había conseguido la redención de un semejante.

En estos preparativos estaban cuando llegaron los tres Terapeutas que habían salido en exploración.

—El festín será completo —decía el tío Jaime, viendo las grandes cestas de uvas frescas y doradas que traían los Terapeutas de las orillas del Jordán.

Más cargados venían aún de noticias recogidas de viejos conocidos y amigos, que felices de ver nuevamente a los desaparecidos Terapeutas, les habían colmado de atenciones y de regalos.

Algunos refugiados vivían aún en las grutas, otros se habían ido a los pueblos vecinos a mendigar por las calles, y la mayoría murieron de hambre y frío.

Los paralíticos que no podían andar por sí mismos, y los leprosos que tenían prohibido presentarse en las calles, habían perecido cuando sus compañeros de refugio dejaron de socorrerlos por una causa o por otra.

Los Terapeutas volvían con el corazón deshecho, más deshecho aún que las obras de misericordia fundadas en las grutas hacía tantos años, y de las cuales no existían ya ni los vestigios.

En la gruta de las mujeres enfermas y con niños contrahechos donde tenían puestos telares y calderas para teñir los tejidos, no encontraron más que dos niñas ciegas de nacimiento y que tendrían de ocho a diez años.

Judas de Saba, recordaba haber conducido él mismo a esa mujer con sus dos niñitas mellizas que tenían pocos meses. Una cabra doméstica llevada por él mismo criaba las dos criaturas. La madre murió y fue sepultada por las compañeras en un hueco de las montañas.

La cabra siguió amamantando a las niñas y guiándolas por las grutas a buscar agua y frutas silvestres.

Y Judas con inmensa amargura y remordimiento, decía a todos y lo repetía en lo profundo de su conciencia:

—Este noble animal ha cumplido mejor que yo. ¿De qué sirve poner piedra sobre piedra para levantar un templo a Jehová, si dejamos perecer de miseria las obras vivas de Jehová, que son sus criaturas con alma inmortal?

—Así es Judas, así es —le contestó Jhasua profundamente conmovido—. Pero dime ¿qué habéis hecho de esas niñas?

—Las hemos traído en brazos y la fiel cabra madre nos ha seguido hasta aquí. Están en la gruta de entrada.

Y Jhasua con Judas fueron allá. Las dos niñas recostadas juntas sobre el estrado con sus ojos cerrados en eterno sueño, permanecían quietas como si durmieran. La cabra de pelo largo blanco había trepado también al estrado y dormía a los pies de las niñas.

Con los brazos cruzados sobre el pecho, observó Jhasua unos momentos aquel cuadro, símbolo del abandono de los hombres y de la fidelidad de un animal.

Luego se acercó, e inclinándose sobre el estrado acarició suavemente aquellas cabecitas de cabellos negros y enmarañados.

Estaban vestidas a medias con los mantos de los Terapeutas.

—¿Quién es? —preguntaron ambas—. ¿Eres tú, Judas?

—Soy Jhasua, un hermano vuestro que os quiere mucho.

—No conozco esa voz —dijo una de ellas—. ¿Eres tú que nos mandaste buscar?

—Sí, yo; y si vosotras queréis, Jehová me ha dado el poder de abrir vuestros ojos.

Y en voz baja dijo a Judas que llamase al maestro Melkisedec.

—Nunca tuvimos ojos —dijo la otra niña— pero nuestra madre lloraba mucho por esa causa. Ella nos explicaba todas las cosas que se ven, teniendo ojos.

—Nosotros vemos con las manos, con el olfato, con los pies y sobre todo con nuestra segunda madre, la cabrita buena que nos alimenta y nos guía.

Jhasua observaba minuciosamente los ojos de las dos niñas, a través de cuya piel muy transparente y fina se percibía el movimiento de las pupilas y hasta el color obscuro de ellas.

Cuando llegó Melkisedec, observaron entre ambos que aquellas criaturas habían nacido con los párpados cerrados, pero que abriéndolos podían ver perfectamente.

—Pensad —les dijo Jhasua— que Jehová abra vuestros ojos.

Se concentró profundamente mientras ponía sus manos sobre los ojos de las criaturas.

—¡Me quemáis, me quemáis! —gritaron ambas a la vez.

Melkisedec las hizo callar y un profundo silencio se estableció en la gruta.

Las manos líricas de Jhasua temblaban por la poderosa vibración que corría por ellas como un fuego vivo, y de los ojos de las niñas se iba desprendiendo gota a gota una substancia lechosa como si fueran lágrimas blancas.

Después, esas gotas se tornaron cristalinas y por fin los ojos se abrieron. Melkisedec y Jhasua puestos ante ellas, atenuaban la luz que podía causarles daño en el primer momento.

Cuando terminó la vibración de las manos de Jhasua, se sentó en el estrado porque había perdido fuerzas.

Como si el noble animal que estaba a su lado hubiera comprendido que aquellas manos habían curado sus niñas, las empezó a lamer suavemente.

—La naturaleza se sirve de ti criatura de Dios, para restaurar el magnetismo gastado en otras criaturas de Dios.

''¡Qué hermosa es la armonía universal!''

Melkisedec limpiaba con un lienzo blanco mojado en agua, los ojos de las niñas que continuaban abriéndose hasta su estado normal.

—¡Qué hermosa es nuestra cabrita y qué lindos son sus ojos! Igual que los tuyos —se decía la una a la otra.

Esta exclamación de ambas criaturas, hizo comprender a todos, que ellas veían con bastante claridad.

Se sucedieron unas en pos de otras las escenas de sorpresa, asombro y miedo de aquellas dos niñas abriendo de pronto sus ojos a la vida, que habían percibido desde la triste obscuridad de sus ojos cerrados.

Eran desconfiadas de todo, y sólo seguían sin temor al fiel animal que les había servido de madre. Vieron a la cabra que entraba al arroyo a beber, y ellas bebieron también.

El fuego del hogar les llamaba grandemente la atención, sobre todo que de él salían cocidos los alimentos y asado el pan. La capacidad de razonamiento surgió en ellas enseguida, y un día preguntaron a Felipe con quien estrecharon amistad ''si en aquel fuego que se veía en lo alto también se cocinaban castañas y asaban el pan''. Aquel fuego alto era el sol, cuyo vivo resplandor hería dolorosamente sus ojos.

—He aquí los cimientos sobre los cuales fundamentamos de nuevo el devastado Santuario —decía Jhasua, acariciando aquellas cabecitas de obscuros cabellos—. Pero se hace necesario traer madres para estas niñas.

—O llevarlas donde ellas encuentren el amor de una madre —observó el tío Jaime.

—Será eso más fácil que encontrar por el momento madres que quieran vivir aquí después de lo ocurrido en el Santuario. Todos le tienen pavor a causa de los bandidos que lo habitaron varios años —añadió Judas de Saba.

—Más adelante se podría establecer aquí *''la cabaña de las abuelas''* como la hay en el Carmelo y en el Hermón —dijo suavemente Jhasua, recordando lo dichoso que fue en aquella temporada que pasó con su madre en el Monte Carmelo entre los cariños y mimos de la abuela Sabá, y las otras ancianas que vivían en grutas al pie de la montaña en que se hallaba el Santuario.

En su ardiente imaginación se dibujó nítidamente aquel asnillo blanco enjaezado de azul que la abuela Sabá tenía escondido entre una gruta para darle una sorpresa, y que él, como inquieta ardilla, había descubierto antes de tiempo.

—¡Cuántos huerfanitos —dijo— serían dichosos si hubiera aquí una cabaña de las abuelas!

—Todo vendrá con el tiempo —respondió Melkisedec—. Habrá ancianas, huérfanas de cariño, viudas sin hijos que esperan sin duda un rayito de luz para sus vidas sombrías. Y ellas formarán otra *cabaña de las abuelas* como la del monte Carmelo y el monte Hermón.

La idea había surgido como una mariposa blanca entre las sombras y estaba como un principio en todas las mentes. Una circunstancia, no buscada, acaso produjera el hecho que se deseaba.

En la aldea de Caná, vecina de Nazareth, Jaime tenía una parienta viuda que vivía en gran soledad, y a ella enviaron las niñas cuando un día después emprendían viaje de regreso al Tabor, los hijos de Tobías con Felipe y su padre.

Melkisedec, Jhasua, Jaime y los Terapeutas quedaban en el viejo Santuario de Samaria, esperando a los que debían llegar del Carmelo para reorganizarlo.

Los cuatro Esenios esperados, llegaron dos días más tarde con un asno cargado de los papiros y cartapacios que habían llevado antes al Carmelo para salvarlos de la destrucción.

Los solitarios samaritanos conocieron a Jhasua en sus primeros años y más tarde en su adolescencia en visitas aisladas que habían hecho a Nazareth.

Ahora le veían ya joven, entrado a los 20 años, con una plenitud de vida espiritual y física que les causaba indecible felicidad.

—Reconstruir nuestro Santuario teniéndoos entre nosotros, es una gloria que nunca pude soñar —decía el anciano Servidor.

—¡Hermoso número formáis! —decía Melkisedec—. Sois siete para reconstruir vuestro Santuario. Las siete lámparas del candelabro de Moisés.

—Y yo seré vuestro *cirio de la piedad* —añadió dulcemente Jhasua dando a sus palabras el acento de una promesa—.

"Vendré muchas veces a visitaros.

Después de esta introducción, el lector bien comprenderá que las confidencias fueron largas en tres días más que permanecieron Jhasua, Melkisedec y el Terapeuta que les sirvió de guía. El tío Jaime, consecuente con su promesa a Joseph, no quiso separarse de su gran sobrino hasta volverle de nuevo a su hogar.

—Este no es un Esenio de las grutas —decía Jhasua cuando presentaba a su tío a los recién llegados—.

"Es un esenio de la bodega y de la cocina. Es el esenio *providencia* que todo lo ve y todo lo remedia.

—Es el hortelano que cuida el huerto —decía el Servidor encantado del tío Jaime, cuya solicitud para disponerlo todo, era la cualidad más destacada de aquella hermosa vida de nobleza y equidad.

Los cuatro esenios salvados de la gran hecatombe, estaban como ahogados de llanto al verse de nuevo entre sus grutas que abandonaron diez años antes sin esperanza de retornar a ellas.

Y volvían traídos como de la mano por el Ungido Divino que les había allanado todas las dificultades.

Cuando los avisos espirituales del viejecito Ismael les hablaban de restauración del viejo Santuario, ellos lloraban en silencio, porque una duda tenaz les borraba del alma aquellas promesas.

—Yo os tengo preparado un portero excelente que no puede pedirse nada mejor —decíales el tío Jaime en la cena de esa noche—. Esto, si vosotros lo aceptáis.

—Cuando vos que sois un esenio del grado tercero, lo decís, es porque debe ser como lo decís, y desde luego está aceptado —contestaba el Servidor.

—¿Quién es, tío Jaime? ¿Lo conozco yo? —preguntaba Jhasua.

—Por referencias conoces parte de la familia de mi portero. La mayor de las tres niñas salvadas últimamente en la tienda de Parmenas, se une en matrimonio en esta luna con mi excelente portero, que es pastor con una gran majada de ovejas y cabras, y con una madre que es un tesoro de discreción y de prudencia. Tiene su cabaña en las cercanías de Sebaste y hace mucho tiempo que les conozco. El marido era esenio de grado primero, y ella es de segundo, pues nació de padres Esenios. El muchacho, un fuerte y hermoso zagal de 20 años, me confió que deseaba tomar esposa, pero no la encontraba a su gusto. Yo le prometí encontrársela, y creo haberla encontrado en la mayor de las tres doncellas que he mencionado y con la cual he hablado al respecto.

Con el jefe de la caravana en que ellas iban, he mandado una epístola al muchacho y a la madre proponiéndoles a más de su traslado hacia aquí, cosa que ellos necesitan de inmediato, pues en la luna próxima, se vence el plazo acordado por las autoridades de Sebaste para que todos los rebaños sean alejados a cuarenta estadios de la ciudad.

—Esto quiere decir que tenéis la habilidad en grado sumo de arreglar varias situaciones a la vez —decía el Servidor entusiasmado.

—Ya os decía yo que mi tío Jaime es el *esenio providencia* —contestaba Jhasua.

—A ver, a ver ¿cómo es ese asunto tan complicado? —inquirió Melkisedec que aunque conocía el caso de las jovencitas salvadas, no había comprendido del todo bien.

—Pues está bien claro —decía Jhasua—. El muchacho pastor, quiere una esposa. El tío Jaime se la pone delante. La familia de la novia está amenazada de la miseria en Enón, porque murió el padre y hay criaturas de pocos años. El tío Jaime les remedia casando la mayor de las hijas con un pastor que tiene una gran majada de cabras y ovejas, lo cual significa que habrá alimentos en abundancia para toda la familia.

"El pastor debe retirar en breve plazo su ganado de las cercanías de Sebaste. El tío Jaime le ofrece estos fértiles montes y valles que son praderas, con un hermoso *"arroyo de las gaviotas"* para abrevarlo.

"Y por fin, el Santuario necesita un portero de toda confianza con *una abuela Sabá* que es una maravilla de discreción y prudencia, y el tío Jaime se lo pone a su disposición.

"¿Puede darse en la tierra otra providencia más oportuna?

—En verdad que sois un prodigio en las combinaciones hermosas, nobles y útiles —decían en general los Esenios.

El tío Jaime sonreía con esa habitual bondad suya, mientras continuaba partiendo nueces para todos, pues aun en eso, encontraba el modo de ser útil a los demás.

¡He aquí una hermosa vida que olvidaron los biógrafos de Cristo, como tantas otras, que al igual que ésta, estuvieron estrechamente ligadas a la vida excelsa del Hombre-Luz! Y ésta es una de las causas inspiradoras de este libro, encargado de descubrir, no sólo la grandeza divina de la vida íntima del Verbo encarnado, sino también la actuación importantísima para la historia y para la ciencia espiritual, de la pequeña porción de humanidad que lo secundó en su infatigable tarea, en pro de la fraternidad y del amor entre los hombres.

Jaime de Jericó, era viudo y de su matrimonio le había quedado un hijito que creció en Caná de Galilea con la abuela materna. En la época que vamos narrando, el niño tenía 9 años, y a su regreso de Samaria, el tío Jaime se encontró con la noticia de la grave enfermedad de su suegra, que murió al poco tiempo dejando al nietito huérfano por segunda vez.

Myriam, cuya alma se desbordaba de piedad hacia el dolor de los demás, acudió a Caná a los últimos momentos de la madre política de su hermano, y se llevó consigo a Nazareth al pequeño Jaime que pasó a ser de inmediato, otro hijo de su corazón lleno de misericordia.

La vieja casita solariega donde el tío Jaime se casó y donde le nació su único hijito, pasó a ser propiedad exclusiva suya, en la cual se instaló al poco tiempo un Refugio-Taller para mujeres viudas, doncellas y niños sin familia y sin medios de vida.

Y al frente, en calidad de hermana mayor, fue puesta aquella parienta de Jaime, a la cual habían encomendado las dos niñitas curadas de la ceguera y encontradas en una gruta de las orillas del Jordán.

Esta mujer se llamaba María Cleofás.

Y era hermana menor de la suegra de Jaime recientemente fallecida. Aparece aquí por primera vez, pues su protección a las niñas Simi y Fatmé, la vinculó estrechamente al gran Misionero del amor fraterno, al cual siguió incansable en las correrías de su vida pública, y lo siguió hasta el sepulcro, pues María Cleofás fue una de aquellas mujeres que como la Magdalena acudieron a la sepultura de Jesús para embalsamar su cuerpo en la madrugada del domingo y encontraron el sepulcro vacío.

Hemos hecho esta referencia, no por adelanto del acontecimiento que a su debido tiempo relataremos con amplios detalles, sino para poner al nuevo personaje en contacto espiritual con el lector, que si es observador y analítico, gustará estudiar las características propias de cada personaje, que es uno de los más puros deleites del lector.

María Cleofás, tenía su casita anexa a la de su hermana, la suegra de Jaime, razón por la cual pudo hacerse de ambas casas una sola con la amplitud necesaria para refugio y taller de tejidos.

¡Otra hermosa combinación del ingenio del tío Jaime... del *tío providencia* según le llamaba Jhasua!

Con esta disgresión hecha para ti lector amigo, mientras el tío Jaime parte nueces en la gran cocina del Santuario samaritano, quedan enterados de la forma y modo como en el silencio y la modestia, aquellos verdaderos hijos de Moisés realizaban sus obras de ayuda mutua con escasos bienes de fortuna, pero con un gran corazón lleno de amor y de piedad hacia sus semejantes desamparados.

Y así con pequeñas obras silenciosas se iba ampliando más y más el horizonte en el cual debía brillar con luz meridiana años más tarde, la estrella magnífica del Cristo, marcando rumbos de luz y de amor a la humanidad.

En silencio se había restaurado el Santuario Esenio de Samaria; en silencio se había salvado de su ruina moral a Parmenas el griego, se había remediado a la familia desamparada de las tres niñas de Enón que iban a ser vendidas como esclavas; en silencio también se abrió el Refugio-taller de Caná donde María Cleofás con Simi y Fatmé fueron las primeras plantas de ese huerto espiritual, de donde salieron las mujeres cristianas de la primera hora, las que pusieron los medios materiales para que el gran Misionero del amor, fundamentara su obra.

María Cleofás era la menor de toda aquella familia, dispersa ya en Galilea y Judea, debido a los matrimonios realizados; pero que en momentos dados se unían todos en la vieja casa solariega, donde solo había quedado ella, casada también y viuda al poco tiempo.

JHASUA A LOS VEINTE AÑOS

Vuelto nuevamente Jhasua al Santuario del Tabor, reanudó sus silenciosas tareas de orden espiritual intenso, algo interrumpidas por las actividades exteriores. Nos referimos en particular a sus ensayos de telepatía y a su Diario, pues que en la práctica misma del bien, no cesaba de extender sus admirables facultades y sus poderes internos en armonía con las fuerzas y leyes naturales.

Sólo había faltado del Santuario treinta días escasos, y encontró a su regreso varias epístolas de diversas partes.

Desde Ribla le había escrito Nebai con importantes noticias.

Los hijos del sacerdote de Homero se habían casado con doncellas sirias.

Los dos hermanos de Nebai que también estaban en vísperas de celebrar matrimonio, ponían un movimiento desusado en el gran castillo, antes tan silencioso y sereno.

Y Nebai con mucha gracia decía en su epístola:

"Me ha llegado el momento de poner en práctica aquellas enseñanzas tuyas Jhasua, llenas de sabiduría: *Extraer del fondo de todas las cosas lo más hermoso que hay en ellas.* Y en mi caso, lo más hermoso son las almas de las que van a ser mis cuñadas y que vendrán pronto a vivir al castillo, hasta ahora casi vacío, y donde se han arreglado dos nidillos independientes para estos pájaros bulliciosos.

"Los Terapeutas del Santuario del Hermón nos visitan con frecuencia y con ellos hablo de ti Jhasua, y ellos me alientan en esta vida mía tan diferente de las demás mujeres de mi edad y condiciones.

"Ellos me dicen: Tú las harás a ellas a tu medida, y no que ellas te hagan a la suya.

"Y será así Jhasua, porque mis hermanos, sus novias y yo, hemos ingresado al grado primero de la Fraternidad Esenia y en su próximo viaje, los Terapeutas nos traerán el libro de la Ley con los Salmos, y el manto blanco correspondiente al grado que comenzamos.

"Espero que también las nueras del anciano Menandro, inicien este camino.

"Quiero saber si es realidad o ilusión lo que me ocurrió hace cuatro días.

"Pensaba yo en la fuente de las palomas de la casita de piedra, al caer de la tarde, según lo convenido. Me imaginé que tú no estabas allí, porque mi pensamiento parecía perderse en el vacío sin que nadie lo acogiera. Pero pasado un buen rato sentí la vibración tuya Jhasua que desde otro lugar me decía: Nebai, no me busques en la fuente porque no estoy en el Tabor sino en las montañas de Samaria. Pronto volveré.

"¿Es cierto esto Jhasua? ¿Cómo es que no me lo anunciaste en tu última epístola?"

Y continuaba así la epístola de Nebai descubriendo nítidamente las luces y sombras de aquella hermosa alma, que buscaba cumbres diáfanas con claridades de estrellas y ansias de inmensidad.

Al regresar de Samaria, Jhasua y el maestro Melkisedec se detuvieron en Nazareth durante algunos días, para ayudar con fuerzas espirituales y magnéticas a Joseph y Jhosuelín. Ambos parecían revivir con la sola presencia de Jhasua.

La llegada del tío Jaime con su hijo, puso una nota más de íntima ternura en aquella familia, sobre la cual desbordaba la piedad y magnificencia divinas.

La fisonomía del anciano Joseph iba adquiriendo esa apacible serenidad que parece tener reflejos de la vida superior, a que pronto será llamado el espíritu triunfante en las luchas de la vida.

Joseph el justo, como le llamaban muchos porque veían en su vida un crisol de nobleza y equidad, estaba viviendo sus últimos años y como si una luz superior le iluminase, iba disponiéndolo todo, para que la familia que le rodeó en el ocaso de su vida, no se viera perturbada por aquella otra familia de su juventud.

—Todos son honrados y buenos —decía él muy juiciosamente— pero entre los buenos, el orden los ayuda a ser mejores y a comprender más claramente los derechos de los demás.

Jhasua dijo a sus padres:

—Voy al Santuario solo por una luna y en seguida estoy nuevamente con vosotros por todo este invierno.

"Entre todos vosotros y yo tenemos que arreglar muchos asuntos.

Excusado es decir que la noticia causó a todos indecible alegría.

Su estadía en el Santuario la emplearía en descanso de su espíritu y para tomar nuevas energías.

Había gastado muchas en las obras espirituales y materiales realizadas en favor de sus semejantes.

El dominar las corrientes adversas que dificultan la vida del hombre en los mundos de expiación, requiere esfuerzos mentales demasiado intensos, y esto lo saben y experimentan todas las almas que en una forma o en otra consagran su vida a cooperar en la evolución espiritual y moral de la humanidad.

Las epístolas de Nebai y de Hallevi (el que años más tarde tomó el nombre de Bernabé) eran su noticiario del norte, como las de José de Arimathea eran su noticiario del sur.

Junto con las de este último, los Terapeutas le traían los mensajes escritos o verbales de sus amigos del Monte Quarantana, los porteros del Santuario Bartolomé y Jacobo ya padres de familia, y en cuyas almas seguía vibrando como una arpa eterna el amor de Jhasua.

Un mensaje del menor Bartolomé, causó al joven Maestro una tiernísima emoción. Le anunciaba que el mayor de sus hijitos había cumplido cinco años, y pedía permiso a Jhasua para empezar a montarlo en aquel asnillo ceniza que le habían regalado en su estadía en el Santuario siete años atrás.

Sus amigos de Bethlehem, aquellos que le vieron la noche misma de su nacimiento, Elcana y Sara, Josías, Alfeo y Eleazar, escribían juntos una conmovedora epístola que era una súplica brotada del fondo de sus corazones:

"Van a llegar las nieves —le decían— y con ellas el día glorioso que hará veinte años brilló sobre Bethlehem como una aurora resplandeciente. Venid con Myriam y Joseph a pasarlo entre nosotros y haréis florecer una nueva juventud sobre estas vidas cansadas que ya se inclinan hacia la tierra''.

La suave ternura que saturaba la epístola vibró intensa en el alma del joven Maestro, que entornando los ojos dejó volar su pensamiento como una mariposa de luz, hacia aquellos que así llamaban por él.

Volvió a ver mentalmente a Sara en su incansable ir y venir de las amas de casa consagradas con amor a velar por el bienestar de toda la familia; a Elcana su esposo al frente de su taller de tejidos, siendo una discreta providencia sobre las familias de sus jornaleros; a Alfeo, Josías y Eleazar, con sus grandes majadas de ovejas y cabras, proveyendo a toda aquella comarca de los elementos indispensables para la vida como es el alimento y el abrigo.

En muchas de aquellas casas bethlemitas se anudaba un vínculo de amor con el joven Mesías, al cual no veían desde sus 12 años cuando estuvo en el Templo de Jerusalén.

Y hasta en el oculto Refugio esenio de los estanques de Salomón, habitado por la mártir Mariana, llorando eternamente a sus hijitos asesinados por mandato de Herodes, el nombre de Jhasua era como una luz encendida en las tinieblas, como un rosal en un páramo desierto, como el raudal fresco de una fuente en los arenales calcinados por el sol.

Todo esto vibró en el alma de Jhasua como el sonido de una campana lejana, y no pudiendo resistir a aquel llamado imperioso del amor, contestó con el primer Terapeuta que salió rumbo al sur, que pasaría en Bethlehem el día que cumplía sus 20 años de vida terrestre.

Había prometido a sus padres pasar ese invierno con ellos, y con ellos iría a Jerusalén donde la Escuela de sus amigos le reclamaba ardientemente, después de la dura borrasca que hubo de soportar. Allí estaba también Lía, la parienta viuda que al casarse sus tres hijas, llenó su soledad con las obras de misericordia que derramó a manos llenas sobre los desamparados y los enfermos.

''—Son las flores de mi huerto'' —decía ella cuando en determinados días de la semana, su jardín se llenaba de madres con niños, y de ancianos cargados no sólo de años, sino más aún de pesadumbre y de miseria.

Lía, la viuda esenia, silenciosa y discreta, asociaba a sus obras a sus tres hijas casadas, Susana, Ana y Verónica que ya conoce el lector en los comienzos de esta obra. Ellas concurrían los días señalados para leer los libros de los Profetas a los protegidos de su madre, instruyéndolos por este medio en sus deberes para con Dios, con el prójimo y consigo mismos.

La obra silenciosa y oculta de los Esenios que quedó olvidada por los cronistas de aquel siglo de oro, fue en verdad la red prodigiosa en que quedaron prendidas para toda la eternidad, las almas que en numerosa legión se unieron al Hombre-Luz, ungido del Amor y de la Fe, que marcó el sendero imborrable de la fraternidad entre los hombres.

Toda esta inmensa labor silenciosa como una vid fantástica que extendía sus ramas cargadas de frutos por todas partes, esperaba a Jhasua en aquella Judea árida y mustia para los que bajaban de las fértiles montañas samaritanas y galileas, pero donde el amor silencioso de las familias esenias ponía la nota tierna y cálida de una piadosa fraternidad más hondamente sentida.

Vemos, pues, que desde las fértiles montañas del Líbano en la Siria, hasta los ardientes arenales de la Idumea en el sur, florecía en las almas la esperanza como un rosal mágico de ensueño.

El Ungido de Jehová andaba con sus pies por aquellas tierras, y los dolores humanos desaparecían a su contacto.

Los Terapeutas peregrinos que salían de sus Santuarios cargados de amor en el alma, iban llevando de aldea en aldea el hilo de oro que ataba los corazones unos con otros en torno al Hombre Ungido de Dios, cuya vida de niño y de joven les relataban en secreto y minuciosamente.

Bastó que Jhasua instalase un pequeño recinto de oración en la casa de sus padres en Nazareth, para que se hiciera lo mismo en todas las familias esenias que pudieron disponer un rinconcillo discreto con una mesa suntuosa o desnuda, donde los Salmos y los Profetas estaban presentes con su pensamiento escrito, y vivido cual si fuera el aliento mismo de la Divinidad.

Sobre aquella mesa, y grabada en una lámina de madera, de cobre o de mármol, aparecía invariablemente el mandato primero de la Ley de Moisés: "Adorarás al Señor Dios tuyo con toda tu alma y amarás a tu prójimo como a tí mismo".

Para los más pobres y que no disponían sino de una cocina con estrados para el descanso, la piedad esenia tenía el recurso de la oración en casa del vecino, que tenía abierto su recinto sagrado para aquellos hermanos de ideal que no podían tenerlo. Tal fue la obra esenia de elevación de las almas a un nivel superior que las pusiera a tono con el Pensamiento Eterno que el Cristo traía a la Tierra.

Esta armónica corriente de amor y de fe, esparcida como un fuego purificador por toda la Palestina y países circunvecinos, fue la ola mágica en que Jhasua desenvolvió su vida oculta, que quedó como sepultada en el olvido a mitad del siglo pasado, a medida que iban desapareciendo del plano físico los testigos oculares, sus familiares y sus discípulos.

El recinto de oración en cada casa esenia, ha dado origen a la afirmación de algunos viajeros que han escrito sobre el particular, de que toda Palestina estaba llena de Sinagogas y que en las grandes ciudades se contaban hasta cuatrocientas o más.

El pensamiento sutil del lector que analiza y razona, parece estarnos preguntando: ¿Cómo, de esta ola de paz y amor fraterno, de esta intensidad de vida espiritual pudo surgir trece años después el horrendo suplicio con que se puso fin a la vida física del Cristo?

El pontificado y clero de Jerusalén vio llegado su fin ante el verbo de fuego del gran Maestro que volvía por los derechos de la Ley Eterna que son los derechos del hombre, y vació el oro acumulado en el comercio del templo en las bolsas vacías del populacho ignorante y hambriento mientras le decía: "Causante de vuestros males es el vagabundo que predica el desprecio por los bienes de la tierra, porque con él ha llegado el reino de Dios."

Calmada así brevemente la inquietud del lector, continuó la narración:

Diez y seis días antes del aniversario vigésimo de Jhasua, salió de Nazareth con sus padres en la caravana que venía de Tolemaida hacia el sur.

El camino se bifurcaba al llegar a la Llanura de Esdrelón, y el uno recorría el centro de la provincia de Samaria pasando por Sebaste y Sichen, mientras el otro tocaba Sevthópolis y seguía por la ribera del Jordán hasta Jericó, Jerusalén y Bethlehem.

A los viajeros que seguían el camino del Jordán, se unieron Joseph, Myriam y Jhasua, pues que en aquel camino se encontraban muchos amigos y familiares. En Sevthópolis que ya conoce el lector, se hallaba el Santuario esenio recientemente restaurado, donde los porteros de la amistad del tío Jaime, les brindarían un cómodo y tranquilo hospedaje.

En Archelais, segundo punto de parada de la caravana, vivía la familia de Dévora, la primera esposa de Joseph, a la cual se había unido Matías, el segundo hijo de aquel primer matrimonio.

El justo Joseph había sido siempre el paño de lágrimas de sus suegros mientras vivieron, y aún lo era para dos hermanas viudas de su primera esposa, que vivían pobremente en aquella localidad. La familia había sido avisada y les esperarían seguramente.

Y finalmente en Jericó, tercer punto de parada, vivían familiares de Myriam, dos hermanos de Joaquín su padre, con sus hijos y sus nietos.

Todo esto fue tenido en cuenta por nuestros viajeros con el fin de estrechar vínculos con seres que aunque muy queridos se mantenían algo alejados por las escasas visitas que sólo se hacían de tiempo en tiempo.

Para Jhasua existían a más, otros poderosos motivos: las grutas refugios que en las montañas de las riberas del Jordán habían vuelto a ser habitadas, según noticias que le mandó Judas de Saba, cuyo ardoroso entusiasmo por las obras de misericordia le había convertido en providencia viviente para los desamparados de aquella comarca.

Nuestros tres personajes eran, entre la caravana, los *viajeros ricos*, pues llevaban tres asnos con cargamento, cuando todos los demás sólo tenían aquel en que iban montados.

Sólo el jefe de la caravana sabía que el cargamento de los tres asnos contratados por Joseph no llevaban oro ni plata, sino pan, frutas secas y ropas para los refugiados en las grutas del Jordán.

El amor de Jhasua para sus hermanos menesterosos había prendido un fuego santo en las almas de sus padres y familiares, hasta el punto de que no podían sustraerse a esa suave influencia de piedad y conmiseración.

En los tres puntos de parada de la caravana, dejó Jhasua el rastro luminoso de su paso.

En Sevthópolis, alrededor de las tiendas movibles que se instalaban cada día, se observaban a veces algunos infelices contrahechos, niños retardados, o con parte del cuerpo atacados de parálisis.

Descender de su borrico e ir derecho hacia ellos, fue cosa tan rápida que ni aún tuvieron tiempo sus padres para preguntarle: *¿A dónde vas?*

El dolorido grupo miró con asombro a este hermoso doncel de cabellos castaños y ojos claros, que les miraba con tanto amor.

—Vosotros estáis enfermos —les dijo—, porque no os acordáis que vuestro Padre, que está en los cielos, tiene el poder de curaros y quiere hacerlo. ¿Por qué no se lo pedís?

—El está muy lejos, y no oirá nuestros clamores —contestó un jovenzuelo que tenía todo un lado de su cuerpo rígido y seco como un haz de raíces.

—Os engañáis, amigo mío. El está en torno a vosotros, y no lo sentís porque no lo amáis lo bastante para verlo y sentirlo.

Una poderosa vibración de amor comenzó a flotar como una brisa primaveral, y Jhasua, mirando al asombrado grupo, comenzó a decir con una voz dulce y profunda:

"Amarás al Señor Dios tuyo con todas tus fuerzas, con toda tu alma, y a tu prójimo como a tí mismo".

"Así manda la Ley del Dios-Amor que vosotros olvidáis".

Repartió unas monedas, y les dijo:

—Volved a vuestras casas, y no olvidéis que Dios os ama y vela por vosotros.

Mientras aquellas pobres mentes estuvieron absortas en la mirada y la palabra de Jhasua, sus cuerpos recibieron como una ola formidable, la energía y fuerza vital que él les transmitía, y recién cuando le perdieron de vista en el tráfago de gentes, bestias y tiendas, se apercibieron que sus males habían desaparecido.

Los unos corrían por un lado y los demás por otro como enloquecidos de alegría, y buscando al doncel de la túnica blanca que no aparecía en parte alguna.

Por fin llegaron a la conclusión de que *debía ser el arcángel Rafael que curó a Tobías*, por cuanto había desaparecido tan misteriosamente.

—Será un mago venido del norte —decían los extranjeros en el país, que nada sabían del arcángel Rafael ni de Tobías.

—Pero si estáis curados, a trabajar —decían otros ofreciéndoles trabajo en sus comercios, cuyas agitadas actividades necesitaban siempre más y más operarios.

Era inútil que buscaran a Jhasua, que instaló rápidamente a sus padres bajo la tienda-hospedería, y corrió al Santuario en busca del portero, con cuya familia pasaría la noche hasta la hora primera en que la caravana continuaba el viaje.

Con gran sorpresa de los solitarios, se les presentó de pronto en el archivo donde todos ellos se encontraban ordenando de nuevo su abundante documentación.

—¿No os dije antes que sería vuestro *cirio de la piedad*? Pues aquí estoy, pero sólo por unas horas.

"¿Dónde están los ex cautivos? —preguntó aludiendo a los tres Terapeutas libertados de la cadena.

—En la cocina preparando las maletas para ir a las grutas —le contestaron.

—Pues nada más oportuno —dijo Jhasua—. Traemos un pequeño cargamento para los refugiados.

Indecible fue la alegría de los tres Terapeutas al abrazar de nuevo a Jhasua.

Cuando se acercaba la hora de partir, ellos acompañaron a los tres viajeros para hacerse cargo de las provisiones que la familia de Joseph donaba a los refugiados en las grutas del Jordán.

Después de pedirles referencias y detalles minuciosos sobre el estado y condiciones de los enfermos, Jhasua se despidió de ellos para continuar viaje junto a sus padres.

Desde que salieron de Sevthópolis, el camino se deslizaba en plena montaña, costeando serranías que por estar adelantado el invierno aparecían un tanto amarillentas y desprovistas, desde luego, de su exhuberante verdor.

Todo el trayecto desde Sevthópolis hasta Archelais ofreció a Jhasua la oportunidad de derramar como un raudal caudaloso el interno poder que su espíritu-luz había conquistado en sus largos siglos de amor.

Y continuaba amando como si no pudiera más detenerse en la gloriosa ascención a la cumbre, a la cual parecía subir en vertiginosa carrera.

"Amar por amar es agua
que no conocen los hombres.
Amar por amar, es agua
que sólo beben los dioses".

Había cantado así Bohindra, el genio inmortal de la armonía y del amor, y su verso de cristal lo vemos vivir en Jhasua con una vida exhuberante, que asombra en verdad a quien lo estudia en su profundo sentir.

Montado en su jumento, no descuidaba mirar a cada instante en su carpeta que llevaba en su mano izquierda.

—Mira Jhasua que este camino tan escarpado ofrece tropiezos a cada instante —decíale su padre—, y temo que por mirar tu carpeta no ayudas al jumento a salvar los escollos.

—El está bien amaestrado, padre; no temáis por mí —contestaba él.

—¿Se puede saber, hijo mío, qué te absorbe tanto la atención en esa carpeta? —preguntábale a su vez Myriam, cuya intuición de mujer estaba adivinando lo que pasaba.

—Cosillas mías, madre, que sólo para mí tienen interés —contestaba sonriente Jhasua, como el niño que oculta alguna travesura muy dulce a su corazón—.

"Aquí están las dos encinas centenarias —murmuró a media voz—. Es la señal de la gruta de los leprosos.

Aún estaban a cincuenta brazas de las encinas, y ya vieron salir un bulto cubierto con un sacón de piel de cabra que sólo tenía una abertura en la parte superior para los ojos.

Sólo así les era permitido a los atacados del horrible mal el acercarse a las gentes que pasaban, en demanda de un socorro para su irremediable situación.

Jhasua habló pocas palabras con el jefe de la caravana, que siempre llevaba preparado un saco con los donativos de algunos de los viajeros para los infelices enfermos.

—Yo lo llevaré por vos —dijo Jhasua recibiendo el saco y encaminándose hacia el bulto cubierto que avanzaba. Los viajeros pasaron de largo, deseando poner mayor distancia entre el leproso y ellos.

Myriam y Joseph detuvieron un tanto sus cabalgaduras para dar tiempo a Jhasua.

—Ya imaginaba esto mi corazón —decía Myriam a su esposo—.

"En la carpetita debe traer Jhasua escritas las señas donde están las grutas, y eso era lo que absorbía su atención.

—¡Oh! Este hijo santo que Jehová nos ha dado, Myriam, nos da cada lección silenciosa, que si sabemos aprenderla seremos santos también.

Y el anciano, con sus ojos humedecidos de llanto, continuaba mirando a Jhasua, que llegaba sin temor alguno al leproso.

Le vieron que le quitó el sacón de piel y le tomó las manos.

Fue un momento de mirarle a los ojos con esa irresistible vibración de amor que penetraba hasta la médula como un fuego vivificante, que no dejaba fibra sin remover.

Myriam y Joseph no podían oír sus palabras, pero nosotros podemos oírlas, lector amigo, después de veinte siglos de haber sido pronunciadas.

En los Archivos Eternos de la Luz, maga de los cielos, quedaron escritas como queda grabado todo cuanto fue pensado, hablado y sentido en los planos físicos:

—Eres joven, tienes una madre que llora por ti; hay una doncella que te ama y te espera... unos hijos que podrán venir a tu lado. Lo sé todo, no me digas nada. Judas de Saba me ha informado de todo cuanto te concierne.

—Sálvame, Señor, que ya no resisto más el dolor en el cuerpo y el dolor en el alma —exclamó el infeliz leproso, que sólo tenía veintiséis años.

—El poder divino que Dios me ha dado, y que tu fe ha descubierto en mí, te salvan. Anda y báñate siete veces en el Jordán y vuelve al lado de tu madre. Sé un buen hijo, un buen esposo y un buen padre, y esa será tu acción de gracia al Eterno Amor que te ha salvado. Di a tus compañeros que hagan lo mismo, y si creen como tú en el Poder Divino, serán también purificados.

El enfermo iba a arrojarse a los pies de aquel hermoso joven, cuyas palabras le hipnotizaban causándole una profunda conmoción. Pero sintió que todo su cuerpo temblaba y se sentó sobre el heno seco que bordeaba el camino.

— ¡Anda!, no temas nada —díjole Jhasua montando de nuevo y volviendo al lado de sus padres que le esperaban.

Los otros viajeros se perdían ya en una de las innumerables vueltas del tortuoso camino costeando peñascos enormes, y que pensaban sin duda en que el infeliz leproso sería un familiar de Jhasua por cuanto le prestaba tal atención.

No ha comprendido aún la humanidad lo que es el amor, que no necesita los vínculos de la sangre ni las recompensas de la gratitud, para darse en cuanto tiene de grande y excelso como una vibración permanente del Atman Supremo, que es amor inmortal por encima de todas las cosas.

Nuestros tres viajeros quedaron por este retraso a cierta distancia de la caravana, lo cual les permitía hablar con entera libertad.

— ¡Qué obra grande has hecho hijo mío! —le dijo Joseph mirando a Jhasua con esa admiración que producen los hechos extraordinarios.

—Era lástima tan joven y ya inutilizado para la vida —añadió Myriam, esperando una explicación de Jhasua que continuaba en silencio—. ¿Se curará hijo mío?

—Sí, madre, porque cree en el Divino Poder y eso es como abrir todas las puertas y ventanas de una casa para que entre en torrente avasallador el aire puro que lo renueva y transforma todo.

—¿Habrá otros leprosos allí? —volvió a preguntar ella.

—Han quedado veinte de los treinta y dos que había desde hace mucho tiempo.

"Los otros murieron cuando los Terapeutas del Santuario dejaron de socorrerles. Eran ya de edad y su mal estaba muy avanzado. La miseria los consumió más pronto.

—¿Y no podría evitarse Jhasua este mal espantoso que va desarrollándose tanto en nuestro país?

—Cuando los hombres sean menos egoístas desaparecerá la lepra y la mayoría de los males que afectan a la humanidad. La extremada pobreza hace a los infelices de la vida, ingerir en su cuerpo las materias descompuestas como alimento. Los tóxicos de esas materias ya en estado de putrefacción, entran en la sangre y la cargan de gérmenes que producen todas las enfermedades. Los gérmenes corrosivos van pasando de padres a hijos, y la cadena de dolor se va haciendo más y más larga.

"Cuando los felices de la vida amen a los infelices tanto como a sí mismos se aman, se acabarán casi todas las enfermedades, y sólo morirán los hombres por agotamiento de la vejez o por accidentes inesperados.

"He podido curar leprosos, paralíticos y ciegos de nacimiento; pero no he podido aún curar a ningún egoísta. ¡Qué duro mal es el egoísmo!

Una honda decepción pareció dibujarse en el expresivo semblante de Jhasua, cuya palidez asustó a su madre.

—Hijo mío —le dijo—, estás tan pálido que me pareces enfermo.

—Jhasua queda así cuando salva a otros de sus males. Diríase que por unos momentos absorbe en su cuerpo físico el mal de los curados —añadió su padre.

Jhasua les miraba a entrambos y sonreía en silencio.

—Veo que os vais tornando muy observadores —dijo por fin.

—Cuando has curado a Jhosuelín y a mí, te he visto también palidecer —dijo Joseph—. Pero me figuro que si el Señor te da la fuerza de salud para los otros, te repondrá la que gastas en ellos.

—Es así padre como lo piensas. Ya me pasa este estado de laxitud, porque los enfermos ya entraron en renovación.

—¿Pero, se curarán todos? —preguntó alarmada Myriam temerosa de que tantos cuerpos enfermos agotasen la vida de su hijo. Jhasua comprendió el motivo de esa alarma.

—¡Madre! —le dijo con infinita ternura—. No me des el dolor de adivinar en tu alma ni una chispa de egoísmo. La vida de tu hijo vale tanto como esas veinte vidas salvadas.

"También ellos tienen madres que les aman como tú a mí. Ponte tú en lugar de una de ellas y entonces pensarás de otra forma.

—¡Tienes razón hijo mío! Perdóname el egoísmo de mi amor de madre. Eres la luz mía, y sin ti, paréceme que me quedaría a obscuras.

—Tendrás que aprender a sentirme a tu lado, aunque yo desaparezca del plano físico...

—¡Dios Padre, no lo querrá, no!... ¡Moriré yo antes que tú!... —dijo ella como en un sollozo de angustia.

—¿Ves madre el dolor de esas madres que ven morir vivos a sus hijos en las cavernas de los leprosos?

—Sí hijo mío!, lo veo y lo siento. Desde hoy te prometo averiguar dónde hay un leproso para que tú le cures. Yo soy la primera curada por ti del egoísmo.

"¡Ya estoy curada Jhasua!... ¡Ante Dios Padre que nos oye, entrego mi hijo al dolor de la humanidad!

Y la dulce madre rompió a llorar a grandes sollozos.

—¿Qué hiciste Jhasua, hijo mío, qué hiciste? —decía Joseph, tomando una mano de Myriam y besándola tiernamente.

—¡Nada padre! Es que al sacarse ella misma la espina que tenía clavada en el alma, le ha causado todo este dolor. Pero ya estás curada madre, para siempre, ¿verdad?

Esto lo decía Jhasua ya desmontado de su asno y rodeando con su brazo la cintura de su madre.

—Sí hijo mío, sí, ya estoy curada.

Y la admirable mujer del amor y del silencio, secaba sus lágrimas y sonreía, a aquel hijo-luz que tenía al alcance de sus brazos.

El camino se acercaba más y más al río Jordán, cuyas mansas aguas se veían correr como en el fondo de un precipicio encajonado entre dos cadenas de montañas.

Los viajeros tenían al occidente la mole gigantesca del monte Ebat de 8.077 pies de altura, cuyas cimas cubiertas de nieve iluminadas por el sol de la tarde, les daba el aspecto de cerros de oro recortados sobre el azul turquí de aquel cielo diáfano y sereno.

—¡Qué bella es Samaria!... —exclamaba Jhasua absorto en la contemplación de tan espléndida naturaleza—. Me recuerda los panoramas del Líbano, con la cordillera del Hermón, más alto que estos montes Ebat.

—Los recordamos, hijo mío —contestaba Joseph— pues los hemos contemplado a través de nuestras lágrimas de desterrados cuando contigo, pequeñito de diez y siete meses pasamos allí cinco años largos.

—Mi vida os trajo muchas pesadumbres —dijo Jhasua— y acaso os traerá muchas más.

—¡No hagas malos augurios, hijo mío! —díjole su madre— ni hables de las pesadumbres que trajo tu vida. ¿Qué padres no las tienen por sus hijos?

—Y más en estos tiempos —añadió Joseph— en que la dominación romana tiene tan exasperados a nuestros compatriotas, que cometen serias imprudencias a cada paso. Uno de los hermanos de Débora está preso en Archelais y no sé si podré verle.

—¡Cómo! ¿Y no habías dicho nada?... Joseph, eso no está bien.

—¡Mujer!... no quise decírtelo por evitarte una amargura. Entonces no pensaba en hacer este viaje y creí que todo pasaría sin que tú lo supieras.

—¿Y la esposa y los hijos? —volvió a preguntar Myriam.

—El hijo mayor que ya tiene veinte años como nuestro Jhasua, está al frente del molino ayudado por mi hijo Matías a quien le pedí que se ocupase del asunto.

—Y ¿qué crimen le imputan para llevarlo a la cárcel? —preguntó Jhasua.

—Este cuñado mío —decía Joseph— estuvo siempre en desacuerdo con los herodianos y sus malas costumbres, y no se cuidó nunca de hablar en todas partes exteriorizando sus rebeldías. Cuando Herodes hizo modificar la antigua ciudad de Yanath y le dio el nombre de su hijo mayor *Archelais*, mi cuñado levantó con el pueblo una protesta porque aquel viejo nombre venía desde el primer patriarca de la tribu de Manasés que se estableció en esa región, y fue quien construyó el primer santuario que el pueblo hebreo tuvo al entrar en esta tierra de promisión.

"Con esta protesta ya quedó sindicado como un revoltoso, y cualquier sublevación que hay en el pueblo, la cargan sobre él. El infeliz tuvo la equivocada idea de que una protesta justa y razonable como era, pudiera torcer el capricho de la soberbia de un rey que tenía la pretensión de que los nombres de sus hijos se inmortalizaran hasta en los peñascos de este país usurpado a los reyes de Judá.

"Hace dos lunas, cuando los herodianos celebraban el aniversario de la coronación de Herodes el Grande como rey de la Palestina, apareció apedreada y rota la estatua suya que estaba en la plaza del mercado, y arrancada la placa de bronce en que está escrito el nuevo nombre de la ciudad.

"Los herodianos señalaron en seguida a mi cuñado como incitador a este desorden. Eso es todo.

—¿No habéis hecho nada por salvarle? —preguntó Jhasua interesándose en el asunto.

—Se ha hecho mucho, y ahora sabremos si hay esperanzas de libertarlo —contestó Joseph.

En Jhasua se había despertado ya el ansia suprema de justicia y de liberación para el infeliz cautivo que se hallaba en un calabozo cuando tenía nueve hijos que alimentar.

Sus padres lo comprendieron así y Joseph dijo a Myrian en voz baja:

—Aquí va a pasar algo; ya preveo un prodigio de esos que sólo nuestro Jhasua puede hacer.

—¡Calla, que no nos oiga! —decía Myriam—. Le disgusta mucho que hagamos comentarios sobre las maravillas que obra.

Cuando llegaron a Archelais, lo primero que vieron fue la gran plaza mercado y la estatua del Rey Herodes sin cabeza y sin brazos provocando las risas y burlas de sus adversarios.

Jhasua sumido en hondo silencio parecía absorto en la profundidad de sus pensamientos.

—Padre —dijo de pronto— los que están felices y libres, no necesitan de nosotros. Dejemos a mi madre en la casa familiar y vamos tú y yo a ver al tío Gabes en su prisión.

—Bien hijo, bien.

La pobre esposa desconsolada se abrazó a Myriam y lloró amargamente.

—Sé que tu hijo Jhasua es un Profeta que hace maravillas en nombre de Jehová —le dijo entre sollozos—.

"Dile tú que salve a mi esposo del presidio, y mis hijos y yo le seremos fieles siervos hasta el fin de su vida.

Jhasua alcanzó a oír estas palabras, y acercándose al tierno grupo, le dijo:

—No llores buena mujer, que nuestro Padre Celestial ya ha tenido piedad de ti. Hoy mismo comerá el tío Gabes en tu mesa. Pero, ¡silencio! ¿eh? que las obras de Dios gustan albergarse en el corazón y no andar vagando por las calles y las plazas.

Luego de un breve saludo a los familiares, Jhasua y su padre, guiados por Matías fueron a la alcaidía del presidio.

Según habían convenido mientras iban, Joseph se ofrecería como fianza por la libertad provisional del preso, con la promesa de pagar la reconstrucción de la estatua.

El alcaide era un pobre hombre sin mayor capacidad, pero con una gran dosis de dureza y egoísmo en su corazón.

Desde que lo vieron, Jhasua lo tomó como blanco de los rayos magnéticos fulminantes que emanaba su espíritu en el colmo de la indignación.

—Señor —le dijo, luego que habló el padre—. Pensad que ese hombre tiene nueve hijos para mantener y que no hay pruebas de haber sido él quien rompió la estatua del Rey.

—No encontrando al culpable, debe pagar él, que en otras ocasiones amotinó al pueblo por bagatelas que en nada le perjudicaban —contestó secamente el alcaide.

La presión mental de Jhasua iba en aumento y el alcaide vacilaba.

—Bien —dijo— que venga el escriba y firmaréis los tres el compromiso de pagar la restauración de la estatua. Aunque no sé cómo os arreglaréis porque el escultor que la hizo, ha muerto, y no se encuentra en todo el país quien quiera restaurarla.

—Eso corre de nuestra cuenta —dijo Jhasua—. Hay quien la reconstruye si ponéis en libertad ahora mismo al prisionero.

El escriba levantó acta que firmaron Joseph, Matías y Jhasua.

El preso les fue entregado, y Jhasua les dijo después de la emocionada escena del primer encuentro que ya imaginará el lector:

—Bendigamos a Dios por este triunfo, y volved los tres a donde está la familia para salvarles de la inquietud.

—Esto será por poco tiempo; de todas maneras os agradezco en el alma cuanto habéis hecho por mí —contestóles Gabes.

—¿Por poco tiempo decís? —preguntó Jhasua—. ¿Creéis entonces que os detendrán de nuevo?

—Seguramente, en cuanto no aparezca reconstruida la estatua. Esos herodianos andan como perros rabiosos. No apareciendo el verdadero culpable, volverán por mí.

—¡No tío Gabes!... ¡no volverán! Te lo digo en nombre de Dios —afirmó Jhasua con tal entonación de voz, que los tres hombres se miraron estupefactos.

—¡Que Dios te oiga sobrino, que Dios te oiga!

—¡Gracias! Yo vuelvo a la plaza del mercado donde tengo una diligencia urgente que hacer.— Y sin esperar respuesta, Jhasua dio media vuelta y aligeró el paso en la dirección que había indicado.

—¿Tiene amigos aquí tu hijo? —preguntó Gabes a Joseph.

—Que yo sepa no, pero él ha crecido y vivido hasta ahora entre los Esenios, y es impenetrable cuando se obstina en el silencio. Es evidente que algo hará en favor tuyo. Sus palabras parecen indicarlo. Dejémosle hacer. ¡Este hijo es tan extraordinario en todo!

La alegría de Ana, esposa de Gabes y de todos sus hijos y familiares, formó un cuadro de conmovedora ternura al verle ya libre.

"—Hoy mismo comerá el tío Gabes en tu mesa" me dijo al llegar esta mañana tu hijo Myriam.

"¡Oh!, ¡es un profeta al cual el Señor ha llenado de todos sus dones y poderes supremos!... —exclamaba entre sus lloros y risas la pobre mujer, madre de cuatro niñitos pequeños, porque los cinco mayores eran de las primeras nupcias de Gabes.

—¿Dónde dejasteis a Jhasua? —preguntaba Myriam a los tres recién llegados— porque vamos a sentarnos a la mesa, y es triste comer sin él en este día de tanta alegría.

—Ya le hice esa observación y dijo que venía en seguida.

Mientras tanto Jhasua llegó a la plaza y se ubicó discretamente a la sombra de una hiedra que formaba una rústica glorieta, a veinte pasos de la estatua rota.

Aunque era invierno, un sol ardiente caía de plano sobre los bloques de piedra que pavimentaban la inmensa plaza. Los vendedores encerrados en sus carpas aprovechaban para comer tranquilos el tiempo de cese de las ventas que marcaba la ordenanza.

Jhasua se sentó en el único banco que había en la glorieta y sintió que todo su cuerpo vibraba sobrecargado de energía, en forma tal, como no se había sentido jamás.

Y oyó en su mundo interior una voz muy profunda que le decía "no temas nada". "Las fuerzas vivas de la naturaleza te responden. El sol está sobre ti como un fanal de energía poderosa. La libertad de un hombre que alimenta nueve hijos, está en juego.

"Entrégate como instrumento a las fuerzas vivas, y duerme. La Energía Eterna hará lo demás". Y se durmió profundamente.

Muy pronto se despertó porque al salir los vendedores de sus tiendas daban gritos ofreciendo sus mercancías. Miró hacia la estatua rota, y la vio en perfecto estado como si nada hubiera ocurrido.

Pensó en acercarse a observarla de cerca, pero no quiso hacerlo para no llamar la atención en esos momentos. Nadie en la plaza demostraba haber observado el extraordinario acontecimiento.

Jhasua elevó su pensamiento de acción de gracias al Supremo Poder que así le permitía librar a un padre de familia de una injusta prisión, y volvió apresuradamente a casa de Gabes, donde su tardanza empezaba a causar inquietudes.

—Tío Gabes —dijo al entrar— ya no tienes que temer nada del alcaide, porque la estatua rota ha sido restaurada, y está perfecta.

—¿Quién lo hizo? —preguntaron varias voces a la vez.

—¿Quién ha de ser? ¡Los obreros del Padre Celestial, del cual os acordáis muy poco para lo que El se merece, con tanto que os ama! —contestó Jhasua y se sentó a la mesa.

Myriam, Joseph y los dueños de casa se miraron como interrogando. El índice de Myriam puesto sobre los labios les pidió silencio y callaron.

Cuando se terminó la comida, todos quisieron ir a la plaza, para ver y tocar la estatua ya reparada, a la vez que acompañaban a los viajeros a incorporarse a la caravana.

Gabes y Ana hacían que todos sus hijos besaran la mano de Jhasua, que de tan prodigiosa manera había anulado la condena de su padre.

Matías que tenía cuatro hijos, acercaba los suyos pidiendo a Jhasua que les conservara la salud y la vida, porque eran débiles y enfermizos.

—Matías —le dijo él— cuida de enseñar a tus hijos a amar a Dios y al prójimo, y El será quien cuide y conserve su salud y su vida.

—A mi regreso en la próxima luna visitaré tu casa —añadió Jhasua— porque he visto que uno de tus hijos vendrá conmigo.

Cuando montó en su cabalgadura luego de haber ayudado a su madre, todas las manos se agitaban en torno de él que les decía:

—Porque me amáis, callad lo ocurrido, que el silencio es hermano de la paz.

—¡Es un Profeta de Dios!... —quedaron diciendo en voz baja todos.

—Myriam y Joseph merecían tal hijo y el Señor se los ha dado —decía Gabes.

—Pero la pobre madre vive temblando por ese hijo —añadió Ana—, pues desde muy pequeño se vio obligado a huir de persecuciones de muerte.

—Fue cuando la matanza de niños bethlemitas —dijo Matías— que mi padre tuvo que llevarle muy lejos porque era a él a quien buscaban por orden de Herodes el viejo, cuya estatua acaba de restaurar Jhasua con el poder de Dios.

Mientras los familiares comentan a media voz los sucesos, nosotros, lector amigo, lo haremos también con la antorcha de la razón y el estilete de la lógica.

El prodigioso acontecimiento que llenaba de asombro a los familiares de Jhasua, está dentro de la ley de *integración* y **desintegración** de cuerpos orgánicos, inorgánicos y materia muerta, lo cual es perfectamente posible a las inteligencias desencarnadas que dominan los elementos de la naturaleza, y que tienen en el plano físico, un sujeto cuyos poderes internos pueden servirles de agente directo para la realización del fenómeno.

Más admirable es aún el desintegrar un cuerpo y reintegrarlo en otro sitio diferente, lo cual está asimismo dentro de la ley. El hecho de la estatua rota en la plaza de Archelais, sólo era *reintegración parcial* por acumulación de moléculas de una materia inorgánica y muerta.

Los seres que fueron testigos oculares de este hecho, no estaban sin duda en condiciones mentales de asimilar la explicación científica que pudiera darles Jhasua, el cual se limitó a responder a las preguntas de *"quién lo hizo"* con su sencillez habitual: —"Los obreros del Padre Celestial" con lo cual decía la verdad, sin entrar en las honduras de una explicación que no alcanzarían a comprender.

Cuando nuestros viajeros llegaron a Jericó, se encontraron con la caravana que venía desde Bozra, en Arabia, y atravesaba la Perea por Filadelfia y Hesbon.

Llamaba la atención de las gentes, una gran carroza que sólo usaban para viajar las personas de alta posición, mayormente si eran mujeres.

Venía en ella una hija del Rey de Arabia con un niño suyo, atacado de una fiebre infecciosa que le llevaba irremediablemente a la muerte. El llanto de la joven madre partía el alma.

Un mago judío le había asegurado que si lo llevaba al templo de Jerusalén y ofrecía allí sacrificios a Jehová, su hijo sería curado. Y la infeliz madre había emprendido el largo viaje desde su palacio enclavado como un cofre de pórfido en los montes Bazán, en busca de la vida de aquel hijo único que sólo contaba diez años de edad.

Oír el lastimoso llorar de aquella mujer y acercarse al lujoso carro, fue todo un solo momento para Jhasua.

—¿Por qué lloras mujer con tan hondo desconsuelo? —le preguntó.

—¡Mi hijo se muere!... ¿no lo veis? Ni aún a mí me reconoce ya, y veo que no alcanzaré a llegar al templo de Jerusalén para que sea curado.

—Todo el universo es templo de nuestro Dios Creador, y todo dolor llega hasta El, como le llega el tuyo en este instante.

Mientras así decía, se sentó en el lecho del niño a cuyo rostro lívido y sudoroso acercó el suyo enrojecido como por una llama viva que vibraba en todo su ser. Unió sus labios con aquellos labios incoloros, y en largos hálitos que resonaban como un soplo de viento poderoso, inyectaba vitalidad nueva en aquel pobre organismo que ya abandonaba la vida.

El cuerpecito empezó a temblar, y luego a dar fuertes sacudidas, después de las cuales la sangre afluyó de nuevo a su rostro y el niño abrió los ojos para buscar a su madre.

—¿Ves mujer cómo aquí también es el templo de Dios que oye todos los clamores de sus hijos sin pedirles sacrificios de bestias, sino sólo la ofrenda del amor y de la fe? —manifestó Jhasua a la joven princesa arabeña que no salía de su asombro.

—¿Quién eres tú que das la vida a los que llama la muerte? —preguntó ella espantada.

—Un hombre que ama a Dios y al prójimo. Tu hijo está curado.

La madre se abrazó de su niño, cuyo rostro cubría de besos y de lágrimas.

Jhasua bajó de la carroza para volver al lado de sus padres, pero aquella mujer le llamó ansiosamente.

—No os vayáis así —le dijo— sin poner precio a vuestro trabajo.

"¿Cuánto vale la vida de mi hijo?

—Dios sólo sabe el precio de una vida humana. La vida de tu hijo es un don suyo, si quieres agradecerlo como El desea, sigue un poco más el viaje hasta pasar Jericó y yo te enseñaré dónde puedes salvar vidas humanas como Dios salvó la de tu hijo.

—¡Que Alá te bendiga, pues que eres un arcángel de su cielo! —contestó la mujer bajando la cortina que cerraba la carroza.

Aún alcanzó a oír Jhasua su voz cuando decía a los criados:

—Seguid a ese joven y no detengáis la marcha hasta que él os mande.

—Esperadme aquí —les dijo Jhasua—, que entro a la ciudad hasta que la caravana siga el viaje.

Los familiares de Myriam les esperaban en la balaustrada que cercaba la plaza de las caravanas.

Sus ancianos tíos Andrés y Benjamín, hermanos de su padre, con sus hijos y nietos formaban un grupo numeroso.

Aunque se habían visto algunas veces en las fiestas de Pascua en el Templo de Jerusalén, la ausencia continuada, hacía más emotiva la escena de un encuentro nuevo entre seres de la misma sangre y del mismo pensar y sentir.

A Jhasua no le veían desde los doce años, y se asombraron grandemente ante aquel hermoso joven de alta estatura y de fina silueta, que sobrepasaba a sus padres.

Los dos ancianos tíos de Myriam, creyeron tener el derecho de apoyarse en sus brazos, y así vemos a nuestro hermoso y juvenil Jhasua en medio de ambos ancianos cuyas cabelleras y barbas blancas formaban un llamativo contraste con los cabellos dorados de aquél.

Toda esta antigua familia era esenia desde sus lejanos antepasados, y Andrés y Benjamín, hermanos de Joachin, padre de Myriam, eran como libros vivos, en que estaba escrita la extensa crónica de las persecuciones y sufrimientos de la Fraternidad Esenia desde siglos atrás.

Tenían ambos por Jhasua un amor delirante, pues que habían seguido desde lejos sus pasos, y los Terapeutas peregrinos les tenían al corriente de su vida de niño y de joven.

Para ellos, el gran Profeta estaba bien diseñado desde los primeros años. Pero cuando ellos pasaron al grado tercero hacía cuatro años, en el Santuario del monte Quarantana les fue avisado que el Mesías estaba en medio de la humanidad, encarnado en el hijo de Myriam su amada sobrina.

¿Qué significaría pues, para aquellos dos buenos ancianos, el verse apoyados en los brazos de Jhasua que caminaba entre ellos, hablándoles de las glorias de una ancianidad coronada de justicia, de paz y de amor?

Y tan pronto lloraban como reían, pareciéndoles un sueño aquel hermoso cuadro formado por ellos y su incomparable sobrino nieto, con su belleza física y moral extraordinarias.

—Eres un sol naciente entre dos ocasos nebulosos —decía graciosamente Benjamín, el mayor de los dos.

Mientras tanto, las primas de Myriam, eran incansables en preguntar si eran verdades los hechos que les habían referido los Terapeutas referentes a Jhasua.

La discreta Myriam, siempre corta en el hablar, sólo respondía:

—Cuando los Terapeutas hablan, ellos saben bien lo que dicen y la verdad está siempre con ellos. Mi Jhasua es grande ante Dios, ya lo sé; pero como yo soy débil y mi corazón es de carne, padezco por él. Soy su madre y estoy siempre temerosa de que su misma grandeza le traiga notoriedad. Mientras le tengo escondido de las gentes, le veo más seguro. El día que salga al mundo ¿qué hará el mundo con él?

"Casi todos nuestros grandes Profetas fueron sacrificados. ¿Lo será él también?

—¡Debido a eso —dijo una de las primas de Myriam— nos aconsejaron los Terapeutas no hacer comentario alguno referente al Mesías encarnado en tu hijo! Queda esto muy cerca a Jerusalén —dijeron— y el sacerdocio del templo está vigilante y alerta.

Jhasua no perdía su tiempo a donde quiera que llegaba, y aprovechó las breves horas de estadía en la ciudad de las flores, oasis de la árida Judea, para averiguar quiénes padecían en ella.

—Los enfermos incurables —le contestaba alguno de los ancianos tíos— fueron llevados a las grutas del monte de los Olivos, y aquí sólo hay un refugio de ancianos desvalidos que sostenemos entre todos los esenios de la ciudad, que somos una gran mayoría.

—Parece que tenemos la bendición del Señor —añadía el otro anciano— porque en la aldea de Bethania hay un florecimiento de abundancia en los huertos y cabañas, que de allí solamente podrían alimentarse bien las grutas y refugios de estas montañas.

—El amor a Dios y al prójimo —dijo Jhasua— es la más pura oración que puede elevar el alma hasta los cielos infinitos, para atraer el bien en todos sus aspectos y formas.

—Así lo dice la ley de Moisés —añadió uno de los viejos tíos— la cual resume todos sus mandatos en "amar a Dios y al prójimo como a sí mismo".

—Lo cual no es tan fácil como parece —añadió el otro—. ¿Verdad Jhasua?

—¡Y tanta verdad tío Andrés!

"La humanidad en general, hace como el niño que antes de repartir entre amiguitos una cestilla de melocotones, mira bien cuál es el mejor, que dejará para sí mismo. Por eso la prescripción esenia dice: *"Da al que no tiene, de lo que tienes sobre tu mesa".*

—Y por eso —añadió el tío Benjamín—, los esenios de Jericó hemos formado una pequeña congregación que se llama *"Pan de Elías"*, nombre que no puede causar alarma ninguna ni a las autoridades romanas, ni sacerdotales de Jerusalén. Significa y alude a la forma en que la piadosa viuda de Sarepta socorría al Profeta Elías, fugitivo y perseguido por el rey Achab. Según la historia, hacía dos grandes panes cada día y llenaba dos cestillas de frutas y dos tazones de manteca, tal como si hubiese dos personas en la casa. Una porción era de Elías y la otra para sí; jamás hizo diferencia alguna entre el donativo y lo suyo, y si alguna ventaja hubo, fue en favor de su protegido.

—¡Comprendo!... —dijo Jhasua— y en vuestra congregación de misericordia, hacéis como la viuda de Sarepta, y llamáis a vuestra discreta piedad "Pan de Elías". ¿Hace mucho que hacéis esto?

—Cuando la persecución a los niños bethlemitas —le contestaron—.

"Fueron tantos los refugiados en toda la extensión del monte de los Olivos, que fue necesario hacer mayor distribución de alimentos. Las grutas parecían como hormigueros de madres con niños. Y hasta en las grutas sepulcrales se escondían huyendo de la cuchilla de Herodes.

—Eras tú Jhasua, la víctima que buscaba el rey.

—La ignorancia da cabida en los hombres a todos los fanatismos, y la ambición los lleva a todas las crueldades y crímenes —dijo Jhasua—.

"Figuraos el mundo sin ignorancia y sin ambición. Sería un huerto de paz lleno de flores, frutas y pájaros. Un ensueño primaveral. Un reflejo de los cielos de Dios donde aman y cantan los que triunfaron de la ignorancia y de la ambición...

"¿Tenéis aquí muchas Sinagogas? —preguntó de pronto.

—Tenemos una, puesta y sostenida por el templo de Jerusalén, que es la menos concurrida. Hay otras diez más, particulares, sostenidas por vecinos pudientes. La que tiene mejores concurrentes es la de Gamaliel el viejo. La dirige él mismo, y concurre dos sábados por mes, lo más sano y puro del doctorado de Jerusalén.

—Nada sabía de eso —dijo Jhasua.

—Son esenios, hijo mío y hablan muy poco por las calles. ¡Pero hay que oírlos entre los muros de la sinagoga! Hay dos doctores jóvenes todavía que concurren desde hace poco tiempo, y que son como una luz en las tinieblas. Al uno lo llaman José y al otro Nicodemus. Son inseparables. Saben que está el Mesías entre nosotros y sus palabras son como una llama viva. A veces vienen también con ellos otros nombrados Rubén, Nicolás y Gamaliel el joven.

—Nosotros no faltamos allí ningún sábado —añadió el tío Andrés— porque se está comentando el Génesis de Moisés, y estos doctores jóvenes han comenzado a echar luz sobre todas las obscuridades con que los siglos o la malicia humana, han desfigurado los grandes libros que tenemos como única orientación.

Jhasua escuchaba en silencio y comprendía que sus amigos de Jerusalén no perdían el tiempo, y que iban desgranando lenta y discretamente el magnífico collar de diamantes que habían extraído del viejo archivo de Ribla.

Comprendió asimismo, que estos dos ancianos eran, entre la turbamulta, de lo más adelantado que encontrara en su camino.

—¿Queréis asociaros a una pequeña obra mía? —les preguntó.

—Con toda el alma, hijo mío —contestaron ambos a la vez.

Jhasua les refirió la llegada de la princesa arabeña con su niño moribundo y ya curado. Se encontraba ella en su carroza como sabe el lector.

—Pensaba conducirla hasta las grutas de los refugiados para que ella misma les ofreciera sus dones; pero puesto que estáis tan bien organizados para el sostenimiento de los pobres enfermos, os propongo entrar en relación con ella, instruirla en la verdadera doctrina de sabiduría divina, y orientarla para el bien y la justicia. He comprendido que es un alma ya preparada para la verdad y el bien.

—Es un honor, hijo mío, colaborar contigo en tus obras de apóstol.

—Vamos a verla —dijo el tío Andrés.

Poco antes de la salida de la caravana se encaminaron todos hacia la plaza, donde la gran carroza de la arabeña era lo primero que se veía entre el movimiento de los viajeros y vendedores ambulantes. Jhasua se adelantó.

El rostro de aquella mujer pareció iluminarse de dicha al ver de nuevo a Jhasua.

—Como los arcángeles de Jehová aparecen y desaparecen —dijo—, creí que no os vería más. Este es el Profeta que te curó, hijo mío —dijo al niño que sentado en el lecho se divertía haciendo dibujos de los animales más comunes de su país.

—¿Cómo te llamas para recordarte siempre? —preguntó.

—Mi nombre es Jhasua —le contestó en árabe—. ¿Y tú?

—Ibraín, para servirte Profeta —le contestó el niño—. Mataste a la fiebre que quería matarme a mí. ¡Eres muy valiente! En mi tierra dan un premio al que mata a las panteras y las víboras "cobra" que traen la muerte.

"Y yo quiero darte mi mejor libro de dibujos; es éste con cubierta de piel de *cobra*, ¿lo ves? En mi libro, los animales hablan y dicen cosas mejores de las que hablan los hombres a veces.

Jhasua y la madre sonreían del afán de hablar del niño que no paraba en su charla.

Al joven Maestro le bastó un instante para comprender la viva inteligencia de aquella criatura y sus buenos sentimientos.

Hojeando el álbum de dibujos se veían tigres y panteras, lobos y víboras *cobras* amarradas al tronco de un árbol para que los corderillos bebieran tranquilos en un remanso; unos buitres descomunales colgados de las patas, para que no hicieran daño a las tórtolas que tomaban sol al borde de la fuente, y todo por el estilo.

—Eres amante de la justicia —decíale Jhasua— y ¡qué bien la haces, con los malos y con los buenos! Y ¿qué te parece si perdonamos al tigre, al lobo y pantera, les soltamos de nuevo y les recomendamos que no hagan a los otros animales lo que no quieren que les hagan a ellos?

—¡No, no, no Profeta!..., ¡por favor!!... en menos tiempo que se abre y se cierra un ojo, me comerían todas las palomas y corderitos...

"Con los malos hay que ser malos. Mi abuelo los encierra en una fortaleza y de allí no salen más. Son hombres como los tigres, los lobos y las panteras. ¡Hacen daño siempre!

Mientras el niño hablaba, Jhasua había diseñado en una página, un sol naciente detrás de las cumbres de una montaña. En el valle un remanso.

—Mira Ibraín: dibuja alrededor de este remanso, lobos, corderos, tigres y gacelas bebiendo todos tranquilamente.

—¡Imposible Profeta... imposible! ¿Crees que el lobo no se comerá al cordero, y el tigre a las gacelas? A no ser que tú hagas con ellos como has hecho con la fiebre que me mataba...

—¡Justamente Ibraín!... así quería verte razonar. Este sol que aparece sobre la montaña, es el amor coronando como una diadema la vida de los hombres y triunfando de todas sus maldades. Entonces no habrá lobos, ni panteras, ni víboras cobra, sino que todos serán corderitos, gacelas y palomas. ¿No es esto mucho más hermoso, Ibraín?... ¡así será un día la tierra!

El niño lo miro espantado y le tomó las manos.

—¡Tú deliras Profeta!... ¡Mi fiebre mala se entró en tu cuerpo y vas a morir!... ¡Yo no quiero que te mueras!... —y el niño se abrazó a Jhasua con los ojos llenos de lágrimas. El joven Maestro enternecido hondamente, abrazó también al niño y puso un largo beso en su frente. La madre lloraba en silencio.

—No temas, Ibraín, no tengo fiebre.

—¿Por qué deliras entonces?...

—Eres pequeñito aún y no puedes comprender, pero me comprenderás más tarde. Mi delirio será realidad algún día... muy lejano quizá, pero llegará.

"Aquí llega mi familia —dijo Jhasua interrumpiendo su diálogo con el niño—. Son mis tíos Andrés y Benjamín, que os guiarán para que hagáis con los pobres y enfermos como Jehová lo hizo con vosotros.

—Yo quiero vivir —dijo la princesa, cuyo nombre era Zaida—, yo quiero vivir en tu tierra, Profeta, y en ese sitio donde recobré la vida de mi hijo. ¿No puedo hacerlo acaso? ¿Vuestra religión me rechazaría?

—No, de ninguna manera. Haced vuestra voluntad, y mis tíos os servirán de guías hasta que os orientéis en este país.

—Aquella mujer debe ser vuestra madre si es que la tenéis en la tierra y no habéis bajado de los cielos de Alá —decía Zaida mirando a Myriam que hablaba con sus primas.

—Sí, es mi madre —contestó Jhasua.

La árabe no esperó más y bajando por la plataforma en declive que desde la carroza llegaba hasta la tierra, corrió hacia Myriam a la cual tomó de las manos y se las besó con delirio mientras le decía:

—Tu hijo es un Profeta de Alá que ha curado a mi hijo consumido por la fiebre. Eres una madre dichosa, porque trajiste al mundo un Profeta que vence el dolor y a la muerte...

En ese momento bajaba de la carroza Jhasua con el niño de la mano. Su aspecto débil y enflaquecido, declaraba muy alto que acababa de pasar una grave enfermedad.

—Nuestro Dios-Amor le ha salvado la vida, y la madre quiere vivir en Jericó y compensar con donativos a los necesitados, el bien que ella ha recibido.

Myriam y sus primas abrieron el corazón para la extranjera que tan agradecida se mostraba a los beneficios de Dios.

—Seremos vuestras hermanas —decíanle— y contad que estáis como en vuestro país.

—Mi hijo y yo seguiremos viaje al sur —díjole Myriam— pero si os quedáis entre mis familiares, nos volveremos a ver cada vez que pasemos por Jericó.

Joseph con los dos ancianos tíos, conversaban aparte.

Temían un desacuerdo con el rey de Arabia, padre de Zaida, y trataron de aclarar ese punto.

La arabeña que hablaba por intermedio de su intérprete, uno de sus criados, les dijo que su padre tenía muchas esposas, y que sus hijos e hijas se contaban por docenas; que él les dejaba libertad para vivir donde quisieran, más en un país limítrofe con el cual mantenía buenas relaciones.

Eliminado este temor, los ancianos Andrés y Benjamín se encargaron de hospedar a Zaida hasta que ella adquiriese su propia vivienda.

—Ha de ser —dijo ella— en el sitio en que me fue devuelto mi hijo.

—Junto a la plaza de las caravanas, hay una antigua casona en venta con un hermoso huerto —dijo uno de los ancianos—. Estoy encargado de ella por sus dueños que se han establecido en Tiro. ¿Vuestro marido estará de acuerdo con vuestras resoluciones? —preguntó el anciano.

—No tengo marido —contestó Zaida—. Se enemistó con mi padre y huyó a tierras lejanas para conservar la vida. Hace seis años de esto y no le he visto más. Pero no creáis que vivo sola. Si me quedo aquí, mi madre vendrá conmigo y todos mis criados.

—Bien mujer, que nuestro país te sea propicio —añadió el anciano—. Haremos por ti cuanto podamos.

Mientras tanto el niño no podía separarse de Jhasua, con el cual hablaba siempre de lo imposible que era la unión de los tigres de sus dibujos, con las palomas y los corderos.

—A mi regreso —decíale el joven Maestro— y en muchas veces que nos veremos, hemos de llegar a un acuerdo sobre ese punto.

Llegó la hora de la partida y la caravana salió de Jericó, dejando en el alma de la arabeña y de su hijo grabada para siempre la imagen del joven Profeta, que al devolverle la vida al niño había anudado con ambos un lazo de amor que no se rompería jamás. A este amor se debió acaso que el rey Hareth, guerrero y conquistador, respetase el país amigo donde encontró la vida su nieto, y protegiera más tarde el Santuario-escuela de monte Horeb y del Sinaí, donde vivía Melchor y sus numerosos discípulos.

El amor silencioso de Jhasua, extendía sus velos mágicos de luz, allí donde encontraba una lamparilla para encender entre las tinieblas heladas de la humanidad.

El Hijo de Dios a sus veinte años entraba en Jerusalén sin que ésta se apercibiera de que aquél por quien había suspirado tantos siglos, estaba dentro de sus muros y respiraba su aire cargado de aroma de mirra, y olores de carnes de sacrificio quemadas en el altar.

Fue un día de gloria para Lía la parienta viuda, que ya les esperaba en su vieja casa solitaria. Jhasua dejó allí a sus padres y quiso visitar el templo, que no siendo época de fiestas, debió hallarse lleno de silencio y soledad. Así quería verle. Así quería encontrarse, sólo bajo aquella techumbre ensombrecida de humo, entre aquellas columnatas, arcadas y pórticos, llenos de rumores, de ecos, donde un vientecillo imperceptible agitaba la llama de los cirios, y ondulaba el gran velo que interceptaba la entrada al *Santa Sanctorum.*

Un anciano sacerdote quemaba esencias en el altar de los holocaustos, y a lo lejos sonaba un laúd.

Era el caer de la tarde, y la vieja ciudad empezaba a dormirse en la quietud profunda del anochecer en la Judea y en pleno invierno. Subió las gradas del recinto en que se deliberaban todos los asuntos religiosos y civiles, y se sentó en uno de los estrados.

Una indefinible angustia se apoderó de él... No había allí su ambiente, su bóveda psíquica, mil veces más hermosa y radiante que aquella techumbre de oro y jaspe, que parecía aplastarle el alma como una montaña de granito.

Su gran sensibilidad percibió vibraciones de terror, de espanto, de desesperada agonía. Un penoso hálito de muerte soplaba de todos lados, como un sutil veneno que le penetraba hasta la médula.

—¡Es este un recinto de matanza y de tortura! —exclamó desesperado...— ¿Cómo ha de encontrarse aquí la suavidad divina del Padre-Amor de mis sueños?...

Vio un libro abierto sobre el atril, donde el sacerdote de turno debió leer en la última reunión. Era el Deuteronomio, o libro de los secretos, atribuido a Moisés.

Estaba abierto en el capítulo XVII, en cuyos versículos 3-4 y 5, manda matar a pedradas a todo hebreo, hombre o mujer que hubiese demostrado veneración a los astros que brillan en el cielo.

Y subrayando con su punzón aquellas palabras, puso una llamada al margen con este interrogante:

"¿Cuál es el Moisés iluminado de Jehová; el que escribió en tablas de piedra *"no matarás"* o el que manda matar?"

Un ventanal se abrió con estrépito, y agitando el gran velo del templo, fue a rozar la llama de los cirios que ardían perennemente ante el tabernáculo con el Arca de la Alianza.

Jhasua no alcanzó a ver este principio de incendio porque salió precipitadamente a la calle, como si horrendos fantasmas de muerte y sangre le persiguieran.

Dos ancianos que oraban en la penumbra de un rincón apartado, comenzaron a dar gritos.

—¡El velo arde, el templo se quema!... Un hermoso doncel de túnica blanca estaba aquí y debió salir por el ventanal que se abrió con gran ruido...

—Pecados horrendos debe haber en el templo, cuando un ángel de Jehová ha encendido este fuego demoledor.

Un ejército de Levitas invadió el recinto y descolgaron rápidamente el velo, que aplastado en el pavimento bajo sacos de arena mojada, el fuego se extinguió con facilidad.

Nadie logró descifrar aquel enigma. Para los sacerdotes de turno, era evidente que *alguien* estuvo en el recinto de las asambleas, puesto que en el libro abierto en el atril, habían escrito la misteriosa y terrible pregunta en que tan mal parada quedaba la ley dada por Moisés. Los fariseos y gentes devotas hicieron un ayuno de siete días, para aplacar la cólera de Jehová por los pecados de los sacerdotes, causa sin duda de aquel desventurado accidente.

Un descanso de dos días en Jerusalén permitió a Jhasua entrevistarse con sus amigos Nicodemus, José, Nicolás y Gamaliel, que eran los dirigentes de la escuela de Divina Sabiduría ya conocida por el lector.

Rubén, esposo de Verónica, la tercera hija de Lia y Marcos, el discípulo de Filón de Alejandría, se habían unido íntimamente a aquellos cuatro desde que trajeron las copias del archivo de Ribla. Eran sólo diez, los afiliados a esta agrupación de buscadores de la Verdad Eterna.

Comprendieron que la pasada borrasca tuvo por causa la indiscreción de algunos, que sin estar por completo despiertos a la responsabilidad que asumían: al afiliarse, no pudieron resistir la hora de la prueba.

También los dirigentes se culparon a sí mismos, de inexperiencia en la recepción de adeptos, que en esta clase de estudios, nada significa el número sino la capacidad intelectual y moral.

Los diez que quedaron después de la persecución sufrida, fueron José de Arimathea, Nicodemus y Andrés de Nicópolis, Rubén de Engedí y Nathaniel de Hebrón, Nicolás de Damasco, Gamaliel (sobrino), José Aar-Saba, Santiago Aberroes y Marcos de Bethel.

Todos ellos de ciudades vecinas a Jerusalén, pero radicados en la vieja ciudad de los Reyes, tenían la creencia que de ella debía surgir la luz de la Verdad Divina para todo el mundo. Eran asimismo, hombres de estudio que estaban al tanto de las doctrinas de Sócrates y Platón sobre Dios y el alma humana, y que mantenían correspondencia con la escuela alejandrina de Filón, y con las escuelas de Tarsis, de donde surgió el apóstol Pablo años más adelante.

A esta creencia suya se debe, el que se empeñaran en mantener allí su escuela de Divina Sabiduría, y arrostraran los riesgos en que debía tenerles necesariamente la vetusta capital, donde imperaba el clero más duro e intransigente que han conocido aquellas edades.

Llamaron a sus reuniones "Kabal", palabra hebrea que significa *convocación.* Nuestro Jhasua concurrió al Kabal dos veces antes de pasar a Bethlehem, punto terminal de su viaje.

Uno de los diez ya nombrados mantenía vinculaciones con los grupos de descontentos, que desde los tiempos de las antiguas sublevaciones habían quedado medio ocultos, por temor a las sangrientas represalias del clero aliado con los Herodes. Era José Aar-Saba, hombre de clara visión del futuro de los pueblos y que aborrecía todo lo que fuera encadenar el pensamiento humano y la libertad de conciencia. Debido a esto, le llamaban *el justo,* y gozaba de gran prestigio entre las masas de pueblo más despreciadas.

Como por una secreta intuición, comprendió, al conocer personalmente a Jhasua, que sería el hombre capacitado para llevar al pueblo a conseguir el máximo de sus derechos, y le habló sobre el tema.

—Bien puesto es que llevas el nombre de *justo* —le contestó el joven Maestro— pues veo que tienes el alma herida por las injusticias sociales. Soy demasiado joven para tener la experiencia que es necesaria en esta clase de asuntos, pero te diré lo que pienso sobre el particular.

"Paréceme que hay que comenzar por preparar a las masas para reclamar sus derechos con éxito, esto es, instruirlas en la verdadera doctrina del bien y de la justicia.

"El hombre, para ocupar su lugar en el concierto de la vida universal, debe saber en primer lugar *quién es, de dónde ha venido y hacia dónde va.* Debe saber su origen y su destino, lo cual lo llevará a comprender claramente la ley de solidaridad, o sea la necesidad absoluta de unión y armonía entre todos, para conquistar juntos esa estrella mágica que todos anhelamos: la felicidad.

"Esta es la obra que hace en silencio la Fraternidad Esenia, por medio de sus Terapeutas peregrinos que van de casa en casa curando los cuerpos enfermos y las almas afiebradas o decaídas.

"Me figuro, José Aar-Saba, que te debates en medio de innumerables almas consumidas por esta fiebre, o abatidas por el desaliento. Bebe el agua clara y el pan blanco de la Verdad Eterna, constituyéndote en maestro suyo, y harás la obra más grande que puede hacer una inteligencia encarnada sobre la tierra: iluminar el pasaje de las multitudes, para que encuentren su verdadero camino y marchen por él.

"¿Quieres que te dé la clave?

— ¡Eso es lo que quiero, Maestro! —le contestó José con vehemencia.

— ¡Tienen punto de reunión? —volvió a preguntar el Maestro.

—Como los buhos, en las antiguas tumbas que nadie visita, pero más frecuentemente en el sepulcro de David, a poco andar desde la puerta de Sión.

"Han descubierto la entrada a las galerías subterráneas, y allí es el refugio de los perseguidos.

—Quiero ir contigo hoy mismo, pues mañana sigo viaje a Bethlehem.

—Y conmigo —dijo José de Arimathea—. Ya sabes Jhasua mis promesas a tus padres. No puedo faltar a ellas.

—Y las mías —añadió Nicodemus—. Soy también de la partida.

—Bien, somos cuatro —contestó Jhasua—, y entre cuatro veremos más que entre dos.

Al atardecer de ese día y cuando ya comenzaba la quietud en la vetusta ciudad, salieron los cuatro amigos en dirección a la tumba de David, que era un enorme acumulamiento de bloques de piedra sin arte alguno, y ya cubierto de musgo y de hiedra.

Quien lo hizo, no debió tener otra idea fija, que la de construir un sepulcro inmensamente grande y fuerte, capaz de contener toda una dinastía de muertos de la estirpe davídica. Sólo había en la bóveda principal ocho o diez sarcófagos, visibles sólo por una mirilla practicada en la loza que cerraba la entrada a esa cámara. La sala de los embalsamamientos estaba vacía, y las galerías contiguas también. Los candelabros y las lamparillas de aceite, listas para encender, denotaban bien a las claras que aquel enorme panteón, daba entrada más a vivos que a muertos.

Pero esto, a nadie podía extrañar, pues había viudas piadosas que tenían como una devoción la costumbre de alumbrar las tumbas de personajes, cuyo recuerdo permanecía vivo en el pueblo.

Eran además tiempos demasiados agitados y difíciles, para que las autoridades romanas o judías se preocupasen de un antiguo panteón sepulcral, máxime cuando Herodes el ambicioso idumeo, prohibió con severas penas que se reconstruyesen tumbas de los reyes de Israel, hasta tanto que él mandara construir un soberbio panteón de estilo griego para su propia sepultura, a donde serían trasladados los sarcófagos reales.

A pocos pasos de la inmensa mole de rocas y hiedra, les salió al encuentro una ancianita con una cestilla de flores y pequeñas bolsitas blancas con incienso, mirra y aloe. Se acercó a José Aar-Saba que conocía, y haciendo como que le vendía, le dijo:

—No pude avisar a todos, pero hay más de un ciento esperando.

José tomó algunas bolsitas y ramilletes a cambio de unas monedas, y luego de observar que nadie andaba por aquel árido y polvoriento camino, se hundió seguido por sus amigos, entre los pesados cortinajes de hiedra que cubrían por completo la tumba.

La puertecita de la galería subterránea se cerró detrás de ellos. Un hombre joven, de franca y noble fisonomía, eran quien hizo de portero, y Jhasua observó que aquel rostro no le era desconocido, mas no pudo recordar al pronto, dónde podía haberle visto.

Tanto él como sus tres compañeros, iban cubiertos con los mantos color de nogal seco que usaban los Terapeutas peregrinos.

En la sala de los embalsamamientos encontraron una multitud de hombres ancianos y jóvenes, sentados en los estrados de piedra, y hasta en los bordes del acueducto seco que atravesaba el recinto funerario.

Una lámpara de aceite y algunos cirios de cera, alumbraban a medias aquella vasta sala de techumbre abovedada, porque las luceras abiertas en lo alto de los muros estaban completamente cubiertas de hiedra y musgos.

La sensibilidad extrema de Jhasua percibió de inmediato como un hálito de pavor, de espanto, de suprema angustia bajo aquellas bóvedas sepulcrales, donde las sombras indecisas y animadas por el rutilar de la llama de los cirios, hacía aparecer un doble de sombra a todos los cuerpos vivos e inertes.

Los grandes cántaros y ánforas que en otros tiempos habrían contenido vino de palmera y los aceites aromáticos; los cubiletes donde se depositaban los utensilios para el lavado de los cadáveres, hasta ser esterilizados debidamente para el embalsamamiento; los caballetes en que se colocaban las tablas cubiertas de blanco lino para las envolturas de estilo, en fin, cuanto objeto allí había, proyectaba una sombra temblorosa sobre el blanco pavimento, dándoles aspecto de vida en aquel antro de silencio y de muerte.

De pie Jhasua en medio de la sala, con su obscuro manto caído ya de sus hombros, y sólo sujeto en su brazo derecho dejando ver la blanca túnica de los maestros esenios, aparecía como el personaje central de un cuadro de obscuras penumbras, con sólo aquella claridad que atraía todas las miradas.

Su alta y fina silueta, su extremada juventud, la perfección de líneas de aquella cabeza de arcángel y la inteligencia que fluía de su mirada, causaron tal asombro en aquella ansiosa multitud de perseguidos, que se hizo un silencio profundo.

José Aar-Saba, lo interrumpió con estas palabras:

—He cumplido mi palabra amigos míos, como debe cumplirla todo hombre sincero que lucha por un ideal de justicia y de libertad. Aquí tenéis al hombre de que os había hablado. Sé que os asombra su extremada juventud, sinónimo de inexperiencia en las luchas de la vida.

"Estamos reunidos en la tumba de David, vencedor de Goliath cuando apenas había salido de la adolescencia, y coronado rey mientras apacentaba los corderillos de su majada. Esta coincidencia no buscada, puede ser una promesa para nuestro pueblo vejado y perseguido por usurpadores y negociantes, vestidos de púrpuras sacerdotales o de púrpuras reales.

"Vosotros decidiréis.

El hombre que les abrió la entrada, se destacó de en medio de aquella silenciosa multitud y acercándose a Jhasua rodeado por sus tres amigos, le observó por unos momentos.

—Estos dos son doctores de Israel —dijo aludiendo a José de Arimathea y a Nicodemus— les he oído hablar en el templo y en las sinagogas más notables de la ciudad.

"A este maestro-niño, no le he visto nunca, pero el mirar de esos ojos no miente, porque todo él está diciendo la verdad.

-- ¡Viva Samuel Profeta, que dio rey a Israel!

— ¡Que viva y salve a su pueblo!

Fue un grito unánime cuyo eco corrió en prolongado sonido por la sala y galerías contiguas.

Mientra tanto, Jhasua observaba en silencio todas aquella fisonomías, espejo, para él, de las almas que las animaban.

—No os hagáis ilusiones respecto a mi persona, amigos míos —dijo por fin—. He venido hacia vosotros porque sé que padecéis persecuciones a causa de vuestras ansias de justicia, de libertad y de paz, esa hermosa trilogía, reflejo de la Inteligencia Suprema que gobierna los mundos.

"Mas no creáis que me impulse ambición alguna de ser dirigente de multitudes que reclaman sus derechos ante los poderes civiles, usurpados o no. Soy simplemente un hombre que ama a sus semejantes, porque reconoce en todos ellos a hermanos nacidos de un mismo origen y que caminan hacia un mismo destino: Dios-Amor, justicia, paz y libertad por encima de todas las cosas.

"Las mismas ansias de liberación y de luz que os hace exponer vuestras vidas a cada instante, vive y palpita en mi ser con una fuerza que acaso no sospecháis, no obstante yo vivo en tranquilidad y paz, buscando el bien que anhelo por otro camino que vosotros.

"Vosotros veis vuestro mal, vuestra desgracia, vuestros sufrimientos, surgiendo como animalejos dañinos de un soberano que usurpó el trono de Israel, y su horrible latrocinio quedó en herencia a sus descendientes; los veis en el poderío romano, cuyas ansias de conquista le atrajo hacia estas tierras, como a la mayoría de los países que forman la civilización actual. Pero vuestro verdadero mal no está en todo eso, según el prisma por el cual yo contemplo la situación de los pueblos, sino en el atraso intelectual y moral en que los pueblos viven, preocupados solamente de acrecentar sus bienes materiales, y dar así a su cuerpo de carne, la vida más cómoda y halagüeña que puede imaginarse.

"Son muy pocos los que llegan a pensar, en que el principio inteligente que anima los cuerpos, tiene también sus derechos a la verdad y a la luz, y nadie se los da, antes al contrario, se busca el modo de que no los conquiste jamás.

"¿No habéis pensado nunca en que la ignorancia es la madre de toda esclavitud? Pensadlo ahora, y poned todo vuestro esfuerzo en luchar contra la ignorancia en que vive la mayoría de la humanidad, y habréis puesto al hombre en el camino de conseguir los derechos que con justicia reclama. Bien veis que, todas las rebeliones, los clamores, los tumultos, no han hecho más que aumentar la nómina de vuestros compañeros sacrificados al hacha de los poderosos, sin que hayáis conseguido dar un paso hacia la justicia y la libertad.

"Ni en las sinagogas, ni en el templo, se pone sobre la mesa el pan blanco de la Verdad Divina. Debe cada cual buscarlo por sí mismo y ponerlo en su propia mesa, al calor santo del hogar, de la familia, como el maná celestial caído en el desierto y que cada cual recogía para sí.

"¿Cuántos sois vosotros?

— ¡Ciento treinta y dos!... —se oyeron varias voces.

—Bien; son ciento treinta y dos hogares hebreos o no hebreos, que comerán el pan de la Verdad y beberán el agua del Conocimiento Divino que forma los hombres fuertes, justos y libres, con la santa libertad del Dios Creador que los hizo a todos iguales, llevando en sí mismos, los poderes necesarios para cumplir su cometido en la tierra.

"¿De qué, y por qué viven los tiranos, los déspotas, los opresores de los pueblos? De la ambición de unos pocos, y de la ignorancia de todos.

"Demos al hombre de la actualidad, la lámpara de la Verdad Eterna encendida por el Creador para todas las almas, y haremos imposibles las tiranías, los despotismos, abortos nefandos de las fuerzas del mal, predominante por la ignorancia de las multitudes.

—¡Pero decid Maestro!... ¿quién nos sacará de la ignorancia, si en el templo y en las sinagogas se esconde la verdad? —preguntó la voz del hombre que les abrió la puerta al entrar.

—Yo soy un portavoz de la Verdad Eterna —contestó Jhasua—, y como yo, están aquí estos amigos que lo son también y al lado de ellos, otros muchos.

"¿Os reunís en el panteón sepulcral del rey David para desahogaros mutuamente de vuestros anhelos, rotos en pedazos por la prepotencia de los dominadores? Continuad reunidos para encender la lámpara de la Divina Sabiduría, y preparaos así a las grandes conquistas de la justicia y de la libertad.

Un aplauso unánime indicó a Jhasua que las almas habían despertado de su letargo.

—¿Quién sois?... ¿quién sois? —gritaban en todos los tonos.

—Me llamo Jhasua, soy hijo de un artesano; estudié la Divina Sabiduría desde niño; soy feliz por mis conquistas en el sendero de la verdad, y por eso os invito a recorrerlo, en la seguridad de que os llevará a la paz, a la justicia y a la libertad.

De todo esto resultó que formaron allí mismo una alianza que se llamó "Justicia y Libertad" bajo la dirección de un triunvirato formado por José Aar-Saba, José de Arimathea y Al-Jacub de Filadelfia, el portero que abrió la galería secreta del sepulcro de David.

Este hizo un aparte con Jhasua.

—Habéis hablado como un iluminado —dijo— y habéis mencionado que representamos ciento treinta y dos hogares; pero es el caso que la mayoría de nosotros no tiene *un hogar.*

—¿Quién os impide tenerlo? —preguntó Jhasua.

—La injusticia de los poderosos. Yo soy yerno del rey de Arabia, casado con una de sus numerosas hijas... tengo un hijito que ahora debe tener diez años...

La voz del relator pareció temblar de emoción y sus ojos se humedecieron de llanto.

—Nada sé de él —continuó— porque la prepotencia de mi suegro quiso poner cadenas hasta en mi libertad de pensar. Aunque nací hijo de padres árabes, mis ideas no tienen raza ni suelo natal, porque son hijas de mí mismo, y no podía aceptar imposiciones arbitrarias dentro de mi mundo interno.

"Para salvar la vida, me vi obligado a huir donde la familia de mi esposa no supiera jamás de mí.

Ante esta confidencia, en la mente lúcida de Jhasua se reflejó el niño Ibrain, hijo de la princesa árabe Zaida, que él curó en Jericó de la fiebre infecciosa que lo consumía.

—¿Tu esposa se llama Zaida y tu hijo Ibrain? —le preguntó.

—¡Justamente!... ¿cómo lo sabéis? ¿les conocéis acaso?

El joven Maestro le refirió cuanto había ocurrido en Jericó.

Aquel hombre no pudo contenerse y abrazó a Jhasua como si un torrente de ternura largo tiempo contenido, se desbordara de pronto.

—¡Gracias, gracias!... Profeta, ¡qué Dios te bendiga!

—Creo que el hogar tuyo, puedo ayudarte a reconstruirlo —le dijo Jhasua conmovido profundamente.

"Vete a Jericó a casa de mis tíos Andrés y Benjamín apellidados *del olivar,* debido al cultivo del olivar que poseen y del cual viven. Encargada a ellos quedó tu esposa y tu hijo, hasta que se arregle su propia morada.

"Di a mis tíos *"que te manda Jhasua su sobrino"*, al que has encontrado en Jerusalén. Guarda silencio sobre cuanto ha ocurrido aquí en la tumba de David.

En pos de Al-Jacub de Filadelfia, fueron acercándose muchos otros de los allí congregados, y Jhasua vio con inmenso dolor que la mayoría de ellos habían sido víctimas en una forma o en otra de las arbitrariedades, atropellos e injusticias de los dirigentes de pueblo.

Los unos víctimas de los esbirros o cortesanos de Herodes el idumeo, o de sus hijos, herederos de todos los vicios del padre. Los otros habían sido atropellados en sus derechos de hombres, por el alto clero de Jerusalén, o por hombres poderosos de la numerosa secta de fariseos. Otros se veían perseguidos por las fuerzas dependientes del procurador romano, representante del César en la Palestina. Algunos habían cometido asesinatos impremeditados, en defensa de la propia vida, cuando sus familias y sus posesiones fueron asaltadas como rebaño por lobos hambrientos.

Uno de aquellos hombres, llamado Judas de Kerioth se acercó también. Era de los más jóvenes, y refirió a Jhasua cómo sus dos únicas hermanas le fueron sacrificadas a la lascivia de un legionario. Su padre murió por las heridas recibidas en defensa de sus hijas. Su madre falleció pocos días después a consecuencia del horrible suceso. Estaba él solo en el mundo.

Jhasua, herido en su sensibilidad, en sus sentimientos más íntimos de hombre justo y noble, se dejó caer sin fuerzas sobre un estrado y cerró los ojos como para aislarse de aquellas visiones de espanto, y a la vez recobrar las energías perdidas en aquel desfile de horrores sufridos por corazones humanos, por criaturas de Dios, despedazados y deshechos por otros seres humanos... ¡también criaturas de Dios!

Este Judas de Keriot, cuyo relato colmó la medida de la angustia que el corazón de Jhasua podía soportar, fue años más tarde el apóstol Judas, cuyo defecto dominante, los celos, le llevaron a señalar a los esbirros del pontífice Caifás el refugio de su Maestro en el huerto de Gethsamani. Quizá la innoble acción de Judas llamado *el traidor* tuvo su origen en el horrible drama de su juventud, que le despojó de todos los afectos legítimos que puede tener un hombre, como alimento y estímulo de su vida interior. Su carácter agriado se tornó celoso y desconfiado; se enamoró apasionadamente de Jhasua y no le sufrió el corazón, ver su gran predilección por Juan, el discípulo adolescente...

Comprendo lectores amigos, que he anticipado acontecimientos, debido a mi deseo de haceros comprender hasta qué punto las injusticias de los poderosos, llevan el desquicio a las almas débiles, incapaces de soportar con altura la vejación de sus derechos de hombres.

Destruyen los cuerpos y las vidas, dejando las almas atrofiadas, enloquecidas, enfermas, y predispuestas para los más dolorosos extravíos morales.

Los amigos íntimos de Jhasua le rodearon al verle así pálido y agotado. Fue sólo un momento. La reacción vino de inmediato en aquella hermosa naturaleza, dócil siempre al gran espíritu que la animaba.

Se levantó de nuevo y con una voz clara y dulce dijo con gran firmeza:

—Amigos, os doy a todos un gran abrazo de hermano, porque siento en mi propio corazón todos vuestros dolores. Mas, no busquéis en la violencia la satisfacción de vuestros anhelos, porque sería colocaros al mismo nivel de aquellos, contra cuyas injusticias lucháis.

"Haceos superiores a los adversarios por la grandeza moral, que se conquista acercándose el hombre al Dios-Amor que le dio vida, y cuanto bello y bueno tiene la vida.

"Volveré a encontraros en este mismo lugar, y no me apartaré de vosotros, mientras vosotros queráis permanecer a mi lado".

La noche había avanzado notablemente, y Jhasua se retiró seguido por sus amigos, mientras aquellos ciento treinta y dos hombres, después de largos comentarios, fueron saliendo en pequeños grupos de dos o tres para no llamar demasiado la atención de los guardias de la ciudad.

Algunos no tenían otro techo ni otro hogar que aquel viejo panteón sepulcral, cuya existencia de siglos habría visto desfilar innumerables generaciones de perseguidos.

Entre éstos estaba el esposo de Zaida, la princesa árabe. Ella no imaginaba quizá, que el Profeta-médico, salvador de su hijo moribundo, le devolvería también vivo, el amor del hombre al que había unido su vida.

¡Para el inmenso amor del Hombre-Dios por la humanidad, no era prodigio sino ley, devolver la vitalidad a los cuerpos, la energía y la esperanza a las almas!

A la mañana siguiente salieron, los ya escasos viajeros, pues la mayoría de la caravana quedaba en Jerusalén.

Bethlehem está a media jornada escasa de Jerusalén, y el camino corría paralelo al acueducto que iba desde Jerusalén a los llamados *Estanques de Salomón.*

Grises peñascales a un lado y otro del camino, daban árido y entristecido aspecto a aquellos parajes, máxime cuando el invierno pone en los campos sus escarchas y sus nieves.

El viajero no encuentra belleza alguna para solaz del espíritu contemplativo, que se encierra en sí mismo a buscar en las actividades de su mundo interno, las bellezas que no encuentra en el exterior.

Aquellos peñascales llenos de grutas sepulcrales cubiertos de enmarañados zarzales y secos arbustos, eran en general la angustia del viajero que hasta Beersheba debían recorrerlo forzosamente.

Sólo para Jhasua, ungido del Amor Eterno, aquel camino ofrecía un gran interés. La proximidad de la Piscina de Siloé, poblaba aquellas grutas de enfermos de todas clases, a los fines de acudir a las aguas que llamaban *milagrosas,* cuando el viento cálido del desierto las agitaba y removía.

La tradición antigua a este respecto decía que un ángel bajaba de los cielos a agitar las aguas que en una hora precisa, se tornaban curativas de todas las enfermedades. Tal era la creencia vulgar de aquel tiempo.

El hecho real era, que aquellos remansos que siglos atrás fueron muy profundos, eran alimentados en épocas determinadas por una subterránea filtración, que venía desde los grandes peñascales del Mar Muerto, donde en épocas muy remotas existían volcanes en erupción. Se habían apagado en el exterior, pero en las profundidades de las montañas, continuaban su vida ígnea, que desahogaban su enorme caloría, por aquella filtración de agua subterránea que iba a estancarse en la Piscina de Siloé. Al recibir el torbellino de aguas hirvientes que desde las entrañas de la roca ígnea, venían con espantosa fuerza, las aguas de la superficie se agitaban naturalmente ante la mirada atónita de las gentes. Es bien sabido que las aguas termales son curativas para muchas enfermedades.

Tal era la razón, de que los peñascales grises y áridos de aquel camino, estuviesen siempre poblados de enfermos de toda especie.

Los Terapeutas peregrinos, sin pretender luchar con el fanatismo de las gentes que veían "Un ángel de Dios en la agitación de las aguas", se ocupaban piadosamente de ayudar a los enfermos a entrar a las aguas medicinales cuando aparecían agitadas, que era cuando tenían más alta temperatura.

Los enfermos, que aparte de serlo, sufrían también abandono y miseria, salían de ordinario al paso de la caravana en busca de piedad de los viajeros.

Jhasua vio aquella turba doliente que se arrastraba entre los zarzales y los barrancos, y su corazón se estremeció de angustia hasta el punto de quedar paralizado el asno que lo llevaba, porque le sujetó por la brida.

—¿Te detienes Jhasua? —le preguntó su padre. El Maestro le miró con sus grandes ojos claros inundados de llanto, y los volvió nuevamente a los enfermos que se acercaban.

Joseph comprendió y se detuvo también. Los otros viajeros continuaron la marcha.

Muchas manos extendidas y temblorosas tocaban casi las cabalgaduras.

Mientras Myriam y Joseph repartían unas monedas, Jhasua les miraba en silencio. Su pensamiento les envolvía por completo.

—¿Venís a la espera del ángel que removerá las aguas? —les preguntó.

—Sí señor viajero, pero esta vez tarda mucho —le contestaron.

—El Señor de los cielos y de la tierra, tiene la salud de los hombres en su mano, y la da a quienes le aman, con ángel o sin ángel que remueva las aguas... —dijo el Maestro.

"Entrad a la Piscina ahora mismo y decid: "¡Padre Nuestro que estás en los cielos! ¡Por tu amor quiero ser curado del mal que me aqueja!" Yo os aseguro que estaréis sanos a la hora nona.

—Y vos, ¿quién sois?... —preguntaron.

—Pensad que soy el ángel del Señor que esperáis y que se os presenta en carne y hueso para deciros: ¡El Señor quiere que seais sanos!

Y siguió su viaje, dejando a aquellas pobres gentes con una llamarada de esperanza en el alma.

El lector ya comprenderá que a la hora indicada por Jhasua, todos aquellos enfermos estaban libres de sus dolencias.

Poco después nuestros viajeros entregaban las cabalgaduras a la caravana, y entraban a Bethlehem donde eran esperados por Elcana, Sara y los tres amigos Alfeo, Josías y Eleazar, por encima de cuya firme amistad habían pasado veinte años desde la noche gloriosa en que el Verbo de Dios llegó a la vida física.

Sus familias rejuvenecidas en los nietos ya adolescentes y jovenzuelos, parecían un pequeño vergel de flores nuevas que rodeaban a los vetustos cedros, bajo cuya sombra se amparaban.

El mayor de todos ellos, Elcana, estaba aún fuerte y vigoroso, como si aquellos veinte años no hicieran peso alguno en su organismo físico. Tenía en su hogar una parejita de nietos de diez y seis y diez y ocho años de edad: Sarai y Elcanin. Eran los nombres de los abuelos transformados en diminutivo.

Alfeo tenía consigo tres nietos varones, y había recogido además una hermana viuda, Ruth, para que le hiciera de ama de casa, pues recordará el lector que era viudo.

Josías, viudo, también, tenía a su lado una nietecilla de doce años, Elhisabet, una prima anciana, que tenía dos hijos y una hija.

Y por fin Eleazar, el de la numerosa familia, con varios de sus hijos ya casados y ausentes, sólo tenía a su lado al menor, Efraín, dos años mayor que Jhasua, y una hermana viuda con dos hijos de ocho y diez años.

Tal era el grupo de familiares y amigos que esperaban a los viajeros en la vieja ciudad de David.

¡Cuántos recuerdos tejieron filigrana en la mente de los que, veinte años atrás, estuvieron íntimamente unidos en torno al Niño-Luz que llegaba!

Dejamos a la ardiente imaginación del lector, la tarea muy grata por cierto, de adivinar las conversaciones, y el largo y minucioso noticiario que se desarrolló en la gran cocina-comedor de Elcana, al calor de aquella hoguera alimentada con gruesos troncos, allí mismo donde en la gloriosa noche aquella, habían bebido juntos el vino de la alianza, mientras el recién nacido dormía en el regazo materno, su primer sueño de encarnado.

Jhasua se les aparecía ahora a sus veinte años, como una visión de triunfo, de gloria, de santa esperanza.

Su aureola de Profeta, de Maestro, de Taumaturgo, casi les deslumbraba. Sabían toda su vida, habían seguido a distancia todos sus pasos, guiados siempre por la piedad y la justicia para todos. Era un justo que encerraba en sí mismo, los más hermosos poderes divinos. Era un Profeta. Era un Maestro. Era la Misericordia de Dios hecha hombre. Era su Amor Eterno hecho corazón de carne, que se identificaba con todos los dolores humanos.

Y éste gran ser había nacido entre ellos, y ahora le tenían nuevamente al cumplir sus veinte años de vida terrestre.

Solo sintiendo en alma propia las profundas convicciones que ellos sentían, podemos comprender las emociones profundas, el delirante entusiasmo y amor que debieron sentir aquellas buenas familias bethlemitas junto a Jhasua, al volver a verle en medio de ellos a los veinte años de su vida.

Visitó las sinagogas que eran cuatro, y en ellas no encontró lo que su alma buscaba. La letra muerta de los libros sagrados, aparecían como el cauce seco de un antiguo río. Faltaba luz, fuego; faltaba alma en aquellos fríos centros de cultura religiosa y civil.

Los oradores hablaban con ese miedo propio de un pueblo invadido por un poder extraño. Ajustaban sus disertaciones a los textos que menos se prestaban para los grandes vuelos de las almas. ¡Siempre el Jehová colérico, fulminando a a sus imperfectas criaturas y conminándolas con terribles amenazas al cumplimiento del deber!

—¿Y el Amor del Dios que yo siento en mí mismo?, ¿dónde está? —preguntaba Jhasua dialogando consigo mismo.

Y desesperanzado, desilusionado, salía al campo a buscar entre la aridez de los peñascos cubiertos de seca hojarasca, el amor inefable del Padre Universal.

En la misma tarde del día que llegó a Bethlehem, cuando él volvía de su visita a las sinagogas, se encontró con una agradable sorpresa; la llegada de un Esenio del Monte Quarantana que venía de paso para Sevthópolis, a incorporarse al pequeño grupo que había quedado en aquel santuario recientemente restaurado.

La casa de Elcana era como el hogar propio, donde los solitarios encontraban siempre, junto con el afable hospedaje, las noticias más recientes del Mesías y de sus obras apostólicas.

La situación misma de la casa de Elcana, muy cerca a la explanada, donde entraban las caravanas, y cuyo inmenso huerto de olivos y nogales, llegaba hasta el camino, la hacía el lugar más apropiado para reuniones de personas que no deseaban llamar la atención.

El Esenio recién llegado era samaritano de origen, gran amigo del Servidor del Santuario devastado, y los solitarios del Quarantana lo enviaron como contribución viva a su restauración.

El encuentro inesperado, los hizo felices a entrambos. Desde los doce años de Jhasua no se habían visto. ¡Y habían ocurrido tantas cosas!

Una larga confidencia entre ambos, hizo comprender a Jhasua hasta qué punto, la Fraternidad Esenia secundaba la Idea Divina, hecha ley de amor para esa hora de la humanidad.

Este Esenio cuyo nombre era Isaac de Sichar, llevaba a la Palestina, la misión de transmitir a los Santuarios y a los esenios diseminados en familias, un mensaje de los Setenta Ancianos de Moab.

Lo habían recibido en Monte Nebo, en la gruta sepulcral de Moisés, en el último aniversario del día que el gran vidente recibió por divina inspiración los Diez Mandamientos de la Ley Eterna para la humanidad terrestre.

Siendo así que Elcana, Sara y los tres amigos Josias, Alfeo y Eleazar eran esenios de grado tercero; que estaban presentes Myriam y Joseph, que lo eran también y con la presencia material del Hombre-Luz, nada más justo que iniciar en Bethlehem el cumplimiento de aquella misión.

El anuncio pasó discretamente por los hogares esenios de la ciudad, para que al anochecer acudiesen los jefes de familia a la casa de Elcana a escuchar el mensaje de los Setenta.

El gran cenáculo apareció lleno en dos filas, alrededor de la larga mesa de encina cubierta del tapiz de púrpura que sólo aparecía en las grandes solemnidades de la casa de Elcana, considerado como un hermano mayor entre los esenios bethlemitas.

Lo que era Joseph en Nazareth, era Elcana en Bethlehem: el hombre justo y prudente, cuya clara comprensión y dotes persuasivas sabían encontrar una solución pacífica y noble a todas las situaciones difíciles, que le eran consultadas por sus hermanos de ideales.

Reunidos, pues, en su cenáculo cuarenta y dos esenios jefes de familias, se inició la asamblea con la lectura del capítulo V del Deuteronomio, donde Moisés recuerda al pueblo hebreo el mensaje de Jehová: los Diez Mandamientos eternos que forman la Ley.

Esta lectura la hizo Jhasua por indicación de Isaac, que inmediatamente después les dirigió estas breves palabras:

—Os hemos reunido aquí, para que escuchéis un mensaje de los Setenta Ancianos de Moab, a cuyo retiro llegan los ecos de las luchas y dolores de este pueblo escogido por Dios, para la gran manifestación de su amor en esta hora de la humanidad.

"Oídlo, pues: "A nuestros hermanos de la Tierra de Promisión, paz y salud.

"Nuestro Dios, Padre Universal de todo lo creado, nos ha hecho llegar por celestial mensajero, su divina voluntad en esta hora solemne y difícil que atravesamos.

"La Eterna Inteligencia designó a nuestro pueblo, habitante de este país para ser en esta hora la casa nativa de su Enviado Divino, de su Verbo Eterno, Instructor de esta humanidad! Designación honrosa sobre manera, y a la cual debemos responder con una voluntad amplia, clara y precisa, sin claudicaciones de ninguna especie, si no queremos atraer sobre nosotros las consecuencias terribles para muchos siglos, que nos traería la disociación con la Eterna Idea.

"El gran templo espiritual formado en esta hora con los pensamientos de amor de todos los que conocemos el gran secreto de Dios, está conmoviéndose por falta de perfecta unidad entre todas las almas, y este gravísimo mal debe ser remediado de inmediato antes que venga un derrumbamiento parcial, que pondría en peligro el equilibrio de la vida física y de la obra espiritual del gran Enviado que está entre nosotros.

"Los componentes de este gran templo espiritual, somos los miembros todos de la Fraternidad Esenia, de los cuales deben estar muy lejos todas las tempestades promovidas por el choque de las pasiones humanas, puestas en actividad por las ambiciones de poder, de oro, de grandeza y de dominación.

"El trabajo honrado, el estudio, la oración y la misericordia, son las únicas actividades permitidas al esenio consciente de su deber, en esta hora solemne que atraviesa la humanidad.

"Cuidad, pues, que vuestro espíritu generador de vuestros pensamientos, no dé entrada en sí mismo, a los odios que nacen naturalmente en las almas que participan de las luchas por conquistar los poderes y grandezas humanas. Si así no lo hiciéreis, sabed que perjudicáis inmensamente a la realización de la Idea Divina en medio de nosotros, y que toda rémora, todo atraso y desequilibrio que por esa causa pueda venir, vosotros seréis los responsables, y sobre vosotros caerán las consecuencias para muchas edades futuras.

"Pensad que al ingresar a la Fraternidad Esenia, habéis dejado de ser *turbamulta* ciega e inconsciente. Se os ha dado una lámpara encendida, y no podéis alegar que vais a obscuras por vuestro camino. Pensad, que por el amor se salvará la humanidad, y no deis cabida en vosotros al odio, contra unos u otros de los que luchan por la conquista de los poderes y grandezas humanas. Son como perrillos que pelean por roer un mismo hueso, y no sois vosotros quienes podréis ponerlos de acuerdo. Dios-Padre hará surgir a su hora, quien lleve a la humanidad ciega, hacia su verdadera grandeza.

"Dos corrientes contrarias avanzan a disputarse el dominio de las almas: la material y la espiritual. La primera dice: *el fin justifica los medios,* y no se detiene ni ante los más espantosos crímenes para conseguir el éxito.

"La segunda dice: *el bien por el bien mismo,* y dándose con amor que no espera recompensa, busca el triunfo por la paz y la justicia, pero nunca por la violencia. La Fraternidad Esenia está, bien lo comprenderéis, en la corriente espiritual que busca el triunfo de la Verdad y del Amor entre los hombres, en primer término entre los que convivimos en el país elegido por la Eterna Ley, para hospedar en su seno al Verbo encarnado.

"Hermanos esenios de la hora solemne, que vio al Cristo Divino formando parte de esta humanidad, despertad a vuestro deber, y no derrumbeis con vuestra inconsciencia, el templo espiritual cuya edificación ha costado muchos siglos de vida oculta entre las rocas a los profetas hijos de Moisés.

"Sabed ser más grandes, que los que buscan serlo por el triunfo de sus ambiciones y de su soberbia, tenebroso camino, al final del cual se encuentra el abismo sin salida. Recogidos en vuestro mundo interno, consagrados al trabajo honrado y santo que os dan el pan, a las obras de misericordia en que florece el amor de los que saben amar, a la oración, que es estudio de las obras de Dios y unificación con El, descansad en paz y no alteréis vuestros pensamientos, ni manchéis con lodo vuestra túnica, ni con sangre vuestras manos. Sólo así habitará el Señor en vuestra morada interna, y El será vuestro guardián, vuestra abundancia, salud y bien para todos los días de vuestra vida, y para los que dejéis en pos de vosotros después de vuestra vida.

"Que la luz de la Divina Sabiduría os lleve a comprender las palabras que os dirigen con amor vuestros hermanos.

"Los Setenta Ancianos de Moab".

Un gran silencio llenaba el cenáculo de la casa de Elcana, a la terminación del mensaje de los Setenta.

Cada uno de los que lo escucharon llamó a cuentas a su propia conciencia, y algunos se encontraron culpables de haber participado indirectamente en las luchas por conquistar sitios estratégicos, donde otros podían recoger oro y placeres; y más, de haber dado cabida en sí mismos a pensamientos de odios en contra de los que habían llevado al pueblo hebreo a la triste situación en que se encontraba: dominación romana que le exigía pesados tributos; dominación de reyezuelos extranjeros usurpadores del gobierno en contra de la voluntad popular; dominación de un clero ambicioso y sensualista, que había hecho un mercado de las cosas de Dios y de su templo de oración.

¡Qué gran purificación debieron tener los esenios de aquella hora, para hacerse superiores a las corrientes de aversión y de odio en contra de tal estado de cosas! Pero ese odio, justificado hasta cierto punto, entorpecía la cooperación espiritual en la obra de redención humana del gran Misionero de la Verdad y del Amor, y los Setenta reclamaban por este entorpecimiento, que podía traer desequilibrios presentes, y grandes males para el futuro.

Pasado este gran silencio en que las almas se habían sumido, como si hubieran sido llamadas al supremo tribunal de Dios, Isaac de Sichar el esenio mensajero de los Setenta, invitó a Jhasua a que expusiera su pensamiento a la vista de sus hermanos, a fin de que les sirviera de orientación en esa hora de perturbaciones ideológicas y sociales. Y el joven Maestro se expresó así:

—Creo que aún no es llegada la hora de que yo me presente a mis hermanos como un Maestro, pues que aún estoy aprendiendo a conocer a Dios y a las almas, creaciones suyas. ¡Me falta aún tanto por saber! Fecundos fueron estos veinte años de vida, debido a la abnegación y sabiduría de mis maestros esenios, y a la solicitud infatigable de todos los que me han amado; pero ya que tanto lo deseais, os expondré mis puntos de vista en los actuales momentos:

"El hombre dado a la vida del espíritu con preferencia a la de la materia, debe mirar todos los acontecimientos como mira un maestro de alta enseñanza a los niños que comienzan su aprendizaje. Les ve obrar mal en pequeñas o grandes equivocaciones. Les ve darse golpes o trabarse en luchas por la conquista de un juguete, de una golosina, de un pajarillo que morirá en sus manos, de un objeto cualquiera que le entusiasma por un momento, y que luego desprecia porque su anhelo se ha fijado en otro mejor. Pero su yo interno permanece sereno, inalterable, sin permitir que encarne en él la ardorosa pasión, madre de odios infecundos y destructores.

"Bien veo que en vuestro pueblo fermenta sordamente un odio concentrado contra la dominación romana, contra reyes ilegítimos, contra un sacerdocio sin más ideales que el comercio vil de las cosas sagradas. Tan grandes y dolorosos males, son simples consecuencias de la ignorancia en que se ha mantenido a este pueblo, como a la mayoría de los pueblos de la actual civilización.

"Una fue la enseñanza de Moisés y de los Profetas, y otra muy diferente se dio como orientación a los pueblos.

"Moisés dijo: "Amarás al Señor Dios tuyo, por encima de todas las cosas, y al prójimo como a ti mismo". Y el pueblo ve que en los atrios mismos del templo se ama el oro y el poder, por encima de todas las cosas; que se castiga con penas y torturas terribles a los acusados de faltas en que incurren a diario, los que se hacen jueces de sus hermanos indefensos; que los poderosos mandatarios viven en un festín eterno, y el pueblo que riega la tierra con el sudor de su frente, carece hasta del pan y la lumbre bajo su mísero techo.

"Moisés dijo en su inspirada ley: *"No matarás, no hurtarás, no cometerás adulterio"*, y el pueblo ve que los poderosos mandatarios, asesinan a todo el que estorba en su camino, hurtan por ruines y engañosos medios, todo aquello que excita su avaricia, y destruyen los hogares, arrebatando traidoramente la esposa compañera fiel.

"¿Quién contiene al torrente que se desborda desde la cima de altas montañas? El pueblo se hizo eco de las falsas acusaciones de los ambiciosos y libertinos contra los Profetas, que le hablaban en nombre de la Eterna Ley de amor y justicia, y acalló sus voces, entregándolos a la muerte en medio de crueles suplicios. Ahora el pueblo paga las consecuencias de su ignorancia, y de sus odios inconscientes.

"Veo la sabiduría más alta en el mensaje de los Setenta que acabáis de escuchar. No hemos de sacrificar inútilmente la paz que goza todo hombre de bien, todo esenio consciente de su deber, a la idea de que mezclándose a las luchas sórdidas y apasionadas de la turbamulta, pueda conseguirse de inmediato la transformación de este doloroso estado actual.

"Destruir la ignorancia respecto de Dios y de sus relaciones con sus criaturas, es la obra que realiza en secreto la Fraternidad Esenia, y nuestro deber es secundarla en su labor misionera encendiendo la lámpara del divino conocimiento, o sea la ciencia sublime y eterna de Dios en relación directa con el alma humana.

"Padres, madres, jefes de familia, haced de vuestros hogares, santuarios de la verdad, del bien, del amor y de la justicia, sin más códigos ni ordenanzas que los *diez mandamientos divinos* que trajo Moisés a esta tierra, y será como la marca indeleble puesta en vuestra puerta, que quedará cerrada a todos los males y dolores que afligen a la humanidad.

"Tomad mis palabras pronunciadas con el alma saliendo a mis labios, no como de un Maestro que os enseña, sino como de un joven aprendiz que ha vislumbrado la eterna belleza de la Idea Divina, en las penumbras apacibles de los santuarios de rocas, bajo los cuales se cobijan los verdaderos discípulos de Moisés".

—¡Habló como un Profeta!... ¡Habló como un iluminado!... —se oyeron varias voces rompiendo el silencio.

—Habló como el que es —dijo solemnemente Isaac de Sichar—: como el Enviado Divino para esta hora de la humanidad. ¡Alma de luz y de amor!... ¡Qué Dios te bendiga como lo hago yo, en nombre de los Setenta Ancianos de Moab!

—¡Gracias, maestro Isaac! —dijo emocionado Jhasua y fue a ocupar su sitio al lado de sus padres.

Vio que su madre lloraba silenciosamente.

—¿Te hice daño madre con mis palabras? —le preguntó tiernamente.

—No hijo mío, tú no puedes hacerme nunca daño —le contestó ella—. "Pero mientras tú hablabas, en mi mente se formó como un arrebol de luz donde te vi rodeado por todos nuestros antiguos Profetas que fueron sacrificados como corderos por los mismos a quienes enseñaron el bien, la justicia y el amor.

" ¡Hijo mío!... un día te dije que para matar mi egoísmo de madre, te entregaba al dolor de la humanidad. ¡No sé por qué en este momento he sentido muy hondo el dolor de este sacrificio!... ¡tal como si lo viera realizarse de terrible manera...

—Dios Padre, se nos da a cada instante en todos los dones y bellezas de su creación universal; y nosotros cuando pensamos darle algo, nos atormentamos anticipadamente, aun sin la certeza de que El acepte o no, nuestra dádiva. ¿Por qué crear dolores imaginarios, cuando la paz, la alegría y el amor florecen en torno nuestro?

—Tienes razón Jhasua... perdóname. Mi amor te engrandece tanto ante mí misma, que me lleno de temores por ti.

Los concurrentes comenzaron a retirarse cuando era ya bastante entrada la noche.

Bethlehem quieta y silenciosa como de costumbre, dormía bajo la nieve iluminada por la luna, que veinte años atrás, cuando los clarividentes que velaban espiando la conjunción de los astros anunciadores, oyeron voces no humanas cirniéndose como polvo de luz en el éter, que cantaban en un concierto inmortal:

"GLORIA A DIOS EN LO MAS ALTO DE LOS CIELOS Y PAZ EN LA TIERRA A LOS HOMBRES DE BUENA VOLUNTAD"

LAS ESCRITURAS DEL REY SALOMON

Al día siguiente de lo que acabamos de relatar, Jhasua seguido de los cuatro amigos bethlemitas Elcana, Alfeo, Josias y Eleazar que le acompañaban con su amor inquebrantable desde la noche de su nacimiento, se dispuso a realizar dos visitas, para él de suma importancia.

La misma noche de la lectura del mensaje de los Setenta, el joven Maestro había hablado con Isaac de Sichar y sus cuatro amigos mencionados, sobre un fragmento de papiro encontrado entre el viejo archivo del sacerdote de Homero en Ribla. Tenía en su carpetita de bolsillo la copia de aquel fragmento que decía:

"Abiathar, sacerdote del pueblo de Israel en los días de Salomón, rey, y cuando éste abandonó los caminos del Señor para adorar dioses extranjeros, en complacencia a sus numerosas mujeres idólatras, declara haber recogido las escrituras de Salomón Rey de Israel que le fueron inspiradas por Jehová, autor de toda sabiduría, y depositado parte de ellas en la gruta más interior de los *Estanques de Salomón* y parte, en la tumba de Raquel, detrás de un sarcófago de cedro con ornamentos de cobre".

El papiro estaba fragmentado por rotura o quemadura, y era todo cuanto decía en la parte conservada.

Y Jhasua decía a sus amigos:

—En el libro I de los Reyes, Capítulo IV, dice que Salomón escribió tres mil parábolas sobre los árboles, desde el cedro del Líbano hasta el musgo que crece entre los muros. Que escribió, además, sobre toda especie de animal viviente sobre la tierra para enseñanza de los hombres. Salomón fue un sensitivo de grandes facultades psíquicas, un verdadero iluminado, y hasta hoy no se han encontrado sino muy pocas de sus escrituras dictadas por inteligencias superiores para el bien de la humanidad.

"¿Qué os parece si tomamos a nuestro cargo buscarlas en las grutas de los *Estanques de Salomón* y en el *sepulcro de Raquel*, donde este fragmento dice que Abiathar los ocultó?

—Habrán sido ya buscados, seguramente —observó Elcana—, pero bien está que lo hagamos nosotros.

Como buenos esenios, cuyo ideal, primero era iluminar con la verdad a los hombres para ayudarlos a acercarse a Dios, tomaron como una misión el compartir con Jhasua los afanes de esta búsqueda, y a la mañana siguiente, cuando la nieve tapizaba aún de blanco los caminos, se dirigieron al antiquísimo monumento funerario de Raquel, situado entre el camino que venía de Jerusalén y el Acueducto que corría hacia los *Estanques de Salomón.* Estaba a poco andar, y una hora de viaje saltando entre pedruscos y nieve, les puso ante el vetusto panteón sepulcral de la virtuosa mujer, amada por el patriarca Jacob más que a todas las cosas de la tierra. La gran losa que cerraba la entrada principal, que sólo se abría cuando se entraba un nuevo sarcófago, no podían ni pensar en removerla.

Pero los grandes monumentos funerarios tenían siempre una entrada pequeña por donde salían las aguas usadas para la limpieza de los cadáveres cuando eran embalsamados.

Comprendieron, desde luego, que debían buscarla hacia el acueducto que corría a pocos pasos.

Y en efecto, la encontraron cubierta de una gruesa capa de tierra y hierbas que habían crecido sobre ella.

Como casi todos los monumentos funerarios de los hebreos, éste estaba construido utilizando un enorme trozo de montaña, en forma que hacia el camino de Jerusalén a Bethlehem, aparecía la edificación de bloques de piedra blanca, o sea dos grandes columnas flanqueando la puerta coronada por un fragmento de cúpula adosado a la roca.

La hiedra y la nieve tenían todo cubierto como un informe montón de verde y blanco, que no dejaba de ostentar una rústica belleza.

En el pavimento de la sala principal había una fosa con altos bordes de piedra labrada y pulida, encima de cuya tapa, también de piedra blanca, se leía en escritura hebrea antigua: "Raquel hija de Laban y esposa de Jacob".

En diversos huecos abiertos horizontalmente en el muro o en la roca del fondo había unos diez sarcófagos más.

De esta sala principal y hacia atrás, existían otros dos compartimentos que eran grutas naturales de la montaña, aunque algo pulimentadas y trabajadas por la mano del hombre.

Había allí una mesa, especie de dolmen de piedra, pues era una gran plancha de roca gris puesta sobre dos trozos de roca igual; algunos cubiles, cántaros y bancos de piedra. Varios candelabros y cirios enormes en la sala principal, que se hallaban diseminados en desorden por las grutas, lo cual demostraba que habían entrado personas poco respetuosas hacia los mudos habitantes de aquella fúnebre morada.

Lo primero que hicieron fue buscar el sarcófago de cedro con incrustaciones de cobre. Estaba allí sumido en el fondo de uno de los huecos, casi por completo cubierto de polvo y telas de araña.

Lo sacaron, pero en el hueco detrás de él, nada aparecía más que grumos de tierra, musgos, pequeños insectos. Observaron que las junturas habían sido antes abiertas, y volvieron a abrirlo. Bajo una capa de menudo polvo, aparecieron varios cofrecitos labrados en madera de olivo; unos rollos envueltos en piel de búfalo y atados con trenzas de cáñamo; y unos trozos de caña taponados con madera en los extremos.

Una profunda emoción se apoderó de los buscadores.

Encontraban, en vez de los manuscritos buscados, objetos que aparecían como valores ocultados en momentos de suprema angustia.

Examinado todo cuidadosamente, creyeron estar en lo cierto al pensar que todos aquellos valores habían pertenecido a un hijo del rey Sedechias que antes de huir de Jerusalén, camino del desierto, cuando entró Nabucodonosor rey de Babilonia, debió estar oculto en el sepulcro de Raquel. Y lo pensaron así por algunas palabras sueltas grabadas en tablillas de madera o en trozos de tela, como ésta que parecía estar dirigida a alguien que obedeciendo a una cita anticipada, decía: "Espérame que vendré cuando sea entrada la noche y pueda conducir sin peligro a mi padre". Otra escritura hecha con pez o betún sobre un trozo de cinta de lino, decía: "Las catapultas de Nabuzaradan abrieron brechas en los muros. La ciudad no resiste más. Ten aparejados ocho mulos fuertes para Sedechias y sus hijos, y un carro para la reina y su hija. Ebed-Melec, con treinta hombres sacaste a Jeremías profeta, de la mazmorra de Melchias; con cincuenta, saca a tu rey de Jerusalén, que esta noche será del babilonio. Te dejo el oro que he podido traer".

Todos quedaron silenciosos. En la mente de Jhasua y de sus amigos se diseñaron como en un lienzo blanco los martirios sufridos por el profeta Jeremías, por el sólo crimen de haber anunciado al rey Sedechias que la corrupción del pueblo hebreo les traería gravísimos males. El oro se desbordaba como un torrente de la casa del rey para sus príncipes y sus mujeres, mientras el pueblo sufría el hambre y la miseria.

"Mira, oh rey Sedechias, que el clamor de tu pueblo sube a Jehová, y que El escucha el llanto de los pequeños y de las madres que les crían, y Jehová dará a ellos todo el bien que es de justicia, y a ti te será quitado todo, hasta la vida de tus hijos y hasta la luz que miran tus ojos".

Y el dulce profeta Jeremías, el de los trenos como cantos de alondras que gimen en el bosque en noche sombría, fue sumido en obscura mazmorra llena de cieno, con asquerosos animalejos, donde estuvo a punto de perecer de hambre y de frío, a no haberle salvado Ebed-Melec, el criado etíope del rey Sedechias.

—¡Humanidad!... ¡humanidad inconsciente y ciega!... —exclamó Jhasua con la voz que temblaba por la emoción—.

"Es crimen ante ti, la verdad pronunciada por los inspirados de Dios para conducirte al camino de la dicha. ¡Es crimen encenderte una lámpara que te alumbre el camino del despeñadero, para que no caigas en él! ¡Es crimen arrancar agua clara de una roca para que no perezcas de sed en el desierto por donde avanzas!

"¡Es crimen sembrarte de flores y frutos el camino para que no te hartes con inmundicias de bestias, que colman tus días de enfermedades y aceleren la muerte!

"¡Humanidad, humanidad!... debía aborrecerte, y aún te amo como te amaron los profetas mis hermanos, cuyas lágrimas bebiste y con su sangre manchaste tus vestiduras!...".

El joven Maestro, sentado sobre un banco, hundió su rostro entre sus manos y todos respetaron su emoción y su silencio.

Una tenue luz penetraba por las luceras encortinadas de hiedra, y parecía dar tintes de íntima tragedia al cuadro, formado por aquellos cuatro hombres de edad madura en torno de Jhasua, que como un lirio blanco azotado por el huracán, se doblaba a la suprema angustia de la miseria humana, que con tanta claridad veía en ese instante.

Diríase que el alma hecha de misericordia del profeta Jeremías había conducido aquellos seres al sepulcro de Raquel, para aliviar los dolores del pueblo hebreo, que soportaba cargas imposibles de llevar.

Josias, Alfeo y Elcana sintieron de pronto el impulso de escribir, porque su cerebro se inundó de ideas extrañas a ellos mismos, y una fuerte vibración agitaba su diestra.

Josias escribió:

"El manuscrito que buscáis, está juntamente con otros dentro de un cántaro de barro en la gruta más pequeña, detrás de los *Estanques de Salomón.*

"Por mandato del varón de Dios, los oculté yo, siervo suyo, que habité en esa gruta por muchos años".

Ebed-Melec

Alfeo escribió:

"Bendecid a Ebed-Melec, que en el día de muerte para Jerusalén, salvó del ultraje a mí y a mi hija Tinina, ocultándonos en este sepulcro hasta que los ejércitos del invasor abandonaron Judea.

"Mis huesos descansan en el sarcófago cuarto, contando de la izquierda, Fui una de las esposas de Sedechias, rey de Judea, y como cooperé con él en malgastar los tesoros quitados al pueblo, era justicia de Jehová que sufriera la pena merecida. Con el oro y piedras preciosas que aquí quedaron, remediad a los pobres y enfermos de la Judea, porque suyo era y suyo es. Rogad por mi descanso".

Aholibama

Elcana escribió estas líneas:

"A mis hermanos Esenios de la hora gloriosa del Verbo Encarnado, salud y paz en el Señor: Yo, Jeremías, siervo suyo, he tendido los lazos de esta red en que os véis suavemente envueltos, para que sea el Verbo de Dios el ejecutor de su justicia, que remediará el dolor de los que sufren en la tierra y en los abismos de la inmensidad infinita.

"Los tesoros materiales remedian necesidades materiales; pero el amor misericordioso, cura dolores del alma que pecó contra Dios y contra el prójimo, y sobre la cual pasan los siglos viéndola padecer.

"El que fue Sedechias, rey de Judea, y sus siete hijos degollados en Ribla por orden de Nabocudonosor, padece justamente con ellos en expiación de los dolores de todo un pueblo, cargado de tributos para satisfacer al rey y a sus príncipes y cortesanos.

"Si vosotros hacéis lo que os dice Aholibama, y según vuestra conciencia, aliviaréis muchos sufrimientos de encarnados y desencarnados".

"Hermano vuestro de muchos siglos".

Jeremías profeta de Dios

Como verá el lector, los tres escritos tenían relación unos con otros, y habían sido tomados sin que los sujetos sensitivos supieran lo que el compañero escribía.

La concordancia de los tres, significaba una prueba de ser auténticos y encerrar en ellos la verdad.

El alma del profeta Jeremías, antorcha viva de luz y de amor, aconsejó y protegió al rey Sedechias y sus familias durante la vida, y seguía protegiéndoles en el plano espiritual. ¿Quién puede medir la fuerza de las alianzas eternas entre las almas que fueron unidas por lazos que Dios ató, y que nadie puede desatar?

Debemos suponer en buena lógica, que esos seres infortunados formaban parte de la porción de humanidad encomendada por la Eterna Ley a Jeremías profeta, Esenio de varios siglos atrás.

Leídos y estudiados los mensajes espirituales recibidos, procedieron a abrir los cofrecillos y los envoltorios.

En los primeros había oro y plata en varillas y algunas joyas de gran valor como collares, brazaletes y sortijas... Los envoltorios contenían vestiduras y mantos de gran precio, pues eran tejidos de Persia, mallas de hebras de oro, perfectamente conservados. Y por fin, los trozos de cañas taponados de madera, contenían una variedad de piedras preciosas muy menuditos pero no por eso de menos valor.

Eran esmeraldas, zafiros y diamantes, en igual número en cada tubo de caña, o sea veinte decenas. Parecería que hubiesen estado destinados para una joya especial como una corona, diadema o algo por el estilo.

—¡Pensar que los hombres se matan unos a otros y cometen las mayores locuras por cosas como éstas! —decía Jhasua— y hasta olvidan a Dios y a su propia alma; y para nosotros no nos servirán de nada si no fuera que hay dolores grandes para remediar.

—¿Qué hacemos con todo esto? —preguntaba Alfeo a sus compañeros.

—Dejarlo donde está, por el momento —contestó Elcana— que en ninguna parte está más seguro hasta que dispongamos la forma de hacerlo llegar a quien le pertenece: al pueblo hambriento de Judea, que fue quien lo entregó a las arcas reales.

—En verdad —decía Josias— que todo esto representa largos días de miseria y de hambre sufridas por el pueblo, para engrosar los tesoros del rey. ¡Detesto a los reyes! ¡Son todos vampiros de la sangre del pueblo!

—Calma, Josias!... —dijo Jhasua, viendo la exaltación de su amigo—. La humanidad es y será aún por mucho tiempo, la mitad, vampiro de la otra mitad, hasta que el amor anule a todos los vampiros, y los transforme en paneles de miel derramándose por igual para todos los seres.

Encerraron, pues, todo tal como lo habían encontrado, y se dirigieron hacia los Estanques no lejos de allí.

Era ya el medio día, y la necesidad les obligó a pensar en alimentarse.

Vieron a poca distancia el cercado de un modesto huerto, en el fondo del cual se levantaba una columna de humo, denunciadora de una vivienda.

—Es la cabaña del tío Joel —dijo Josias— y yo le conozco mucho. Seguid andando que yo traeré algo para comer.

Volvió al poco rato con un pequeño bolso de castañas e higos secos y un queso de cabra.

—Salvada la necesidad, salvados los hombres —decía Elcana repartiendo entre los cinco el contenido del bolso de Josias.

Mientras andaban, la conversación recayó naturalmente en los valores encontrados y en el modo de emplearlos con justicia.

Repartirlos directamente entre los pobres era gran imprudencia, porque pronto se divulgaría el origen de las magníficas donaciones, y el rey Herodes Antipas o el clero de Jerusalén, les caerían como buitres hambrientos sobre un cadáver abandonado. Después de mucho volver y revolver el asunto, llegaron a la conclusión de que lo más prudente y justo era restaurar el antiguo molino del pueblo, que por muerte de sus dueños quedó paralizado, causando grandes perjuicios a las familias más humildes, que debían hacer grandes esfuerzos para enviar sus cereales y sus olivas hasta Herodium para ser molidos o prensados.

Darían trabajo a innumerables personas, pagando con justicia los jornales y convirtiendo al viejo molino en providencia viviente para toda aquella comarca.

Era conocida la amistad que unía como una sola familia a los cuatro bethlemitas, y el pueblo no extrañaría que, uniendo esfuerzos, comprasen entre los cuatro el molino con el solar de tierra en que estaba construido, y cuanto les era necesario para ponerlo en funcionamiento inmediatamente, ya que tan apremiante era le necesidad.

¡Cuántos pobres, enfermos, ancianos y huérfanos tendrían la abundancia en su mesa mediante el uso justo de valores sustraídos al pueblo, para satisfacer las ambiciones de un rey con toda su corte.

Jhasua, para quien era asunto de meditación todo hecho que ponía de manifiesto la miseria humana, decía:

—¡Cuántos Sedechias hay entre la humanidad, que atesoran bienes materiales, como un pobre amontona ramas secas para encender su mísero fuego, sin que ni siquiera les venga a la mente la idea de que usurpan a sus semejantes los dones que da Dios para todos por igual! Los labriegos siembran el trigo y el centeno, lo cultivan con el sudor de su frente; cuidan como a la niña de sus ojos, sus olivares y sus vides, y sólo la mitad ha de ser para sí, y la otra mitad repartida entre el rey y el sacerdocio, que no tienen más trabajo que tomar lo que no han sembrado!

La alegría que inundó a los cuatro amigos, no es para ser descripta. El Dios amor de los antiguos profetas ponía en sus manos un valioso tesoro con el cual podían hacer la dicha de toda aquella comarca, y esto sucedía cuando el Verbo Encarnado estaba entre ellos al cumplir los veinte años de edad.

Se veían a sí mismos como Esdras, el profeta de Dios, cuando Ciro, rey de Babilonia, le devolvió todos los tesoros que del templo de Salomón había usurpado Nabucodonosor, antecesor suyo, en la última invasión a la Judea para reedificar la ciudad y templos devastados.

No era ni el templo ni la ciudad lo que ellos debían reedificar, sino el antiguo molino para dar pan en abundancia a un pueblo empobrecido por los impuestos y tributos, al César, al rey, al clero, que lo devoraban todo, dejando el hambre y la miseria como huellas dolorosas de su existencia, rodeada de esplendor, de lujo y de vicio.

Las almas plenas de ilusión querían correr, volar por el sendero de luz y de amor fraterno que se abría ante ellos, pero Elcana, que era el más conocedor del mundo y de sus alevosas encrucijadas, les decía:

—No es conveniente dejar traslucir que un fuerte capital respalda nuestra iniciativa, porque los sabuesos reales husmean dónde está la presa, y pronto la justicia nos caería encima, desbaratándolo todo. Debemos, pues, hacer ciertas combinaciones por las cuales aparezca como que con nuestros ahorros y sacrificios, hemos conseguido realizar este negocio.

Entretenidos en estas conversaciones llegaron a los *Estanques de Salomón* a la primera hora de la tarde.

El sol había derretido ya la nieve de los caminos, que se habían tornado pantanosos.

El paraje, que en otros tiempos lejanos fuera un verdadero oasis por el espeso bosque de palmeras y sicomoros que el rey Salomóm había hecho plantar con centenares de jornaleros, que removían las rocas y a lomo de asnos y mulos traían tierra fértil de las orillas del Jordán, era sólo un bosquejo de lo que había sido. Gran parte del bosque había sido talado por mandato del rey Sedechias, en su afán de purificar la Judea de ídolos y templetes edificados por las mujeres idólatras de Salomón y de otros reyes de Judea posteriores a él. El hermoso bosque que rodeaba los Estanques, fue lugar de festines para cortesanos de los reyes de Judea, que danzaban embriagados ante sus dioses, causando gran escándalo entre las familias judías, fieles observadores de la Ley de Moisés.

Las hiedras y terebintos, con su verdor perenne y brillante, parecían burlarse de las escarchas y las nieves del invierno bethlemita, y ponía una nota de alegría en la aridez del paisaje.

Recordará el lector, seguramente, los días aciagos que vivió Bethlehem, cuando Herodes ordenó la matanza de los niños menores de dos años, aquel sitio fue lugar de refugio para las infelices madres que no pudieron huir a más larga distancia. La mártir Mariana, descendiente de los heroicos Macabeos y madre de los dos últimos vástagos de ese linaje, también fue ocultada en aquellas grutas, burlando la orden de su despótico y real marido Herodes el idumeo, al cual consintió en unirse por salvar la vida de sus dos hijitos, engaño vil del que se valió el tirano para obligarla a un matrimonio que le daba en apariencia cierto derecho al trono de Israel. Casado con una joven viuda descendiente de los Macabeos, y madre de los dos últimos vástagos de los cuales se constituyó en tutor y padre adoptivo hasta que, asegurado en el trono, les asesinó cobardemente para evitar que el pueblo proclamara al mayor de ellos rey de Israel.

Pero todo esto pertenecía al pasado, y aunque revivió en la mente del joven Maestro, causándole la penosa emoción de recuerdos dolorosos y trágicos, en aquel momento el gran silencio de la soledad envolvía las grutas, y ni un rumor de vida se dejaba sentir en sus contornos.

Marianna permaneció en ellas hasta que la muerte del tirano y la destitución de su hijo Arquelao le dio la seguridad de ser olvidada por completo, y entonces se trasladó a Hebrón, donde tenía algunos familiares, que la recibieron como a una resucitada, pues la orden de muerte dada sobre ella les había llegado como el último baldón arrojado por el déspota sobre una de las más nobles familias de Judea.

Los estanques y las grutas estaban, pues, solitarias. Jhasua con sus cuatro compañeros, comenzaron la búsqueda que les había llevado hacia aquel lugar.

"En la gruta más pequeña, detrás de los *Estanques de Salomón,* en un cántaro de barro, está la escritura que buscáis, juntamente con otras"..., decía el manuscrito espiritual de Ebed-Malec, el etíope, recibido por Josías en la tumba de Raquel.

Pero aquella gruta pequeña no aparecía en parte alguna. Vieron y recorrieron varias veces los grandes barrancos que formaban como un semicírculo a los estanques, enormes moles de piedra cuya estructura ciclópea daba cabida al agua para diez ciudades como Jerusalén, y que después de tantos siglos y de tantas devastaciones, continuaban aún en pie, como único monumento que conservaba el nombre de Salomón.

Las dos grandes grutas que aparecían en primera fila, tenían vestigios de estar habitadas por la noche, quizá por mendigos que durante el día recorrían las calles de las aldeas vecinas y no teniendo otro lecho se recogían allí. Pequeñas hogueras apagadas pero recientes, montones de heno seco dispuestos como para servir de lecho, lo demostraban claramente.

Ya iban a darse por vencidos, cuando vieron asomar una cabeza de hombre del espeso follaje formado por un enorme macizo de terebintos enredados con la hiedra. Aquella rústica fisonomía denotaba un gran espanto, y cuando apareció el busto, se vio que solo harapos lo cubrían a medias.

— ¡No me descubráis, por piedad!... —fue su primera palabra.

Jhasua con sus compañeros le rodearon.

—No temas, buen hombre —díjole de inmediato el Maestro—. No es a tí a quien buscamos, ni tenemos intención ninguna de perjudicarte. Veníamos nada más que a visitar estos estanques que, por su antigüedad y por su historia interesan a todo hombre de estudio.

—Hasta puedes sernos útil facilitándonos datos de este paraje, si hace mucho tiempo que lo habitas —añadió Elcana, pensando en que este hombre pudiera haber encontrado lo que ellos buscaban.

—Yo vivo sepultado aquí, hace tres años —dijo el desconocido.

— ¡Infeliz!... ¿Cómo vives aquí sólo y sin recurso alguno? —preguntó Jhasua—.

"Creédme hermano que nosotros podemos ayudarte, pues bien se ve que tu situación es por demás afligente.

—Esta es mi guarida, porque soy como una fiera acorralada. Sentí vuestras voces y hace rato que os observo desde aquí. Comprendí que erais buenas gentes y por eso salí. Decidme en qué os puedo servir.

—Buscamos la gruta más pequeña detrás de los estanques, porque una antigua escritura fue guardada allí —contestó Josias, el más impaciente por encontrar el manuscrito anunciado por el mensaje que recibió.

—Pasad a mi hueco, será aquí sin duda, aunque en tres años nada he encontrado sino los escarabajos que me hacen compañía.

Al decir así, levantaba con grandes esfuerzos las espesas colgaduras de hiedra, que enredadas con los terebintos formaban una impenetrabla maraña.

Apareció el obscuro hueco de entrada a una gruta que aunque muy irregular en su forma, sería de veinte codos cuadrados.

Una espesa capa de musgos cubría las rocas en todas direcciones.

No recibía luz de ninguna parte, y aquellos musgos eran amarillentos, verde claro, casi blancos, dando a la gruta cierta belleza delicada que no dejaba de ofrecer encantos.

Una pequeña hoguera ardía en un rincón, y en las ascuas se asaban dos codornices y entre el rescoldo se doraba un gran pan.

—Por lo visto —díjole Alfeo— no te dejas vencer por el hambre.

—Aun amo la vida. Sólo tengo treinta y siete años. Tengo mujer y tres hijos pequeños. La muerte llega sin que se le llame.

— ¿Es esta la única gruta encubierta que hay? —preguntó Elcana.

—Yo no he encontrado otra más oculta que ésta —contestó el desconocido dando vueltas a la varilla de hierro que sostenía las aves sobre el fuego.

—Os serviré de guía —dijo luego, envolviéndose en una piel de oveja que por las noches le servía de lecho—. ¿Tenéis cerillas o mechas de alumbrar?

—Sí, aquí están —dijeron varias voces a la vez. El hombre encendió una trenza de hilo encerado y le dijo:

—Busquemos si queréis entre las grietas de estas peñas.

Y todos juntos empezaron la tarea de arrrancar las grandes colgaduras de musgos que tapizaban por completo el interior de la gruta. Aparecía llena de hendiduras y huecos de diversos tamaños, que bien podían ocultar algunos hombres tendidos o sentados.

Quitados los musgos, se maravillaron de encontrar que las rocas habían sido labradas hasta una altura mayor que la de un hombre muy alto; y que encima de los bordes de las piedras pulimentadas aparecían cual si fueran cornisas, gruesas varas de sicomoro sujetas por anillas de hierro, en las que aun aparecían restos de cadenillas y cordeles primorosamente tejidos con hebras de piel de búfalo. Las numerosas anillas de cobre que aparecían en ellos, dejaba suponer que debió haber cortinado a la manera de toldo, que se extendía cubriendo la techumbre de la gruta.

—La tradición dice —arguyó Elcana— que las mujeres cortesanas de la reina Athalia tenían aquí sus citas de amor, y que la misma Athalia, escondía aquí sus infamias y sus prevaricaciones.

"Serán éstas las huellas de los últimos reyes de Israel, destronados y barridos para siempre por el rey de Babilonia.

Encontraron inscripciones en varias losas de las que cubrían los muros, pero en lenguas desconocidas. No obstante tomaron nota de ellas para que el maestro Melkisedec, perito en la materia, las descifrara.

Por fin, a la entrada de uno de los huecos vieron un pequeño grabado bastante mal hecho, pero que podía leerse claramente: era una palabra compuesta: *"Ebed-Melec"*.

Un grito de admiración y de alegría resonó en la gruta.

No era grabado sino escrito con pez en la roca. Era el nombre del criado etíope que Jeremías profeta mandó a guardar las escrituras, y que sin duda quiso dejar constancia de que estuvo allí.

—Si no han sido llevadas, aquí debe estar lo que buscamos —dijo Jhasua.

Todos encendieron mechas y se hundieron en el negro hueco. Bajo una pequeña loma de tierra y pasto apareció el cántaro de barro con su tapa cerrada con pez. Para abrirlo fue necesario romperlo. Un pequeño bolso de tela embreada encerraba el manuscrito buscado.

Los cuatro amigos y Jhasua se dejaron caer en el pasto seco como abrumados por el hallazgo.

—Tenías que ser tú, Jhasua, la lámpara que descubriera este secreto —dijo Elcana—. ¡Bendito sea el Altísimo!

—Verdaderamente Dios está con nosotros —añadieron los demás, pensando que la Eterna Ley ponía en sus manos un nuevo filón de la sabiduría antigua para enseñanza de la humanidad futura.

Eran varios los rollos escritos por Salomón y sus epígrafes eran: *"Los cielos de Jehová"*, *"La sabiduría de Jehová escrita en árboles y hierbas"*, *"El secreto de las montañas"*, *"El poema de Sabá, reina de Etiopía"*, *"Trenos de mi salterio"*.

—¿Por qué habrán sido ocultados con tanto afán estos rollos? —preguntaba Josías.

—Por demasiado obscuros sus pensamientos o por demasiado íntimos para confesarlos a la humanidad —contestó Jhasua de inmediato, pero luego añadió—:

"Mis maestros esenios del Tabor conservan una escritura de Zabud, hijo de Nathan, primer oficial del reino de Salomón y amigo particular suyo, en el cual se conduele profundamente de lo que él creía una grave injusticia para con su amado amigo rey. La debilidad propia de la vejez en que se agotan las energías, llevaron a Salomón a hacer demasiadas concesiones a las mujeres que formaban la corte de cada una de sus esposas, que por vanidad y antagonismos, fueron aumentando su número, creyendo así ser más grandes y más honradas por su real esposo. Eran sólo diez las esposas secundarias del rey, escogidas entre las más nobles familias hebreas y algunas, por alianzas con los príncipes de países vecinos. Estas mujeres, en la vejez de Salomón, se formó cada una su corte en palacio diferente, pero todo cargado sobre las arcas reales, lo cual trajo el desequilibrio y las quejas del pueblo contra él. El gran nombre de Salomón cayó por el suelo, y algunos viejos amigos fieles hasta la muerte, guardaron sus escritos porque sus enemigos querían hacer una gran hoguera para destruirlos. Quizá sea esta la causa de que estos rollos hayan sido ocultos tan cuidadosamente por el sacerdote Abiathar, que habiendo sido desterrado de Jerusalén por el rey, no podía entrar en la ciudad, y entonces los escondió en el sepulcro de Raquel, en tierra perteneciente a un gran amigo del sacerdote caído en desgracia, Abinabad, suegro de una de las hijas de Salomón: Thapath.

—Observo —dijo Eleazar—, que Jhasua conserva en el archivo de su excelente memoria todas las escrituras antiguas.

—Desde niño estoy entre los maestros Esenios, cuya vida está consagrada a buscar la verdad en todos los rincones de la tierra. Nacieron de Moisés, el hombre luz de su tiempo, y desde entonces viven en lucha con la ignorancia y con la mentira.

—Jhasua sigue su mismo camino —dijo Alfeo— pero con el añadido de que él lucha además con el egoísmo de los hombres. Nosotros debemos seguirlo también.

—No se cuál tesoro sea de más precio —observó Josías— si el encontrado en el sepulcro de Raquel o éste de los Estanques de Salomón.

—Cada uno en su género es de la mayor importancia, amigo mío —contestóle Jhasua—. Aquel remediará las necesidades materiales de los que carecen de todo; mientras que éste alumbrará a las almas en sus grandes destinos futuros, después de haber arrojado clara luz en su remoto pasado.

"Estas escrituras dictadas a Salomón por inteligencias superiores, y cuyo asunto se desprende de algunos de sus títulos, abarcan los cielos y la tierra en que el Altísimo ha derramado las manifestaciones de su poder creador soberano; son los secretos de Dios encerrados en los reinos vegetal, mineral y animal; las leyes que rigen la marcha de los astros y las admirables combinaciones de su eterno movimiento, y me figuro que serán como una explosión de luz para esta humanidad que camina a ciegas por los senderos de la evolución.

—Tu aniversario número veinte, Jhasua, marcará época en tu vida de encarnado entre los hombres —dijo Elcana acariciando con su mirada llena de nobleza al joven Maestro, que le aparecía iluminado por la divina Sabiduría.

El hombre que les sirvió de guía en la gruta y para quien no tenían ningún interés aquellas conversaciones, se había vuelto junto a la hoguera de donde sacaba el gran pan ya cocido y las aves asadas.

—He aquí —dijo Jhasua— otra alma que redimir. ¿Qué tragedia será la suya?

148

—Comparto con vosotros mi pobre comida —les dijo poniendo sus manjares sobre una roca.

—Gracias —le dijeron todos—. Vivimos en Bethlehem y nos vamos de inmediato.

—Si no lo tomas a mal —díjole Jhasua—, queremos compensar el buen servicio que nos has prestado. ¿Qué podemos hacer por ti?

—Mi familia vive en Emaus y yo me llamo Cleofás. Fui panadero del rey Antipas, pero el mayordomo quiso poner en mi lugar a un hermano de su mujer, y echó un puñado de moscas entre la pasta que yo preparaba para el pan del rey, por lo cual fui condenado a la mazmorra por todo el resto de mi vida. Tuve la suerte de escaparme y aquí estoy como un zorro en la madriguera. Es toda mi historia.

El Maestro miró a sus compañeros, y en aquella mirada leyeron todos el deber que les correspondía.

—Uno de nosotros —dijo Elcana— ¡míranos bien!, uno de nosotros vendrá mañana a esta misma hora a traerte ropas adecuadas para que salgas de aquí y te reunas de nuevo con tu mujer y tus hijos.

—En Emaus nunca podrá ser —contestó el infeliz Cleofás—, porque no faltaría allí quién me denunciara.

—Pero podría ser en Bethlehem —dijo el Maestro—, donde estos amigos van a poder darte medios de vida trabajando en el molino.

—¿El molino?... Desde que murió el viejo Naboth y cayó en presidio su hijo, ya no se mueve más.

—Es verdad, pero se moverá de nuevo y dará pan a todo el que no lo tiene —contestó Jhasua—. ¿Quién puede encontrar al ex panadero del rey en un jornalero entre los sacos de harina?

"¿Saben tus familiares este refugio tuyo?

—Lo sabe sólo mi mujer que cada luna llega hasta aquí con un saco de harina y algunas provisiones para que no me muera de hambre.

—Tienes amor en torno tuyo, Cleofás, y ya es mucho tener en medio de esta humanidad, donde casi la mitad de los hombres son lobos para la otra mitad.

Jhasua al decir estas palabras ponía sus manos sobre los hombros de aquel hombre y lo miraba fijamente a los ojos.

—Quiero que la esperanza florezca de nuevo para ti amigo. Dios es justicia y es amor y tiene su hora marcada para darles forma y vida junto a sus criaturas. La hora para ti ha llegado y la recibirás con agradecimiento y amor.

Los ojos de Cleofás se inundaron de lágrimas y ahogando un sollozo dejó caer su enmarañada cabeza sobre el pecho de Jhasua. El Maestro le rodeó con sus brazos transmitiéndole una poderosa corriente de esperanza y de amor.

La fisonomía de Cleofás apareció como iluminada por un resplandor de sol.

Todos aquellos hombres reunidos pensaron: "El amor desinteresado y grande del Verbo de Dios, es lo único que puede salvar a los hombres".

EN LA CIUDAD DE ALEJANDRIA

Los amigos de Jerusalén o sea José de Arimathea, Nicodemus, Nicolás y Gamaliel, pensaban que Jhasua entraba en los veintiún años estando en Judea, de cuyo puerto, Gaza, quedaba sólo a tres días de viaje Alejandría, a donde prometiera a Filón que harían una visita a su Escuela. Y se fueron a Bethlehem para hablarle sobre el particular.

Sus amigos del Monte Quarantana pensaban también en igual sentido, pues los solitarios deseaban que Jhoanan, el que más adelante fue llamado *"el Bautista"*, tuviera una entrevista con Jhasua a efecto de unas comprobaciones de orden espiritual.

La hermosa red de los pensamientos de amor en torno al joven Maestro se extendía prodigiosamente, facilitando a la telepatía sus actividades de mensajera invisible. Debido a esto se encontraron reunidos un día en la casa de Elcana en Bethlehem, durante la estadía de Jhasua con sus padres, los cuatro amigos de Jerusalén ya mencionados con Jhoanan de Jutta, acompañado por Jacobo y Bartolomé, los porteros del Santuario del Quarantana, que ya conoce el lector.

Andrés de Nicópolis, hermano de Nicodemus, era Hazzán de una importante sinagoga de Hebrón, establecida en lo que había sido años atrás, casa solariega de los abuelos de Filón, que lo eran también de Jhoanan, pues sus madres eran hermanas.

Esta sinagoga respondía naturalmente a la Fraternidad esenia y a la Escuela de Divina Sabiduría que los amigos de Jhasua tenían establecida en Jerusalén.

Fue fundada y constituida con carácter de sinagoga para que sirviera de lugar de reuniones públicas al pueblo que quisiera instruirse en las Escrituras Sagradas. No tenía el carácter de Escuela de Ciencias Ocultas que tenía la de Jerusalén, y no había sobre ella vigilancia ni las sospechas del sacerdocio central.

Además, la ciudad de Hebrón fue siempre como un ánfora de religiosidad, de misticismo, donde la mayoría de las personas desprovistas de todo dogmatismo, e incapaces de obscuras elucubraciones teológicas, gustaban de los sagrados libros en lo que ellos tienen de consoladores, y de suave poesía del alma religiosa que se complace en las obras de un Dios piadoso y justo.

Y Andrés de Nicópolis quiso aprovechar la visita de su hermano Nicodemus a Bethlehem en ocasión de estar allí Jhasua con sus padres.

La casa de Elcana se vio pues nuevamente honrada con numerosas visitas, que llegaban en busca del *Bienvenido* cobijado bajo su techo.

Fueron los primeros vínculos que Jhoanan (el Bautista) estrechó con las gentes del mundo exterior.

Sus veintiún años cumplidos habían pasado para él en la austera placidez del santuario del Monte Quarantana, donde fue llevado muy niño.

Jhasua estaba pues de audiencias.

Sus amigos de Jerusalén querían arreglar el viaje prometido a Alejandría.

Jhoanan de Jutta, que iba a ser consagrado en breve como maestro de Divina Sabiduría, reclamaba de Jhasua que fueran juntos a recibir su consagración en el Gran Santuario de Moab, ya que por antiguas alianzas espirituales, se habían unido para esta nueva manifestación del Amor Eterno hacia la humanidad terrestre.

Andrés de Nicópolis, conocedor del gran secreto de Dios encerrado en la personalidad de Jhasua, quería que él dejara establecido —en una visita a la sinagoga de Hebrón— las normas a seguir para llegar a una cooperación directa con la obra espiritual que iban a realizar.

Jhasua, con su modestia habitual y propia de todo ser verdaderamente grande, decía con mucha gracia:

—Todos vosotros me queréis hacer maestro antes de tiempo. Probad a soltar del nido un pajarillo que aún no tiene sus alas bien cubiertas de plumas, y lo veréis i dando tumbos y estrellarse después. ¿Por qué corréis tanto, si a su debido tiempo todo llegará?

Encontró el medio de complacerles a todos, ya que los anhelos de todos tendían hacia la difusión de la Verdad Eterna, o sea el conocimiento de Dios y de las almas criaturas suyas, como medio de esparcir sobre la humanidad los reflejos de la sabiduría divina que la llevaría a la conquista de sus grandes ideales de paz y de felicidad.

El programa a seguir era el siguiente: Iría de inmediato a Alejandría, y a su regreso pasaría por Hebrón, y después al Santuario de Moab en compañía de su amigo y pariente Jhoanan de Jutta.

—¿Estáis todos conformes? —les preguntaba después con esa divina complacencia suya, que fue siempre una de sus más hermosas formas de conquistarse el amor de cuantos le conocieron.

—¿Y yo? —preguntaba la dulce Myriam, viendo que todos le disputaban su hijo—. ¿No tengo ningún derecho a ser conformada también?

—Sí, madre, tú antes que los demás —le contestaba Jhasua con inmensa ternura—. ¿Qué deseas para quedar conforme?

—Que en el viaje a Egipto te dejes guiar en todo por José de Arimathea, que será a tu lado como tu padre y madre juntos —le contestó ella.

—¡Muy de acuerdo madre! ¿Lo has oído José? Serás mi padre y mi madre hasta mi vuelta de Alejandría y me darás todos los mimos que ellos me dan desde que nací.

—¡A mucha honra! —contestaba José lleno de satisfacción—. Podéis quedar muy tranquilos, que este viaje es corto y no ofrece peligro alguno. Saldremos con luna llena y regresaremos en la próxima luna nueva. Nos esperaréis aquí seguramente.

Unas horas después los visitantes de la casa de Elcana, o sea los del Quarantana y los de Hebrón, emprendían el regreso a su morada habitual, mientras Jhasua, con los cuatro amigos de Jerusalén, se incorporaba a la caravana que hacía los viajes al puerto de Gaza, donde tomarían el primer barco que llevase viajeros a Alejandría.

Desde que Jhasua dispuso su viaje a Bethlehem había pensado que sería la ocasión oportuna para cumplir a Filón la solemne promesa de que a los veintiún años le visitaría. Nicodemus, que sostenía frecuente correspondencia con el filósofo alejandrino, se lo había anunciado también como probable. La telepatía, sutil mensajera invisible, habría susurrado seguramente sus noticias al sensitivo Filón que vivía con el pensamiento fijo en el Verbo encarnado, en el Divino Logos de sus ensueños radiantes y profundos, a través de los cuales entreveía como un resplandor de Luz Eterna, el supremo secreto de Dios.

Veinte años había esperado esta visita que le fuera prometida por el mismo Jhasua en horas de clarividencia, mientras en honda meditación lo evocaba en un inolvidable anochecer a orillas del Mediterráneo, en el puerto de Tiro.

Veinte años de fecunda labor del filósofo alejandrino y de los pocos pero fieles adeptos de su escuela de Divina Sabiduría, le habían permitido acumular un valioso tesoro de ciencia antigua que abarcaba inmensas edades pretéritas, de las cuales el mundo moderno apenas si tenía vagas noticias.

En constante comunicación con Melchor, el príncipe moreno de la Arabia Pétrea, habían realizado estupendos descubrimientos que abrían horizontes vastísimos a la historia de la evolución humana a través de los siglos.

Cuando las huestes formidables de Escipión el africano, pasaron como un vendaval de fuego sobre la antigua Cartago, dejándola en ruinas, Roma no se interesó por los tesoros de sabiduría que se encerraban entre los muros de su gran biblioteca, y se hicieron dueños de ellos los caudillos que tenían repartidas entre sí las inmensas tierras inexploradas del Africa del Norte, y las tribus numerosísimas que las poblaban.

Muchos siglos atrás, cuando las invasiones de los Hicsos asolaron las regiones del alto y bajo Nilo, muchos prófugos se refugiaron en los países del occidente africano, y entre ese continuado y movible oleaje humano se hospedaron en Cartago antigua los restos de la sabiduría Kobda de la prehistoria.

Y las escuelas de Melchor y Filón fueron recogiendo como preciosas flores disecadas, esos viejísimos manuscritos en papiros, conservados acaso sin conocer a fondo su valor, por los antiguos reyes africanos que eran únicos señores de todo el norte de Africa, antes de que las potencias europeas establecieron allí sus colonias.

La Biblioteca de Alejandría, gloria del gran Rey Ptolomeo, que ha pasado a la historia como su creador, fue enriquecida enormemente por la incansable búsqueda de escritos antiguos realizada por Melchor de Horeb y Filón de Alejandría, sin que el mundo se haya enterado de estos detalles. Ambos eran esenios de corazón y hablaban muy poco de sus propias obras. Todo quedaba sumergido en el místico perfume de su silencio meditativo y estudioso.

¿No era acaso uno de los grandes principios esenios, realizar obras y callar el nombre de quien las hizo?

Más tarde el Cristo ungido del amor, haría suyo ese sublime principio cuando decía: "que no sepa tu mano izquierda lo que hace tu derecha", quinta esencia del olvido de sí mismo a que llegó el Hombre-Luz en su doctrina de amor fraterno y renunciamiento personal.

Los tesoros de la gran biblioteca de Cartago habían pues pasado a la de Alejandría, encomendada a la Escuela de Filón, que hizo de ella una de las primeras del mundo. De allí, se llevaron copias de muchos manuscritos a la biblioteca de Tharsis en la opuesta orilla del Mediterráneo, otro importante centro de cultura antigua en la época a que se refiere la obra.

Remontando nuestro pensamiento a la prehistoria, y desenvolviendo los rollos de papiro en la ciudad del Nilo, podemos darnos una idea de la íntima satisfacción que experimentaría Jhasua al encontrarse con las viejas crónicas de Corta-agua, el santuario fundado por la Matriarca Solania. Secundada por sus hermanos Kobdas colgó su nido en aquel formidable peñón que fue como un faro para aquella remota civilización, que extendió sus redes de oro por todo el norte africano, desde el Nilo hasta la cordillera Atlas de la Mauritania, restos ciclópeos de la desaparecida Atlántida.

Pero no adelantemos acontecimientos. El velero que conducía a nuestros viajeros venía desde Tiro con pocos pasajeros y un buen cargamento de telas finísimas y objetos artísticos de bronce, en lo cual se especializaban los tirios de una manera notable. Ocupaban los cinco, dos cámaras de las más espaciosas del barco, y como eran contiguas, pasaban juntos las largas veladas de aquel viaje en pleno invierno.

Traían como regalo a Filón una copia completa de las *"Escrituras del Patriarca Aldis"*.

—Pronto pisaremos la tierra que tanto conocemos a través de estas escrituras —decía Jhasua a sus amigos—. Ese santuario de Neghadá, nos parecerá que surge a momentos de entre las aguas serenas del Nilo, con las sombras silenciosas de sus Kobdas de túnica azul y gorro violeta...

—¡Jhasua!... El mar te pone sentimental y melancólico —decíale Nicodemus, que sentía en sí mismo la vibración suave y profunda del pensamiento del joven Maestro.

—Estas olas que va cortando la quilla de nuestro barco, vieron a tantos y tantos veleros anclarse frente a Neghadá para desembarcar los esclavos que los solitarios compraban a un alto precio para darles la libertad... En la prehistoria ya existía el amor entre los hombres.

"Diríase que le tenían cautivo·los hombres de vestido azul, pues solo ellos sentían el amor para sus semejantes —continuaba Jhasua.

—El mismo Patriarca Aldis fue comprado por los Kobdas de Neghadá, según él mismo lo relata —añadió José de Arimathea—. Y en su última epístola asegura nuestro amigo Filón que nos guarda una gran sorpresa entre los polvorientos manuscritos provenientes de la antigua Cartago.

—Tengo el presentimiento —decía Nicolás de Damasco— que estas escrituras del Patriarca Aldis van a cobrar vida en las orillas del Nilo, y que la sorpresa que nos guarda Filón se refiere a este mismo asunto.

—En cuanto a mí —decía Gamaliel— me siento como abrumado bajo el peso de las responsabilidades que contraemos nosotros, al poseer estos grandes secretos del pasado.

"¿Cómo imponerlos a nuestros contemporáneos que ya se cristalizaron, se momificaron en su pensar referente a acontecimientos que la evidencia y la lógica demuestran no estar en la verdad?

"Y si no podemos obligarles a aceptar la realidad de los hechos, ¿de qué nos sirve la posesión de estos grandes secretos guardados por los siglos que pasaron? He ahí mi gran preocupación.

"Estamos, bien lo sabéis, en posesión de la sabiduría antigua, donde encontramos las huellas bien marcadas de sistemas y principios que levantaron el nivel espiritual de civilizaciones muy remotas. Esas antiquísimas Escuelas de altos conocimientos denominados *"Profetas Blancos, "Flámenes", "Dacthylos", "Kobdas",* nos hablan de un espacio infinito o sea ilimitado, poblado de globos y que son, o se preparan para ser, morada de otras tantas humanidades y especies de seres orgánicos de inferior y superior escala que la humana.

"En algunas de dichas Escuelas, hasta llegaron a saber la forma de vida colectiva de las humanidades que pueblan determinados planetas de nuestro sistema solar.

"¿Cómo hacer entrar en las mentalidades actuales lo que es el *Gran Atman*, la *Causa Unica* y *Suprema* que es la Vida Universal y la Idea Eterna, si ellos conciben a Dios como un gran señor, un poderoso rey arbitrario y colérico, como todo el que se sabe dueño único?

"Más aún: las mentalidades actuales en su gran mayoría, ni aún conciben la forma esférica de esta tierra que habitamos, y este puñado de habitantes terrestres, nos creemos los únicos seres inteligentes del vasto universo.

"Es una tiniebla muy pesada, amigos míos, para que nuestra lamparilla pueda penetrar en ella...

—Has hablado mucho y muy bien Gamaliel —le dijo el Maestro—, pero has olvidado una cosa.

—¿Cuál Jhasua? Dilo.

—Has hecho como un sembrador que sale a su campo con un saco de semillas para sembrar. Mira todo lleno de zarzales y de pedruscos y dice: ¿dónde he de arrojar esta semilla si los zarzales y las piedras cubren toda la tierra? Y padece y gime por no encontrar un palmo de tierra apto para la siembra. ¿Qué le aconsejarías tú al sembrador de mi cuento?

—Pues sencillamente, que quite los pedruscos y limpie de zarzales el terreno, que remueva la tierra en ordenados surcos y entonces arroje la semilla —contestó Gamaliel.

—Justamente, es lo que debemos hacer nosotros que tenemos un gran saco de la semilla preciosa de la verdad eterna: preparar el terreno para que la simiente pueda germinar. Y aquí vuelvo a las teorías de mis maestros Esenios: luchar contra la ignorancia de las masas que fueron llevadas a la obscuridad por inteligencias interesadas en dominarlas a su capricho para embrutecerlas y explotarlas en provecho propio, como se hace con una majada de bestias que no piden más que comer y beber.

—Toda esta tiniebla de ignorancia en que se debate la humanidad en esta civilización, se debe a que apagaron la lámpara radiante de Moisés —dijo Nicodemus—.

"En su incomparable *Génesis* estaba encerrada como en un vaso de alabastro, toda la verdad eterna de Dios. Desde la formación de las nebulosas hasta el aparecer de la especie humana de este planeta, todo estaba comprendido en la obra de Moisés.

"Destruida ella, nuestra humanidad se sumergió en las tinieblas.

—Estás en lo cierto —observó Nicolás— y con esas palabras abres el camino ya indicado por Jhasua. Ahí están las piedras y los zarzales que hemos de extirpar, para que la semilla que sembró Moisés hace quince siglos, podamos nosotros volver a sembrarla con éxito en la hora presente.

—Y sembrarla como la siembran los Esenios, escogiendo las almas de entre el montón, no arrojándola indiscretamente sobre piedras impenetrables o zarzales rebeldes, hasta que apartados por completo los estorbos, podamos derramarla a manos llenas y a campo descubiero —añadió José de Arimathea.

—Muy bien, José, muy bien —exclamó Jhasua con la alegría pintada en el semblante.

"Has puesto el broche de oro a esta conversación nocturna en la cámara de un barco que nos conduce a la ciudad de las Ciencias Antiguas, donde vamos a recoger más semillas para nuestra siembra.

—Habéis asestado un golpe de muerte a mi pensamiento —decía satisfecho Gamaliel, el que más dudaba de la capacidad humana de entonces para aceptar y comprender las grandes verdades respecto de la creación universal, de Dios y de las almas.

—El pesimismo es uno de los mayores obstáculos para la tarea que nos hemos impuesto —observó Nicodemus—. Debemos creer en el triunfo aunque lo veamos como un tesoro que está oculto en un desierto inexplorado.

"La conquista de ese tesoro costará sacrificios enormes, hasta de la vida quizá. Habrá mártires y habrá sangre, porque la ambición y el egoísmo ciega a los hombres dirigentes de pueblos, y creen que cortando cabezas se matan las ideas que reflejan la Verdad Suprema.

—La humanidad en general, huye de remover el pasado como huyen las bestias de volver a pasar por un campo que fue talado por un incendio y que aparece cubierto de cenizas. Allí no hay nada para comer. Así la humanidad inconsciente no busca nada en el pasado y por eso no aprende las lecciones de sabiduría que le da el pasado, en el cual se ve que toda evolución en sentido moral, espiritual y aún material ha costado muchos y enormes sacrificios, mucha sangre, muchas vidas para conseguirlo.

Y Jhasua, que pronunciaba tales palabras, pensaba sin atreverse a decirlo para no asustar a sus amigos:

"Si la Eterna Ley nos pide el sacrificio de nuestra vida para encender de nuevo en la tierra la lámpara de Moisés, ¿qué otra cosa hemos de hacer sino darla? De no hacerlo, sería la claudicación".

El egoísmo del clero judío; el egoísmo del poder romano dominante en el mundo de entonces, que había hecho de todos los pueblos una colonia romana, se levantaban como gigantescos fantasmas para aplastar bajo su pie de hierro toda cabeza que se irguiera entre la turba sumisa para decir:

—Soy una inteligencia que razona y piensa, no una bestezuela que come y duerme.

Un silencio de meditación llenó la cámara del barco donde se gestaba ese gran movimiento espiritual, al cual debía dar formas definidas años más adelante el Apóstol Nazareno, en el que había encarnado el Verbo de Dios.

El rumor de las olas chocando con el casco del barco, el chasquido del viento agitando las velas tendidas, era el concierto que acompañaba a los pensamientos sublimes y heroicos de aquellos cinco hombres que soñaban despiertos con el grande y hermoso ideal de la dignificación humana por la sabiduría y por el amor.

Llegaban en esos momentos al audaz brazo de rocas conocido por **Monte Casio** que sobresale hacia el mar formando el magnífico lago Cibrón, en el cual se reflejan las palmeras y las acacias que coronan el monte como una diadema de esmeraldas. El espectáculo era grandioso y fantástico a la luz plateada de la luna, y los cinco viajeros, envolviéndose en sus pesados mantos de pelo de camello, subieron a cubierta para contemplarlo.

Las *Escrituras del Patriarca Aldis*, les vinieron a la mente como si tejieran en ellas filigranas de viejos recuerdos que les hacían vivir de aquella lejana vida en las orillas del Nilo, entre los Kobdas de vestido azul.

El inmenso delta del río, les pareció como una mano gigantesca cuyos dedos se hundían en el mar, mientras el brazo se perdía entre el desierto y las montañas.

Allí se había elaborado, ocho mil trecientos años atrás, ese gran paso de la evolución humana que llamamos *Civilización Adámica,* y que se extendió por tres continentes.

El Nilo que tenían a la vista, con su vida milenaria, había presenciado el paso de millares de generaciones, centenares de reinados gloriosos o nefastos, invasiones devastadoras de diferentes razas que habían pasado cual vendavales de fuego, dejando como recuerdo ruinas silenciosas que cubría piadosamente la hiedra.

Aquel mundo callado de pensamientos y de recuerdos, tenía a nuestros viajeros como clavados en la cubierta del barco, mientras iban cruzando a media milla de la costa, las grandes bocas del Nilo, el gigantesco río del país de los Faraones.

Pasado el medio día siguiente se encontraron en el gran puerto de Alejandría entre un verdadero bosque de mástiles, a través de los cuales se veían gigantescos obeliscos, columnas, cúpulas que se interceptaban y confundían unas con otras en confuso laberinto.

A poco de haber desembarcado, y cuando iban a cruzar la balaustrada que cercaba el muelle, se les acercó un hombrecillo pequeño y ya de edad avanzada que les preguntó:

—Señores viajeros, decidme, ¿venís de Judea?

—Justamente y venimos en busca del Museo y de la Biblioteca —contestó José de Arimathea.

—Bien, bien. El maestro Filón os espera desde hace tres días. Venía él mismo a la llegada de todos los barcos provenientes de los puertos de Palestina. Ahora me envió a mí, porque él está con gentes venidas desde Cirene. Si confiais en mí, seguidme.

—Claro está que os seguiremos y con mucho gusto —contestó Nicolás. Jhasua, sumergido en el mar infinito de sus pensamientos, caminaba en silencio.

Gentes de todas las razas convergían a la gran ciudad, que no obstante haber caído algo del grandioso esplendor a que llegó en la época de los Ptolomeos I y II, aún continuaba siendo la gran capital del Mediterráneo Sur. Su gran potencialidad comercial sólo era comparable a la que tuvo Cartago antes de ser devastada por los romanos.

Astro de primera magnitud en las ciencias y en las artes, Alejandría era el punto final de la consagración de un sabio o un artista.

Nombres ilustres en todos los ramos del saber humano y provenientes de los grandes centros de cultura como Atenas, Roma, Pérgamo, Siracusa, Persépolis, Bombay, aparecían grabados en el gran álbum de visitantes que la Biblioteca de Alejandría ostentaba con orgullo y satisfacción.

Homero, Virgilio y Ovidio, los tres vates inmortales de la antigüedad, habían estampado antes que sus nombres, hermosas estrofas de su estro genial.

También llegaba a ella Jhasua, la Verdad Eterna hecha hombre, el Verbo de Dios convertido en persona humana por la magia invisible del Amor Divino, y esto sin que la gran ciudad se diera por enterada. Como una indolente princesa faraónica, continuaba semidormida entre el rumor de las palmeras y los cantos de los boteleros, remando sobre las olas del Nilo.

— ¡Jhasua, Jhasua!... ¡Niño glorioso de mis sueños de veinte años!... —exclamaba unos momentos después Filón, el gran filósofo alejandrino, abrazando tiernamente al joven Maestro, que penetraba a aquel templo de ciencias humanas, como un aprendiz cualquiera... él, que traía en sí mismo la Suprema Verdad de Dios!

Tenía Filón entonces cuarenta y cinco años y llevaba ya bastante adelantada su obra magna: la revisación y comentarios de los cinco libros de Moisés.

—Enciendes de nuevo esa lámpara apagada por los hombres —le decía Jhasua ojeando aquel inmenso trabajo que bastaba por sí solo para colocar a Filón en primera fila entre los cultores de la Verdad Eterna.

—A no haber sido por la cooperación del príncipe Melchor de Horeb, no habría podido encender de nuevo la lámpara de Moisés —contestaba Filón a sus amigos recién llegados—.

"En su Escuela de Sinaí, encontré el filón de oro más precioso para la reconstrucción de los libros de Moisés, con fundamentos tan sólidos, que no puedan ser destruidos en las edades que vendrán, por más ignorancia y fanatismo que haya.

—En esta hora solemne y propicia —decía Nicodemus— unamos nuestros pequeños descubrimientos en favor de la Verdad Divina enterrada por muchos siglos bajo montañas de arena, y probemos de romper la densa tiniebla que envuelve a la humanidad.

—También nosotros traemos a Alejandría el aporte de la verdad descubierta en tierras de Palestina y Siria —añadió José de Arimathea.

—He aquí nuestro tesoro —dijo poniendo sobre la gran mesa ante la cual estaban sentados, una gruesa carpeta que aparecía como saquito de manos, usado entonces por los médicos y hombres de estudios.

Cada cual traía el suyo, y colocados todos sobre la mesa, formaban un respetable conjunto de rollos de papiro, de telas enceradas y de plaquetas de arcilla y de madera.

— ¡Santo cielo! —exclamó Filón con la alegría pintada en el semblante—. Aquí hay con qué llenar una sala más en esta biblioteca.

—Y para que tu pluma escriba tantos mensajes divinos a la humanidad que ignora de dónde viene y a dónde va —añadió Nicolás de Damasco ordenando por su numeración los rollos y cartapacios que habían traído.

Luego de un breve descanso en la dependencia particular de Filón, comenzaron por contemplar el célebre Museo donde aparecían lienzos, esculturas, bajo relieves y grabados provenientes de todos los países del mundo.

Ptolomeo I, que de general macedonio de los ejércitos de Alejandro Magno, pasó a Faraón de Egipto, cuidó con esmero de helenizar, digámoslo así, la cultura de los países del Nilo en forma de permitirle la ilusión de haber trasladado allí las magnificencias artísticas del Atica en todo su esplendor.

Ptolomeo II, y sus sucesores hasta Cleopatra, su último vástago, participaron de esta misma tendencia, aunque más influenciados por los usos y costumbres propias del país de las momias y de las pirámides.

Era la hora nona de aquella espléndida tarde de invierno, sexto día de la semana o sea el que corresponde a nuestro día viernes.

—Comenzaremos por la sala de pintura —les había dicho Filón encaminándoles por una inmensa galería en cuya entrada decía en grandes letras grabadas en negro sobre mármol blanco: *Cartago.* Este nombre aparecía en escritura egipcia, árabe, latina y siria.

—Aquí tenéis parte de las grandes bellezas artísticas de la infeliz Cartago —díjoles el maestro Filón.

—Yo estuve ya aquí con mi padre años atrás —observó Gamaliel—, pero encuentro ahora que aparece esto de diferente manera.

—En efecto, fue necesario el cambio debido a que el príncipe Melchor de Horeb, que vosotros conocéis, obtuvo importantes obras que estaban en poder de algunos reyes indígenas del Africa Occidental. Un hermano de Aníbal, según dicen ciertas escrituras, cuando comprendió que los ejércitos defensores de Cartago, iban a ser arrollados por las legiones romanas, logró salvar del incendio a que los vencedores entregaron la gran ciudad, muchas de estas obras que aquí véis. Estos tesoros de arte han ido pasando por manos de los descendientes del gran general cartaginés, que se ubicaron entre los montes de Orán, de Jelfa, y las bravas tribus de los Tuareghs les hicieron sus reyes propios. Sus dominios llegan hasta el río Niger.

Estas explicaciones que daba Filón a medida que avanzaban por la amplia galería, ya no las escuchaba Jhasua, que estaba absorbido completamente por un gran lienzo que recibía de lleno el sol de la tarde a través de las mamparas de cuarzo que daban transparencia de oro pálido al suntuoso recinto.

Jhasua no podía explicarse cómo la espantosa tragedia del lienzo adquiría tal fuerza de realidad y de vida, que el corazón se estremecía dolorosamente.

Era como una interminable avenida de enormes cruces de madera, donde pendía una víctima retorciéndose en dolores supremos y vertiendo sangre de la boca, de los pies, de las manos.

Y esta trágica avenida de ajusticiados, se esfumaba en brumosas lejanías, dando a comprender hábilmente el pintor que aquel camino era muy largo y que las cruces y las víctimas seguían y seguían hasta perderse de vista.

Aquellas cabelleras desordenadas por el viento, las arterias y venas sobresaliendo a flor de piel por los esfuerzos desesperados, aquellos semblantes contraídos por el dolor o la cólera, aquellos nervios crispados, era algo que sacaba de quicio al alma mejor templada.

—Maestro Filón —dijo por fin Jhasua—, ¿qué significa este conjunto de horrores que ostenta toda la belleza de la realidad llevada a la perfección?

—¡Oh, hijo mío!... —le contestó el filósofo—; ese lienzo es la venganza de los reyes Tuareghs, descendientes de Aníbal, el heroico defensor de Cartago.

"Y para que mejor lo comprendas te traduciré esta leyenda que está al margen del lienzo:

"Un biznieto del gran Aníbal, fue testigo ocular de la crucificción de seis mil esclavos que se unieron al heroico Espartaco, pidiendo al gobierno romano su libertad que les fue negada. Después de dos años de lucha, refugiados en el Vesubio, fueron capturados y crucificados a lo largo de la Via Apia, el camino real que une con Roma todo el sur de Italia".

Jhasua parecía no escuchar ya más. Con sus ojos dilatados, húmedos de llanto contenido, miraba fijamente aquel lienzo que desmentía el mediano buen concepto que hasta entonces tuviera de la Roma conquistadora y poderosa.

La sabía llena de ambiciones, de poder y de gloria, pero no la imaginaba cruel y sanguinaria hasta el extremo que aquel lienzo lo demostraba.

158

—¡Ensañado así el poder y la fuerza con infelices esclavos que pedían la libertad, el don de Dios para todos los seres de la creación! —exclamó por fin Jhasua con su voz temblando de indignación—.

"¡Qué grande y bueno es nuestro Padre Universal, que no extermina como animalejos dañinos a estas criaturas humanas que así reniegan de su origen divino y de su destino inmortal!

—Bien se conoce hijo mío —díjole Filón— que tienes sólo 20 años y que has vivido hasta hoy en tu placidez galilea y entre el dulce amor de los santuarios Esenios.

"Mira este otro lienzo, hermano gemelo del anterior.

"Es la matanza con que Roma acabó de aniquilar a Cartago después de un siglo de sangrientas luchas. El incendio de la ciudad que quedó reducida a cenizas. Después los arados reduciendo las ruinas a polvo, donde crecieron los espinos y los zarzales. Esto es lo que dice la inscripción que está al margen.

"Es del mismo autor: *Aníbal Tugurt,* el último rey de su familia exilada y dispersa entre las montañas del Sahara".

—¡Montones informes de cadáveres destrozados!... —seguía diciendo Jhasua mientras sus amigos le escuchaban en silencio. —Bandadas de cuervos que bajan para devorarles!... ¡Llamas rojizas y negro humo que sube como un clamor mudo hasta las nubes!... *¡Corta-agua* de la Matriarca Solania, que hace ocho mil trescientos años colgó su nido de amor entre tus palmeras y tus acacias!...

"¿Cómo pudieron destruir los hombres egoístas y malvados aquella inmensa siembra de amor, de paz, de civilización esparcida en el mundo por los Kobdas de vestido azul?

—¡Oh Jhasua!... Tu alma de niño incapaz de toda maldad, se lastima de ver a través de lienzos pintados hace medio siglo, los rastros de dolor y de sangre que deja el orgullo y la ambición cuando se apodera de los hombres —decía Filón tratando de amenguar en el joven Maestro la dolorosa impresión.

—Es el desengaño, es la desilución lo que lastima a Jhasua —dijo José de Arimathea—. La historia del pueblo judío que todos nosotros conocemos, es una matanza continuada. Igualmente que la de nuestros vecinos, los asirios guerreros y conquistadores. Pero que los romanos que nos llaman bárbaros a los de raza semita, cometan iguales atrocidades, y diciendo todavía que es cruzada civilizadora del mundo, en verdad troncha toda esperanza y toda ilusión!

—¿Dónde se ha escondido la paz, la sabiduría, el amor que manda la Ley?... ¿Me lo podéis decir? —preguntaba Jhasua a sus amigos, todos los cuales le doblaban en edad.

—Está en el corazón de los pocos que hemos llegado al camino de la luz —contestóle Filón—. A favor de esa intensa claridad, hemos comprendido que la única grandeza que satisface al espíritu humano es la que emana del bien, de la justicia y la dignificación de los seres por la comprensión y por el amor.

"Es seguro que a ninguno de nosotros, aún dueños de tesoros inmensos, se nos pasaría por la mente la idea de armar legiones para conquistar a sangre y fuego los países vecinos.

—¡Claro que no!... —interrumpió Jhasua— ¡Pensaríamos en hacer felices a todos los hombres, cada cual en la región en que Dios le hizo nacer!

Su pensamiento se fue a Bethlehem, al tesoro encontrado en el monumento funerario de Raquel, mediante el cual, toda aquella comarca tendría pan, lumbre, abrigo, abundancia para los ancianos, los niños, los enfermos, los mendigos.

—¡En verdad, no sabe la humanidad ser feliz aún teniendo en sus manos los medios para serlo! —exclamó dejándose caer en un gran diván que había en el centro de la galería.

—Y no lo aprenderá en mucho tiempo todavía —observó Nicodemus.

—La evolución es muy lenta debido a que encarnan continuamente los espíritus que abandonaron la vida en medio de estos horrores —añadió Nicolás de Damasco—. La mayoría de esos seres vuelven con la idea fija de tomar la revancha. Y así se van sucediendo las luchas y las devastaciones de unos pueblos sobre otros.

—En verdad —dijo Gamaliel—, en este último siglo fueron las legiones romanas que asolaron más de la mitad del mundo civilizado que conocemos, como tres siglos atrás fueron las legiones macedónicas conducidas por Alejandro Magno; y antes que éste, Nabucodonosor, el tigre asirio que llevó la muerte a donde puso su garra.

—Los Kobdas de la prehistoria —dijo Jhasua— llevaron la paz, la felicidad y el amor a tres Continentes y no tuvieron legiones armadas, ni dejaron montones de cadáveres para que comieran los cuervos. ¿Por qué ellos pudieron civilizar sin destruir y las civilizaciones posteriores no pueden hacerlo?

—Jhasua, hijo mío —le dijo Filón sentándose a su lado—. El amor es fuerza constructiva y el odio es fuerza destructora. Los Kobdas eran una legión de sabios enamorados del bien y de la justicia. Fueron los instrumentos de la Ley Eterna para reconstruir este mundo, arrasado y destruido por el egoísmo que engendra el odio. Fueron una legión de espíritus emigrados de Venus, de Júpiter, de Arcturo, mundos donde ya es mejor comprendida la Ley Eterna de la solidaridad y del amor.

"Es por eso que nuestras Escuelas de Divina Sabiduría, tienen la gran misión de enseñar el bien y la justicia a los hombres, que cuando lleguen a aprender la lección, renegarán de todas las guerras, las luchas fratricidas, los odios y las destrucciones y dirán como se dice en los mundos adelantados:

"LO MIO ES PARA TODOS, LO TUYO ES PARA TODOS, NI TUYO NI MIO. TODO ES DE DIOS QUE LO DA PARA TODOS"
Esa es la ley

—Pero ¿cómo es que los hombres no lo han comprendido ya? —volvió a preguntar Jhasua—. Los Flámenes lemures enseñaron la justicia en aquel desaparecido continente. Los Profetas Blancos la enseñaron en Atlántida que duerme bajo las olas del mar. Los Dacthylos en el Atica prehistórica. Los Kobdas en el Africa y Asia Central. ¿De qué sirvieron entonces sus grandes esfuerzos y sacrificios?

—¡Sirvieron de mucho Jhasua! Miremos nada más la pequeña Palestina, un pañuelo de manos entre todos los países del mundo. Lo que hay justo y de bien en ella, lo crearon los Esenios de la hora actual, silenciosos en sus santuarios de rocas. Cada familia esenia educada por ellos, es una lamparilla en medio de las tinieblas. Y en cada región del mundo hubo y hay pequeñas legiones de la Sabiduría dando luz a la turbamulta, que en las tinieblas se debate en lucha continuada por arrebatarse unos a otros el bien que codician.

"Nosotros que vemos el conjunto desde el altiplano de los conocimientos superiores a que hemos llegado, sabemos que, van errados en su camino los que a sangre y fuego quieren imponer a sus semejantes yugos que ellos rechazan, porque tronchan sus esperanzas y rompen sus conveniencias.

"Cada cual interpreta y mide a la Justicia, con la medida de sus intereses propios individuales. Cada cual mira como justo lo que le favorece y como injusto lo que le perjudica en sus intereses individuales o colectivos.

"Solamente los espíritus de una gran evolución, olvidan sus conveniencias y sus intereses para pensar en la convivencia, en el bien y en la dicha de sus semejantes.

"Por ejemplo, Jhasua, en el caso de Espartaco, noble, heroico iniciador de la primera revolución de esclavos en la triunfante y poderosa Roma. El y todos aquellos esclavos que le siguieron, creían justo pedir al gobierno romano su libertad de hombres, porque estaban hartos de verse comprados y vendidos como bestias de la majada del amo. Las madres, veían que les arrebataban sus hijos para ser vendidos en subasta pública a quien mejor precio diera por ellos. Siéndoles negado este derecho, todos los esclavos de Roma se levantaron como un sólo hombre en torno de Espartaco su guía conductor.

"El gobierno romano que se tenía a sí mismo como lo más elevado y recto de la civilización, no veía justicia ni derecho alguno en los esclavos para hacer una tan insolente y audaz solicitud. Las familias patricias de rancio abolengo decían: "Mis esclavos los heredé de mis padres, como heredé mis fincas, mis joyas, mis muebles, mis haciendas y plantaciones; no he quitado nada a nadie. Les doy la comida necesaria y sólo les hago azotar cuando han cometido faltas que me perjudican. ¿Qué razón tienen para rebelarse contra el amo?".

"¿Ves Jhasua cómo es el criterio humano doblegado siempre a la conveniencia de cada cual?

"Con justicia cree obrar el que pide a gritos su libertad. Con justicia cree obrar el que la niega porque tiene la fuerza y el poder en su mano. Y los que vemos desde una pequeña altura moral, esas luchas tremendas de intereses creados, lloramos en silencio viendo la ceguera de los poderosos que se creen grandes cuando pasan por encima de cabezas inclinadas y vencidas; y la rebeldía estéril de los que al final de cuentas, caen aplastados bajo el carro del triunfador.

"Ahí tienes el ejemplo en ese magnífico lienzo que ha motivado esta conversación y que encierra la realidad de tal hecho hace cincuenta años, cuando ninguno de nosotros había nacido.

"A seis mil esclavos en fuga, que fueron capturados, el gobierno romano los condenó a morir crucificados a lo largo de la Vía Apia, donde se les dejó hasta que los cuervos empezaron a desgarrar los cadáveres. Después les untaron con pez y les prendieron fuego para que el mal olor no infectara el aire de las populosas ciudades cercanas. ¡Y el mundo admira el poder y la gloria de Roma, señora del Orbe!...

Un silencio penoso siguió a esta conversación.

—Jhasua —díjole José de Arimathea percibiendo en sí mismo, los dolorosos pensamientos del joven Maestro— es ésta tu primera salida del nido paterno y has recibido un golpe demasiado rudo. Yo había observado en ti una gran esperanza en la Roma de los Césares debido a la suavidad con que Augusto accedió a Publio Virgilio Marón, en cuanto él solicitó en favor de determinados hechos en pueblos de Palestina y Siria.

"Pero en Roma no estuvo siempre Augusto César, que fue un hombre de sentimientos humanitarios y que en momentos dados, se dejaba vencer por la piedad. Bajo su reinado hemos nacido todos nosotros, que hemos gozado de un período de paz hasta que el orgullo de Herodes empezó la cadena de crímenes para eliminar a quien le estorbaba. Veamos ahora que nos da Tiberio César.

—Fue en el tiempo de la conquista para ensanchar sus dominios, que cometió Roma las atrocidades espantosas a que estos lienzos se refieren —añadió Nicodemus.

—Naturalmente —observó Nicolás— porque los pueblos que invadía, defendían su libertad y su independencia hasta morir por ellas.

—Pero Roma sufrirá un día, más tarde o más temprano lo mismo que ella hizo con Cartago que se le resistió más de un siglo, porque hay una justicia inexorable que no se engaña ni claudica como la justicia humana: La Ley Eterna que dice:

"Todo mal cae sobre quien lo hace".

La historia de los siglos pasados así lo demuestra.

—Es cierto Gamaliel —contestó Filón— porque nuestro principio de que el odio es fuerza destructora, se cumple con asombrosa precisión.

"Y el mundo ciego e inconsciente llama *Grande* a un guerrero conquistador que avasalló al mundo con la fuerza de sus legiones armadas, y sembró el dolor y la muerte. Así tenemos a Alejandro Magno, a cuyo honor dedicó esta ciudad Ptolomeo I. Está edificada sobre las ruinas de la ciudad sagrada de los Kobdas: Neghadá.

"Es grande porque fundó ciudades en los países conquistados", dicen los macedonios que le admiran hasta hacerlo un dios. Pero... ¿y las ciudades que destruyó al invadirlas, y las vidas humanas que tronchó, y los dolores que causó para satisfacer su desmedida y loca ambición?...

"No fue cruel por naturaleza, es verdad; ahora le veremos tendido, rígido en su sarcófago de cristal y plata que está en el recinto central de este Museo. Joven y hermoso, el conquistador parece dormir en la eterna quietud de la muerte.

—Estás apesadumbrado Jhasua —díjole el filósofo viéndole con la mirada fija en el lienzo de los esclavos crucificados.

—¡Nunca vi tan a lo vivo el horror de la muerte en esa forma! —exclamó el joven Maestro sin poder apartar sus ojos de aquellos patíbulos de infamia—.

"Las fieras —añadió— cuando el hambre las acosa, de una dentellada matan a su víctima y la devoran. ¡Sólo el hombre, la criatura inteligente de la Creación Universal se permite el horror de ir matando lentamente y entre torturas horribles a semejantes suyos, y no para saciar su hambre, sino para satisfacer su encono y su cólera, porque aquellos seres querían escapar de sus garras!... ¿Puede concebirse una maldad más cruda y terrible que ésta?

"¡Roma fue malvada!... ¡Roma fue execrable, cuándo se ensañó así con los débiles e indefensos! —esclamó poseído de indignación.

¡Quién hubiera pensado en tal momento, que trece años después, él mismo sufriría igual género de muerte que los esclavos crucificados a lo largo de la Vía Apia, y que su sentencia serían firmada por el representante de Roma en Jerusalén, Poncio Pilatos!

162

Una semana permaneció Jhasua en Alejandría, y no pasó ni uno sólo de esos días sin visitar el lienzo de los esclavos crucificados que lo atraía irresistiblemente.

—En verdad —decía Nicodemus— que estos lienzos son la venganza de Cartago contra la Roma destructora y cruel. Como le ha ocurrido a Jhasua, ocurrirá a todo viajero que sueñe despierto, y piense que de Roma surgirá la dicha y la paz del mundo.

"Parecería increíble que lienzos mudos hablen tan alto y tan elocuente. ¡El arte es verdad y vida! ¡Qué gran artista fue ese *Aníbal Tugurt,* último vástago del heroico defensor de Cartago!".

EN EL VALLE DE LAS PIRAMIDES

Veamos ahora a Jhasua sumergido con sus amigos en los rollos de papiro que habían traído de Palestina, y los que Filón les guardaba como sorpresa.

A los dos días de hallarse en Alejandría, llegó Melchor de Horeb que estaba ya avisado de antemano y que no quería ni podía perder la oportunidad de oír al joven Maestro, al cual vio dos veces durante su infancia.

—¡Oh, mi príncipe africano! —le dijo Jhasua estrechándole sobre su pecho—. Mi memoria guardaba fiel recuerdo de ti y en mis sueños te he visto más de una vez andando por montañas y desiertos en un hermoso camello de pelo claro, casi blanco.

—Es mi compañero del desierto —contestóle Melchor— y en él he venido para verte, Hijo de Dios, y escuchar de tu boca lecciones de sabiduría. Cinco días he corrido, parando tan sólo el tiempo necesario para descanso de mis acompañantes y de las bestias.

"Habría llegado ayer, pero en el desierto de Ectham, se desencadenó un furioso vendaval y tuvimos que refugiarnos en una gruta... aquella gruta, amigo Filón, a una milla de Herópolis donde tú y yo creímos haber nacido de nuevo.

—¡Ah, sí!... esos recuerdos no se olvidan jamás —contestó el aludido.

—Si aquel enorme peñasco nos aplasta, mueren con nosotros nuestros descubrimientos y nuestras esperanzas.

—¿Se puede saber qué descubrimientos eran esos? —preguntó Jhasua— porque nosotros también tenemos algunos y creo que todos los que aquí estamos somos una misma cosa para saberlos.

—Sí, hijo mío —respondió Filón—. Hace unos años estoy preparando los datos necesarios con sus respectivas comprobaciones, para escribir la historia de Moisés con los comentarios que ella sugiere. Me faltaba algo referente al tiempo de obscuro silencio que él pasó en tierras de Madián, y referente al cual se han tejido leyendas imposibles de aceptar en un ser de la altura espiritual del gran Legislador hebreo.

"Esos datos comprobados, los traíamos en nuestra maleta de viajeros, cuando una noche se despeñó en nuestra gruta un enorme trozo de roca que pasó como un fantasma de piedra casi rozando con nuestros cuerpos tendidos sobre lechos de paja, y sin esperar ni remotamente un visitante tan peligroso.

"Ahora os revelaré la sorpresa de que os hablaba en mis epístolas a Nicodemus.

"Con este buen amigo Melchor, hemos realizado, expediciones bastante audaces desde Cirene hasta más allá del desolado lugar donde antes estuvo la populosa y floreciente Cartago. Estos dos lienzos que tanto han impresionado a Jhasua, han sido la llave que nos abrió el misterioso mundo del desierto africano.

"Hacía sólo un año y siete meses que yo era director de esta Biblioteca y Museo, cuando se me presentó aquí un viajero venido de Cirene en uno de los barcos que hacen la carrera desde Sicilia. Venía con un adolescente de catorce años. Pidieron ver la galería de Cartago, y el guardián que estaba de turno les encaminó hacia ella.

"Vio que sacaban copia de las inscripciones y que el llegar al lienzo en que aparece el incendio y destrucción completa de Cartago, el viajero se postró en tierra, besó luego el lienzo, se secó las lágrimas que le corrían por el rostro y habló largo rato con el adolescente que le acompañaba.

"Como al guardián le llamasen mucho la atención todas estas manifestaciones, vino a decírmelo y yo tuve curiosidad de saber qué vinculación tenían aquellas personas con los lienzos de la galería de Cartago.

"Aunque al principio comprendí que esquivaban las respuestas por la natural desconfianza que se tiene de un desconocido, tuve la suerte de inspirarles confianza después de unos momentos de conversación. Cuando supieron que era africano como ellos y de raza judía, se abrieron completamente.

—La raza y la desgracia nos unen —dijo el hombre mayor—. Yo habría nacido en Cartago si no hubiera sido destruida por los bárbaros del otro lado del Mar Grande. Soy de Cirene y descendiente directo en cuarta generación de Juba, hermano del gran Aníbal, defensor heroico de la heroica Cartago. Todos los años vengo a visitar esta galería donde está guardado lo que resta de la destruida ciudad.

—¿Y este jovencito es vuestro hijo? —le pregunté.

—Sí, el menor de todos, el único que aún tengo a mi lado. Los otros, siguiendo la consigna, se internaron en el desierto —me contestó aquel hombre.

—Ignoraba en absoluto todo eso —le dije—. ¿Por qué huir al desierto donde la vida debe ser espantosa?

—Los pocos hombres hábiles que quedaron, se juramentaron en torno de Aníbal para unirse como una sola nación con la gran raza Tuareghs, la más adelantada y fuerte del Africa Norte. Desde allí hacen la guerra a muerte contra Roma.

—La tradición dice que Aníbal fue a morir en una región del Indostán —observé yo.

—Es falso completamente —me contestó—. Fue uno de sus capitanes que se le parecía en estatura que tomó sus ropas y huyó a Esion-Geber, dejando allí con toda intención la noticia de que marchaba a la India por el Golfo Pérsico.

"Muchos guerreros que sirvieron a las órdenes de Aníbal eran tuareghs de raza, y ellos le salvaron la vida por odio a Roma. Entre ellos quedó toda la familia de Aníbal y los cartagineses que quedaron con vida. Mis abuelos allí vivieron y allí murieron. Por mandato del rey tuareghs, Jampsal III, estoy en Cirene como corresponsal del exterior.

—Este hombre —añadió Filón— se prestó complacido a orientarnos a Melchor y a mí en nuestra búsqueda de datos que nos puedan servir como hilos conductores hacia los orígenes de la actual civilización.

Nuestros viajeros se miraron los unos a los otros.

—Esos datos y muy minuciosos los traemos en estas carpetas —dijo Jhasua—. Y lo que es más, relatados por un testigo ocular.

—¡Oh! ¡Magnífico! Tendremos así la comprobación de que los manuscritos conservados por los Tuareghs y encontrados en criptas funerarias de los subsuelos de Cartago, son verdaderos. Esta coincidencia es maravillosa.

La gran mesa del cenáculo de Filón, se vio cubierta de papiros, cartapacios de telas, de pieles curtidas en blanco, de tabletas de madera y de arcilla, de láminas de cobre y hasta de trozos de corteza de árboles en que aparecían innumerables grabados.

—Creo que con todo esto —dijo Filón— podemos poner bien en claro las obras de Moisés, y establecer continuidad entre los Kobdas, creadores de la Civilización Adámica, con los Esenios, precursores del Cristo.

—Hermano Filón —dijo de pronto Melchor—. Tened en cuenta que no he venido solo.

—Ya sé; vuestros criados tendrán todo en mi casa, ya está todo dispuesto.

—No se trata de mis criados sino de Buya-ben y Faqui los de Cirene.

—¿Cómo?... ¿Han venido contigo?

—Han venido conmigo sólo para ver a Jhasua —contestó Melchor con solemnidad.

—Pero, ¿lo creéis oportuno? —volvió a preguntar Filón.

—Creo que ellos lo merecen tanto como yo. No he podido negarme.

"El Africa tiene el mismo derecho que el Asia para buscar la Verdad y la Luz. Ellos fueron a encontrarme a Herópolis después de informarse en la plaza de las caravanas que yo no había llegado.

"Los de su raza piensan reconstruir a Cartago, lo cual comprueba un aviso espiritual que obtuvimos en Horeb:

"Un pueblo nuevo surgirá de la sangre de Aníbal y de sus mártires cartagineses, y en ese pueblo, voces vigorosas se levantarán para encender en las gentes la luz nueva del Enviado Divino".

"Creo pues que estos seres, padre e hijo, son traídos a nosotros providencialmente."

Viendo Filón el asentimiento de todos, les hizo pasar.

Unos momentos después, ambos visitantes se inclinaban profundamente ante la reunión y así quedaron hasta que Melchor, más al tanto de sus costumbres, se acercó a ellos y les quitó el velo azul que les envolvía la cabeza y les caía sobre el rostro.

Vestían largas túnicas y mantos azules de riquísimos tejidos.

Cuando sacaron sus manos de entre los amplios pliegues del manto, se vieron sus dedos llenos de sortijas, con piedras de gran valor, y pendiente de anchos cinturones de plata, largos puñales damasquinos con mangos de ébano y arabescos de oro. Sobre el pecho ostentaban un pequeño escudo de plata, que era una serpiente enroscada y en el centro del círculo, una cabeza de león erguida y dominante. Aquel hombre tendría cuarenta y cinco años, y su hijo diez y nueve. Este fijó sus ojos negros y llenos de inteligencia en Jhasua, el único joven que veía en la reunión.

Se llegó a él decididamente sin esperar presentación y doblando una rodilla en tierra, le tomó la mano y le dijo en perfecto idioma sirio:

—Que el sol de esta tierra te sea benigno, príncipe de la casa de David.

—Gracias amigo —le dijo Jhasua levantándolo—. Yo no soy un príncipe, sino un buscador de la verdad y de la justicia.

—También nosotros buscamos la justicia —dijo su padre que parecía escuchar atento las palabras de su hijo. Este se sentó al lado de Jhasua y no se preocupó de disimular el afecto y admiración que espontáneamente le dedicaba.

Ambos formaban un hermoso contraste: el uno con su fisonomía de un blanco mate, ojos claros y cabellos bronceados; el otro con sus largos rizos de ébano, sus ojos negrísimos y su fisonomía tostada por el sol ardiente del desierto. El uno, grácil como una vara de nardos; el otro alto y recio como un obelisco de piedra.

—¡Cuán hermoso es amarte, lirio de Jericó! —decía el joven de Cirene a Jhasua, con una espontaneidad encantadora—. ¡Cuánto te amará el Africa, doncel de los cabellos de oro!

—Guarda tus palabras dentro del pecho, hijo mío —díjole su padre— que puedes causar pesadumbre al hijo de David.

—No, ninguna absolutamente, no paséis cuidado —dijo Jhasua— que me encanta la franqueza confiada de vuestro hijo.

—Dejadles —observó Melchor bondadosamente—. Ellos son jovenzuelos y se entenderán a las mil maravillas.

En efecto: Jhasua y Faqui llegaron pronto a una completa inteligencia.

—¿Sabes que tu vestimenta azul despierta en mí hermosos recuerdos del pasado? —decía Jhasua a su interlocutor, jugando como distraídamente con una punta del amplio manto.

—¿Eres tan joven y tienes un pasado que recordar? —interrogó a su vez el africano.

—Es que en una edad remota, existió en Cartago una rama de la gran Escuela Kobda originaria del Nilo. Los adeptos de esa Escuela vestían como tú. Esta coincidencia despierta en mí un gran interés. Eso es todo.

—Y ¿qué relación tienes tú con aquella escuela que dices? Te lo pregunto por si coincidimos en los datos que ambos tenemos —contestó Faqui.

—Diré yo primero los míos —dijo Jhasua para borrar hasta la más leve desconfianza en su nuevo amigo—. En una época muy remota hace de esto ocho mil trescientos años, existió en el peñón de Corta-Agua, que así se llamaba la que más tarde fue Cartago, un Templo de Sabiduría dirigido por una admirable mujer cuyo nombre era *Solania*. En veinticinco años que allí vivió, extendió una elevada civilización que llegó hasta los montes Atlas por el Oeste, y hasta el río Niger por el Sur. Tu vestidura ha avivado en mí estos recuerdos. Lo único que no comprendo de tu vestidura, es ese escudo de una serpiente y un león.

—Todo cuanto me dices concuerda con los remotos orígenes de nuestra raza —dijo el joven de Cirene—. En cuanto a este escudo te diré: para nosotros la serpiente es un símbolo de sabiduría, y el león del valor y la fuerza. A más, tiene otro significado, porque este escudo es lo único nuevo que hay en esta vestidura que llevamos tan sólo los de dinastía real. Este escudo significa Cleopatra y Aníbal unidos para luchar contra el enemigo común: la Roma, salvaje y bárbara, que pasa incendiando ciudades y acuchillando a sus habitantes, ancianos, mujeres y niños.

"Cleopatra y Aníbal son los dos símbolos de la raza Tuareghs descendiente de una *Hija del Sol*, que vestía de azul y que apareció en lo alto del gran peñón donde fue edificada Cartago. ¿Quién la trajo? ¿quién era ella?

—¡Solania!... ¡la Matriarca Kobda de mi vieja historia! —exclamó Jhasua entusiasmado al encontrar puntos de contacto entre la verdad que él poseía y los relatos del joven africano.

—¿Y por qué dices *"mi vieja historia"*? ¿Acaso eres de raza Tuareghs? —preguntó Faqui.

—No, amigo mío. Si digo *mi vieja historia*, es porque formo parte de una Fraternidad consagrada a la verdad y a la justicia. Buscamos con afán todo lo que pueda dar luz a la humanidad, cuya maldad tiene por causa la ignorancia. Cuando la humanidad sepa sus orígenes y su destino, ya no habrá más Roma bárbara y cruel, no habrá enemigos, sino que todas las razas del mundo se reconocerán como hermanas...

—¡Imposible!... ¡imposible, príncipe, hijo de David!... ¡Los tuareghs no olvidan! ¡Cleopatra y Aníbal no olvidan!... ¡Te lo aseguro yo!...

—Puede que dentro de poco tiempo, pienses diferente. ¡Faqui amigo mío! Tu alma sale a tus ojos y creo que vas a comprenderme bien.

—¡Tienes miel en la boca, hijo de David!... y tus palabras entran en mí como el agua fresca cuando me acosa la sed —exclamó con unción religiosa el joven africano.

—Volvamos a nuestro relato —díjole Jhasua—. Te decía yo, que esa *Hija del Sol*, origen de tu raza, no puede ser otra que la Matriarca Solania de mi historia. ¿Sabes por qué la llamaron *hija del Sol*?

—Según los antiguos escritos que tenemos —dijo Faqui— no se sabe el origen de ella, que era en todo diferente de los nativos de estos países.

"Era blanca como la leche, con ojos azules y cabellos como de rayos de sol; vestía túnica y manto azul; enseñaba a cantarle al sol cuando aparecía por las mañanas y cuando se iba por las tardes. Tenemos hermosas canciones que legó a sus hijos como herencia.

—¿Por qué vuestra raza se llama *Tuareghs*? —preguntó Jhasua.

—Porque en una edad lejana, bajó del peñón sagrado un hombre vestido de azul, cuyo nombre era *Tuaregh* y dijo: "Venid a ver lo que he encontrado en la excavación hecha en esta ladera del peñasco; apareció en una oquedad de la roca una caja de mármol, y dentro, la momia de una mujer vestida de azul. Tiene en las manos rollos de papiro en tubos de cobre: era la Ley y los cantos al sol.

"Estábamos ante el cadáver momificado de la *Hija del Sol*. Ella quiso ser encontrada por *Tuaregh*, el hombre más justo y noble de la tribu, y todos lo proclamaron rey. Por eso nos llamamos *Tuareghs*.

—¡Esto es admirable! Tu historia y la mía son una misma historia. Vosotros sois los continuadores de Solania, no me cabe la menor duda. Pero ya lo comprobaremos con los datos históricos que tenemos.

Ambos fueron a reunirse con los demás que ya examinaban las escrituras antiguas.

En el rollo 73 de las *"Escrituras del Patriarca Aldis"* encontró Jhasua el pasaje referente a la Matriarca Solania, primera persona que subió al peñón de Corta-Agua con cinco mujeres y cuatro hombres de vestido azul, que se prestaron a acompañarla en la arriesgada misión.

Leyó en voz alta un pasaje que relataba el momento solemne y trágico en el cual un grupo de *Doloras*, que así llamaban aquellas tribus a sus sacerdotisas, estaban para inmolar la doncella elegida, y los mensajeros de la Matriarca Solania lo impidieron.

—Tal pasaje —dijo Buya-ben— es como una ley para la mitad de nuestra raza, que debido a divergencias como ésta y otras que no menciono, está dividida en varias ramificaciones.

"Por eso llevamos este escudo que simboliza a Cleopatra y Aníbal y con el cual nos distinguimos los que somos continuadores de. la *Hija del Sol.*

—¿De modo —preguntó Filón— que vosotros rechazáis los sacrificios humanos?

—En absoluto, y nuestra ley sólo nos permite matar en defensa de la vida o del honor —contestó Buya-ben sacando de un pequeño bolso de seda azul un tubo de plata—. Aquí está —dijo— lo que nos ha quedado de la Hija del Sol, es decir una copia, porque el original encontrado en su sarcófago, está siempre en él, que permanece cuidadosamente guardado en su templo funerario de roca, a la orilla del río Igharghar llegando a Tinghert.

—Es tal como dice —añadió Melchor que hasta entonces había permanecido silencioso—. Puede atestiguarlo el maestro Filón, pues ambos hemos visitado ese santuario labrado en la montaña como los santuarios Esenios.

—¿Y habéis·visto la momia de la Matriarca Solania? —interrogó Jhasua con ansiedad, mirando a uno y a otro de los que hacían tal afirmación. — ¡Ocho mil trescientos años han pasado sobre ese cuerpo humano hecho piedra!

—Hemos visto —dijo Filón— una bóveda sepulcral dentro de una inmensa gruta toda recubierta por dentro de pórfido y jaspe con ornamentaciones de plata.

"Sobre un dolmen de mármol blanco, está el sarcófago de mármol con tapa de cristal a través del cual se ve la momia tan blanca como el mármol que la guarda.

"Por una concesión especial obtenida por el buen amigo Buya-ben debido a su rango en la dinastía, el sarcófago fue abierto y pudimos tocar la momia, que el tacto la percibe como piedra. A la cabellera parece haberle sido aplicado un baño de oro pálido, y las vestiduras de seda azul, han sido hábilmente colocadas sobre el cuerpo petrificado. Es como una estatua yacente, vestida de tela riquísima bordada de perlas de gran valor. Allí sólo llegan los descendientes directos de Aníbal o Cleopatra, y los guerreros que se han distinguido por hechos notables. Nosotros aprovechamos el turno del Chef Buya-ben y con él y su hijo pudimos entrar.

"En bóvedas comunicadas con esa, pueden verse los sarcófagos de todos los nobles de la raza, desde Aníbal hasta la actualidad. En aquellas hermosísimas grutas funerarias, puede leerse en grabados en los muros, toda la historia de la raza Tuareghs.

—De la cual tenemos relatados los orígenes en estas "Escrituras del Patriarca Aldis", que conoció a vuestra Hija del Sol, y que vestía como ella de azul y tenía su misma ley —dijo Jhasua.

—Por favor dadme una copia —clamó Buya-ben tomando el rollo y observándolo cuidadosamente.

—La tendréis —dijeron los de Judea todos a la vez.

—Habéis cooperado a nuestras mejores comprobaciones —añadió José de Arimathea—, y es justo que recibáis nuestra compensación.

—Jhasua ama a la Hija del Sol —dijo Faqui con entusiasmo— y es la blanca Matriarca Solania, que quiere decir *madre Solania.* ¡Es hermoso llamarla madre!

—Tal tratamiento se daba en la antigua Fraternidad Kobda, a las mujeres fundadoras de Escuelas-Refugios y que demostraban una gran capacidad para dirigir muchedumbres —dijo Jhasua—. En estas *"Escrituras del Patriarca Aldis"* veréis la formidable actuación de vuestra *Hija del Sol.* Llevó la civilización hasta la lejana Etiopía, más allá de las cataratas del Nilo, debido a que el gran Caudillo de la región se enamoró de ella y por complacencia, anuló en aquel país todo cuanto estaba en contra de la sabia ley de los Kobdas.

—Por lo que veo vuestra historia es mucho más amplia en datos que los que tenemos nosotros de los orígenes de nuestra raza —observó Buya-ben

—Lo cual quiere decir —dijo Jhasua— que vosotros poseéis el cuerpo momificado de la Hija del Sol, y nosotros tenemos su alma en las obras que hizo. Es una forma de ser hermanos. ¿No os parece?

—Justamente —dijeron todos.

—Así lo he comprendido desde hace algún tiempo —añadió Melchor—. La verdadera civilización, es la que une a todos los países y a todas las razas del mundo, si reconocemos el origen común de todos y el idéntico destino.

—Las "Escrituras del Patriarca Aldis" que aquí veis —dijo Jhasua— nos hacen comprender la grandiosa obra de la Fraternidad Kobda, al realizar una gran Alianza de todas las naciones existentes hace ocho mil trescientos años, lo cual marca los orígenes de la civilización Adámica. Vuestra Hija del Sol, que había nacido entre las praderas del Lago Van, en la región sudeste del Ponte Euxino, amó tanto al Africa, que la hizo su patria, y en ella dejó sus obras y la materia que la ayudó a realizarlas.

—Nuestras escrituras —observó Buya-ben— dicen que el origen de nuestra raza es atlante, y parece demostrarlo el aspecto físico, diferente en general de las otras razas del continente.

—El tiempo que tenemos es corto —dijo Filón— y creo que debemos aprovecharlo bien. Lo que de verdad nos pondrá de acuerdo es la lectura de los pasajes a que estamos haciendo referencia.

Siendo Jhasua quien había sacado la copia del archivo de Ribla y el que más al tanto estaba de aquellos relatos, fue el designado para leer.

Faqui, su nuevo amigo africano, sentado a su lado, iba recogiendo los rollos que él dejaba y ordenándolos nuevamente.

Los hermosos pasajes en que se veía el alma de la Matriarca Solania flotando como un sol de amanecer sobre la peñascosa región del Africa del Norte, entusiasmaron a todos los oyentes, pero más aún a los que la consideraban como el genio tutelar de su raza y de su país.

Un hálito suave de confraternidad y de amor emanaba de aquella lectura, en cuyos pasajes aparecían como surgiendo de una misma raíz todos los pueblos, que luego se dividieron con odios profundos y guerras destructoras y crueles.

La gran inconsciencia humana saltaba a la vista después de aquella lectura, que al igual que una lámpara radiante, iluminaba claramente los caminos trazados por el amor fraterno, ideal de los antiguos Kobdas, y los caminos del odio y de la ambición, que en los últimos siglos llevaron a la humanidad a una vorágine de sangre y de muerte.

—Las razas del norte, de donde surgió la Hija del Sol, fueron el vendabal destructor de su obra en el continente africano... Roma destruyó a Cartago, como antes los Hicsos destruyeron Neghadá —exclamó Jhasua con amargura.

Buya-ben y Faqui permanecieron silenciosos, porque una honda emoción les llenaba el pecho de sollozos contenidos.

—Los mismos hechos se repetirán muchas veces —dijo Nicodemus— hasta que la humanidad llegue a comprender que es una sola familia y que sólo el amor podrá hacerla dichosa.

—A eso debe tender el esfuerzo de todos los que hemos llegado a comprender esa gran verdad fundamental —añadió Filón.

—Empresa difícil —expresó Buya-ben—. Nuestro *Amenokal* (Rey sobre muchos príncipes con estados propios) no quiere alianza ninguna con los del otro lado del mar ¡Nos hicieron tanto daño!

—Y si otro gran genio tutelar como vuestra Hija del Sol se os presentara para realizar esta alianza olvidando viejos agravios ¿lo rechazarías? —preguntó Melchor mirando a los dos tuareghs.

Instintivamente y sin saber por qué, ambos miraron a Jhasua que en ese momento parecía no estar en la reunión sino muy lejos con su pensamiento.

El príncipe moreno adivinó esa mirada y movía la cabeza afirmativamente como diciendo: *es él.*

—¡Viene de muy lejos!... —dijo a media voz Melchor—. Conoció y amó a la Hija del Sol. Acaso viene a vosotros como un mensajero suyo.

Los dos tuareghs devoraban a Jhasua con sus miradas fijas como si quisieran penetrar el misterio que lo envolvía.

El alma genial de Solania, la Matriarca Kobda de la prehistoria, dialogaba con Jhasua en lo más profundo de su *yo íntimo.*

Como un susurro de flores cayendo sobre una fuente, el joven Maestro escuchaba la voz interna:

"¡Hombre Luz!... ¡Hombre Amor!... ¡conquístales para ti! Ambos son nuestros. El jovencito es el Marvan, de nuestra vieja historia. Su padre es Edipo, al que llamaste un día, *"perla perdida en el rastrojo"'*

Jhasua se despertó del ensueño espiritual y volvió la cabeza hacia el padre y el hijo que le contemplaban con sus ojos asombrados, húmedos de llanto.

—Si eres mensajero de la Hija del Sol, dínoslo claramente, y el Amenokal y todos sus príncipes, seremos tus súbditos mientras vivas y más allá de la muerte!... —exclamó emocionado Buya-ben, incorporándose del diván en que estaba semi tendido.

Jhasua comprendió que aquellos dos hombres eran sujetos sensitivos y ambos habían percibido la vibración de Solania cuando le hablaba mentalmente aún inconscientes de tal hecho.

Todos los presentes habían comprendido el fenómeno psíquico allí realizado sin ruido de palabra, y tan sólo en el profundo escenario de los pensamientos.

Jhasua dominado aún por la poderosa corriente espiritual que había pasado por él, les tendió sus manos blancas y lacias como lirios cortados en la tarde, mientras les decía:

—Un fuerte lazo de simpatía nos une y espero que no se romperá jamás. Soy mensajero de la *Hija del Sol* y en nombre suyo os digo: No dejéis entrar jamás el odio en vuestro corazón. El manto azul de Solania es símbolo de amor y de paz. Es el cielo azul extendido sobre todas las razas y todos los pueblos de la tierra.

"En nombre de ella os digo, que todo aquel que pise vuestro suelo africano con fines de conquista y destrucción, será barrido con ignominia de la faz de la tierra y su nombre será maldito por mucho tiempo.

"Seres benéficos, hermanos de la Hija del Sol, vendrán un día a vosotros como mensajeros de paz y de sabiduría para alumbrar vuestros caminos en el desierto. Con ella os amé un día entre las selvas y montañas de Atlántida, dormida entre las olas del mar, de donde surgirán continentes nuevos, para formar junto con vosotros el paraíso del futuro, sembrado de rosas rojas como corazones humanos, y de lirios blancos como estrellas de luz.

"¡Edipo!... ¡Marvan!... ¡viajeros eternos que venís de un pasado de luz y de amor!... no manchéis con el odio vuestras glorias de ayer, que lastimáis el corazón de la *Hija del Sol* y herís también mi corazón.

La exaltación de Jhasua subía de tono y llegaba a una intensidad que debía hacerle daño por la fuerte vibración que emanaba de todo su ser.

José de Arimathea, le tocó en el hombro y le dijo a media voz:

—¡Jhasua!... has de dominarte. Es prudente que lo hagas.

El joven Maestro dio un gran suspiro, y soltando las manos de Buya-ben y Faqui por cuyos rostros corrían lágrimas serenas y silenciosas dijo:

—¡Gracias! ¡perdonadme! Los que sabéis el secreto de Dios y de las almas, comprenderéis lo que ha ocurrido.

—Es un arcángel de *Amanai* (el Dios Unico de los Tuareghs) —dijo solemnemente Faqui—. Yo había soñado en Cirene que vería con estos ojos, un arcángel de *Amanai.*

—¡Seríamos traidores a nuestro Amenokal si ocultamos lo que aquí hemos visto y oído! —dijo Buya-ben—. Bueno es que él sepa que su Hacben Faqui y su Cheij Buya-ben, tienen amigos que hacen honor a nuestra noble raza. Un día nos dio permiso para que el príncipe Melchor de Horeb y el maestro Filón visitaran el Tinghert, la montaña santa, y no debe ignorar que por ellos hemos oído la voz y mirado el rostro de un mensajero de la Hija del Sol, de un arcángel de *Amanai.*

"Yo sé que él abrirá las puertas de las murallas de roca que nos separan del resto del mundo para que todos vosotros penetréis a las tierras sagradas del Tawareks como a vuestra propia tierra.

"Dadme os ruego una copia de las Escrituras que relatan las glorias de la Hija del Sol que apareció en Corta-Agua, y encerradas en un cofre de plata las llevaré yo mismo a nuestro soberano, que vivirá días de luz y de gloria conociéndolas. ¡Pedía a *Amanai* una señal de su amor antes de morir, y he aquí que vosotros se la habéis dado!

—¿Es muy anciano vuestro rey? —preguntó enternecido Jhasua.

—Es anciano y ha padecido mucho. Es nieto del único hijo del gran Aníbal que sobrevivió de la catástrofe de Cartago, y está casado con la princesa Selene hija de Cleopatra, la reina egipcia, último vástago de los gloriosos ptolomeos que engrandecieron esta ciudad dedicada a Alejandro, con todas las ciencias y todas las artes. Ya veis, pues, que nuestros soberanos están unidos como la serpiente y el león de nuestro escudo. Tres razas están refundidas en los Tuareghs de Africa del Norte: los últimos atlantes, los descendientes de Aníbal y los de Cleopatra, por su hija Selene que muy niña a la muerte trágica de su madre no llegó a sentarse en su trono, pero salvada milagrosamente de la loba romana hambrienta de oro y de vidas, fue amparada por nuestro Amenokal antecesor de éste, que la casó con su hijo, uniendo así la serpiente faraónica con el león de Cartago.

—¿Vive aún la princesa Selene? —preguntó de nuevo Jhasua.

—Vive, y aunque no es octogenaria como nuestro Amenokal, tiene ya una edad avanzada. Quedó niña de pocos años a la muerte de su madre y le fue salvada la vida por las damas de la extinta reina, algunas de las cuales eran de Cirene.

"Mi padre era entonces corresponsal de Athakor como lo soy yo ahora, y por intermedio suyo entró la niña en nuestra ciudad de peñascosas cumbres, de donde no ha salido jamás.

—¿Es ritual vuestro ese retiro absoluto? —preguntó Nicolás de Damasco.

—De ninguna manera pero ella guarda eterno luto por la felonía con que Octavio César llevó a su madre a la muerte. Viste siempre de blanco en señal de duelo y canta las canciones de la *Hija del Sol* acompañada de su arpa. Tiene una hija y dos hijos, los tres casados con los primeros nobles de nuestra raza.

"El Amenokal le ha dado el poder supremo de la vida, en forma que aunque el alto Tribunal condene, a la última pena a un reo, ella sola tiene el poder de indultarlo.

"Obro conforme a la ley de la *"Hija del Sol"* —dice ella cuando se le observa que indulta a todos los reos condenados a muerte.

—¡Sublime mujer, digna de la Matriarca Solania! —exclamó entusiasmado el joven Maestro—. Si no os oponéis, le enviaré una copia de los relatos referentes a Solania, lo cual acabará de confirmarla en su forma noble y justa de obrar.

—¡Hermosa idea! —dijeron todos a la vez.

—Yo indicaría —dijo el joven Faqui— que le pongáis de puño y letra una dedicatoria en que diga, que eres mensajero de la *"Hija del Sol"* que le hace por tu intermedio el obsequio de su vida grabada en un rollo de papiro.

—Ella quiere saber cuánto pasa en el mundo exterior —añadió Buya-ben—; hace grandes fiestas cuando le mando noticias buenas; reparte donativos entre los enfermos y los ancianos. Y cuando las noticias son malas, ordena oraciones públicas a *Amanai* para que tenga piedad de los pueblos oprimidos y maltratados.

—Es casi una esenia —dijo Gamaliel—. ¿Quién puede adivinar lo que saldrá en el futuro de esos excelentes principios?

—Y el mundo en general, tiene la idea de que fuera de la costa mediterránea, toda el Africa es salvaje —observó Nicodemus.

—El mundo no sabe más que lo que las legiones romanas han querido decir —añadió Melchor, cuyas investigaciones le habían llevado a la amistad con las razas más adelantadas del Africa occidental, y del norte del Mar Rojo.

—Han quedado por lo que se ve muchos rastros de la antigua civilización Kobda del Nilo —observó Jhasua—. Y debemos reavivar esos rastros príncipe Melchor, para bien de la humanidad.

"¿No podríamos unirnos con la reina Selene tan piadosa y noble, para establecer una Escuela de Conocimientos Superiores?

—El príncipe Melchor y yo nos encargaríamos de esto, Jhasua —dijo Filón.

—Y yo, si no lo lleváis a mal —dijo Buya-ben.

—Contadme a mí también como auxiliar —añadió el jovencito Faqui—.

"Yo seré el corresponsal del hijo de David en las montañas y las arenas de Athakor.

—¡Gracias Faqui, amigo mío, gracias! Sólo sabía de los africanos que eran morenos, y creía que sólo Melchor era un justo. Ahora sé que hay almas nobles y blancas bajo una piel tostada por el sol del Sahara.

"¡Oh, qué conquista, Dios bueno!... ¡qué conquista!

—Pero la reina Selene no es morena —dijo Buya-ben—. Es un loto florecido en el oasis del desierto, y su corazón es un vaso de miel.

—Una intensa dicha me embarga, Faqui —dijo Jhasua a su nuevo amigo—, "En las correspondencias contigo, te llamaré *Simón* que quiere decir *cimiento*, porque nuestra amistad lo es de algo grande que surgirá en el futuro.

—Bien, bien Jhasua. Mi nombre se alarga pues. Seré el Hach-ben Faqui Simón, para servir al mensajero de la *Hija del Sol.*

El inmenso edificio de la Biblioteca y Museo, como casi todos los grandes edificios de Alejandría, tenía espaciosas terrazas en distintas direcciones.

Desde ellas se dominaba el amarillento desierto que llegaba hasta la ciudad misma por el oeste y el sur, mientras que por el norte, el Mediterráneo de verdosas aguas, acariciaba con sus olas mansas o bravías la inquieta ciudad de los Ptolomeos.

A lo lejos, como un recorte obscuro sobre el límpido azul, se veían las grandes Pirámides, monumentos funerarios de los primeros Faraones de Egipto. La idea de la inmensa sucesión de siglos que aquellos monumentos despiertan, embargaban el alma de Jhasua llevándola hacia un mundo de recuerdos, de hechos, que otros seres o acaso los mismos, habían vivido en épocas ya perdidas en las movedizas arenas del tiempo.

—¡Tú piensas mucho, príncipe de David! —le decía Faqui, en la serena tarde del segundo día de haberse conocido, mientras tomaban un breve descanso todos juntos, después de una intensa labor sobre papiros y cartapacios.

Grandes palmeras sombreaban aquellas terrazas, desde las cuales veían el verde valle sobre el que dormita el Nilo su sueño de siglos. Detrás de él, una obscura cadena de montañas cortan el horizonte por el oriente.

—Es que reviven en mí los siglos que pasaron —le contestó Jhasua, haciendo un esfuerzo para hablar.

—Paréceme que tu cabeza de oro antiguo, es un cofre de historias pasadas —decíale el joven africano, mirando con insistencia aquellos dulces ojos llenos de ensueño, que miraban con una doble vista todo cuanto le rodeaba.

—Quisiera franquearme contigo Faqui, porque una intensa voz parece decirme que me comprenderás —dijo por fin Jhasua, acariciando una lacia rama de palmera que caía en la balaustrada de la terraza.

—Y ¿qué te impide hacerlo? ¿desconfías de mí? —interrogó el joven africano acercándose a él como para hacer más íntima la confidencia—:

"¿Tienes acaso un amor oculto que atormenta tu corazón?

—El amor para mí, no es tortura, sino dicha suprema —contestó el Maestro— pero no es mi confidencia, una confidencia de amor, Faqui. Es una confidencia de sabiduría y de verdad.

"Tú dices haber observado que pienso mucho, y en efecto es así. Mi mente es algo así como una gran madeja de hilos que jamás termina. Habitualmente vivo sumergido en un mundo en que tú y yo vivimos. ¿Qué idea tienes tú de las inteligencias que han vivido en esta tierra muchos siglos antes de ahora? La *Hija del Sol*, por ejemplo.

—La Matriarca Solania de tu historia —dijo Faqui, y su semblante adquiría un suave aspecto de interna devoción—. ¿Ves este dorado resplandor del sol agonizante?... pues créeme que me parece que es ella que me besa en el sol de la tarde. La creo viva, eternamente viva, aun cuando mis ojos de carne no pueden verla.

—Tu amor por ella, te hará verla un día, pero antes quiero franquearme contigo para que comprendas bien, *por qué* es mi cabeza *un cofre de viejos recuerdos.*

Y el joven Nazareno fue haciéndolos vivir ante su asombrado oyente.

—Alejandría está edificada sobre las ruinas de la ciudad sagrada de los Kobdas prehistóricos. Aquí mismo estuvo el gran Santuario de Neghadá, que estaba unido por un puente de piedra sobre el primer canal del delta, con el santuario en que vivían las mujeres Kobdas. Allí vivió la Matriarca Solania, y de allí salió un día para ir al peñón de *Corta-Agua* a civilizar esa región de Africa en que tú has nacido. ¿Has pensado alguna vez Faqui que todas las almas somos eternas, lo mismo las buenas que las malas?

—¡Sí...! ¡claro que sí! nuestras escrituras lo dicen claramente. Tenemos las viejísimas crónicas de los hechos prehistóricos, salvadas de los cataclismos atlantes. Por ellas sabemos que nuestra raza viene de la Atlántida, que al partirse como una granada exprimida por la mano omnipotente de *Amanai*, algunas de sus grandes montañas se levantaron más altas arrastrando con ellas a flor de agua lo que aquí fuera lecho profundo de sus mares azules... Nuestro inmenso Sahara, por ejemplo, donde algunos lagos actuales, son de aguas salobres de mar, y sus enormes peces no tienen sabor de peces de agua dulce, sino de pescado de mar. En la región de Mauritania, se salvaron diez centenas de hombres, mujeres y niños de nuestro país, llamado país de *"Dyaus"* o *Valle Hondo.* En el correr de los tiempos, nuestra raza se hizo numerosa y nos separamos de los mauritanos, atlantes como nosotros, para venir a habitar esta parte de la costa mediterránea, desde la falda oriental de la gran cordillera Atlas, hasta el Golfo Grande que flanquea con sus olas bravías el peñón de Corta-Agua.

"Los fenicios aliados nuestros, nos trajeron en sus barcos su grandeza marítima y sin refundirnos en ellos, pero sí uniendo esfuerzos y aspiraciones, formamos la gran capital del Mar Grande, Cartago, que los bárbaros romanos convirtieron en cenizas, después de matar más de cien mil de sus habitantes pacíficos que no pudieron escapar al desierto.

"Y ahora voy a decirte ¡oh hijo de David! cómo nosotros creemos que las almas son eternas.

"Aparte de que en la gran biblioteca de Cartago, los estudiosos de nuestro pueblo bebieron a saciedad la doctrina de los grandes filósofos griegos y egipcios, en nuestras crónicas atlantes tenemos la sabiduría de *los arcángeles de Amanai* que iluminaron a Atlántida con ciencia tan elevada, como no se ha conocido aún en estos otros continentes.

"Nuestras escrituras dicen que por dos veces *Amanai* tomó carne de hombre y apareció en aquellas tierras para levantarles de todo mal; para separar las almas buenas de las malas, y entregar estas últimas a las torturas del *Iblis*, que es calabozo de reformación, mientras las buenas son llevadas a inmensos templos de luz y de paz, donde aprenden todas las ciencias y todas las artes para enseñarlas a los habitantes de la tierra en nuevas vidas que tendrán en ella.

"Así enseñó *Amanai* en las dos veces que estuvo en Atlántida con carne de hombre."

Jhasua sumido en un mar de pensamientos iba recordando las viejas tradiciones orales y crónicas escritas en papiros que los Dacthylos habían entregado a los Kobdas del Nilo, ocho mil trescientos años atrás, y que el Patiarca Aldis había recopilado con minuciosa fidelidad en sus ochenta rollos encontrados últimamente en el archivo de Ribla.

De pronto salió de su abstraimiento para preguntar a su interlocutor:

—¿Sabes Faqui si vuestras crónicas dicen algo diferente a las dos personalidades que tuvo **Amanai** en el continente Atlante?

—Dicen poco, pero en ese poco se adivinan grandes cosas, y tú tendrás que saberlas.

"En un hermoso país que se llamaba Otlana y cuya capital era Orozuma, formó persona para sí mismo el supremo Amanai, y esa persona fue nuestro Dios-Sol, que rige los destinos de la tierra. Como hombre, fue un rey que puso la paz y la justicia sobre los pueblos suyos y sus vecinos. Se llamaba **Anpheon el Justo**[1].

"Su propio país no lo comprendió, y por no guerrear ni matar, pasó al país de Dyaus que era de mi raza, y allí enseñó su sabiduría a los hombres, hasta que murió en su voluntario destierro.

"Muchos siglos después, **Amanai,** tomó carne de nuevo para otra vida en la tierra; y en esa nueva personalidad fue un Profeta, un filósofo que curaba las almas y los cuerpos, y conocía todos los pensamientos de los hombres. Fue en un país llamado **Manantiales de Zeus,** en cuya capital **Manethel,** hizo todas las maravillas que se puedan imaginar. Después de todo el bien realizado, los hombres le dieron de beber elixir de habas amargas y así le dieron muerte. Atlántida mató dos veces la personificación humana de **Amanai,** y por eso fue tragada por las olas salobres del mar donde dormirá por siglos su sueño pesado y negro de asesina del Dios-Sol.

"Entonces se llamó Ante-Luz[2] que significa "Frente a la luz".

"¿Has comprendido hijo de David las tradiciones de mi raza?"

—Las he comprendido muy bien Faqui, y veo en ellas un claro reflejo de todo cuanto dicen las Escrituras que nosotros conocemos sobre el particular. Veo también cuánta sabiduría encierran las palabras del príncipe Melchor, al decir que vosotros dos, padre e hijo, habíais sido traídos providencialmente hacia nosotros. Encenderéis de nuevo alrededor del peñón de **Corta-Agua,** la lámpara de oro de la Matriarca Solania, vuestra **Hija del Sol.**

Aquí llegaba el interesante diálogo cuando se les acercó José de Arimathea, para avisarles que los camellos estaban preparados y que iban a salir enseguida en dirección del Valle de las Pirámides.

Se les habían adelantado los criados del príncipe Melchor acompañando a un arquitecto del Museo, que era quien había descubierto aspectos nuevos y entradas a los milenarios monumentos funerarios de los primeros Faraones de Menphis. Era un arquitecto funerario de los más conocidos de su tiempo y gran amigo de Filón.

Teniendo en cuenta el culto reverente de los egipcios por sus muertos, cuya vida se perpetuaba más allá de la muerte mediante la perfecta conservación de la materia, se comprende bien la afanosa tarea por las momificaciones de

---

[1] En castellano, se pronuncia **Anfión.**

[2] En castellano, **Antulio.**

176

los cadáveres, y los alcances que tuvo la arquitectura funeraria, llegada a ser la profesión más codiciada y lucrativa de todas.

Para Jhasua y sus amigos de Jerusalén, esta excursión al valle de las Pirámides era una gran novedad. Pero para el joven Maestro, tenía aspectos mucho más profundos que el simple conocimiento de los más grandes monumentos fúnebres del mundo.

Sus maestros Esenios del Tabor, le habían hablado mucho de que quizá era posible unir los vagos recuerdos de la pre-historia con los primeros esbozos de la historia, en cuanto a los orígenes de la Civilización Adámica.

Y él soñaba con ver levantarse las siluetas azules de los Kobdas del Nilo, a cada paso que daba bajo las palmeras centenarias, o entre las dunas amarillentas de movedizas arenas que los vientos ondulaban suavemente. ¿No encontraría acaso esta coordinación perdida entre los siglos, de aquel Pharahome *Adamena*, el *Adamú* de las Escrituras del Patriarca Aldis, y el *Menes fundador,* según la historia, del primer reino de Egipto?

Los Kobdas de Abel habían sido los fundamentos y coronación de la civilización de los tres continentes; y la humanidad, ingrata siempre con sus maestros y guías en lo espiritual, sólo conservaba el recuerdo vivo de sus grandes guerreros conquistadores que llenaron de sangre y luto sus ciudades y sus campiñas, y que a costa del dolor de sus súbditos-esclavos, habían dejado a la posteridad, para eterna memoria suya, esos enormes monumentos funerarios que iban a visitar.

Para Jhasua se levantaba la grandeza espiritual del pasado, como un dorado resplandor de sol que aún alumbraba los caminos sombríos de la humanidad. Era un crepúsculo de ocaso, que él quería transformar en claridades de un nuevo amanecer, mediante la hilación perfecta entre el luminoso pasado que llamamos orígenes de la Civilización Adámica, y los grandes instructores que había tenido posteriormente la humanidad.

De la confrontación del pasado con el presente, podía surgir, con las firmes delineaciones de la convicción razonable y lógica, la imagen perfecta de la Verdad Divina, invariable, inmutable, eterna, no obstante los errores humanos y la natural desfiguración causada por los siglos.

Todo este cúmulo de pensamientos embargaban la mente de Jhasua, mientras montado en el camello color marfil, de Melchor, entre todos sus compañeros de excursión, costeaban el lago Mariotis tendido como un espejo de plata al sur de Alejandría. Una hora más al galope de sus cabalgaduras, y estarían en el valle de las Pirámides.

—Ya me has cumplido tu promesa Jhasua —decíale Filón, cuando haciendo arrodillar el camello que montaba, le ayudaba a descender de él, al pie mismo de la gran Pirámide.

—¿Qué promesa es la que dices? —le preguntó Jhasua.

—Aquella del triste anochecer en Tiro, cuando corrí muchas millas buscándote y no te encontraba.

—¡Ah, sí!... cuando me internaba sierra adentro en la cordillera del Líbano. Y bien, ¡todo llega maestro Filón para el que sabe esperar!

—¡Ya esperé veinte años! —contestó el filósofo alejandrino— y estoy contento de ello.

Todos estaban ya desmontados y siguieron andando hacia los grandes monumentos.

La púrpura del sol poniente parecía derramar sobre el paisaje, un sutil polvillo escarlata y oro. Comenzaba el cuarto mes del año según el calendario hebreo, pero el invierno allí es ordinariamente como el otoño de otras regiones. Era pues, una fresca y serena tarde a las orillas del Nilo que se veía surcado de pequeños barcos a vela, semejantes a gaviotas jugueteando sobre las ondas del majestuoso río.

Los criados de Melchor encendieron una pequeña hoguera y con rapidez increíble armaron una tienda. El príncipe Melchor, viajero infatigable, viajaba siempre provisto de su gran tienda de lona rayada de blanco y rojo que se armaba mediante un mástil central de trozos de cañas fuertes embutidos unos dentro de otros, y una porción de estacas de encina con aros de hierro que colocados en círculos alrededor del mástil, sujetaban los bordes del inmenso disco de lona, que era todo el sencillo mecanismo de la tienda. Los tapices y pieles de las monturas, cubrían las arenas del pavimento, y la casa ambulante del desierto quedaba firmemente instalada.

Nunca había hecho Jhasua un viaje semejante, y desde luego todo le resultaba novedad.

Sus nuevos amigos africanos Buya-ben y Faqui, muy prácticos en esta clase de trabajos, desenrrollaron también un fardo azul que era otra tienda igual que la de Melchor en la forma de construcción, pero más pequeña en tamaño.

—Por lo visto —dijo Jhasua con mucha gracia— vamos a quedarnos aquí a vivir. ¡Hacéis dos casas amplias! —Al decirlo observaba como el criado más joven de Melchor, preparaba las sogas con que se sujetaba a las estacas las tienda, y quiso ayudarlo en su trabajo.

—Y quien sabe si serán tres, pues mis criados tienen también su tienda para cuatro —contestó Melchor complaciéndose en el asombro de Jhasua y sus amigos de Jerusalén no habituados a esta clase de fáciles construcciones.

En efecto, pocos momentos después, la tienda verde de los criados, se levantaba cerca de las otras, dando un alegre aspecto de campamento de vistosos colores que contrastaba con el descolorido gris amarillento de las dunas ondulantes en la inmensa planicie arenosa.

El arquitecto del Museo, acompañado por Melchor y Filón registraban el paraje inmediato a las grandes Pirámides y a la Esfinge, que tiene la figura de un enorme león echado y entre cuyas patas delanteras está la puerta de entrada.

Sólo se habla de la Esfinge y de las grandes Pirámides; pero todo aquel valle, es un pueblo de tumbas, pues era el cementerio del antigio Egipto. Los conocedores del lugar, removían las arenas de sitios determinados y aparecía una enorme losa, que cerraba la entrada al *hipogeo.*

El trabajo del explorador estaba en encontrar la hábil combinación que facilitaba la entrada a las galerías subterráneas. Buya-ben y Faqui, hijos del desierto, encontraron pronto el secreto, que era el mismo con que en su país natal se aseguraban los hipogeos entre la arena. Pronto fue pues levantada una lápida perdida entre la arena.

—No entréis ninguno —dijo Melchor— hasta tanto que haya entrado primero una buena porción de aire puro.

—Guiaré yo —dijo Buya-ben— que estoy habituado a esto.

Y penetraron todos, armados de mechas enceradas que daban una amarillenta luz a los obscuros pasillos y corredores.

—¿Y por qué tanto misterio para guardar los muertos? —preguntaba Jhasua.

—Los antiguos egipcios tenían la costumbre de enterrar sus muertos con las mejores joyas y alhajas que habían tenido en vida; y de aquí el temor de que fueran robadas por los beduinos nómades del desierto —le contestó Filón.

Las paredes de piedra lisa, ostentaban de tanto en tanto inscripciones geroglíficas, de las cuales iban tomando notas los viajeros de Jerusalén.

A la vuelta de los recodos o en los comienzos de empinadas escalerillas, había un brazo de cobre empotrado en la muralla en el cual se hallaba un trozo de cirio de cera, que el que entraba iba encendiendo a los fines de iluminar aquellos antros.

Por fin la galería estaba interrumpida por un muro igual que los que habían ya recorrido.

—Es que ahora hemos llegado a la cámara sepulcral —dijo el arquitecto.

—Mientras sacáis copias de las inscripciones, nosotros encontraremos el secreto —decía Faqui a Jhasua, que según costumbre iba sumiéndose en el mar profundo de su pensamiento.

Pensaba en Adamú el último Pharahome Kobda o sea el último que gobernó a Neghadá con la ley de los Kobdas. Nada se había encontrado de él, ni del patriarca Aldis, que también fue a morir a Neghadá al lado de su hijo. No le interesaba tanto encontrar sus momias, como los escritos con que los Kobdas acostumbraban a sepultar sus muertos queridos.

En el fondo de su propio Yo dialogaba consigo mismo, y los interrogantes se sucedían unos a otros en su mundo interior.

Las "Escrituras del Patriarca Aldis" narraban los hechos acaecidos hasta la desaparición de Abel. Después un silencio de muerte.

¿Qué había sido de Adamú, Pharahome de Neghadá?

¿Qué fue de los Kobdas que le acompañaron a continuar la obra de Abel y de Bohindra?

¿Qué fue del célebre santuario de Matriarcas Kobdas, de donde habían salido como palomas mensajeras de paz y de sabiduría mujeres heroicas, como Solania hacia el Africa occidental; Nubia y Malvina hacia el monte Sagrón y el mar Kaspio: Walkiria de Kiffauser al pie de la cordillera de Káukaso?

¿Qué fue de la obra grandiosa de cultura y civilización que iniciaron los Kobdas y Dacthylos unidos en Hélade del Atica prehistórica y los países del Danubio?

"¡Sabiduría infinita y eterna! —clamaba Jhasua en la soledad de su propio pensamiento—. ¿Es posible que dejaras perderse en el abismo de la barbarie, ignorancia e inconciencia de los hombres, lo que costó más de quince siglos de esfuerzos continuados a tus mensajeros los hombres de vestido azul?".

En las profundidades de su Yo íntimo, creyó percibir una voz sin ruido que decía, haciendo casi paralizar los latidos de su corazón:

"Espera y confía. Nunca llamarás en vano a la Divinidad cuando la llamas con amor y con justicia. Espera y confía".

Jhasua fuertemente impresionado, se apoyó en el frío muro de la galería donde sus acompañantes copiaban geroglíficos que por el momento no sabían descifrar.

—¡Jhasua!... ¡Jhasua!... —gritaba Faqui con voz de triunfo—. Encontramos el secreto y la puerta del hipogeo la tenemos abierta.

En cuatro pasos el jovencito se había puesto junto a su amigo.

—¿Qué tienes Jhasua que estás pálido como un muerto? —le preguntaba alarmado.

—Nada, Faqui, no estoy malo, no te alarmes. A veces soy débil ante la carga inmensa de mis pensamientos.

—Entonces será mejor que te saque al aire libre, que tiempo hay para registrar las viejas sepulturas del Nilo. ¡Vamos!

Jhasua se dejó llevar hacia el exterior, con la promesa de sus compañeros de Judea, que le seguirían en breve.

Casi anochecía. Una pálida luna nueva como un recorte de plata bruñida, aparecía en el obscuro fondo azul de una calma imperturbable.

Jhasua respiró hondamente y bajo aquel cielo de turquí, límpido y sereno, volvió a recordar las frases que una misteriosa voz íntima se dejó sentir en su mundo interior: *"Espera y confía"*.

Tanto amor y ternura irradiaban aquellas palabras, que una ola de llanto suavísimo subía a su garganta y a sus ojos. Faqui le hacía beber licor de granadas, reconfortante del sistema nervioso y como si se tratara de un niño pequeño, le hizo recostar en la tienda mientras le decía:

—Eres un lirio de Jericó y te lastiman la brisas ásperas del desierto... ¡Jhasua!... ¿Por qué te he visto si he de separarme otra vez de ti?

Esta queja del alma apasionada de Faqui, hizo reaccionar al alma generosa de Jhasua.

—No digas eso, amigo mío, porque tú y yo podemos vernos con frecuencia. Cada año acudiré yo al puerto de Gaza, y tú que vives en Cirene en tres días podrás estar a mi lado. ¿No te complace esta idea?

— ¡Mucho... mucho Jhasua, si es que *Amanai* nos permite realizarla!

Jhasua pensó en las frases íntimas que había escuchado y las repitió en contestación a su nuevo amigo:

— ¡Espera y confía! Nunca llamarás en vano a la Divinidad si con amor y justicia le llamas.

— ¡Dios habla por tu boca, hijo de David! Bendita es tu boca que trae luz de esperanza a las almas.

Los compañeros volvieron a la tienda y se tendieron sobre las pieles que cubrían el piso.

— ¡Cuán mullidos resultan los lechos sobre la arena!... —exclamaba Gamaliel arreglándose muy a gusto en una piel de león.

—También el desierto tiene sus blanduras para quienes le aman —contestó ·Buya-ben

Melchor junto a la hoguera hablaba con sus criados que ya tenían el vino caliente y los peces asados.

En unas cestillas de hojas de palmera, que más se asemejaban a fuentes o platos que a cestas, los criados llevaron a la tienda una docena de lindos peces dorados al fuego, el saquillo del pan, quesos de cabra y dátiles tan abundantes y especiales en el país.

Era Melchor el de mayor edad de todos los presentes, pues había cumplido los sesenta años; pero él cedió a Jhasua la honra de pronunciar la oración habitual y presidir la comida.

—¿Por qué yo? —preguntaba él.

—Porque eres el más anciano como espíritu —contestóle Filón.

—Y porque es mensajero de la *Hija del Sol* —añadió Faqui, ocupando un sitio al lado de su amigo.

La conversación muy animada, hizo tan amena aquella sencilla y rústica mesa, que Jhasua estaba encantado.

—Bajo una tienda y sentados en la arena coméis los del desierto tranquilamente, como nosotros sobre el césped y a la sombra de las encinas. En cada región encontramos las manifestaciones del amor del Padre —decía Jhasua agradablemente impresionado de las costumbres usadas en el desierto.

—Terminada la refección volveremos a nuestro trabajo. Es mejor hacerlo en la noche que no seremos molestados por los curiosos boteleros del río —dijo Filón.

—Como ellos no saben valorar el precio de lo que buscamos enseguida tejerán relatos en que nos harán aparecer como buscadores de tesoros escondidos —añadió Melchor.

—A Jhasua le hace daño el aire pesado de las tumbas —dijo Faqui—. Si queréis me quedo aquí con él.

—No, no —dijo rápidamente el aludido—. Es preciso que yo vaya. Quiero verlo y saberlo todo, amigo mío.

—Bien, bien, voy contigo, pero me llevo la redoma de elixir de granadas por si te es necesario.

La noción de sus responsabilidades sobre Jhasua, se despertó viva en José de Arimathea, que se acercó al punto para inquirir el motivo de las preocupaciones de Faqui.

Jhasua explicó lo que había pasado y ya todos tranquilos volvieron al hipogeo que con el aire renovado, ofrecía menos fatiga a los exploradores.

Buya-ben encendió las cerillas de todos y guiando como la vez anterior, entraron con la facilidad de marchar por sendero conocido.

Al terminar pasillos y corredores, se hallaron ante el muro aquel que les cortó el paso, pero que ya presentaba una negra boca que tenía forma de triángulo agudo. El bloque de piedra apartado de allí se había partido en dos.

Entraron a la gran cámara sepulcral, que estaba construida con columnas de piedra que formaban como una gran estrella de cinco puntas, si se trazaran líneas de una a otra columna.

La columna que formaba el centro, era diez veces más gruesa que las otras y tenía hornacinas con pebeteros para quemar perfumes y ánforas para colocar flores.

Era como el altar de las ofrendas a los muertos queridos.

Todas las columnas aparecían como bordadas de jeroglíficos.

En los muros laterales se observaban algunos huecos vacíos y otros cerrados con lápidas de basalto, cuyas inscripciones de cobre indicaban el nombre del muerto y la fecha de tal suceso.

Melchor, Filón y Buya-ben leían con alguna facilidad las escrituras jeroglíficas del antiguo Egipto, y fueron traduciendo las inscripciones de las losas que cerraban las tumbas.

A primera vista se comprendía que el hipogeo no había pertenecido a personajes de alta jerarquía, pues todo era en él modesto y sencillo.

Buya-ben que sentado en el basamento de la gran columna central, traducía los grabados de los pasillos y corredores, llamó la atención de sus compañeros para participarles sus descubrimientos. Todos se volvieron hacia él.

—Según nuestra manera de contar, los siglos que pasaron, estamos a ochenta y tres centurias desde los orígenes de la Civilización Adámica, ¿no es así?

—Justamente, lo creemos así —contestaron varias voces.

—Pues bien, asombraos de esta inscripción que acabo de traducir:

"Este hipogeo fue mandado construir por *Mizrain de Tanis* en el año 89 de la primera centuria después de la destrucción de Neghadá".

—¿Sabéis quién es *Mizraim de Tanis?* —preguntó Buya-ben.

—Nuestras escrituras nada mencionan de él —contestó Jhasua.

—*Mizraim de Tanis* —dijo Melchor— aparece en las más antiguas tradiciones egipcias, como si hubiera sido un genio tutelar de los valles del Nilo y creador de la raza egipcia.

—Algo así como la Matriarca Solania en Corta-Agua —observó Jhasua.

—Ya sabemos —continuó Melchor— que esos seres superiores, son transformados en el correr de los tiempos, en divinidades benéficas a causa sin duda de sus extraordinarias obras que sobrepasan el nivel común a que llega la mayoría de la humanidad.

—A eso viene la investigación de la verdad, a descubrir que esos llamados, *genios tutelares o semidioses,* han sido en verdad hombres o mujeres geniales, instructores y guías de determinadas porciones de humanidad— dijo Filón dando mayor claridad al asunto.

—La Verdad Eterna se cierne como una aurora sobre nosotros —dijo Nicodemus—. ¿Por qué hemos venido a abrir este hipogeo y no otro? Diríase que algo nos trajo en esta dirección, si como decís, este valle es un pueblo de tumbas.

—Os explicaré lo que ha ocurrido —manifestó el arquitecto del Museo—.

"Cuando el maestro Filón me llamó a colaborar con él en el engrandecimiento de la Biblioteca y Museo de Alejandría, yo tomé con gran amor el trabajo encomendado a mis esfuerzos.

"El príncipe Melchor me prestó su apoyo material y personal. Su elevada alcurnia como hijo de uno de los más respetados sacerdotes de Menphis, y su madre, princesa heredera de un reino en la Arabia Pétrea, fue el más valioso elemento para realizar mi trabajo. He observado este valle durante cinco años, y las arenas del desierto, adustas y mudas, han sido confidentes conmigo.

"No bien bajaba una inundación del Nilo, montaba en mi camello, traía mi tienda y pasaba aquí unos cuantos días, sólo acompañado de mi criado. Observé que en determinados sitios se formaban pozos en la arena y en ellos no se resumía el agua estancada. A veces quedaban algunos pececillos en esos minúsculos laguitos, hasta que el ardor del sol evaporaba el agua.

"Escarpí con mi azadón, y a poco sentí el choque con una piedra: era la losa que cubría la entrada a una tumba.

"Como ésta, tengo algunas otras ya señaladas con una caña enterrada tres metros al borde mismo de las lozas que la sostienen sin moverse. Ya veis pues, el desierto no es tan hosco como parece, y entrega sus secretos a los que lo amamos.

"Cuando regresemos a la ciudad, os llevaré a la sala de las momias y os enseñaré todo cuanto me ha dado el desierto para el Museo, mediante el procedimiento que os acabo de explicar.

"Hoy le ha tocado el turno al hipogeo de *Mizraim.* patriarca de la raza egipcia según acaba de manifestar el príncipe Melchor".

—¿Has traducido otras escrituras? —preguntó Jhasua a Buya-ben.

—Sí, son como sentencias de sabiduría. Escuchad:

"La muerte no es aniquilamiento, sino libertad".

"Sólo muere de verdad, el que nada pensó ni hizo por sus semejantes, pues que lo cubre de sombras el olvido".

"La materia que nos ayudó a realizar nobles ideas, es digna de respeto y de tierna memoria".

"Las tumbas son guardianes fieles de la historia vivida por los hombres".

"La cripta del Gran Santuario quedó bajo las ruinas. Que Dios Omnipotente bendiga este templo debajo de las arenas, donde no sea descubierto por la codicia de los hombres".

Mizraim

—Esto es la traducción de los grabados de la galería de entrada —dijo Buya-ben—. Luego traduciré las restantes inscripciones.

—Hemos encontrado, a lo que parece un hilo de oro de la verdad que andamos buscando —observó Nicolás de Damasco— ¡Qué sentencias más parecidas a las de nuestros Esenios!

—Los Esenios de hoy son los Kobdas de ayer —dijo Jhasua.

—Así es en verdad —dijo Filón—. La Verdad Eterna tiene siempre en pie sus legiones de justicia, de sabiduría y de amor. Los de hoy encontramos las huellas de los que vivieron ayer.

—Veamos qué nos dice la sepultura de este genio tutelar del Nilo.

—Nos dirá como la *Hija del Sol* —dijo Faqui—: "Que el amor salva todos los abismos! Que aprendamos a amar y seremos salvos".

— ¡Muy bien Faqui! —exclamó Jhasua—. Eres en verdad mi hermano.

Mientras este breve diálogo, el arquitecto armado de su antorcha y de una lente poderosa examinaba las cerraduras de las hornacinas abiertas horizontalmente en los muros de la enorme sala mortuoria.

—No puedo comprender estas fechas que aparecen aquí —decía a su vez Buya-ben—. Venid y veremos si mediante vuestros conocimientos prehistóricos podemos obtener la solución. ¿No es verdad príncipe Melchor, que los egipcios cuentan los siglos desde Menes, el primer rey que recuerda la historia?

—Justamente. Estamos en la centuria 52 desde Menes, o sea 5.200 años —contestó el príncipe.

—Así lo he creído siempre. Mas estas fechas demuestran que no hacen la cuenta de igual manera.

"Como ejemplo, mirad esta lápida de basalto con letras de cobre: Ptames de Zoan, bajó al templo del silencio en el año décimo de la tercera centuria del Hombre-Luz, treinta y siete años de la destrucción del gran Templo de Sabiduría.

"¿Qué Hombre-Luz era ese que marcó nuevo camino a los siglos?

—Yo os lo diré —dijo Jhasua.

"Según las Escrituras del Patriarca Aldis, entre los Kobdas prehistóricos llamaron *Hombre-Luz* al hijo de Adamú y Evana, que fue, según ellos, una personificación humana del Avatar Divino o Verbo de Dios. El Templo de Sabiduría seguramente será el de Neghadá la ciudad sagrada de los Kobdas del Nilo.

—De eso se desprende —observó Nicodemus— que el *Mizraim* constructor de este hipogeo, fue un Kobda prehistórico. Esto se va poniendo interesante.

—En verdad —contestaron varios.

—Estamos asombrándonos de los muchos siglos de edad que tienen las pirámides y este sepulcro bajo las arenas del desierto tiene más edad que ellas —dijo Gamaliel.

—¿Se sabe a punto fijo cuando ocurrió la primera invasión de los bárbaros al valle del Nilo? —preguntó Nicodemus.

—No tenemos un dato exacto, pero esta inscripción nos la da, contando 337 años después de la destrucción de Neghadá. Y esto ocurrió antes de Menes, primer rey del Egipto reconquistado.

—Este sarcófago está listo para abrirse —se oyó decir al arquitecto en un ángulo de la sala.

Todos acudieron allá. Quitaron la lápida de basalto que cerraba la hornacina o nicho, y el sarcófago enteramente cubierto de polvo, quedó a la vista.

Era una sencilla caja de madera de olivo, encima de cuya tapa, estaba grabada una lira y debajo de ella un punzón.

—¡Era un Kobda prehistórico! —dijo Jhasua—. ¡Era un músico poeta! —añadió—. La lira y el punzón lo dicen. El patriarca Aldis trae en sus escrituras los signos usados por los antiguos Kobdas para expresar los conceptos con la mayor brevedad posible. La lira significaba melodía, canto; y el punzón, escritura, grabado. Abramos.

Apareció la momia envuelta en delgadas cintas engomadas. Sobre el pecho tenía una lira y a los pies un tubo de plata. La momia había sido cubierta con una manta azulada, pero que al penetrar el aire, se desmoronó en menudos pedazos que fueron disgregándose en polvo.

En el tubo de plata encontraron treinta papiros arrollados unos dentro de otros.

—Aquí hay trabajo para todos nosotros, pero sobre todo para Buya-ben y Melchor —dijo Filón.

—Esto lo haremos tranquilamente a nuestro regreso a la ciudad —contestó Melchor, tomando el tubo.

El arquitecto ya estaba abriendo otra hornacina, en cuya lápida exterior no aparecía nombre ni fecha sino sólo una gruesa corona de cobre de estilo sencillo, y de la medida de una cabeza humana. Estaba embutida entre el basalto.

—Aquí debe reposar uno que fue poderoso en su vida, pues la corona eso demuestra, según la antigua escritura de signos —dijo Jhasua.

Retirada la lápida, apareció un sarcófago pequeño de mármol blanco con tapa de cuarzo. Se leía en el lado que daba al frente: *Merik de Urcaldia.* Cuarenta y dos lunas después del Hombre-Luz.

—¡Esto sí que será una luz en estas tinieblas! —observó Jhasua—. Algo así como la momia de vuestra *Hija del Sol.*

—Si encontramos algo escrito —dijo Filón.

Sacudida la capa de polvo que formaba como una envoltura exterior apareció una preciosa estatua de cerámica coloreada al natural, que representaba una mujer dormida.

Todos comprendieron que aquello era sólo una caja que encerraba los restos humanos. Muchos cuidados debieron tener para abrirla sin romperla, y cuando lo consiguieron, encontraron dentro la momia de una niña a quien la muerte había sorprendido llegada apenas a la adolescencia.

En un pequeño cofrecito de plata bruñida encontraron un minúsculo librito de oro que como una mascota pendía de una cadenilla. En la tapa se veía una estrellita diminuta formada por un záfiro cuya azulada claridad, se tornaba más viva al resplandor de las antorchas.

La estrella de cinco puntas, símbolo Kobda de la Luz Divina, ostentaba este grabado en geroglífico: *"Que ella me guíe"*. Había un tubo de plata con un papiro pequeño, que descifrarían cuando terminada la tarea, regresaran a la ciudad.

Recogieron todos estos objetos y cerraron nuevamente el sarcófago.

En esta forma fueron abriendo todas las hornacinas que estaban cerradas.

Por fin encontraron lo que más deseaban, la del que hizo construir el hipogeo: *Mizraim de Tanis* cuya momia encerrada en una caja de cobre forrada de madera de encina, aparecía en perfecta condición.

Sobre el pecho estaba una cajita de cobre y algunos tubos del mismo metal, hacia la cabeza y los pies.

El arquitecto y su lente seguían registrando hasta la más imperceptible grieta de aquellos muros de piedra gris. Por fin se dio cuenta de que el gran pilar central cuya dimensión podía medirse con los brazos abiertos de diez hombres tomados por las manos, tenía una cavidad por dentro, pues a los suaves golpecitos de martillo, sonaba a hueco.

Todos acudieron a la novedad, suponiendo que mucho debía valer lo que tan bien guardado estaba. Una fuerte anilla de cobre aparecía en un pequeño hueco de la piedra, y trabajando con ella se abrió una puertecita ovalada que permitía la entrada a una persona. El arquitecto entró de inmediato con su lente y su cerilla; los demás alumbraban desde afuera.

—Es un verdadero altar —decía el observador y su voz resonaba de un modo extraño—. Hay aquí toda una familia de momias sujetas al muro por fuertes aros de cobre.

—Están en posición vertical, erguidos, desafiando los siglos. Una, dos, tres, cuatro, cinco, seis, siete.

'' ¡Esto es colosal! Asomaos de uno en uno y mirad''.

Así lo hicieron y cada cual observó algún detalle.

Cuando todos hubieron mirado desde fuera. Jhasua dijo al arquitecto:

—Creo que tu y yo podemos estar juntos allí dentro.

—Entrad, entrad —dijeron todos. Melchor le dio su lente y Jhasua penetró al pequeño santuario que era como una rotonda con hornacinas verticales en cada una de las cuales estaba una momia.

—Este pequeño templo —decía Jhasua en alta voz— ha sido hecho ya con la idea de colocar estas momias, pues son siete nichos solamente y los siete nichos están llenos. ¡Son piedra estas momias, son piedra! —decía tocándolas suavemente.

Observó que por delante de ellas estaba una repisa circular de fino mármol blanco sostenido por soportes de cobre. Delante de cada momia aparecía un grabado geroglífico.

—Aquí hay trabajo para Buya-ben o para el príncipe Melchor —dijo Jhasua.

El arquitecto salió y entró el príncipe Melchor y tras él Buya-ben. Jhasua sentado en el umbral de la puertecita tenía preparado el punzón de carbón y el libreto de tela engomada para copiar la traducción.

La primera inscripción traducida decía: *Matriarca Elhisa* 26 años del

Hombre-Luz. La momia que estaba a su lado decía: *Pharahome Adonaei,* 26 años del Hombre-Luz. Tres centurias antes de la destrucción de la Ciudad Santa.

Y en esta forma fueron traduciendo las inscripciones de las siete momias encerradas en la gran columna central.

Cuando Buya-ben leyó en alta voz la inscripción de la tercera momia, *"Bohindra de Otlana, dos años de nacido el Hombre-Luz",* Jhasua se quedó en suspenso como si viera levantarse ante él un mundo nuevo, o caer del espacio una estrella— ¡Bohindra de Otlana! —repitió como un eco de la voz del africano—. Pero ¿es posible?

—¿Tan grande fue este personaje que así os llena de emoción?

—Fue como vuestra *Hija del Sol,* para tres continentes —contestó Jhasua— y era atlante como vuestra raza Tuareghs. Mis amigos de Jerusalén, lo saben como yo.

—Es verdad —afirmó José De Arimathea—. Es el personaje central en la historia de la Civilización Adámica que nos ha dejado el Patriarca Aldis.

—Muy bien —añadió Buya-ben— asombráos más todavía con lo que viene aquí. *"Patriarca "Aldis de Avendana" treinta y ocho años después del Hombre-Luz. Tres centurias antes de la destrucción de la Ciudad Santa".*

Jhasua se apretó las sienes que parecía fueran a estallarle.

— ¡Jhasua, hijo de David! —dijo Faqui que se hallaba detrás de él— ¡parece que vas a morirte! —La cabeza del joven Maestro, sentado en el umbral de la puertecita de entrada, se apoyó en las rodillas del joven africano porque en verdad se sentía desfallecer.

Es indescriptible la emoción que le produjo el tener a su vista, al alcance de sus manos, la materia momificada de aquel hombre que había escrito 80 rollos de papiro narrando a la humanidad los comienzos de esta Civilización. No era pues, una ficción ni una paradoja, ni un simulacro. No era un personaje supuesto, un pseudónimo como algunos creían. No podía apartar sus ojos de la momia cubierta como todas hasta el cuello por un molde de yeso que sólo les dejaba al descubierto la cabeza. Bohindra y Aldis, ambos de origen atlante presentaban el mismo tipo. Soberbias cabezas redondas de frente alta y abovedada, con la nariz un tanto aguileña, y el mentón ancho y firme de los grandes caracteres.

—Continuemos —dijo Filón— o si Jhasua no se siente bien, dejémoslo para mañana.

—Estoy bien —dijo él— sigamos que ya sólo faltan tres.

—*"Pharahome Adamena de Ethea"* siguió leyendo Buya-ben en la inscripción de la quinta momia.

Jhasua volvió la cabeza buscando los ojos de los amigos de Jerusalén con los que había leído las viejas Escrituras del Patriarca Aldis.

—¿Será aquél? —preguntó.

—Probablemente, oigamos lo que sigue.

Buya-ben siguió leyendo: —"Cuarenta y nueve años después del Hombre-Luz. Tres centurias antes de la destrucción de la ciudad Santa[1].

---

[1] La Asociación Internacional de Estudiantes de la Biblia establecida en Londres hace referencia a una tabla de piedra llamada Tabla Abidos, que encontró el Faraón Setil en una excavación que mandó hacer en el valle del Nilo. En dicha Tabla —dice la mencionada Asociación— aparece "Adam-Mena" como

—No hay duda. Es él.

—¡El Adamú del Patriarca Aldis! —exclamó Jhasua mirando la estatua de carne hecha piedra que parecía de arcilla amarillenta. Era más baja que las otras dos y menos fuerte en su conformación, la nariz recta y la frente, la boca y el mentón muy semejantes a las del Patriarca Aldis.

—¡Adamú!... ¡Adamú! —decía Jhasua conmovido—. Estamos contemplando tu materia muerta, reducida a un trozo de piedra. ¿Dónde estará tu espíritu vivo, resplandeciente de genio y de amor con 83 siglos más de evolución? ¡Qué no daría yo por encontrarte para realizar alianza contigo!

José de Arimathea escribía silencioso en su libreta de telas engomadas.

—Aquí tienes Jhasua la respuesta —dijo entregando al joven Maestro el libreto abierto en la página acabada de escribir:

"¡Arcángel de Jehová; ungido del Amor!... no estoy lejos de ti.

"Lo que el Eterno ha unido, nadie lo puede separar. A una hora del bosque de Dafne, sobre el río Orontes, al sur de Antioquía, está mi oasis que llaman *Huerto de las Palmas.* Allí vive sus agitados años, el Scheiff Ilderin a quien ha respetado el invasor romano. Nací en el país de Amón en Arabia central. Es el Adamú que deseas encontrar y que te espera". "Scheiff Ilderin".

—¡Magnífico! —exclamó Nicolás de Damasco—. Yo conozco todos esos parajes que he visitado más de una vez.

"Estuve una vez en el *Huerto de las Palmas,* donde llegué con mi criado a pedir socorro porque murió de repente mi camello. No estaba el Scheiff que tiene fama de generoso y hospitalario, porque pasaba temporadas en sus dominios de Bene Kaden.

"Es un gran hombre y tan amado de todos los pueblos de su raza, que debido a eso ha sido hasta hoy respetado por los romanos. Os invito a que vayamos a visitarle.

—Convenido y comprometidos —contestaron todos a coro.

Pasaron a descifrar el nombre y fecha de las dos últimas momias y Buya-ben leyó:

—"Senio de Maracanda". Doce años de nacido el Hombre-Luz. Tres centurias antes de la destrucción de la Ciudad Santa".

Faltaba la momia séptima y última en la cual se leía:

—"Beni-Abad el Justo, 20 años de nacido el Hombre-Luz. Tres centurias antes de la destrucción de la Ciudad Santa".

—Como vemos, está aquí desmentido el viejo decir: *mudo como una momia* —exclamó Nicodemus.

—Esta es la superioridad que tienen los pueblos que creen en la supervivencia del alma humana —dijo Filón— y hacen de tal convicción un ideal, que les marca rumbos en la vida y mucho más allá de la vida.

—Es así —añadió Melchor—. No sólo pensaban en el presente, sino en un futuro lejano. La materia muerta rodeada de inscripciones y grabados, tiene una elocuencia muda; es una historia vivida y sentida que cuenta a las generaciones de un lejano porvenir, lo que hizo por la gran familia humana, de la cual formó parte un día ya perdido entre montañas de siglos.

—Ahora razonemos —dijo José de Arimathea—. Si éste hipogeo fue cons-

un faraón mucho anterior y hace referencia a Abel, a quien llamaban el sumiso, y a Kanighi, en hebreo y en español Caín. De esta tabla hay una copia en el Museo Inglés de Londres.

truido por *Mizrain de Thanis*, es muy probable que en los rollos encontrados en su sarcófago nos dé la clave de porqué se encuentran aquí estas siete momias, cuyas fechas indican que estas muertes ocurrieron tres siglos antes de la destrucción del Neghadá.

—Es verdad —afirmó Buya-ben— pues todas las otras de la sala son de siglos posteriores.

—Aquí hay una —dijo desde un ángulo apartado, el arquitecto— que es la última que vino a este panteón funerario. El grabado marca 387 años después de la invasión que destruyó a Neghadá. Después no hay nada más: Un silencio absoluto.

—Eso quiere decir —observó Jhasua— que los que guardaron y cerraron ese sarcófago, fueron los últimos que penetraron aquí. Desde entonces quedó olvidado.

—"Timna de Eridú" —dijo Buya-ben leyendo la inscripción.

—Eridú era una gran ciudad de los valles del Eúfrates —dijo Gamaliel—. Mucho anterior a la fundación de la primera Babilonia. Era de la próspera edad de Gahana y Tirbik las dos ciudades prehistóricas sobre cuyas ruinas se edificaron Nínive y Babilonia. Ya vez que es una respetable antigüedad.

Abierto este último sarcófago se encontró sobre la momia una estrella de cinto puntas y un libro de la Ley de los antiguos Kobdas.

—Era una Matriarca del santuario de mujeres Kobdas de Neghadá —dijo Jhasua—. Esta estrella la usaban como símbolo de su autoridad las Matriarcas Kobdas. El libro de la Ley era hecho de pequeñas láminas de márfil unidas todas por un anillo de oro. El grabado era a fuego y de un trabajo tan esmerado que hacía de él una verdadera joya para el Museo de Alejandría.

Volvieron a la tienda enriquecidos con todos los escritos y pequeños objetos encontrados en los sarcófagos, que serían conducidos al Museo así que dispusieran una sala para las momias del hipogeo del Patiarca Mizrain.

—Esto sí que es un acontecimiento para los pueblos del Nilo —dijo Melchor—. Hasta hoy no se había encontrado sino un rastro vago del fundador de la raza egipcia, y he aquí que nos estaba reservado a nosotros el decirle: "No es un mito *Mizrain de Tanis*. Aquí está la prueba de que fue un ser humano que hizo la obra de un justo en medio de la humanidad".

Las emociones habían sido tan fuertes que Jhasua no pudo conseguir el descanso del sueño, no obstante que Melchor y Faqui le instaron a beber de sus jarabes calmantes de las alteraciones nerviosas.

Un tropel de pensamientos se agitaba en su mundo interno, donde reconstruía el pasado que conocía por las Escrituras del Patriarca Aldis, y lo hilvanaba con el presente, formando así un admirable conjunto enlazado y armónico, sobre el cual brillaba como un sol en el cenit el poder y la sabiduría de la Ley Eterna, que eleva como de la mano a las inteligencias encarnadas cuando éstas se encuadran en su verdadero camino.

—¡Qué grande y hermosa es la majestad de la Ley Divina! —exclamaba a media voz, bajo la tienda levantada en el desierto a un tiro de piedra de las orillas del Nilo.

Por fin, casi al amanecer se durmió, y a la mañana siguiente decía a sus compañeros:

—He soñado con el Scheiff Ilderin que dormía bajo una tienda en el Jardín de las Palmas, a la vera de un lago azul allá junto al bosque de Dapné. ¡Adamú,

Adamú!, ya iré a encontrarte, porque lo que Dios ha unido no puede separarse jamás!

—¡Eres admirable príncipe de David! —le decía Faqui mirándole como se mira algo que está muy arriba de nosotros—.

"¡Eres admirable!... no vives en la tierra, ni en la vida presente. Todo tú, está en la inmensidad de lo infinito, sumergido en el poderoso Amanai.

"No es difícil comprender que eres un arcángel suyo, mensajero de nuestra Hija del Sol.

EL LLANTO DE UN ESCLAVO

Para Jhasua, psicólogo profundo que exploraba con más vivos anhelos en el mundo de las almas que en los planos físicos, no había pasado desapercibido lo que palpitaba y vivía intensamente en las almas que iban poniéndose en contacto con la suya, a medida que avanzaba en su existencia física de entonces.

Su gran sensibilidad percibía en momentos dados las vibraciones de dolor o de alegría, de amor o de odio de los seres que le rodeaban, así vinieran de los de elevada posición como de los más humildes y pequeños.

Creía conocer con bastante claridad el mundo interno de Buya-ben y más aún el de Faqui. Sabía lo que ellos eran capaces de dar para la causa de la Verdad y de la Justicia, que era la causa suprema de la dignificación humana, a que la Fraternidad Esenia, madre espiritual de los grandes idealistas, estaba consagrada por entero.

Al príncipe Melchor, su gran amigo desde la cuna juntamente con Gaspar y Baltasar, les conocía a fondo también, como líricos soñadores del Ideal Supremo, en cuanto El tiene de bello y de grande, incomprensible para la gran mayoría de los hombres. Les sabía maestros de Divina Sabiduría, sobre todo a los dos más ancianos: el indostánico y el persa, Baltasar y Gaspar, fundadores de antiguas Escuelas de Conocimiento Superior en sus respectivos países, en los cuales mantenían por medio de sus discípulos, encendida y viva la antorcha divina de su fe inconmovible. Y los calificaba así:

"Gaspar y Baltasar a sus ochenta años, son ya como aquellos Libros Vivos de que nos hablan las Escrituras del Patriarca Aldis, a los cuales la Fraternidad Kobda les pedía como último tributo a la humanidad, que dictaran a un notario nombrado al efecto, la historia de sus vidas para ejemplo de los que seguían sus huellas y dolorosas experiencias de sus vidas de buscadores de la Verdad y de la Justicia. Melchor, el menor y más vehemente de los tres, brega y lucha aún por alcanzar la cumbre a donde por su dedicación y largos años llegaron y le esperan sus dos viejos compañeros de ideal. El es antorcha ardiente que corre afanoso aún por seguir prendiendo el fuego santo en las almas, mientras sus dos compañeros son lámparas en reposo, que sólo arrojan luz desde la cumbre del monte santo. ¡Qué bien los comprendo a los tres!

"A mis cuatro amigos venidos conmigo de Jerusalén les conozco a fondo en sus esfuerzos y anhelos:

"José de Arimathea y Nicodemus son como la vanguardia, y son además la suave vibración de amorosa ternura que me envuelve como el amor de una madre. Filón es el filósofo que investiga y se enamora del bien que llega a descubrir. Capaz de afecto sincero, busca ser comprendido y ama con lealtad al alma que le comprende.

"¿Qué es, me pregunto en mi soliloquio, a la luz de las estrellas, en medio del desierto y a orillas del Nilo? ¿qué es la atracción que siento hacia el más jovenzuelo de los siervos del príncipe Melchor, el silencioso Shipro?

"El amor comienza a despertarse en él junto a una muda tristeza, que a cada instante me llega como el rasguño de una espina dirigida a mi corazón.

"Le veo escoger los mejores dátiles y los bollos más dorados de su hornillo, para ofrecérmelos sin hablar palabra.

"¡El Padre Celestial me abrirá el camino para llegar hasta su pobre almita, que sufre sin que yo sepa por qué!

"¡Señor!... si cada alma que te busca y te ama tiene a su cargo otras almas para conducirlas a Ti... dame te ruego, todas cuantas me pertenezcan y que ni una sola de ellas sea abandonada por negligencia mía!...

Esta plegaria muda brotaba del alma de Jhasua muy envuelto en su manto de piel de camello, mientras distraía su insomnio de aquella noche sentado fuera de la tienda, bajo el cobertizo de esteras de juncos que habían armado para cobijar a los camellos que echados en blanda arena, dormían o rumiaban su última ración de la noche.

De pronto vio salir a Shipro de la tienda de los criados y que buscando su camello, se sentaba jutno a él y sepultaba su cabeza entre el obscuro pelo del largo cuello y se abrazaba a él como pudiera hacerlo con una tierna madre cuya ternura echaba de menos.

Seguramente no se había apercibido de la presencia de Jhasua que envuelto en su obscuro manto, bajo la sombra del cobertizo, y entre una docena de las grandes bestias echadas en la arena, era en verdad muy difícil descubrirlo.

Pero Jhasua habituado a la obscuridad, lo veía perfectamente, y en su tierno corazón se iba levantando una inmensa ola de piedad y de amor para aquella infeliz criatura que se sentía lo bastante sola en el mundo, como para buscar el amor en una bestia a la cual podía únicamente confiar su pena.

Y el manso animal parecía escucharle sin moverse siquiera.

"— ¡Silencio en el hombre y silencio en la bestia! —pensaba Jhasua—. ¡Qué triste condición humana la del separatismo cruel, de la diferencia de posición en la vida!

"¿Cuándo saldrá la humanidad de su espantoso estado de atraso y de incomprensión?

"¡He aquí un hombre, casi un adolescente, que se siente más comprendido por una bestia que por los otros hombres que le rodeamos!

"Por el Dios-Amor y justicia que adoro, yo romperé con gusto esta aberración tan criminal!" —Y se levantó para acercarse a Shipro.

Este, todo asustado iba a huir.

—No huyas Shipro que yo estoy sin sueño como tú, y para no molestar a los que duermen, hace dos horas que estoy aquí. Conversemos como dos amigos y haremos menos pesado el insomnio.

Y sin más ceremonia se sentó junto a Shipro y apoyó su espalda en el blando vientre del animal semidormido.

—Siéntate como estabas, te ruego. Somos con Faqui los más jóvenes de los viajeros, y es justo que seamos amigos y confidentes —le dijo en el tono más natural y sencillo que pudo—. ¿No estás de acuerdo conmigo?

—¿Cómo puedes tenerme por amigo si tú eres un príncipe de Judea, y yo soy un siervo con menos valor que esta bestia en que me apoyo?

—Estás en un error amigo mío, yo no soy un príncipe sino en los labios apasionados de Faqui, cuyo amor hacia mí, le hace verme más arriba de las estrellas.

—Le oí llamarte, *príncipe hijo de David...* —dijo tímidamente el joven criado.

—Es costumbre dar ese calificativo a un lejano descendiente de un rey, que antes fue pastor y que con muchos errores, hizo algo bueno entre los hombres. Soy sencillamente el hijo de Joseph de Nazareth honrado artesano de la madera en la lejana Galilea. Estoy dedicado al estudio siguiendo mi vocación. He ahí todo . ¿Por qué pues, no puedo ser tu amigo? ¿qué abismo es el que juzgas que nos separa?

—Mi triste condición de siervo —contestó el joven.

—Dime Shipro... ¿no pude yo también nacer siervo por voluntad divina que ordena las vidas de los hombres?

El jovenzuelo lo miró asombrado y bajó los ojos sin contestar.

—Y si así hubiera sido —continuó Jhasua a media voz— me hubiese gustado que tú, príncipe o señor, hubiese bajado hasta mi pobreza y me hubieses amado. ¿Comprendes? Así es la ley del Dios de Moisés, aunque bien sé que no es así la ley de los hombres egoístas y malvados.

"Con que ya lo sabes: dejemos todo separatismo para ser dos buenos amigos, que se encuentran en un mismo camino y hacen el viaje juntos.

"Dame tu mano Shipro, que quiero ser tu amigo.

El joven criado extendió tímidamente su mano callosa y morena, y se inclinó sobre la blanca y suave del Maestro, que besó con respeto profundo.

La emoción anudaba un sollozo en su garganta y esta escena se esfumó en el más profundo silencio.

A fin de distraerle, Jhasua inició otra conversación:

—¿Hace mucho que estás al servicio del príncipe Melchor?

—Cinco años.

—Cuando así buscas el amor de tu camello, es porque te sientes solo en el mundo, ¿verdad? Pues sabe que yo no quiero en ti esa soledad desde que has estrechado mi mano de amigo.

—Bien, señor... te obedeceré como a mi propio amo... Ya no estaré más solo si así lo quieres tú.

—Poco a poco acabaremos por entendernos —díjole Jhasua—.

"Y dime Shipro: ¿en cinco años cerca del príncipe Melchor, no hiciste nada por acercarte a su corazón?

— ¡Oh, no, señor...! ¡El está tan alto y yo estoy tan bajo! Además uno de mis tres compañeros de servidumbre es mi tío, hermano de mi pobre madre, sierva también, y él jamás me permitiría ni la sombra de un pensamiento que pudiera acercarme al amo.

"El es bueno y jamás nos maltrata; nos da puntualmente los salarios convenidos y sólo pide de nosotros obediencia y discreción, por lo cual, debemos ser mudos para los que no son sus amigos. Tiene pocos amigos verdaderos y muchos malvados y envidiosos que hubieran gozado en reducirlo a miseria y aún matarlo. Mi tío es criado de confianza para el Príncipe; al que quiere como a la niña de sus ojos! Pero mi tío es mudo como un sepulcro, y así debe ser.

—No me interesa el asunto por ese lado Shipro sino por lo que a tí concierne. Si tienes un amo benigno y considerado ¿por qué padeces?

—Puesto que es tu placer saberlo, te lo diré, príncipe de David —comenzó diciendo Shipro que iba abriéndose lentamente a la confianza pedida—. Yo he nacido hace 19 años ahí detrás de estas montañas que se ven hacia occidente, y que forman un hermoso valle con los Lagos Natrón al centro y un oasis que es una delicia. Pero esos señores romanos que llevan la desgracia a toda la tierra que pisan, acuchillaron a los principales jefes de nuestra tribu que se negaban a alistarse a sus legiones. Se llevaron por fuerza los hombres capaces de guerrear; y los enfermos, los viejos, las mujeres y los niños fuimos vendidos como esclavos en el mercado de Alejandría. Se llevaron mi padre a la guerra, mientras mi tío mal herido en un hombro, mi madre y yo que sólo tenía meses, fuimos alojados en los pesebres del mercado a la espera de un amo que quisiera comprarnos. Para suerte nuestra, acertó a venir a Alejandría un Príncipe de Judea que tenía navíos de su propiedad para comerciar entre los principales puertos de Palestina y Alejandría.

"Buscaba con gran interés una nodriza egipcia para una niña que le había nacido, y a la vez cerraba contratos con los más grandes comerciantes de Alejandría. En el mercado encontró en venta a mi madre que me amamantaba llorando por haber sido brutalmente separada de mi padre, cuando acababa de nacerle yo que era su primer hijo.

"Nos compró a entrambos, y como mi tío, joven de 20 años suplicó piedad para su situación de herido, nuestro amo lo compró también a él y los tres fuimos llevados a Jerusalén, donde él residía con su familia, en un hermoso palacio del barrio cercano al palacio real del Monte Sión, en el barrio de la Ciudadela junto a la Puerta de Jaffa.

"La ama Noemí era tan hermosa como buena. Decía como tú, príncipe de David, que los amos y sus siervos debían formar una sola familia.

"Yo crecí junto a la pequeñita, que era como un jazmín, y a la cual llevaba cuatro meses más de edad.

"Tenía el primogénito de seis años de edad, y cuando le pusieron maéstros de enseñanza, y yo tuve la edad conveniente, recibí lecciones al lado del pequeño príncipe Judá, que por su inteligencia y su belleza física, era el orgullo y la esperanza de su padre.

—Todo esto —dijo Jhasua— quiere decir que tuviste una infancia dichosa y que tienes un buen grado de cultivo intelectual.

—Eso sí es verdad; escribo y hablo regularmente, aparte de mi lengua nativa, el árabe, el hébreo y el sirio-caldeo, por lo cual mi amo actual me hace prestarle algunos servicios en tal sentido.

—Excelente muchacho... ¿por qué, pues, no eres feliz? —volvió a preguntar Jhasua.

—¡Oh, príncipe de David!... Te hice ver la decoración exterior de un sepulcro de mármol, pero no lo viste aún por dentro, donde vive el espanto y el horror.

—¿Quieres decir que tienes una tragedia en lo más hondo de ti mismo? ¿y esto a tus 19 años?... Vamos, cuéntamelo todo, que aunque sólo te llevo un año y meses, tengo buenas amistades y acaso pueda remediarte en algo.

Aunque si no lo ha hecho el príncipe Melchor...

—Con toda su bondad y todo lo que es por su elevada posición —observó Shipro— se defiende de enemigos poderosos y hará bastante si hasta hoy ha podido defender de la codicia romana su persona y sus cuantiosos bienes que emplea en obras de misericordia.

—¡Cómo! ¡el príncipe Melchor perseguido por los romanos! ¿y por qué?

—Ya lo comprenderás todo. Antes de yo nacer, él estuvo a punto de ser asesinado con dos grandes amigos suyos, por orden de ese malvado rey Herodes que ya se pudrió en la sepultura, castigado en su carne maldita a causa de sus grandes crímenes.

Jhasua recordó al oír tales palabras la persecución del usurpador idumeo a los tres sabios de oriente, la degollación de los niños bethlemitas, su propia huída a las grutas del Hermón, y pensó que su nuevo amiguito, estaba bastante bien enterado de los graves acontecimientos pasados.

—Es verdad, Shipro, pero todo eso pertenece al pasado, y no puedo comprender por qué los romanos quieren perseguir al príncipe Melchor.

—Pues por lo mismo que persiguió a muerte a mi primer amo el príncipe Ithamar hijo de Abdi-Hur, jefe de la nobleza saducea de Jerusalén; por su cuantiosa fortuna que lo hacía dueño de casi la mitad norte de la Ciudad de los Reyes, y de los más fértiles huertos hasta llegar a Mizpa y Anathot.

—Entonces, amigo mío... yo acabo de salir de un nido de plumas y sedas, velado por todas las suavidades del amor más sublime que haya podido derramarse en torno de un ser humano!... ¡Oh mi dulce y querida Galilea, mi hogar artesano... mi madre tórtola de amoroso arrullo, mi honrado padre... mis maestros esenios, dulces y suaves como el pan y la miel...

"¿En qué tierra he pisado hasta hoy?... ¿qué aire suave y benéfico ha soplado en torno mío, que todos estos huracanes de fuego y sangre han pasado sin herirme?

"Créeme Shipro, que los estudios absorbieron tanto mi vida que estoy menos enterado que tú de muchas tragedias humanas. Sigue te ruego, contándome tu vida, que puedes enseñarme con ella muchas cosas ignoradas por mí.

—Te obedezco, amito, y al hacerlo siento gran alivio a mis penas. Cuando Arquelao, el hijo del sanguinario Herodes fue depuesto de su trono transmitido por su padre, vino a Judea un personaje romano al cual llamaban Procurador, con todos los poderes del César para hacer y deshacer en sus subordinados.

"Fue Valerio Graco un tirano ambicioso que no pensó sino en enriquecerse él y sus íntimos a costa de los ricos príncipes judíos. Mi amo Ithamar era jefe de la nobleza saducea que había elegido como Pontífice a un noble, el príncipe Anás hijo de Seth, que habitaba en el palacio real del Monte Sión y que era quien mantenía algo de tranquilidad en el sublevado pueblo judío. Lo primero que hizo el nuevo Procurador, fue quitar la investidura de Sumo Sacerdote a Anás y la dio sin ley alguna al sacerdote Ismael de entre los fariseos, porque éste se prestaría a los desmanes y usurpaciones que ya tenía planeado acaso desde tiempo atrás.

"Y la rica nobleza saducea, que era lo mejor de Judea, quedó expuesta a los zarpazos de la loba insaciable. Y así cayó mi amo en la desgracia que hundió su casa. Buscaban sin duda una oportunidad, y ésta no tardó en presentarse en un viaje que hizo el amo a Corinto, con tres de sus navíos llevando personal y mercancías para establecer en forma definitiva, el comercio directo con Grecia y las grandes poblaciones mineras del archipiélago.

"Valerio Graco, que desde su residencia en Cesárea espiaba los pasos de mi amo, armó, con piratas de la peor especie, dos viejas galeras que abordaron y robaron las naves de mi señor antes de llegar a Creta, que, como siempre tuvo felices travesías, no estaba preparado para una lucha con bandoleros del mar. Pereció él y gran parte de los tripulantes y personal que conducía.

"Entre sus fieles capitanes se salvó sólo uno y dos de sus mejores oficiales.

Muerto el amo ¿qué podía hacer su viuda con dos niños, el uno de 11 años y la pequeñita de cinco? Por documentos encontrados en el cadáver de uno de los jefes piratas muertos, se pudo saber que este espantoso crimen fue inspirado por el Procurador Valerio Graco, que con tal golpe en la sombra, se hizo de una fortuna más que regular. Pero mi amo era inmensamente rico, y aquello, si no fuera por la pérdida de su preciosa vida, no hubiera tenido mayores consecuencias. Su administrador, un siervo fiel por encima de todos los siervos fieles, se puso al frente de sus negocios desde Alejandría hasta la lejana Antioquía y la familia del príncipe Ithamar se encerró en su palacio de Jerusalén en un luto y tristeza permanente.

"Ya debes comprender, ¡oh príncipe de David!, que aquí comenzaron mis padecimientos.

"El pequeño príncipe Judá fue dedicado a estudios superiores en el Gran Colegio de los nobles, a donde yo no podía ya seguirle; pero él, viendo mi ansia de aprender, al volver cada día, me daba algunas de las lecciones que recibía de sus sabios maestros, cuyos nombres conservo como un timbre de honor: Hillel, Shamai, Gamaliel el viejo, Simeón.

"El dragón romano devorador de fortunas y de vidas, continuó por un lado, mañana por otro, los despojos y los atropellos con los más ricos y encumbrados príncipes y nobles saduceos, que conservaban de sus lejanos antepasados las tierras que le fueron adjudicadas como a jefes de tribus y representantes directos de los primeros pobladores israelitas de la *Tierra de Promisión.*

"Muchos de ellos, hasta eran dueños legítimos de las murallas y torreones que guardan a Jerusalén porque a su costa, las habían reconstruido después de la última destrucción de los ejércitos asirios. Mi amo era dueño de la muralla y torres desde la puerta de Damasco hasta la tumba de Jeremías por su antepasado de aquel entonces.

"Pasaron pocos años de tranquilidad y vino la gran tormenta, cuando el Procurador tenía ya bien tejida toda la red. Por el recolector de los impuestos que ocupaba juntamente con el Sumo Sacerdote el antiguo palacio de Herodes en el Monte Sión, estaba al tanto de las grandes fortunas de los nobles saduceos y, con garra certera preparó su plan. Un día mi amito Judá y yo, repasábamos las lecciones en el pabellón de verano del cuarto piso, cuando comenzaron a cruzar sobre nuestras cabezas pedruscos arrojados quién sabe de dónde. Un jarrón de mármol cayó de su pedestal; luego fue herida una garza que dormía al borde de la fuente.

"Nosotros empezamos a correr de un lado a otro del gran terrado buscando el origen de aquel ataque, que continuaba. Al asomarnos por la balaustrada del lado norte del edificio, vimos que pasaba en su lujoso carro el Procurador Graco entre una escolta de cincuenta legionarios.

"Una de las piedras arrojadas del lado sur, fue a caer sobre un hombre de Graco produciéndole una herida leve.

"Fue lo bastante. Los soldados entraron brutalmente en el palacio arrollándolo todo como si fueran asaltantes de caminos, alegando que desde allí se había pretendido asesinar al representante del César. Tomaron preso a mi joven amo que sólo tenía 17 años, a mi ama Noemí, hija del príncipe Azbuc de Beth-hur dueño legítimo de la muralla y torres frente al sepulcro de David hasta el Estanque Sagrado y la Casa de los Valientes: y hasta la amita, mi hermana de leche que sólo tenía 12 años, la hermosa Thirsa, pura y bella como una flor.

"Sin oír defensa alguna, el pequeño príncipe fue condenado a seis años de servicio forzado en las galeras que hacían guerra a los piratas, que era como condenado a muerte. Y a mi ama con su hijita las encerraron en la Torre Antonia, fortaleza y horrible presidio anexo al Templo, la cual estaba bajo el control único y directo del Procurador romano. Toda la servidumbre de la casa huyó por la puerta de las bestias y de los carros y se ocultó donde pudo. Sólo quedamos mi madre y yo, con mi tío que en su calidad de guardián de las cuadras había ido en busca de heno fresco para las bestias. Registraron toda la casa, se llevaron las joyas más preciosas, cofres y armas riquísimas traídos por el amo desde lejanas tierras y al salir cerraron con cerrojo exterior la gran portada, le pusieron el sello del César con esta leyenda: "Confiscada por el gobierno romano".

"Mi madre y yo ocultos en el subsuelo de las bodegas entre cántaros de aceite y barriles de vino no fuimos encontrados y nos quedó abierta una puertecita oculta por fardos de paja y leña al costado de las pesebreras.

"Así escondidos pasamos más de un año esperando que el doloroso asunto tendría una solución. Sólo por una urgente necesidad salíamos de noche para acudir al mercado a comprar lo que no había en la casa, como carne fresca y hortaliza tierna.

"Como espectro vagaba mi tío disfrazado de pastor o de leñador, por los mercados, plazas y tiendas escuchando por sí alguna palabra pescaba que diera indicios sobre el destino dado a nuestros amos.

"Sólo oyó que a media voz, corría por mercados, calles y plazas este secreto aterrador: "El palacio del príncipe Ithamar, jefe de la nobleza saducea, ha sido confiscado por el odiado tirano, y su familia ha desaparecido".

"¡Eran nuestros amos, eran nuestros padres, eran nuestra providencia viviente!... ¿Qué será de nosotros ahora? —clamaban sus siervos y jornaleros.

"Las mujeres iban a gemir y llorar en el sitio del Templo donde estaba ubicado el dosel de la familia, y besaban las alfombras que habían pisado sus pies y los taburetes de los dos niños.

"¡Nada!... la tierra parecía haberlos tragado.

"Un día se reunieron en número de tres centenas, los cultivadores de los olivares y de los huertos del amo, de donde habían sido arrebatadas las cosechas sin dar parte alguna a los jornaleros ni pagarles sus salarios. Fueron recibidos con azotes por los encargados de la administración, y los que se resistieron y gritaron reclamando sus derechos, fueron puestos en los calabozos de la Torre y no se supo más de ellos.

"Vendiendo secretamente lo que excedía de nuestro consumo en aceite y vino, queso, miel y cereales, fuimos viviendo otro año más, como buhos o lagartijas en lo más oculto del gran palacio, en espera de los amos, hasta que un día mi tío oyó una conversación por los mercados en que se decía que el príncipe Judá había muerto en un encuentro con los piratas y que la madre y la hija habían fallecido de una fiebre maligna, en el fondo de un calabozo en la Torre Antonia.

Entonces mi madre dispuso que mi tío y yo volviéramos a Alejandría, donde teníamos parientes que nos ayudarían a encontrar medios de vida, y allá se quedó sola a guardar el palacio de sus amos, donde quería morir si por la fuerza no la arrojaban fuera.

"La historia está terminada ¡oh príncipe David!

" ¡Tu sabiduría dirá si el infeliz Shipro tiene motivo justo para llorar siempre abrazado al cuello de su camello!

Ahogando un sollozo Jhasua abrazó al joven siervo cuya alma noble y pura le recordaba la milenaria historia del manso José maltratado y vendido por sus propios hermanos.

—Shipro amigo mío —le dijo— mi corazón adivinaba lo que tú éres y por eso te busqué en la soledad de la noche y en la inquietud del insomnio.

Dos lágrimas del joven siervo rodaron hasta las manos de Jhasua cruzadas sobre las rodillas de aquel, y su contacto fue como un azotón de acero para el sensible corazón del Cristo.

—No llores más Shipro —le dijo con la voz que temblaba por la emoción— que en nombre de nuestro Dios-Amor te digo, que El me da el poder de salvar lo que aún puede ser salvado en el espantoso derrumbe producido por la maldad de los hombres.

De aquí a seis días regreso a la Judea, donde tengo a mi disposición todo el poder y la fuerza divina convertidos en almas y cuerpos humanos puestos al servicio del bien, de la justicia y del amor.

"Escribidme en una tablilla las señas para encontrar en Jerusalén a tu madre, y la fecha exacta en que ocurrieron estos acontecimientos. Te pido sólo dos lunas de plazo, para solucionar este asunto.

— ¡Oh príncipe bueno como el amo que perdí!... —exclamó el joven siervo cayendo de hinojos ante Jhasua y abrazándose a sus rodillas, sobre las cuales dejó caer su cabeza llorando amargamente—.

"Ahora no lloro sobre el cuello de mi camello, sino en el corazón del hombre más santo que encontré en mi camino! —murmuraba entre las sacudidas de un intenso sollozar.

Jhasua al igual de una tierna madre, pasaba y repasaba su mano sobre la negra cabellera de Shipro que le cubría hasta los hombros.

—Pronto amanecerá, amigo mío, y no está bien que nuestros compañeros descubran que hemos pasado la noche sin dormir: Mis amigos de Jerusalén vigilan mucho por mi salud pues tienen encargo especial de mis padres que sólo a ese precio consintieron con buena voluntad este viaje.

"Vamos a nuestras tiendas y descansa en mi Shipro, que desde esta noche velo por tí.

El joven siervo le besó la mano, y Jhasua le vio desaparecer bajo la lona verde de su tienda.

Cruzó las manos sobre su pecho y hundiendo su mirada en el sereno azul bordado de estrellas, exclamó con toda la ardiente emoción que él ponía en sus plegarias más íntimas y profundas:

" ¡Gracias te doy, Padre mío, porque me has permitido dar de beber a un sediento!".

" ¡Dame Señor, que tus aguas de vida eterna corran como incontenible raudal sobre todos los que sufren la injusticia de la humanidad!"

Entró silenciosamente en la tienda en donde encontró a José de Arimathea sentado en su lecho.

—Jhasua, hijo mío —le dijo a media voz. ¿Has olvidado que soy responsable de tu salud y de tu vida ante tus padres?

—No tenía sueño, José, y salí a contemplar esta hermosa noche en el desierto —le contestó—. Estoy más fuerte que nunca, no te preocupes.

Su lecho quedaba junto al de José y ambos se entregaron al descanso.

A la mañana siguiente cuando el sol extendía la púrpura dorada de sus velos, los criados entraron a la tienda el hornillo de barro de asar los bollos para el desayuno.

El vino caliente, las castañas recién cocidas, el queso, la miel, estaban ya esperando sobre el blanco mantel tendido en el centro de la tienda, sobre grandes tejidos de fibras de palmera.

Durante el desayuno se habló de las traducciones que cada cual tomaba a su cargo, cuando esa misma tarde regresaran a la ciudad.

—Príncipe Melchor —dijo de pronto Jhasua— si después de este excelente desayuno me concedes una hora de conversación, te agradeceré mucho.

—Y yo quiero de ti, otra hora para mí —dijo alegremente Faqui.

—Bien, amigo mío, está concedida.

—Lo mismo digo yo —añadió Melchor dirigiéndose a Jhasua.

—Nosotros iremos a confidenciar mientras tanto con las momias del hipogeo de Mizrain. ¿Verdad, maestro Filón? —decía Nicodemus.

—¡Ah, sí! —dijeron todos—. Estaremos allá hasta pasado el medio día. Después, nuestra última comida en el desierto y a la hora segunda de la tarde, a la ciudad a reanudar allí nuestros trabajos.

—Faqui —dijo el joven Maestro—, mi confidencia con el príncipe Melchor tú puedes oírla porque es como otro papiro más en los interminables rollos de la barbarie del poder romano erigido en ley sobre nuestros países oprimidos y vejados.

—Con mucho gusto, ¡oh hijo de David! y acaso esta fortalezca las resoluciones, que de acuerdo con mi padre he tomado esta noche.

—¡Cómo! ¿también tú padecías insomnio, y tu mente entretejía redes de oro y de luz?

—Tal como dices —contestó el joven africano.

—Mi padre y yo hemos pasado gran parte de la noche detrás de esta tienda, junto al pilón de ramas amontonadas para quemar.

Jhasua se echó a reír y pensando que él se creía solo en el insomnio generador de obras, y otros a pocos pasos de él, meditaban y creaban también.

Melchor con la apacible serenidad de sus sesenta años bien llevados y sabiamente vividos, miraba con paternal complacencia a aquellos dos jóvenes hermosos, cada cual en el tipo de su raza, y decía para sí mismo: "A sus años para mí todo era ilusión, promesa y esperanza... Ahora el otoño de la vida que todo lo agosta, sólo me permite recoger lo que he sembrado y ayudar a la nueva siembra que ellos comienzan.

—Jhasua, hijo mío —le dijo acomodándose en las mantas y tapices de su montura—. Empieza cuando quieras, que este viejo amigo está para escucharte.

Y haciendo lugar también a Faqui entre él y Jhasua, la confidencia comenzó así:

—Buen príncipe Melchor —dijo— tengo que recabar de ti un grande favor. Me vienes siguiendo desde la cuna juntamente con los grandes amigos Gaspar y Baltasar, hasta el punto de haber arriesgado vuestras preciosas vidas por mí.

"Todo esto, por que una voz interior que no calla nunca, os dice que en mí está hecha carne la promesa del Señor para Israel. Si estáis o no en la verdad, el tiempo lo dirá. Mientras tanto, yo no soy más que un joven buscador de la verdad que anhela llenar su vida con obras de bien, de justicia y amor para sus semejantes.

Acto seguido le contó su encuentro casual con el joven siervo Shipro, al cual había pedido desahogar su corazón en él, ya que tan claramente le veía padecer.

—Esa es una historia dolorosa de hace siete años, pero no la única, pues hay cientos de ellas en todo el oriente avasallado por el poderío romano —contestóle Melchor—.

"La celebrada *paz de Augusto* murió con él, que fue en verdad el mejor de los Emperadores romanos habidos hasta hoy, pues que prohibió con severas penas, que fuesen atropellados en sus derechos los habitantes de los países subyugados.

—¿Entonces, príncipe, te era conocida la historia que me ha narrado Shipro? —preguntó Jhasua.

—La conocí a poco de suceder y por haberse sospechado entre los agentes del Procurador que yo removía aquellos escombros, me atraje sus recelos y sus desconfianzas, hasta el punto de estar recomendada mi captura si llegaba a poner mis pies en la ciudad de David. Mis gestiones fueron por fuerza poco eficientes y muy indirectas.

—Nuestros terapeutas Esenios —dijo el Maestro— son los únicos que pueden abrir los cerrojos de todos estos misterios sin despertar sospechas de ninguna clase. Suman centenares las víctimas arrancadas por ellos de las garras hambrientas de los poderes, así sean romanos como de cualquiera raza o clase de alianza con ellos.

"¿Me dejarás probar suerte con tu siervo Shipro?

—Sí, hijo mío, y de todo corazón; para esto, bien será que te lleves contigo a Shipro y su tío Eliacín por el tiempo que sea necesario, para esclarecer el misterio y salvar lo que aún pueda ser salvado.

"Ellos están en todo el secreto.

—¡Oh buen príncipe Melchor!... me concedes mucho más de lo que yo pensaba pedirte, aunque lamento que te quedas sin dos de tus mejores siervos.

—No te preocupes por eso, que en Heroópolis y en Clysma tengo muchos siervos fieles, sin contar con los de mi Arabia de Piedra que son por centenares.

"Si yo hubiera querido, podría haber levantado toda el Africa oriental y del norte, desde Suez hasta los Montes Atlas, y desde la Arabia Pétrea hasta Borza y los Montes Bazán sobre el desierto de Siria; pero la luz que me guió hasta tu cuna, veinte años atrás, me hizo comprender que mi camino no es de sangre y espada, sino de paz, de luz y de amor.

"Esa luz, niño de Dios, ligó mis manos para siempre y confundió mi vida con la tuya como en una sola aspiración al Infinito, hacia el cual me siento impulsado por una fuerza que me es imposible contener.

"Con la inmensa Arabia asiática, con todo el Africa norte y del sur, de la Etiopía de los gigantes negros, aliada de Judea desde los lejanos tiempos de Salomón y la reina Saba, ¿qué hubiera hecho Roma con sus doradas Legiones que no llegan a la tercera parte de estos millones de aguerridos montañeses, hijos de las rocas y de los desiertos, que jamás sienten el miedo y la fatiga?

Faqui escuchaba en silencio, pero su ardiente sangre africana hervía en sus venas y hacía chispear sus ojos como una llama de fuego.

Jhasua escuchaba también en silencio, y en su alma de elegido parecía levantarse de no sabía que ignotas profundidades, una voz sin ruidos que repetía: *"Mi reino no es de éste mundo"*.

—Aquella luz —continuó diciendo Melchor— venía a intérvalos acompañada de una voz profunda que me decía: "Envaina tu espada para siempre, y cuelga tu lanza del muro de tu alcoba porque tu obra no es de guerra sino de paz, de sabiduría y de amor".

"Yo he obedecido esta luz y esta voz, y aquí me tienes, Jhasua, soportando como cualquiera las injusticias humanas, remediando silenciosamente los males que van causando los hombres del poder y de la fuerza, que abren llagas profundas donde tocan con un dedo solo de sus manos que chorrean sangre!

"Cuenta pues con todo cuanto soy y cuanto tengo, para ayudarte a aliviar en silencio las cargas de los oprimidos, de los despojados, y evitar en cuanto sea posible que aumente de día en día el número de víctimas.

Jhasua dio un gran suspiro como si su alma se descargara del peso de una montaña.

—Gracias, príncipe Melchor —dijo después de un breve silencio.

"Hace unos cinco años que comparto con los Terapeutas Esenios sus trabajos silenciosos en alivio de los oprimidos por la fuerza de los poderes arbitrarios y delincuentes, ya sean romanos o no, los agresores. Y nuestro Dios-Amor, ha venido siempre en ayuda nuestra para remediar los dolores de las clases humildes más azotadas por el infortunio.

"Acepto pues, tus generosos ofrecimientos que tendré muy en cuenta cuando de nuevo me vea en mi país ante el espectro del dolor y de la miseria.

—¡Oh, hijo de David! —dijo Faqui rompiendo su silencio—. Yo también gozo en decirte que soy todo tuyo y de tu causa, y que detrás de mi padre y de mí, está el Desierto contigo. Y las arenas del Sahara son muchas y pueden sepultar ciudades cuando el simun las arrastra...

—Gracias, gracias amigos míos por vuestra adhesión a la causa de la justicia que es la causa de la humanidad.

"La luz que alumbró hace veinte años al príncipe Melchor, nos alumbre a todos a fin de que no erremos nuestro camino.

Con esto terminó la confidencia que parecía tan grave y sencilla, y no obstante significaba una alianza entre dos continentes: Asia Central y Africa para la causa de la justicia y de la verdad.

Alejandría, la gran ciudad marítima de las palmeras y los obeliscos recibió de nuevo a los ignorados huéspedes buscadores de la verdad que se consideraban dichosos con su acopio de inscripciones, jeroglíficos y papiros amarillentos.

Seis días corrieron rápidamente en el gran archivo de la Biblioteca, donde todos se entregaron a la tarea de las traducciones y de las copias, a fin de que los de Palestina se llevasen copias ya traducidas y exactas de todo cuanto habían encontrado en el hipogeo de Mizraim, pues que los originales debían quedar naturalmente en el Museo de la hermosa ciudad de Alejandría.

Cuando faltaban pocas horas para zarpar, el barco que les llevaría de regreso al puerto de Gaza, llamó Melchor a Jhasua y le entregó varias cartas de recomendación para personas residentes en distintas ciudades de Palestina y Siria: para el príncipe Sallum de la antigua familia Lohes, con dominio sobre la ciudad de Jerusalén; para Azbuc, príncipe de Bethsur; para Jesuá, príncipe de Mizpa, todos ellos con dominio en la muralla y torres de Jerusalén y por fin para el príncipe Ezer, cuyos dominios en Bet-fur, llegaban hasta parte de la muralla y ciudad de Bethlehem.

—Ahora terminaron los príncipes —decía graciosamente Melchor— que no sólo entre ellos tengo buenos amigos.

Aquí están dos cartas más: la una para un fuerte comerciante judío residente en Antioquía: Simónides, aquí van las señas. La otra para el Scheiff Ilderin residente a una hora del bosque de Dafne, en el *Oasis de Las Palmas,* más comúnmente conocido por el *"Huerto de las palmas".*

—¡Oh príncipe Melchor!... ese es el que escribió por José Arimathea la primera noche de nuestra visita al hipogeo ¿no recordáis?

—Sí, sí, hijo mío, es el mismo.

—¿Era tan amigo vuestro y nada me dijisteis?

—Porque todo tiene su hora niño de Dios. Lee en el barco todas estas cartas y quedarás tan dueño como yo de mis relaciones con todos ellos y del motivo de estas relaciones.

Luego el príncipe Melchor sacó un anillo de su dedo meñique que era un sencillo aro de oro con diez diamantitos incrustados en él. Lo puso en el anular de Jhasua diciéndole: este anillo tiene todo su valor en que perteneció a mi madre, descendiente directa y última de la princesa Zurima de Arabia, que murió entre los Kobdas del Eúfrates ahogada por salvar la vida de Abel, el Hombre-Dios encarnado en aquella época.

—¡Zurima de Arab!... —exclamó Jhasua con una extraña conmoción interna que lo hizo palidecer.

—Sí —contestó Melchor. Hay una vieja tradición en la familia, que todos los descendientes del fundador de la raza, Beni-Abad, debían llevar este anillo y dejarlo como herencia al mayor de los hijos.

—Como yo no tengo hijos ni pienso tenerlos, te lo regalo a ti Jhasua, esperando me permitas alimentar la ilusión de que eres tú mi gran hijo espiritual.

Jhasua con una emoción profunda abrió sus brazos, y el anciano y el joven se confundieron en un largo y estrecho abrazo.

El joven Shipro y su tío habían recibido con júbilo la noticia de que acompañarían a Jhasua hasta Judea, con el fin de facilitar la búsqueda de la infortunada familia de sus primeros amos, a los cuales estaba vinculada la suerte de todos los que habían sido sus siervos en todas sus posesiones y dominios.

Muchos de ellos habían sido torturados por los soldados de Graco para arrancarles los secretos de toda la inmensa red comercial que el amo, tenía en distintos parajes. Y unos detrás de otros, habían huido a refugiarse en las montañas y en las grutas, en los sepulcros abandonados, o entre las ruinas de antiguas ciudades destruídas por las repetidas invasiones de los ejércitos asirios, caldeos y egipcios en distintas épocas.

La hermosa cuanto infeliz *tierra de promisión* estaba poblada de ruinas, dolorosos rastros de crueles devastaciones pasadas, que formaban contraste con la profusión de edificaciones fastuosas, a todo lujo, a que se entregó Herodes llamado *el grande,* justamente para conquistarse tal nombre, con el derroche del oro arrancado a los pueblos en impuestos y gravámenes de toda especie.

Cuando todos los viajeros se encaminaron a los muelles, se acercó Faqui a Jhasua y le dijo alegremente:

—También yo parto contigo, príncipe hijo de David.

—¿Cómo? ¿Pero es verdad? —y Jhasua buscó con la mirada a Buya-ben padre de Faqui.

—¡Es verdad!... Este hijo mío, el más vehemente y audaz, acaso porque es el más pequeño, tiene grandes sueños, que rompen a volar desde el cascarón de su cráneo.

—Dejémosle tender sus alas y veamos con qué fuerza puede contar. Pero no le perderé de vista.

—¡Oh, muy bien! por mi parte estoy muy satisfecho de su compañía.

—Jhasua... querido Jhasua —le dijo Filón al abrazarle—. No olvides nunca que tienes aquí un viejo amigo capaz de dar su vida por ti.

—Y tú, maestro, no olvides tampoco que en los santuarios Esenios se esperan copias de los libros que están escribiendo.

El príncipe Melchor dio a su criado Eliacín un bolsillo con dinero para lo que pudieran necesitar con Shipro, y les dijo "Hasta que volváis conmigo si es vuestra voluntad, tened en cuenta que vuestro amo es Jhasua, el hijo de Joseph de Nazareth.

Ambos le besaron la mano y se embarcaron los últimos.

Tres pañuelos blancos aletearon largo rato en lo más alto del muelle mientras en el barco se agitaban muchas manos diciendo adioses que parecían no terminar más.

Cuando el barco salió de la ensenada en el río y dio vuelta a la primera curva para poner la proa mar adentro, el príncipe Melchor, Filón y Buya-ben se miraron a través del llanto que nublaba sus ojos y uno dijo a los otros:

—Con sólo la grandeza del amor que irradia de sí la personalidad de Jhasua, se confirma hasta la evidencia *quién es y de donde ha venido.*

—¡Y pensar que en su país natal son los esenios exclusivamente quienes le han reconocido!

En profundo silencio anduvieron el trayecto que les separaba de la morada de Filón, anexa a la Biblioteca y Museo de Alejandría.

DE VUELTA A PALESTINA

—¡Cuán feliz he sido en Alejandría, y qué conquistas he realizado! —decía Jhasua a sus cuatro amigos de Jerusalén—. ¿Estáis satisfechos de este viaje?

—¿Y lo preguntas, Jhasua?...

—¿Acaso podíamos soñar con los descubrimientos hechos? —decía Nicodemus el más ardiente como investigador.

—Por mi parte —decía José de Arimathea— esperaba algunas sorpresas prometidas por el maestro Filón, pero jamás llegué a soñar con que tendríamos ante la vista toda la vieja historia de un lejano pasado perdido entre las arenas del desierto.

—Este viejo Egipto —decía a su vez Gamaliel— es como un gran gigante sepultado bajo la arena, que de tanto en tanto levanta su cabeza para asustar a los hombres doctos de la hora presente diciéndoles:

"No todo lo que vosotros soñáis, está de acuerdo con la verdad".

—Ya estoy viendo —decía Nicolás con mucha gracia— el ceño que pondrán los viejos maestros del Gran Colegio de Jerusalén, Shamai, Simeón, Hillel, Gamaliel tu tío y otros.

—¡Por nuestro padre Abraham!... —exclamó José aterrado—. ¿Estáis locos para descubrirles nuestro secreto?... ¿No ves que todos ellos pasan de los ochenta años, y te figuras que pueden aceptar verdades como éstas?

—En verdad —decía Nicodemus— sería como pretender ponerles el turbante en los pies en vez de ceñido a la cabeza como lo llevan.

—¡Justo, hombre, justo! Nada tenemos que hacer con los octogenarios. Nuestro campo de acción es la juventud que se levanta ansiosa de verdad y de luz, sin ideas preconcebidas, y con la razón y la lógica que aletea buscando otros horizontes para explayarse.

En estas conversaciones entretenían su ocio de viajeros los cuatro amigos de Jerusalén, mientras Jhasua y Faqui paseaban sobre la cubierta, contemplando el espectáculo maravilloso del delta del Nilo con sus islas encantadas, como búcaros deliciosos de esmeraldas y de nácar.

Casitas blancas pequeñísimas a la distancia, parecían garzas dormidas en el verde obscuro del follaje y el verdoso plateado de las aguas del gran río.

Y de nuevo la imaginación ardiente de Jhasua daba vuelos gigantescos a ochenta siglos atrás, y creía ver a los que entonces eran señores del Nilo, los Kobdas de túnica azul, que como él grandes y benéficos, fueron la bendición de Dios para aquellas vastas y hermosas comarcas.

La sensibilidad del joven africano percibió sin duda el pensamiento de su gran amigo, y comenzó a recitar a media voz este verso de un bardo alejandrino:

"Dame Nilo tus secretos, Nilo grande, Nilo bueno.
Los secretos que se hundieron en tus ondas de cristal.
¿Cuántas princesas hermosas vaciaron en ti su llanto?
¿Y cuántos esclavos tristes buscaron en ti su paz?"
. . . .

—¡Oh, mi buen Faqui! —exclamó Jhasua acercándose más a él y poniéndole una mano en el hombro—. ¿Es que has recibido de *Amanai* el don de penetrar mis pensamientos?

—No lo sé, hijo de David, no lo sé; lo único que puedo decirte es que a tu lado me crecen alas que me suben a grande altura, desde donde veo todas las cosas diferentes de como antes las veía.

—Yo pensaba, mirando el delta del Nilo, en que hubo aquí muchos siglos atrás mujeres vestidas de azul como vuestra Hija del Sol, que en pequeñas embarcaciones recogían las esclavas que por malos tratamientos huían de sus amas y las conducían a su Santuario, a sus refugios para darles el amor y la paz que les faltaba.

"Pensaba que los Kobdas de toga azul, entraban y salían por estas bocas del Nilo para recoger a todos los desventurados y perseguidos, esclavos o príncipes; para llevar la luz, la paz y la concordia a todos los países de la tierra, a donde alcanzaba su esfuerzo y su celo por el bien de la humanidad.

"Pensaba que después estas mismas aguas se enrojecieron de sangre, cuando las bárbaras invasiones de razas indómitas y guerreras hicieron de toda esta belleza, campos de destrucción y de muerte.

"¡Triste condición humana, Faqui, que lleva al hombre por los caminos de la ambición y del crimen, cuando está en su mano la paz y la dicha con que sueña!..."

Mientras tenía lugar este diálogo, los dos siervos Eliacín y Shipro retirados a prudente distancia, no perdían de vista a Jhasua como si hubiesen recibido el encargo de una amorosa vigilancia sobre él.

Jhasua y Faqui se acercaron a ellos, buscando acortar distancias.

—Llegó por fin la hora, Shipro —le dijo el Maestro— de que luches para reconstruir lo que ha derrumbado la maldad de los hombres.

—¡Oh, pobre de mí... ¿qué he de hacer yo, príncipe de David?

—Es que a eso vienes amigo mío, y estamos muchos para ayudarte a triunfar. No creas que sólo en espadas y lanzas está la fuerza para vencer. Los hijos de Dios conocemos otros caminos silenciosos y ocultos para salvar las víctimas de la injusticia de los poderosos.

"Mis compañeros y yo pertenecemos a una Fraternidad que en sus comienzos se llamó de los *Hermanos del Silencio*, y que hoy se conoce por *Fraternidad Esenia*. En su seno se realizan obras de verdadero salvamento, secretamente, sin ruido, sin alardes de ninguna especie.

"¿Nunca oíste hablar de los Terapeutas peregrinos que andan por ciudades y montañas en Palestina y Siria, curando a los enfermos y socorriendo a los desvalidos?

—¡Oh, sí!... recuerdo bien que unos leñadores de mi primer amo, atacados todos en la familia de una erisipela maligna, fueron curados en tres días por esos médicos peregrinos —contestó de inmediato Shipro.

—Ya ves quiénes son los aliados con que contamos. De ellos nadie desconfía, y ante ellos se abren sin temor hasta los más duros cerrojos de torres y calabozos. Además el príncipe Melchor me ha entregado varias epístolas recomendatorias para amigos suyos que sin duda estarán al tanto del negocio que nos ocupa.

"A propósito, bajemos a nuestra cámara, que el sol ya declina y el frío se hace sentir. Nuestros compañeros de viaje ya bajaron y estarán al calor de los braseros.

Y los cuatro bajaron rápidamente.

Jhasua sacó de su saquito de viaje, el paquete de cartas que Melchor le entregó cuidadosamente envuelto en un paño de lino, y entre doble cubierta de piel de antílope curtida al blanco.

—El príncipe me recomendó leerlas en el barco, y eso vamos a hacer ahora —dijo Jhasua sentándose sobre su lecho.

José de Arimathea se acercó al grupo.

—Creo que también nosotros podemos formar parte del grupo juvenil —dijo afablemente—. Supongo que no serán asuntos del corazón...

—Venid todos si queréis, ya que siendo cosa mía y en favor de los oprimidos, es también vuestra desde luego —contestó Jhasua—. Además, no sois ajenos a los motivos que traen con nosotros a Eliacín y Shipro.

—Sí, sí —dijeron varias voces a la vez—. La Ley dice: *"Ama a tu prójimo como a ti mismo"*, y en igualdad de circunstancias, a todos nos gustaría que se hiciese otro tanto con nosotros —añadió Nicodemus.

—¿De qué se trata pues, como preliminar del trabajo a realizar?

—Antes si me lo permitís —dijo el prudente siervo Eliacín— cerraré la puerta de este compartimiento y correré cerrojos y cortinas, que en este barco no estamos solos.

—Tienes razón, Eliacín; bien se ve que estás experimentado.

Cuando todos estuvieron instalados alrededor de Jhasua, éste prosiguió:

—Aquí tenemos las recomendaciones de nuestro querido príncipe para sus amigos en nuestro país.

"Me interesa más que ninguna, ésta dirigida al Scheiff Ilderin del Huerto de las Palmas. ¿Recuerdas José este nombre?

—Claro que sí. Es quien me dio aquel misterioso billete escrito en el hipogeo de Mizraim.

—La actual personalidad de Adamú, que dio nombre a nuestra civilización —dijo Gamaliel—. Justamente lee, lee Jhasua que esto debe ser interesante.

Jhasua abrió el papiro y leyó:

"Alejandría a días veinte de Nizán del año 3250 del Mizraim.

"Al Scheiff Ilderin de Bozra con quien sea la paz de Dios.

"Hace 20 años salvaste la vida a tres extranjeros que salían de los Montes de Moab, donde se habían refugiado huyendo de la cólera de Herodes el Idumeo.

"Recordarás buen Scheiff los relatos que te hicimos de aquella luz misteriosa que nos guió hasta Bethlehem, donde había nacido el que esperaba el mundo de los idealistas, buscadores de justicia y de verdad.

"El portador de la presente es aquel niño del cual te hablaron los tres extranjeros perseguidos, el que Israel espera anunciado por sus profetas. Y si Dios te entrega así su secreto, es porque tú lo mereces y porque sabes lo que te corresponde hacer.

"El joven profeta Jhasua de Nazareth, hijo de Joseph y de Myriam de la estirpe de David, te dirá lo que pueda necesitar de ti en auxilio de las obras que deba realizar.

"Tu buen sentido y noble corazón no necesita de otras explicaciones; bien lo sé, porque te conozco.

"Para servirte siempre.

"Melchor de Heroópolis, príncipe de Horeb".

—¡Soberbio!

—¡Colosal!

—¡Magnífico!

—¡Estupendo!...

Tales fueron las exclamaciones que se oyeron a la terminación de la lectura de la carta.

—Esto quiere decir —añadió José de Arimathea— ¡Que vamos entrando en la etapa de actividades misioneras, con las cuales no habíamos pensado encontrarnos aún!

—Es que ya era tiempo de salir del ostracismo y de la obscuridad —dijo con brío Nicolás de Damasco.

—En verdad —añadió Nicodemus— el pueblo de Israel, y con él todo el cercano oriente, grita en todos los tonos por un salvador de las injusticias que sufre. La hora de los profetas es ésta, y ante Dios seremos culpables si la dejamos pasar sin movernos.

—¡Y pensar que un extranjero ha venido a dar la primera clarinada! —añadió Gamaliel, disgustado de su propia incapacidad.

Todos miraban a Jhasua que en silencio miraba la carta abierta que tenía en sus manos.

Faqui con sus negros ojos iluminados por una extraña luz, devoraba con su mirada a su silencioso amigo que no daba señales de oír lo que en torno suyo se hablaba.

—Jhasua —le dijo por fin José de Arimathea—. De ti se trata. ¿No respondes nada?

Jhasua dio un gran suspiro y levantando sus ojos llenos de una dulce tristeza contestó así:

—Vosotros sabréis sin duda todo el alcance de lo que estáis diciendo. Melchor lo sabrá también. Pero aquí dentro de mi Yo, el Padre Celestial no habló todavía. Os digo toda la verdad.

—¡Pronto hablará Jhasua!... —exclamaron varias voces a la vez.

—La hora de Dios no ha sonado aún por lo que se ve —añadió José de Arimathea.

—A veces suele acontecer con los grandes enviados, que un acontecimiento inesperado descorre ante ellos el velo del enigma y del misterio que les envuelve, y se encuentran de pronto con su camino abierto y la marcha iniciada—. Esto último lo dijo Nicodemus que percibió el dolor que esta conversación causaba a Jhasua, y quiso desviarla un tanto—. ¿Por qué no continuamos leyendo las recomendaciones del buen príncipe Melchor?

Jhasua tomó otro de los papiros y lo abrió. Decía así:

—"Al príncipe Sallum de Lohes, sea la paz de Dios y a todos los suyos:

"En veinte años de amistad, ¡oh príncipe de Israel! creo que hemos llegado a conocernos y a amarnos. Cuando os conocí estabais en vuestra hora de prueba perseguido por la ambición y la codicia de Herodes, y ese dolor nos unió más estrechamente.

"No habréis olvidado seguramente la noche que juntos pasamos en el *Kahn*, de las afueras de Bethlehem a la espera de encontrar el sitio en que se hallaba el niño extraordinario que buscábamos.

"Nuestro maravilloso relato que tanto os interesó, en estos veinte años se ha confirmado más y más, como he tenido oportunidad de deciros en las pocas veces que nos hemos visto después.

"El portador de esta epístola, es el niño aquel cuya aparición en Israel fue anunciada por los astros. En misión de estudio ha estado aquí en Alejandría y vuelve a su país cargado con las verdades históricas que buscaba. El anunciado por vuestros profetas se acerca a la gran hora de su vida según mi parecer. Y así como 20 años atrás os anuncié su nacimiento, ahora lo hago con respecto al comienzo de sus obras de justicia, de salvación y de amor.

"Sé que os doy un gran placer en proporcionaros este acercamiento. Haced por él mucho más de lo que haríais por mí. El mismo os dirá, si alguna vez necesita de vos.

"Soy siempre vuestro aliado y amigo para el servicio de Dios.

"Melchor de Heroópolis, príncipe de Horeb".

—¡La cosa marcha, Jhasua, no hay nada que hacer! —exclamó Nicolás de Damasco.

—Marcha demasiado aprisa en el sentir del buen príncipe Melchor, que sigue viendo la luz que le guió hasta Bethlehem —contestó Jhasua—.

"Si ha de ser como él dice, hay que confesar que es un vidente premonitorio asombroso. Pero os ruego no comentar las cartas y que cada cual se forme su propio criterio en silencio.

—Bien, bien, Jhasua, continúa leyendo. —Este abrió otro papiro y leyó:

—"Al príncipe Ezer de Bet-Fur, la paz de Dios por siempre para él y todos los suyos.

"Bien sabéis que no tuvimos éxito en nuestra búsqueda de la desventurada familia de vuestro pariente y amigo mío, el príncipe Ithamar hijo de Adi-Hur, de Jerusalén. En la pasada luna me llegó desde Antioquía un mensaje por el cual podemos pensar que son vivos, y que el joven príncipe Judá, a la sazón de 24 años de edad, se oculta bajo un nombre supuesto, con el cual ha hecho una brillante carrera en Roma.

"También estáis enterado por mí, desde hace 20 años, de que vengo siguiendo una luz superior que habla a mi espíritu de salvación, de justicia y de paz para todos los oprimidos del mundo y en especial de nuestro azotado oriente.

"Aquel niño que nos llevó a Gaspar, Baltasar y a mí a vuestro país, donde estuvimos a punto de perder la vida, es ya un joven entrado a los 21 años, y es el portador de esta epístola que él en persona entregará en vuestras manos. Dios realiza por él obras que entre los hombres son milagrosas, pero para los que estudiamos la Divina Sabiduría, son sencillamente la demostración de que el Supremo Señor ha pasado a él sus fuerzas y poderes infinitos.

"Para mí, es el anunciado por vuestros profetas y el que Israel espera. Vos juzgaréis.

"Está vinculado por su incomparable amor, a los que sufren con el asunto del príncipe Ithamar, por lo cual creo que ahora se obtendrá un éxito más lisonjero.

"El os dirá cuanto sea necesario en unificación de esfuerzos para toda obra digna de hijos de Dios.

"Quedo siempre vuestro fiel amigo y aliado para todo lo que signifique justicia y salvación.

"Melchor de Heroópolis, príncipe de Horeb".

—Con vuestro permiso —dijo tímidamente Eliacín— yo conozco al buen príncipe Ezer, primo de mi amo Ithamar, y por un viajero que llegó con la caravana de Beer-seba a Heroópolis, supe que la persecución del Procurador romano seguía contra los más ricos príncipes judíos; entre ellos el príncipe de Bet-Fur a quien va dirigida esta carta, por la razon de que había hecho indagaciones para encontrar la familia de mi amo, y que le fueran devueltos sus bienes y sus derechos.

"Su familia estaba oculta en el *Bosque de los Rebaños* al sudeste de Bethlehem, donde los pastores más pudientes tienen construidas fuertes cabañas de piedra, para defender sus ganados de las fieras".

—Justamente —decía Jhasua con bien marcada indignación— allí donde se resguardan los rebaños de la voracidad de las fieras, debe refugiarse una familia perseguida por hombres... fieras humanas, cuyas garras alcanzan mucho más lejos que las del tigre y la pantera...

—¿Qué tiempo hace de esta noticia? —preguntó Faqui.

—Va para dos años —contestó Eliacín—. Todo será probar, pues yo sé dónde queda en Jerusalén el palacio del príncipe Ezer de Bet-Fur.

—Mi madre lo sabrá todo —observó Shipro— puesto que ella todo lo escucha en la plaza del mercado.

—Sí, tienes razón Shipro. Lo primero será buscar a tu madre —contestó Jhasua.

—Sigamos con las cartas si te parece —dijo José de Arimathea— pues presumo que nuestro amigo Melchor nos abre amplio camino para muchas obras a realizar.

Jhasua abrió otra de las misivas y leyó:

—"A Jesuá hijo de Abinoan, príncipe de Mizpa y de Jerusalén, sea la paz de Dios y para todos los suyos.

"Mi buen príncipe amigo: En tu última epístola que me llegó a Heroópolis cuando yo salí en viaje para el Sahara Central, por lo cual tardé tres lunas en enterarme de su contenido, me relatabas las luchas sordas y ardientes entre los rigoristas fariseos de Ismael, y los nobles príncipes saduceos de Anás hijo de Seth.

"Habitando el Pontífice Ismael en el palacio del Monte Sión juntamente con las águilas romanas, bien se comprende las persecusiones sistemáticas contra la nobleza saducea, que deberá defenderse de dos fuerzas poderosas: el alto clero que responde a Ismael con los fariseos, almas de espías; y la codicia de los potentados romanos que vienen a nuestras tierras de oriente, con la única mira de levantarse fortunas fabulosas mediante el latrocinio y el despojo.

"Sabes bien que soy amigo y aliado de todo el que anhela la justicia y la concordia, la libertad v la paz, para el oriente oprimido por los invasores de occidente.

"Con el joven portador de esta epístola, podrás esclarecer tus preocupaciones referentes a aquel niño misterioso en cuyo seguimiento fuimos hace ya 20 años, tres viajeros del lejano oriente. *Apareció y desapareció* como tú me decías una vez. "Si en él, está encarnado el que espera Israel ¿por qué se oculta dejándonos en la ansiedad y las tinieblas?"

"Así era tu pregunta, a la cual espero que encontrarás respuesta si hablas en intimidad y confianza con este joven portador de mi carta.

"Es discípulo de la alta Escuela de los Esenios de Moab, del Hermón y del Tabor, con lo cual te está dicho todo en cuanto a sus conocimientos sobre los designios de Dios y sus misteriosos caminos.

"Obras de misericordia y de salvación tiene en sus manos, en las cuales podrás ayudarle con tu alta posición en Jerusalén. Haz por él más de lo que harías por este fiel amigo, que lo será siempre para el bien y la justicia.

"Melchor de Heroópolis, príncipe de Horeb".

—Falta la última —dijo Jhasua— y es ésta para el comerciante de Antioquía.

—Oigamos —dijeron varias voces a la vez.

—"Al buen amigo Simónides de Judea, paz de Dios, prosperidad y abundancia.

"Con la llegada de vuestro último barco a este puerto de Rafia, me pedías órdenes referentes a girarme o no los intereses de mis dineros que están en vuestro poder.

"Cuando os hice depositario hace cuatro años de ese capital, os dije que lo hacía con miras a un futuro acaso lejano, y porque me consideraba vinculado a una obra de liberación y de justicia para los oprimidos de nuestros pueblos de oriente.

"Estoy en la persuación de que esa obra está cercana, y como no puedo precisar el modo y forma en que ella se llevará a cabo, os pido retengáis en vuestro poder, capital e intereses para cuando llegue el momento oportuno.

"El portador de esta epístola, educado en la Escuela de los antiguos profetas de Israel, podrá orientar vuestro espíritu y a la vez aliviar vuestro cuerpo, atrofiado por las torturas que os dieron los déspotas erigidos en amos en esta época triste para estos países que claman por su libertad.

"Por razones que él mismo os dirá, está empeñado en la misma obra que os ocupa a vos, referente a la infortunada familia del príncipe Ithamar vuestro antiguo patrón, a cuya fidelidad habéis sacrificado hasta vuestro propio cuerpo, hoy inválido.

"Confiad en él más que confiaríais en mí, no obstante su juventud. Tiene veinte años, y veinte años hace que le conozco. Consecuente amigo, vuestro siempre Melchor de Heroópolis, príncipe de Horeb".

—He aquí cinco epístolas que si cayeran en manos de los agentes de Roma, eran el mejor pasaporte para la Torre Antonia o para colgarnos de un madero en el Monte de las Calaveras —dijo riendo Gamaliel.

—No debe llevarlas Jhasua en su saquito, las llevaré yo aquí bajo mi túnica, atadas a mi propio cuerpo —dijo José de Arimathea.

—No, no —observó Nicolás— debemos cargar todos con la responsabilidad de ellas, y cada uno de nosotros lleve una. A repartirlas pues.

—La que había de llevar Jhasua o sea la quinta, la llevaré yo muy gustosamente —dijo Faqui con su vehemencia habitual.

—Mejor de todo será —añadió el silencioso siervo Eliacín— que las lleve yo todas juntas. Vosotros todos por lo que veo, estáis realizando obras de gran mérito; yo no soy capaz de nada y no tengo hijos, por lo cual mi vida es la menos importante de todas. Dejadme pues que las lleve yo sobre mi cuerpo.

Jhasua que hasta entonces había guardado silencio dijo de pronto:

—Todas las vidas valen más que cualquier tesoro de este mundo y todo puede arreglarse con justicia y sabiduría. Dejadme hacer.

Y enseguida tomó el saco en que estaban todos los tubos de los papiros, y envueltas entre aquellos rollos, las epístolas de Melchor, púsolas de nuevo entre sus tubos respectivos, y cubiertos entre ropas sin importancia guardó todo en el saco de piel de focas, ajustó bien el cerrojo, echó la llave, y ésta la tiró al mar.

—¿Qué hiciste Jhasua? —preguntó alarmado José de Arimathea.

—Hice al mar responsable y dueño de este saco hasta que lleguemos a Gaza.

—Todos sabemos lo que el saco encierra. Si al desembarcar hubiese algún peligro o fuésemos registrados, a ninguno se le encuentra nada. Llegados a nuestro destino, romperemos el saco, que desde luego vale menos que una vida humana.

—Jhasua todo lo hace bien —dijo Faqui entusiasmado—. Si fueras tú el César romano, ¡qué dichoso sería este mundo! ¡Oh hijo de David! A veces pienso que *Amanai* se olvida de la humanidad de esta tierra.

—¡Oh que la humanidad se olvidó de El, Faqui, dirías mejor! —le observó el joven Maestro.

—En todas esas epístolas de Melchor se deja traslucir la convicción que él tiene de que tú Jhasua, has venido a la vida física para hacer algo muy grande en favor de los pueblos oprimidos. En este pobre saco que acabas de cerrar, están las llaves, puede decirse de todas las puertas que se abrirán para darte paso y facilitar tus actividades. ¿Qué será Jhasua, qué será eso tan grandioso que debes hacer?

Jhasua sonreía afablemente ante la vehemencia de Faqui, y los cuatro doctores de Israel sonreían también esperando la respuesta del joven Maestro ante la interrogación tan incisiva del joven africano.

—Yo pienso que en verdad, ha llegado la hora de que la humanidad de este mundo vuelva a Dios del cual ha huido en su gran mayoría, y sólo pequeñas agrupaciones en nuestro oprimido oriente, claman a la Divina Misericordia esperándolo todo de ella.

—Estoy asimismo dispuesto a hacer de mi parte todo cuanto alcancen mis fuerzas, para que Dios vuelva a reinar en todas las almas.

"Creo que todos vosotros estáis animados de estos mismos sentimientos. ¿No es ésta la verdad?

—Sí, sí claro que lo es —contestaron varias voces a la vez.

—Entonces, no debéis decir y repetir una y otra vez que *"yo tengo que hacer una gran obra"*. La tenemos que hacer entre todos los que comprendemos que ha llegado la hora de hacerla. ¿Estamos de acuerdo?

—¡Muy bien Jhasua, muy bien! Acabas de decir la gran palabra —dijo José de Arimathea—. ¡Tú entre nosotros!... ¡Nosotros alrededor de ti!

—¡Y otros muchos que seguirán!... —dijo Gamaliel— que en Jerusalén, están ardiendo muchas lamparillas ocultas bajo el celemín.

—Y bajo los platanares del río Orontes, y en las faldas del Líbano hasta Damasco, se estudian como nunca los profetas para arrancarles el secreto de la hora precisa que marca la salvación —dijo a su vez Nicolás con vehemencia.

—En verdad —añadió Nicodemus—, que la fiebre por la liberación va llegando a un punto ya casi incontenible. Y ahora se recuerda con insistencia entre los ancianos del pueblo en Jerusalén, de que hace 20 años, tres magos del oriente llegaron diciendo que había nacido el Cristo anunciado por los profetas, que los astros, habían marcado la hora y lugar de su nacimiento, que Herodes desató su furia y llenó de sangre a Bethlehem para exterminar al rey de Israel que había nacido. Y ¿qué se hizo de él, y por qué se oculta de su pueblo que le espera? Esto es lo que preguntan todos.

—Todo llega a su tiempo —dijo José nuevamente—. Yo veo allá muy hondo en mi mundo interno que nos acercamos a grandes jornadas hacia la meta de este camino. Los acontecimientos mismos nos van empujando hacia él. Y hay que confesar que la clarividencia del príncipe Melchor nos ha subido de un salto sobre una cima, desde la cual vemos un horizonte mucho más amplio de lo que antes veíamos. ¡El instrumento de Dios es Jhasua, no se puede negar!... pero como él mismo lo ha dicho, todos nosotros y otros muchos que esperan la clarinada de alerta, debemos ceñirnos bien el cinturón y empuñar el báculo de las grandes andanzas porque la hora llega.

Tres días después nuestros viajeros desembarcaban en Gaza donde nadie les esperaba, porque no habían dado aviso alguno de su llegada. Todos juntos siguieron viaje a Bethlehem de inmediato, pues allí les esperaba la familia de Jhasua en la vieja casa de Elcana que ya conoce el lector.

Las tiernas quejas de Myriam por la tardanza, se esfumaron pronto en la dulce alegría de tener de nuevo al hijo bien amado al alcance de sus brazos.

Habían llegado cerca del mediodía, por lo cual quiso el hospitalario Elcana celebrar el regreso con una comida en conjunto.

—Elcana —díjole José de Arimathea— te apresuras a obsequiarnos con una bien servida mesa, creyendo sin duda que esto es bienvenida y a la vez despedida para largo tiempo, pero te doy la noticia que nos adueñamos de tu casa, lo menos por tres días.

—Tanto mejor —exclamaba el amo de casa—, así escucharemos las impresiones que traéis del lejano Egipto.

Jhasua con sus padres había hecho un aparte, en que ellos le referían sin duda acontecimientos familiares en su casa de Nazareth, en la pintoresca Galilea de los huertos sombríos y de los valles rientes, llenos de gaviotas, de pajarillos y de flores.

—Tenemos que partir pronto —decía Myriam—, porque tu tío Jaime, tu hemano Jhosuelín y la hacendosa Ana, nos esperan impacientes.

En esto se oyó la voz de José de Arimathea que decía:

—Concedednos dos días de reunión aquí para concretar el programa que hemos de seguir. Traemos entre manos muy importantes trabajos, que esta noche a la hora de la quietud os comunicaremos.

—Es bien que lo anunciemos si os parece a los amigos de aquí. Ya sabéis que Josias, Alfeo y Eleazar son con nosotros una misma cosa desde hace más de 20 años —observó Elcana.

—Desde luego —contestaron varias voces—, pues ellos tendrán gran parte en las tareas a realizar.

—¡Y son tan fieles para Jhasua! —añadió Joseph su padre, que sentía gran afecto por los amigos bethlemitas.

—Jhasua, hijo mío —dijo de pronto Myriam—. ¿Han venido con vosotros aquellos dos hombres que están bajo el cobertizo con tantos sacos y mantas?

Jhasua miró hacia donde su madre indicaba.

—¡Ah sí!... ¡Eliacín y Shipro!...

Y salió rápidamente hacia ellos.

—¿Por qué os quedasteis aquí? Nosotros no somos familias de príncipes para que guardéis esta etiqueta. Venid conmigo y os haré conocer a mis padres.

Jhasua tomó el saco cuya llave arrojó al mar y seguido de los dos siervos entró al gran pórtico de la casa donde estaban todos reunidos.

—¿Ves Elcana este saco? —preguntó Nicodemus—. ¡Si supieras qué tesoros de verdades ocultas guarda!

—¡Y qué pródigas fueron con nosotros las arenas del desierto!...

—Estos dos amigos, madre —decía Jhasua presentando los dos siervos—, quedan recomendados a tu cuidado y ternura. Con decirte que vienen enviados por nuestro grande amigo el príncipe Melchor, te lo digo todo.

—¿Le has visto hijo mío, le has visto? —preguntaba Myriam como hablando de un ser cuyo recuerdo conservaba con inmenso amor.

—Estuve con él todo el tiempo que falté de aquí —le contestó su hijo.

—¡Y yo que no le veo desde que estuvimos en el Monte Hermón, cuando tú sólo tenías seis años! ¡Cuánta gratitud le debemos!

—Aquí tienes este don que viene de su mano —dijo Jhasua sacándose el anillo que Melchor le diera al despedirse y poniéndolo en el dedo anular de su madre.

—Siempre el mismo, que por donde pasa va derramando dones —decía Myriam—. Que el Señor le colme de paz y abundancia.

Como el frío se hacía sentir muy intenso, todos se refugiaron en la inmensa cocina, donde el hogar ardía alegremente y el hornillo familiar despedía ese agradable olor de pan cuando está dorado y listo para llevar a la mesa.

Sara la hacendosa ama de casa, ayudada por Myriam, hicieron los honores de aquella vieja mesa de encina, encima de la cual, 20 años atrás habían celebrado con un vino de júbilo y de gloria, el nacimiento de Jhasua, entre el esplendor de la gloria de Dios, que se hacía sentir en las voces celestiales que cantaban:

"Gloria a Dios en lo más alto de los cielos, y paz en la tierra a los hombres de buena voluntad".

Eliacín y Shipro, los dos humildes siervos, estaban mudos por la emoción de verse tratados como familia por los padres de Jhasua y amos de casa, para quienes veían claro, que su amo actual el príncipe Melchor, guardaba tanto respeto y deferencia.

Cuando Jhasua presentó a sus padres el nuevo amigo, que había conquistado en Egipto, el Hach-ben Faqui, que tan ardientemente le amaba, la dulce Myriam acogiéndole afablemente le decía:

—¡Cuán parecido es al príncipe Melchor! Casi tanto como un hijo a su padre. ¿Son acaso familia?

—En el amor somos padre e hijo, pero no por la sangre. Tal como Jhasua y yo, que nos tenemos amor de hermanos, únicamente porque los corazones laten al mismo tono. Tú, sí, madre feliz, que no puedes negar que lo eres de este grande hijo de David. Y a tu padre, Jhasua, en mi tierra se lo tomaría por uno de esos genios benéficos que hacen descender la lluvia refrescante cuando nos abrasa la sequía del desierto.

"Tal como me figuraba a los tuyos, así los encontré; familia de patriarcas que son dulzura de paz y sabiduría de buen consejo.

—Me agrada mucho tu amigo africano, y más, porque sé que fue el príncipe Melchor quien lo acercó a ti, Jhasua —decía a su vez Myriam con su dulzura habitual.

En estas y otras naturales explicaciones propias de las circunstancias y que el lector comprenderá muy bien, transcurrió la comida y sobremesa, pasada la cual, los dos siervos que nada tenían que hacer allí, siguieron viaje a Jerusalén en busca de la madre de Shipro y hermana de Eliacín, para hacer las averiguaciones necesarias al asunto que les había traído desde Alejandría.

Los demás partirían hacia Jerusalén tres días después, quedando convenidos en encontrarse en la casa particular de Nicodemus por ser la más apartada de los sitios frecuentados por los agentes y allegados al gobierno romano. Habitada por una anciana viuda con sus dos hijas ya mayores, que sólo se ocupaban de obras de misericordia, nadie podría sospechar que los que allí llegasen llevarían otros fines que los de la caridad.

Además, por estar cercana a la puerta llamada *del Pescado* que era la primera en abrirse a la madrugada y la última en cerrarse a la noche, y que coincidía a la vez con la proximidad relativa al abandonado palacio de la familia desaparecida y despojada, habitado únicamente por la sierva fiel madre de Shipro, venía a ser como un sitio estratégico hasta para los Terapeutas peregrinos que solían hospedarse allí.

Ana la esposa de Nicodemus con sus niños, pasaba la mayor parte del año en el hermoso huerto que la familia poseía en Nicópolis, a los fines de cuidar aquella gran posesión, cuyos olivares y viñedos eran uno de sus medios de vida.

En muchas oportunidades análogas, habían utilizado la antigua casona de la madre de Nicodemus para asuntos delicados que exigían silencio y discreción.

—De aquí a tres días estaré yo en Jerusalén —les había dicho Jhasua al despedirse de ambos siervos—. Haced las averiguaciones que necesitamos, y a la noche a primera hora, id a estas señas que os doy y entrad sin llamar por el portal del establo, donde siempre está el guardián que ya habrá sido avisado.

"¡Y ánimo y buena suerte que ya debemos empezar nuestra tarea de salvación y justicia para los que sufren!

Estas palabras pronunciadas con ese interno fuego de amor al prójimo que el joven Maestro encendía en todos cuantos llegaban hasta él, llenaron de esperanza y energías a los dos criados, que al embarcarse en Alejandría, casi habían creído que este viaje sería para recoger un desengaño más.

—¡Qué hombre es éste, casi un adolescente! —decía Eliacín a su sobrino— y ejerce un dominio y una fuerza que uno se siente subyugado por él.

—Es verdad —contestaba el jovenzuelo—. ¡Sin saber cómo ni por qué, estoy convencido de que en esta oportunidad, todo se va a esclarecer porque lo quiere él!

Mientras ellos se encaminan a la ciudad sagrada de Israel, observemos lector amigo, lo que ocurre en torno a Jhasua en la vieja casa de Elcana el tejedor.

Este mandó a buscar a sus consecuentes amigos Alfeo, Josias y Eleazar con los cuales debían compartir la reunión de esa noche.

Si los hallazgos realizados en Egipto, en el hipogeo de Mizraím sepultado en las arenas junto a las grandes pirámides, eran interesantes y muy dignos de atención, más lo eran las epístolas de recomendación del príncipe Melchor que a todas luces daban a entender que los tiempos apremiaban y que debían ponerse en actividad los que se consideraban comprometidos en la gran obra de la salvación de Israel, y con él, de todos los oprimidos.

Joseph con Myriam y Sara asistieron también a la reunión en el gran cenáculo, después de haber tenido la precaución de cerrar puertas y pasillos y correr las pesadas cortinas de damasco que impedían traslucir desde la calle vislumbre de luces y murmullos de voces.

—Aunque Herodes el usurpador ya se pudrió en la tumba, y su heredero Arquelao toma el fresco desterrado en la Galia —decía Elcana— aun quedan buenos sabuesos en Judea, que andan a la pesca de lo que se piensa y se habla en las viejas casas de los hijos de Israel, fieles a la Ley.

"Digo esto, para que no os extrañéis de todas las precauciones que tomo.

—Estamos bien resguardados —dijo Josías—, pues nosotros tres hemos traído cada uno su criado de confianza, que con los tuyos, velan en torno de la casa.

—Cualquiera diría que estamos tramando una conspiración —decía riendo Gamaliel—. ¿Tanta llama arrojan las hogueras que así teméis un incendio?

—Algo hay de novedad —contestó Elcana—. El pasado sábado acudimos a Jerusalén para llevar nuestros dones al templo, y nos hallamos con una gran alarma en el pueblo, porque ha sido redoblada la guarnición del palacio del Monte Sión y de la Torre Antonia. En todos esos alrededores no se ven más que yelmos y lanzas, y una soldadesca despótica y altanera que acaba de trastornar el juicio a los ya cansados hermanos nuestros, que se ven vigilados hasta cuando entran y salen del templo.

"La galería cubierta con que Herodes hizo comunicar la Torre Antonia con el santo lugar de oración, está a todas horas llena de soldados, y desde los terrados altos de la Torre, vigilan sin cesar los claustros exteriores.

—¿Y a qué se debe este cambio de decoración? —preguntó José de Arimathea.

—De cierto nada sabemos; pero hay rumores de un levantamiento de los nobles, no contra el César, que a veces ignora lo que aquí pasa, sino en contra del gobernador Graco, que como ha cometido tantos atropellos en Judea, ha establecido su residencia en Cesárea, según dicen para estar más cerca del mar, donde tiene amarrado un barco por si se ve en aprietos poder escapar libremente.

"Para despojar impunemente a los más ricos príncipes judíos, inventó planes de asesinato contra él; ahora que tantos crímenes le muerden la conciencia, teme, con razón, una venganza de sus víctimas. Eso es todo —arguyó Eleazar—. Nuestro gran amigo el príncipe Ezer de Beth Sur, que es quien ha comprado siempre nuestros productos y los embarca en Ascalón en acuerdo con los barcos del difunto príncipe Ithamar, ha estado a punto de caer también en las redes diabólicas del gobernador Graco. Fue avisado a tiempo, pero ya sabe que está en lista.

—Día por día se va haciendo más y más intolerable la situación de nuestro país —añadió Alfeo—. Los que vivimos semi desconocidos en la obscuridad, no presentamos blanco codiciable a estos piratas de toga, pero como vivimos en cierto modo a la sombra de los grandes capitales que son los que mueven el comercio en el país, de rechazo nos vienen a todos los perjuicios.

214

—Es así de cualquier forma que se mire —afirmaba a su vez Josías—. Y sin ir más lejos, veréis. Debido a la persecución desatada contra la familia y bienes del príncipe Ithamar de Jerusalén, su compañía naviera tuvo que retirarse de Tiro, y trasladar su sede a Antioquía para ampararse bajo la inmediata autoridad del Cónsul que parece no ser tan mala persona. Esto como es natural, hace menos frecuente la llegada de sus barcos a Ascalón, y ahora sólo viene uno cada dos meses, cuando antes teníamos dos por mes.

—Sin contar —continuó Eleazar— conque los barcos han debido aumentar su tripulación y armarlos como si fueran barcos de guerra, para lo que pueda sobrevenir. Se dice en voz baja que Graco tiene contrato con los mismos piratas contra quienes César manda sus galeras, para asaltar los buques mercantes que él les indica. Así es como fue asesinado el príncipe Ithamar.

—En esta última luna que vosotros habéis pasado en Egipto —añadió Elcana—, se ha removido todo este nidal de víboras en un tumulto callejero que ocurrió a raíz de la llegada de refuerzos a la guarnición.

—Ya véis —decía José de Arimathea que, como todos los recién llegados, escuchaba en silencio—. Todo esto parece indicar que debemos unirnos en silencio y prepararnos para acontecimientos que no tardarán en llegar.

—En verdad —dijo Joseph interviniendo en la conversación—; parece que hay mar de fondo en todo el país. Mi hijo Jhosuelín me escribió con la última caravana que en Galilea empiezan a desaparecer muchachos jóvenes y que se ignora su paradero. Hay quienes sospechan que pasan el Jordán, y en el país de los auranitas en los Montes Bazán, se organizan con fines de liberación del país.

Sara y Myriam hicieron una exclamación de horror y de espanto ante la visión de luchas de muerte, que parecía amenazarlos.

—Mientras tanto, ¿qué dicen nuestros ancianos? —preguntó Nicolás de Damasco.

—¡Qué han de decir!... Que hace falta un hombre que los una a todos como si fueran uno solo. Es por eso que ahora revive como una llama casi extinguida el pensamiento de aquellos tres extranjeros que hace veinte años llegaron al país, asegurando que había nacido el Mesías anunciado por los profetas —contestó con energía Josías—.

"Si nuestro pueblo estuviera unido, no era un gobernador Graco quien se constituía en amo y dueño de vidas y haciendas.

—Naturalmente —contestó Nicodemus—. Nuestro mal está ahí., La nobleza con todos los saduceos, por un lado; los fariseos con algunos doctores y parte del clero responden al Pontífice Ismael; los samaritanos burlados y despreciados por los judíos se acercan adulones al amo que tan cerca le tienen en Cesárea; los galileos, amigos de todos los extranjeros que buscan fértiles valles y sus risueñas montañas, no tienen mayor afán por libertarse de amos que parecen haberse ensañado contra Judea y sus principales familias.

—En Judea está el oro; en Jerusalém, residen los grandes magnates —dijo Nicodemus—. Las águilas no van a buscar los gorrioncillos que pican granos en las chozas, sino las garzas y los faisanes que duermen junto a las fuentes de mármol.

—Si me permitís —dijo Faqui—, yo soy un extranjero entre vosotros, y a más, el de menos años de todos; pero como al venir a vuestro país lo hice siguiendo la inspiración que me ha infundido el príncipe Melchor, creo que no está fuera de lugar una palabra mía. Aún están humeantes las ruinas de nuestra Cartago, la sangre de nuestros hermanos degollados por los romanos, no se ha secado aún en las arenas del desierto. Nuestra numerosa raza Tuareghs escondida en las montañas negras del Sahara Central, está organizada para ocupar su puesto si el oriente oprimido se levanta para sacudir el yugo que soporta hace más de un siglo. Estoy autorizado por mi padre, el Check Buya-Ben que es uno de los diez altos jefes que mandan tropas de caballería, para proponeros alianza, a fin de proteger todos juntos la salida al mundo del Mesías Salvador de Israel, acontecimiento que no puede ni debe retardarse mucho tiempo si no queremos dar al enemigo todas las ventajas que significaría nuestro retraso. Con que ya lo sabéis hermanos de Judea. Si queréis imponer el reinado del hijo de David anunciado por los profetas cuyo nacimiento marcaron los astros hace 20 años, contad con los cincuenta mil jinetes que la raza tuareghs pone a vuestra disposición.

Los ojos de todos se fijaron en el joven africano, cuya voz vibraba con tonalidades de clarín en día de batalla, y cuyo altivo continente y esbelta figura lo hacían aparecer como una hermosa estatua de bronce vestida de túnica azul. Miraron luego a Jhasua como creyéndole conocedor de estos proyectos bélicos de su nuevo amigo.

El joven Maestro, sentado entre sus padres, salió por fin de su silencio, y su voz suave y dulce resonó como una melodía en el gran cenáculo lleno de asombro y de interrogantes.

—Confieso que ignoraba por completo estos proyectos que acaba de exponer mi amigo, como él mismo puede decirlo. Creí que su viaje sólo obedecía a la tierna amistad que se despertó entre nosotros y al deseo de conocer nuestro país.

"Comprendo que no podemos ser indiferentes al dolor de nuestros hermanos y que estamos obligados a poner esfuerzo de nuestra parte para aliviar el yugo que pesa sobre todos. Nosotros los afiliados a la Fraternidad Esenia, creo que no somos libres de obrar sin ponernos antes de acuerdo con los que han sido hasta ahora nuestros conductores y guías.

"Francamente, os digo que mis puntos de vista en cuanto a la liberación son otros muy diferentes, pues estoy convencido de que mientras el hombre no se liberte a sí mismo de su pesada cadena de ambiciones, egoísmos y ruindades que le agobian, poco será si le libertamos de amos exteriores que él mismo se echa encima por su propia inferioridad. ¿Cómo y por qué vino la dominación extranjera? Porque las ambiciones de grandeza y de poder habían dividido en bandos a las clases dirigentes, y en el afán de escalar cumbres donde brilla el oro, abrieron la puerta a intrusos usurpadores que explotan justamente las discordias internas de los pueblos.

"Yo había pensado en ampliar la obra silenciosa pero eficaz de los Esenios, por medio de auxiliares voluntarios que compartan la obra de los Terapeutas.

"Vosotros pensáis quizá en ejércitos armados para imponer la justicia por la fuerza. Yo pienso en ejércitos también, pero sin lanzas ni espadas, y sólo armados con la verdad, con la lealtad de unos para otros, con la instrucción necesaria para que el pueblo aprenda a pensar y razonar, desterrando la ignorancia y el fanatismo utilizados por los audaces aventureros, para dominarlo, engañándolo.

216

"Así interpreté las orientaciones que en las cartas del príncipe Melchor abrí ante mis ojos. Todos esos recursos materiales que esas epístolas permiten entrever, pueden ser utilizados para esta vasta red de elevación moral, de instrucción, de enseñanza al pueblo en forma de prepararlo para gobernarse por sí mismo.

"Fue Herodes un amo arbitrario y despótico hasta el grado sumo, que se aprovechó de las internas discordias para subir; la Divina Ley lo sacó de la vida física, y un nuevo amo vino sobre Israel en parecidas condiciones al anterior.

"El gobernador Graco ha encontrado dividida la nación hebrea por odios profundos. ¿Por qué odia la Judea a Samaria? ¿Por qué desprecia a Galilea? ¿No son todos descendientes de aquellas doce tribus cuyos troncos son los doce hijos de Jacob, hijo de Isaac, hijo de Abraham, favorecidos con las promesas divinas?

"Mientras existan todas estas ignorancias, rivalidades, odios y miserias, nuestro pueblo se arrastrará miserablemente sujeto, hoy a un amo, mañana a otro, hasta que sepa conformar sus pensamientos, sus obras, su vida toda, a la Divina Ley, que es el único amo justo que todo pueblo debe tener.

"Y dentro de la misma Jerusalén, ¿por qué el odio de los fariseos contra los saduceos y sus príncipes? Por la envidia que les corroe el alma, por la ambición que les acosa a todas horas. Favorecidos los fariseos con la protección de Graco, han emprendido una guerra a muerte contra la nobleza saducea en su mayor parte; se han hecho nombrar pontífices fuera de la ley, pero que responde a sus fines. ¿Qué haríamos con arrojar del país a los extranjeros, si la causa de todo mal está en el corazón mismo del pueblo?

"Tal es mi pensamiento, que puede ser equivocado. Vosotros sois libres, de pensar, según vuestros propios modos de ver.

"Para mí, no es un levantamiento armado el que pondría remedio a tantos males, sino una campaña silenciosa pero decidida y firme de unificación y concordia, de instrucción y de persuación, que eleve el nivel moral del pueblo hasta ponerlo en condiciones de gobernarse sabiamente a sí mismo.

—¡Muy bien Jhasua; muy bien! —dijeron varias voces.

—Has hablado como un maestro —añadió José de Arimathea.

—Pero esa campaña debiera ser iniciada desde arriba, o sea desde el templo mismo, desde el Sanhedrín, y acaso entonces daría el resultado que buscamos —decía Nicolás.

—Mas como no podemos obligar a los grandes a que tomen ese camino, lo tomaremos nosotros ampliando la obra de la Fraternidad Esenia, y aunque más tarde, pero llegaremos —observó Gamaliel.

Después de un largo cambio de ideas concretaron lo siguiente: Que cada cual en el lugar que habitaba o donde tenía mayores vinculaciones, invitaría a los hombres más capacitados para que en las sinagogas se empezara a propiciar la unificación de todos los hijos de Abrahan, deponiendo recelos y odios injustificados y contrarios al espíritu de la Ley. Tomarían pasajes de los libros de Moisés y de los Profetas bien estudiados de antemano, y sobre ellos desenvolverían su tesis salvadora: la unificación de todos los israelitas en un solo pensar y sentir, como único medio de prepararse para conseguir la paz y la libertad.

Los cuatro amigos de Jerusalén estaban vinculados con el Gran Colegio, que después de la muerte del anciano Rector vitalicio Hillel, había sufrido algunas transformaciones introducidas por Simeón su hijo y por Shamay, ayudados por algunos doctores y sacerdotes que eran esenios.

José de Arimathea observó que el príncipe Jesuá, hijo de Abinoan, con dominios en Jerusalem y en Mizpa, a quien estaba dirigida una de las cartas del príncipe Melchor, era tesorero del Gran Colegio, y por intermedio de él, podían llegar hasta la gran aula de donde salían los hombres doctos del país.

La epístola de Melchor dejaba entrever una amistad más íntima y familiar con él, y acaso fuera el mejor camino para entrar con acierto en el campo que deseaba cultivar.

Quedaron en que Jhasua, con los cuatro de Jerusalen y Faqui, visitarían al príncipe Jesuá, llevando la epístola de Melchor introduciendo la conversación sobre el tema deseado, para lo cual la carta misma les presentaba todas las facilidades.

Se repartieron las zonas del país, donde cada cual tenía parientes o amigos para iniciar la gran cruzada de unificación de todo Israel, que se llamaría *Santa Alianza*, y tomarían las iniciales de ambas palabras como señal para conocerse los que pertenecían a ella.

Joseph, Myriam y Sara, que sólo habían estado como *escuchas* en aquella reunión, se tranquilizaron un tanto viendo que la campaña dejaba de ser bélica para convertirse en lazo de amor y de fraternidad.

—En esa forma —decía afablemente Myrian—, hasta yo puedo ayudarles cuando regresemos a nuestro nido de Nazareth.

—Y yo aquí en Bethlehem y en Hebrón, donde tengo muchos parientes —añadía Sara participando del entusiasmo general.

—Yo, en Herodium —decía Josías—, tengo algunos buenos amigos.

—Yo, en Beth-sura —añadió Alfeo alegremente.

—Yo, en Jericó, puedo hacer una regular cosecha —decía Eleazar, que era originario de allí.

Y Rama, Betlhel, Gazara, Emaus, Anathot y otros pueblos importantes vecinos de Jerusalén, sumándose en los sueños dorados de aquel puñado de idealistas que en su anhelo de mejoramiento de libertad y de paz, veían en esos momentos como cosa fácil hablar y que de sus palabras brotaran los hechos en espléndida compensación a sus esfuerzos y a sus anhelos.

—Sea cual fuere el camino que toméis en favor de nuestros países oprimidos y vejados —decía a su vez Faqui—, yo estaré siempre por la causa de Jhasua para triunfar o morir con él.

—¿Tú, que eres el más joven de todos, hablas de morir cuando apenas has comenzado a vivir? —le preguntó Nicodemus, que había cobrado gran simpatía al joven africano.

—Paréceme que este jovenzuelo tiene una vista muy larga, y su previsión le lleva a pensar que en la obra que iniciáis puede correrse muchos riesgos —observó Joseph, que en silencio analizaba las personas y sus pensamientos, puestos de manifiesto en las conversaciones que acababan de escuchar.

—Así es, padre, tal cual lo dices —afirmaba Jhasua.

—Mañana trataremos de la raza tuareghs a que él pertenece y de todos los descubrimientos que nos ha entregado el desierto.

"Bueno será que todos los que formemos la Santa Alianza conozcamos la verdad, que nos servirá de base para la enseñanza que hemos de dar.

JHASUA EN JERUSALEN

Tres días después el joven Maestro con Faqui y sus cuatro amigos se detenían en la solitaria colina en que se hallaba la tumba de David.

Allí dejaron los asnos en que habían hecho el viaje y que un criado de Elcana los volvería a Bethlehem.

—Aquí está sepultado el gran rey tu antecesor —decía Faqui a Jhasua—, y aquí vendré muchas veces a pedirle inspiración a ese genio tutelar de tu raza.

Después de un breve cambio de ideas sobre la cita que tenían pendiente con los criados de Melchor, Eliacín y Shipro, en la casa paterna de Nicodemus, se separaron. Los cuatro doctores de Israel para entrar por la puerta de Sión, y Jhasua con sus padres y Faqui por la puerta de Camarón, que es la que hoy se conoce como *Puerta Mora*, por hallarse muy próxima a la casa de la viuda Lía, su parienta cercana.

La cita con los criados era a la primera hora de la noche.

Los viajeros habían llegado a mitad de la tarde, por lo cual Jhasua se dispuso a ir al templo al que hacía mucho que no veía. Faqui quiso ir con él y ambos se dirigieron al pintoresco cerro sobre el cual estaba asentado el templo como una magnífica corona, sobre la cabeza de piedra de un gigante inmóvil.

El joven africano encontró hermoso el panorama de la gran ciudad de David y Salomón, edificada tan hábilmente, utilizando los altiplanos del irregular terreno que tan pronto bajaba en deliciosos declives, como subía en cerros coronados de espléndidos palacios que el genio constructor de Herodes había embellecido grandemente.

La marmórea blancura del Hípico y el Phaselus y de otros palacios, cual cofres gigantescos de los más ricos mármoles, se destacaban en la falda de los cerros, resplandecientes con el sol de la tarde, y recortados sobre el azul serenísimo del cielo, con la elegancia de sus líneas del más puro estilo romano.

Las cuarenta torres de la muralla, las torres almenadas de la Ciudadela anexa a la Puerta de Jaffa, las mil torrecillas del palacio real de Monte Sión, las cúpulas de oro y azul del Templo sobre el Monte Moria, bajo aquel sol de oro pálido de un atardecer en Judea, fué espectáculo soberbio para el joven africano que venía de un país empobrecido en sus monumentos desde la destrucción de Cartago, cuya magnificencia quedara reducida a modestas aldeas que iban surgiendo lentamente como temerosas de provocar de nuevo las iras del invasor.

Cuando subían el resplandeciente graderío del Templo, vieron detenerse una gran litera frente a la Torre Antonia y que los soldados se agrupaban junto a ella para informarse del personaje que traían.

Era el comandante de la guarnición de la Torre, al cual bajaban en una camilla, y cuyos dolorosos gemidos crispaban los nervios de cuantos se encontraban cerca.

—Lo tendrás bien merecido —dijo Faqui a media voz.

—No amigo mío —dijo el Maestro—. Acaso se encierra en esto, un senderillo de Dios. Venid conmigo.

Jhasua en diez pasos precipitados se acercó a los que bajaban la camilla cuyos rostros denotaban aflicción y espanto.

—Soy médico —dijo con voz imperativa— dejadme asistirle.

—Entrad al pórtico de la Torre —le dijo uno de los soldados.

Jhasua continuó andando, pero ya había tomado una mano del herido cuya cabeza ensangrentada no permitía percibir sus facciones. Detrás entraron otras dos camillas con dos heridos más.

Venían del circo de Jericó, donde se habían corrido carreras de carros en las que el militar, era un campeón formidable que también esta vez como otras hubiera sido laureado a no ser por el accidente ocurrido Sus caballos desbocados habían dado vuelta su carro, y él y sus dos auxiliares habían sido arrastrados y magullados al extremo en que estaban.

Cuando entraron al pórtico de la Torre, el herido no se quejaba más.

—Ya es muerto —dijo uno de los conductores de la camilla.

—Aun no, amigo mío —contestó Jhasua—. El Comandante duerme.

Si no fuera por el espanto que dominaba a todos, se hubiesen burlado de la afirmación de Jhasua. Los otros dos heridos habían callado también en sus dolientes quejidos.

—Los tres han muerto —afirmó otro de los conductores—. La cosa no era para menos.

—No están muertos —afirmó de nuevo Jhasua—. Traedme agua por favor, y jarabe de cerezas si tenéis.

Al momento estuvieron allí tres jofainas llenas de agua y una jarra del jarabe pedido.

Jhasua auxiliado por Faqui y algunos criados, fué desabrochando las ropas y lavando las heridas del Comandante primeramente y luego pasó a los otros dos.

Con sus dedos mojados en el elixir les hacía caer gotas en los labios resecos, luego bebió él grandes sorbos y con su propia boca iba vertiendo el líquido en la boca de los heridos.

Después de repetida muchas veces esta operación, el Comandante abrió los ojos.

—Eres un judío y me curas —le dijo.

—Soy galileo —le respondió Jhasua— y ya sabes que los galileos no odiamos a los extranjeros. Ten paz en tu alma, y serás curado.

—Que tu Dios pague tu buena acción —volvió a decir el militar romano con voz débil pero clara y comprensible.

La reacción de los otros heridos fué más lenta; ambos abrieron los ojos, pero no podían hablar, sino con sonidos guturales ininteligibles.

Los que estaban presentes no salían de su estupor y comenzaron a rodear a Jhasua de un respeto lleno de susto y casi de miedo.

—Será un mago —decía uno.

—O un profeta de esos que los hebreos veneran casi como a dioses —añadía otro en voz baja.

—Llevadme a mi despacho —dijo débilmente el Comandante— y también a mis dos ayudantes. Por servirme, casi han perdido la vida.

—Si me permites —díjole el Maestro— me quedaré a tu lado unos momentos más.

—Estaba por pedirte que me acompañases esta noche. Tengo confianza en tí, y quiero dejar algunas disposiciones por si he de morir.

—Aun no puedes hablar de morir —le contestó el Maestro—, porque Dios quiere que vivas.

—Podéis iros a descansar —dijo a los soldados y conductores de las camillas—. Mi amigo y yo velaremos los enfermos.

"Basta con uno que permanezca en la puerta por si necesitamos algo.

Faqui creía estar viviendo de encantamientos mágicos.

Nunca había visto nada semejante. Tranquilamente Jhasua pasaba y volvía a pasar sus dedos húmedos de agua por la garganta de los heridos que habían perdido el uso de la palabra.

El comandante que ya no sentía dolor alguno, no le quitaba la vista de encima. Diríase que un poderoso imán ataba sus miradas al rostro de Jhasua.

—Háblame —dijo imperativamente a uno de los heridos—. Quiero que me digas tu nombre.

—Gensius —dijo claramente.

—Bien, Gensius; Dios todopoderoso te devuelve la voz y el uso de la palabra para que hagas con ella mucho bien a tus semejantes.

— ¡Gracias profeta! —dijo con una voz llena de emoción.

—Ahora te toca a ti el turno —dijo al otro herido, que movió la cabeza negativamente como diciendo *no puedo*. Al mismo tiempo abrió la boca y Jhasua vió que la lengua era como un coágulo de sangre.

Al caer, sin duda se había mordido él mismo produciéndose una horrible desgarradura.

Alzando agua en el hueco de su mano le fue haciendo beber un breve tiempo.

Luego unió sus labios a los del herido y exhaló grandes hálitos, hondos, profundos, como si en ellos dejara su propia vida.

Se sentó en un pequeño taburete en medio a las tres camas y apoyando su frente en ambas manos, guardó un largo silencio.

Los tres heridos entraron en un sueño profundo que debió durar más o menos una hora.

Cuando se despertaron, los tres se sentaron en sus lechos y uno a los otros decían:

—Estoy curado, no tengo daño alguno.

—Ni yo tampoco —decía otro.

—Y yo estoy más sano que antes —decía el tercero.

Jhasua les miraba sonriente.

—No tienes tiempo niño de haber aprendido tanta ciencia. ¿Quién eres? —le preguntó el militar incorporándose hasta ponerse de pie.

—Ya te dije que soy un galileo; me llamo Jhasua, hijo de Joseph, un artesano de Nazareth.

—¿Cuánto te debo por lo que has hecho hoy conmigo y con éstos?

—Nada, porque es mi Dios-Amor quien os ha curado, y El sólo pide como compensación a sus dones, que seáis buenos y misericordiosos como El ha sido con vosotros.

—Pero ¿no necesitas cosa alguna para tu persona, para tu vida? —volvio a preguntar el Comandante.

—Para mí nada necesito, pero puedo necesitar de vosotros como auxiliares para hacer con los que sufren como lo hice con vosotros.

—Contad con nosotros siempre y para todo lo que queráis.

—Gracias amigos, muchas gracias. Os ruego así mismo que no divulguéis lo que habéis visto. Un médico os curó y con eso basta.

—¡Vuestro amigo es admirable! —decía el militar dirigiéndose a Faqui que estaba más absorto y asombrado que ellos.

—¡En verdad es admirable! He llegado ayer de Alejandría, soy extranjero en este país, donde he venido a presenciar maravillas que nunca soñé con que fueran realidades.

—Nunca habéis pensado que hay un Dios Supremo, dador de todos los bienes —contestó Jhasua.

—Quiero conocer la ley de tu Dios, Jhasua —dijo de nuevo el romano.

—Es muy breve y muy sencilla:

"Haz con tu prójimo como quieres que se haga contigo".

"Ama a todos tus semejantes; no odies a nadie".

—¿Eso es todo?

—Eso es todo, absolutamente.

"Ahora, mi amigo y yo nos vamos, porque somos esperados en otro lugar.

"¡Legionario de Roma!... —exclamó el Maestro—; que mi Dios te de su paz y espérame que vendré mañana a visitarte.

—¡No sé si eres hombre o dios!... pero juro por todos los dioses del Olimpo, que no olvidaré jamás lo que has hecho hoy con nosotros.

Jhasua y Faqui salieron.

—Pensaba que visitáramos el templo —dijo Jhasua a su amigo—. Mas ya por hoy no tenemos tiempo.

—Pero has hecho una obra que vale mucho más que nuestra visita al templo —le contestó Faqui—. Aparte de tres vidas salvadas, creo que la gratitud de esos hombres servirá de mucho para abrirte camino en este embrollado laberinto de odios y persecuciones.

—Así lo creo —respondió Jhasua—. Ahora a Casa, Faqui, porque mis padres nos esperan y no es justo que por consolar a unos, aflijamos a otros.

—¡Sí, sí Jhasua!... es como dicen, y como yo digo desde que te conozco:

"Tú, todo lo haces bien y como impulsado siempre por una elevada sabiduría. Vamos con tus padres.

Lía y Myriam les esperaban ya con el blanco mantel puesto en la mesa, la leche caliente, las castañas cocidas y el pan acabado de sacar del fuego.

La sencilla refección del anochecer transcurrió en medio de la alegría más completa.

¡Cuán dulce y suave es todo manjar cuando el alma está serena y la conciencia acusadora no levanta borrascas y tempestades!

Jhasua refirió a sus padres, con minuciosos detalles, su viaje a Alejandría, las noches pasadas bajo las tiendas en el desierto, en el valle de las Pirámides, todas las emocionantes escenas ocurridas en el hipogeo de Mizraím, las momias de una antigüedad milenaria, los papiros guardados entre los sarcófagos...

Joseph, Myriam y Lía escuchaban en silencio.

—Hijo mío —dijo de pronto Joseph—. Ahora comprendo tu misión en medio del pueblo de Israel.

"Razón tenían los tres sabios del lejano oriente cuando te visitaron en la cuna: "Este niño trae consigo todos los poderes divinos para ser el salvador del mundo" —decían a una voz.

—Nos has contado lo de Egipto, pero no lo que ha pasado esta tarde en la Torre Antonia —dijo sonriendo Lía.

—¿Pero, cómo? ¿ya lo sabéis?

—¡Oh, hijo mío!, en Jerusalén se sabe todo apenas sucede. Ya sabes que los dos hijos de mi tío Simeón son levitas de servicio en el Templo, y yo mandé esta tarde mi criado a llevarles lo que ellos necesitan, según acostumbro desde antes de morir el viejo tío. En el Templo se sabe lo que pasa en los pórticos de la Torre, como allí se sabe lo que en los atrios exteriores ocurre.

"Pero no te alarmes, que sólo se dice que dos médicos recién llegados a Jerusalén han curado a los heridos. Sólo mis primos y mi criado saben que tú, hijo mío, anduviste en este asunto.

Jhasua, algo contrariado, guardó silencio.

—Creo que no hay mal ninguno en que se sepa —dijo Faqui.

—Es que Jhasua no quiere la notoriedad para su persona —observó Myriam.

—Es prudencia —añadió Joseph—, y yo pienso como él.

—Hay tanta mala intención en los actuales momentos en nuestro país, que pueden nacer recelos y desconfianzas de hechos tan extraordinarios.

—No temáis, nuestros Levitas esenios son muy discretos, y mi criado, que nació en mi casa, es como un hijo que no hablará, si se teme perjuicio para la familia.

—Demos gracias al Supremo dador de todo bien —dijo Jhasua—, porque la curación del Comandante y sus ayudantes puede abrirnos caminos para hacer algún bien a los sepultados vivos en la Torre Antonia.

"Pensad todos en este sentido, ya que sorprendísteis el secreto.

Unos momentos después, Jhasua y Faqui se encaminaron a la antigua casa de la madre de Nicodemus, donde se encontrarían con los cuatro doctores de Israel y los dos criados del príncipe Melchor.

Estos ya estaban esperando acompañados de una mujer morena, que a pesar de no tener más de unos 50 años, estaba envejecida, con sus cabellos blancos y su cuerpo visiblemente agotado.

—Es mi madre —dijo Shipro así que vio a Jhasua.

La mujer besó el manto de Jhasua, y se echó a llorar a grandes sollozos.

Jhasua la hizo sentar de nuevo, mientras le decía:

—No llores, buena mujer, que los justos como tú, deben estar siempre llenos de paz y de alegría.

"Ha llegado la hora de triunfar sobre la maldad de los hombres. Decidme las noticias que tenéis referente a la familia del llorado príncipe Ithamar.

—Son muy pocas amo —contestó la mujer—, pero una de ellas es muy buena: El amito Judá está vivo y vino a la casa de su padre en busca de noticias.

"Le llevaron de 17 años y ha vuelto hecho un hombre de 24 años, hermoso y fuerte, tal como era el príncipe su padre, que parece haber resucitado en él. Es todo su retrato. Ha conseguido su libertad y está rico por la protección de grandes señores de Roma. El os contará todo mejor que yo. Pero ni él ni yo podemos averiguar nada de la ama Noemí y de su pobrecita hija, que si vive, debe tener ahora la edad de mi hijo Shipro, menos cuatro meses.

—Y ese mozo ¿donde está? —preguntó Jhasua.

—A su casa viene solo, ya bien entrada la noche, y no vino sino tres veces en veinte días que hace de su llegada a Jerusalén. Me dijo que no quiere ser visto en la ciudad, por temor de obstaculizar con su presencia el encuentro de su familia, pues sus enemigos le creen muerto, y en eso justamente está su seguridad.

"Se hospeda en el Khan[1] de Bethania, donde lo conocen con el nombre de *Arrius.*

"Cuando ocurrió la desgracia —siguió diciendo Amhra, que así se llamaba la madre de Shipro—, se dijo que la ama y su hija fueron llevadas a la Torre Antonia. Como hasta hace un año el gobernador Graco, autor de este crimen, estaba aquí, y de él dependía la guardia de la Torre, nadie podía acercarse por las inmediaciones.

"Oí en el mercado que la nueva guarnición que llegó hace poco, es menos severa y hasta comparten juegos y diversiones con el pueblo. Desde que el gobernador está en Cesárea, no encierran a tantos en la Torre, ni se cometen tantos crímenes.

"Yo creo que el ama y su hija fueron llevadas a ese presidio, donde Graco mandaba a todos los que le estorbaban; pero no creo que estén vivas, después de siete años de martirio.

"Oí a un preso que contaba en el mercado la vida que se da a los cautivos allí. ¿Cómo puede el ama haber resistido una vida semejante?

—Has hablado bien, mujer —le dijo Jhasua—. Vuelve tranquila a la casa de tus amos, que tu abnegación y tu honradez merece la justicia de Dios, que es la única que salva las injusticias humanas.

Cuando la mujer salía, entraba Nicodemus con la noticia de que la reunión no era conveniente, porque en el Sanhedrín se averiguaba quiénes eran unos médicos extranjeros que habían curado al Comandante y sus ayudantes, cuyo estado gravísimo no podía ser curado sino por arte de magia o por un profeta de gran poder.

—Bien —dijo Jhasua—, Faqui y yo cambiaremos de trajes y nadie nos reconocerá.

"Ahora vamos al Khan de Bethania para encontrarnos con el hijo del príncipe Ithamar, que se hospeda allí.

—¿Aquel joven desaparecido hace siete años? —preguntó Nicodemus.

—Justamente. La mujer que se cruzó contigo, es la madre de Shipro, que lo ha visto en la antigua casa de su padre, a donde ha venido tres veces. ¿Quieres venir con nosotros?

—¿Podremos regresar esta noche antes de que se cierren las puertas? —interrogó Nicodemus—. El Khan está más allá de las antiguas tumbas.

—Trataremos de regresar antes, y sino pudiéramos por cualquier incidente, el guardia de turno en la noche, es un antiguo conocido mío —dijo Eliacín—, y por unos pocos sextercios nos abrirá con gusto el postiguillo.

—Bien, vamos pues.

(1) Campo cercado y cubierto en parte, donde podía hospedarse gratuitamente todo el que llegaba a una ciudad de Israel.

—Toma mi manto azul —díjole Faqui a Jhasua—, y cubre la túnica blanca que puede ser comparada a la que vestía *el mago* que curó al Comandante esta tarde.

—Tienes razón, amigo mío. Ahora eres tú el que todo lo hace bien.

Los cinco hombres emprendieron la marcha.

Eliacín, el criado, habló al guardia explicándole que iban al Khan de Bethania por un viajero sin familia que allí se hospedaba. Los veinte sextercios que le entregó a cambio de que les abriera si volvían retrasados, pudieron más que todas las explicaciones.

Aquellos cerros cubiertos de árboles deshojados por el crudo invierno, horadados de grutas que eran tumbas, con valles negros de sombra, y flancos grisáceos cortados a pico; aquellos enormes barrancones y a la izquierda las negras profundidades del Monte de los Olivos, y todo visto sólo a la opaca claridad de las estrellas, formaba un panorama impresionante para quien no estuviese acostumbrado a tales excursiones.

Faqui, cuya estatura y fuerza de atleta le daba seguridad en todo momento, dio un brazo a Jhasua y otro a Nicodemus. Los dos criados guiaban, puesto que Eliacín conocía mucho el camino.

Desde lejos vieron la alegre hoguera que ardía en el Khan.

Si en algún lugar fraternizaban de corazón los hombres, era en esos extraños hospedajes usados en el Oriente, donde todos se sentían a un mismo nivel.

Allí pernoctaban los hombres y las bestias en que habían venido montados, por lo cual se veían a la luz rojiza de la hoguera los camellos que dormitaban masticando su ración; caballos, mulos y asnos, entre fardos de equipajes y enseres de toda especie.

El guardián era pagado por los viajeros, que cada cual dejaba en su bolso, conforme a lo que podía.

—Buscamos a Arrius que se hospeda aquí —dijo Eliacín cuando se enfrentaron con el guardián en la casilla de la puerta.

—Oh, sí, sí, el buen extranjero y su criado, que ocupan la mejor habitación del Khan —contestó el guardián haciéndolos pasar—. Es la primera habitación de la derecha.

Nuestros amigos se dirigieron allí.

La luz tenue de una lámpara de aceite daba de lleno sobre el hermoso rostro del joven príncipe Judá, convertido en *Arrius el extranjero*, por obra y gracia de un gobernador romano representante del César, que aunque ignorase este hecho en particular, sabía muy bien que las grandes fortunas que hacían sus prefectos o gobernadores, eran fruto de despojos y latrocinios en los países subyugados.

— ¡Amo, amito bueno! —exclamaron a la vez los dos criados tomándole una orla del manto y besándola.

— ¡Somos Eliacín y Shipro!... ¿no nos reconocéis? Mi madre nos dijo que estabais aquí —añadió el muchacho.

El joven príncipe continuó mirándoles y sus ojos se fueron cristalizando de llanto.

—Soy un proscripto —les dijo— ¿no teméis llegar hasta mí?

—No, amo, no. ¡Si hay que morir, moriremos junto con vos!

"Estos señores te quieren hablar, amo, porque ellos buscan también a la ama Noemí y a su hija—. Al decir esto, Eleacín se hizo a un lado, y la luz de la lámpara cayó de lleno sobre el rostro de Jhasua, que estaba adelante.

—¡Esos ojos!... —exclamó el príncipe—Nunca pude olvidar esos ojos!... ¿quién eres?

Diciendo esto, se había levantado acercándose a Jhasua.

—Príncipe Judá, hijo de Ithamar, a quien el Señor tenga en la paz —dijo el joven Maestro—. Un antiguo amigo de tu padre, el príncipe Melchor de Horeb te busca hace tiempo, lo mismo que a tu familia. Nosotros llegamos hace dos días de Alejandría y hemos tenido la buena suerte de encontrarte tan pronto.

Les hizo sentar en los lechos, pues no había otros asientos.

—Tú no me recordarás acaso, pero yo no he olvidado tus ojos, niño del pozo de Nazareth —dijo Judá con su bien timbrada voz cargada de emoción.

—En verdad —contestó Jhasua— soy de Nazareth, y no recuerdo en qué ocasion puedes haberme visto.

—Hace siete años, unos soldados romanos conducían una caravana de presos destinados a galeras ancladas en Tolemaida, yo iba entre ellos, y como era el menor de todos, ya daban la orden de marchar y yo no había bebido aún. Tú corriste a acercar tu cántaro a mi boca abrasada por la sed. ¿No lo recuerdas?

—Verdaderamente no. Tantas caravanas de presos he visto pasar por el pozo de Nazareth, situado junto al camino de las caravanas, que el caso tuyo ha quedado perdido entre el montón.

—Pero yo no he olvidado tus ojos, nazareno, y bendigo al Dios de mis padres que te coloca de nuevo ante mi vista.

—Y esta vez —dijo Jhasua—, no será tan solo para darte de beber, sino para que recobres la paz y la dicha, que en justicia te pertenece.

—Y ¿por qué te preocupas así de mi desgracia? —volvió a preguntar Judá.

—La Ley dice: Amarás a tu Dios sobre todas las cosas y al *prójimo como a ti mismo",* —contestó Jhasua.

"Por Shipro siervo tuyo, he conocido tu desgracia, y ellos me han guiado hasta tí. Yo no tengo ejército que oponer a la fuerza de que abusó Graco para caer sobre tu familia como una manada de fieras hambrientas, pero tengo la justicia de nuestro Dios en mis manos, como la tiene todo hijo suyo que obra conforme a la ley, y con ella obraremos.

"Si tu madre y tu hermana viven, volverán a tu lado ¡oh hijo de Ithamar por cuya memoria te lo prometo yo en nombre de Dios!

—Y tú ¿quién eres, nazareno, dime, quién eres? La esperanza florece al sonido de tus palabras, y hasta diríase que mis ojos ven la sombra querida de mi padre muerto, y que siento ya en mi cuello los brazos de mi madre y de mi hermana que me estrechan para no separarse más. ¿Eres un profeta o un mago, o un genio benéfico de aquellos que salen de los bosques sagrados para consolar a los hombres?

—Tú lo has dicho, Judá, soy un nazareno cuyo corazón siente hondamente el dolor humano y busca aliviarlo por todos los medios a su alcance. ¿No usaron de los poderes divinos para aliviar a los justos que sufren, Elías, Eliseo y Daniel? ¿Acaso el poder de Dios se ha consumido como la paja en el fuego?

Faqui, en silencio pensaba: "Si este joven infortunado supiera lo que de Jhasua dice el príncipe Melchor, que es el Mesías esperado por Israel"...

—Por el Huerto de las Palmas, bajo una tienda en el oasis, escuché una leyenda maravillosa de los labios de un caudillo árabe. Hace más de 20 años vinieron a Judea unos sabios del lejano Oriente guiados por una luz misteriosa hasta Bethlehem, donde ellos afirmaban que había nacido el Mesías anunciado por los profetas.

"Yo era muy pequeño y mi madre me hacía orar para que si eran verdaderos esos rumores, el Mesías salvara del oprobio a su pueblo y nos devolviera a todos la paz y la justicia que nos legaron nuestros mayores. ¡Nazareno!... ¿no has escuchado tú esta hermosa leyenda?

—Sí, y más aún, soy amigo de esos sabios y hace tres días que estuve en Alejandría con el príncipe Melchor de Horeb, uno de ellos, el menor de aquellos tres que vinieron hace 20 años.

—¡Oh! ¡oh, buen nazareno!... exclamó Judá con vehemencia —dime todo lo que sepas, porque una sibila me dijo en Roma que: *"cuando el gran hombre esperado en Oriente, pasase junto a mí, todas mis desgracias serían remediadas".*

"Y buscándolo vine a mi país natal. ¡Tu sabes dónde está!... dímelo, por el Dios de nuestros padres.

—Cercana está tu hora Judá, y nuestro Dios-Amor me envía a tí como un mensajero suyo para llenar de esperanza y de fe tu corazón. Ten calma y serenidad, que si el Cristo Hijo de Dios está en la tierra, cerca de tí pasará, porque tu fe y tu amor así lo merecen.

"Tenemos medios para investigar en los calabozos de la Torre Antonia —dijo enseguida dando otro giro a la conversación—. Un acontecimiento inesperado nos ha vinculado al actual Comandante que gobierna el presidio y guarda el orden en la ciudad.

"Si mañana quieres permanecer todo el día en casa de tus mayores, acaso podremos llevarte buenas noticias.

—Antes, creo que debemos saber si este mozo puede entrar y salir libremente de la ciudad, o si hay vigilancia sobre él —dijo Nicodemus—, que hasta entonces había permanecido en silencio.

—Pienso —dijo Judá—, que creyéndome muerto, no pensarán que pueda resucitar para reclamar justicia a Graco, por el crimen cometido. Mi único temor consiste en que los amigos de mi padre o sus servidores, me reconozcan, ya que tanto parecido tengo con él, y que divulgada la noticia, venga la persecución.

—¿No sería más prudente llevarle ahora con nosotros y que aguarde mañana oculto en su casa? —insinuó Faqui.

De acuerdo todos en esto, el joven príncipe llamó a su criado árabe, le avisó que entraba a la ciudad, le recomendó el cuidado de su caballo, y que si le buscaban *los amigos de la montaña,* les hiciera esperar hasta su regreso a la noche siguiente.

Sin saber por qué, esa palabra: *los amigos de la montaña,* llevó el pensamiento de Jhasua y de Faqui a lo que había dicho Joseph en la reunión de Bethlehem, que desaparecían muchachos, que cruzaban el Jordán y se perdían en los montes vecinos al desierto.

Pero guardaron silencio, y emprendieron de inmediato el regreso. La puerta había sido ya cerrada, pero el guardián, pagado de antemano, ni aún observó que venía uno más de los que habían salido.

Jhasua, con Nicodemus y Faqui, tornaron a casa de Lía, y los dos siervos siguieron a Judá hasta el solitario palacio de sus padres, donde penetraron por la puerta anexa al pajar en los establos.

Pero no bien entró en la casa de sus mayores sumida en tinieblas, el príncipe Judá, como poseído de un temerario valor, hizo saltar el enmohecido cerrojo exterior de la gran puerta principal, salió a la calle obscura y helada, y arrancó el cartel que decía: *Confiscada por el gobierno romano".*

—¿Qué hacéis amito? —le preguntaron a la vez ambos criados.

Judá, sin contestarles, arrojó la tablilla infamatoria a los establos vacíos que ocupaban la planta baja, y volvió a cerrar por dentro con la planchuela de bronce, con que siempre se había cerrado aquella magnífica puerta, cuyos alto relieves, e incrustaciones de bronce, le recordaban al artífice que su padre trajo de Tiro, para que la hiciera igual que la que el rey Salomón había puesto en el palacio de su primera esposa, la hija del Faraón.

Tanto como el rey-poeta había amado a su princesa egipcia, amó su padre a la dulce Noemí de los sueños de su juventud, para quien hizo construir aquel palacio de la calle del Comercio, desde cuyos terrados podía contemplar todo el hermoso panorama de la ciudad y sus pintorescos contornos.

¡Cuán inestable y efímeras habían sido, las ilusiones y las esperanzas que revolotearon como mariposas de luz bajo las bóvedas artesonadas de aquellos espléndidos salones!

En sus primeras visitas a la casa, Judá no quiso pasar nunca de la habitación de la fiel criada, anexa a la cocina de la servidumbre. Al oír el ruido de pasos y de puertas que se abrían, la buena mujer apareció azorada, con una lamparilla en la mano.

Su júbilo no tuvo límites cuando reconoció a *su niño* como ella le llamaba, que recorría todas las habitaciones principales, haciendo encender en ellas algunas lámparas.

—¡Amito!... ya estás libre y esperas la llegada del ama buena y de mi niña querida...

"Ahora quieres verlo todo! Está como el día en que os arrancaron de aquí, porque Amhra no ha dejado con vida ni arañas ni polillas que destruyeran este paraíso encantado.

Cuando Judá entró en la alcoba de su madre, encortinada de azul celeste y oro... vió su diván de reposo en el centro, donde aún descansaba el libro de los Salmos y el salterio en que ella los cantaba, su corazón sufrió una dolorosa sacudida y cayendo de rodillas hundió su cabeza en los almohadones en que ella se había apoyado, y una tempestad de sollozos resonaron sordamente en el palacio solitario.

La criada lloraba junto a él, y Eliacín y Shipro hacían inauditos esfuerzos por contener el llanto.

De pronto sintió Judá que alguien le ponía suavemente la mano sobre la cabeza. Levantó los ojos, y vió en la penumbra aquel rostro ideal con aquellos ojos que nunca pudo olvidar.

—¡Nazareno! eres tú —exclamó con tal acento de asombro y de amor que los criados levantaron también los ojos buscando al personaje aludido.

Mas nada vieron, sino a su amo que, desfallecido se dejó caer sobre el diván de su madre, sumido en un profundo letargo.

Shipro, cuyo amor a Jhasua le hacía comprender que había *grandes cosas*, según él decía, en aquel hermoso y joven Maestro, tan amado del príncipe Melchor, tuvo la intuición de que Jhasua, Profeta de Jehová, se había aparecido como una visión a su amito Judá para consolarle en su sombría desesperación. Y así era en efecto.

—¿No se me apareció a mí en el desierto cuando yo, sólo en el mundo, lloraba abrazado a mi camello? —se preguntaba.

Y dudando si había sido sólo una visión o presencia personal, Shipro tomó la lamparilla de su madre, que estaba más muerta que viva sentada en el pavimento de la alcoba, y comenzó a correr por todas las salas, pasillos y escaleras, creyendo percibir por momentos la blanca túnica de aquel joven Maestro que se había acercado con tanto amor a él... un mísero criado que no valía más que una arenilla en el desierto. Cansado de buscar volvió, y el príncipe Judá aún seguía durmiendo.

Los criados pusieron fuego en las braseras para templar el helado ambiente de aquella alcoba, cubrieron de mantas a su amo, y se quedaron a su lado esperando su despertar.

A la mañana siguiente, cuando Myriam servía el desayuno a su hijo, le decía:

—Anoche, hasta que os vi llegar, estuve sobresaltada por tí. No te expongas a ningún peligro, hijo mío, acuérdate que tienes padres.

— ¡Pero madre!... —le contestaba él riendo—. Con este atleta al lado, con el guardián Nicodemus y dos siervos fieles ¿aún temes por tu hijo?

Poco después Jhasua se dirigió al templo acompañado de Faqui.

El joven africano prestaba gran atención a las explicaciones que Jhasua le daba de cuanto veía referente a los rituales de práctica.

La riqueza de aquella ornamentación, el artesonado de muros y techumbre, el oro y plata de candelabros, incensarios y pedestales, eran en verdad deslumbrantes. El pensamiento se remontaba diez siglos atrás, y veía a Salomón consagrando aquel templo a Jehová y bendiciendo al pueblo fiel y amante que se había desprendido de sus joyas de oro y piedras preciosas, para enriquecerlo y adornarlo en honra a Jehová.

—¿Qué es mayor Faqui —preguntaba el joven Maestro a su amigo absorto en tanta riqueza—, que es mayor, el alma humana, eterna, imperecedera como Dios, o este amontonamiento de frío mármol, de oro, de plata, de púrpura que habla muy alto de la magnificencia de Salomón?

— ¡Oh... el alma humana, que ama y crea estas y otras muchas bellezas!

—Entonces es más digno templo de Dios el alma de un hombre justo que toda esta riqueza que aquí vemos. Mayor obra que la de Salomón hacemos cuando consolamos un alma humana que sufre, cuando elevamos su nivel moral, cuando apartamos los tropiezos que le impiden su camino hacia la luz, cuando despertamos en ella el anhelo de verdad, de conocimiento, de sabiduría.

"¡Si a lo menos bajo estas bóvedas de oro y plata resonara la voz serena de la verdad, de la justicia, del amor fraterno que hará feliz a la humanidad, podría el alma bendecirlas y amarlas!... Pero cuando ellas encubren egoísmos, ambiciones, comercio, lucro, engaño y mentira mezclado en horrible profanación, con las plegarias sencillas de un pueblo inconsciente, que lo ignora todo, y que busca aquí a Dios con lastimeros acentos, el alma se subleva en rebelión interna y silenciosa, que poco a poco se exterioriza en manifestaciones que la fuerza y el poder ahogan con sangre!

"¿Comprendes Faqui?... Dios sólo quiere el amor de los unos para los otros. La verdad, la justicia, la paz.

"Sin este monumento de mármol y de oro, el hombre podría ser feliz adorando a Dios en su propio corazón, y en el grandioso esplendor de la Creación

Universal; pero no puede ser feliz sin amor, sin libertad, sin justicia y sin paz...

—¡Oh!... eso si que es la suprema verdad —contestaba Faqui en igual sentir que su amigo.

En seguida se dirigieron a la galería cubierta que unía el templo con la Torre Antonia, y por la cual se paseaba un soldado resplandeciente en su armadura, que brillaba tanto como el oro y plata que deslumbraba en el templo.

—¿Podemos ver al Comandante? —preguntó Jhasua al guardia.

—Podéis pasar por aquí al pórtico de la Torre —les contestó—, y allí os dirán si él os quiere atender.

Al anunciar su visita, Jhasua sólo dijo al guardia de la fortaleza.

—Dirás a tu amo que Jhasua, el nazareno, viene a visitarle.

El mismo salió a recibirle.

—Bendigo a tu Dios porque has venido —le dijo tendiéndole ambas manos.

—Y yo te bendigo porque te veo feliz —le contestó Jhasua.

—¿Tanto te interesa la felicidad de los demás? —volvió a preguntar el militar.

—Es lo único que me interesa, amigo mío, porque hacer dichosos a los hombres nos asemeja a Dios. Creédme, soy muy feliz cuando he podido remediar el dolor de mis semejantes.

—Tu amigo es extranjero, ¿verdad? —preguntó aludiendo a Faqui.

—Soy de Cirene, o sea egipcio de la costa del mar. Llegamos hace tres días y acabo de conocer el famoso templo de Jerusalén. Es en realidad muy hermoso.

—Para quien no ha salido del país, es una maravilla; pero no bien se ha caminado unas millas por mar o tierra, se ven construcciones que son verdaderos cofres de arte y de riqueza. En Antioquía hay palacios que apagan en mucho el brillo del templo de Salomón.

"¡Háblame Nazareno!... —continuó el Comandante—. ¿Qué quieres que haga por tí? Ayer me veía al borde de la tumba y hoy me veo sano y fuerte gracias a ti. ¡Y me has obligado a callar!

—¡Naturalmente! —contestó el Maestro—. ¿Qué necesidad tengo yo de llamar la atención con hechos que no pueden ser comprendidos por las muchedumbres?

"¡No me interesa ser conceptuado como mago, lo cual despierta el recelo y la desconfianza ahí dentro!... —Y al decir así, Jhasua señalaba hacia el templo—.

"Así, ya lo sabes Comandante; si me quieres bien, no hagas comentarios de tu curación.

—Bien, Profeta, bien; se hará como tú quieras.

—Te he dicho hace un momento que sólo soy feliz cuando hago el bien a mis semejantes —continuó Jhasua—. Yo necesito de ti para remediar un dolor muy grande.

—Si está en mi el poder hacerlo, cuenta con que ya está hecho.

—Te ruego me digas si en los calabozos de la Torre están enterradas vivas dos mujeres, madre e hija, desde hace siete años.

—Te digo la verdad; aún no lo sé. Sólo hace 28 días que fuí trasladado de Antioquía aquí; y estoy revisando los registros de los presidiarios. Hasta ahora no encontré ninguna mujer. Aun faltan todos los calabozos subterráneos, y no es de suponer que hayan bajado mujeres allí.

"¿Sabes por qué delito fueron traídas aquí?

—Por el delito de tener una cuantiosa fortuna que ha pasado en gran parte a las arcas del Gobernador Graco —contestó Jhasua, con gran firmeza.

—¡Nazareno!... ¡Qué graves palabras acabas de pronunciar! —Y el militar se levantó a observar si en los corredores vecinos había alguien que hubiera podido escuchar.

Encontró al soldado que guardaba la entrada y que era uno de los ayudantes en la carrera que casi costó la vida a tres hombres.

—Gensius, ven acá —le dijo—. ¿Has reconocido a este hombre?

—Sí, es el Profeta que nos curó —y acercándose a Jhasua le besó la mano.

—¿Has oído la afirmación que él ha hecho referente al Gobernador?

—Sí, Comandante, la he oído, pero como no soy un mal nacido, puede él estar seguro que yo no la repetiré. Además, en Antioquía oí referir uno de los casos en que se acusa al Gobernador de haber tratado con los piratas el asesinato de un príncipe judío para apoderarse de su fortuna. Lo declaró a gritos uno de los piratas apresados cuando lo llevaban a ahorcar.

"Y así puede muy bien ser que esas dos mujeres que busca el Profeta, sean de la familia del príncipe asesinado.

—Justamente —contestó Jhasua—, son la viuda y la hija del príncipe Ithamar, hijo de Abdi-Hur.

"Si se les despojó de cuanto tenían, es doble crimen sepultarlas vivas en un calabozo, y de esto hace ya siete años.

—Yo sé que muchas quejas llegaron al Cónsul de Antioquía, pero aún lo sostiene el ministro favorito de César, casado con una hermana de Graco —continuó diciendo el militar—.

"Yo he venido aquí dependiendo directamente del Prefecto de Siria, gran amigo del Cónsul, y tengo mando en la ciudad de Jerusalén, en esta Torre y en la Ciudadela de la Puerta de Jaffa. —Luego añadió—:

"Gensius, llama al guardián de los calabozos —extendió en seguida una mampara corrediza que dejó ocultos a Jhasua y Faqui—.

"Aquí podéis oír pero no hablar —les dijo.

A poco se sintieron los pasos de dos personas que entraban.

—Guardián —le dijo—, en la pasada semana me pediste una licencia para atender un negocio tuyo en Sidón, y no la dí por no serme posible entonces. Te la doy ahora por los días que necesites.

—Gracias, Comandante.

—Te reemplazará Gensius por los días que faltes. Aún no revisé todos los registros. En los calabozos subterráneos ¿hay peligrosos recomendados?

—Sí, Comandante, en el calabozo No. 5, único al cual recibí orden de no entrar ni para hacer limpieza nunca, porque son tres presos que poseen un grave secreto de Estado, por el cual se les retiene allí para toda la vida. El que recibe la comida y agua para los tres, tiene cortada la lengua y no puede hablar.

"Los demás son delincuentes comunes, asesinatos, asaltos en los caminos, etc.

—Bien, enseña a Gensius la forma de hacer el servicio y dale el croquis de los pasillos y corredores, y las llaves de los calabozos.

"En la tesorería te pagarán el mes que corre, y cien sextercios más, como óbolo por tus buenos servicios. Con que, buena suerte, y que te diviertas.

—Gracias, Comandante, que los dioses te sean propicios.

Salieron ambos, y la mampara fue corrida de nuevo.

Jhasua extremadamente pálido, parecía sumido en profunda meditación.

—¿Has oído, Nazareno? —le preguntó el Comandante.

—He oído, sí, he oído. Dime Comandante, aunque seas romano, ¿qué son tus compatriotas en medio del mundo? ¿hombres o fieras?

El militar comprendió que Jhasua padecía intensamente, y dulcificando su voz le dijo:

—¡Nazareno!... he comprendido que tú eres un hombre que está muy por encima de los demás. Tú no puedes comprender a los hombres, sean romanos o no, porque todos son iguales cuando tienen el poder y la fuerza. Hoy es Roma, antes fué Alejandro, Nabucodonosor, Asuero, los Faraones...

"Tú no eres de este mundo, Nazareno, y no sé si serás un dios desterrado, o un ángel de esos que los árabes descubren a veces entre las palmeras de sus oasis en medio de los desiertos.

"Sea lo que fuere, mi vida la tengo por tí, y haré cuanto pueda por complacerte. Dentro de unos momentos bajaremos a los calabozos si deseas ver por ti mismo a los penados.

"Creo que tu amigo es de confianza —añadió mirando a Faqui.

—Sí, Comandante, de eso no dudes.

"Vamos a donde quieras, basta que pueda aliviar los horrores que entre estos muros se esconden.

Gensius volvió con un grueso llavero y con la tablilla en que estaba grabado el croquis de los calabozos.

—El guardián se ha marchado y la primera puerta para bajar a las galerías es esa —dijo señalando un pequeño recuadro que apenas se percibía en el muro del corredor vecino al despacho en que estaban.

—Abre y bajemos —ordenó el Comandante.

Un nauseabundo olor a humedad salía de aquella negra boca, que presagiaba horrores entre tinieblas densísimas.

Gensius encendió una lámpara que estaba a la entrada y comenzaron a andar por un corredor estrecho, luego la primera escalera, un recodo, otra escalera, más corredores y pasillos; torcer a la derecha, torcer a la izquierda, viendo al pasar puertecitas de hierro con grandes cerrojos donde un gruñido, un grito, una maldición les avisaba que allí había un ser humano cargado de odio, de angustia, de desesperación. Pero no aparecía mujer ninguna.

—Sólo falta éste —dijo por fin Gensius alumbrando con su linterna el número 5, señalado en el croquis—. Es el último calabozo de este corredor.

Abrió y entraron.

Tirado sobre un montón de paja, un bulto se incorporó. Entre los cabellos cenicientos enmarañados y la barba en iguales condiciones, brillaban dos ojos hundidos y de párpados enrojecidos y sanguinolentos.

Cubierto de harapos sucios en vez de frazadas, el infeliz temblaba de frío. Las uñas de las manos y pies como garras de águila, daban a comprender el tiempo que aquel hombre llevaba encerrado allí.

—También para tí ha llegado la hora de la libertad, si quieres ser un hombre de bien —díjole el Comandante—. ¿Cuánto tiempo llevas aquí?

El preso contó en sus dedos hasta *siete*. Dió un gruñido acompañado de una horrible mueca y señaló un postigo enrejado que se veía en un rincón del calabozo.

—Este debe ser el mudo —dijo Faqui.

El preso abrió la boca como una caverna vacía, negrusca y repugnante, que dejaba ver las aberturas de la laringe. Le había sido amputada la lengua.

Jhasua apretó el pecho con ambas manos para sofocar un gemido de espanto, de angustia, de horror.

—¡Esto es la humanidad!... —dijo en voz muy queda que más bien se asemejaba a un gemido.

El infeliz mudo seguía señalando el negro postigo enrejado. Buscaron la puerta de dicho calabozo y se vió que había sido clausurada con piedra y cal.

El hombre mudo tomó al guardián la lamparilla y con temblorosos pasos se acercó al postiguillo y alumbró. Se oyó una voz débil que decía: ¡Una luz!... ¡gracias, Dios mío, por el don de una luz!...

Era una voz de mujer, y todos los corazones se estremecieron de angustia.

—Quien quiera que seas —continuó la voz—, tráeme agua, que mi hija está devorada de fiebre y hemos consumido la que trajeron al amanecer.

—¡Mujer!... —le dijo Jhasua con su voz saturada de piedad—. Hoy tendrás tu libertad y los brazos de tu hijo que te espera sano y salvo.

Se oyó un grito ahogado y el ruido sordo de un cuerpo que caía a tierra.

El Comandante, Gensius y Faqui, con extraordinario vigor, armados de picos retiraban una a una las piedras que cerraban la puertecilla del calabozo, produciendo una polvareda que casi ahogaba a los presentes.

Apenas el hueco dio cabida al cuerpo de un hombre, fueron penetrando uno a uno.

El cuadro era aterrador: dos cuerpos tirados en el suelo, entre pajas húmedas y sucios harapos, daban señales de vida en los estremecimientos que de tanto en tanto los agitaban. Tan escuálida la una como la otra, sólo se conocía cuál era la madre por el blanco cabello enmarañado que le cubría parte del rostro y de los hombros desnudos.

Jhasua y Faqui extendieron sus mantos sobre ellas, mientras el joven Maestro se arrodillaba para escuchar la respiración y los latidos del corazón. El Comandante había mandado ya por agua, pan y leche, que les fueron haciendo beber casi por gotas.

—Vete a las tiendas del mercado —le dijo a Gensius— y trae ropas para dos mujeres y una litera doble con mantas.

Mientras tanto Jhasua ya no estaba en la tierra. Su espíritu todo luz y amor, todo piedad y misericordia, estaba inyectando su propia vida en aquellos cuerpos casi moribundos.

Faqui no sabía qué admirar más, si el doloroso estado de aquella infelices criaturas, o el amor de su joven amigo que se daba por completo al dolor de sus semejantes.

La madre, de naturaleza más vigorosa, reaccionó primero; pero Jhasua, colocando el índice en sus labios, le indicó silencio, señalando hacia la jovencita que estaba como sumida en pesado letargo. A poco rato entreabrió los ojos y buscó a su madre que la abrazó rompiendo ambas a llorar a grandes sollozos.

—¡Siete años!... siete años sin saber por qué —decía la madre, al mismo tiempo que Gensius bajaba las escaleras con las ropas ordenadas por el Comandante.

—Trae las camillas y que la litera espere en la puerta del muladar —añadió.

Faqui salió con el guardián, pues comprendió que el Comandante quería dar a todo aquello el aspecto de un entierro, o sea que se sacaban de la fortaleza dos cadáveres para la fosa común llamaba *el muladar.*

Cuando las dos mujeres pudieron incorporarse y mantenerse en pie, Jhasua les acercó las ropas y se retiró al calabozo inmediato, donde el mudo sentado en su montón de paja roía un mendrugo de pan y un trozo de pescado seco.

—¿Sabes tú quienes son estas mujeres? —le preguntó. El mudo movió negativamente la cabeza, y así, por hábiles preguntas, Jhasua comprendió que era sólo él quien poseía el grave secreto de Estado; que sus otros dos compañeros habían muerto, y Graco lo utilizó como instrumento para retener a las dos mujeres, sin que en la fortaleza se enterasen de su presencia. Era el mudo quien alcanzaba el pan y el agua a las dos prisioneras.

Mientras traían las camillas, la madre informó a Jhasua y al Comandante, que Graco mismo las bajó al calabozo, haciendo luego tapiar la puerta con dos esclavos galos de su confianza.

—¿Tenéis a donde conducirlas sin llamar demasiado la atención? —preguntó el militar.

—A su propia casa, donde las espera el hijo de esta mujer —contestó Jhasua.

—Bien; llevadlas, y si más adelante fueran molestadas al saberse su libertad, decid que vengan a entenderse conmigo.

"Mañana mismo enviaré un correo al Cónsul Magencio en Antioquía, que hoy goza de todos los favores del César.

—Que Dios te dé todos sus dones, Comandante —díjole Jhasua estrechándole la mano—. Lo que haces por ellas por mi lo haces y yo te quedo deudor.

—¿Y la vida que me diste?... —preguntó el militar—. ¡Profeta nazareno!... ino olvides nunca que tienes en mí un amigo verdadero para toda la vida!

Jhasua y Faqui con los dos soldados que juntamente con el Comandante había curado Jhasua, condujeron la litera cubierta hacia la puerta por donde salían los cadáveres de los presos fallecidos o ejecutados por la justicia. Era un hecho tan frecuente en la fortaleza que no llamó mayormente la atención. En el fondo de los calabozos se ejecutaba sin ruido a los condenados a la última pena. Dos más caídos bajo el hacha del verdugo, ¿qué significaba?

Cuando salieron de la fortaleza, los soldados quitaron la cubierta negra de la litera que indicaba la presencia de cadáveres en ella, y luego de caminar por una calleja solitaria, los dos soldados se retiraron para no ser vistos por los transeúntes.

—Profeta —dijo uno de ellos— somos vuestros para todo lo que necesitéis, y aunque estamos al servicio del César, no somos romanos y sabemos lo que son las injusticias de Roma.

—Llamad a aquellos dos hombres que veis a la salida de esta calleja, que ellos son compatriotas nuestros, de Pérgamo, y ya están pagados para cargar la litera—. Y ambos entraron de nuevo a la fortaleza por la puerta llamada de los *ajusticiados,* cuyo tétrico aspecto crispan los nervios.

—¡Cuántos seres humanos habían salido por esa puerta con su cabeza separada del tronco! —pensó Jhasua cuando vio a los dos soldados desaparecer tras ella, que volvió a cerrarse hasta que otras víctimas la obligasen a abrirse nuevamente.

Faqui corrió a llamar a los hombres que esperaban, y Jhasua levantó la cortinilla de la litera para ver las enfermas.

Las dos lloraban silenciosamente.

—¿Quién eres que así te compadeces de nuestra desgracia? —le preguntó Noemí, cuyo aspecto físico había mejorado notablemente.

—Un hombre que quiere cumplir con la ley que manda *amar al prójimo como a sí mismo.*

—Bendeciremos tu nombre por todo el resto de nuestra vida —añadió la mujer.

—Mas, ¡cómo él lo oculta!... —dijo tímidamente la jovencita, cuya palidez extremada la hacía casi transparente.

Jhasua adivinó el deseo de ambas y les dijo:

—Soy Jhasua de Nazareth, hijo de Johseph y de Myriam, familia de artesanos galileos, educados en el amor de Dios y del prójimo...

—¡Jhasua!... que nuestro Dios te dé la paz y la dicha para ti y los tuyos! —dijeron ambas mujeres llenas de emoción.

Faqui llegó con los dos hombres fornidos y gigantescos que se ganaban su pan conduciendo literas.

Detrás del palacio de la familia, había una explanada solitaria y sombreada por un bosquecillo de sicomoros, hacia donde se abría la puerta de los carros. Allí bajaron las dos mujeres y los conductores se llevaron la litera, no sin haber recibido antes un bolso de monedas que Faqui les obsequió.

Aunque con pasos todavía vacilantes y apoyadas en sus *salvadores* como ellas decían, pudieron llegar hasta aquella puerta trasera de su palacio, por donde en otra hora entraban y salían los carros y las bestias cargadas con los productos de sus campos de labranza.

Jhasua hizo resonar dos fuertes aldabonazos, cuyo eco sonoro se fue repitiendo por las galerías solitarias de la enorme mansión.

A poco se sintió descorrerse los cerrojos, y Eliacín con azorados ojos miraba sin creer lo que veía al entreabrirse apenas la puerta.

—Abre pronto —le dijo Jhasua, empujando él mismo la pesada puerta y haciendo pasar a las dos mujeres.

—Nadie ha aparecido a descubrir nuestro secreto —le dijo Faqui cerrando de nuevo, después de haber mirado en todas direcciones.

—¿Está el príncipe Judá? —preguntó de nuevo Jhasua.

—Está en la alcoba de la ama, y duerme desde anoche.

—Ama Noemí! ¡amita Thirza! —decía el fiel criado tocando suavemente los mantos obscuros que las envolvían, ocultando en parte aquellos amados rostros tan bellos en otra hora, y tan extenuados y mustios ahora...

Ni una ni otra podían pronunciar palabra porque la emoción les apretaba la garganta y llenaba de llanto sus ojos.

Cuando llegaron al gran pórtico de la escalera principal, ambas se dejaron caer sobre el pavimento tapizado de azul, como lo habían dejado en aquel triste invierno de su desgracia, y rompieron a llorar a grandes sollozos.

Shipro y su madre asomaron por el descanso de la escalera, y el muchacho bajó a toda carrera, porque adivinó lo que pasaba en el gran pórtico. La pobre criada, con más años, bajó lentamente, llorando y clamando como enloquecida.

Cuando calmó un tanto la tempestad de emociones, subieron en brazos a las dos enfermas hasta la alcoba de Noemí, donde Judá continuaba dormido.

La madre iba a arrojarse sobre su hijo para cubrirlo de besos y de lágrimas, pero Jhasua la detuvo suavemente:

—El sueño de tu hijo obedece a un mandato mental, porque era necesario para que no enloqueciera de dolor. Yo le despertaré.

Se acercó al durmiente y colocándole una mano en la frente y la otra sobre el pecho lo llamó por su nombre:

—Judá, amigo mío, despierta para abrazar a tu madre y a tu hermana que están a tu lado.

El príncipe se incorporó pesadamente y vio a Jhasua junto al diván.

—¡Nazareno!... ¡mi ángel tutelar!... ¡ahora no es ilusión, sino realidad! —exclamó con vehemencia.

Y le tomó ambas manos.

Jhasua se apartó un tanto para que el joven viera aquellas dos mujeres tan amadas, y por las que tanto había llorado.

—¡Hijo de mi alma!...

—¡Madre inolvidable!...

—¡Hermanita llorada!...

—¡Judá querido!...

Todas estas frases se mezclaron con los sollozos, con los abrazos, con los besos enloquecidos, con las miradas que a través del cristal de las lágrimas interrogaban, suplicaban!

Los criados, de rodillas ante el dolorido grupo, lloraban también bendiciendo a Dios. Jhasua y Faqui se alejaron hacia un rincón de la alcoba sin poder articular palabra, pues sentían en su propio corazón las fuertes vibraciones de aquella escena final de la espantosa tragedia que había durado siete años.

—¿Ves Faqui? —decía Jhasua, cuando la emoción le permitió hablar—. Esta es la única dicha que yo gozo sobre esta tierra: el reunir en un abrazo a los que se amaban y que la injusticia humana había separado: el ver dichosos a mis semejantes... ¡Oh, qué hermoso es, amigo mío, sembrar de flores el camino de nuestros hermanos y encender luz en sus tinieblas heladas!...

—Porque eres quien eres, piensas y sientes así, Jhasua, hijo de David!

"Cada día que pasa te comprendo más y se ahonda en mí la convicción de que eres el que Israel espera...

—¡Nazareno de los ojos dulces, llenos de piedad!... Sólo tú podías vencer al odio y a la maldad de los hombres, para devolver la paz a esta infortunada familia —dijo Judá desprendiéndose de los brazos de su madre y de su hermana, a las cuales recostó en el diván.

Los criados sentados a sus pies besaban sus manos y sus vestidos, llorando silenciosamente.

—Judá, amigo mío —le dijo Jhasua cuando le tuvo a su lado—. Lo que yo hice por vosotros, podía hacerlo cualquier discípulo de Moisés que quisiera obrar conforme a la ley: *Ama a tu prójimo como a tí mismo.*

—Tus palabras son la verdad, pero ningún discípulo de Moisés hace lo que tú haces... ¡Nazareno!... dime en nombre de Dios, ¿quién eres que así espantas el dolor y aniquilas al odio? ¡Dímelo!... ¿quién eres?

Jhasua sostuvo con serenidad la mirada de fuego del príncipe Judá, pero guardaba silencio...

Faqui con su habitual vehemencia intervino, porque aquella escena le era irresistible.

—¡Es el Mesías que Israel espera!... ¿no lo habías comprendido?

—¡Lo había presentido!... —dijo Judá con voz profunda, plena de amorosa devoción. Y doblando una rodilla en tierra, exclamó con su voz sonora de clarín de bronce que anuncia la victoria—.

" ¡Dios te salve Rey de Israel!...

La madre, la hermana, los criados se arrodillaron también ante aquella blanca figura, que irradiaba más que nunca el amor y la piedad de que estaba lleno su corazón. Jhasua que los miraba manso y sereno, contestó a Judá:

—Si soy el que dices, *mi reino no es de este mundo!*

— ¡Hijo de David!... ¡Salvador de Israel!... Ungido de Dios anunciado por los profetas —decían a su vez la madre, la hermana, los criados.

Y olvidando todos los dolores sufridos, Noemí dejó caer su pesado manto y pudo verse la nieve de su cabellera, tomó el salterio en el que tanto había cantado y su entusiasmo y su amor le dieron fuerzas para cantar el himno de las alabanzas al Dios de Abraham, de Isaac y de Jacob, que en un mismo momento le daba cuanto había anhelado durante toda su vida: la presencia real del divino Ungido y la paz en su querido hogar.

—Si soy o no el que vosotros decís ¡Dios lo sabe! —dijo Jhasua, dando término a aquella escena que le atormentaba—. Bendigámosle por la dicha que os concede, y pidámosle los medios de realizar obras dignas de El que es Amor, Justicia y Sabiduría.

Oyendo bendiciones y frases de amor y de gratitud, el joven Maestro se despidió de la familia recomendándoles no dejarse ver de las gentes por una breve temporada, para dar tiempo al Comandante que arreglase con el Cónsul residente en Antioquía, la libertad y reivindicación de aquellas mujeres, expresidiarias sin delito alguno.

—Nazareno, hijo de David, ¿te volveré a ver? —le preguntó Judá al despedirlo bajo el bosquecillo de sicomoros por donde habían entrado.

—Aún permaneceré en Jerusalén, una semana más —le contestó el Maestro—. Después haré un breve viaje a Moab y luego regresaré a Galilea.

—Yo iré contigo —dijo Faqui de inmediato.

—Yo también te acompañaré —añadió Judá con vehemencia.

—Ahora te debes a tu madre y a tu hermana que necesitan más que nunca de tu amor y tus cuidados.

"Y tú Faqui, amigo mío, si quieres complacerme, quedarás aquí con el príncipe Judá para ocupar mi lugar a su lado. Quiero que seáis dos hermanos.

"A donde yo voy, vosotros no podéis seguirme: Al Gran Santuario Esenio de Moab donde los Maestros me esperan, *debo entrar solo,* para recibir el grado último que corresponde a la terminación de mis estudios ¿Comprendéis?

— ¡Oh sí! tenéis razón —dijeron Judá y Faqui, que se consolaron un tanto sabiendo que continuarían unidos en el pensamiento y en el amor, al Ungido de Dios, que habían descubierto en una encrucijada del camino, como el viajero que descubre una luz, una fuente de aguas cristalinas cuando la sed y las tinieblas les habían enloquecido de espanto!

CAMINO DE LA CUMBRE

—Johanan, el hijo de tu prima Elhisabet me espera madre en el Santuario del Quarantana para subir juntos al Monte Moab —decía Jhasua a Myriam—. Es la terminación de los estudios a que consagré mi vida hasta hoy. ¿Quieres esperarme aquí en Jerusalén o en Nazareth?

—Será lo que tu padre diga —fue la respuesta de la madre.

Joseph fue de opinión de esperarle en Jerusalén, donde debía también él ultimar unos convenios sobre trabajos a realizar para un pariente de José de Arimathea, arquitecto de fama que edificaba suntuosos edificios en la populosa Cesárea.

—Alégrate Jhasua, hijo mío —le decía el viejo artesano—. Con esta contrata por todo el maderamen que necesita ese palacio, podremos dar trabajo a cincuenta operarios más.

—Y con los sesenta que ya tienes, forman ciento diez hogares donde queda asegurado el pan y la lumbre para mucho tiempo. ¡Qué Dios te bendiga padre! —le contestaba su hijo.

Antes de partir a unirse con su pariente Johanan, Jhasua visitó a los personajes para los cuales Melchor le dio cartas de recomendación. Todos ellos le recibieron con gran entusiasmo, pues comprendieron que el clarividente de la luz misteriosa que le guiara a Bethlehem, estaba en lo cierto respecto a la personalidad de Jhasua.

En cada casa donde entró como portador de una epístola, su incomparable amor hacia el prójimo, encontró el medio de allanar una dificultad, de consolar una pena, de curar una enfermedad.

No por ser familias encumbradas en envidiables posiciones, acariciados por la fortuna, eran ajenos al dolor, que lo mismo visitaban las chozas que los palacios.

En el momento de llegar el joven Maestro a uno de aquellos resplandecientes palacios en un declive delicioso del Monte Sión, el príncipe Jesuá hijo de Abinoan, gran amigo de Melchor, luchaba desesperadamente con el mayor de sus hijos, que a la reciente muerte de la madre, quería añadir el dolor de alejarse de la casa paterna para alistarse en unas legiones que se formaban secretamente del otro lado del Jordán, en los países vecinos al desierto, con fines de liberación del país.

—Esta carta de mi gran amigo Melchor no puede venir con más oportunidad —decía Jesuá a Jhasua, que concentrado en sí mismo irradiaba paz y amor sobre el padre y el hijo, cuya sobreexitación le hacía daño.

—Dios nos manda aquí su Ungido hijo mío, para ponernos de acuerdo —decía el padre dando un suspiro de alivio.

—Yo tenía una novia pura y bella como un ángel, y esos bandoleros romanos me la han arrebatado. La he perdido de vista y no sé dónde está —decía con infinita amargura el joven que sólo tendría unos diecinueve años.

—Es la hija del príncipe Sallun de Lohes que emprendió un viaje sin darnos aviso, y su familia desapareció poco después —añadió el padre—. Esto es lo que desespera a mi hijo.

—Y si yo te diera noticias de tu amada desaparecida ¿no accederías a permanecer al lado de tu padre según él desea? —preguntó el Maestro al jovenzuelo desesperado.

—Seguramente que sí —contestó—. Pero tú ¿cómo puedes saberlo?

—Hijo —le objetó su padre. ¿No comprendes que está con él la luz divina? ¿No has oído la carta del príncipe Melchor?

El muchacho miró a Jhasua con asombrados ojos; aún llenos de dudas.

—La familia de Sallum de Lohes está oculta en el *Bosque de los Rebaños,* a milla y media al Sudoeste de Bethlehem —dijo con tranquila firmeza Jhasua.

— ¡Alabado sea el Dios de nuestros padres! —exclamó Jesuá cruzando sus manos sobre el pecho—, ¡porque el día de gloria para Israel ha amanecido ya en nuestro horizonte!

" ¡Eres el Ungido de Dios que nuestro pueblo espera! —Y aquel hombre enternecido, besó la orla del manto de Jhasua.

— ¡Dios te bendiga Profeta! —exclamó el muchacho lleno de júbilo— y si hay verdad en tu palabra, por nuestro santo templo te juro que no abandonaré a mi padre y que haré cuanto me digas en adelante. Me llamo Ezequiel y soy tu siervo para toda la vida.

—Yo sólo busco amigos —le dijo el Maestro tendiéndole las manos, que el joven estrechó efusivamente y partió a encontrarse con la que amaba.

Ya solos, el Maestro habló en estos términos:

—No vayas a creer Jesuá que por luz *extra terrestre* haya visto yo el lugar en que se encuentra la prometida de tu hijo. Yo traía también para el príncipe Sallum una carta de nuestro amigo Melchor y al hacer las averiguaciones de su paradero, puesto que no está en su residencia guardada por un viejo criado, supe que se encuentra con su familia oculto en el Bosque de los Rebaños, como he indicado a tu hijo.

—Veo Jhasua que tratas de obscurecer la luz divina que resplandece en ti... ¿Por qué no declarar abiertamente quién eres, para que el pueblo te siga en tropel, ya que te espera para ser salvado por ti?

—Príncipe Jesuá —dijo el Maestro resueltamente— perdona mi ruda franqueza; pero si tú conocieras los caminos de Dios y el corazón de los hombres, no me hablarías en esos términos.

—¿Qué quieres decirme con eso?...

—Quiero decirte que todos los pueblos de la tierra son obra de Dios, creaciones suyas, criaturas suyas, y que su Enviado traerá mensajes de amor y de paz para todas las almas encarnadas en este planeta. No sólo para Israel.

—Pero fueron los Profetas de Israel quienes lo anunciaron... —observó Jesuá.

—Porque en los designios divinos, estaba marcado este país para su nacimiento, y porque Israel tuvo antes a Moisés transmisor de la Ley Divina, y porque la adoración de un solo Dios inmutable, indivisible y eterno, ofrece una base firme para cimentar sobre ella la doctrina salvadora de la humanidad.

"La Fraternidad Esenia, a la cual pertenezco por la familia en que he nacido y por la propia convicción, no concibe un Mesías guerrero que quiera por las armas conquistar el puesto de Salvador de Israel. Los Esenios, han esperado siempre un Mesías Instructor lleno de luz divina y de conocimientos superiores para marcar a los hombres el derrotero que le conduzca a Dios, fin supremo de toda criatura.

"¿Crees tú por ventura que el pueblo de Israel en las actuales condiciones en que se encuentra, lleno de rebeldías y de odios contra el invasor, aceptará el Mesianismo en un hombre que le diga: "Cuida más de libertarte de tus propias pasiones causantes de tu mal, que de la dominación extranjera a la cual abrieron la puerta tus odios, antagonismos y rivalidades injustificadas entre hermanos de raza, de religión y de costumbres"?

El príncipe Jesuá guardó silencio.

—¿Nada respondes?... —insinuó de nuevo el joven Maestro.

—En verdad veo que estoy colocado en un plano muy inferior, comparado con la altura desde la cual tú contemplas los caminos de Dios y el corazón de los hombres.

"¡Jhasua!... Si no eres tú el Ungido del Señor, por lo menos lo comprendes y lo sientes tal como él debe ser. Somos muy pequeños y egoístas los hombres de la hora presente, para aceptar esa hermandad universal que tú acabas de esbozar como ideal supremc del Mesías anunciado por los Profetas.

"¡El pueblo de Israel espera un Josué que le lleve al triunfo sobre todos los pueblos de la tierra; un Judas Macabeo, un David, un Salomón, un Alejandro Magno, gloria de Macedonia!

—¡Y todos esos nombres no recuerdan más que una siembra estéril de odios, de venganzas, de despojos, de crímenes y de angustia infinita sobre los hombres!

"Israel recoge hoy el fruto envenenado de aquella siembra fatal!

Al pronunciar estas palabras, Jhasua dejó escapar un profundo suspiro que era casi un lamento.

—Me duele decirte príncipe Jesuá que todos esos nombres que has pronunciado, recuerdan seres que se extraviaron en su camino, y sus pasos no estuvieron de acuerdo con la Ley Divina...

—No me negarás que son gloriosos y grandes entre los nacidos de mujer... —arguyó Jesuá casi escandalizado de las palabras del Maestro.

—Hablas con ardiente entusiasmo del Mesías Ungido de Dios, y discrepas del ideal que será su ideal... —le contestó Jhasua con amargura—. Ante la Divina Ley que dice: *"No matarás"*, es execrable el que valiéndose de la astucia y de la fuerza, manda devastar ciudades por el incendio y el pillaje, matar seres indefensos, ancianos, mujeres y niños, llevados por la errónea idea de que *son enemigos de Dios.*

"¿De dónde habrá sacado el hombre la mezquina idea de que el Eterno Pensamiento, el Infinito Amor, el Poder Supremo, tenga enemigos? ¿Tiene enemigos el mar? ¿Los tiene el sol, la luz, el aire, la vida? ¿Tienen enemigos las estrellas que rielan de oro el inmenso azul? Y Dios que es infinitamente superior a todo eso porque es el Soberano Creador, ¿los ha de tener?

"El hombre, creación de Dios, cegado por su ambición y su orgullo, se levanta contra otras creaciones de Dios, diciendo neciamente: "yo soy el amo porque tengo la fuerza y hago y deshago como me place".

"Así obró Josué que devastó a Jericó, triste primicia en la serie de ciudades que cayeron bajo el casco de sus corceles de guerra. Así bautizó de sangre la tierra bendita que ángeles del Señor prometieron a Abraham para su descendencia numerosa... Y acababa de ver en las manos de Moisés las Tablas de piedra de la Ley que decía: *"No matarás, no hurtarás, amarás a tu prójimo como a tí mismo"*.

"Así obraron David y Salomón que mandaron matar fríamente, calculadamente a todo aquel que estorbaba en su camino, de igual modo que a golpe de hacha se troncha un árbol, o una mata de espinas que obstaculiza nuestro andar por la senda elegida... No hablo de Alejandro el macedonio, ni de otros iguales que él, porque ellos no bebieron en la fuente de la Ley Divina como Josué, David y Salomón, mencionados por tí.

"¿Y crees tú, que el Ungido de Dios vendrá a la tierra para seguir esos mismos caminos?... ¡Estoy por decirte que sería un sacrilegio el solo pensarlo!

"¿No dice la profecía, que: *"él no romperá la caña que está cascada, ni apagará la mecha que aún humea"*?

"¿No dicen los Sagrados Libros, que será *como el vellocino de lana, como el lirio del valle, como el corderillo que se deja llevar al matadero sin resistencia*?

"El hombre, desleal e inconsecuente para Dios lo es también para sus semejantes.

"Ofrece holocaustos a Dios y pisotea su Ley en cuanto tiene de sabiduría, de santidad y de grandeza.

"Si Moisés se levantara de su tumba milenaria en Monte Nebo, estrellaría de nuevo contra las rocas las Tablas de la Ley, y diría al pueblo de Israel depositario de ella: *"¿Así habéis cumplido con el mandato divino?"*

"Hicisteis un arca de oro macizo, guardada por querubines de oro y encerrásteis en ella las Tablas de la Ley de Dios, pero la arrancásteis de vuestro corazón donde creció el odio, el orgullo y la ambición".

"¡Pero no obstante, el Enviado Divino viene a Israel, porque hay muchos justos que le esperan con el corazón purificado y con el alma ardiente de fe y de amor, como una vieja lámpara, cuya luz no pudo aún apagar el viento de todos los dolores humanos!...

"Seas tú, una de estas lámparas vivas, príncipe Jesuá, ya que tan bien dispuesto estás para ello..."

El príncipe sin poderse contener, se abrazó de Jhasua con intensa emoción.

—¡Bendito seas Ungido de Dios, porque he visto la luz a través de tus palabras que destilan la miel de la Divina Sabiduría! —exclamó cuando pudo hablar.

Y Jesuá hijo de Abinoan, habiendo perdido la compañera de su juventud, entregó lo que de su cuantiosa fortuna correspondía a sus hijos, y poco tiempo después partió a Horeb, a reunirse con su gran amigo el príncipe Melchor, en cuya Escuela de investigaciones científicas y cultivo espiritual pasó el resto de su vida.

Como un acto de adhesión a la Fraternidad Esenia, que le había servido de madre espiritual y escuela de Divina Sabiduría, Jhasua creyó cumplir con un deber al tratar de entrevistarse con los Sacerdotes Esenios que prestaban servicio en el templo, para enterarles de su partida hacia el Gran Santuario de Moab, por si deseaban enviar un mensaje o hacer una consulta a los Setenta. Tal procedimiento era muy usual y correcto entre los Esenios, dados los escasos medios de comunicación segura que los solitarios tenían; y que estaba circunscripta a ellos mismos.

Myriam, la incomparable madre conocía este uso de los Esenios y había anunciado a Esdras el sacerdote, del viaje de Jhasua que pretendía ir solo completamente hacia el Monte Quarantana, para lo cual debía atravesar las escabrosas montañas que hacen más peligrosa para el viajero la comarca desierta que rodeaba el Mar Muerto.

Eran seis los sacerdotes de filiación Esenia que prestaban servicio en el templo; y Esdras y Eleazar eran además miembros del Sanhedrín desde los tiempos de Anás hijo de Seth, el pontífice anterior. Eran los representantes de la Fraternidad Esenia en Jerusalén, aunque ésto era un secreto sólo conocido por los solitarios que vivían retirados en sus santuarios de las montañas. Jhasua lo sabía también y por eso iba a despedirse de ellos, completamente ajeno al amoroso recurso materno que había encontrado un medio de que su hijo no atravesara solo el desierto.

Los discretos Esenios, ancianos ya de 69 años, secundaron hábilmente el deseo de Myriam, siempre llena de temores por su hijo, y sin que él se apercibiera de su intervención.

—Oportunidad como ésta, no podía presentársenos jamás —decía Esdras alegremente cuando Jhasua les habló de su viaje.

—¿Oportunidad para qué?... —preguntaba Jhasua.

—Pues hijo, para subir a los Montes Moab. ¿No ves que estamos pisando los 70 años y aún no hemos llegado al Santuario de Moab?

"Por obligación marcada por la Ley, debíamos haber ido hace seis años, pero fuimos dispensados por el Alto Consejo en atención a que las cosas en Jerusalén exigían aquí nuestra presencia. Mas, actualmente tenemos quién nos reemplace con ventaja por los días que dure la ausencia. ¿Querrás, Jhasua cargar con estos dos viejos que se apoyarán en ti durante el viaje?...

Al hacer tal pregunta Esdras y Eleazar estudiaban la impresión que recibía Jhasua al oírlo.

—¡Providencial coincidencia! —exclamó el joven Maestro emocionado.

"Por enfermedad del Hazzán de las Sinagogas de Bethlehem fuisteis vos hermano Esdras, según me dijeron, quien anotó mi nombre en el registro de los hijos de Abraham llegados a la vida, y hoy os llevaré de compañero de viaje a anotar mi nombre en el gran libro de los servidores de Dios y de la humanidad.

—En el gran libro de los Maestros digo yo —añadió Eleazar.

—Todavía no sabemos si la prueba final me resulta favorable —dijo Jhasua.

—¿No encuentras justo hijo mío, que Eleazar y yo que tanta participación tuvimos en la hora dichosa de tu nacimiento, la tengamos también en esta hora gloriosa de tu consagración como Maestro, como Misionero, como Apóstol?

—¡Justo!... ¡Justísimo! —exclamó Jhasua—, y estoy agradecido al Padre Celestial de que me haya deparado tales compañerso para éste viaje, acaso el más importante de mi vida.

—¿Cuándo partimos? —preguntó Eleazar.

—Si os place, mañana al levantarse el sol —contestó Jhasua.

—Convenido. Nosotros iremos a buscarte a casa de Lía.

A la mañana siguiente y cuando el sol encendía sus fanales de escarlata y oro, salían por la Puerta del Pescado tres viajeros que bajaban las pendientes del Torrente Cedrón, tomaban el tortuoso sendero que les marcaba un arroyuelo, cuyas aguas corrían a vaciarse en las profundidades sombrías del Mar Muerto.

Era como una débil recordación de lo que había sido antes el caudaloso Torrente Cedrón, casi por completo agotado entonces.

La majestuosa silueta del Monte Olivete o de Los Olivos, dorada por el sol naciente, presentaba en algunos sitios el blanco velo arrebujado de las últimas nevadas del invierno.

Después el profundo valle, el Campo del Alfarero, y el Aceldama, en pos de los cuales venía el trágico Cerro del Mal Consejo, cuyas vertientes y colinas aparecían horadadas de negras bocas, grutas sombrías y siniestras, último refugio de la numerosa familia de los leprosos, arrojados cruelmente de la ciudad dorada de David y Salomón.

Sólo una hora llevaba de aparecido el sol, cuando nuestros viajeros llegaban al antiguo pozo de dulces aguas. En-Rogel, única belleza que restaba a los infelices enfermos, y que aparecía en el centro de aquella especie de anfiteatro formado por las colinas rocosas, como para encerrar entre ellas, los míseros despojos humanos que aún palpitaban con un resto de vida.

Era justamente la hora en que los leprosos salían de sus cuevas a tomar el sol y a buscar agua en el pozo.

—¡Tened piedad de nosotros!... —se oyó una voz de mujer que clamaba viendo pasar aquellos viajeros.

Cubierta por completo la infeliz, se acercaba al camino llevando un niño de la mano y otro en los brazos. Era leprosa ella y sus dos hijos. Sus harapos demostraban bien el duro abandono en que se encontraba. El niñito mayor, semienvuelto en una piel de cordero temblaba de frío. Jhasua saltó de su cabalgadura y buscando entre los bolsos y mandiles que llevaba sobre su asno, sacó una manta que dió a la mujer, juntamente con pan y frutas secas que extrajo de su maleta de viajero. Los dos Esenios le miraban en silencio.

—A él no puede hacerle daño la lepra —dijo Esdras a su compañero.

—¡El es el bien en toda su perfección. Es la vida en toda la fuerza de su poder soberano. El vence a la muerte!

Y escucharon este emocionado diálogo con la mujer leprosa.

—¿No tienes familia, ni amigos?

—Nadie en el mundo se ocupa de mí ni de mis hijos, Rabi bueno, que el Dios de nuestros padres te de la paz y la dicha.

—Y te la dará también a ti, y a todos tus compañeros —dijo Jhasua viendo que otras cabezas asomaban en las cuevas, y algunos hombres y mujeres salían fuera al oír voces humanas que tan temprano interrumpían el sepulcral silencio de aquel campo de muerte.

Se asomó luego al fondo del profundo pozo y vió en sus aguas reflejada su propia imagen.

—¡Padre mío!... —pensó— ¡Dios del amor y de la piedad!... ¡si es verdad que me das una parte de tus poderes divinos, quiero que esta agua cristalina, tesoro benéfico de tu amor inmortal, sea impregnada de energía y de vitalidad para estas infelices criaturas vuestras, que viven muriendo olvidadas y abandonadas de todos!

E inclinando más y más su cabeza sobre el pozo, exhaló profundos hálitos en los cuales parecía arrojar toda la energía de su ser.

Tomó luego el cubo provisto de larga soga con que sacaban agua, lo arrojó con fuerza al pozo y lo sacó rebozante de agua. Alzó de ella en el hueco de sus manos unidas en forma de tazón.

—Bebe —le dijo a la mujer, la cual obedeció al instante. Renovó el agua por tres veces para hacer beber también a los niños, y ellos bebieron.

—¿Tienes fe en el poder de Dios, dueño de la vida de los hombres? —le preguntó.

—¡Oh, sí Rabi!... —le contestó la mujer— ¡Sólo de Dios espero la salud y la vida!

—¡No esperas en vano. El amor de Dios te ha curado! —díjole Jhasua—. Que lo sean asimismo todos los que en este lugar crean en El y le adoren con sinceridad de corazón.

La mujer había caído como desfallecida en tierra, y los dos niños invadidos de sopor, dormían junto a ella.

Les cubrió a los tres con la manta y montando de nuevo siguió el camino al lado de los Ancianos que no pronunciaron ni una sola palabra.

Los demás leprosos habían creído que sólo se trataba de un socorro material de parte de algún familiar de aquella mujer tan olvidada de todos, y no dieron mayor importancia al suceso.

Sólo una mujer ya entrada en años y que era piadosa de corazón, salió de su caverna y fue al pozo junto al cual quedaba la joven madre con sus dos niños.

—Ese hombre es un profeta de Dios —dijo aquella mujer—. Yo he visto brillar una luz en su cabeza parecida al lucero de la mañana.

Y se inclinó sobre la mujer y los niños cubiertos con la manta del viajero. El sueño era tan profundo que fué imposible despertarles.

Entonces sacó agua del pozo para llenar su cántaro y bebió en el hueco de sus manos. Le invadió también el mismo sopor y se quedó igualmente dormida.

Uno de los leprosos que vió esto, empezó a gritar:

"Levantaos todos y vayamos tras del viajero que ha envenenado el agua del pozo para matarnos a todos".

Y varios de ellos enfurecidos comenzaron a llenar sacos de guijarros para apedrear al viajero que tanto daño les había hecho.

A la infernal gritería que se levantó se despertaron las dos mujeres y los dos niños...

—¿Qué hacéis, malvados? —les gritó la mujer de edad— ¿No habéis comprendido que es un profeta de Dios?

"¿No véis la cara de esta mujer limpia y sin llaga ninguna? ¿No veis las manecitas de sus niños como rosas recién abiertas al amanecer?

Al ver la realidad de estas afirmaciones y que también la mujer de más edad parecía curada, rasgaron aún más sus harapos y empezaron a golpearse el pecho con las piedras que habían reunido para apedrear al viajero.

—¡Insensatos de nosotros que podíamos también haber sido curados, y no hemos comprendido nada de este misterio de Dios! —gritaban desesperados.

—Porque el mal anida en vosotros, pensáis siempre el mal, sin dejar en vuestro corazón un lugar vacío para que penetre el bien —decíales la mujer aquella que había visto una gran luz en la cabeza de Jhasua—.

"Bebed del agua del pozo como nosotros hemos bebido, y quiera Dios perdonar vuestras maldades y que seáis también curados —continuaba diciéndoles a todos los que iban acudiendo al pozo atraídos por la novedad.

Una tempestad de llantos, de gritos, de clamores pidiendo perdón a Dios de su mal pensamiento acerca del profeta, llenó los aires de extraños sonidos.

—¡Profeta, profeta de Dios!, ¡ten piedad de nosotros!... ¡No te irrites contra nosotros!... ¡Perdonad nuestra iniquidad!.. ¡No nos dejes sumidos en esta horrible miseria!... —Y los clamores seguían ensordecedores.

Los viajeros estaban ya lejos y era materialmente imposible que estas voces llegaran hasta ellos. Pero la sensibilidad de Jhasua captaba la vibración dolorosa de aquellos pensamientos profundos expresados a gritos y dijo de pronto:

—Si no os molesto, os ruego que desmontemos para hacer un breve descanso.

—Como gustéis —le contestaron y bajaron los tres para reposar unos momentos bajo un bosquecillo de encinas que estaba junto al camino.

Jhasua se tendió sobre una manta y a poco se quedó dormido.

Los dos Ancianos comprendieron que se trataba de un fenómeno psíquico, una irradiación de fuerzas espirituales del Hombre-Amor, que había bajado al plano físico para salvar a la humanidad.

Y concentraron en profunda oración sus pensamientos ayudando a la obra que adivinaban.

Mientras tanto en el cerro de los leprosos continuaban los lamentos y la desesperación se iba tornando en furia incontenible, contra las dos mujeres curadas por no haberlos llamado a todos para que recibieran igual beneficio.

De pronto aquella mujer que tenía facultad clarividente empezó a gritar:

—¡Calma, calma que el profeta vuelve! ¡miradle allí apoyado en el tronco de la encina junto al pozo, miradle!

Para muchos de aquellos infelices fue visible en mayor o menor grado, la figura astral diáfana y transparente del joven Maestro, que extendiendo sus manos sobre todos parecía decirles: "¡Paz sobre vosotros!".

La esperanza y la fe se trasmitió de los que veían, y la evidencia de la curación de las dos primeras mujeres y de los niños avivaba aquella fe que formó una gran fuerza colaboradora con el pensamiento y la voluntad del Cristo dormido.

Las dos mujeres curadas se multiplicaban para hacer beber a todos, y poco a poco les fué invadiendo el sopor, presagio de curación.

Poco días después los atrios del templo se vieron invadidos de hombres, mujeres y niños que en cumplimiento de la Ley, pedían ser revisados por los sacerdotes de turno para ser declarados limpios de la espantosa enfermedad de que por fin se veían libres.

Cuando eran interrogados, sólo podían decir:

—Un profeta joven con dos Ancianos pasaron por el pozo de En-Rogel, y el joven bendijo las aguas y bebiendo hemos quedado sanos.

Ofrecían el holocausto ordenado según sus medios y cada cual continuaba su vida, bendiciendo al joven profeta que sembraba el bien a manos llenas sin volver la vista para buscar la recompensa.

Y en la mente de los Ancianos de Israel revivía el recuerdo lejano de los tres extranjeros que llegaron hacía 21 años, anunciando que había nacido en Bethlehem el Salvador del mundo al cual venían a presentar sus homenajes.

—Jehová mantiene su promesa —decían— y no ha olvidado a este pueblo.

—El Mesías anda por esta tierra y se nos oculta por nuestras iniquidades, pero pronto se nos presentará como una luz en el horizonte; como una sonora voz que llamará a todos a sus puestos para echar abajo las tiranías y establecer su reino de paz y de gloria perdurable.

Por mucho que los tres viajeros se apresurasen, no podían evitar que las frecuentes rinconadas del camino devorasen el tiempo.

Entrados en pleno desierto montañoso y árido, Jhasua comprendió bien lo áspero de la penitencia que los esenios se imponían para atravesarlo y llegar al Monte Quarantana, donde el más reducido de los Santuarios era como un ante-pórtico del gran Santuario del Monte Moab.

Al atardecer del primer día de viaje, a la vuelta de un recodo, encontraron que un derrumbamiento en la montaña había interrumpido el arroyuelo que servía de guía. Debía ser reciente, por cuanto los terapeutas no habían tenido tiempo de poner una tablilla indicatoria, ya que eran ellos los que transitaban por aquel camino.

Para quienes no eran prácticos, en el desierto es fácil desorientarse, más aún en aquel desierto de Judea, que era un laberinto de cerros, de rocas como plantadas estratégicamente en el vasto arenal, formando honduras peligrosas y encrucijadas sin cuenta.

—Creo que poco podremos andar antes de que nos llegue la noche —indicó Jhasua a sus compañeros—. Lo más prudente será buscar una gruta y refugiarnos en ella. Quedaos vosotros descansando aquí mientras yo registro en este laberinto en busca de un refugio. Aún cae nieve por las noches, y no podemos pasar a la intemperie.

—Bien niño, bien —contestaron los Ancianos—. ¡Cuidado con extraviarte! Si tardas, te llamaremos con los silbatos.

Y Jhasua se perdió tras de una encrucijada, en que unas pocas encinas enanas enredadas con zarzales parecían ofrecer buena guarida para las fieras que abundaban en aquella comarca.

Para defenderse de ellas, los terapeutas peregrinos usaban una especie de lanzas fabricadas con trozos de cañas embutidos unos con los otros, fácilmente desarmables, y con un punzón de hierro en uno de sus extremos, Jhasua llevaba la suya y se apoyaba en ella al andar.

A poco rato encontró un asno muerto y ya desgarradas y en parte devoradas sus carnes.

—No es muerto de muchos días —pensó—. Por aquí cerca debe andar el viajero que montaba ese asno.

Continuó registrando las rocas en busca de una gruta que no tardó en encontrar.

Cuando llegó a la puerta de la cueva miró al interior, oyó una respiración agitada y un doloroso gemido.

—¿Quién vive aquí? —preguntó.

—Un infeliz viajero que se siente morir —le contestó una voz.

—Yo puedo socorrerte —le replicó el Maestro—. ¿Qué deseas?

—Estoy herido y me muero de sed. A veinte pasos detrás de esa cueva pasa el arroyuelo interrumpido por el derrumbamiento que me alcanzó a mí, y rompió las piernas de mi asno, por lo cual me vi obligado a matarlo.

—¡Qué desgracia en pleno desierto!, pero ten valor y buen ánimo, que nosotros te socorreremos. Somos tres y tenemos buenas cabalgaduras. Sólo te pedimos compartir contigo esta gruta para pasar la noche —le contestó Jhasua, tomando un tazón de barro del escaso equipaje del herido para darle de beber.

Encontró el arroyuelo que forzosamente había desviado su curso, y luego de haber servido el agua al herido, se volvió a buscar a sus compañeros a los cuales les refirió lo acontecido. Con los asnos de la brida, pronto llegaron a la gruta donde el herido seguía quejándose.

Jhasua con Esdras procedieron a su inmediata curación, mientras Eleazar traía ramas secas y encendía fuego en aquella helada gruta donde el frío se hacía sentir muy intenso.

La herida del viajero era una horrible desgarradura en la espalda, donde la sangre coagulada y seca de dos días sin lavar, le producía grandes dolores. Aquella espalda apareció como una llaga viva cuando la herida fue lavada. Jhasua hizo hilas y vendas del lienzo de su turbante, y poniendo toda la fuerza de su voluntad y de su amor en aliviar a su semejante, le hizo beber vino con miel, y mentalmente le mandó dormir.

—Quiero que en tu sueño seas curado —le dijo con su pensamiento puesto en acción, cual una poderosa corriente que estremecía los miembros todos del hombre dormido.

—¿Cuánto tiempo dormirá? —le preguntó Esdras, comprendiendo desde luego que aquel sueño era provocado por mandato mental.

—Hasta el amanecer —contestó Jhasua abrigando solícitamente al herido—. Mientras vosotros preparáis nuestra cena, yo traeré paja y heno para los lechos.

Y afanosamente iba y venía trayendo grandes brazadas de paja hasta formar tres buenos montones en lo más interior de la gruta.

Dió de beber a los asnos, les dejó atados en los mejores pastos, a la vera del arroyuelo, bajo unas moreras silvestres y fué luego a sentarse al lado de los Ancianos que le esperaban con la frugal comida sobre el blanco mantelillo tendido en el pavimento.

—¡Gracias al Eterno Amor, fué laborioso tu día, Jhasua! —dijo Esdras iniciando la conversación.

—Como debieran ser todos los días del buen servidor de Dios y de la humanidad —contestó el aludido.

—En verdad, muy triste es el día en que no hemos realizado una obra de utilidad para nuestros hermanos.

—¿Qué crees que habrá sucedido en el cerro de los leprosos? —volvió a preguntar Esdras a Jhasua.

—Los que tengan fe en el Poder Divino que quiso obrar en ellos, habrán sido curados. Estoy seguro de ello.

—¿Y los demás?... —interrogó Eleazar.

—Sufrirán su pena, porque Dios Amor se da al que quiere recibirle. Así comprendo yo a Dios.

—El asombro será grande en los sagrados atrios, cuando se presenten allí los leprosos curados, pidiendo ser reconocidos según manda la Ley para incorporarse a sus familias y amigos —observó Esdras.

—Será un gran tumulto —añadió Eleazar—, porque tengo entendido que el Cerro del Mal Consejo es una verdadera ciudad de leprosos según es elevado su número. Y desde los tiempos de Elías y Eliseo no se han referido prodigios semejantes.

—Moisés hizo obras que superan a Elías y a Eliseo —dijo Esdras.

—¡Moisés!... ¡Moisés!... ¡qué grande y qué mal comprendido fue! —exclamó Jhasua.

—Las almas encarnadas en esta tierra, hijo mío, no pueden comprender almas como la de Moisés. Y no siempre las grandes almas pueden ponerse a tono con las pequeñas y mezquinas de las multitudes.

"La idea del bien por el bien mismo, es casi por completo ajena a la humanidad de este planeta.

"Amar por amar, sin esperar nada de los seres amados, es como una flor exótica que vive aislada en una cumbre, a donde la mayoría de los humanos no alcanzamos a llegar.

"Moisés amó tanto a su pueblo esclavo de Egipto, que no omitió esfuerzo alguno para salvarlo. Mas su pueblo lo amó egoístamente y sin comprenderlo. Lo amó tan sólo por el bien que recibía y esperaba recibir de él.

—Fácil me es aceptar —dijo Jhasua— que el pueblo de Israel no llegara a comprender a Moisés; pero lo que me resulta incomprensible es la transformación que se hizo de sus libros. ¿Por qué y para qué?

—Yo he cavilado mucho sobre esto —dijo Eleazar— y oído a otros hermanos nuestros explayarse sobre este tema, mayormente a los que han visitado el archivo de Moab y la tumba del gran Legislador en Monte Nebo.

"Estos dicen, que los auténticos escritos de Moisés son muy pocos y muy breves. Nos encaminamos al Gran Santuario donde se custodian en cofre de mármol. No sé si nos será permitido verlos, pero no dudo de la verdad de las palabras de quienes las he oído.

"Moisés escribió el relato de su grandiosa visión sobre la creación de nuestro Sistema Planetario en general, comenzando por la formación de la nebulosa que le dio origen; luego de la evolución lenta de este globo que habitamos hasta llegar a su capacidad de albergar seres con vida orgánica, y finalmente a la especie humana.

A esto es a lo que se ha llamado *Génesis.* Son auténticos escritos de su letra en el más antiguo arameo, los himnos y oraciones de Jehová, como asimismo la llamada *Bendición de Moisés* y sobre todo la *Ley* con sus diez mandamientos claros, explícitos, que no dejan lugar a tergiversaciones, ni a dudas.

"Esto es lo auténtico de Moisés según los Ancianos de Moab, custodios milenarios de sus escritos y de su sagrada sepultura. La Fraternidad Esenia ha tomado como base para sus estatutos y ordenanzas los pocos escritos verdaderos de Moisés, sobre todo la Ley, en su más sublime mandato: "Amarás a tu prójimo como a ti mismo".

"Los demás libros que comienzan con la misma frase... "Y Jehová dijo a Moisés"... indican claramente no ser escritos por él, que en tal caso diría: "Jehová *me* dijo"... Son además los originales escritos, los unos en geroglíficos egipcios, otros en lengua caldea y algunos en antiguo hebreo, con distintos rasgos de letras, lo cual demuestra haber sido escritos por los escribas del pueblo de Israel y por mandato de los dirigentes del pueblo después de la muerte de Moisés.

—La buena lógica —contestó Jhasua— único medio de orientarnos en tan densas tinieblas, exige que cuanto decís es la pura verdad. De otra manera no se concibe, que Moisés, que recibió la Ley Divina por vías espirituales tan elevadas, y en las cuales uno de los preceptos: *"No matarás",* escriba luego ordenanzas plagadas de sentencias de muerte individuales o colectivas hasta incluyendo ancianos, mujeres y niños por pecados ocultos o públicos, graves o no, según el punto de vista en que se miran, y menos aún, para lograr usurpaciones de territorios, de ciudades, de bienes de fortuna pertenecientes a otros pueblos. ¿Dónde queda el **No matarás** de la Ley? Y sobre todo: ¿Dónde queda el *"Ama a tu prójimo como a ti mismo"*, resumen y síntesis de toda la Ley?

"Por eso digo que Moisés, no sólo no fue comprendido por su pueblo, sino que fue horriblemente calumniado, desprestigiado como legislador, como instructor y dirigente de pueblos.

—Yo pienso —observó Eleazar— que a la muerte de Moisés, el pueblo de Israel tan rebelde y díscolo y ya sin el freno que para él significaba la poderosa influencia que ejercía Moisés, debió entregarse a toda suerte de excesos y delitos. Y los Ancianos que rodeaban a Josué hijo de Num, joven aún y sin experiencia, debieron verse obligados a imponer severas penas, para contener aquel desbordamiento del vicio y de la maldad en todas sus formas más repugnantes y feroces. Y para darles fuerza de ley, antepusieron a todos los escritos llamados *mosaicos* esta frase invariable: "Y Dios dijo a Moisés: dirás al pueblo de Israel ésto, y ésto, etc., etc.".

La noche había cerrado ya sobre aquel siniestro campamento de rocas, en el cual no se veía otra luz que el tenue resplandor que por la boca de la caverna salía al exterior. Algunos aullidos de lobos se dejaron oír a lo lejos, y Jhasua corrió a traer los tres asnos al interior de la cueva, cuya entrada cubrieron con ramas de árboles y paja seca.

Preparó hachones con paja y ramas secas atados al extremo de una vara, para encenderlos en el caso de que las fieras llegasen a la cueva. Tal procedimiento lo había aprendido de los terapeutas peregrinos; mas no fue necesario emplearlo, porque las fieras pasaron en dirección a donde se encontraba el asno muerto que habían visto junto al camino.

—¡Qué pobre cosa somos los seres revestidos de materia!... —exclamaba poco después Esdras, sentado siempre junto al fuego, en cuyas ardientes cenizas asaba castañas.

"Basta el aullido de una fiera, para hacernos abandonar toda una elevada disertación sobre la autenticidad de las obras de Moisés.

Los tres rieron de buena gana y Jhasua dijo:

—La vida de nuestros asnos, vale mucho más que la complacencia que sentíamos en la conversación iniciada.

—Eso desde luego, máxime si se tiene en cuenta que mediante ellos podremos llegar a nuestro destino —observó Eleazar.

—Y con la nieve que empieza a caer, estos horribles caminos deben ponerse intransitables —añadió Jhasua.

—Mañana antes de anochecer estaremos a cubierto de toda contingencia en el Santuario del Monte Quarantana —añadió Eleazar.

—Que Dios te oiga buen hermano, porque os aseguro que un hospedaje como éste, no es muy de mi agrado —dijo Esdras que demostraba estar más debilitado por los años y por los trabajos mentales.

—Esto nos sirve para apreciar en todo su valor rayano en heroísmo, la tarea de nuestros terapeutas peregrinos, que no son muy doctos ni suben muy alto en la contemplación y estudio de los misterios de Dios, pero cuya obra de amor fraterno les asemeja en la tierra a los *Cirios de la Piedad* de que hablan los videntes del mundo espiritual.

Poco después recitaban juntos el salmo de la acción de gracias y cada cual se recogía en su lecho a la espera del nuevo día para continuar el viaje.

Al amanecer, el herido se encontró con su espalda curada y que no sentía dolor alguno. Les explicó que iba con destino a la Fortaleza de Masada, más allá de Engedí, donde debía desempeñar el puesto de panadero.

—He salido de la Torre Antonia por la benevolencia del nuevo Comandante, que desde que fue curado milagrosamente de sus heridas el día de las carreras en Jericó, se ha vuelto tan compasivo, que las prisiones van quedando vacías.

—Es una buena manera de agradecer a Dios el beneficio recibido —dijo Esdras—. Así, tú debes imitar su conducta, y ya que actuarás en un presidio, trata de suavizar la vida de los infelices reclusos.

—Yo caí al calabozo por una pendencia con los esbirros del gobernador Graco. Estuve al servicio del príncipe Sallum de Lohes antes de que empezara la persecución tan injusta contra él; y en el momento en que lo asaltaron en una obscura calleja, donde le esperaban dos criados con la cabalgadura, yo caí como un ciclón sobre los asaltantes, que en la obscuridad de la noche creyeron que éramos muchos según era el ruido y gritería que yo armé haciendo que animaba a los que me seguían. Conseguido el objeto, que era dar tiempo a que el príncipe escapara, no me fue posible librarme de los esbirros que luego de maltratarme, me arrastraron a la Torre Antonia donde estuve hasta ahora.

—Eres hombre agradecido a tu amo —me dijo el Comandante— y no cualquiera en tu lugar hubiera hecho lo mismo. Pero como no es prudente por ahora que te vean aquí, te daré un destino que si no es muy halagüeño, por lo menos te asegurará la vida y el medio de sustentar tu familia. Y me destinó a Masada cuando supo que mi oficio era panadero. No me quedaba más remedio que aceptar, pero mi dicha sería encontrar a mi antiguo amo y volver a su lado. No he podido enterarme de su paradero desde aquella noche fatal.

—Si vas a ser discreto, yo te lo diré —dijo Jhasua mirando fijamente a aquel hombre.

—Si caí en presidio por salvar a mi amo —volvió a decir el hombre— ya comprenderéis que no he de perjudicarlo aunque por el momento no pueda seguirlo.

—Está oculto con su familia en el Bosque de los Rebaños, al sudeste de Bethlehem, donde yo lo he visitado.

—¿Entonces vos sois su pariente o amigo?

—Amigo solamente —contestó Jhasua—.

"El comandante de la Torre Antonia ya se ha encargado de procurar su reivindicación para que pueda regresar a su casa.

"Ya encargaré a uno de nuestros terapeutas —continuó diciendo Jhasua— para que te dé aviso cuando tu amo haya ocupado de nuevo su casa.

Y cuando fue el momento de seguir viaje, Jhasua ofreció su cabalgadura al ex herido, pero éste la rehusó diciendo que era originario de las montañas de Beashura y que se avenía muy bien a caminar entre ellas hasta Engedí, donde pernoctó en la ya conocida Granja de Andrés, donde debía separarse de sus compañeros de viaje.

La alegría de los buenos montañeses del Quarantana al ver a Jhasua, joven de 21 años, no es para describirla, sino para sentirla en las profundas vibraciones de amor de aquellos sencillos y buenos corazones.

La anciana Bethsabé, fuerte aún a pesar de sus años, se sentía capaz de ofrecer un gran festín al **Niño Santo** como seguía llamando a Jhasua.

—Madre Bethsabé —decíale éste jovialmente—, ¿no ves cómo me crece la barba? Ya dejé de ser niño, y en verdad que lo siento. ¡Me hacían tan dichosos los mimos de todos!

¡Los hijos de Jacobo y Bartolomé ya convertidos en graves padres de familia, se encariñaron de Jhasua que jugaba amorosamente con ellos! Y el mayorcito de los niños exclamaba con mucha agudeza: —¡Suerte que viniste Jhasua, para descansar de repetir día por día: "Velad Dios bueno por la salud y la vida de Jhasua, nuestro Salvador".

—¿Eso decíais vosotros diariamente? Pues ya veis que Dios bueno os ha escuchado, puesto que me veis en perfecto estado de salud. Y decidme... ¿qué clase de salvación es la que esperáis vosotros de mí?

—¡Mira Jhasua!... eso lo sabrá la abuela Bethsabé que es quien nos enseñó a decirlo.

—¡Tonto, más que un chorlito! —dijo una vivaracha niñita hija de Bartolomé—, Jhasua nos salvará de todos los males y de caer en el precipicio. ¿Has olvidado ya cuando te quedaste colgado de una rama sobre un abismo y tu padre gritó: "¡Sálvamelo, Jhasua, por Dios! ¡Sálvamelo!". Y te salvó... ¿lo has olvidado?

Jhasua reía alegremente al oírles disputar; y la niñita aquella a la cual llamaba Sabita, diminutivo familiar del nombre de la abuela, se acercó confiadamente a él viendo que sus palabras lo habían complacido.

—La luz de Dios está en ti, Sabita y serás la estrella benéfica, en este hogar —díjole Jhasua acariciándola—. ¿Cuántos años tienes?

—Voy para los ocho, y ya casi sé de memoria los rezos de la abuela, y paso sin enredar los hilos en el telar...

—Y sabes mejor gruñir cuando me aparto las mejores castañas... —murmuró uno de los varoncitos.

—¡Ah, glotoncillos!... ¿con que ésas tenemos! —decía Jhasua como si volviera ser niño entre los niños.

—¡Es que no se puede perderlo a ése de vista!... —decía con gravedad Sabita—. Lo mejor se lo come él, y deja lo peor para el padre, para la abuela, para los tíos...

—¡Cada gorrión busca lo suyo!... —arguyó el pequeño glotón defendiéndose.

Jhasua riendo le dijo:

—Estás equivocado, amiguito mío: el gorrión busca lo suyo y antes lleva a su nido lo mejor que encuentra.

"Suponte que un día enfermas o te lastimas un pie y no puedes andar. ¿Te gustaría que tus hermanitos o primos coman lo mejor de todas las frutas y te dejen a ti lo peor?

—¡Oh, no, eso no! —contestó el niño.

—Entonces debéis todos acostumbraros a este pensamiento: "haré con los demás como quiero que ellos hagan conmigo". ¿Comprendéis? Esta es la salvación que podéis esperar de Jhasua.

La abuela Bethsabé oculta tras de una cortina de juncos observaba esta sencilla escena entre el Hombre-Luz y sus nietecillos y no obstante su rusticidad, la buena mujer encontraba en ella el amor inefable de Jhasua manifestado en todos los momentos de su vida.

Al siguiente día pasaba al Santuario juntamente con sus compañeros de viaje. Sólo encontró tres de los solitarios que moraban allí la última vez que él estuvo, cuando tenía doce años de edad. Habían pasado 9 años. Dos de ellos se habían incorporado al Santuario del Monte Ebat recientemente restaurado como recordará el lector. Otro había ido al Tabor, a formar parte de la alta Escuela de Conocimientos Superiores en que completó Jhasua su instrucción y desarrollo de sus facultades espirituales. Y el cuarto, Abihatar, uno de los tres que llevaron la noticia de su nacimiento al Gran Santuario de Moab, había sido designado por la Fraternidad Esenia para completar el Consejo de los Setenta, donde la muerte había dejado sitios vacíos.

Junto a los tres ancianos ya conocidos para él, encontró tres más, aún jóvenes y Jhoanan su pariente, que era el menor de todos con sólo 22 años de edad. Los otros tres eran Levitas, que profundamente asqueados de lo que ocurría en el templo de Jerusalén, renunciaron a sus derechos y privilegios otorgados por la ley y prefirieron la vida pura e independiente de las grutas esenias, a vivir presenciando sin poder remediar, las abominaciones del templo.

Podían haberse dedicado como lo hicieron otros, a las especulaciones filosóficas y altos estudios que bajo la dirección de Simeón el nuevo Rector y otros Doctores, se hacían en el Gran Colegio de Jerusalén, pero se encontraron débiles para vivir sin contaminarse entre aquel abismo de odios y de ambiciones, de luchas fratricidas y desórdenes de toda especie.

Allí en el Santuario del Quarantana se preparaban para formar entre los terapeutas peregrinos, que eran los dos primeros grados que debían pasar los Esenios antes de entrar a la vida solitaria de desarrollo de las facultades superiores del espíritu.

Además, circunstancias dolorosas ocurridas en sus hogares respectivos, habían contribuido asimismo a esta resolución.

Los tres Levitas, buscaron pues en la soledad de las grutas, la facilidad de poder vivir en acuerdo con su conciencia, y a la vez curar las profundas heridas que el contacto con la humanidad les había causado.

Sus nombres eran Felipe, Bartolomé y Zebeo. Este último fue enviado al Santuario del Hermón por trabajos especiales. Los tres formaron más tarde entre los doce Apóstoles. Nacidos en Galilea, habían pasado en Jerusalén la mayor parte de su vida. El mayor de los tres era Felipe, de 39 años, recientemente viudo y con dos hijas casi niñas que estaban al cuidado de la abuela materna. Tenía a más de la muerte de su compañera, el dolor de que su madre había contraído segundas nupcias con un idólatra, un guardia de la escolta de Valerio Graco, hombre malvado que secundaba todas las arbitrariedades y atropellos del amo, basta que le pagase bien su complicidad.

Tales eran los solitarios que Jhasua encontró en el Santuario del Monte Quarantana. Entre los tres ancianos, estaba Sadoc, que era el Servidor, uno de los tres que veintiún años atrás fueron a llevar al Santuario Madre, la noticia del nacimiento de Jhasua.

El lector adivinará pues, la emotiva y tiernísima escena que tuvo lugar a la llegada de Jhasua, al cual los ancianos consideraban como un glorioso hijo que debía ser luz, consuelo y esperanza para todos.

La poderosa vibración de amor del Maestro, fue de inmediato percibida por los Esenios jóvenes que recién le conocían y que le cobraron un afecto decidido y entusiasta, que desde ese momento quisieron seguirle como discípulos.

Y en una confidencia íntima con ellos el joven Maestro se les descubrió sin pretenderlo, debido a esa gran penetración espiritual que él tenía, la cual unida a su exquisita sensibilidad, le permitía leer en el fondo de los corazones.

¡Qué explosiones de claridad espiritual se desbordaron sobre las almas de aquellos tres vencidos de la vida, que apenas la habían vivido, cuando la voz dulcísima del Maestro fue deshojando sobre sus heridas las flores frescas de su corazón, pleno de esperanza, de amor y de fe!

—Vosotros venís a la gruta de los Esenios, buscando la quietud y la paz que la sociedad de los hombres os ha negado —les decía—. Pero no debéis albergar en vosotros la cobardía de un renunciamiento a la vida, sólo porque ella os ha brindado dolores.

"Venir aquí por un ideal de superación sobre todas las miserias humanas, y buscando el alto conocimiento de los misterios divinos, cosa grande es, sobre todo lo grande y bello a que puede aspirar el alma humana encarnada.

"Mas, este gran conocimiento, sólo llega al alma del hombre, cuando ha bebido toda la hiel de las ingratitudes humanas, del abandono, del olvido, del desamor de aquellos a quienes nos dimos como oblación completa. sin detenernos a pensar que aquellas criaturas amadas no podían nunca darnos lo que no poseían, la esencia pura de un amor sin interés, sin egoísmo, capaz de perpetuarse a través de todos los contratiempos y de todas las contingencias.

"Nos brinda a veces con la copa rebosante de sus amores efímeros, pensando que recogerán de nosotros la satisfacción de sus ambiciones y deseos, y tales amores sólo viven el tiempo que vive la ilusión. Desvanecida ésta, los afectos mueren como el pez fuera del agua, como la hierba arrancada de la tierra como la luz de la lamparilla cuando se agota el aceite.

"Y el alma que soñó con amores fuertes más que la muerte y eternos como ella misma, comienza a saborear la amargura de la agonía, que le irá llevando al aniquilamiento de su esperanza y de su fe en la vida, en los seres y hasta en sí misma.

Mientras esto decía, vio Jhasua que dos gruesas lágrimas surcaban el noble rostro de Zebeo, en cuya aura mental, la clarividencia del Maestro percibió la imagen de una joven que se alejaba perdiéndose en los caminos de la vida, porque el prometido esposo, había perdido por diversas contingencias humanas, los bienes materiales que poseía.

Y el Maestro continuó:

—Eso no era amor Zebeo, sino sólo ilusión del propio bien que ella perseguía en ti, como el niño que persigue una dorada mariposa en el huerto de su casa, y cuando la tiene y se apercibe de que aquel polvillo de oro se desvanece en sus manos, la deja a un lado y sigue persiguiendo otra, y otra más a lo largo del camino...

—La luz de Dios está en ti Jhasua, puesto que has adivinado mi pena —murmuró Zebeo con la voz ahogada por la emoción.

—Y la mía —añadió Bartolomé que llevaba también una profunda herida por la indiferencia y desamor de familiares, a los cuales consagrara toda su vida sin recoger de ellos ni siquiera una florecilla humilde de ternura y gratitud.

—También yo sufro el abandono de una madre que ha preferido el amor de un malvado con oro, al cariño del hijo que se miraba en sus ojos... —dijo a su vez Felipe, rememorando con honda amargura la defección de la que le dio el ser.

—Vosotros habeis conocido la dura prueba del desamor de los amados —dijo el joven Maestro— y yo os digo que estáis en condiciones de aspirar al supremo conocimiento de Dios, cuyo amor infinito llenará plenamente vuestra copa vacía de ilusiones y esperanzas terrestres.

"Creo que algún día os diré a los tres: Venid conmigo a beber de las fuentes divinas, porque las aguas de este mundo ya no pueden apagar vuestra sed... ¿Me seguiréis entonces?...

— ¡Oh, sí, Jhasua... hasta la muerte! —respondieron los tres a la vez.

Acto seguido les explicó de la Santa Alianza que se comenzaba a formar, para iluminar al pueblo con una enseñanza que lo preparase a ser libre y a gobernarse a sí mismo.

Jhasua quiso también conversar en intimidad con Jhoanan, su primo y compañero de promoción al grado último, que los haría maestros de Divina Sabiduría en la Fraternidad Esenia.

Faltaban sólo dos días para emprender viaje al gran Santuario de Moab, a través de montañas escarpadas y llenas de precipicios.

Ninguno de los dos había estado antes, en aquel luminoso foco de los más elevados conocimientos sobre los altos misterios de la Divinidad y de la grandeza a que puede llegar el alma humana después de largos siglos de purificación.

—Jhoanan —decía Jhasua en un suave atardecer de opalinos crepúsculos— créeme que no me entusiasma absolutamente nada, la sanción final del Alto Consejo de los Setenta.

"El único sentimiento que me acompaña, es el temor de encontrarme con lo desconocido, con lo imprevisto, con lo inesperado. ¿No te ocurre a ti esto mismo?

—No Jhasua, porque hace ya cuatro años que encontré mi camino, tal como he de seguirlo durante toda mi vida. Por divina bondad, se lo que soy y la misión que debo cumplir.

"En cambio tú... —Y Jhoanan se detuvo temeroso de esbozar pensamientos demasiado audaces y graves.

—En cambio tú... ¿qué? *No has encontrado tu camino,* quieres decirme ¿no es verdad? —preguntó Jhasua.

—No es tal la verdadera calificación —contestó Jhoanan— puesto que recorres a largos pasos tu gran camino. Lo que hay, según tengo entendido, es que aún no estás convencido de tu misión en esta hora de la evolución humana terrestre. O en otras palabras más profundamente espirituales: no te has encontrado aún a ti mismo tal como eres en la hora actual, y en relación con esta humanidad. Y de ahí según mi entender, ese vago temor a encontrarte en Moab con lo *desconocido,* con lo *inesperado* según tus propias palabras. ¿He acertado?

— ¡Completamente! Y créeme que a veces pienso que ese temor puede ser un principio de sugestión, debido a las frecuentes insinuaciones que se me hacen referentes a un mesianismo que yo no siento en mí.

—Hablemos a fondo y con toda sinceridad —dijo Jhoanan— ¿Qué valor asignas tú a las profecías desde los tiempos de Abrahan? ¿qué son esas profecías según tu comprensión? ¿son la expresión fiel de la verdad o no?

—Las profecías todas en general, son en mi concepto clarividencias de espíritus avanzados, designados por la Eterna Ley para ir marcando rumbos a las porciones de humanidad donde actúan, para alentarles en su épocas de decadencia, para mantener encendida la lámpara del Divino Conocimiento y abierto el puente de cristal que une al hombre con su creador. Creo pues en la verdad de las profecías hechas por espíritus que en su vida terrestre han dado pruebas de su unión con Dios, a cuyas leyes y voluntades han demostrado un sometimiento perfecto. Según son los actos en la vida de los hombres, merecen o no, que aceptemos o rechacemos sus palabras y sus doctrinas y enseñanzas.

—De acuerdo —dijo Jhoanan—. Nuestros grandes profetas han anunciado la venida a la tierra de un Mesías, de un Instructor, de un Salvador que se interponga entre la Justicia Divina y la humanidad terrestre cuyo desquicio moral, espiritual y material es tal, que está a punto de caer bajo la sanción de la Eterna Ley de destrucción y aniquilamiento.

"El tiempo de la aparición de este Ser Superior llegó hace 21 años. cuando tuvo lugar la conjunción de Júpiter, Saturno y Marte. En esto están de acuerdo todos los sabios, astrólogos y clarividentes de diversos países y escuelas.

"La Fraternidad Esenia que es la escuela de los Profetas hebreos, nuestra **Escuela Madre,** está convencida de que en tu persona humana, se halla encarnada la Inteligencia Superior, que es la más nítida vibración de la Eterna Idea, del Eterno pensamiento, que es la Verdad Suprema; o en otras palabras: que está en ti la Luz Divina, por lo cual eres el Mesías esperado y anunciado por los Profetas y por los clarividentes de otras sagradas escuelas de Conocimientos Superiores difundidas por el mundo. ¿Qué dices tú a ésto?

—Digo Jhoanan, que ahora es Dios quien debe hablar en el fondo de mí mismo, porque aún no reconozco tal superior personalidad en mí.

"Que amo el bien, la verdad, la justicia, es cierto. Que amo a mis semejantes tanto como para sentir el impulso de sacrificarme por ellos, es cierto también. Pero todo eso lo sintieron otros y lo sientes tú mismo Jhoanan, porque es la lógica herencia de todo el que ama a Dios y a sus obras. Mas dime ¿es bastante esto para designar a un hombre como Mesías, Instructor y Salvador de la humanidad de un planeta?

—Si en el nacimiento y persona humana de ese hombre se reúnen las condiciones, circunstancias y acontecimientos enunciados por las profecías de los clarividentes, y esperados por las hipótesis y deducciones lógicas de los sabios, claro está que es bastante, Jhasua.

"Y si en el correr de la vida de ese hombre se suceden día tras día las manifestaciones de orden espiritual y material que acreditan la existencia en él de poderes internos propios de una altísima jerarquía espiritual, la evidencia se hace tan clara, que sólo un ciego mental lo podría negar. ¿No lo crees tú así Jhasua?

—Algunos de nuestros Profetas tuvieron también grandes poderes internos y realizaron con ellos, hechos que fueron el asombro de su época. Allí están para probarlo Elías, Eliseo, Ezequiel, Daniel. La clarividencia de José, hijo de Jacob, su dominio del yo inferior, su grandeza de alma para perdonar a hermanos y devolverles bien por cuanto mal le habían hecho, su clara lucidez para dirigir la evolución espiritual, social y económica del antiguo Egipto de los Faraones, todo ello indica la extraordinaria evolución de ese espíritu, y no obstante nadie pensó en un Mesías salvador de la humanidad.

—Todas esas facultades y poderes que estuvieron en alto grado en los seres que acabas de mencionar, deben estar reunidos en la augusta personalidad divina del Verbo de Dios —contestó Jhoanan con gran firmeza—. Su capacidad de amor, de benevolencia, de tolerancia, debe ser tal que se irradie al exterior como una fuerza extraordinaria, como un arrastre de almas, irresistible, invencible.

"Todo esto es lógica... pura lógica, Jhasua... nada de ensueño, nada de ilusión.

Se hizo entre ambos un profundo silencio como si una fuerza superior les hubiera mandado callar.

Pocos momentos después, Jhasua rompió ese silencio para decir con infinita dulzura:

—¡Jhoanan!... Si tú me amas como yo te amo, roguemos juntos al Padre Creador de éste y de todos los mundos, para que al llegar al Santuario de Moab y antes de ser consagrado maestro de almas, se produzca la completa iluminación de mi espíritu.

—Porque te amé Jhasua desde antes de nacer a esta vida, el Altísimo me ha dado el reconocerte antes que tú mismo te reconozcas. Oremos pues, al Señor y estoy cierto que encontrarás en ti mismo al Verbo de Dios que andamos todos buscando...

El gran silencio de la unión de las almas con la Divinidad se hizo hondo, profundo y extático.

El crepúsculo vespertino se había evaporado en las primeras sombras del anochecer; y bajo aquel claro cielo de turquesa donde aparecía tímida la primera estrella, aquellos dos espíritus, ancianos en la evolución, buscaron la inmensidad infinita, olvidaron la tierra que sus pies hollaban, olvidaron a las criaturas, se olvidaron a sí mismos y se sumergieron en los dominios de la Verdad Suprema.

¿Quién puede saber lo que las grandes almas perciben entregadas en completo abandono al abrazo del Infinito?...

Las campanadas sonoras en la calma del anochecer les trajeron de nuevo a la realidad penosa de la vida. En el Santuario de rocas estaba puesto el blanco mantel sobre la mesa, y la campana llamaba a la comida de la noche.

Jhasua y Jhoanan sin decir palabra volvieron atrás sus pasos y se encaminaron de nuevo a las grutas envueltas en sombras, y donde sólo se percibía el tenue resplandor de los cirios del comedor.

EN EL SANTUARIO DE MOAB

Recordará el lector el puente de balsas que los solitarios habían construido para tenderlo en momentos dados sobre el Mar Muerto, que a la altura de Kir y debido a la atrevida península de este nombre, se torna tan angosto como un brazo de río de escaso caudal de aguas. El puente había sido sustituido por una barca con capacidad para veinte pasajeros. Así ahorraban el largo y peligroso camino de las Salinas y lo más escarpado y fragoroso del desierto de Judea para llegar al Monte Moab.

Dos días después de la conversación sostenida con Jhoanan, Jhasua y él, se embarcaban acompañados de Esdras y Eleazar más el Servidor, Sadoc, que en cumplimiento de una ordenanza debía ser quien presentara a los dos jóvenes que iban a ser consagrados maestros de Divina Sabiduría. Una especie de santo orgullo llenaba de alegría al viejo Servidor del Santuario de Quarantana, que cuando los remos impulsaron la pequeña barca hacia Moab, repetía con los ojos húmedos por la emoción:

— ¡Yo vine hace 21 años a anunciar tu llegada a la vida física, Jhasua, y hoy vengo a traerte para que los Setenta, te consagren Maestro de los más altos conocimientos divinos!

"¿No es ésta una gloria inmensa que yo no merezco y que nunca pude soñar?

—También Eleazar y yo —decía Esdras— tuvimos nuestra parte en la llegada de Jhasua a la Tierra, pues fui yo quien le anoté en el gran registro de Israel, tomo 724, existente en la primera Sinagoga de Bethlehem, y Eleazar con Simeón ya fallecido, servían el altar cuando Myriam y Joseph entraban en el Temblo para el ceremonial de ia purificación y presentación del niño al Altísimo Dios de nuestros padres, Abrahan, Isaac y Jacob.

"¿Pueden darse más hermosas y sugestivas coincidencias?

—Y no olviden —decía a su vez Jhoanan— que estando yo en el seno materno, reconocí a Jhasua, por lo cual inspiré a mi madre la sublime alabanza a Myriam, que nuestras crónicas han conservado.

—Todo esto significa —dijo Jhasua— que tengo innumerables deudas con todos vosotros y que no sé cuando estaré en condiciones de pagar. Es muy original cuanto me sucede: por donde quiera que voy, encuentro acreedores con los cuales tengo deuda de gratitud. ¿Cuándo será que yo tenga que cobrar algo de vosotros?

—Ya te estás cobrando hijo mío desde que naciste. Y te cobras en la única moneda que tiene valor para ti: ¡el amor!

— ¡Es cierto Servidor —contestó Jhasua— es cierto! Si yo debiera devolver al Padre Celestial en amor, cuanto amor he recibido, precisaría una vida de siglos para saldar mi deuda.

Y en su mente, plena de radiantes claridades, desfilaron como una procesión de estrellas, todas las almas que en la tierra le amaban.

Este suave recuerdo le enterneció casi hasta el llanto y a media voz murmuró:

— ¡No hay don que pueda compararse al amor puro y santo de las almas que saben amar!...

Y así, en elevadas conversaciones propias de almas que sólo viven para cosas sublimes y bellas, hicieron la breve travesía que sólo les ocupó la mitad del día, y esa misma tarde, antes de la puesta del sol, entraban nuestros cinco viajeros en el Gran Santuario de Moab que ya conoce el lector desde los comienzos de esta narración, y en el cual causó la llegada, una indescriptible alegría.

Esa misma noche tuvo lugar la primera asamblea para la consagración de Jhasua y de Jhoanan como Maestros de Divina Sabiduría. Los Setenta Ancianos estaban Subdivididos en siete Consejos, cada uno de los cuales tenía a su cargo el examen del pretendiente en una de estas siete cuestiones que abarcan toda la ciencia de Dios, de los mundos y de las almas; y cada Consejo constaba de diez miembros.

Primera cuestión: *Dios.* Segunda cuestión: *los Mundos.* Tercera cuestión: *las almas.* Cuarta cuestión: *la Ley de la Evolución.* Quinta cuestión: *la Ley del Amor.* Sexta cuestión: *la Ley de Justicia.* Séptima cuestión: *los Mesías o Inteligencias conductoras de humanidades.*

Ambos jovencitos, sentados ante aquel venerable tribunal formado en semicírculo daban la exacta impresión de dos niños ante un consejo de sabios que buscaban la complacencia espiritual, intelectual y moral de contemplar de cerca la elevada evolución de aquellas dos almas, ancianas ya, en los caminos de la Vida Eterna.

Jhasua, perteneciente por su origen espiritual a la Legión de *Amadores,* y Jhoanan por igual razón a la de espíritus de *Justicia,* los ancianos atentos en su observación comprobaron ampliamente estas circunstancias en la forma en que ambos jóvenes desenvolvieron sus disertaciones sobre determinadas cuestiones.

Cuando Jhasua hizo su exposición sobre cómo debía entenderse la *Ley de Amor*, base inconmovible de la solidaridad y armonía universal, fue tal el fuego, la vibración, el entusiasmo que irradió su palabra, que el Consejo de los Setenta, más los demás Esenios que en calidad de espectadores asistían, estallaron en una salva de aplausos, rompiendo la costumbre de no exteriorizar en forma tan expresiva su aprobación.

Algunos de los Ancianos más sensitivos lloraban de felicidad, y aseguraban no haber oído nada semejante en tantos y tantos estudiantes de Divina Sabiduría que les había correspondido examinar a la terminación de sus estudios.

El viejo Servidor del Quarantana y Esdras que actuaban cerca de Jhasua desde su nacimiento, se levantaron de sus banquetas sin poder contenerse y abrazaron llenos de emoción al joven Maestro que no podía desmentir el calificativo que le habían dado desde su llegada al plano físico: "El Altísimo nos ha enviado como Mesías, un serafín del séptimo cielo de los Amadores".

¡Jhasua!... el serafín del séptimo cielo, bajado en medio de esta humanidad terrestre compuesta en su mayor parte de seres egoístas, malvados y viciosos que ni con un milagro, si el milagro fuera posible, podrían ponerse a tono con esta arpa viva, cuya vibración de amor y de armonía envolvía toda la tierra!

Jhoanan a su vez, al llegar su exposición sobre la **Ley de Justicia,** apareció en verdad como el arcángel de fuego que era, venido junto al dulce Jhasua para consumir un tanto la escoria de los caminos que el Verbo de Dios debía recorrer.

Los ancianos se confesaban unos a otros que en toda su larga vida no habían actuado en otro examen tan brillante, tan empapado de la Suprema Verdad, tan a tono con la Eterna Idea, con el Eterno Pensamiento.

Algún lector ansioso de superiores conocimientos podrá encontrar un lugar vacío en esta narración al no dar a conocer las disertaciones filosóficas y morales de estos dos sobresalientes alumnos; pero sería tal su extensión y profundidad, que las siete cuestiones por sí solas podrían formar un libro aparte, que no podía ser tampoco para toda clase de lectores, sino para los poquísimos, que se dedican a la parte esotérica del sublime ideal cuyos vastos alcances culminaron en el Cristo Divino.

''—Ahora os hablo así —decía él más tarde a sus amigos— porque vosotros no podéis aún comprenderme, mas cuando estéis conmigo en mi Reino, veréis claro en todas las cosas''.

Estas prudentes y sabias palabras suyas, debemos tenerlas muy en cuenta, los que relatamos su vida buscando que el Divino Salvador sea conocido y comprendido por la humanidad terrestre, heredad suya por toda la eternidad.

Después de las siete asambleas, en que ambos alumnos dieron amplísimas pruebas de haber superado la alta ciencia a que las Escuelas de Conocimientos superiores estaban dedicadas, se procedió a consagrarles **Maestros de almas** con un ceremonial pleno de símbolos en extremo emotivos.

Revestidos todos con sencillas túnicas de un violeta casi negro sujeta a la cintura por un cordel de cáñamo todo ello símbolo de penitencia y humillación, cantaron al compás de salterios el salmo 57 en que el alma se abandona plenamente en la inmensidad del Amor Misericordioso a la espera de la luz, de la fuerza, de la esperanza y el consuelo que sólo de Dios puede venir.

Terminado el salmo guardaron silencio durante una hora, sumidos todos en profunda concentración espiritual, a fin de procurarse cada cual la más perfecta unión con la Divinidad.

Era además la ayuda espiritual que los Ancianos ofrecían a los que iban a ser consagrados Maestros de almas, conductores de grandes o pequeñas porciones de humanidad a fin de que fueran iluminados sobre las grandes responsabilidades que aceptaban en esos solemnes momentos.

Y Jhasua tuvo entonces la más tremenda visión que le dio a conocer claramente su camino en medio de la humanidad.

Lentamente fue cayendo en ese estado extático, en que el Eterno Amor sumerge a las almas que se les entregan plenamente en un total abandono, en completo olvido de sí mismas para no buscar ni querer sino la divina voluntad.

La Eterna Luz que recoge y graba en los diáfanos planos de cristal de sus sagrados dominios, cuanto pensar y sentir irradian las inteligencias humanas, nos permite observar el proceso íntimo que tuvo lugar en las profundidades de la conciencia del Verbo de Dios.

Se vio a sí mismo de pie al borde de un abismo inconmensurable y tan obscuro, que sólo con grandes esfuerzos pudo ver lo que allí acontecía. Como repugnantes larvas, como menudos gusanos, cual sucios animalejos revueltos en una charca nauseabunda formada de lodo y sangre, de piltrafas putrefactas, vio a la humanidad terrestre con ansias de muerte y entre estertores de una agonía lenta y cruel, donde los padecimientos llegaban al paroxismo, y el egoísmo y la ambición se tornaban en la locura fatal del crimen.

Una décima parte de la humanidad eran verdugos vestidos de púrpura, oro y piedras preciosas, que entre la inmunda charca se divertían en aplastar como a hormigas, a las nueve partes restantes, sometiéndolas a las torturas del hambre, la fatiga, de las epidemias, de la desnudez, del frío, del fuego, de la horca, de las mutilaciones, de la esclavitud y la miseria en sus variadísimas formas.

En las negras rocas que flanqueaban aquel abismo, vio en pequeñísimos grupos, algunas lucecitas como de cirios que ardían y sus llamitas exangües se levantaban como pequeñas lenguas de luz elevadas a lo alto.

Mas eran tan pocas, que no alcanzaban a dar luz a la espantosa tiniebla.

Vio en la inmensidad del infinito, rodar mundos apagados fuera de sus órbitas que se precipitaban a esos vacíos del espacio, que la Ciencia Oculta ha llamado *cementerios de mundos muertos,* y comprendió que en su vertiginoso rodar arrollarían al planeta Tierra, cuyas corrientes de Bien y de Mal estaban en completo desequilibrio, pues el Mal, era inmensamente mayor que el Bien y al igual que un cuerpo orgánico, su descomposición era tal, que la destrucción final se hacía inminente momento a momento. Comprendió que la visión le diseñaba un futuro más o menos cercano.

"Los mundos y las almas se parecen" —pensó el extático vidente—. Una misma es la ley de evolución que las rige".

Acto seguido, vio levantarse del fondo mismo de aquel negro abismo, una blanca claridad como una luna de plata que subía y subía. Aquel disco luminoso se ensanchó de pronto , disipando las tinieblas, y en el centro de ese disco se dibujó un negro madero con un travesaño en su parte superior. Era una cruz en la forma usada para ajusticiar a los esclavos que huían de sus amos, a los bandoleros asaltantes de las caravanas y a los piratas bandoleros del mar.

En aquel madero aparecía un hombre ensangrentado y moribundo, cuyos ojos llenos de llanto miraban con piedad a la muchedumbre inconsciente y bárbara, que aullaba como una manada de lobos hambrientos.

Y Jhasua espantado, se reconoció a sí mismo en el hombre que agonizaba en aquel madero de infamia.

Angustias de muerte hacían desfallecer su materia, que apareció semitendida en la banqueta de juncos en la penumbra del santuario esenio.

Una divina claridad apareció sobre él y la voz dulcísima de uno de sus guías le dijo:

"Ese es el altar de tu sublime holocausto en favor de la humanidad que perece. Eres libre aún de tomarlo para ti o dejarlo. Ninguna ley te obliga. Tu libre albedrío es señor de ti mismo. El amor es quien decidirá. Elige".

Y luego se vio a sí mismo subiendo a alturas luminosas inaccesibles o incomprensibles para la mente encadenada a la materia; y que arrastraba en pos de sí, a la mayor parte de aquel informe laberinto de larvas y gusanos, que eran seres humanos sumidos en la asquerosa charca en el fondo del abismo.

--"¡Elige!'" —insistió la voz—. "Es el momento decisivo de tu glorificación final. Es el triunfo del Amor sobre el Egoísmo. De la Verdad sobre la Mentira; del Bien sobre el Mal''.

—¡Lo quiero para mí, lo elijo para mí!... ¡Yo soy ese hombre que muere en la infamia, para salvar de la infamia a toda la humanidad!... —gritó Jhasua con un formidable grito que oyeron todos los que estaban presentes, y hubiera rodado como una masa inerte sobre las esteras del pavimento, si los Ancianos que le rodeaban no se hubieran precipitado a levantarlo en sus brazos.

Al siguiente día y cuando el sol estaba en el cenit todos los moradores del Gran Santuario de Moab vestían túnicas de lino y coronas de mirtos y de olivo.

Y el gran Servidor después de quemar incienso en la hoguera del altar, donde estaban las Tablas de la Ley y los libros de Moisés y de los Profetas, hacían a Jhasua, este interrogatorio:

—Jhasua de Nazaret, hijo de Myriam y de Joseph, de la descendencia real de David ¿quieres ser consagrado Maestro de almas en medio de la humanidad?

—¡Quiero! —fue la contestación del interrogado.

—¿Aceptas los Diez Mandamientos de la Ley inspirada por Dios a Moisés, y la reconoces como la única eficiente para conducir a la humanidad al amor fraternal que la salvará?

—Acepto esa Ley en todas sus partes, y le reconozco su origen divino y su capacidad para salvar a los hombres.

—¿Aceptas voluntariamente todos los sacrificios que tu misión divina de Maestro te impondrá en adelante?

—Los acepto, incluyendo hasta el de la vida misma.

Entonces todos los Ancianos levantaron su diestra sobre la cabeza inclinada de Jhasua y pronunciaron en alta voz las solemnes palabras de la **Bendición de Moisés** por la cual pedían para él su dominio de todas las fuerzas, corrientes y elementos de la Naturaleza, obra magnífica de Dios.

Un formidable:

"DIOS TE SALVE UNGIDO, SACERDOTE ETERNO, SALVADOR DE LOS HOMBRES''.

resonó como un concierto de voces varoniles bajo la austera bóveda de rocas del Santuario de Moab. Los esenios todos, con sus rostros venerables bañados de lágrimas abrazaron a Jhasua uno por uno.

Cuando le tocó el turno a Jhoanan, éste le dijo:

—¡El Padre Celestial habló por fin para ti!

—¡Sí, Jhoanan!, pero habló tan fuerte, que aún tiembla mi corazón al eco de su voz. Ya no podré nunca reir, porque he comprendido todo el dolor y la miseria de la humanidad.

—Ayúdame tú a mí, porque mañana será mi consagración —dijo Jhoanan.

—Cuenta conmigo, Jhoanan, puesto que somos hermanos gemelos que marchan por parecidos caminos —le contestó Jhasua.

Con igual ceremonial fue consagrado Jhoanan, Maestro de almas al día siguiente a la misma hora.

Acto seguido les llevaron a la gruta mortuoria de Moisés en la altura de Monte Nebo, donde el gran Legislador entregó al Infinito su glorificado espíritu, después de haber cumplido ampliamente su misión de esa hora.

Siendo ya conocido del lector ese escenario nos ahorramos el describirlo nuevamente.

Jhasua con Jhoanan y los dos Ancianos Esenios venidos de Jerusalén, pidieron se les permitiera examinar los libros de Moisés tenidos por auténticos escritos de su puño y letra, a lo cual accedió el Alto Consejo por dos poderosos motivos.

El primero, por ser Jhasua quien lo pedía y el segundo, porque en ese año no se había aún abierto y revisado, según tenían por costumbre hacerlo todos los años en el día aniversario, de cuando bajó Moisés del Monte Sinaí con las Tablas de la Ley.

Eran cinco pequeños rollos de papiro escritos con admirable claridad, con tinte de múrice color púrpura obscuro, casi violeta:

"El Génesis o visión de Moisés" con la descripción de la formación de nuestro Sistema Planetario y evolución primitiva de nuestro planeta Tierra.

"El Exodo", o sea un relato breve con la nómina de los hebreos que entraron a Egipto con Jacob cuando fue llamado por su hijo José, más los nombres de los jefes de familia de cada una de las Doce Tribus descendientes de los doce hijos de Jacob y el número total de ellos.

Y al final se leía esta ordenanza al pueblo: "Se nombrarán siete Escribas que lleven registros de los hijos de Israel que salieron de Egipto, de los que mueran durante el viaje, y de los que lleguen a la *tierra prometida"*.

El Levítico o libro sacerdotal, en el cual Moisés declara haber elegido para los cánticos sagrados oraciones y ofrendas a Jehová, a individuos de la tribu de Leví en razón de que el Patiarca Jacob su padre, le dio una especial bendición por ser entre todos sus hijos, el más inclinado a la oración y trato íntimo con Dios, al cual clamaba y rogaba varias veces cada día. "Tú y tu simiente —le había dicho— enseñaréis al pueblo a orar delante de Jehová". Y los primeros sacerdotes elegidos entre los Levitas fueron Aarón, hermano adoptivo de Moisés y sus cuatro hijos, por la justicia y rectitud que resplandecieron siempre en ellos.

Describe la ceremonia de la consagración de acuerdo a indicaciones que le fueron dadas del mundo espiritual, a lo que él llamaba *"voluntad de Jehová".*

Luego describe brevemente las jornadas hechas por el pueblo desde que salieron de la tierra de Gosen en Egipto, hasta que llegaron a los valles del Jordán, mencionando de paso los pueblos o países en que hicieron paradas de descanso.

Venía luego el papiro en el cual Moisés había anotado los nombres de los jefes de familias en cada tribu, y el número de individuos de que estaba compuesta cada familia y cada Tribu.

Tal como un *Libro Registro,* en el cual podía muy bien obtenerse la suma exacta de todos los componentes de la nación hebrea. A este escrito-registro, se le llamó *Libro de los Números.* Era el pueblo de Israel tal como se encontraba en los últimos años de Moisés.

Y por fin *la Ley,* o sea los Diez Mandamientos que conocemos, con algunas breves explicaciones aclaratorias, tendientes a la buena y perfecta interpretación que debía darse a dicha Ley, como por ejemplo: el caso de que un individuo matase a otro sin intención y sin voluntad, sólo debido a un accidente imprevisto, lo cual no implicaba delito ni merecía castigo, sino antes piedad, por la desgracia ocurrida a ambos, pues uno se privaba de la vida y al otro le caía el odio de los familiares del muerto, por lo cual Moisés ordenó que se designasen tres Ciudades-Refugio para estos asesinos involuntarios, donde nadie les podía causar daño alguno.

Y cada versículo o mandato de la Ley tenía anexo un pequeño comentario aclaratorio para ayudar a la correcta interpretación.

A los cinco breves rollos de papiro originales auténticos de Moisés, pudo comprobar Jhasua que en el correr de los tiempos se le habían hecho largas añadiduras, con el fin sin duda de mayores y más minuciosas aclaraciones, pero que en muchos casos variaban el sentido y el espíritu de esa Ley, que en ningún caso ordenaba los castigos que habían de darse a los infractores, dejándolo ésto a juicio del tribunal de los Setenta Ancianos elegidos por Moisés, para solucionar todas las cuestiones civiles y morales.

Y así se comprende muy bien, que según el pensar y sentir de ese Consejo, que se fue renovando por la muerte de sus miembros, fueron los castigos a los infractores, lo cual tomó con el tiempo fuerza de ley, por aquello de que las costumbres aceptadas por la mayoría, en un tribunal, llegan a ser con el tiempo, leyes inapelables. Y esto fue lo que pasó con la famosa Ley de Moisés, tan breve, tan sencilla, y que al segundo siglo de su muerte estaba ya convertida en un voluminoso cartapacio de penas y castigos tremendos para los infractores; cartapacio que se fue ampliando más y más, como lo demuestra un libro-crónica escrito por los Ancianos de Moab en que se relataba con fechas, detalles y nombres de los Concejales, que creyeron de justicia al decretar tales o cuales penas para las transgresiones que les eran denunciadas.

Y así encontró Jhasua que a la mitad del segundo siglo de la muerte de Moisés aparecía por primera vez *la lapidación,* o muerte a pedradas a un blasfemo cuyo nombre, familia y tribu a que perteneció, estaba anotado cuidadosamente y con las firmas de los testigos que habían presenciado el hecho.

En la misma página aparecía la lapidación de una mujer, esposa del Concejal número 23 por habérsela encontrado culpable de infidelidad conyugal. Y junto a esta condena, una votación de todo el Concejo de los Setenta para imponer en adelante y como escarmiento, esta pena a toda mujer culpable de adulterio.

La opinión se había dividido, pues los unos decían: "La ley prohibe el adulterio no sólo a la mujer sino también a los hombres, pues no especifica sexos".

"¿Por qué, pues, se ha de dar muerte a la mujer infiel a su marido, y no al marido infiel a su legítima esposa?". La crónica esenia relata que de los Setenta Concejales sólo 12 tuvieron este criterio de que la pena debía ser igual para el hombre que para la mujer; y los otros 58 obtuvieron por mayoría el triunfo de su idea de que la mujer infiel debía sufrir la muerte por lapidación, y que el hombre en igual caso, fuera amonestado y obligado al pago de un tributo más o menos grande según sus bienes de fortuna.

Así Jhasua pudo comprobar caso por caso, como en el correr de los siglos, fueron naciendo las más graves transgresiones a la Ley de Moisés de parte de los conductores del pueblo, cuyos delitos querían reprimir con otros mayores, pero aparentemente justificados por la aprobación de la mayoría del Consejo de los Setenta Ancianos, jueces únicos de Israel.

—Queda, pues, comprobado —decía él a Jhoanan y sus dos compañeros de viaje— que una es la Ley recibida desde los planos espirituales por Moisés y otra la reglamentación o estatutos creados por los dirigentes de Israel, desde Josué hasta nuestros días.

"Tomemos nota, Jhoanan, para nuestras enseñanzas futuras, si hemos de ser verdaderos Maestros de la Divina Sabiduría.

— ¡Os costará la vida!... —decían con honda pena los Ancianos de Moab.

—Ya lo sabemos —contestaron ambos jovencitos al mismo tiempo.

Cuatro días después regresaron al Santuario del Monte Quarantana, donde luego de una tierna despedida de todos sus moradores, tomó Jhasua el camino a Jerusalén acompañado de Esdras y Eleazar, que le dejaron junto a sus padres en la casa de Lía donde ellos le esperaban.

JHASUA Y LA SANTA ALIANZA

Los cuatro doctores de Israel amigos de Jhasua, que ya conoce el lector, más Judá y Faqui, sus dos jóvenes y fervientes devotos, así que tuvieron noticia de su llegada se apresuraron a visitarlo.

Y todos ellos estuvieron de acuerdo en esta observación: "Diríase que han pasado de un salto diez años sobre Jhasua. ¡Qué cambiado está!".

Su madre fue la primera en advertirlo, y por mucho que indagó, no pudo saber la causa. Por fin lo atribuyó a cansancio del penoso viaje, y a excesivos trabajos mentales y trató de apresurar el regreso a su tranquila Nazareth, donde esperaba que su hijo recobrase la frescura de su aspecto físico y su habitual jovialidad.

Jhasua fue informado de que la Santa Alianza crecía secretamente, tomando admirables proporciones. Cada hogar era una Escuela-Registro, donde se aprendía una lección, se tomaba una consigna y se dejaban anotados los nombres de los nuevos adherentes.

Un fuerte lazo de fraternidad se iba anudando de corazón a corazón, olvidando viejos agravios y resentimientos, perdonándose las deudas, compartiendo el techo, la mesa, los vestidos, los alimentos como si fueran una sola familia, que se unía para resistir al invasor espúreo y malvado, que atropellaba hasta con los más santos y puros sentimientos.

La consigna era: el amor contra el odio; la razón contra el fanatismo; la igualdad contra la prepotencia; uno para todos y todos para uno.

¡Qué fuerte y poderosa sería Israel si llegara a perfeccionar en todos sus miembros este sublime ideal! Sería la liberación. Sería la grandeza. Sería la paz y la prosperidad.

Si la hospitalidad había sido siempre la primera virtud esenia, ahora creció a tal punto que hasta los establos fueron dispuestos como hospedajes para los incesantes viajeros, que llegaban trayendo adherentes que luego aleccionados se diseminaban por pueblos, aldeas y montañas, llevando la buena nueva: "El Salvador de Israel está ya en medio de su pueblo, y es necesario preparar su presentación ante el mundo".

Faqui y Judá llevaron a Jhasua una noche al panteón sepulcral de David, punto de reunión como ya se sabe, de los más ardientes opositores al gobierno romano, y a los desmanes del alto clero unido a él en su mayor parte, por la conveniencia que de ello le resultaba.

Jhasua se encontró sorprendido de aquella gran masa de pueblo, en cuyos pechos veía las iniciales de la Santa Alianza. Comprendió así mismo que Judá y Faqui habían adquirido allí gran prestigio de jefes de la gran cruzada libertadora de Israel, pues eran consultados y obedecidos en todo.

Muchos de estos adherentes eran los jornaleros antiguos del príncipe Ithamar, padre de Judá, asesinado por orden de Graco nueve años atrás; más los criados del príncipe Sallum de Lohes, ya rehabilitado por el Legado Imperial de Siria; y casi todos tenían igual o parecida dependencia de príncipes Saduceos, que eran los más castigados por las arbitrariedades del poder reinante.

De pronto un hombre de edad madura, pidió la palabra y dijo:

—Propongo a todos los hermanos, que nos impongamos obligación de avisarnos unos a otros cuando alguno pueda averiguar dónde se oculta el que es nuestro Rey y Salvador, para que muy secretamente podamos ofrecerle personalmente nuestra adhesión y recibir de él las instrucciones necesarias.

"Si como se dice tiene ya veinte años cumplidos, puede muy bien ponerse a la cabeza de todos nosotros, que unidos a las agrupaciones que están formándose en todos los rincones del país, ya somos una fuerza respetable y muy capaz de expulsar al invasor. Vosotros diréis si estoy en lo justo".

Judá y Faqui se miraron y miraron a Jhasua, cuyos ojos fijos en el pavimento, no recibieron aquella mirada.

Judá dijo:

—Amigos: hemos traído esta noche a un gran compañero nuestro que ya es conocido de algunos de ustedes: *Jhasua de Nazareth* viene de las alturas de Moab, en cuyo gran Santuario ha sido consagrado Maestro de Divina Sabiduría.

"Propongo que le escuchemos y que su palabra sirva de norma para nuestro camino a seguir.

Las miradas de todos se fijaron en Jhasua, y una ola de simpatía se extendió en el ambiente.

El silencio se hizo de inmediato, y Jhasua puesto de pie les dirigió la palabra en esta forma:

"—Amigos de la Santa Alianza:

"Veo encendido en vuestros corazones el fuego santo de la unión fraternal, que os hará grandes y fuertes para responder al ideal supremo que os designa *pueblo escogido* por la ley de esta hora, para recibir al portavoz de la Verdad Eterna que es luz, paz y bienestar para todos los pueblos de la tierra.

"Vengo, como se ha dicho del Monte Moab, donde he encontrado al Salvador que esperábamos con ansia febril, y sé que está dispuesto a sacrificarlo todo, absolutamente todo, y hasta la vida misma, en aras de la liberación de sus hermanos oprimidos por toda especie de cargas..."

Un grito unánime entre estruendosos aplausos retumbó en las criptas del panteón de David. —"Hosanna al hijo de David, Salvador de Israel!"...

—Acabo de encontrarle —continuó diciendo Jhasua— y he comprendido que su acción no será de armas y de sangre, sino de esa resistencia silenciosa y firme, que hace de cada corazón un bloque de diamante, en el cual se estrellan todas las acechanzas y maquinaciones de astutos adversarios, que buscarán comprar con oro las conciencias, acallar el razonamiento y la lógica, desfigurar la verdad para que reinen el fanatismo y la mentira, único medio de triunfo con que cuentan los opresores de pueblos.

"Vuestro Mesías sabe, que sólo de vosotros mismos vendrá vuestra liberación de todas las cargas que soportáis, si sois capaces de conquistar, cueste lo que cueste, la nueva vestidura que él exigirá para todos aquellos que quieran compartir con él la ardua y penosa misión de dar a los hombres, la grandeza, la paz y la dicha que buscamos.

"No hay lana, ni lino, ni seda, que pueda tejer esa vestidura, que no es materia corruptible, sino inmaterial y eterna: está tejida de desinterés, de abnegación de espíritu de sacrificio y de un anhelo poderoso y fuerte, como el vendaval que todo lo arrastra, de mejoramiento social, material y espiritual, para todas las razas y pueblos de la tierra.

"Vuestro Mesías sabe, que debe ser desterrado el pensamiento egoísta, de que sólo Israel debe ser salvado. Nuestra Nación, por grande que nos parezca, es sólo como el mantel de nuestra mesa, y muy poco haremos si sólo somos capaces de mantener limpio nuestro mantel, dejando que alrededor de él se agigante en olas rabiosas el mar de sangre y llanto, de inmundicia y de miseria que nos rodea por todas partes.

"Vuestro Mesías sabe, que el pueblo de Israel ha sido llamado el primero en esta hora de la evolución humana, para dar el grito de libertad de toda suerte de esclavitudes, y sois, amigos de la Santa Alianza, los heraldos de esa libertad hija de Dios, que hace de cada hombre un apóstol de la dignidad humana, lacerada, ofendida y pisoteada de todos los despotismos creados, y sostenidos por la soberbia y egoísmo, de audaces aventureros adueñados del poder por la inconsciencia y la ignorancia de las masas populares.

"Vuestro Mesías sabe, que si la Santa Alianza logra destruir esa inconsciencia e ignorancia de los pueblos, sustituyéndolas por la convicción razonable y lógica de lo mejor, de lo justo, de lo grande, noble y verdadero que hay en la vida humana, el triunfo es seguro, como seguro es el fuego encendido con una chispa en día de viento, cuyas corrientes llevarán su llama viva por todas partes donde haya una planta de heno en que prender...

Jhasua fue interrumpido por clamores fervorosos y ardientes:

— ¡Queremos ver y oir a nuestro Mesías Salvador!... ¿Si tú le has encontrado y visto, por qué no podemos verlo nosotros?

—Amigos míos... Yo he pasado toda mi vida preparándome con estudios, vencimientos y renunciamientos, para encontrar al Mesías que vosotros pedís ver y oír en este instante. En mi Yo interno, he aceptado ya todos los sacrificios que la Eterna Ley impone al que voluntariamente quiere compartir con El, la salvación de los hombres. Creédme, porque estoy en condiciones de afirmarlo en nombre de Dios, que es Justicia y Amor, cuando vosotros estéis preparados, el Mesías estará ante vosotros para iniciar la marcha hacia la conquista de todas las grandezas y dichas posibles en esta tierra. Yo enciendo en esta hora vuestras lámparas apagadas, y pido a Dios, Sabiduría Eterna, que a su luz encontréis todos, el camino en el cual os espera el Salvador de la humanidad".

La faz de Jhasua resplandeció con una suave luz en la penumbra de la cripta sepulcral, y la irradiación de su amor soberano era tan fuerte, que algunos más sensitivos, dieron este alarmante grito:

— ¡Tú eres el Mesías, hijo de Dios!... ¡Tienes luz de Profeta en la frente!... ¡Jehová ha bajado sobre ti! ¡Tú eres el Salvador de Israel!...

Judá y Faqui intervinieron para calmar aquella tempestad de entusiasmo, que amenazaba estrujar a Jhasua, sobre el cual todos se precipitaban buscando remedio a sus males físicos, pues no faltaban allí algunos enfermos, o que tenían enfermos en sus familias. ¡Estaba anunciado que la presencia del Mesías remediaría todos los dolores humanos!

Los más conscientes ayudaron a Judá y Faqui a formar una cadena de brazos unidos, aislando a Jhasua de aquella ola humana que lo embestía, mientras él, blanco como una estatua de márfil iluminada por la luna les decía:

--"Por amor a vuestro Mesías, Dios Poder Infinito, os da todo cuanto necesitáis en este instante".

Y sin dar tiempo a que se repusieran de la potente onda magnética que emitió sobre todos ellos, salió rápidamente de la cripta y se recostó detrás de un montón de heno engavillado, que algún pastor dejó bajo los sicomoros para llevarlo al día siguiente.

Esta repentina desaparición, fue tomada como milagrosa y toda aquella multitud llegó a persuadirse de que Jhasua era el Mesías mismo que les había hablado.

—Sea lo que sea —decíales Judá apoyado por Faqui—, el tiempo nos revelará toda la verdad. Nosotros también creemos que él es el Mesías, pero si él rehusa confesarlo, respetemos su secreto, demostrándole así que somos capaces de comprender sus designios y pensamientos.

Al anochecer del día siguiente Judá y Faqui llevaron a Jhasua hacia la puerta de Damasco, llamada comúnmente *Puerta del Norte,* y le condujeron a un inmenso bosque de olivos de varias millas de extensión, propiedad del príncipe Jesuá, hijo de Abinoan, para quien Jhasua trajera una de las cartas de Melchor de Horeb. Apenas anochecía, las tinieblas eran completas porque los olivos centenarios, de tal manera mezclaban sus ramas unos a otros que no dejaban penetrar sino muy débiles rayos de luz. Allí les esperaba Jesuá con dos centenas y media de sus jornaleros que alrededor de una hermosa hoguera se repartían trozos de cordero asado, con buen pan y mejor vino de las bodegas del príncipe, ampliamente generoso para sus servidores. Grande fue su alegría al volver a encontrarse con Jhasua.

— ¡Has envejecido niño! ¿Qué ha pasado? —le preguntó así que lo vio.

—Que he dejado ya de ser niño y me he convertido en hombre que toma para sí el dolor de la humanidad —le contestó Jhasua.

—No tanto, no tanto que llegue a perjudicar tu salud —insistió el príncipe—.

"Con el favor de Dios y nuestra buena voluntad cargaremos todos juntos con el dolor de nuestro pueblo, y poca suerte tendremos si no logramos remediarlo.

"Sentaos a comer y después seguiremos viaje. —Y les señaló un cobertizo de cañas y juncos, donde a la luz de una lamparilla de aceite, se veía una mesa rústica cubierta de un blanco mantel.

Jhasua al saludar a los diversos grupos de labriegos que le miraban, comprendió que Judá y Faqui estaban familiarizados con ellos.

Conducido por el príncipe Jesuá, entró en el cobertizo y se sentó a la mesa, juntamente con Judá y Faqui.

—Creo haber oído que *seguiremos viaje.* ¿Hacia dónde si se puede saber? —interrogó Jhasua sirviéndose él mismo de la fuente que le acercaban.

—Donde termina este bosque de olivos, están las tumbas de los Reyes cuya custodia fue encargada a mis antepasados por Maasias, gobernador de Jerusalén en los días del Rey Josías el Justo. Desde aquella época hemos mantenido esa custodia, con tanta mayor razón puesto que la familia, con su dominio desde la ciudad hasta Mizpa, limita con el valle de las Tumbas Reales. Allí será nuestro viaje esta noche, donde acudirán adherentes de la Tribu de Benjamín, de la cual soy uno de los príncipes más antiguos, descendientes en línea recta de

Elidad, hijo de Shislón, nombrado por Moisés para tomar posesión de la parte de tierras adjudicadas a la Tribu de Benjamín. Circunstancias que refiero, con el deseo de haceros comprender que estaremos allí en perfecta seguridad. Las criptas son inmensas, y aquel viejo monumento está olvidado desde que el Rey Herodes, padre, comprobó que nada podía sacar de allí, que fuera utilizable en la elegancia y riqueza de sus palacios.

Terminada la comida fueron saliendo del bosque de olivos en grupos de seis o siete para pasar más desapercibidos, aun cuando los grandes barrancos que había a un lado y otro del camino, lo hacían muy poco transitable cuando llegaba la noche.

El príncipe Jesuá con Jhasuá, Judá y Faqui y dos servidores de confianza fueron los últimos en abandonar el espeso bosque y emprender la marcha, sin más claridad que la luz de las estrellas.

Cuando llegaron a las Tumbas de los Reyes, uno de los servidores del príncipe encendió una antorcha de hilos encerados y la levantó en alto tres veces, apagándola en seguida.

Era la señal!, y al momento se vieron brotar de entre los barrancos, caer de los árboles, salir de entre los pajonales multitud de hombres obedientes a la consigna. La negra boca del túnel de entrada los fué tragando a todos con vertiginosa rapidez.

Al final entró el príncipe con los acompañantes que conocemos, dejando dos servidores de centinelas.

Ni Jhasua ni Faqui habían estado nunca en aquella cripta enorme, construida para guardar bajo sus bloques de granito, a todos los reyes de Israel, aun cuando hubieran sido un millar más de los que fueron.

Eran innumerables las hornacinas abiertas en los muros laterales, y ya tapiadas con bloques de piedra, en los cuales aparecía el nombre de su real habitante. Sobre el pavimento de las amplias salas había tumbas levantadas dos pies del suelo, las cuales servían de asiento a los componentes de aquella nocturna asamblea.

Sobre una de estas tumbas estaba escrito en hebreo antiguo: "Aquí duerme Asa, rey de Judá, que reinó cuarenta y un años en Jerusalén. Porque hizo lo recto ante Jehová, sea loado para siempre".

Llamaba la atención la esmerada limpieza de esta tumba, que se veía claramente haber sido pulimentada y decorada con flores de bronce en alto relieve, mientras las demás, cubiertas de polvo que ya formaba costra sobre ellas, denotaban claramente el abandono en que estaban.

Jhasua se detuvo a observar tal circunstancia, y Judá se le acercó:

—¿Te llama la atención Jhasua que la tumba de Asa, Rey de Judá, se halle decorada y brillante de limpieza?

—Has adivinado. Pensaba justamente en ello —contestó el Maestro.

—Mira en este borde delantero —añadió Judá—. ¿Puedes leer aquí?

Jhasua leyó:

—Eliezer Ithamar, hijo de Abdi Hur, en eterna gratitud al Rey protector de sus antepasados:

—Eliezer, hijo de Abdi Hur, fué tu padre, ¿no es así?

—¡Cuántas veces me trajo él de niño a venerar esta sepultura y orar a Jehová por la libertad de Israel! —contestó el joven príncipe Judá, hondamente conmovido—.

"Parece ser que desde los tiempos de Josué, a quien acompañó uno de nuestra sangre cuando la entrada triunfal en Jericó, tuvo mi familia la mala estrella de excitar la envidia de los hombres, y en el correr de los siglos, nuestras crónicas de familia cuentan que un antepasado estuvo a punto de ser asesinado y robado; y a no ser por la justicia del Rey Asa, hubiéramos pasado a ser esclavos de un tal Baasa, rey de los samaritanos. Por eso, de padres a hijos va pasando nuestra gratitud al rey Asa, descendiente directo de David. Dime, Jhasua: ¿es verdad que las almas humanas toman nuevos cuerpos para repetir una y otra vez sus vidas físicas? La escuela de Sócrates y Platón lo aseguran así.

—Es una de las grandes verdades de la Ley Eterna. El alma humana aparece muchas veces en el escenario de la vida física en cuerpos diferentes. ¿Por qué me preguntas ésto?

—Porque una noche cuando me vi libre de mi destierro, me desmonté al llegar a una hondonada del Torrente Celdrón; y esperando que cayera la noche para entrar en Jerusalén a buscar noticias de mi madre y de mi hermana, me quedé dormido al pie de un cerro cubierto de vegetación. Soñé que una mujer muy hermosa y ya entrada en años me decía: "Levántate, Asa Rey de Judá, que este cerro fué un día maldito por tí, porque yo, tu madre, había construído un altar a un ídolo que me traía la suerte". Tal fué mi sueño.

—Ese hecho aparece en las crónicas de los Reyes de Judá —le contestó Jhasua—, y no hay ningún inconveniente para creer que seas tú mismo una encarnación de Asa.

Este diálogo fué interrumpido por dos sonoras palmadas del príncipe Jesuá, que ayudado por Faqui había acomodado a la concurrencia sobre los sepulcros de los Reyes de Israel.

—Compañeros de la Santa Alianza —dijo Jesuá—. Todos sabéis el motivo que nos reúne: unirnos más y más para salvar a nuestra nación de la opresión en que se encuentra. Y como lo primero es organizarnos, os digo que aquí tenéis tres jóvenes de gran capacidad a los cuales conocéis por estos nombres: Jhasua, Judá y Faqui. Ellos tres harán de escribas para anotar en nuestro registro esta noche, vuestros nombres y el lugar en que podéis desenvolver actividades.

Las mesas de los embalsamamientos sirvieron de escritorios, y los tres jóvenes anotaron 340 nombres, entre los cuales había sujetos de lejanas comarcas: de Hasbon y Filadelfia en la Perea, de Abila y Raphana en la Traconitis y de Hezrón y Rehoboth de Idumea.

Los que venían de Hasbon, Filadelfia y Raphana traían recomendaciones del Scheiff Ilderin, con cuyos dominios en el desierto de Arabia limitaban dichas poblaciones.

Jhasua que aún tenía en su bolsa de viajero una carta de Melchor para el Scheiff Ilderin, prestó gran atención a estos sujetos y conversó con ellos sobre el mencionado personaje, del cual tuvo excelentes informes. Aunque no era un hebreo, era un hombre creyente en Dios y amigo de la justicia y de la lealtad. Cuando él daba a alguien el nombre de amigo, se sentía capaz de sacrificarse por él. Esta fe suya en el poder infinito de un Dios justo, lo hacía simpatizar con el pueblo hebreo, único que no se había contaminado con la adoración de múltiples dioses a que se había entregado el resto del mundo.

Judá le conocía personalmente, y en su vida errabunda de prófugo, había sido huésped de su tienda en el *Huerto de las Palmas*.

Faqui a su vez recordó que en el hipogeo de Mizraím se habló de dicho personaje, cuya momia de una lejana vida física, contemplaron en el fondo de aquella tumba milenaria, perdida en el valle de las Pirámides, allá en su tierra nativa, de la cual se encontraba ausente por amor a Jhasua.

El nombre, pues, del Scheiff Ilderin tuvo la magia de despertar el interés que conservan los recuerdos profundos, para las personas de temperamento vehemente y sensitivo.

Jhasua, Judá y Faqui se encontraban como vinculados a tal personaje, y cuando hubieran terminado de registrar todos los nombres hicieron un aparte con aquellos sujetos que venían recomendados por él. Eran seis hombres jóvenes de treinta a treinta y siete años, todos ellos emparentados entre sí por los casamientos de los unos con hermanas de los otros. El Kabir de la caravana que iba de Jerusalén a Filadelfia, pariente de algunos de ellos, les había llevado la noticia de los rumores que corrían en Judea del nacimiento del Mesías Salvador de Israel, y de la Santa Alianza que se formaba secretamente para preparar su entrada triunfal a poseer el trono de David, su lejano antecesor.

Jhasua no dejó de sobresaltarse, al ver las proporciones que empezaba a tomar aquel proyecto de rebelión contra los poderes ilegalmente constituídos en la tierra, en que la Eterna Ley lo había hecho nacer.

El príncipe Jesuá, no conocía sino de nombre al Scheiff Ilderin, llamado *el generoso*, pero al enterarse por Jhausa de que era gran amigo del príncipe Melchor, y que traía desde Alejandría carta de recomendación para él, se interesó vivamente por aquellos sujetos que venían recomendados por él, y les retuvo hasta que dispersada toda la multitud con las instrucciones necesarias, quedaron solos y dispuestos a una confidencia que les orientase a todos.

Los venidos de Filadelfia, eran dos hermanos: Harim y Zachur, comerciantes en pieles, y eran al parecer los más capacitados de aquellos seis hombres venidos desde Perea, cuyo soberano era Herodes Antipas, segundo hijo de Herodes el Grande.

Según su genealogía, pertenecían a la Tribu de Gad, uno de los doce hijos de Jacob, y descendían en línea recta de Genel, hijo de Machi, uno de los que obtuvo la concesión de parte de Moisés de establecerse en aquella región oriental del Jordán, donde aun permanecían los numerosos descendientes de Gad. Todos comprendieron que los dos hermanos eran personas influyentes en su tierra natal, que podían ser excelentes columnas para la reconstrucción de la grandeza de la nación. Sus abuelos habían sido poderosos en los pasados tiempos; pero la dominación romana los había empobrecido al cargar fuertes tributos a todo el comercio, y más todavía, con los asaltos a las caravanas, ordenados o permitidos por los Procuradores romanos, que hacían pasar los productos a sus arcas particulares.

Su comercio de pieles en los buenos tiempos, daba el sustento con holgura a gran parte de aquellas poblaciones; arruinados ellos, el hambre y la miseria se dejaban sentir con bastante intensidad en toda la Perea, pues aparte del poder romano, el rey Herodes Antipas tenía sus agentes cobradores de otros tributos impuestos por él, para sus orgías interminables y para obtener el boato y esplendor de sus numerosos cortesanos.

Ambos hermanos, se apercibieron de las extremadas precauciones con que en Judea tendrían que desenvolver toda actividad tendiente a derrocar los gobernantes espúreos, y uno de ellos, el mayor, o sea Harim, dijo:

—Nuestra tierra llega hasta el monte Jebel, que es una cordillera de más de cincuenta millas, y que es el límite natural que nos separa del desierto de Arabia.

"En toda esta montaña sólo dominamos nosotros y el Scheiff Ilderin, nuestro amigo, por lo cual es un excelente lugar para campamento de formación de los ejércitos que harán respetar al Rey de Israel, al Mesías Salvador que libertará nuestra raza del dominio extranjero.

"Si tienes a bien príncipe Jesuá, manda con nosotros, emisarios de la Santa Alianza con los primeros voluntarios de la gran cruzada libertadora, que entre el Scheiff Ilderin y nuestra numerosa familia, cuidaremos de que no les falten los medios de sustentarse.

"Aquella montaña solitaria tiene inmensas cavernas, en una de las cuales el Scheiff está almacenando provisiones y armas que llegan desde el Golfo Pérsico por el Eúfrates, y desde Antioquía y Damasco.

Todos se miraron asombrados y luego esa mirada se posó sobre Jhasua buscando conocer, sin palabras, su impresión sobre el particular.

—Yo pienso —dijo, ante la insistencia de aquellas miradas escrutadoras— que no se necesitarán ejércitos armados. La Santa Alianza, es, en verdad, una fuerza disciplinada como un ejército, pero sus medios de lucha son la enseñanza, la persuación, y la hábil conducción de las masas hacia una resistencia pasiva, que formando el vacío alrededor de los poderes ilegítimos, les obligue a enderezar sus caminos o retirarse, convencidos de su impotencia para dominar al pueblo.

—Difícil me parece que los romanos abandonen la presa sin lucha, cuando se les ve andar continuamente buscando pretextos para darse por ofendidos, y presentar combate a todos los pueblos de la tierra unos después de los otros.

"En nuestro país corren rumores, de que las águilas romanas preparan sus garras contra los Parthos que aún se mantienen libres; y podría entonces ser oportuno el caerles nosotros por el sur, pues que los Parthos son bravos y nos servirían de gran ayuda para encajonar a los romanos entre las montañas y el desierto, Ilderín lo piensa así y con mucha razón.

—Que hable el príncipe Jesuá que es quien nos ha congregado en este lugar —dijo una voz varonil que salió de improviso de entre el grupo.

—¡Que hable! —fué la contestación de todos los presentes.

—Me encuentro indeciso entre dos fuerzas que parecen acicatear mi voluntad —dijo el príncipe, que era la persona de más edad de toda aquella reunión—.

"Empujar nuestra nación a la guerra es duro, durísimo para quien la ama como yo la amo.

"Y sin la absoluta certeza del triunfo, mucho más todavía, porque si hoy es duro el yugo que soportamos, lo serán cien veces más si por desgracia fuéramos vencidos en nuestra justa rebelión.

—Nosotros seremos muchos, unidos con Ilderín y los Parthos —dijo el de Filadelfia.

—Y con los tuareghs del Africa norte —interrumpió la voz sonora de Faqui.

Todos miraron al joven egipcio cuyos ojos brillaban de entusiasmo.

—Bien, bien, seremos muchos decía —continuó el príncipe Jesuá—, pero no tendremos la austera disciplina de las legiones romanas que se mueven como una máquina, cuyos infinitos resortes obedecen automáticamente a una voluntad de hierro: el generalísimo que las manda. A nosotros nos falta esa admirable unidad, que a ellos los hace invencibles.

—Habéis pronunciado la gran frase, príncipe Jesuá y perdonad la interrupción —dijo Jhasua.

—Hablad, hablad —dijeron varias voces a la vez.

—Nos falta la *unidad* —continuó Jhasua—, y aunque muy joven e inexperto en estos asuntos, juzgo un gravísimo error pensar en conducir nuestro país a una guerra tan mortífera como desigual.

"Mientras nos falte la *unidad* que echa de menos el noble príncipe Jesuá, toda tentativa de libertad es inútil, y de ahí la obra grande y necesaria que realizará la Santa Alianza si la apoyamos para fortalecerla y engrandecerla. Hagamos como los pastores para defender sus ganados de las fieras, una fuerte cerca de ramas espinosas estrechamente enlazadas una con otras. Unámonos con amor, con espíritu de sacrificio, con desinterés y solamente buscando el bienestar de todos; la paz para todos, la abundancia para todos; y cuando hayamos conducido a nuestro pueblo a ese nivel moral que hacen al hombre capaz de un sacrificio por el bien de sus semejantes, entonces será el momento de decir al intruso déspota que nos aplasta: fuera de aquí, que no hay lugar para los tiranos en un pueblo que quiere la justicia y la libertad.

"Bueno será organizar fuerzas armadas muy secretamente como una defensa, como una muralla de contención que imponga respeto al enemigo, cuyo carácter esencialmente guerrero, no teme a otra fuerza que a la de las armas.

"La unión de todas las razas y de todos los pueblos amantes de la libertad y de la justicia, es la única promesa cierta que veo brillar sobre el horizonte como una luz de alboradas para un futuro, todavía lejano.

"Educar los pueblos en el noble desinterés que conduce a la fraternidad y al amor de los unos para los otros, y anula la separatividad cruel de *lo tuyo y lo mío*, es una jornada larga y pesada amigos míos, y esa será la obra de la Santa Alianza, si cada uno de nosotros se constituye en un apóstol de la unidad nacional primero y de todo el mundo después.

—Muy bien, muy bien decían los oyentes—; formemos pues la Santa Alianza para preparar la unión de nuestro pueblo entre sí, y con los pueblos vecinos a nuestra tierra avasallados como nosotros.

Jhasua, Judá y Faqui anotaron trescientos cuarenta nombres aquella noche en que el fuego santo del entusiasmo por la pronta liberación, ardía vigoroso en todas las almas.

Comenzaba ya la segunda hora de la noche, cuando abandonaron las Tumbas de los Reyes para regresar a la ciudad por distintos caminos.

Los jornaleros del príncipe Jesuá, quedaron en los cobertizos del bosque de olivos, donde casi todos ellos vivían permanentemente.

Los tres jóvenes amigos acompañaron al príncipe Jesuá a su residencia en el barrio del Mercado de la Puerta de Jaffa, y se dirigieron luego al palacio de Ithamar donde Noemí y Thirza aun velaban esperando a Judá.

— ¡El Ungido de Jehová viene contigo!... —exclamó la madre, inclinándose para besar la orla de su túnica—. ¿Qué gloria es ésta para nuestra casa?

¡Jhasua había tomado las manos de aquella mujer para evitar que ella se postrase en tierra! Judá besó a su madre y a su hermana, quejándose de que estuviese en vela a esa hora de la noche.

Faqui se acercó a Thirza, cuya belleza delicada y transparente le recordaba las pinturas que de la reina Selene, conservaba su padre en Cirene su ciudad natal.

Una secreta simpatía había nacido entre ambos y Jhasua que lo advirtió, dijo con su gracia afable y suave como una caricia:

—Junto a un peñón de granito, se guarda mejor el lirio del valle... ¿No es así Faqui?

—Como tú quieras Jhasua, ya que tus ideas y pensamientos nos traen siempre una luz nueva —le contestó sonriente.

Thirza se ruborizó intensamente, y fué a quitar de un gran brasero de cobre un jarrón de plata con jarabe de guindas con que acostumbraba a esperar a su hermano cuando salía por las noches. Este empujó la mesilla rodante hacia el diván en que estaba sentada su madre con Jhasua, y partió en varios trozos una torta de huevos y almendras mientras decía:

—Estoy viendo aquí las manos morenas y ágiles de mi buena Amhra, que es maestra en preparar golosinas para *su niño* ya hombre.

La buena mujer que en la alcoba inmediata esperaba a sus amas para ayudarlas a entrar a sus lechos, se oyó nombrar y con su cansado rostro iluminado de alegría apareció al poco rato con una bandeja donde traía manteca, queso fresco y delicados bollos, que había conservado en el horno para que su niño los encontrara calientes.

—Tengo también codornices asadas y pastelitos con miel —decía orgullosa de su habilidad en el arte de ser agradable a los paladares delicados.

—Bien, Amhra, bien trae todo lo que tengas que la jornada que hemos hecho nos tiene dispuestos a devorar cuanto encontremos.

Y acto seguido refirió Judá cuanto había ocurrido esa noche en las tumbas de los Reyes.

—Y nosotras ¿no podemos formar en la Santa Alianza? —preguntó Noemí mientras servía a sus visitantes.

—Vosotras antes que nadie —contestó Jhasuá— puesto que conocéis a fondo la ciencia divina de amar.

"La Santa Alianza no es más que una fuerte cadena de amor.

"Si es de vuestro agrado, os pondré en relación con mi madre y, otros parientes residentes en esta ciudad, y podréis colaborar con ellas en el apostolado de la Santa Alianza...

—¡Oh, vuestra madre!... ¡creí que no la teníais y que como Elías erais bajado de los cielos de Jehová!... —exclamó Noemí juntando sus manos en actitud de orar.

—Tengo padre, madre, hermanos y una larga parentela en Galilea más que aquí. Las almas surgimos en verdad del seno de Dios, más la materia, de materia procede, que tal es la ley de la vida en este planeta.

—Y ¿qué hemos de hacer las mujeres en la Santa Alianza? —preguntó con cierta encantadora timidez Thirza, mientras servía pastelitos a Faqui y a su hermano.

—Ya lo dijo Jhasua y no sé cómo lo has olvidado —le contestó Judá con malicia— ¡tu trabajo será el amor, nada más que el amor! —Y a la vez envolvió a ella y Faqui en una inteligente y tierna mirada.

La joven hizo como si no comprendiera, y fué al brasero por el jarrón de jarabe para llenar de nuevo los vasos.

Faqui no ocultaba su satisfacción ante las alusiones indirectas de su amigo.

—Si supieras cuanta miseria y dolor hay en nuestro pueblo, comprenderíais que vuestro apostolado en la Santa Alianza podréis saber donde comienza pero no donde termina —dijo Jhasua con su voz conmovida por los dolorosos recuerdos—. En el Cerro de los leprosos, hay muchos curados que por falta de ropa no pueden presentarse a los sacerdotes para ser declarados limpios de su mal, e incorporarse de nuevo a la sociedad humana.

"Encargaos de ellos vosotros dos y habréis realizado la mejor parte en el apostolado de la Santa Alianza.

—Pero tú te irás pronto a Galilea, y el fuego se irá apagando en las hogueras... —insinuó Judá con dolor—. También yo tengo deberes que cumplir en el norte, y si no fuera por mi madre y Thirza partiría contigo.

La madre lo miró alarmada.

—¿Pasamos siete años de terrible separación y ya quieres dejarnos?... —preguntó con dolorido acento.

—Hay un viejo decir lleno de sabiduría —observó Jhasua— y es éste: *"El amor salva todos los abismos"*.

"Y aunque el vuestro no es un gran problema, esta sentencia le puede ser aplicada.

—¿Dónde estará la dificultad que nuestro Jhasua no sepa salvarla? —preguntó Faqui casi adivinando la solución que iba a proponer.

—La reivindicación definitiva de la familia, aún no ha venido de Antioquía, pues que el Cónsul a lo que parece, está absorbido por el asunto de buscar complicación con los parthos para hacerles la guerra —continuó diciendo Jhasua—.

"¿Tenéis alguna dificultad para emprender viaje a Galilea juntamente con mi familia y esperar allá con más tranquilidad la solución a vuestros problemas?

—Judá dirá...

—Dirás tú, madre mía, ¿no eres acaso jefe de la familia?

—Nosotras estaremos allá más tranquilas ¿verdad Thirza?

—Contigo madre, yo voy hasta el fin del mundo —contestó la jovencita—. ¿No viví a tu lado siete años en el calabozo sin aire y sin luz?

—Bueno, pues, vamos al norte a respirar aires más serenos que los de nuestra amada ciudad natal —contestó la madre—. ¿Cuándo será el viaje?

—De aquí a tres días, si vosotros podéis disponeros en tan breve tiempo —contestó Jhasua.

—Nos bastará mañana para comprar las ropas a los leprosos —dijo la joven— y de eso encargaremos a Amhra. ¡La pobrecita va a padecer tanto si la dejamos!

—Es que no debéis dejarla, —dijo Judá— pues vuestra salud delicada sólo ella sabe cuidar.

—Igualmente Shipro y Eliacín vendrán también con nosotros.

—Y tú, Faqui —dijo Jhasua— ¿no vendrás con alegría a conocer mi tranquila y alegre Galilea?

—Ya sabes, Jhasua, que por seis lunas, soy tuyo completamente. Mi padre no reclamó aún el regreso —contestó el joven egipcio.

Quedó pues convenido que tres días después ambas familias emprenderían el viaje hacia las lozanas serranías del Norte.

Al siguiente día Myriam con Lía, Noemí y Thirza eran conducidas por Judá y Faqui al pozo de En-Rogel, que el lector ha visto en el centro del semicírculo que forma el trágico Cerro del Mal Consejo.

Eliacín y Shipro llevaban dos asnos cargados con ropas para vestir a los leprosos, que aunque semi desnudos tenían la inmensa dicha de saberse curados.

A través de sus relatos cien veces repetidos, las cuatro mujeres comprendieron que era Jhasua quien les había curado.

Y Noemí les dijo:

—El jóven profeta que os curó nos envía a vosotros para vestiros y que podáis de inmediato cumplir la ley de vuestra purificación.

Jhasua tuvo la satisfacción de ver que Noemí y Thirza amaron tanto a su madre, que pudo pensar en silencio:

"No quedará tan sola cuando yo falte de su lado".

A GALILEA

La familia del desventurado príncipe judío, Eliezer Ithamar de Hur, aún se veía obligada a ocultar su presencia en el país de sus mayores, y fué así que para realizar el viaje a las comarcas del norte, dispusieron de uno de los grandes carros de viaje que desde años atrás se guardaban en las caballerizas del palacio. Sacaron de las portezuelas el escudo de la familia, que era una rama de olivo y otra de vid, enlazadas alrededor de una estrella de cinco puntas, hermoso símbolo de Dios iluminando la paz y la abundancia. En su lugar colocaron el escudo usado por los Tuareghs desde la ruina de Cartago, su grandiosa metrópoli: un león y una serpiente dormida bajo una palmera, iluminados por un sol naciente.

Era el escudo de Faqui el príncipe africano, y cuyo significado como ya dijimos era la unión de Anibal y Cleopatra, o sea la pradera del Nilo con los peñascos del desierto.

Sería pues Faqui, quien aparecería durante el trayecto como dueño de aquel suntuoso vehículo, que en el país solo era usado por personas de calidad, y más comunmente por los representantes del gobierno romano, o por príncipes extranjeros que viajaban con sus familias.

Faqui con los criados Eliacín y Shipro realizarían el viaje a caballo escoltando el carro tirado por cuatro mulos, manejados por las hábiles manos de Judá, avezado a conducir cuadrigas veloces en las carreras del Circo Máximo de Roma.

Jhasua con sus padres, Noemí, Thirza y Amrha irían cómodamente sentados en el mullido interior del vehículo encortinado de azul. Se habían despedido del Comandante de la Torre Antonia, que les proveyó de un pase para salir de la ciudad a la hora que les acomodase.

Salieron pues antes de clarear el día por las caballerizas del palacio de Hur, encomendando a los antiguos siervos del príncipe, que habían vuelto todos buscando la suave servidumbre que no se encontraba con facilidad en otros amos.

Ubicado el palacio en la parte occidental de la avenida que corría de Este a Oeste pasando por la fachada norte de la inmensa mole de la Torre Antonia, debieron recorrer la gran calle que desembocaba en la *Puerta Vieja*, como llamaban a la que hoy llaman de *San Esteban*.

Allí comenzaba el camino a Jericó, que seguirían los viajeros por ser más directo y correr paralelo al río Jordán, cuyas riberas montañosas y de exhuberante vegetación, ofrecían panoramas deliciosos y reconfortantes del espíritu.

Las dos ex-cautivas lloraban de felicidad, cuando recogidas las cortinillas del vehículo contemplaban a su sabor las bellezas de la naturaleza alrededor del río sagrado, después de siete años pasados en un obscuro calabozo.

Mientras tanto Jhasua saboreaba la infinita delicia de ver a todos felices y sabiendo que aquel tranquilo bienestar lo había concedido la Eterna Ley por medio suyo. De pronto le vino esta idea: "Acaso cuando llegue la hora de la inmolación, atravesaré la vieja ciudad de Salomón de muy diferente manera que la he atravesado ahora. Ahora soy un benefactor. Entonces seré un ajusticiado". Y absorvido por tal pensamiento dijo en alta voz:

—¿Cuándo será ese día?

—¿A qué día te refieres Jhasua? —interrogó su madre que observó su distracción.

—Nada madre... el día de la libertad, en el cual pensaba tan intensamente, que pasé del pensamiento a la palabra sin advertirlo.

—En ese día pensamos todos, con ansiedad y angustia a la vez —dijo Noemí.

—¿Por qué con angustia? —interrogó Judá, desde el asiento delantero.

—Porque no se conseguirá sin víctimas y sin sangre —volvió a decir Noemí, cuya clarividencia era grande sin que ella misma lo supiera.

—Al atravesar la ciudad —continuó— y en esa penumbra de la madrugada, me parecía ver dolorosas escenas en esa misma calle, que pasando por una de las fachadas de la pavorosa Torre Antonia donde encierran a todos los presos políticos, por fuerza ha sido y será escenario de terribles pasajes a los lugares de suplicio.

¡Quien había de decirles a aquellos felices viajeros, que doce años después, por esa misma calle, pasaría agobiado por el peso del infame madero en que debía morir crucificado, el hermoso y dulce Jhasua, que en los actuales momentos hacía la dicha de todos!

—¡No hablemos de tristezas madre! —decía Thirza suplicante—. Tantas pasamos tú y yo durante siete años, que es justo no mencionarlas más!

El viaje pasó sin incidentes hasta Jericó, donde debían tomar un breve descanso y darlo también a las bestias que les conducían.

Mientras las mujeres y Joseph descansaban entre los parientes de Myriam, que ya recordará el lector, Jhasua, Judá y Faqui visitaron a los dirigentes de la Santa Alianza que era allí bastante numerosa.

Aquella princesa árabe cuyo hijito fué salvado de la muerte por Jhasua, habíase establecido en una gran casa, cuyos huertos daban al campo del Circo, y por la otra a un olivar que estaba abandonado por sus dueños, con las cerca ruinosas y caídas en parte, por lo cual era como un refugio de gentes sin hogar.

Aquella princesa estaba ya unida con su esposo, al cual Jhasua encontró en aquella primera visita que hizo a los conjurados en la tumba de David.

Este era el principal dirigente de la Santa Alianza en Jericó, para la liberación de Israel.

El viejo olivar abandonado, o mejor dicho usufructuado por todo el que quería entrar en él, se hallaba lleno de labriegos que arreglaban árboles, y de albañiles que reconstruían las cercas y los lugares, estanques y almacenes del inmenso huerto.

A Judá le llamó ésto grandemente la atención, pues aquel olivar había pertenecido a su padre antes de la gran tragedia.

Sin más trámite, se acercó a los obreros y los interrogó. El mayordomo de las cuadrillas le dijo que su jefe el comerciante Simónides, lo había enviado desde Antioquía para dirigir la reconstrucción.

—Esta posesión —dijo— era del príncipe Ithamar de Jerusalén, cuya familia desapareció a poco de ser él asesinado. El viejo Simónides no da cuenta a nadie de sus actos, y supongo que si él manda reconstruir todo esto, será porque lo ha comprado.

—Jhasua —dijo luego y en un aparte Judá— ¿no traías tú una carta de recomendación del príncipe Melchor para Simónides el comerciante de Antioquía?

—Sí, aquí la tengo, pues llegados a mi tierra natal, pienso seguir viaje hasta allí —contestó el joven Maestro.

—No se si te dije —continuó Judá— que ese fué administrador general de mi padre, y parece que continúa en su cargo, puesto que hace reconstruir el olivar que perteneció a mi familia. Tenemos que ir a verlo. Mi madre y mi hermana irán conmigo.

—Iremos los cuatro —dijo Faqui llegando en ese momento—. En Antioquía tenemos a los tuareghs, grandes aliados.

Continuaron el viaje hasta Phasaelis que era la segunda jornada. El camino se aproximaba cada vez más a las orillas del Jordán que en esa época, comienzos de la primavera, empezaba a ser frecuentada por enfermos de toda especie. Innumerables tiendas iban encontrando a su paso.

—En cada una de ellas se esconde un dolor —observó Jhasua y apenas dijo así, buscó un rincón apartado del carro y recostándose en un almohadón dijo a sus compañeros de viaje—:

"Perdonadme, os dejo unos instantes porque me ha invadido un gran sueño.

—Duerme hijo mío —díjole la madre— mientras nosotras preparamos la refección de la tarde. —Y le corrió la cortinilla que le separaba de los demás.

Los lectores habrán comprendido, que no era en realidad necesidad de dormir lo que Jhasua sentía, sino necesidad imperiosa, irresistible de dar su propia vida, de su energía, de su optimismo y en fin de su inconmensurable amor de Hijo de Dios, a todos aquellos que padecían en su alma y en su cuerpo los grandes o pequeños dolores a que los sometía la ley ineludible de la expiación.

Al llegar a Phasaelis vieron un pequeño tumulto, del cual salían los ayes lastimeros de una mujer de edad madura.

Unos cuantos hombres desarrapados y con caras de foragidos llevaban a rastras un joven maniatado, cuyas vestiduras desgarradas y cabellera caída sobre la frente le daban doloroso aspecto. Se comprendía que le sacaban de la ciudad para matarle a pedradas, y que la clamorosa mujer era su madre.

Las mujeres viajeras comenzaron también a llorar ante tan terrible escena.

Myriam cuya confianza era ilimitada en los poderes divinos que reconocía en su hijo, se apresuró a despertarle. Thirza que era una sensitiva se cubría el rostro con ambas manos porque le era irresistible aquel espectáculo.

—Jhasua!... Jhasua!..., ¡mira qué horror hijo mío!..., nunca vieron mis ojos una cosa semejante —dijo Myriam a su hijo.

Jhasua saltó del carro seguido de Judá y Faqui, montado en su soberbio caballo blanco enjaezado de plata y azul. Se acercaron al grupo.

—Cómpralo como esclavo, Faqui, para salvarle la vida —díjole Jhasua en voz baja.

—Aun cuando este mozo sea delincuente —dijo— no debéis tratarle de esa manera. Pudo venir caminando por sus pies y no a rastras.

—Y tú ¿quién eres para pedirnos cuentas? —dijo el que parecía mandar la ejecución.

—Soy el Hach-ben Faqui, príncipe de Cirene y viajo con pases del gobierno romano. ¿Por qué maltratáis este hombre?

—Por blasfemo, la ley le ha condenado a lapidación —contestaron.

—¿Quiénes representan aquí la ley? —volvió a preguntar el africano.

—Los escribas y el Hazzán de la Sinagoga.

Durante este diálogo, la infeliz madre se había acercado a Jhasua, atraída sin duda por su intensa irradiación de amor y piedad que se transmitía a todos.

—La ley os da a vosotros los haberes del muerto ¿verdad? Yo os compro este hombre como esclavo, y os doy además el valor de lo que él lleva sobre su cuerpo.

—Verdaderamente —murmuró el jefe de los verdugos— es lástima matarle cuando sólo tiene veintitrés años y su madre gime como una plañidera.

—Un mal momento lo tiene cualquiera —murmuró entre sollozos la infeliz mujer—. Encolerizado no supo lo que decía. ¡Tened piedad de mí, que este hijo es cuanto tengo en la vida!

Jhasua irradiaba toda su fuerza de piedad y de amor sobre aquellos hombres.

—Negocio hecho —insistió Faqui—. Os doy por él dos mil sextercios; repartíos como gustéis.

La mujer, los verdugos, el joven mismo lo miraron con asombro.

—Dos mil sextercios, suma que jamás tuvimos ninguno de nosotros.

—En serio —dijo Faqui— y aquí está—. Y sacando de su bolso las monedas con el busto del César, las hizo brillar ante sus ojos.

La codicia brilló más aún en los rostros envilecidos de aquel grupo de hombres.

—Tomadlo —dijo el jefe acercando al desventurado joven a Faqui—. Suerte has tenido amigo que te libraste de las piedras.

La mujer se arrojó a los pies de Faqui diciéndole:

—Amo de mi hijo, yo también soy tu esclava para toda la vida, aunque no des por mí un denario. ¡Solo te pido que me dejes seguirle!

Las mujeres del carro lloraban mientras decían:

—Sí, sí, ella también.

Consumado el negocio, Jhasua tomó de la mano a la madre y al hijo y les condujo al carro.

Cuando los ejecutores echaron a andar hacia la ciudad, Judá dijo que no convenía dejarles en aquel lugar, sino conducirles a otra parte donde no fueran conocidos. Les dejarían en otra de las jornadas que hicieran. Todos subieron al carro y el infeliz ajusticiado, sufrió una horrible crisis nerviosa por la intensa emoción que le produjo el hecho de verse tan inesperadamente salvado.

—No eres mi esclavo —le dijo Faqui— y esto lo hemos hecho tan solo para salvarte la vida.

"Buena mujer; este arcángel de luz que viaja con nosotros, te devuelve la vida de tu hijo.

Y Faqui señaló a Jhasua, el cual no oía nada de lo que decían, absorto completamente en calmar al excitado joven que se estremecía en dolorosas convulsiones.

Se había tendido sobre la colchoneta, y él de rodillas a su lado, le oprimía suavemente la frente y el pecho. La madre corrió hacia él y recostada en los tapices colocaba su cabeza junto a la de su hijo mientras continuaba sollozando. Myriam, Noemí y Thirza se acercaron también, más atraídas por la actitud de Jhasua que por el enfermo mismo.

Inclinado sobre el enfermo que se iba calmando poco a poco, dejaba correr lágrimas silenciosas que caían sobre la enmarañada cabellera del enfermo.

Y las mujeres pensaban: ¿Por qué llora Jhasua?

Noemí llamó a Judá por un ventanillo del carro.

—Nuestro Mesías llora sobre el enfermo!... Acaso sabe que va a morir —le dijo a media voz.

—¡No madre! —le contestó— nuestro Mesías le salvará, y si llora, es lastimado en su alma por la maldad de los hombres, que son fieras para sus semejantes.

Joseph por su parte decía a Faqui en un aparte fuera del carro:

—¡Oh, este hijo mío!... ¡viajando con él ya se sabe!... tenemos que recoger cuanto dolor encontramos al paso.

—El ser padre de un arcángel de Dios, trae situaciones muy extraordinarias —contestó el africano—.

"Eres un patriarca de la vieja estirpe ya desaparecida de la tierra, y *Amanai* en premio ha elegido tu casa para templo de su Luz hecha hombre, y ¿tú te quejas?

—¡No me quejo niño, no me quejo, sino que el Señor puso al lado de este guijarro, una estrella tan resplandeciente!... —respondió Joseph con los ojos cristalizados por las lágrimas que contenía a duras penas.

La crisis del joven había pasado y el viaje se continuó hasta Archelais, donde llegaron al atardecer. Estaban pues en Samaria y las serranías derivadas del gran monte Ebat, hacían el camino cada vez más áspero y tortuoso, por lo cual no creyeron prudente seguir el viaje, con la noche ya tan próxima y llevando mujeres con ellos.

Jhasua y sus dos amigos, pensaron utilizar esas breves horas para instalarlas debidamente en el Khan de la ciudad que reconstruída por Herodes sobre las antiguas villas de Silo y Ihapath, la bautizó con el nombre derivado del de su hijo mayor *Archelao*...

El *Khan* era un inmenso cercado de piedra, con una buena edificación pintada de blanco, todo lo cual había sido una gran plantación de viñas, cerezos y granadas, sobre la cual existía una vieja tradición: Se decía que este huerto fué propiedad de los hijos de aquel Gran Sacerdote Heli, protector del profeta Samuel, que murió de un accidente, ocasionado por las corrupciones y escándalos de sus hijos que traían sublevados al pueblo. Para los buenos hijos de Israel, era aquel un lugar maldito, pues fué el sitio de las delictuosas orgías de los hijos de Helí, con mujeres libertinas traídas desde Sidón y Antioquía, maestras en las corrupciones a que se consagraban como sacerdotisas del vicio bajo el amparo de sus dioses.

Herodes, ajeno a todos estos escrúpulos, tomó posesión del hermoso huerto lleno de fuentes, flores y frutos, y lo unió a la muralla de la ciudad para que sirviera como *Khan*, a los viajeros que recorrían aquellas hermosas tierras de las márgenes del Jordán.

Joseph, conocedor de estas antiguas tradiciones, amenizó la velada refiriéndolas a sus compañeros de viaje, no sin que Myriam, Noemí y Thirza, y sobre todo la supersticiosa Amhra, se alarmasen temiendo ver los fantasmas de los hijos de Helí asesinados en aquel lugar de sus orgías, y por los mismos que les acompañaban en ellas.

Judá, que en sus largas andanzas de proscripto, conocía al guardián, cuya voluntad había comprado con sus dones, se sirvió de él para orientarse sobre el pensar y sentir de los arquelenses.

—Hay disturbios a diario en la ciudad —le dijo el buen hombre— y en la pasada semana un grupo de muchachotes armados de picos, azadones y palas, se enfrentaron con el recaudador de los impuestos que los redobló de su propia cosecha, para desviar el curso del arroyo que atraviesa al margen de la ciudad, y llevarlo hacia donde él tiene sus viñedos y naranjos.

"Estamos a punto de perder la vida a manos de los sublevados, y se espera de un momento a otro una guarnición de Cesárea, que quedará permanente en la Torre para sofocar cualquier levantamiento.

—¿Y tú qué dices a esto? —preguntóle de nuevo Judá.

—Digo lo que dice todo buen israelita, sea samaritano, judío o galileo: que la vida se hace ya insoportable con la creación de nuevos impuestos cada día, para engordar a los agentes del César y a los cortesanos del rey.

—Estamos empeñados en una campaña silenciosa de liberación del país —continuó Judá— y es necesario unirnos, judíos, samaritanos y galileos, para echar abajo la dominación extranjera que explota nuestra desunión, y mediante ella, se ha hecho dueña de nuestra nación. Por el momento es cuestión pacífica y sin ruido: ¡secreto profundo! ¿Quieres ayudarme?

—Amo, si no me dices en qué consistirá mi ayuda, no os puedo prometer nada —contestó el hombre.

—En tomarme nónina de todos los descontentos del estado actual de cosas y darme la oportunidad de hablarles personalmente —contestó Judá.

—De acuerdo —dijo el guardián—, cuidadme la puerta por si llegan otros viajeros, que antes que el sol se ponga os traeré algunas decenas. Y lo cumplió.

Judá le dio un bolsillo con monedas en pago de su buen servicio y como estimulante para continuar prestándolos a la buena causa.

De esto ya deducirá el lector, que esa noche quedó establecida la Santa Alianza en tierras Samaritanas con ciento veinte hombres jóvenes que serían los encargados de buscar adherentes. Las vetustas ruinas del Santuario de Silo utilizado por los Terapeutas como refugio de enfermos menesterosos, sería el punto indicado para avisos urgentes; pero el lugar de reunión de la muchedumbre sería en una caverna inmensa que en la opuesta ribera del Jordán se abría en el Monte Galàad, a la altura de la antigua aldea *Adam,* donde existía desde remotos tiempos un puente que aún podía utilizarse a pesar del abandono en que se encontraba. La circunstancia de haber sido dicha caverna refugio de leprosos, antes de ser recogidos en las ruinas de Silo, le daba completa seguridad.

Por la misma razón fue olvidado el puente utilizado por los leprosos para bajar hasta el río.

El terror que había para la horrible enfermedad, tornaba inexpugnable un sitio, antes frecuentado por los atacados de lepra.

Mientras los familiares dormían tranquilamente en el Khan, Jhasua, Judá y Faqui se dirigieron a las ruinas de Silo donde les esperaban unas tres decenas de hombres según les había dicho el guardián. Pero la noticia había corrido en Archelais y encontraron alarmados a los dos Terapeutas que cuidaban los refugiados de las ruinas, que apenas entrada la noche se vieron invadidas de hombres armados de puñales, de hachas, de varas de encina con punzón de hierro en la punta, etc., etc.

Habían entendido que sería un levantamiento armado, y sólo Jhasua con su incomparable dulzura y genio de la persuación, pudo llevarles al convencimiento de que por entonces sólo se trataba de unirse toda la nación hebrea para prepararse a conseguir la libertad, la paz y la justicia.

—Mirad —les decía— somos tres, y los tres de regiones diferentes y de muy diversas posiciones: Aquí tenéis a Judá que es de Jerusalén, a Faqui venido de Cirene, y yo que soy Nazareno. Vosotros sois Samaritanos, convencidos de que los judíos os rechazan por completo. Judá representa en este instante a Judea, y él os llama *hermanos* para formar en las filas de la Santa Alianza. Faqui representa a los países del Africa norte, y os llama también *hermanos* para buscar unidos la paz y la justicia.

Allí se tomó nota de los nombres de los nuevos adherentes y de sus capacidades y aptitudes, a los fines de designar los que habían de encargarse de las funciones directivas.

De la misma concurrencia brotó un nombre: ¡Efraín!

Era un joven de 28 años, de aspecto bondadoso e inteligente a la vez.

—¡Nuestro bardo!... ¡que sea él quien nos transmita las instrucciones precisas!... ¡Efraín! ¡Efraín!...

Las miradas de todos indicaron quién era el dueño de aquel nombre.

Su padre operario de la piedra, le había dado el oficio de grabador y escultor. Hacía sentidos versos, y por eso era invitado habitual a todas las fiestas en fechas familiares, y muy querido en aquella comarca.

—Que sea pues él vuestro hermano mayor —dijo el joven Maestro— ya que así lo queréis. Y por su intermedio os haremos llegar los avisos que creamos oportunos, y en casos urgentes en que dudéis para tomar una resolución, consultad aquí mismo con los Terapeutas que ellos conocen bien el espíritu que inspira a nuestra Santa Alianza de unificación, de fraternidad y de justicia.

Efraín, el bardo samaritano, no quiso ser solo en la dirección de aquella agrupación y fue necesario darle seis compañeros, que la concurrencia misma fue señalando como aptos para formar un consejo directivo.

Jhasua tuvo un aparte con Judá y Faqui. Escuchémosle:

—Amigos míos —dijo el Maestro—, nunca os dije que yo tengo un tesoro que me pertenece a medias. Guardo tantos talentos de oro como años tengo: son veintiuno. Melchor, Gaspar y Baltasar, *los Sabios de la Estrella,* como les llama mi madre, han tenido la perseverancia de enviar a mis padres año tras año un talento destinado a mis necesidades. Mis padres jamás tocaron esa suma que está guardada en el mismo cofrecito en que ellos dejaron la primera donación el año de mi nacimiento.

"Pienso que es llegado el momento de que ese dinero sea empleado en la salvación de Israel, obra encomendada a nuestra Santa Alianza. A ella pues, hago donación de ese capital, y seréis vosotros sus administradores.

"Es necesario dejar a estos buenos samaritanos una pequeña suma, para lo que puedan necesitar. Todos viven de su trabajo y acaso sostienen cargas de sus propios familiares. Creo pues que estoy en lo justo. Vosotros diréis.

—Una designación honrosa es para nosotros —dijo Judá— que nos ha convertido en alma de este movimiento libertador de pueblos oprimidos. El príncipe Jesuá ya me habló de formar una caja común, para dotar a la Santa Alianza de los medios necesarios de subvenir a los gastos que los trabajos a realizar ocasionen.

"Jhasua acude el primero a formar esta caja; yo añado una suma igual a la puesta por él.

—Y yo —dijo Faqui— pongo a disposición de la Santa Alianza la misma cantidad por mi padre y por mí.

" ¡Tres veces la edad actual de Jhasua! ¡Qué admirable acuerdo éste celebrado por los tres!

—Creo —añadió Judá— que no debemos excluir de este acuerdo a los cuatro doctores, que según tengo entendido, han sido hasta hoy los primeros colaboradores de Jhasua. Faqui y yo somos *recién llegados* puede decirse.

—¿Aludes a José de Arimathea, Nicodemus, Nicolás de Damasco y Gamaliel? —preguntó Jhasua.

—¡Justamente! Creo que ellos deben formar el **Consejo Central** de la Santa Alianza.

—Contigo y Faqui como miembros de ese Consejo —observó Jhasua.

—Y contigo como corazón de él —observaron a la vez ambos jóvenes.

—Bien —dijo el Maestro—. En siete épocas se completó la creación de nuestro Sistema Planetario, y siete días impuso Moisés para todas las correcciones y purificaciones indicadas o necesarias, a circunstancias especiales de salud física o moral. Seamos pues, siete hermanos iguales en derechos y deberes, los que llevemos sobre nuestros hombros todo el peso de la liberación de los oprimidos.

—A este Consejo Supremo le queda encargado el nombrar los Consejos de cada región donde sea establecida la Santa Alianza —añadió Judá.

Recogidos los nombres de los adherentes samaritanos, a quienes dieron las instrucciones oportunas para desenvolver una acción conjunta, tendiente a la unificación de todos con un solo pensar y sentir, tornaron al **Khan** ya muy entrada la noche.

A la madrugada siguiente salían para Sevthópolis, ciudad que recordará el lector, donde Jhasua estuvo para la restauración del Santaurio esenio en las montañas vecinas y donde salvó al padre de Felipe, niño aún, y que años más tarde fue el fundador de la primera congregación cristiana en Samaria.

En Sevthópolis, colocada en el límite de Samaria con Galilea, Jhasua y sus padres se sintieron en tierra nativa. Siendo además dicha ciudad el punto central del comercio en aquellas regiones, por la conjunción de los distintos caminos de las caravanas del norte y de los puertos de mar, sería sumamente importante la formación de la Santa Alianza en ella.

Como allí estaban casi de continuo los Terapeutas peregrinos, al llegar al Gran Mercado se encontraron con uno de ellos que reconoció en seguida a Jhasua, y les dio amplios informes referentes al estado de los ánimos, cuya exaltación no era tan intensa como en Judea, pero el descontento aleteaba por todas partes y se añoraban los días ya lejanos en que era la vida más tranquila y feliz en tierras de Palestina.

El Terapeuta les puso en contacto con tres hermanos suyos, que tenían sus ganados a la entrada de la llanura de Esdrelón y que acudían casi diariamente a la gran ciudad mercantil para la venta de sus productos. Fue pues, allí mucho más fácil que en otras partes el trabajo para Jhasua y sus amigos. Desde que dejaron Sevthópolis, el príncipe Judá comenzó a vivir de dolorosos recuerdos.

Luego de entrar en la llanura de Esdrelón se unen los caminos de Sevthópolis y de Sebaste. Por esta última ciudad habían conducido a Judá los soldados romanos 8 años antes, como un infeliz condenado a galeras por toda su vida.

—Pronto llegaremos —decía él con íntima tristeza— al pozo de Nazareth, donde me diste de beber, Jhasua, y donde yo vi tus ojos llenos de luz que no debían borrarse jamás de mi memoria. Con ellos se iluminaron muchas veces mis tinieblas de proscripto, y en sueños tus ojos alguna vez me dijeron: "Espera y confía. Tu día no ha llegado aún".

Tales dolorosas reminiscencias, referidas con lujo de detalles por Judá, mientras atravesaban la llanura de Esdrelón, hacían llorar a las mujeres, que creían ver al joven príncipe de Hur, cargado de cadenas a los 17 años, avanzando por aquel mismo camino, a pie, bajo el látigo de los soldados que exigían a sus prisioneros marchar al mismo paso de sus caballos.

—Debajo de estos árboles —indicó Judá, deteniendo un momento el carro—, caí cuan largo era, con los pies sangrando y sin fuerzas para seguir. Los soldados querían dejarme, pero el Centurión observó que Graco le había recomendado muy especialmente de mi persona, a quien no debía descuidar hasta dejarme amarrado a la galera del Comandante de la flota, anclada en Tolemaida, y que pronto emprendería la campaña contra los piratas de las islas del Mediterráneo.

"Entonces me hicieron montar sobre un asno de carga y así llegué a Nazareth.

—Tu dolor pasado —díjole Jhasua— es un capítulo de tu vida que por ese dolor se ha tornado fecunda para tus semejantes.

"Si tú no conocieras por experiencia propia el dolor de la esclavitud, del destierro, de la opresión y de todas las formas de injusticia en que incurren los hombres del poder, ¿tendrías acaso el mismo ardoroso entusiasmo que tienes en contra de todas las injusticias humanas?

—Seguramente que no —contestó Judá—. Dolor que no se ha sufrido en carne propia, no excita nuestra compasión lo bastante como para sacrificarnos por aquellos que sufren. Sólo el alma tuya, Jhasua, es capaz de identificarse con un dolor que nunca has padecido. Y ésta es a mi juicio una de las pruebas más claras de que en ti está el *esperado.*

—Isaías lo dice bien claro, y sus palabras son el fiel retrato del hijo de Myriam —dijo Noemí que era muy versada en las Escrituras Sagradas.

—¿Qué dice madre? —preguntó Judá, a la vez que conducía atento los caballos negros del carro.

—En el capítulo 32 dice —continuó Noemí—: "Y será aquel varón como refugio contra el viento; como acogida contra el turbión; como arroyo de aguas en tierras de sequedad; como sombra de gran peñasco en tierra calurosa".

Cuando llegaron al pozo que estaba en las afueras de la ciudad, Judá bajó del carro, presa de una emoción indefinible. ¡Volvía a vivir aquel día fatal! Jhasua bajó con él.

—Todo está igual —murmuraba el joven príncipe— ni aún faltamos tú y yo para completar el cuadro que vive en mi retina como si hubiera ocurrido ayer. ¡Madre! ¡Thirza! —llamó con la voz temblorosa—. ¡Hasta aquí corrió Jhasua con el cántaro para darme de beber! Los soldados se quedaron mirándole sin atreverse a rechazarlo.

—"Que la paz de Dios vaya contigo" —me dijiste—. ¡Algo pasó entre tu alma y la mía, porque una vez volví la cabeza, y tú con el cántaro entre tus brazos me seguías mirando!

"Tu piedad fue como una ola de agua santa, y lloré en silencio un largo rato, porque tu ternura había penetrado en mi corazón como un bálsamo... ¿No te acuerdas de ésto, Jhasua?

—Ahora sí, Judá, ahora sí lo recuerdo! Y esa noche y al día siguiente y muchos días más, pedí al Señor consuelo y esperanza para el bello jovencito de los pies llagados.

"Yo te di el lienzo de mi turbante para que vendaras tus pies. ¡Es verdad!... ¡Lo recuerdo ahora!...

— ¡Cierto! y yo me senté sobre esta piedra para vendar mis pies.

—Tú y yo nos amamos en aquel día y ya vez, lo que el amor une, unido queda para siempre ante la mirada de Dios.

La madre y la hermana de Judá miraban esta escena, desde un ventanillo del carro y lloraban en silencio.

—Grande fue nuestra aflicción, Dios mío —decía la madre—, grandes fueron nuestras penas, pero que ellas sean benditas si han servido para purificar nuestras almas, y hacernos capaces de tener piedad y misericordia con los que sufren.

—Judá —dijo Faqui de pronto—, vuelve al carro y no remuevas más ese doloroso pasado. ¿No ves cómo sufre tu madre y Thirza?

—Tienes razón —contestó Judá, y tomando una mano de Jhasua la puso sobre su corazón—. ¡En este mismo lugar de nuestro encuentro, te juro Jhasua, que seré el más ardiente defensor de tu ideal de fraternidad y de misericordia, y sea cual sea tu camino y el final de ese camino, yo lo andaré contigo para toda mi vida!

Jhasua pensó en ese instante en la tremenda visión que tuvo en el Gran Santuario de Moab y le contestó:

—Grande y valerosa es tu promesa hecha sin conocer cuál será el final de mi camino; Judá, amigo mío; tu hora de prueba ya pasó, y en adelante servirás al Señor en paz y alegría.

Y ambos subieron al carro para entrar en la apacible ciudad de Nazareth, donde causó gran sorpresa el ver a Joseph con su esposa bajar del suntuoso vehículo.

Mas al ver a Faqui con los dos criados que escoltaban el carro, comprendieron que el honrado artesano había hecho amistad con un príncipe extranjero .que le habría encargado grandes trabajos.

El egoísmo natural de las gentes humildes que sacan el pan del sudor de su frente, les hizo alegrarse de la prosperidad de Joseph, pues pensaron que ellos no quedarían sin parte, ya que los talleres del viejo artesano de la madera, daban pan y lumbre a muchos hogares de Nazareth.

—Mi casa es grande —decía Joseph a sus compañeros de viaje—, pero seguramente no tiene las comodidades a que todos vosotros estáis acostumbrados. Mas tal como es, os la ofrezco para hospedaros si os gusta nuestra compañía.

—Las que pasamos más de siete años en un desnudo y obscuro calabozo —dijo Noemí— encontramos que vuestra casa es un palacio.

—Y yo —dijo Judá— en mis tres años de remero en las galeras y como esclavo, creo que me he curado de regalías principescas.

—En cuanto a mí —añadió Faqui— estoy hecho a la vida de la tienda en el desierto, y vuestro hogar entre granados y viñas, entre rosales y naranjos, me será delicioso.

Los familiares de Jhasua estaban encantadísimos de las nuevas amistades que sus padres habían hecho en Jerusalén.

El tío Jaime, Jhosuelín y Ana, se multiplicaban para obsequiarles con lo mejor que tenían.

—¡Jhasua —decíales Faqui—, en el cielo, en el aire, en las flores, en los huertos de tu hermosa Nazaret, estás retratado tú, en tu amorosa suavidad, en tu dulcedumbre inimitable!... ¡Eres un perfecto nazareno!

Después de una semana de labor misionera en Nazaret, Judá y Faqui pasaron el Jordán a entrevistarse con los llamados *"amigos de la montaña"*, que entre las quebradas y valles inhabitados de los montes de Galaad, vecinos al desierto de Arabia, era donde se formaba el *ejército para el Rey de Israel.*

—Créeme Judá —decía Faqui— que estoy desanimado en este trabajo.

—¿Por qué? —preguntaba casi escandalizado Judá.

—¿No has comprendido que Jhasua no aceptará jamás que se tomen las armas por él? ¿Crees tú que Jhasua permitirá que se expongan a la muerte millones de hijos, padres, hermanos, esposos que son el sostén y apoyo de innumerables familias, para subirlo al trono de Israel? ¡No lo sueñes Judá!

"También yo un día tuve la audacia de decir en su presencia: "Cincuenta mil jinetes con lanzas pondremos los Tuareghs a disposición del Salvador de Israel". Y Jhasua me dirigió una mirada de compasión, tan impregnada de su propio dolor y decepción que yo le causaba, que desde aquel día he comprendido que si él llega a ser Rey de su pueblo, no será por las armas levantadas con su aceptación.

—¿Y entonces de qué modo será? —preguntó Judá alarmado por la disconformidad de su amigo.

—¡No lo sé, Judá, no lo sé! Acaso la Divina Ley tendrá algún oculto designio que aún no podemos ver los mortales —observó el joven africano.

—Pronto llegaremos a Gadara que está ya casi a la vista, y tu desacuerdo, Faqui, me pone en el caso de hacer un desairado papel con nuestro ejército ya en formación —dijo Judá deteniendo la marcha de su caballo, bajo una corpulenta encina que daba sombra al camino—.

"En Gadara están con nombres supuestos, dos compañeros de galeras a los cuales salvé la vida cuando nuestro buque fue abordado por los piratas. Ambos son israelitas pero nacidos en Chipre. Mi protector Arrius el *duumviro*, héroe de aquella colosal y gloriosa batalla en el mar, al adoptarme como hijo suyo, me permitió tener conmigo a estos dos compañeros, con los cuales hemos realizado en conjunto todos los aprendizajes militares a que mi protector me consagró, pensando hacer de mí un comandante experto de los navíos romanos. Todas las artes de la guerra fueron dominadas por nosotros, con el secreto designio de servir a la patria de nuestros padres, cuna santa de nuestra religión y de nuestra fe.

"Para realizar este secreto designio, me fue forzoso esperar a que el tiempo y los acontecimientos me dieran la oportunidad. En la pasada luna hizo un año de la muerte de mi segundo padre, y heme aquí heredero de su glorioso nombre y de su cuantiosa fortuna, pues para el mundo romano soy Quintus Arrius (hijo). Mas en mi tierra natal soy Judá, hijo de Ithamar, hasta que una absoluta reivindicación me permita presentarme como el continuador de la antigua casa de Hur. ¿Qué menos puedo hacer amigo mío, en agradecimiento al Dios de mis padres, por la misericordia que tuvo conmigo y con los míos después que los malvados romanos nos hundieron en la más espantosa desgracia? ¿Qué menos puedo hacer que entregarme con cuanto tengo y cuanto soy, a la liberación de mi patria y de mi pueblo vejado y oprimido hasta la esclavitud? ¿He de cruzarme de brazos habiendo puesto Dios en mi camino a su ungido Divino para salvar a Israel? Ponte en mi lugar, Faqui, y dime lo que harías tú en igualdad de circunstancias.

El joven príncipe de Cirene se desmontó en silencio, y dejando pastar a su caballo que sujetaba por la brida, se sentó sobre el césped. Judá hizo lo mismo.

—Oyeme, Judá: yo soy muy fácil al amor y he llegado a amar a Jhasua más que a mí mismo, y he llegado también a amarte a ti como si fueras mi propio hermano. Este entrañable amor me ata a Jhasua y a ti de tal manera, que estoy cierto de no desligarme jamás de esta dulce atadura. Yo pienso que este amor será el que inspire y alumbre todos los actos de mi vida.

"Tú me llevas en edad tres años, pero observo que mis hábitos de reflexión y sobre todo el tener a mi lado la madurez pensadora de mi padre, el contacto frecuente con el Maestro Filón y con la luminosa sabiduría del príncipe Melchor, me dan sobre ti la ventaja de penetrar en la psiquis de las personas de mi intimidad, con una facilidad que a mí mismo me maravilla.

"Yo estoy, completamente convencido de que Jhasua es el Cristo anunciado por vuestros profetas y esperado por los sabios astrólogos de todas las Escuelas de Divina Sabiduría. Antes de conocer y tratar en intimidad a Jhasua, yo también creía como tú, que el llamado *Libertador de Israel* sería un héroe como nuestro Aníbal, con esa formidable fuerza de atracción, que con solo su mirada se hacía seguir de multitudes de hombres dispuestos a morir por la patria que él quería salvar.

"Me figuraba al Mesías anunciado como un Alejandro el macedonio, conquistando al mundo por su extraordinario poder para implantar en él su ideal de engrandecimiento humano. Pero cuando conocí a Jhasua y el príncipe Melchor y el Maestro Filón me dijeron: *"Ahí tienes al Salvador del mundo. El es el Mesías anunciado por los Profetas",* yo empecé a estudiarlo, y saqué en limpio de mis prolijas observaciones, algo muy diferente de lo que yo había soñado y de lo que tú sueñas aún.

"Jhasua, más que un hombre, es *un Genio encarnado* en el cual no tienen cabida ni los sentimientos, ni las pasiones, ni los deseos que a nosotros nos levantan fieras tempestades en lo profundo del corazón. En él sólo vive como una llama eterna, el amor a su Dios y a sus semejantes en forma tan soberana y completa, que está absorbido por entero en ese infinito sentimiento, en esa entrega absoluta a ese ideal supremo de su vida. Decimos que es un hombre porque vemos su cuerpo físico, tocamos sus manos, le vemos andar con sus pies; vemos que el aire agita sus cabellos y que el cierzo helado del invierno lo hace estremecerse y buscar el dulce calor de la hoguera. Le vemos partir el pan y comerlo, cortar una fruta y gustarla, tomar un vaso de vino y llevarlo a sus labios, dar a su madre un beso lleno de inmensa ternura... Jhasua pues, es un hombre.

"¡Pero su alma!... ¡Oh! el alma de Jhasua ¡Judá, amigo mío!...

"¿Quién alcanza el vuelo del alma de Jhasua en la inmensidad de Dios?

"¿Podríamos en justicia pensar que tengan cabida en el alma de Jhasua,

Hijo de Dios, esas grandes pasiones que empujan a los hombres a conquistar gloria y renombre, a escalar un trono, a vestirse de púrpura y de oro, a mantener con férrea mano las riendas del poder sobre millones de súbditos prosternados ante él, con toda esa floración efímera que llamamos lisonja de cortesanos?...

"He conocido a Jhasua y me he dicho y me diré siempre y en todos los momentos de mi vida:

"No es un Alejandro, no es un Aníbal, no es un Augusto César. ¡Mucho más alto!... infinitamente más alto que todos ellos, ni aún admite la comparación. Jhasua es más bien un Genio tutelar de este mundo; un Hado benéfico que pasa por la vida de un planeta como un astro fugaz, inundándolo de claridades nuevas, derramando flores exóticas de paz, de dicha, de ventura jamás soñadas por nosotros, míseros pajarillos prisioneros en la pesada jaula de hierro de nuestras ruindades y bajezas!...

"A un vaso de miel ¿le puedes pedir que se vuelva amargo? A un blanco lirio del valle ¿le puedes insinuar que se cubra de espinas y haga sangrar los pies de los viajeros?... ¿Puedes pensar que la suave y dulce claridad de la luna te queme las pupilas y te abrase con su resplandor?

" ¡Oh, no, Judá, hermano mío!... no soñemos en que Jhasua acepte jamás el sacrificar ni una sola vida para ser Rey de Israel. Si llega a serlo, será por un oculto camino que abrirá el Poder Divino, y que no podemos aún comprender los humanos.

"Tú dirás si mis razonamientos te han convencido".

—Sí Faqui, me has convencido, pero confieso que esta convicción me ha desorientado por completo.

"¿Qué hacemos con nuestro ejército en formación y en plenas tareas de adiestramiento militar? ¿Qué hacemos? ¿Qué diremos a los amigos con los cuales vamos a encontrarnos ahora mismo?

"Casi todos ellos han dejado padres y hermanos; y han podido dejarles tranquilos, debido a un adelanto de dinero que yo les hice para que el hambre no se adueñara de esos hogares sin sostén. ¿Comprendes Faqui cómo es la situación mía ante ellos?

—La comprendo, Judá y creo que todo podemos arreglarlo satisfactoriamente. El adiestramiento puede continuar a fin de que por temporadas regresen con sus familias, los futuros soldados de Israel.

"Jhasua quiere la instrucción y elevación moral de todo el pueblo y a eso tiende la Santa Alianza. Que junto a esto vaya el adiestramiento militar para formar legiones de defensa en caso necesario, creo que es añadir una fuerza a otra fuerza, y que el conjunto de ambas formará un pueblo razonador, fuerte y viril, capaz de imponerse y gobernarse a sí mismo.

"Creo que nuestro Mesías no estará en oposición a una fuerza que no tenga por fin la matanza y la guerra, sino la defensa justa y honrada del que quiere el respeto para sus derechos de hombre.

"En tal sentido podemos hablar a tus amigos. También ellos amarán la propia vida y la de los suyos, y no desearán sacrificarlas locamente sin la certeza de obtener ventajas positivas para la causa que defienden.

— ¡Tienes razón Faqui... en todo tienes razón! Lo haremos tal como dices.

Montaron de nuevo y entraron en la ciudad, capital de la Batanea, en uno de cuyos suburbios había un almacén de lana y pieles, cuyo dueño era un antiguo servidor del príncipe Ithamar, que huyó a Gadara donde tenía parientes, cuando fue perseguida la servidumbre y operarios para arrancarles el secreto de los bienes de la familia.

Era pues, un leal agente para Judá, en el cual el buen hombre veía como una resurrección de su antiguo patrón. En su almacén de lana y pieles era donde se dejaban cartas y mensajes para el ejército en formación.

Tres días permanecieron allí los dos amigos, y comprobaron que los voluntarios habían aumentando enormemente y las grutas de las montañas de Galaad desde el río Jaboc hasta las aguas de Merón, estaban llenas de perseguidos que huían de Judea, la más azotada del país de Israel por la avaricia del poder romano, o del alto clero de Jerusalén, o de los agentes y cortesanos de Herodes Antipas.

¡Qué intensos dramas podrían escribirse mojando la pluma en lágrimas de los infelices proscriptos, que huían a los montes para salvar sus vidas, a la honra de sus esposas e hijas, perdiendo la relativa tranquilidad en que habían vivido!

La vida rústica, semisalvaje que casi todos se veían obligados a hacer, la deficiente alimentación, la falta de cuidados habituales, en fin, todo ese cúmulo de privaciones, les trajo enfermedades infecciosas que aumentaban más y más el dolor de aquellas pobres gentes, abandonadas de los hombres y al parecer también de Dios.

Ante ese cuadro angustioso, los dos amigos pensaron y lo dijeron: "Si Jhasua hubiera venido con nosotros y viera estos cuadros, ¡qué magníficas obras hubiéramos presenciado para alabar a Dios!". —He ahí el ideal de nuestro Mesías —añadió Faqui—. ¡Oh divino mago del amor y de la esperanza, Jhasua de Nazareth! ¿Por qué no estás aquí para secar tantas lágrimas y hacer florecer de nuevo la esperanza en las almas que la perdieron?

El joven africano se dejó caer sobre un montón de paja, desconsolado por su impotencia para remediar tantos males. Acababan de apartar un joven de 18 años que estaba para arrojarse desde una cima a un precipicio, sumido en desesperación porque veía morir a su madre sin poderle prestar auxilio ninguno.

— ¡Si Jhasua estuviera aquí!... —exclamaba a su vez Judá sentándose junto a su amigo y apoyando su frente entre sus manos.

Ambos debieron pensar en él, con gran intensidad de amor y de fe en el poder divino que le reconocían. Pasaron unos momentos que a ellos les parecieron muy largos, porque escuchaban en el fondo de la gruta la fatigosa respiración de la madre moribunda y el desesperado sollozar del hijo junto a ella.

Era casi el anochecer, y de pronto la caverna apareció llena de una tenue claridad dorada, como si fuera una última bruma de oro del sol poniente.

Y con el asombro y estupor que es de suponer, vieron junto al lecho de paja de la enferma, una transparente imagen blanca y sutil que se inclinaba sobre ella, y que con sus manos apenas perceptibles parecía tejer y destejer invisibles hebras de luz y de sombras, hasta que la enferma entró en calma y los sollozos del hijo se adurmieron en un silencio profundo.

La figura astral se levantó de nuevo, y dirigiendo sus ojos que arrojaban suavísima luz a los dos amigos anonadados por lo que estaban viendo, les dijo en un tono de voz que ambos la sentían en lo profundo de sí mismos.

— ¡Faqui!... ¡Judá!... porque reconocéis el poder divino que en mí fue puesto por voluntad de Dios, tenéis salvada a la madre y al hijo. Así es cómo debéis comprender al Mesías Salvador del mundo: venciendo al dolor y a la muerte, no atrayendo muerte y dolor para sus semejantes.

Ambos se precipitaron sobre la imagen intangible gritando: ¡Jhasua!... ¡Jhasua Hijo de Dios!...

La visión se había esfumado en la penumbra de la gruta sobre la cual caían las primeras sombras de la noche.

Judá y Faqui se encontraron solos en medio de la caverna y abrazándose con inmenso amor como dos niños atolondrados por la grandeza divina de aquel momento, ambos se desataron en una explosión de sollozos que no pudieron contener. ¡Tanta era su emoción!

La enferma y su hijo dormían en una apacible quietud.

—¿No es esto un milagro, Faqui? —preguntó Judá cuando volvió a ser dueño de sí mismo.

—Así llamamos nosotros a una manifestación como ésta —contestó el africano— pero el príncipe Melchor, dice que es sólo el uso de los poderes que una grande alma como la de Jhasua, ha conquistado por su elevada evolución para utilizar las fuerzas existentes en la Naturaleza.

—¡Jhasua es el Hijo de Dios!... ¡es el Mesías anunciado por los profetas!... —decía a su vez Judá que no salía aún de su asombro.

—¿Comprendiste sus palabras? —volvió a preguntar Faqui.

—¡Todavía las siento vibrar aquí dentro! —contestó Judá apretándose el pecho.

Cuando salieron de la caverna vieron que varias hogueras se encendían a la puerta de las grutas y que dos hombres, al parecer recién llegados, descargaban dos camellos y seis asnos.

Se acercaron a ellos para interrogarlos.

—Venimos de parte de los amigos de Raphana que estuvieron no hace mucho tiempo en Jerusalén. Traemos carneros salados, harina y legumbres para los refugiados de las grutas —dijo uno de ellos, señalando los grandes sacos de cuero que acababan de descargar.

—A la media noche —añadió el otro— llegará el cargamento de quesos, acei⁺e y frutas secas, que el Scheiff Ilderin ha ordenado a sus gentes de Bosra para estas grutas.

Judá y Faqui se miraron y aquella mirada decía:

"Nuestro *mago del amor* anda por aquí como una bendición divina, suavizando todas las amarguras de los hombres".

A poco se encontraron con la novedad que llenaba de júbilo a aquellas gentes, que todos los enfermos que había con fiebres o eripisela habíanse curado casi repentinamente.

—Nos habéis traído la suerte, y un viento benéfico parece haber venido con vosotros —decían los enfermos restablecidos.

Y ambos amigos explicaban que el Mesías Salvador de Israel había comenzado ya su obra de salvación, que consistía en remediar los padecimientos de todos los que creían en el Poder Divino residente en él.

Les hicieron comprender y amar la Santa Alianza en sus vastos programas de cultivo mental, espiritual y moral, para preparar al pueblo a ser fuerte por la unificación de todos los que tenían una misma fe y un mismo ideal, único medio de verse libres de gobiernos extranjeros y despóticos que les coartaban en todo sus derechos de hombres libres.

Tres semanas de descanso en la serena placidez de la casa de Joseph en Nazareth, fortificó los espíritus y los cuerpos de los viajeros, hasta el punto de que Noemí y Thirza, madre y hermana del príncipe Judá decían a Myriam:

—¡En tu casa, madre feliz, está todo el cielo de Jehová! ¿Quién no es dichoso a tu lado?

Y Myriam llena del amor que hacia ella irradiaba su hijo, les contestaba:

—Es que yo y los míos, queremos haceros olvidar vuestros años de calabozo, y que cada una de vuestras lágrimas sea hoy un día de felicidad.

Y la hermosa Galilea, toda ella en verdad un vergel de encantos, se les presentaba en aquella feliz primavera como si se asociara al amor de Myriam y Jhasua para sus huéspedes, víctimas hasta hacía muy poco, de las crueldades inauditas de los ambiciosos que ejercían ilegalmente el poder.

Allí se manifestó claramente como un poema idílico de pastores el amor de Thirza y Faqui, el príncipe de Cirene, y Jhasua comprendiéndolo les decía:

—Vuestro amor será la savia que hará fructificar la buena semilla en los valles del Nilo, en el viejo peñón de Corta-Agua, donde aún ondea como un pabellón, el velo violeta de la Matriarca Solania, y hasta las arenas del Sahara donde la reina Selene, loto blanco de la raza tuareghs, será vuestra columna firme como un futuro cercano.

¡Santo y puro amor fue el de Thirza, princesa judía con el Hach-ben Faqui de Cirene, que se abrió como una rosa blanca acariciada por Jhasua Hijo de Dios, cuando empezaba de lleno su misión de conducir a los hombres por el eterno camino del amor!

Fue el rosal madre, de una familia de ilustres apóstoles del Cristianismo de los primeros siglos de nuestra era.

Ignacio de Seleuco, apóstol de Cristo en Antioquía, Apolonia de Alejandría, madre espiritual de los misioneros cristianos del siglo II, que murió en la hoguera anciana ya, acusada de magia y hechicería por las admirables curaciones que realizaba a menudo en nombre de Cristo; Nemesio y Ptolomeo de Alejandría, misioneros y mártires cristianos del siglo II, Anmón y Sabine, primos entre sí y abuelos de Mónica de Tagaste, la virtuosa madre de Agustín de Hipona, autores todos ellos de un heroico apostolado cristiano en el Africa norte, son flores de aquel rosal de amor bendecido por el Hijo de Dios, en el Hach-ben Faqui, príncipe de Cirene de la raza Tuareghs y de Thirza de Hur, princesa judía, que en tierna intimidad se acercaron a Jhasua en los años de su primera juventud.

—"Vuestro amor será la savia que hará fructificar la buena semilla en los valles del Nilo, en el viejo peñón de Corta-Agua (Cartago) y hasta las arenas del Sahara", les había profetizado el Mesías, y el tiempo comprobó el cumplimiento de sus palabras.

Esta breve disgresión de nuestro relato, sólo tiene por objeto poner de manifiesto la gran clarividencia del Divino Maestro, y su penetración en el mundo misterioso y complejo de las almas, en el correr de sus ignorados e inciertos caminos.

Tres semanas habían transcurrido entre una paz y dicha inalterable, embellecida aún más por idilios de tórtolos que se amaban ante la mirada del Dios-Amor, cuyo más puro reflejo se encontraba en medio de los hombres. Marcos llamado *el estudiante*, y que años más tarde sería uno de los fieles y grandes cronistas del Cristo, autor de uno de los cuatro Evangelios llamados *canóni-*

cos, estuvo en la casa de Joseph en aquellos días. Amaba entrañablemente a Jhasua, y amaba también a Ana con la cual proyectaba casarse en breve, como en efecto lo hizo en el siguiente invierno, poco antes de la muerte del anciano Joseph y de Jhosuelín, acontecimientos que ocurrieron cuando Jhasua tenía ya 22 años.

La dicha suprema emanada del amor recíproco y de la mutua comprensión hizo deliciosa para todos aquella breve temporada de tres semanas pasadas en Nazareth, en la casa solariega de Joseph el honrado y respetable artesano, a quien todos daban el calificativo de *el justo.*

Y él, lleno de bien merecida satisfacción, repetía a cada instante con su serena calma de patriarca:

—"Es hermosa la vida cuando acertamos a vivirla conforme a la Ley Divina".

Diríase que esta Ley quiso llenar de dicha el vaso de Joseph en los días postreros de su vida sobre la tierra.

Una antiquísima tradición cristiana lo ha hecho protector y genio tutelar de los que se hallan próximos a la muerte y a fe que es bien acertada, pues la dulce placidez y dicha de los últimos días de Joseph, son como el coronamiento puesto sobre una vida que tuvo grandes dolores en distintas épocas, que hasta sufrió la persecución de muerte con que le amenazó Herodes; pero cuyo final fue como una salmodia de amor y de paz, en medio de la cual el noble anciano se durmió en un sueño dulcísimo del que despertó en la inmortalidad.

HACIA TOLEMAIDA

Llegado el día para emprender el viaje al norte, decidieron entre todos tomar el camino de las caravanas, que pasando por Nazareth llevaba directamente a Tolemaida, importante puerto de mar en aquella época, y que estaba a una milla escasa al norte del que hoy se conoce por el puerto de Acre.

En Tolemaida tomarían un barco de los muchos que hacían el recorrido desde Alejandría y Raffia en Egipto, hasta Antioquía, la fastuosa *Roma oriental* como la calificaban en aquel tiempo.

Jhasua hubiese deseado visitar nuevamente Ribla, de la cual conservaba tan grandes recuerdos y donde residía aquella incomparable Nebaí, cuyo espíritu comprendía tan bien el suyo. Pero hubiera sido demasiado fatigoso el viaje para la familia de Judá, por lo cual había enviado epístola a su dulce amiga de la adolescencia, de que al regreso de Antioquía, se detendría en Ribla, donde establecerían la Santa Alianza de la libertad de Israel.

En Tolemaida, el más importante puerto de mar de Galilea, tenía Joseph buenas y antiguas amistades por razón de su trabajo mismo, pues el maderamen de algunos de sus mejores palacios había salido de su taller nazareno. Allí residía el padre de Tomás, que años más tarde fue uno de los doce apóstoles. Tenía allí un gran negocio de sedas, joyas y objetos artísticos en general, pues era representante de los grandes comercios de Persia y de la India.

Tomás que había conocido a Jhasua cuando muy niño huía hacia el Monte Hermón llevado por sus padres, tuvo la gran satisfacción de encontrarle nuevamente, ya joven entrado en los 22 años.

La madre de Tomás y sus hijos eran afiliados a la Fraternidad Esenia, mientras que el padre no había aún ingresado en ella formalmente, por más que tenía simpatía por las obras benéficas que silenciosamente realizaba.

Con un gran concepto sobre la honradez y justicia del artesano de Nazareth, con el cual tenía negocios desde muchos años atrás, tuvo a mucha honra hospedar a su hijo Jhasua y servirle en cuanto necesitaron. Allí debían esperar la llegada de un barco que vendría del sur tres días después.

Judá acompañado de Faqui y de Jhasua, visitó el mismo muelle, donde ocho años antes lo habían amarrado al banco de una galera romana, como esclavo remero para toda la vida.

—Ya ves Judá —decíale Jhasua— cómo los hombres proponen y Dios-Amor dispone sobre sus hijos que le buscan y que le aman. ¿Quién podría pensar que tú un jovencito delicado de 17 años, amarrado a una galera que iba a combatir con los barcos piratas que habían destrozado tantas flotas romanas, saldrías ileso y serías libre antes de tres años de caer prisionero?

"Y más todavía: ¿que salvarías la vida al comandante de la flota cuando fue hundido su barco, el cual agradecido te adoptó como hijo dándote en herencia su fortuna y su nombre?

—¡En verdad! —exclamaba Judá enternecido—. El Dios de mis padres fue misericordioso conmigo, y nunca será bastante lo que yo haga en agradecimiento a su favor.

"¡Jhasua! quisiera hacer aquí una obra igual que la que hizo mi padre adoptivo al darme la libertad y adoptarme como hijo.

—Hermosa y santa idea inspirada por tu gratitud al Señor —le contestó Jhasua.

—Ya sé... ya adivino —dijo Faqui —quieres libertar algún esclavo y adoptarlo como... ¿qué? Eres muy joven para padre de mozos con barba.

—Dejadme hacer —dijo y seguido por sus amigos comenzó a recorrer todo el puerto. Jhasua con su genio observador y analítico le miraba atentamente irradiando toda la fuerza de su amor redentor sobre aquel noble espíritu, en el cual florecían tan pródigamente las mejores intenciones.

Entre aquel interminable laberinto de cables, velas, fardos de toda especie, encontraron un anciano musculoso y fuerte aún, que arrollaba un grueso cable amarrando a la escollera una enorme barcaza de carga.

—Buen hombre —le dijo Judá— ¿sabes si entre este bosque de velas y de mástiles, hay algún barco con esclavos condenados por el gobierno romano?

—En todas las tripulaciones, la mitad por lo menos son esclavos —contestó—, pero creo que tú buscas prisioneros del estado. Las galeras del César que vigilan a los piratas, andan por las islas Cícladas y no vendrán pronto según se cree.

"Si no te molestan las preguntas ¿es que tienes en galeras alguno que te interesa?... Si en algo puedo servirte amo...

—Justamente —respondió Judá— y si quisieras orientarme un tanto, te lo agradecería toda mi vida. Soy israelita y quiero demostrar mi gratitud al Dios de mis padres por un gran favor recibido. Quiero rescatar esclavos condenados a galera y no sé el camino a seguir.

El viejo dejó caer el cable que arrollaba y palideció visiblemente. Mas seguía en silencio como si desconfiara de descubrir un secreto.

—¿No puedes ayudarme?... —volvió a preguntarle Judá.

—Amo... yo como ves, soy un viejo marino que he gastado mi vida en lucha con el mar, y sigo siendo tan pobre y mísero como era, aun cuando no hice mal ni aún a las moscas. No quisiera que a la vejez me abriera un calabozo sus puertas, pero paréceme que tu cara es de hombre honrado y también los dos que te acompañan...

—No temas buen hombre —le dijo Jhasua con su inimitable dulzura— que aquí tratamos de hacer un bien a los que sufren y no de causar mal a nadie.

—Os creo porque paréceme que sois de buena sangre y que vuestra boca no miente: pero éste no es un buen lugar para hablar. Si queréis seguirme, cerca de aquí está mi choza.

Los tres le siguieron.

En efecto, a unos doscientos pasos hacia el sur y siempre a la costa del mar, dio vuelta alrededor de un enorme peñasco cubierto de terebintos y moreras salvajes, y abriendo una puertecita de troncos les dijo: —Entrad, esta es mi vivienda. Es santo el aire que aquí se respira, porque fue más de cuatro veces el escondite de Judas el gaulonita uno de los primeros mártires por la libertad de Israel.

—¿Eres israelita? —le preguntó Jhasua.

—Sí y desciendo de aquel gran José que un Faraón hizo virrey de Egipto, pues pertenezco a la Tribu de Manasés su hijo, y soy gaulonita como Judas, el hijo de mi hermana mayor.

—Honrosa parentela tienes y creo que le haces honor no obstante tu pobreza —volvió a decirle Jhasua—. Ahora si tienes a bien, dinos aquello que te manifestamos era el motivo de nuestras preguntas.

—A eso voy amo, a eso voy.

—¡No me llames amo!...

—Es que a pesar de mi noble origen, un día me hice esclavo por amor de una hija que es todo mi tesoro en este mundo, y que me ha dado unos nietecitos que son una gloria de Dios.

—Bien, bien: tu alma es noble como tu estirpe— volvió a decirle Jhasua.

—Puesto que nos tenemos confianza mutua seguidme otros pasos más —dijo el viejo y caminando hasta el fondo de la choza cuya mitad interior era gruta abierta en el peñón, apartó unos fardos de cañas y de varas de abedul, todos vieron una puerta de hierro pequeña pero fortísima.

—Esto fue calabozo de la hija de Abdolómino, rey de Sidón hace trescientos años. Fue el drama de amor que terminó en el fondo de este peñasco. ¡Cosas de los humanos!

Esto lo decía el viejo andando por un pasillo iluminado desde la techumbre por una lucera abierta en ella.

—A decir verdad este calabozo tenía su belleza, pues que no carecía de luz —dijo Judá observando el buen aspecto de aquel pasillo.

—¡Es un calabozo principesco! —dijo el viejo—. El rey aquél, parece que amaba a su hija a la cual aseguró aquí, de que fuera robada por un tal Abasidas, señor de Bagdad que quería llevarla a su harem.

Llegaron a otro escondrijo de piedras y musgos, detrás del cual se abrió otra puerta, la luz del sol y el aire de mar penetraron de lleno.

Era aquella una hermosa gruta con abertura hacia el mar, pero cuyo pavimento estaba a bastante altura sobre el nivel de las aguas. Todavía subieron diez escalones labrados en la piedra y desde allí el viejo gritó:

—¡Aún dormís pichones, mirad que os vienen visitas!

Descorrió una especie de mampara de cuarzo reforzado con listones de cobre y apareció un recinto como un camarote de buque. Dos camitas como hamacas colgadas de la techumbre, y en ellas dos mozos al parecer de unos 22 a 25 años tan parecidos el uno al otro que a primera vista se comprendía que eran hermanos.

Debieron ser hermosos, pero tenían el rostro desfigurado por manchas negruzcas y sus párpados semicerrados, casi no dejaban ver las pupilas.

—Aquí tenéis —les dijo— los dos hijos únicos, mellizos, de Judas el gaulonita, mi heroico sobrino, muerto por la libertad de Israel. El gobierno romano les condenó a galeras para toda su vida, pero Dios que burla las órdenes de los hombres les ha salvado, como ya lo veis.

"En un abordaje de los piratas incendiaron el barco en que ellos estaban atados al remo, y se les quemaron los ojos, y casi todo el rostro y la parte superior del cuerpo. Como ya les creyeron inútiles para el remo y que no vi-

virían muchos días, los tripulantes de la galera les tiraron en un bote desvencijado y lo soltaron como cosa inútil al capricho del mar. Yo tuve la suerte de recogerles en mi barcaza de carga en uno de mis viajes a Edipa, Tiro y Sidón. El abordaje había sido en la costa sudeste de la isla de Chipre, pero Dios mandó a las olas que me los trajesen y aquí les tenéis. La condena que tuvo por única razón el ser hijos de su padre, subsiste y si les vieran sanos y salvos, les volverían a echar mano. Hace cuatro años que les guardo aquí y cinco que estuvieron en galeras, completan los 26 años que ellos tienen de edad. Los pobrecillos nada pueden hacer con lo poco que ven, y sólo se entretienen en pescar y hacerme cestas de caña y abedul para el acarreo de mercancías en mi barcaza.

"La historia está contada y los esclavos prisioneros del Estado que buscáis están a la vista. Disponed como gusteis.

—¡Tío Manoa!... —gritó uno de los mozos incorporándose en su hamaca— ¿Vais a entregarnos a nuestros verdugos?

—¡No hijos, no!... Yo soy Manoa... llevo el nombre del padre de Sansón, y por el Dios de Israel que tengo la fuerza necesaria para defenderos de todos los Césares del mundo.

Jhasua y los dos amigos ya estaban junto a las hamacas, pero ambos mozos habían saltado a tierra.

—No nos toméis por holgazanes que dormimos cuando ya el sol se ha levantado —dijo uno de ellos— pero esta noche la hemos pasado en vela porque la marea subía con tanta fuerza, que parecía tener la mala intención de penetrar en nuestra covacha y llevarse todo este amontonamiento de cañas pulidas y listas para las cestas que el tío necesita en esta misma semana.

—No paséis cuidado, que no hacemos juicios sobre el prójimo —contestóle Jhasua sentándose sobre un fardo de cañas.

—Tengo aquí un vinillo de Chipre —dijo el viejo Manoa sacando un cantarillo de un hueco de la peña —que con hojaldres acabados de freír, saben a gloria.

Y amistosamente les ofreció una cesta de bizcochos y un jarrón de vino.

—Cuidáis bien a vuestros sobrinos —dijo Faqui.

—¡Interesado!... —dijo Manoa, —pues que pienso que ellos cuiden de mí cuando mis años pesen demasiado.

—¿Qué podemos hacer dos infelices esclavos ciegos?... —interrogó uno de los mozos con una voz cansada a fuerza de desesperanzas y pesimismos.

—¿Creéis que el Dios de Israel tiene el poder de agotar el agua del mar para que pasen sus hijos, y de hacer brotar agua de una peña tocada por Moisés para dar de beber a su pueblo sediento? —preguntó Judá con la vehemencia que le era habitual.

—Sí que creemos —contestaron los dos ciegos—. Pero parece que el Dios de Israel se olvidó de nosotros —dijo uno de ellos.

—Prueba que no se olvidó, es que estamos nosotros aquí —añadió Jhasua tomando una mano a cada uno de los ciegos y mirándoles a los ojos con aquella mirada suya, que era un rayo de amorosa luz cuando quería curar.

Una intensa emoción se apoderó de ambos que empezaron a agitarse en convulsos sollozos sin lágrimas, porque sus ojos cerrados no podían verterlas.

—¡Infelices!... —murmuró Faqui apretando sus puños cerrados—. "¡Ni aún les dejaron el consuelo de llorar su irreparable desgracia!

—¿Irreparable has dicho? —le dijo Jhasua que lo oyó—. Si la *Hija del Sol* estuviera a tu lado, te habría cubierto con su mano los labios para que no pronunciaras esa frase, Faqui, que sólo la dicen los que no creen en el poder de Dios.

—¡Tienes razón hijo de David!... Por un momento olvidé que estabas tú en medio de nosotros —contestó Faqui.

Aquellos párpados deformados por el fuego comenzaron a enrojecerse como bajo la influencia de un soplo vivificante. Las manchas y frunces que desfiguraban aquellos pobres rostros lacerados por las llamas hacía cuatro años, fueron perdiéndose en la tersura de la piel que parecía irse renovando y transformándose bajo la acción de los hálitos ultrapoderosos que Jhasua exhalaba sobre ellos, como si les transmitiera una vida nueva, fibra por fibra.

El viejo Manoa era todo ojos para ver aquel insólito espectáculo de dos caras desfiguradas por el fuego, que adquirían momento a momento los hermosos aspectos juveniles que les había conocido a sus sobrinos antes de la desgracia.

Y cuando la fina membrana de los párpados adquirió su natural movilidad, y se abrió dando paso a la luz de las pupilas de un obscuro azul como el cielo de las noches galileas, el anciano no pudo resistir más y cayendo de rodillas a los pies de Jhasua gritaba con todo su aliento:

— ¡Dios de Israel!... Tú sabes que yo no creía en los milagros, y has hecho a mi vista el más estupendo que vieron ojos de hombre...

" ¡Dios ha bajado a la tierra en la persona de este niño santo!...

Los sollozos ahogaron su voz, y sentado sobre el duro pavimento, el pobre viejo rezaba, pedía perdón de sus pecados y prometía a todos los patriarcas y profetas de Israel que sería en adelante un justo en toda la extensión de la palabra.

Cuando aquellos ojos cegados por las llamas del incendio pudieron percibir cuanto les rodeaba, los dos hermanos se abrazaron llorando y diciendo al mismo tiempo:

— ¡Creí que nunca más vería tu rostro!

Faqui y Judá enternecidos igualmente, se miraban sin palabras y miraban a Jhasua cuya intensa palidez, les daba a comprender cuánta vida suya había dejado en aquellos dos seres tan infelices una hora antes y tan dichosos en ese momento.

Mas, no bien pasada la explosión de alegría en los recién curados, pensaron en su triste situación de esclavos prisioneros de Estado para toda la vida y de pronto se quedaron silenciosos y mustios.

—No marchitéis el rosal de vuestra dicha con el angustioso pensamiento que os aflige en este instante —díjoles dulcemente Jhasua.

— ¡Dios de Abraham!... —exclamó uno de los mozos— ¿quién eres que así lees en el pensamiento?

—Un hombre que ha estudiado el alma de los hombres —les contestó Jhasua—. Estáis pensando en vuestra condición de esclavos prisioneros de Estado; pero pensad también que nuestro Dios no hace las cosas a medias.

"Judá, amigo mío: ha llegado tu hora. Cumple pues, tu noble pensamiento en estos hijos del mártir Judas el Gaulonita.

—En efecto —dijo el aludido— yo he venido aquí a rescatar un esclavo prisionero del Estado, y Dios me concede dos en vez de uno solo.

—¿Y a quién pagaréis por nuestro rescate? Somos esclavos del Estado.

—El Estado os tiró al mar como cosa inútil y de seguro os creen muertos a estas horas —dijo el viejo Manoa.

—Yo tomo uno y tú el otro —dijo Faqui al príncipe Judá— pero no como esclavos sino como empleados a salario. Yo necesito un servidor de toda confianza y creo haberlo encontrado hoy en el puerto de Tolemaida.

—Si el tío Manoa está conforme —dijeron ambos a la vez.

—¡Faltaba eso!... ¿cómo no he de estarlo si hoy ha entrado Dios en mi choza? Aquí no podríais quedar porque muchos supieron vuestra desgracia y sería imposible ocultaros una vez ya curados. Se volvería a renovar el pasado y entonces estaríais perdidos.

Judá había quedado pensativo mirando a los dos jóvenes cuyos fuertes y musculosos brazos indicaban claramente el duro trabajo que habían realizado. También él tenía músculos de hierro en sus brazos, y eso que él sólo estuvo tres años al remo.

—¿Podéis decirme en qué flota habéis prestado servicios? —preguntó de pronto a los jóvenes.

—En la que hace nueve años mandaba el tribuno romano Quintus Arrius, La galera nuestra era la *Aventina II* y nuestro Capitán se llamaba Paulo Druso.

—¡Yo estaba en la. *Astrea* que era la nave capitana —dijo Judá— y soy hijo adoptivo de Quintus Arrius!... Mas, no temáis, que soy judío de raza y de religión, y no soy amigo de los romanos por más que estoy muy agradecido de este noble romano que me salvó la vida y la honra.

"Con el acuerdo de vuestro tío quedáis desde este momento como servidores nuestros a salario. No tendréis queja de nosotros.

—Son dos nobles corazones estos amigos míos —djo Jhasua— y además gozan de buena posición. Ambos son dueños de grandes bienes de fortuna y de nombres ilustres en sus respectivos países.

—Este es el Hach-ben Faqui, príncipe de Cirene; y éste es el príncipe Judá, hijo de Ithamar, de la casa de Hur, de Jerusalén.

—¡Oh, oh!... —exclamaba el viejo Manoa— ¡grandes casas hijos míos!... la suerte se os ha entrado en el cuerpo como una bendición de Jehová. Sabed pues, aprovecharla y corresponder a tan gran beneficio.

—Ahora seguimos viaje a Antioquía —añadió Judá— y os llevamos ya con nosotros. Decidnos vuestros nombres y elegid de nosotros dos el que queréis como amigo íntimo, para haceros olvidar vuestro doloroso pasado.

—Yo soy Othoniel y me quedo a tu lado, príncipe Judá.

—Yo soy Isaías y me uno a ti Hach-ben Faqui —dijo el otro.

El vehemente africano dio un paso hacia él, y le abrazó como lo hubiera hecho con un hermano, largo tiempo esperado.

—Espero hacerte muy feliz —le dijo.

Judá hizo lo mismo, añadiendo:

—Ahora vamos a una tienda de ropas, y os vestiréis según corresponde a dos flamantes mayordomos de casas ilustres.

El viejo Manoa no acertaba si reir o llorar, y por fin optó por acercarse a Jhasua y decirle:

—¡Amito santo, que entras como un dios en las chozas cargadas de dolor, y entra contigo todo el cielo de Jehová!... ¿Eres acaso el Mesías que Israel espera desde hace tanto tiempo?...

"¡Por la memoria de mi sobrino mártir Judas, dime si lo eres y te entregaré su secreto que él dejó para ti!

—*¡Yo soy!* —dijo el Maestro por primera vez en su vida—. Dime pues el secreto de mi heroico hermano Judas, que me ha precedido en el camino del sacrificio por la liberación de Israel.

Mientras los cuatro jóvenes salían a buscar una tienda de ropas para vestir a Othoniel e Isaías, el viejo Manoa hacía sentar a Jhasua en un banco y levantando una piedra en un rincón del pavimento, extraía un cofre de ébano y se lo entregaba.

—¿Qué es esto? —preguntó el Joven Maestro.

—Abrelo y verás, que sólo tú puedes verlo —contestó el viejo.

Jhasua rompió los lacres que lo cerraban herméticamente y sacó una tablilla en que estaban grabadas estas palabras: *Judas de Galaad al Mesías Salvador de Israel.*

Después sacó un tubo de plata que encerraba un papiro: era el testamento del ilustre mártir por la libertad y la justicia. Decía así:

"Hijo de David, Salvador de Israel. Se que estás en medio de nuestro pueblo porque el príncipe Melchor te vió en la cuna años atrás. No sé si llegaré a conocerte antes de morir, pues mis días están contados. Mi vida sólo durará el tiempo que tarden los tiranos de nuestro pueblo en encontrar mis refugios.

"He ofrecido mi vida al Dios de mis padres por la salvación de mi pueblo y la felicidad de mis dos únicos hijos Isaías y Othoniel que dejo encomendados a mi tío materno Manoa, viejo marino de Tolemaida. Dejo veinte talentos de oro (1) fruto de la venta de la heredad de mis padres y de mi propio trabajo; mitad para mis hijos y mi tío, y mitad para el ejército defensor del Mesías Rey de Israel.

"¡Hijo de Dios!... salva a nuestro pueblo del oprobio y de la opresión, y que mis hijos honren la memoria de su padre con su vida consagrada a la justicia y a la libertad".

"Judas de Galaad."

Jhasua miró la fecha y habían pasado once años. Lo había escrito pocos meses antes de su heroica muerte, cuando sus hijos sólo contaban quince años de edad.

— ¡Pobre Judas! —exclamó Jhasua enjugándose dos lágrimas que el recuerdo del mártir le arrancaba del fondo del alma—.

"Te sacrificaste por la liberación política de Israel, sin pensar que es necesario antes preparar a Israel a gobernarse a sí mismo...

" ¡Yo también seré mártir como tú, pero será por la liberación humana de la enorme carga de iniquidad que la tiene postrada en una fatal decadencia!..."

— ¡Amo santo!... —dijo llorando también el viejo Manoa— guardad pronto esto, que no tardarán en volver los que recién salieron. Las tiendas están junto al puerto.

—No Manoa, todos ellos deben saber el secreto de Judas de Galaad. ¿No ves que la mitad del oro que aquí se encuentra es para ti y tus sobrinos, y la otra mitad para un eiército defensor de Israel?

"Mis dos amigos son miembros del Consejo Central de Jerusalén que dirige

(1) Equivalente a 50.000 sextercios.

y preside a la Santa Alianza libertadora, y ellos, no pueden ignorar nada de esto.

"Déjame hacer, buen Manoa, y todo será conforme a la justicia y a la razón.

A poco rato volvieron los cuatro que fueron de compras.

—¡Oh, oh padre Abraham!... —gritaba fuera de sí el viejo viendo a sus sobrinos con sus elegantes túnicas blancas de fina cachemira al igual que las usadas generalmente por los saduceos de alto linaje y turbantes a rayas azules, amarillas y blancas— ¿quién os conoce ahora?...

—¿Y quién te conocerá a ti cuando te cubras con este manto color del fruto de las palmeras y este turbante a rayas amarillas y verdes? —preguntaba Isaías enseñándole a su tío el regalo que le traían.

—¡Estáis locos, estáis locos!... —exclamaba el viejo—; ¿cuándo voy a ponerme yo esto? ¿Aún no habéis ganado un denario y ya derrocháis así?

—No les riñas, buen Manoa —díjole Judá—. Les hemos hecho un adelanto de lo que será su salario mensual, y ellos han pensado de inmediato en ti.

—¡Cosa de chiquillos!... —decía el viejo abriendo un viejo arcón para guardar el manto y turbante que consideraba un lujo para él.

En seguida Jhasua que aún estaba con el cofre abierto participó a sus amigos el secreto de Judas de Galaad.

—¡Grande alma!... —dijo Faqui— ¡que aún al borde de la tumba pensaba en la defensa de su pueblo!

Entregaron al viejo Manoa los diez talentos de oro, mitad de la suma dejada por Judas, pues sus hijos Isaías y Othoniel donaron al buen anciano, que les había recogido abandonados y ciegos, la parte que a ellos les correspondía.

—Nosotros somos jóvenes y Dios nos ha favorecido con buena colocación en la vida —dijo Othoniel—, mientras el tío merma en sus fuerzas y debemos hacer con él, tal como hizo con nosotros.

—Esa es la justicia que reclamo para que sea libre Israel —dijo Jhasua—. ¡Si todos comprendieran la vida como vosotros! ¡qué dichosa sería esta humanidad!

Dos días después nuestros viajeros se embarcaban en una hermosa galera pintada de un blanco marfil y con pabellón amarillo que venía de Gaza y había hecho escala en Ascalón, Jaffa y Cesárea.

—Los mejores buques de pasajeros y carga son los de nuestro compatriota Simónides —decía el viejo Manoa, satisfecho de haberles tomado pasajes en uno de los barcos del gran comerciante de Antioquía.

Nuestros amigos cruzaron una mirada de inteligencia, pues el tal Simónides era el comerciante amigo del príncipe Melchor, para el cual Jhasua llevaba carta de recomendación. Judá a su vez, pensó con amargura que aquel buque era de la flota de su padre, puesto que el comerciante Simónides fué el representante general del príncipe Ithamar, y luego de su viuda. ¿Reconocería Simónides a los dueños de la inmensa fortuna que administraba? Ellos tres, o sea Judá, su madre y su hermana habían estado como muertos durante ocho años. ¿Qué cambios se habrían operado en aquel antiguo servidor que había sido atormentado por Valerio Graco para arrancarle el secreto de los bienes de fortuna del príncipe Ithamar, jefe de la familia?

La hermosa y flamante galera se llamaba *Thirza*, nombre que aparecía con grandes letras de ébano en la proa. Junto a ella vió Judá otra galera que parecía gemela de la anterior, pintada de gris azulado y cuyo nombre en letras de bronce decía *Esther*.

—Estos buques —dijo Judá a Manoa, mientras unos criados subían los equipajes y llegaba Faqui con su madre y su hermana— estos buques parecen estar recientemente botados al mar.

—Es este el segundo viaje que hacen —repuso el viejo—. Parece que hay dos doncellas por las cuales el rico naviero tiene gran amor, y ha bautizado sus dos últimos barcos con sus nombres cuando las niñas han entrado a los 20 años.

—¡Mira Thirza! —dijo Judá a su hermana que llegaba al muelle en ese instante con Jhasua, Noemí, Amhra y los dos criados, Eliacín y Shipro.

—¿Qué he de mirar, sino una selva de mástiles, de velas, de hermosos barcos? ¿El mar al cual no veía desde que tenía 10 años y fuimos a despedir a nuestro padre para su último viaje?

—Mira tu nombre en la galera en que nos embarcamos —añadió Judá.

—¡Cierto!... ¡Qué coincidencia! —exclamaron todos.

—¡De modo que Thirza se va con Thirza! —dijo Jhasua.

—Y conmigo —dijo su madre Noemí apretándose del brazo de su hija como si un vago temor la hubiese sobresaltado.

La planchada fue bajada a tierra y comenzó el embarque de pasajeros y fardos de mercaderías.

—Mirad este otro buque con igual pabellón amarillo, con idénticos mástiles y velamen; como dos hermanos gemelos y se llama *Esther*.

—Y ambos son del mismo naviero, el comerciante Simónides de Antioquía —repuso el viejo Manoa que estaba en toda su gloria como un viejo patriarca entre sus dos gallardos sobrinos.

—¡Simónides de Antioquía! —exclamó Noemí mirando a su hijo Judá—. Tal es el nombre que aún recuerdo de nuestro apoderado, desde que yo me uní en matrimonio a tu padre. ¿Será el mismo? Ya era hombre de 60 años y ocho que han pasado... debe estar llegando a los 70.

"¿Sabes si tiene hijos?... —preguntó Noemí al viejo Manoa.

—Poco es lo que sé de él —contestó el anciano— pero algo he oído de una hija única, que después de casada desapareció por una persecución que un chacal romano desató contra ella que era muy hermosa. Simónides tiene mucha fortuna, pero también muchos dolores.

"Se dice que fué sometido al tormento para arrancarle no sé qué secretos que interesaban al gobierno del César.

—¡Dios misericordioso!... —exclamó Noemí llena de temores—. ¿Por qué te empeñas, hijo mío, en que vayamos a Antioquía? ¿No será como arrojarnos de nuevo a la boca del lobo?

—¡Madre!... —díjole Judá—. ¿Tu gran fe en el Salvador de Israel te abandona ahora cuando tratamos de comenzar nuestra colaboración con él para la liberación de nuestro pueblo?...

—No temas mujer, que tu fe y tu resignación han coronado de paz y de dicha tu vida presente y futura —le dijo Jhasua, tomándola de la mano para ayudarla a embarcarse—.

"¡Que "Thirza" nos lleve en buen viaje sobre las olas del mar!

—Contigo sí ¡oh gloria de Israel! —exclamó la buena mujer apoyándose en Jhasua, hasta que entró a la blanca y hermosa galera que llevaba el nombre de su hija.

Cuando el barco soltó amarras, todos agitaban sus pañuelos despidiéndose de los que quedaban en tierra. Eran las primeras horas de la tarde, y un tibio aire primaveral rizaba suavemente la superficie del mar. Sobre un peñasco del muelle se veía la silueta recia y erguida del viejo Manoa, que seguía con la mirada el barco que se llevaba a los dos huérfanos de su sobrino Judas de Galaad, tan infelices un día antes y tan colmados de dicha en aquellos momentos.

—¡Ya se ve que el Dios de Abraham y de Jacob se acordó de su pueblo y le mandó la estrella de su reposo! ¡Manoa, viejo Manoa!... ¿Quién te diría que después de 11 años de esperar con tu cofre escondido bajo el piso de tu cueva, la llegada del Mesías para entregárselo, habías de oír su misma voz que te dijo:

"—YO SOY!

Una profunda emoción llenó de lágrimas sus ojos, y dando media vuelta se perdió entre los cables y velas de su barcaza de carga.

Nuestros viajeros se instalaron sobre cubierta a excepción de Noemí, que quiso retirarse a su cámara seguida de Amhra su fiel criada.

Esta, que había escuchado toda la conversación sobre Simónides el comerciante, le dijo:

—Ama mía, perdóname que nada te haya dicho referente a ese buen hombre Simónides.

—Y ¿qué es lo que sabes tú de él? —preguntaba su ama ya recostada en su lecho.

—En cada barco suyo que llegaba a Jaffa, hacía entrar a Jerusalén un criado con un fardo de mercancías que eran ropas y comestibles, y un billetito que decía: "La fidelidad y honradez en un criado son como el olivo cuya raíz nunca se seca. Nuestro Dios que alimentó a Agar en el desierto, cuidará también de ti aunque pasen muchos años. No abandones tu puesto en el cual debes esperar siempre". Y firmaba: *Simónides*.

"Después de tres años de la desgracia, recién supe que ese tal Simónides era un fiel dependiente del querido amo Ithamar al que administraba sus bienes en Antioquía."

—¿Nunca vino por nuestra casa?

—Nunca, ama, por lo menos yo no lo vi en Jerusalén.

"¡La sorpresa que el buen hombre tendrá cuando os vea reunidos a los tres!

—¿Crees tú que no estará más gustoso de que la fortuna nuestra sea suya, como lo ha sido durante los ocho años de nuestra desaparición? —preguntó Noemí.

—No lo creo, ama buena; porque de ser así no se hubiera ocupado más de mí. Una vez llegó el mensajero y me encontró enferma. Tenía llave de la puerta de los carros y entró sin llamar. Al anochecer y cuando yo lo hacía ya de viaje, volvió con un terapeuta de los que se hospedaban en el *Khan* de Bethania para que me curase. Me compró las medicinas necesarias y me dejó cien sextercios para que prosiguiera mi curación.

"—Aquel que me envía —dijo— necesita que vivas para que reconozcas a los amos cuando vuelvan a ocupar su puesto en la vida".

—Y ¿qué sabía él si volveríamos? —preguntó Noemí—.

"Thirza y yo podíamos haber muerto en el calabozo y Judá en las galeras...

—Y no habéis muerto, ama mía, por lo cual debemos dar razón a ese hombre que me pedía esperar. ¡Algo habría que le hacía mantener viva la esperanza! Yo lo quiero sin haberlo visto nunca.

Amhra vió que su ama dormía, y corriendo las cortinillas de la claraboya dejó a obscuras el camarote.

Tomó un chal de seda azul de la cama destinada a Thirza y subió a cubierta para abrigar con él a su amita, porque el vientecillo del mar se tornaba fresco y su niña era una flor de invernáculo...

La encontró sentada en un banco entre Jhasua y Faqui, y amorosamente la cubrió con el chal; luego se quitó un obscuro rebozo que tenía a su espalda y envolvió con él los pies menuditos de la joven.

—Basta, Amhra, basta —díjole Thirza— ¿aún crees que estoy en la cuna y que lloro de frío?... —La buena mujer le sonrió en silencio y bajó al camarote de su ama para velar su sueño.

Jhasua, que observaba todo ésto silenciosamente, dijo cuando la criada desapareció:

— ¡Decidme si no es una espantosa aberración humana que seres como esta mujer, soporten la dura condición de esclavos, que pueden ser comprados y vendidos como un asno, un buey o una cabra!

"¿No es su alma noble y pura acaso mucho más que la de un encumbrado magnate?

"Mirad —dijo de pronto—, en nuestra Alianza para la liberación de Israel, debíamos ocuparnos de los esclavos. No debe haber esclavos fortuitos sino esclavos voluntarios.

"El que quiera serlo, en buena hora, pero todos deben tener el derecho de conquistar su libertad.

—La Ley —dijo Thirza— acuerda el derecho de la libertad al que sirvió seis años a un mismo amo.

—Es verdad —contestó Jhasua—, pero ya se arreglan la mayoría de los amos para hacerle sentir al criado que desde ese instante, se desentienden de él en absoluto, en forma que deben defenderse solos de las adversidades de la vida.

"Muchos esclavos así abandonados a su suerte, y cuyos espíritus están ya apocados y tímidos por la misma condición sufrida, se acobardan al lanzarse solos al mar bravío de la vida humana, que de seguro no les será apacible y bienhechora.

"Y entonces prefieren continuar así indefinidamente.

" ¡Ven aquí Judá con Isaías y Othoniel que tratamos un asunto muy grave!... —dijo el Maestro en alta voz a sus tres compañeros de viaje que conversaban animadamente en la balaustrada de cubierta. Los tres se acercaron.

—¿De qué se trata, hijo de David? —preguntó sonriente Judá.

—¿Cómo harías tú para que no hubiese esclavos fortuitos sino sólo voluntarios? —preguntó a su vez Jhasua.

—Con una ley que prohibiera severísimamente la compra-venta de seres humanos —contestó Judá.

—Pero no contando con el poder necesario para dar esa ley ¿cómo harías tú?

—Todo eso entra en mi programa si formamos un gran ejército que haga valer nuestros derechos a dar leyes y hacerlas cumplir —contestó Judá.

—Está muy bien el ejército de defensa; pero está mejor si elevamos el nivel moral del pueblo despertando en él los sentimientos de fraternidad y de compañerismo, después de haber extirpado desde luego la nefasta semilla del odio de clases.

—Tengo una idea —dijo Faqui— y es la siguiente: En las arcas de la Santa Alianza hay ya más de 200 talentos que vienen a ser al cambio, medio millón de sextercios, con lo cual podría la Santa Alianza rescatar los esclavos fortuitos que estuvieran mal tratados por sus amos.

"Por lo pronto podemos hacer eso hasta mientras estemos en condiciones de dar leyes anulando la esclavitud. Creo que en esta forma los amos no podrían levantar protestas, toda vez que se les da el valor de sus siervos. Es una compra.

—¡Magnífica idea, Faqui! —exclamaron todos a la vez.

—Enviemos el proyecto al Consejo Central de Jerusalén —dijo Jhasua—, participándoles al mismo tiempo el donativo póstumo de nuestro hermano Judas de Galaad, lo cual viene a reforzar nuestra caja de socorros.

—Perdonad mi indiscreción —dijo de pronto Othoniel—. ¿Podría saber qué es esa Santa Alianza de que os oigo hablar y qué fines os proponéis al tomar como vuestras las situaciones difíciles de los demás?

—¡Othoniel!... —dijo el Maestro—, ¿qué te parece mejor: como estáis ambos ahora o como estábais antes de llegar nosotros a vuestra choza?

—¡Profeta de Dios!... —exclamaron los dos hijos de Judas Galaad—. ¡Eso ni aún habría que preguntarlo!

—Eramos dos piltrafas inútiles y hoy somos dos hombres capaces de ésfuerzo por una causa justa —añadió Othoniel.

—Bien has hablado, Othoniel. Y ahora te digo: La Santa Alianza significa que cada miembro suyo sea capaz de hacer con sus semejantes como nosotros hemos hecho con vosotros. ¿Habéis comprendido?

—Esa es una obra de gigantes, pues el mundo está lleno de infelices en parecidas condiciones a las nuestras, antes de vuestra llegada a Tolemaida —dijo Isaías.

—Pues esa obra de gigantes podemos hacerla los hombres de buena voluntad que seamos capaces de cumplir la Ley que dice: *"Amarás a tu prójimo como a ti mismo".*

—¡Nosotros queremos pertenecer a la Santa Alianza! —exclamó con vehemencia Isaías—. ¿Estás de acuerdo, Othoniel?

—¡Me has quitado la palabra de la boca! —contestó el interrogado.

—¡Señores!... dos más que se suman a nuestras filas —exclamó Judá—. Mañana a esta hora estaremos en el puerto de Tiro donde nuestro barco se detiene seis horas para levantar carga. ¿Seremos capaces de plantar allí en tan breve tiempo una ramita de la Santa Alianza?

—Depende que tengamos allí algún buen amigo —contestó Faqui.

—¡Los tenemos y grandes amigos! En el puerto viejo se halla incrustada en el peñón, la Torre de Melkart cuya historia trágica asusta a las gentes, y allí están nuestros Terapeutas con los leprosos y en general atacados de enfermedades incurables —dijo Jhasua—. Ya tenía el pensamiento de visitarlos si el buque se detenía algún tiempo en Tiro.

Tal como lo pensaron se hizo, pues la célebre Torre de Melkart donde Joseph y Myriam con Jhasua, pequeñito fugitivo de Herodes, se refugiaron años atrás, fué otra vez visitada por el joven Maestro y sus amigos.

Treinta y seis leprosos, diez y nueve paralíticos, catorce tuberculosos y ocho ciegos, fueron curados por la energía divina que residía en la personalidad augusta del Hijo de Dios; y esos seres, deshechos y escoria que la humanidad había apartado de su seno, fueron el primer plantel de afiliados a la Santa Alianza, que arrastraron en pos de sí, primero a sus familiares y amigos y luego a la mayoría de los israelitas, árabes y egipcios radicados en la gran metrópoli, gloria del rey Hirám, el noble y generoso amigo de David y Salomón.

Ya comprenderá el lector que allí quedaba la nueva fundación, bajo la tutela y consejo de los Terapeutas peregrinos, cuya discreción aseguraba la buena marcha de la Santa Alianza y su desenvolvimiento con las reservas necesarias.

En Sarepta, el barco sólo se detendría tres horas poco más o menos.

Jhasua sacó su anotador de bolsillo y buscó unas señas que llevaba allí anotadas por su primo Jhoanan, cuando estuvo con él, hacía poco.

A cincuenta pasos al norte de la ciudad, corría un arroyo bastante caudaloso, a cuya orilla sudoeste y entre un laberinto de cerros cubiertos de espesa arboleda, existían muchas grutas, algunas de las cuales eran sepulcros. En una que no lo era, porque estaba a más de seis pies del suelo habitaban por temporadas los Terapeutas viajeros y era llamada *"la gruta del Profeta"*. Una vieja tradición decía que allí se había albergado un tiempo el Profeta Elías, o sea cuando pidió socorro a la viuda de Sarepta de que habla la Escritura Sagrada.

Jhoanan le había confiado en intimidad que por dos veces en su vida se vió transportado en espíritu a aquella gruta solitaria, y que vió en el escondido hueco de un peñasco y en lo más interior de la caverna, un tubo de cobre con un papiro en el cual el Profeta había escrito brevemente su origen. Pero Jhoanan nunca pudo leer lo escrito.

Jhasua, que pensaba realizar este viaje a Antioquía le había prometido ocuparse de hacer esta comprobación. En efecto, el tubo fue encontrado conforme a las indicaciones de Jhoanan y el grabado decía así: "Mis padres fueron originarios de la isla de Creta donde nací, causando al venir a la vida, la muerte de mi madre.

"Mi padre me llevó a Pafos en la costa sudoeste de Chipre, donde su muerte me dejó solo a los ocho años.

"Fuí adoptado como hijo por un ermitaño sabio que me enseñó astrología y química, ciencias en las cuales llegué a un gran adelanto.

"De él aprendí a retornar la vitalidad a un moribundo y a encender en el aire llamas de fuego, mediante el empleo de substancias imperceptibles a simple vista.

"Su sabiduría era bebida de los anacoretas del Monte Himeto, llamados *Dacthylos*.

"El Supremo Hacedor de cuanto existe en los cielos y en la tierra, me tomó como instrumento de su justicia para castigar a los malvados y proteger a los débiles.

"Si cumplí mal, quiero ser perdonado y corregido.

"Si cumplí bien, loado sea el Supremo y que me lo tenga en cuenta para una nueva jornada.

"Elías Tesbitha".

Cuando Jhasua con Judá y Faqui iban a volver al puerto para tomar el barco, llegó a la gruta un Terapeuta con un joven canceroso y un hombre maduro, ciego de nacimiento.

El Terapeuta venía del Monte Hermón y no reconoció a Jhasua, al cual no veía desde que tenía diez años de edad. Apenas se encontraron, Jhasua le dió la frase de consigna de los Esenios: *"Voz del silencio"*. El Terapeuta le contestó: —"El Señor está con nosotros". Tal es la consigna nueva, hermano. ¿De dónde vienes que no la sabías?

—De Galilea y voy a Antioquía —contestó Jhasua mirando a los dos compañeros del Terapeuta.

Puso una mano sobre los ojos del ciego y otra sobre el pecho del canceroso.

—Si creéis en el poder divino que residió en Elías Profeta, y que hoy reside en mí, por ley eterna de amor y de justicia, quiero que seáis curados para que hagáis el bien sobre la tierra.

El joven enfermo arrojó una bocanada de sangre y cayó exánime en brazos de Judá y Faqui que le sostuvieron. El hombre ciego se restregó los ojos invadidos de un fuerte ecozor y los fué abriendo lentamente...

—¿Quién eres tú?... ¿quién eres en nombre de Dios? —gritó el Terapeuta maravillado de tan repentina curación.

El joven Maestro sonriente y afable le puso una mano en el hombro y le dijo:

—¿No acabas de decirme que *el Señor está con nosotros?*

El Terapeuta cayó de rodillas con honda emoción exclamando:

—¡Luz de Dios sobre la tierra! ¡bendita la hora en que vine a esta caverna!

—Es breve el tiempo que tenemos. Oye la bocina del barco que nos llama al puerto —díjole el Maestro—.

"Encárgate de reunir aquí adeptos de la Santa Alianza, para lo cual pedirás instrucciones a los Terapeutas de la Torre de Melkart en Tiro, donde acabamos de dejarla establecida.

El Terapeuta dejó al ex ciego encargado del joven canceroso que descansaba en profundo letargo sobre un lecho de heno y acompañó a Jhasua hasta que le vio embarcarse.

Este Esenio se llamaba Nabat y tenía una hermana viuda de nombre María que vivía muy retirada con un hijo adolescente de nombre Juan Marcos; y por entonces vivían en Cesárea de Filipos. Fueron éstos juntamente con los curados en la "gruta del Profeta" los cimientos de la Santa Alianza en esa parte de Siria, mayormente en Cesárea, donde años más adelante estuvo en su propia casa la primera agrupación cristiana que tantos servicios prestó a Pedro el apóstol en las grandes persecuciones que sufrió.

De Sarepta a Sidón había con buen tiempo, sólo un día de viaje. Aun cuando esta capital había decaído mucho de su antiguo esplendor como centro de la gran actividad comercial de los fenicios, cuando eran los únicos dueños del Mediterráneo, conservaba no obstante los claros vestigios de su pasada grandeza.

Su soberbio panorama de montañas cubiertas de eterno verdor, sus blancos palacios prendidos en lo alto de las colinas como nidos de águilas, asomando apenas sus audaces torrecillas por entre las copas de los cedros gigantescos; su situación entre dos ríos que bajaban desde las alturas del Líbano saltando entre peñascos hasta desembocar en el mar, todo en fin, hacía de Sidón, una ciudad de ensueño, donde los huertos fecundos y los maravillosos jardines saturaban la atmósfera de aroma de frutas maduras y de rosedales en flor.

Sidón continuaba siendo la patria adoptiva de innumerables príncipes y excepcionalmente hermoso en su naturaleza, en su clima benigno y saludable, por la gran altura en que se encontraba, ya en plena cordillera del Líbano.

Debido a esto, era una ciudad de cortesanos y cortesanas, que habían traído las costumbres y usos de sus respectivos países. Las bayaderas y odaliscas de Bagdad, de Bizancio, de Pafos, de Dafne; los cultores de los dioses paganos del placer, la molicie y la sensualidad más refinada, habían llevado a Sidón lo que ellos conceptuaban como lo único que hacían la vida humana, digna de ser vivida.

A esta capital llegaba a bordo de la galera *"Thirza"* la luz Divina hecha hombre, el amor Eterno palpitando en un corazón de carne.

Noemí, madre de Judá que sabía esto más o menos por referencias de su esposo, cuyos viajes por oriente y occidente lo hicieron gran conocedor de costumbres y usos, observó la conveniencia de no desembarcar en aquella ciudad. Judá y Faqui comprendieron el retraimiento de la austera dama judía, que no deseaba que las jóvenes que viajaban con ella, vieran de cerca lo que ella llamaba la *abominación de Sidón.*

El breve diálogo entre Judá y su madre a este respecto, hizo comprender a Jhasua el motivo por qué Noemí se oponía al desembarco.

El navío se detendría por cuatro horas en Sidón, tiempo bastante para explorar el terreno por si se les ofrecía oportunidad de conquistar prosélitos para la causa que había echado raíces profundas en los tres amigos.

—Cinco años vividos en la Roma de los Césares me han curado de espanto, madre —decía Judá—. Más de lo que he visto allí de corrupción y de vicio, no veré seguramente en Sidón.

—Donde hay muchos apestados es donde más falta hace la purificación y la limpieza —dijo Jhasua—. Quizá es mayor la mala fama que la realidad y además "si diez justos hubiera en Sidón, por esos diez el Señor perdonaría a todos". ¿No era así la palabra divina, Noemí?

—Sí, hijo de David, era así. Que el Señor me perdone el temor egoísta de que sufráis mal, allí donde en verdad podéis sembrar el bien.

—Entonces ¿tenemos vuestro beneplácito para visitar a Sidón? —preguntó afectuosamente Faqui, como si aquella virtuosa matrona judía fuera su propia madre.

—Sí, sí, Hach-ben Faqui. Cuando nuestro Mesías lo quiere, él sabe lo que quiere —contestó la dulce mujer.

Como las miradas de Faqui interrogasen a Thirza, ésta dijo discretamente:

—Cuando madre dice que sí, es que debe ser sí; pero yo no deseo bajar. Miraré la ciudad desde cubierta y tengo bastante con esto.

Los cinco hombres bajaron. Los flamantes mayordomos de los jóvenes príncipes aseguraban que antes de su desgracia, residía allí un hermano de su difunta madre, que en el gran mercado de Sidón tenía un negocio de piedras preciosas, corales y nácar. Acaso él les orientase en la empresa que deseaban realizar.

El mercado de Sidón era una inmensa rotonda, especie de plaza amurallada, pero cuya muralla tenía innumerables puertas.

Un gran círculo de esbeltas columnas de mármol, paralelo a la muralla exterior, le asemejaba a un anfiteatro. Esta columnata circular tenía una magnífica techumbre poblada de altorrelieves, en que se destacaban audazmente, odaliscas en danza ante las estatuas de los dioses.

Al centro de la gran rotonda había una fuente de mármol con una estatua de Adonis, rodeado de amorcillos coronados de flores en actitud de danza.

Encontraron por fin el comercio que buscaban, pero no era el tío sino una joven muy afable y bien parecida.

Cuando dieron el nombre del tío, la joven les dijo:

—Soy su hija; mi padre está enfermo. ¿Qué deseáis?

Isaías y Othoniel no reconocieron a su prima, como tampoco ella les reconoció, pues habían pasado diez años sin verse y los tres eran casi niños la última vez que se vieron.

Cuando se dieron a conocer fue grande la alegría de la muchacha cuyo nombre era Thamar.

—Permitidme —les dijo— que atienda unos clientes que tengo aquí dentro y luego os llevaré yo misma a ver a mi padre.

Mientras este diálogo, Jhasua con Judá y Faqui recorrían la gran columnata circular observándolo todo.

Vieron en una pequeña tienda de frutas y flores, a su dueño paralítico sentado en un sillón de ruedas que un adolescente empujaba cuando le era necesario moverse. Así atendía su negocio.

Les ofreció uvas de Chipre y dátiles de Alejandría, que ellos compraron para iniciar conversación.

—Vosotros habréis llegado en la galera que atracó recién —les dijo el viejo— Venís seguramente de Judea, pues vuestra vestidura lo atestigua. ¿Qué tal se vive por allá?

—Allá y acá respiramos aire de humillación y de desprecio —contestó Judá.

—Aquí sólo viven a gusto los holgazanes y las bailarinas —dijo el viejo comerciante—. Para esos no hay mal año ni les es pesada la vida.

—Mientras que tú —díjole Jhasua—, te ganas penosamente el pan con tu cuerpo casi inutilizado por la parálisis.

—¿Parálisis?... ¡El potro del tormento que dislocó mis pies y mis rodillas!... —exclamó el pobre hombre con la voz temblando de ira.

—¿Y por qué? —volvió a preguntar Jhasua—, ¿qué delito habías cometido?

—Defender la honra de mi casa, como una leona con cachorros defiende su madriguera. Nada hay digno de respeto para la codicia de los amos de Roma. Para pagar sus deudas de juego, un satélite de su majestad imperial tuvo la idea de comprarme dos de mis hijas mayores para el rey de Bagdad, que le daría en cambio un bolsillo de piedras preciosas de gran valor, pues tenía capricho por doncellas de la patria de Salomón. Le faltaban dos para completar las diez que aquel sátiro quería.

"Yo oculté mis dos hijas donde ni el diablo pudiera hallarlas, y me sometió al tormento para hacerme declarar dónde estaban. No me mató en la esperanza de que yo accediera después.

"De Sevthópolis salté aquí en procura de tranquilidad y aquí estoy. Salvé de la deshonra mi casa, pero no salvé mis piernas que quedaron dislocadas.

—Soy médico —díjole Jhasua arrodillándose al pie del sillón del inválido—. Hay dislocaduras que pueden curarse. Déjame probar—. Sus manos se posaron suavemente en las rodillas huesosas y enflaquecidas y luego en los pies, cuyas plantas se hallaban hacia fuera horriblemente desfigurados.

—Me queman tus manos niño, ¡cuidado!... —decía el comerciante.

—No temas buen hombre, que no es para hacerte mal que me he acercado a ti. Puesto que eres samaritano debes creer en el poder divino que usaron los profetas para curar los enfermos...

—¡Ya lo creo!... ¡pero hace tanto que los profetas se fueron de esta tierra, que hoy es guarida de ladrones reales y de asesinos con togas!...

—Prueba a levantarte y andar —díjole Jhasua con cierta suave autoridad.

—¿Andar yo?... ¡Hace seis años que no uso mis piernas para nada!...

—Prueba a levantarte y andar —volvió a insistir Jhasua tomando al inválido por ambas manos.

Cuando se puso de pie, le atrajo suavemente hacia él, y soltando aquellas manos que temblaban entre las suyas, le dijo:

—¡Camina... ya puedes andar!

El hombre dio un paso, luego otro y otro más.

—¡Mis pies andan solos! —gritó— ¡Dios de Israel! ha resucitado Eliseo profeta y los muertos vuelven a la vida.

—¡Chist! —dijo Jhasua—. No hables tan alto, pues ya sabes que los profetas de Dios estamos siempre sentenciados a muerte, y aún no es llegada mi hora.

—Todo lo que soy y lo que tengo te daré Profeta por el bien que me has hecho. ¡Corre hijo mío a casa —dijo al adolescente— y que tu madre prepare el mejor pan y el mejor vino para este hombre de Dios que ha hecho vivir mis piernas!

—No te afanes así —le dijo Jhasua— que el tiempo que tenemos es poco.

Judá y Faqui decían entre sí:

—Ya tenemos la entrada libre en Sidón. Este buen hombre y su familia será el primer plantel de la Santa Alianza—. Y lo fue en efecto, pues entre su numerosa familia había seis hijos varones y tres mujeres, algunos ya casados, pero que continuaban viviendo en la vieja casa paterna.

Mientras ocurría esto en la tienda de flores y frutas, Isaías y Othoniel en la otra parte de la rotonda conversaban con la prima Thamar.

Los clientes que ella tenía dentro eran un hombre ya maduro vestido al uso griego, o sea con clámide corta y el *Himation* o gran manto en forma de capa; una mujer de regular edad embozada también en su manto, que le cubría la cabeza y daba vuelta alrededor de los hombros; y por último una jovencita rubia de ojos color topacio, vestida con una amplia falda plegada y una esclavina azul completamente rizada que caía con gracia sobre la falda color amarillo. Como se ve los tres personajes parecían griegos de buena posición a juzgar por sus vestiduras.

—Te mandaría en seguida lo que has elegido para tu niña —dijo Thamar acompañando a sus clientes hasta la columnata— pero debo acompañar estos viajeros a mi casa y acto seguido cumplo contigo.

—Basta que sea antes del atardecer —observó el griego.

—Si puedo serte útil prima mía —dijo Othoniel— yo llevaré a esta familia sus compras. ¿Dónde viven?

—Cien pasos de aquí, frente a la estatua de Artemisa en la plazoleta de su nombre —contestó la jovencita mirando al amable extranjero que se ofrecía.

Se trataba de una caja y varios paquetes, cuyo peso era insignificante para

Othoniel, vigoroso y fuerte, y a más entusiasmado por la delicada belleza de la joven.

—¿Cómo te llamas? —le preguntó andando a su lado.

—María de Mágdalo. Este es mi padre y ésta fue mi nodriza y ahora mi aya.

—Y ¿qué razón hay —dijo el griego cuyo nombre era Hermes— para que este mozo nos haga de criado?

—Mi voluntad nada más y el deseo de prestar un servicio a vosotros y a mi prima Thamar que tiene a su padre enfermo.

—Si tú eres sidonio, te compadezco —dijo el griego—. Sidón es una eterna baraúnda de risas, cantos y procesiones lúbricas. Estoy desesperado por volver a mi castillo entre mi bosque, mis pájaros y mis libros.

—Esto es una gran ciudad, padre —dijo la jovencita— y Mágdalo es una aldea donde no se ve más que el castillo y en torno a él las cabañas de nuestros labriegos y pastores.

—¿Te gustan las grandes capitales? —volvió a preguntar Othoniel.

—Me gusta la animación, el movimiento, las emociones constantemente renovadas —contestó la joven.

—¡Ya, ya! —murmuraba el griego— con sólo quince años de vida, no puedes pensar de otra manera. Deja que caiga la nieve de los años, y le encontrarás buen sabor a la quietud, al silencio y a la soledad.

—Yo también soy galileo —dijo Othoniel— originario de Tolemaida donde he vivido hasta ahora. ¡Dentro de dos horas sigo viaje a Antioquía!

—¡Antioquía!... —exclamó María como si dijeran a otro mundo— y ¿te quedarás allá?

—No, voy de paso y creo regresar pronto a nuestra tierra natal.

—Pues cuando vuelvas a Galilea —díjole el griego— si aciertas a llegar a Tiberias, a sólo media milla está mi castillo en Mágdalo, como un nido de gaviotas en pleno bosque.

"Si te place hacer el ermitaño por una temporada, ya lo sabes.

—Gracias, no lo olvidaré —contestó Othoniel, ya deteniéndose porque estaban en la plazoleta de Artemisa, frente a un antiguo palacio transformado en hospedería elegante, para los viajeros favorecidos por la fortuna.

El joven se despidió de sus nuevos amigos y volvió en busca de sus compañeros de viaje, no sin sentir que en su corazón había un culto nuevo que parecíale digno de transformar su vida en adelante. Pero guardó para sí mismo su secreto diciendo: "Nueve años de anulamiento completo en la obscuridad de la ceguera, creo que me dan derecho a desear la felicidad para mi vida futura. Me esforzaré en hacerme digno de *ella* si es que por su posición estuviera más alta que yo".

EN ANTIOQUIA

El navío que conducía a nuestros viajeros no hizo más escalas hasta llegar a su destino: Antioquía.

Llegaron bastante pasado el medio día, y cuando la nave entraba en la bahía formada por la embocadura del río Orontes, Judá se acercó al contramaestre y le preguntó por un hospedaje cómodo y serio para su familia. El amable marino le dio un pequeño croquis de la gran ciudad, cosa que acostumbraba hacer con todos los viajeros que la visitaban por primera vez.

La populosa metrópoli, reina del Oriente en aquel tiempo, estaba dividida por dos hermosísimas avenidas, decoradas con ejemplares de árboles hermosos y raros, traídos de todas partes del mundo. Y entre esa exhuberante arboleda, una interminable serie de palacios fastuosos a uno y otro lado, daban a aquellas avenidas un aspecto de magnificencia tan grande, que el viajero quedaba deslumbrado ante tanta opulencia.

El contramaestre señalándole el croquis le dijo:

—Al comienzo de esta avenida que como ves, corre de norte a sur, aparece en primer término el edificio llamado "Nipheum"; al terminar los jardines que le rodean, está una de las mejores hospederías para familias. Pertenece al propietario de la nave en que realizas este viaje. Por el trato que aquí has recibido, podrás juzgar del que se da en la posada. Se llama *Buena Esperanza*, nombre que verás sobre el pórtico de entrada.

Judá le dio las gracias, y acto seguido bajó al muelle donde contrató una litera para conducir a su madre que a veces se fatigaba al andar.

Mientras Judá y Faqui con los criados, instalaban debidamente a la familia, Jhasua con los hijos de Judas de Galaad, Isaías y Othoniel, preguntaban al capitán del "Thirza" por el domicilio del propietario.

—Debo entregarle hoy mismo —díjole el Maestro— una carta que traigo desde Alejandría, del Príncipe Melchor de Horeb.

—Yo voy a su casa —contestó el capitán— si queréis seguirme.

Y se dirigieron allá.

La casa particular del conocido naviero se hallaba muy próxima a los muelles de desembarco en la embocadura del Orontes, y por tanto, adherida a la imponente y magnífica torre de la muralla, que comenzaba allí y seguía hacia el Este y luego hacia el Sur, hasta perderse de vista en la fértil llanura limitada a lo lejos por dos cadenas de montañas cubiertas de perenne verdor.

No era ningún palacio aquella casa, sino más bien un enorme almacén de fardos, que formaban montañas desde el pavimento al techo. Se veía claramente por las inscripciones o rótulos, que eran mercaderías llegadas de diversos países, o preparadas para salir a sus destinos.

Siguiendo al Capitán, Jhasua acompañado de los hijos de Judas, atravesó varias de aquellas grandes salas abarrotadas de mercancías, hasta llegar a un patio hermosísimo plantado de rosales y de naranjos, donde no se veía más ser viviente, que dos garzas blancas paseando sobre el césped y una gacela, que de inmediato le recordó aquella con que Nebai jugada en la cabaña de piedra de las cercanías del Tabor.

El Capitán entró solo, abriendo una puerta que estaba entornada, y pronto salió, haciendo pasar a Jhasua y sus acompañantes.

Era aquello un enorme despacho, donde había varias mesas sobrecargadas de tabletas de escribir, de rollos de pergamino, de grandes cartapacios de anotaciones.

Detrás de una de aquellas mesas, vieron el busto de un hombre ya anciano, con una hermosa cabeza cana y unos ojos inteligentes, y de mirada profunda, algo inquisidora, que parecía interrogar siempre.

—Seais bienvenidos en nombre de Dios —dijo el anciano con voz solemne y clara.

—La paz sea contigo, Simónides, amigo del Príncipe Melchor de Horeb, en nombre del cual vengo a ti —contestóle Jhasua.

La austera fisonomía del anciano pareció iluminarse con una casi imperceptible sonrisa.

Les invitó a sentarse y manifestar el motivo de su visita. Jhasua le alargó en silencio la epístola de Melchor.

A medida que leía el papiro, su rostro se reanimaba visiblemente. Su palidez mate, fué substituída por un suave encarnado que daba más fulgor a su profunda mirada, por lo cual Jhasua comprendió hasta qué punto le impresionaba la lectura.

Dejó el papiro sobre la mesa y con una ternura que parecía completamente ajena a aquella naturaleza de acero, dijo:

—Grande honra para mi casa es tu presencia en ella, ¡oh hijo de David! pero soy un pobre inválido y no puedo correr hacia ti para reverenciarte. Dígnate acercarte a mí.

Antes de que el anciano terminase de hablar, ya estaba Jhasua junto a él y le había tomado ambas manos.

—No busco reverencias, sino solamente comprensión —le dijo con su dulzura habitual, mirándole hasta el fondo de sus ojos.

—¡Yo sé el que eres y lo que significas para Israel! —siguió diciendo el anciano—. Tú debes saber lo que soy yo, y lo que significo para ti, no obstante de estar amarrado a este sillón, con un cuerpo desecho por las torturas con que me obsequiaron nuestros opresores romanos, a quien Jehová confunda.

—Los caminos del Señor, son a veces incomprensibles a la humana inteligencia —dijo Jhasua sin soltar las manos del inválido— y el poder divino hace a veces brotar flores, allí donde sólo había secas raíces carcomidas por las orugas.

—¿Qué me quieres decir con eso Príncipe, hijo de David?

—Que si tu fe es tan grande como el deseo de justicia que alienta vigoroso en ti, el Señor va a darte lo que no le has pedido nunca: el vigor físico, y la salud perdida, en aras de un deber sagrado para ti: la protección a una familia perseguida y desamparada.

Jhasua soltó las manos del anciano que ardían como si estuvieran sobre el fuego, alejándose unos pasos le dijo:

—Simónides... El poderoso Jehová que has invocado, ha devuelto el vigor a tu cuerpo quebrantado y deshecho, y El te dice por mi boca: *Levántate y anda.*

El anciano que parecía arrojar llamas de sus ojos iluminados por extraña luz, se puso de pie y dió un paso adelante.

—Si yo estoy curado —exclamó— es porque ha entrado en mi casa el Mesías Rey de Israel, anunciado desde tantos siglos por nuestros Profetas. ¡Señor! —dijo doblando una rodilla en tierra—. ¡Tú eres el rey de los judíos, que los sabios de Oriente adoraron en Betlehem hace 21 años! ¡Tú eres el que salvará la Nación del yugo extranjero! ¡Dios te salve hijo de David!

—Dios nos salve de torcer el rumbo de sus designios, Simónides —contestó dulcemente el Maestro—. Yo acepto el nombre de Salvador del mundo porque a eso he venido; pero el de rey, déjalo amigo mío para quienes juzgan que toda grandeza está en los tronos y en los cetros. Yo soy Príncipe de un Reino, que no conocen los hombres, donde no hay otra ley que el amor, ni otros soldados que los que saben renunciarse a sí mismos en favor de sus semejantes.

—¿Entonces los anuncios de los profetas?... preguntó el anciano.

—Ten paz en tu alma Simónides, que el tiempo te hará ver claro en todas las cosas. En los breves años que faltan para mi triunfo final, tienes tiempo de ver hacia qué lado te llevan los vientos benéficos de la esperanza y de la fe.

—¡Entonces tú mismo anuncias un triunfo!... ¡Oh, oh!... ya lo decía yo: no puede ser vana la esperanza de Israel; no puede ser vana mi esperanza!

"Que tarden años nada importa; pero el triunfo será nuestro y la gloria de Israel sobre el mundo será imperecedera...

" ¡Oh Jerusalén santa!... tu nombre no se borrará jamás de la faz de la Tierra!... Hacia tí se volverán todas las naciones, y no habrá labios humanos que no pronuncien tu nombre llamándote santa, santa por todos los siglos!...

—Así será como lo dices —le contestó Jhasua dulcemente, y sus pensamientos encerraban la infinita amargura del que sabe, que aquellas palabras eran proféticas, aunque con distinto significado del que el ferviente anciano les atribuía. Jerusalén quedaría en la memoria de todos los hombres y de todos los tiempos por el espantoso crimen que los sacerdotes de Jerusalén guardianes de la fe y de la esperanza de un numeroso pueblo, habían de perpetuar cegados por su soberbia y ambición de poder.

Jerusalén sería llamada tres veces santa, porque sería regada por las lágrimas y la sangre inocente del Hijo de Dios, cruelmente inmolado por la salvación de la humanidad.

—¿Sabes amigo mío que han viajado conmigo en tu navío "Thirza", el príncipe Judá hijo de Ithamar con su madre y su hermana, que vienen hacia tí?

—¿Cómo amigos o como jueces? —preguntó el anciano sin inmutarse.

—Como amigos Simónides, o más aún, como huérfanos de protección y de amparo, puesto que aún están bajo la proscripción de la ley romana, que les condenó injustamente un día.

El anciano exhaló un gran suspiro y se dejó caer sobre un sillón.

—Gracias al Dios de Abraham, por las misericordias que ha tenido con sus siervos! ¡Oh Ungido del Dios de Israel... Contigo han venido todos los bienes sobre mí! Yo tuve noticia de que el hijo de mi antiguo patrón había sido salvado de la galera, por un romano ilustre y generoso amigo suyo, que en obsequio al noble muerto, salvó del escarnio y adoptó como hijo, al hijo del príncipe

Ithamar. Y así, esperaba de día en día que viniera hacia mí. Hace cerca de un mes que supe por un agente mío en Jerusalén, que la viuda y la hija de mi patrón, habían sido sacadas de la Torre Antonia por una circunstancia que mi agente no pudo averiguar. Mandé al viejo palacio, pero habían salido de viaje al norte, contestaron los criados que guardaban la casa. Supuse que vendrían hacia aquí, y su tardanza en llegar la he atribuído a que viajarían con toda clase de precauciones, para no despertar la ira de los chacales romanos que husmean la presa en todas partes.

—Descansan del viaje en la hospedería "Buena Esperanza" —prosiguió Jhasua.

—¡Oh Jehová bendito!... han viajado en su propio buque y ahora se hospedan en su propia casa!... Mayor dicha que ésta no la hubo bajo del sol, desde que tengo uso de razón, —exclamaba el anciano fuera de sí de felicidad—.

"¡Esther, hija mía, Esther!, ven, que hoy la dicha se nos entra en casa sin pedirnos permiso.

—¡Abuelito! —dijo una voz tan conocida para Jhasua, que aun no pudo ver a la persona que la emitía, por la obscuridad que hacía una mampara de seda atravesada en el ángulo del gran despacho—. ¿Cómo es que caminas abuelo?

Y una joven enlutada y con la cabeza tocada de un blanco velo, apareció de pronto.

Jhasua creyó reconocer en ella a Nebai, a la cual hacía más de dos años que no veía, pero la muchacha en el asombro de ver caminar al anciano inválido, no puso atención en los tres visitantes que había.

—Estoy sano y fuerte, hija mía; el Mesías anunciado por los profetas ha entrado en mi casa. Salúdale Esther, con la reverencia que se merece el Rey de Israel.

Sobrecogida de estupor, ante los prodigios que veía la joven, iba a doblar la rodilla ante Jhasua, pero éste le tomó de ambas manos y las miradas se encontraron.

—¡Jhasua!...

—¡Nebai!... ¿Cómo estás aquí y con ese manto de luto?

La joven se abrazó espontáneamente de Jhasua y rompió a llorar a grandes sollozos.

Esta vez le tocó asombrarse hasta la estupefacción al anciano Simónides, ante el cuadro que se ofrecía a su vista.

Se acercó a su nieta para perguntarle:

—¿Pero tú conocías al Ungido de Jehová?

—Allá en la cabaña del Tabor, cuando ambos éramos adolescentes... —murmuraba entre sollozos la joven, a la cual Jhasua secaba el llanto con ternura.

—¡Ah!... voy comprendiendo, —decía el anciano, acariciando la cabeza de la joven—. Pues sí, he recobrado a esta hija de mi hija, por la muerte de su padre Arvoth ocurrida hace sólo dos lunas. Cayó desde la torre más alta de la fortaleza de Hippos, que hacía restaurar el Tetrarca Felipe en la Traconitis. Sus dos hermanos están por casarse, y en seguida la madre y la hija vuelven al hogar paterno, que se iluminará de nuevo con luz de estrellas y de arrebol.

Jhasua miraba enternecido a esta Nebai dolorosa, y se recriminaba a sí mismo de haberla dejado sola en su dolor.

—¿Cómo es que aquí te llamas *Esther* y en el Tabor *Nebai*? —le preguntó dulcemente.

—Cosas del abuelo —dijo sonriendo a los dos, en medio de sus lágrimas.

—Sí, sí, cosas del abuelo que siempre está en lo justo. Sabe, ¡oh, soberano señor de Israel!, que cuando nació esta niña, ya era muerta mi amada compañera que entregó su alma a Dios, al nacer muerta nuestra segunda hija a la cual llamaríamos Esther. Y mi buena Raquel me pidió que si el Señor nos mandaba una nieta que fuera llamada *Esther*.

"La ilustre y bella judía que dominó las furias de Asuero, Rey de Persia y dominador de casi todo el Oriente, ¿no es digna que se la recuerde e inmortalice, en las niñas que nacen el mismo día aniversario de su coronación como reina?

—Es una hermosa idea, dado que la reina Esther, salvó de la muerte a innumerables compatriotas suyos, condenados a la esclavitud y a morir, por la cólera vengativa del favorito Aman —contestó Jhasua.

— ¡Justo!... pues al padre le sonaba bien llamarle *Nebai* por una hermana suya que se le parecía mucho. Pero en mi casa y a mi lado, es Esther, y seguirá siéndolo hasta que la tierra cubra mis huesos. ¿Estamos?

—Si abuelito, si, yo estoy de acuerdo. Aquí está frente a nosotros, el que me enseñó un día a renunciarme a mí misma para complacer a los que me aman.

—Y acaso ¿no has encontrado compensaciones Esther en ese renunciamiento de amor? —le preguntó Jhasua.

— ¡Muchas Jhasua!... muchas compensaciones! Tantas que casi podría asegurar que el renunciarse a sí mismo, es todo el secreto para conquistar el amor de quienes nos rodean.

— ¡Es genial mi nieta!... —exclamaba el viejo acariciando una mano de la joven—. Nadie diría que aún no ha cumplido los diez y ocho años. Desde que está aquí es mi secretaria.. y no acepto más secretarios que ella. Pronto vendrá su madre que será el ama de casa... y soñaré de nuevo que vive aún mi Raquel, para hacer florecer mi huerto con todos los encantos del mundo.

—Ha pasado ya el invierto y florecen los manzanos... —decía Jhasua, recordando las palabras de amor que el "Cantar de los Cantares" pone en boca del amado de Zulamita.

— ¡Ha pasado sí, príncipe, hijo de David! Ha pasado por tres grandes razones: Porque el Rey de Israel ha venido hoy a mi casa y me ha transformado en un hombre fuerte; porque se levanta de nuevo la amada familia del príncipe Ithamar de Jerusalén, y porque he venido a saber que mi única nieta es grande amiga del Ungido de Jehová.

"¿Son éstas en verdad grandes razones? Decidlo vosotros dos jóvenes galileos.

Othoniel e Isaías se vieron aludidos directamente por el dueño de casa, y el primero contestó:

—Son razones tan poderosas, que casi estoy abrumado de tan grandes acontecimientos venidos en un momento a tu casa.

—Bien, bien, permitidme un momento para tomar mi manto y mi turbante, pues quiero ir de inmediato a la posada a presentar mis respetos a la familia de mi antiguo patrón. ¡Ahora no soy ya un inválido!... ¡Iré si, iré ahora mismo!... ¡Oh, mi pequeño Judá debe estar hecho un hermoso varón, pues era todo el retrato de su padre!...

—Aquí está tu pequeño Judá, buen amigo de mi padre, —dijo el joven príncipe, a quien un criado había conducido al despacho.

El anciano se quedó mudo... paralizado de emoción y de asombro, mientras Judá se le acercaba con ambas manos extendidas hacia él.

—¡Príncipe Ithamar! —exclamó—. Si es el mismo que ha salido de las olas del mar que lo tragaron!... ¡Nuevo Jonás profeta, surgido del abismo! —Y sus viejos brazos estrecharon fuertemente al joven Príncipe Judá, cuya personalidad hermosa y gallarda había llenado de estupor al anciano.

Luego presentó su nieta Esther al príncipe, al cual tocó esta vez maravillarse, pues suponía al viejo solo como un hongo amarrado a su sillón de inválido, y no sólo lo encontraba sano y todavía fuerte, sino acompañado de un hermoso rosal en flor...

—¡Ya se vé que entró Jhasua en tu casa!... y donde El entra, los huertos florecen y los pájaros cantan, decía Judá. ¡Oh Simónides!, nuestros largos años de padecimiento han tenido un epílogo de gloria y de paz, de amor y de dicha, porque el Ungido del Señor está junto a nosotros.

—Todos mis sueños van a cumplirse. —decía entusiasmado el anciano—. ¡El Dios de mis padres me dá todo hecho!... ¡el huerto en flor, y solo tengo que recoger los frutos! Había movido el cielo y la tierra como se dice, para encontrar la familia del príncipe Ithamar, pues ellos debían ser a mi juicio los primeros colaboradores del gran Rey que esperábamos. ¡Había averiguado a mis agentes viajeros de todas mis caravanas sobre el sitio en que se ocultaba el Mesías Salvador de Israel!... ¡y he aquí que el día menos pensado, abre el sol en la tristeza de mi vida, y el Dios de Abraham y de Jacob, pone a mi vista lo que por tanto tiempo anduve buscando!...

—¡Feliz de ti Simónides! —díjole el Maestro— que dejas florecer en tu alma la gratitud al Señor por sus beneficios sobre ti. Y como El no se deja aventajar en largueza y generosidad, colma de alegría tu vida, ya en el ocaso: porque tu vida fué de justicia y equidad; porque tus días fueron laboriosos y buenos para tus semejantes... porque has amado a tu prójimo como a ti mismo, según el gran mandato de la Ley.

Después de estos preliminares, siguieron naturalmente las confidencias íntimas, las historias dolorosas y terribles de los ocho años pasados sin saber unos de otros, sino las tristes noticias que ya conoce el lector; despojos, calabozos, condenado a galera, naufragio... ¡y luego el profundo silencio, sinónimo de aniquilamiento, de destrucción y de muerte!

—Mas, a pesar de todo esto —decía el anciano— ¡yo esperaba sin saber qué, ni por qué esperaba!

"Ya la enorme fortuna de la casa de Ithamar, se multiplicaba en mis manos de un modo maravilloso. Mucho devoró la loba romana, pero fué más lo que salvé a costa de mi cuerpo retorcido y dislocado en el tormento. Dios bendecía mis negocios con un gran fin seguramente. Por Melchor, Gaspar y Baltasar que fueron mis huéspedes, conocía yo el nacimiento del Rey de Israel, pero ellos partieron a sus países y hasta hace poco tiempo no tuve más noticias suyas.

—Tiene el Supremo Señor —dijo Jhasua— designios que no están al alcance de las humanas inteligencias, ni de los esfuerzos o anhelos de los hombres hasta que ha sonado la hora de su realización.

"Ayer era la hora de la esperanza. Hoy es la hora del amor, de la unificación en el esfuerzo y en la fe.

"No es uno solo el *Salvador del mundo*. Seremos tantos, cuantos seamos capaces de comprender la obra divina en medio de la humanidad.

—Judá, hijo del generoso y noble príncipe Ithamar. Tu genealogía se pierde en la noche de los siglos, cuando Hur-Kaldis, la más gloriosa ciudad de la prehistoria de los valles del Eúfrates, albergó a nuestro padre Abraham. ¿No estarás destinado por Jehová de los ejércitos, para consagrar tu vida y tu fortuna a la grandeza y la gloria del Rey que está a nuestro lado? ¿Quién me dió la fuerza de soportar el potro del tormento, por salvar una fortuna que no era mía? ¿Quién me dió el talento de los negocios, que no me ha fracasado ni uno solo? ¿Quién contuvo las furias del mar en espantosas borrascas que echaron a pique hasta las naves del César? ¿y las tuyas llegaban a este puerto como si un viento suave las impulsara? ¿Quién cuidaba de mis caravanas, a las cuales respetaba el simún en el desierto y los ladrones en las montañas?

"¡Era Jehová de los ejércitos!... era el Supremo Señor para que esta colosal fortuna Judá, niño mío, fuera el pedestal de la grandeza y la gloria de nuestro Rey de Israel.

"¡Y tú no se la mezquinarás ahora!... seguramente que no.

—No te exaltes así, buen amigo —le dijo Jhasua— que si en los designios divinos está el programa que esbozas, ya nos sobrará tiempo para realizarlo.

—Y por mi parte —dijo Judá— yo soy hijo de mi padre, del cual tengo noticias que hizo obras benéficas en nuestros pueblos de la Judea. Si como tú dices, el Rey de Israel necesita de la fortuna que tan maravillósamente has acumulado, no seré yo, puedes estar cierto, quien se la mezquine.

—Hija mía —dijo el anciano volviéndose a su nieta—, por ahora eres tú el ama de casa... Tráenos de aquel vino de Hebrón, de las viñas del Príncipe Ithamar, que supera al de Corinto, y que yo guardaba para cuando tú quisieras casarte...

La joven salió a cumplir el encargo, y el viejo que no cabía en sí de gozo, hablaba sin parar.

—Si pues —decía— me veo curado por la presencia del Mesías, el cual ademas me ha traído a este tortolito perdido, y por el que tanto he llorado... Ya verás qué sorpresa te guarda el viejo administrador de tu padre! Eres más rico que el César. Mira —dijo, abriendo un ventanal que daba hacia la bahía del río Orontes, donde estaba anclada una porción de naves con pabellones amarillo y azul—.

"¿Ves esa flota? Toda es tuya, y aún faltan seis naves más que andan de viaje hacia oriente y hacia occidente, traficando honradamente en la compra venta, y en el intercambio de productos de todos los países, sin que jamás haya tenido nadie que echarme en cara, una deslealtad o falta de cumplimiento. ¿Qué dices a esto?

—Digo buen Simónides, que eres el genio tutelar del noble comercio —le contestó el joven—. Y digo también, —añadió—, que casi tengo escrúpulos de recibir una fortuna que no me cuesta el menor esfuerzo. ¿No es más tuya que mía esta fortuna? Di la verdad.

El anciano abrió muy grande sus ojos llenos de asombro.

Después dijo con voz pausada y serena:

—Yo soy guardador fiel de la Ley de Moisés que dice: *"No hurtarás. No codiciarás los bienes ajenos"*.

"Si en mis manos se ha multiplicado el capital que tu padre, el príncipe Ithamar, me entregó con amplia confianza en mí, ¿deja por eso de ser tuyo?, que lo diga el Ungido de Dios, aquí presente.

—Es tal como dices Simónides, y porque has sido justo y leal, el Señor ha multiplicado el tesoro encomendado a ti, pero no por eso puedes impedir a Judá, heredero de su padre, el ser generoso contigo.

—¡Jhasua lee en los pensamientos de los hombres!... —exclamó Judá—. Lo que has pensado Jhasua, es justamente lo que haré.

—No podrá ser sin que yo lo sepa antes, pues has de saber Judá, niño mío, que yo tengo con tu padre una deuda que no puedo pagar con todos los tesoros que he acumulado para su viuda y sus hijos. Y soy inmensamente feliz, viendo florecer ésta fortuna, como lotos en los ríos de la India, y no quiero otro galardón que continuar administrándola hasta que la tierra cubra mis huesos.

"¿Sabéis que yo quise hacer en Judea como Espartaco en Roma, y sublevar a todos los esclavos maltratados por sus amos, buscando un mejoramiento en sus vidas?

—No, no lo sabíamos —respondieron todos.

—Pues si señores, y entre Herodes el Idumeo, y algunos miembros de los tribunales del Templo, me condenaron a la muerte que se da a los esclavos rebeldes: la crucificción sobre el Monte de las Calaveras. Ya me llevaban a rastras por las calles de la ciudad, cuando acertó a pasar por allí el príncipe Ithamar, tu padre, que era el ídolo de la nobleza judía, y muy respetado en los claustros sagrados, por sus grandes donativos y su respeto a la ley de Moisés.

"Se interpuso entre mis verdugos y yo, y compró mi vida por diez mil sextercios que se repartieron gustosamente los que me condenaron a morir. Hizo más todavía, compró a sus amos, a todos aquellos esclavos maltratados, cuyos padecimientos me habían llevado a incitarlos a la rebelión. ¿Estás contento ahora?, me preguntó con aquella su noble gentileza, que me parece estar viendo en ti, Judá, niño mío.

"Yo caí de rodillas a sus pies y le dije: "Sí amo mío!... estoy contento de ser tu esclavo, y de que lo sean junto a mí, todos aquellos por los cuales fui condenado a morir. Soy pues esclavo del príncime Ithamar de Jerusalén, que me compró con su oro para salvarme la vida. Cuando cumplí los seis años de servicio que exige la Ley, quiso él darme la libertad, pero yo le pedí pasar a la clase de esclavos vitalicios o sea *hasta la muerte*. Entonces él me puso al frente de todos sus negocios como su representante general, con residencia en Antioquía, donde era desconocido aquel incidente y mi condición de esclavo. Ya comprenderéis todos, que por ley, soy esclavo del heredero del príncipe Ithamar, en forma que puedo continuar administrando sus bienes que nunca pueden pertenecerme como propiedad, que lo son del amo. ¿Comprendéis ahora mi secreto con el noble príncipe Ithamar? Y aunque su familia no lo sabía, ¿puede un israelita de buena cepa, ser desleal con su bienhechor y codiciar sus bienes?

Judá no pudo contenerse más y acercándose al anciano lo estrechó a su corazón mientras le decía:

—¡Yo no quiero ser tu amo, sino tu hijo, ya que la muerte me llevó al padre que me dio la vida!

El anciano conteniendo los sollozos, se abandonó al noble abrazo del príncipe Judá, hijo de Ithamar.

—He aquí —dijo Jhasua— el prototipo de la lealtad y de la gratitud, tales como muy pocas veces se encuentran en esta Tierra.

Nebai o Esther como queramos. llamarla, había escuchado parte de esta escena mientras servía a los visitantes el vino de Hebrón con pasta de almendras, y pensaba en su interior con cierta vaga inquietud:

"Si mi abuelo declara ser esclavo de Ithamar y luego de sus herederos, mi madre lo es también, y yo que soy su hija, lo seré igualmente. La Ley es inexorable. La reflexión se ahondó en ella, hasta tocar las fibras más íntimas de su ser. Habituada a sentir desde que tuvo uso de razón, el amor preferente y tierno de sus padres, a saberse algo así como una princesa mimada, allá en las risueñas serranías de Galilea, sintió un rudo golpe en su dignidad, en su amor propio, en el natural orgullo de saberse hija de un escultor apreciado hasta de los reyes, y de una madre educada en los claustros del Templo como las descendientes de noble estirpe. Y no era más que la nieta de un esclavo, comprado con dinero y que lo sería por toda su vida. ¡Cuán arrepentida estaba de haber venido a cobijar su orfandad y su pobreza a la sombra de aquel abuelo que era un esclavo!''

Cuando se llegó a ofrecer la copa a Jhasua, tenía Nebai dos lágrimas temblando en sus pestañas.

—¡Nebai, mi tierna compañera de la fuente de las palomas, allá en el Tabor!... —le dijo Jhasua con la voz más dulce que pudieron modular sus labios—. Tu rebelión interna en contra del designio divino, es un pecado Nebai, contra la bondad de nuestro Dios que es amor.

—¿Por qué dices así, Jhasua? —le preguntó ella fijando en él sus ojos cristalizados por el llanto.

—La revelación de tu abuelo te hace padecer enormemente, y no sabes que la felicidad y el amor rondan a tu lado como mariposas en un rosal...

—Tú siempre el mismo, Jhasua... viendo hasta en el aire que respiras, el reflejo de las bellezas de tus sueños —le contestó ella.

Jhasua había observado que la mirada dulce y noble del príncipe Judá, se fijaba con demasiada insistencia en la joven cuando iba y venía, prestando a los visitantes sus atenciones de ama de casa.

Y su fina intuición esbozó con los más bellos colores, un amor como el de Faqui y Thirza, del cual surgiría en un futuro cercano, otro hogar creyente en el Dios Padre amoroso que él había comprendido desde la niñez.

Cuando Nebai se acercó al príncipe Judá para darle la copa, él se inclinó buscando su mirada insistentemente baja.

—Si eres de mi raza y de mi fe, debes saber que el beber de la misma copa es augurio de un cariño eterno. ¡Bebe de la mía, te lo ruego!

Y Judá acercó la copa llena del rojo licor a los labios de Nebai.

Ella volvió sus ojos al abuelo como interrogando.

—Bebe niña, bebe. ¿No has oído que el príncipe Judá ha declarado que quiere ser mi hijo?...

Nebai roja como una cereza bebió un pequeño sorbo y murmuró:

—¡Gracias, Príncipe!

—Llámame simplemente Judá, porque quiero ser para tí, lo que soy para mi hermana Thirza, a la cual conocerás hoy mismo.

"¡Esther!... —le dijo dulcemente, y como si adivinara la interna amargura de la joven—. Si algún derecho quieres concederme en tus sentimientos, quiero tu piedad y tu cariño, porque he padecido mucho en mi vida, no obstante de ser tan joven aún.

—Ya lo tienes, Judá, toda vez que has sido tan noble para con mi abuelo, como bueno fue con él, tu difunto padre.

—¿Entonces seremos amigos para toda la vida? —volvó a insistir Judá.

Nebai miró esta vez a Jhasua, y lo encontró sonriendo con su dulzura habitual. Esto la animó.

—Como lo soy de Jhasua, lo seré también de ti, para toda la vida.

—*"Alianza de tres, firme es"*, dicen en esta tierra que riega el Orontes —dijo el anciano, cuya dicha era tan grande que parecía derramársele el corazón como un vaso de esencia demasiado lleno.

Tampoco escapó a su perspicacia, la espontánea simpatía del príncipe Judá para su nieta, lo cual ya lo supondrá el lector, fue para el noble corazón del anciano, un motivo más de alegría y de agradecimiento a Jehová, que, según él decía, había hecho desbordar sus beneficios sobre su existencia tan azarosa y sufrida.

Luego debieron resignarse a escuchar los relatos del anciano sobre el estado de los negocios, capitales y rentas habidas desde que él administraba la fortuna del Príncipe Ithamar.

Jhasua creyéndose ajeno a estos asuntos, quiso retirarse, pero el buen Simónides le rogó que estuviera presente.

— ¡Oh, Ungido del Señor! —le dijo con tono suplicante — ¡mi soberano Rey de Israel! ¿vais a quitar al viejo Simónides la satisfacción de rendir cuentas en vuestra presencia de estos capitales que serán la base y fundamento de la obra de Dios que habéis venido a realizar?

—Está bien, amigo mío —contestó Jhasua—, no quiero privarte de tal satisfacción. Creí que bastaba con que Judá que es el heredero, recibiera tus declaraciones en tal sentido.

—Sí, sí, mi pequeño Judá, es el heredero de su padre, pero vos Señor, sois el heredero del Padre Creador, que hizo fructificar estos bienes al mil por uno. ¿No es esta la verdad clara como la luz del día?

—Y tan clara, que todos estamos en acuerdo contigo. Simónides —dijo Judá, para calmar las exaltaciones del anciano comerciante.

Cuando terminó de presentar cuentas, se frotaba las manos con íntima satisfacción.

--Decidme todos vosotros, si lógicamente podemos creer que el Eterno Dador de todo bien, pueda dar tan fabulosa fortuna a un ser determinado, sólo para que él goce en saberse el hombre más acaudalado del mundo... aún más rico que el César. Si hoy la pone en las manos de Judá, hijo de Ithamar, príncipe de Jerusalén, es a no dudarlo, porque allí será la exaltación del Ungido Divino al trono de David; allí tomará posesión de su reino inmortal, que debe deslumbrar al mundo entero con una grandeza nunca vista. En Israel no habrá menesterosos, ni huérfanos, ni mendigos, ni cavernas habitadas por leprosos, ni ancianos estrujados por el hambre y la miseria, puesto que el Rey de Israel podrá dar la dicha y el bienestar a todos sus súbditos. ¿Habrá un reino más feliz y próspero que el suyo? ¿No está así predicho por los profetas?

"¿No dice Isaías: "Levántate Jerusalén y resplandece, que ha venido tu lumbre y la gloria de Jehová ha bajado sobre ti?".

"¿No dice Jeremías: "He aquí que vienen los días, dice Jehová, en que despertaré a David, renuevo justo, y reinará, Rey dichoso, noble y grande, que hará justicia sobre la Tierra?"

"¿Quién será este Rey sino el Mesías... el hijo de Dios, un retazo del mismo Jehová inmortal y poderoso, que manda sobre todos los elementos y sobre todos los seres?

— ¡Oh, buen Simónides! —exclamó el Maestro—; día llegará que todos veamos claro en el pensamiento Divino, como vemos en el fondo de un arroyuelo cuando en sus corrientes ha entrado la calma y con ella la luz del sol.

Y como para dar un alimento sólido a los sueños de grandeza para el pueblo que alimentaba el anciano, Jhasua le describió el panorama que ofrecía ya a la vista la Santa Alianza como una vasta institución cultural, religiosa y civil, a la cual debía pertenecer todo buen hijo de Israel que quisiera capacitarse para cooperar al engrandecimiento y libertad de la Nación.

El inteligente anciano comprendió de inmediato el pensamiento innovador del Mesías, y se adhirió sin reservas a El. Luego añadió:

—La cuarta parte, por lo menos, de los jornaleros de Antioquía, me llaman su patrón, su providencia, su pan sobre la mesa, porque en la carga y la descarga de los navíos, como tripulantes y remeros, como servidores en las caravanas, como guardianes de los rebaños de camellos, mulos y asnos de carga, ¡oh, Judá mío!, tengo a mi servicio unos cuatro mil hombres, y ésto sin contar con los hachadores en nuestros bosques y los cultivadores de nuestros olivares y viñedos...

—Pero Simónides —dijo Judá sonriente—, el César tendría celos de ti que tienes para tus negocios la mitad del mundo...

"Yo no sé cómo el Legado Imperial de Siria te consiente esta tremenda expansión en tierra y en mar.

—¿Que cómo lo consiente? ¡Oh, niño mío!, inocente aún, después que te has educado entre el ilustre patriciado romano.

"¡Tú no sabes lo que vale tu oro! Compré al ministro favorito del César, que me consiguió de puño y letra del Emperador, el permiso de comerciar con cincuenta naves en todos los mares y ríos de su jurisdicción, y con veinte caravanas de doscientas bestias cada una, por todos los caminos de los países que le pagan tributo.

"Mis escribas han sacado un centenar de copias de ese documento, y el ministro Seyano les ha puesto a todas el sello imperial. Cada capitán de navío lleva una entre la documentación, y cada Kabir de caravana lleva asimismo la suya. ¿Quién será pues el audaz que se atreva a poner trabas en el camino de mis dependientes?

"Además si nuestra santa fe nos dice, que la mano Poderosa del Dios de los Profetas, anda dirigiendo estos asuntos para realizar bien pronto el reino del Mesías Salvador de Israel, ¿cómo podemos extrañarnos de que el éxito me haya favorecido siempre?

"Tengo amigos y aliados en Persia, Armenia, Grecia, Arabia, Galia, Iberia y Egipto, que no los he comprado con oro, sino con el comercio honrado y leal, dándoles las ganancias que justamente les corresponden; ni un denario menos, ni un denario más.

"El único que ha dejado en mi poder todas las utilidades, ha sido el príncipe Melchor, que quiso capitalizarlas como aporte suyo a la obra del Mesías Salvador de Israel, cuando llegue el momento.

"Mi aliado en el desierto de Arabia, es el Scheiff Ilderin, en cuyas praderas del *Huerto de las Palmas*, se guardan nuestros rebaños de camellos, mulos y asnos para el servicio de las caravanas. Ya te llevaré, Judá mío, por allá, para que veas de cerca como obscurecen tus rebaños las praderas del Scheiff.

—Yo lo conocí en sus tiendas del Monte Jebel, cercanas a Bozra —dijo Judá—. Andaba yo en los preliminares de una organización para libertar a Israel, que luego de conocer a Jhasua, se ha unificado con la Santa Alianza.

—Ahora comprendo —dijo Jhasua sonriendo afablemente a Judá—. Esos eran *los amigos de la montaña* ¿verdad?

— ¡Eres perspicaz, Jhasua! Sì, esos eran mis legionarios de la montaña y el Scheiff Ilderin, me procuraba las armas y las provisiones.

— ¡Oh, valiente hijo de Ithamar!... —exclamó gozoso el viejo Simónides—. No desmientes tu raza, ni tu origen. ¡Pero nada de guerras por el momento!... lo que se puede hacer en paz y buena amistad, se hace...

—¿Y lo que no se puede?... —preguntó nervioso Judá.

— ¡Eso... eso ya veremos! El oro puede mucho y sin derramamiento de sangre —contestó el anciano.

—Yo traigo una epístola del Príncipe Melchor para el Scheiff Ilderin del *Huerto de las Palmas* —dijo Jhasua cortando la conversación—. Y ya que es tu amigo, espero que me proporciones la oportunidad de encontrarme con él.

—Será, Príncipe hijo de David, cuando sea de tu agrado. Mi gloria mayor es obedecer como un mandato la más ligera indicación.

JUDA Y NEBAI

Nebai o Esther había desaparecido de la escena, sin que nadie al parecer lo apercibiera.

Se había retirado a su alcoba particular y tirada sobre su diván de reposo, lloraba silenciosamente. Su pensamiento hilvanaba una tragedia.

Había sido hasta entonces el orgullo y la gloria de su padre, de su madre, de sus hermanos, de todas sus amistades residentes en Galilea y Judea. ¡Qué humillación, qué desprecio cuando llegasen a saber que su abuelo materno era esclavo comprado con oro, que su madre y ella misma lo eran por herencia!

Si su padre levantara la cabeza de su tumba y viera a su esposa y a su hija, esclavas de un príncipe judío; ¡cuál no sería su desesperación!; ¡él, descendiente de un macedonio heroico, capitán de las legiones de Alejandro Magno!...

Y ese Príncipe Judá que tan amable se había mostrado con ella haciéndola beber de su copa, era su amo, que acaso tendría el capricho de humillarla atentando contra su honra con un amor de pasatiempo y diversión momentánea... ¿No era ella su esclava, que es como decir, *una cosa, una bestezuela* que le pertenecía?

Y Jhasua la abandonaba a su triste situación, según ella creía, porque le veía gran amigo de Judá y al parecer complacido de las sugestiones amorosas que le había hecho. ¿Qué sería en adelante la vida bajo tan despreciable condición?

—¡Jhasua... Jhasua! —pensaba Nebai llorando amargamente—. Cuando allá en el Tabor, en el tranquilo y amoroso huertecillo de la cabaña de piedra, sentados en la fuente de las palomas, dejábamos flotar como velo blanco y oro nuestro pensamiento por la azul inmensidad, espiando la primera estrella, sobre la cual tú me referías hermosas leyendas aprendidas en tus estudios del Santuario, ¿quién le había de decir a la infeliz Nebai, que días muy negros cubrirían de luto y de oprobio su vida?

Al joven Maestro le llegaron como agudos alfilerazos los pensamientos desesperados de la joven y dijo de pronto:

—Buen Simónides, si me lo permites, buscaré a tu nieta en la cual he creído ver un profundo dolor. Mi ignorancia completa de la muerte trágica de su padre me tuvo descuidado de ella, a la cual creía muy dichosa en Ribla. Hemos sido tan buenos compañeros en nuestra adolescencia, pasada junto al Santuario del Tabor.

—¡Pasa, oh, Señor mío! que tras de esta sala, sigue mi alcoba y junto a ella, la de Esther...

Y así diciendo levantó él mismo la cortina que cubría la puerta.

—Yo termino con Judá —añadió el viejo— ¡y en seguida vamos todos a la posada a cumplimentar a las incomparables Noemí y su hija!

— ¡Esther, Esther! —gritó— ¡el Rey de Israel te busca!...

Este llamado llegó a la joven, que se levantó penosamente dispuesta a volver al despacho. Al volverse, se encontró frente a frente con Jhasua, parado en el dintel de la puerta.

—¿Por qué lloras, Nebai, con esa desesperación que me está atormentando, desde que desapareciste del despacho de tu abuelo?

— ¡Y me lo preguntas, Jhasua!... ¡cuán lejos está tu alma de la mía que no has podido adivinar la causa de mi dolor!... ¿No era bastante haber visto morir despedazado a mi padre en un terrible accidente, no era bastante esta orfandad, sino que debía saborear también el oprobio y la humillación de saberme esclava de un príncipe judío?...

"¿Tengo o no motivo para llorar?

— ¡Nebai... mi dulce y pura Nebai de la fuente de las palomas! —díjole el joven Maestro tomándole una mano—. Ven conmigo a este jardín de rosales, donde se aduermen las garzas y brinca alegremente tu gacela.

"Yo te convenceré de que no tienes ningún motivo para llorar, sino para abrir tu corazón a una nueva esperanza, a un nuevo cielo de felicidad.

Nebai le siguió hasta el primer banco de piedra que encontraron junto a un rosal de Irania, cuyos pétalos blancos como la nieve caían al más leve soplo del viento.

—Así como caen estos pétalos sin dificultad y sin sufrimiento, caerán, niña mía, las dolorosas creaciones de tu imaginación ardiente y viva. Yo comprendí que la noble declaración de tu abuelo en presencia de terceros, te había causado un profundo dolor.

"Ni el príncipe Judá a quien conozco muy a fondo, ni los dos jóvenes galileos, pueden dar al hecho otra significación, sino la que únicamente tiene, en la época desastrosa de injusticia y de atropellos en que vivimos.

"¿Qué dirás tú cuando sepas que el príncipe Judá, dueño de tan fabulosa fortuna, fue víctima del despotismo romano que sin motivo alguno le condenó a galeras para toda su vida, y a calabozo perpetuo a su madre y hermana?

—¿De veras? —preguntó Nebai como si viera un fantasma.

— ¡Como lo oyes! Los otros dos jóvenes galileos, estuvieron cinco años como esclavos en galeras, y son como tú, hijos de un noble compatriota nuestro, cuyos grandes ideales lo llevaron a la muerte por la liberación del país, tal como le hubiese ocurrido a tu abuelo, si el príncipe Ithamar, padre de Judá, no le hubiese salvado la vida. Esos dos jóvenes, han sido rescatados de su esclavitud por Judá y otro amigo suyo, que los han hecho mayordomos de sus casas. ¡Y tú, pobrecita mía, lloras con esa desesperación porque te sabes esclava del príncipe Judá que está curado de orgullos y egoísmos, curado de ruindades mezquinas con el gran dolor que ha sufrido!

"He comprendido su naciente amor hacia ti, y estoy cierto que si tú le amas y le concedes tu mano, antes de un año te hará su esposa. Muy pocos hombres hay en la Tierra que estén dotados de la nobleza de sentimientos del príncipe Judá. Y cuando conozcas a su madre y a su hermana, quedarás encantada de acercar tu corazón a tan generosos y nobles corazones.

"¿Ves, mi gacela herida, cómo se desvanecen ante la verdad, esos fantasmas creados por tu imaginación?

"Yo quiero verte dichosa, Nebai, en estos años que van corriendo hacia la culminación de la obra que el Padre Celestial me ha confiado".

—Y ¿crees que sólo siendo la esposa de Judá puedo ser feliz? —preguntó Nebai mirando fijamente a Jhasua, sentado junto a ella bajo el rosal que continuaba deshojando pétalos blancos como copos de nieve—. Cuando allá en la falda del Tabor, hablábamos largamente en la fuente de las palomas, nunca me hablaste en tal sentido y ya sabes, yo era dichosa. En Ribla lo he sido también estudiando y cantando los inmortales versos de Homero, Profeta de la Grecia, como Isaías y Jeremías lo son de Israel. Un coro de doncellas griegas, macedonias, corintias y sirias me han rodeado para formar una escuela-templo dedicado al cultivo de la belleza, de la armonía, de la bondad, de todo lo que puede haber de grande y noble en la vida, cuando se ha encontrado el hilo de oro que nos liga al Divino Conocimiento. Tú mismo, Jhasua, me impulsaste por ese camino sabiendo que sería dichosa en él ¿y quieres ahora que tome otro rumbo?

—Nebai, me place infinito verte razonar tan serenamente, porque comprendo que tu espíritu se ha levantado muy alto sobre el pensar y sentir de las mayorías. Ninguna sugestión te arrastra. Ningún fanatismo te doblega. La Verdad, la Belleza, el Bien, he ahí la trilogía que forma el supremo ideal de tu vida.

"No es que yo quiero que cambies de rumbo, sino que la vida humana tiene exigencias justas, de las cuales no podemos eximirnos por completo. La vida humana es una manifestación de la Naturaleza, y la Naturaleza es la obra de Dios en los mundos físicos. En el Tabor hablábamos como dos adolescentes que desconocíamos la vida en medio de la cual, no sabíamos a ciencia cierta *qué papel nos* tocaba representar. Ahora es diferente, Nebai.

"Yo soy un hombre ya entrado en los veintidós años, tú, una joven que ha comenzado los dieciocho. Yo terminé mis estudios en los Santuarios Esenios, y fui consagrado Maestro de Divina Sabiduría en el Gran Santuario del Monte Moab, donde recibí la iluminación del Padre Celestial sobre mi camino y misión en este mundo, tan espantosamente desquiciado y deshecho por las fuerzas del mal prepotentes.

—¿Y no puedo yo acompañarte en ese camino y en esa misión? —preguntó la joven con cierta inquietud.

—Sí, Nebai, puedes acompañarme y secundarme con gran eficacia. Pero esto no impide que pienses en tu felicidad. Ahora que ya no tienes la tutela de tu padre y que tus hermanos ya casados, poco o nada se ocuparán de ti, permíteme ser para ti como un hermano mayor, que te dé su apoyo para caminar en la vida. ¿Me lo permitirás, Nebai?

—¡Y yo no sé, Jhasua, cómo es que me lo preguntas! ¿Acaso puedes dudar de que yo estaré contenta de la tutela tuya?

—No es que dudaba, niña mía, sino que deseaba tu pleno consentimiento. Bien, pues: analicemos juntos tu situación en medio de la vida humana. Tu abuelito es ya un anciano; tu madre tan endeble de salud, no puedes contar que te viva siempre; tus hermanos casados, han contraído deberes nuevos y muy graves, a los cuales deberán consagrarse por entero, si quieren tener paz y alegría.

"Por nuestras costumbres y leyes, no hay otro camino honorable para una doncella como tú, que un buen matrimonio, por el cual quede tu vida asegurada al amparo de un hombre digno de ti por todos conceptos, de tus mismos ideales, de tus mismos sentimientos, de parecida educación y aún ligados por las mismas vinculaciones. ¿Quién puede ser este hombre sino el príncipe Judá, que sin tú buscarlo, se cruza un buen día en tu camino, que está como atado por las circunstancias, con tu abuelo, honrado y leal administrador de sus bienes, que lo ama como te ama a ti? Todavía más: que está ligado a mí, a tu Jhasua de la adolescencia por tan gran amor recíproco del uno al otro, como muy pocas veces vemos florecer en esta Tierra de incomprensiones y de egoísmos! ¿Quieres mayor bendición del Padre Celestial para ti?

''¡Vamos!, habla Nebai mía, y dime si mi discurso te ha convencido.

—Pero... paréceme que fueras un agente del príncipe Judá, para conquistarme, Jhasua —dijo Nebai como recelosa de la situación a que se veía llevada tan inesperadamente.

— ¡Nada de eso, Nebai, nada de eso! Ni una sola palabra hemos cruzado con Judá a este respecto. ¡Si él recién te conoce y no ha salido del despacho de tu abuelo! Convéncete hermana mía, de que esto es sólo una clarividencia de mi espíritu, que ve la Voluntad Divina abriendo un luminoso camino de fe, de amor y de esperanza, para vuestras dos almas que tan queridas son a mi corazón.

''Dios me ha tomado como instrumento de su bondad, de su amor, de su divina sabiduría, por lo cual he podido curar muchos enfermos a quienes la muerte había catalogado como suyos de inmediato; a ciegos, a paralíticos, a leprosos, contrahechos y también a muchos enfermos del alma por desviaciones morales espantosas. El Padre Celestial, me concede también levantar en alto mi lamparilla y alumbrar tu camino a seguir, Nebai mía, y el de Judá también mío, desde hace centenares de siglos y que seguirá siéndolo por toda la eternidad. ¿Qué dices tú a todo esto?

— ¡Digo, Jhasua... dulce y tierno Maestro mío!, digo que si tus palabras son un reflejo de la voluntad de Dios sobre mí, El y nadie más, hará florecer el rosal del amor en mi corazón. Hasta ahora no ha florecido, Jhasua, sino para ti, para mis padres y hermanos, para mis buenas compañeras del Templo de Homero de Ribla. ¿Florecerá también para el príncipe Judá si él se digna amar a la que es una esclava suya?... No lo sé, Jhasua, porque mi corazón es aún como una crisálida envuelta en su capullo, del cual saldrá cuando sea su hora. El tiempo pues, será quien descorra el velo.

— ¡Muy bien has hablado, Nebai! Dios que es el eterno dueño de las almas, despierta en cada una a su debido tiempo, lo que debe constituir la orientación de su vida, siempre que estas almas hayan tenido en cuenta su dependencia de Dios y la conformidad a sus divinas leyes, que son la pauta en que cada alma debe modular la hermosa sinfonía de la vida, justa y noblemente vivida.

''Ahora prométeme que no llorarás más sin reflexionar antes, en que tienes a tu hermano mayor, Jhasua, para defenderte de todas las desesperaciones y para alumbrar tu camino en la vida.

—Te lo prometo, Jhasua, por la memoria de mi padre muerto y por la vida santa y pura de mi madre.

—Ahora vamos con los demás —díjole el joven Maestro.

La besó en la frente con infinita delicadeza, mientras le decía:

—Que este beso de hermano, selle, Nebai, esta promesa que me has hecho.

— ¡Oh, Jhasua, sembrador de rosas blancas de paz y de esperanza! —le dijo

Nebai andando a su lado—. Yo no sé qué poder tienes para aquietar así las más grandes borrascas.

—También tú aprenderás a aquietarlas en los que te rodean. ¿No eres acaso mi primera discípula?

La hermosa gacela les salió al encuentro, como buscando una caricia que ellos le prodigaron tiernamente.

—Todo ser viviente busca el amor, Nebai, como lo más hermoso que hay en la vida. Tenlo en cuenta siempre y serás una excelente misionera mía cuando llegue tu hora.

Todos los ojos se fijaron en ellos, con miradas interrogadoras cuando entraron al despacho.

Judá les había mirado varias veces por un ventanal que daba al jardín, y había comprendido que Jhasua ejercía sobre Nebai una gran influencia. Ignoraba si en el glorioso camino, que soñaba para el futuro Rey de Israel, debía haber una mujer que compartiera con El el trono.

¿Por qué no ? ¿Qué Rey no la había tenido? Y aunque aquella hermosa jovencita no era una princesa ¿acaso el Rey David no estuvo casado con mujeres del pueblo? Salomón tuvo por esposa una hija del Faraón de Egipto, y por amada a Sabá Reina de Etiopía, pero este nuevo Rey de Israel, más noble y grande que todos porque venía a salvar al vasto Oriente oprimido y vejado ¿no podía acaso elevar a la nieta de Simónides a su altura y compartir el trono con ella?

Pensando así, Judá, quedó de pronto silencioso y se acusaba de haberse precipitado mucho en sus insinuaciones amorosas a la joven. Pensó asimismo, que no debió soltar las alas al ruiseñor febril de su fantasía, no bien conoció a la joven. ¿Por qué ella estuvo tan dolorida y casi llorosa antes y ahora sonreía como llena de una interna dicha, cuya causa no podía ser otra que su diálogo íntimo con Jhasua? No le quedaba duda; ambos se amaban quizá desde hacía mucho tiempo. ¡Y él había llegado tarde!

Otro hombre, en sus condiciones, se hubiera levantado imponente y audaz, sabiéndose con tantos derechos a conquistar aquello que él creía que le disputaban. Pero Judá era muy noble y amaba mucho a Jhasua, al cual reconocía francamente como muy superior a él.

El joven Maestro comprendió la lucha que se había desatado en el alma de Judá, y se decidió a calmarlo como lo había hecho con Nebai.

Aprovechó el momento en que los hijos de Judas acariciaban la gacela que había entrado al despacho y Simónides atendía un mensajero que le hablaba de negocios. Se acercó a él y le dijo:

—Tu preocupación es una fantasía sin realidad posible en la Tierra, Judá, amigo mío. ¿Crees que yo pueda atar mi vida a una mujer, para dejarla en breve a llorar mientras viva, sobre mi tumba?

—Jhasua!... ¿qué estás diciendo?...

—¡Lo que oyes! La nieta de Simónides, es para mí, una amada hermanita de la infancia, a la cual he preparado recientemente para que no huya de tu amor que la busca y la llama. ¡Adelante Judá!, que Dios te bendice en esto como en todo lo demás, porque estás llamado a ser un sincero colaborador en mi obra de liberación humana. Queda pues tranquilo.

Judá se quedó mudo de asombro al comprobar la penetración de Jhasua en su mundo interno. Acababa de contestar a su más oculto y profundo pensamiento.

—¡Eres admirable, Jhasua, en la claridad de Dios que te asiste! Créeme que no pensé mal de ti, sólo que me dolía un poco, ver esfumarse mi sueño tan hermoso.

—Ven, Esther —dijo Jhasua— y convence a Judá de que tú estás muy ansiosa de conocer a su madre y a su hermana. Puesto que ambos me amáis, yo quiero que séais muy buenos amigos. ¿Vendrás con nosotros a la posada "Buena Esperanza"?

—Abuelito dirá —contestó Nebai.

—No es abuelito quien manda hoy aquí —dijo el anciano— sino el soberano Rey de Israel, del cual somos todos súbditos. ¿Qué manda El?

—Que vayamos a la posada a encontrar a la madre y hermana del príncipe Judá —contestó Nebai.

—Bien, bien, prepárate convenientemente y vamos andando. Sólo hay de aquí unos doscientos pasos... No sabéis lo bien que me siento andando con mis pies. Ese infeliz sillón estaba harto de mí y yo de él. ¡Siete años de estar amarrados juntos!

A poco volvió la joven con un amplio vestido de seda blanco y semienvuelta en un transparente manto negro que le caía desde la cabeza a los pies. Llevaba un gran ramo de rosas blancas de Irania como ofrenda a la madre del príncipe Judá. Este le ofreció su mano para bajar las escaleras y Jhasua hizo lo mismo con el anciano abuelo.

—¡Miren qué gloria la mía! ¡yo apoyado en la diestra del Rey de Israel! —exclamaba lleno de satisfacción el anciano.

¡Cuán breves parecieron a Judá aquellos doscientos pasos hasta llegar a la posada "Buena Esperanza"!

—Tú estabas muy dolorida hoy, cuando por primera vez te vi en el despacho —dijo Judá a Esther, como él la llamaba—. Y ahora me pareces feliz.

"¿Por qué ahogabas sollozos antes y ahora ríes?... ¿no es indiscreto preguntarlo?

—Porque me dolió mucho saberme esclava de un príncipe judío —contestó serenamente la joven.

—¿Por ser judío o por ser esclava? —preguntó Judá.

—Por ser esclava —contestó ella—. Nunca supe lo que es esclavitud, porque crecí junto al Santuario del Tabor donde no hay esclavos. Y me lo figuraba lo más espantoso que puede haber en la vida. Ser como un perrillo que recibe azotes y lame la mano de quien se los da...

—Y ¿creías acaso que yo podía aceptar ser un amo para ti? ¿No me oíste decir a tu abuelo que deseaba ser como un hijo para él?

—Sí, lo oí... ¡Mas la ley es inexorable!...

—Pero el amor torna dulce y suave la ley. ¿Tuvo acaso una queja de mi padre tu abuelo Simónides?

—Parece que no, por cuanto bendice su memoria.

—¡Y tú llorabas con odio a mí!... ¡Oh Esther!... mal me juzgabas sin conocerme. ¿Verdad que fuiste injusta y que no lo serás más?

—Así se lo he prometido hoy a Jhasua —contestó la joven.

—Y ¿no podrías llegar a concederme tu amor, hermosa esclavita mía?— Y al hacer tan insinuante pregunta, el príncipe Judá se inclinaba buscando los ojos de la joven que se le escondían en la sombra del manto negro.

—Estas rosas blancas —dijo— son símbolo de esperanza y de amor, y abren al amanecer. Espera un amanecer, príncipe Judá; para que mi rosal florezca para ti. Es cuanto puedo decirte.

—¡Muy bien, niña mía!... esperaré ese amanecer y ojalá resplandezca pronto en el horizonte de mi vida. Muchas heridas abrieron los hombres injustos en mi corazón, y espero que un grande amor las cure todas. Hasta ahora sólo he vivido pensando en la venganza. *¡Ojo por ojo, diente por diente!*, dice también la ley, y pensaba cobrarme con intereses, todo cuanto me hicieron padecer a mí y a mi familia. Asesinarme a mi padre, enterrar vivas en un calabozo del subsuelo de la Torre Antonia a mi madre y hermana, condenarme a galeras para toda la vida, confiscar nuestros bienes, que pasaron a las arcas de Valerio Graco, ¿no son hechos que merecen un ejemplar castigo? Dilo Esther, ¿no es justo lo que digo? ¿Qué se hace con un bandolero de los caminos cuando cae en poder de la justicia? Se le manda azotar hasta echar sangre y después se le cuelga de un madero sobre el Monte de las Calaveras.

—Es tal como dices, príncipe Judá, pero a veces es también bueno dejar que Jehová haga la justicia, que sabe hacerla muy bien. Mi madre también estuvo encarcelada en un torreón de Judea antes de nacer yo, y mi padre vagaba por los alrededores como un león enfurecido. Creo que fue un secretario favorito del Cónsul Cirenio, quien causó la desgracia en mi familia.

—Sí, sí, un chacal romano sin respeto para nadie —dijo Judá.

—Pues bien —continuó la joven— Cirenio que no quiso hacer justicia a mis padres, la sufrió de Jehová: cayó en desgracia del Emperador, fue desterrado y asesinado luego por un esclavo suyo.

"Y su malvado favorito pereció a manos de un gladiador escita, que le retorció el pescuezo como a un buitre dañino, por negarse a pagar una apuesta del circo.

—Mira, Esther, yo no tengo paciencia para esperar la justicia de Jehová sobre mis enemigos. Me la hago yo mismo, y ¡si vieras qué bien la hago!

"En buena ley, en noble lid, les dejo incapaces de hacer daño a nadie en su vida.

—¡Entonces guárdeme Dios de ser enemiga tuya, príncipe!... —le contestó Nebai sonriendo.

Estaban ante la portada de la "Buena Esperanza" cuyo pórtico de doble columnata le daba un imponente aspecto.

Era un antiguo palacio sino igual, muy parecido a todos los que mandó construir el último de los Seleucidas, Ephifanes, que fue quien dio a Antioquía su mayor esplendor y sus aspectos hermosos y artísticos de metrópoli griega a la entrada del mundo oriental.

Simónides, el genio de los buenos negocios, lo había adquirido por la mitad de su valor real, debido a que el palacio entró en una confiscación de bienes hecha según costumbre por el gobierno romano en contra de un príncipe tirio, que cayó en desgracia de su Majestad Imperial.

Así ejercía Simónides su venganza de los romanos que habían dislocado su cuerpo. Con una habilidad única, se arreglaba para hacer rebajar hasta lo sumo, los bienes confiscados por el poder romano y luego los compraba a ínfimo precio, aumentando de manera fabulosa los bienes de su difunto amo, el príncipe Ithamar.

Acostumbraba también a ejercer otra clase de venganza que él llamaba *correctiva*, la cual consistía en buscar las pruebas de los delitos cometidos por los cónsules y procuradores romanos y hacerla llegar hasta el César, que casi siempre ignoraba lo que hacían sus legados y oficiales en los lejanos pueblos invadidos.

Y ya en la posada "Buena Esperanza" y luego de los cumplidos a las damas y al Hach-ben Faqui, que le fue allí presentado, el feliz anciano tomó a Jhasua y a Judá y les condujo a una sala interior que era la mayordomía o administración, a la cual durante años se había hecho llevar todas las semanas en su sillón de ruedas para vigilar por sí mismo la buena marcha de aquella casa que era para él como una mina de oro.

De un armario o alacena construida en el muro mismo y con una doble puerta de bronce y cedro, extrajo una porción de libros de anotaciones y de documentos.

Los unos eran las entradas y salidas de huéspedes, los pagos a la servidumbre toda griega, por haber encontrado más lealtad e inteligencia en los individuos de esa nacionalidad. Los otros libros eran relatos de las compras realizadas en confiscaciones de bienes, como ya queda antes referido. Había una tercera clase de libros y éstos eran relatos con los datos, referencias y declaraciones de testigos oculares de todos los delitos, usurpaciones, prisiones, torturas y asesinatos hechos y mandados hacer por los cónsules, gobernadores y procuradores romanos.

—¡Todo esto es sangre!... —decía con reconcentrada ira el noble anciano—, y por eso lo hice escribir con múrice rojo. Quiero que el Rey de Israel y su primer ministro Judá, vean todo esto con sus propios ojos, para que sepan bien a fondo, lo que es Roma para los pueblos subyugados y vencidos.

Allí aparecían como en un catálogo los acuerdos secretos entre Herodes y el Sanhedrín, entre Herodes y César, entre Herodes y los cónsules y los procuradores y los tribunos, y toda esa legión de *esbirros sanguinarios, perros de presa, cocodrilos hambrientos*, según les llamaba el anciano en el colmo de su indignación.

Jhasua y Judá quedaron espantados, no sólo de las atrocidades que allí aparecían, sino de la hábil y sutil red de investigaciones que Simónides manejaba desde Antioquía, y con la cual conseguía desbaratar muchas maquinaciones, muchos delitos, de los cuales casi siempre eran víctimas los mejores hombres y las más nobles familias de Siria, Galilea, Judea, Samaria, Perea y Traconitis.

Esta tarea la había comenzado a raíz de la desgracia del príncipe Ithamar y su familia, a cuyos autores los había castigado severamente, sin que ellos se apercibieran de dónde les venía el castigo.

Los piratas que ahogaron a Ithamar por mandato del gobernador romano de Judea, habían muerto en la horca y de tal manera quedó al descubierto el hecho, que el gobernador tuvo que retirar su sede a Cesárea, en la provincia de Samaria, y el César le retiró su confianza luego y tuvo que abrirse las venas.

—Eres el angel de la justicia, buen Simónides —le decía Jhasua, recorriendo aquellas páginas escritas de rojo, terrible catálogo que ponía de manifiesto lo que es un poder arbitrario sobre un pueblo indefenso.

Contaron hasta ciento ochenta y siete casos, a cuales más desastrosos y terribles. ¡Qué mal parada quedaba la autoridad imperial romana, que gozaba tranquilamente de los bárbaros tributos de los países invadidos, sin preocuparse de las atrocidades que cometían sus agentes para enriquecerse, todos ellos a costa de los vencidos!

¡Qué espantoso papel hacían los reyezuelos de cartón, obedientes al César, los gobernadores y cónsules, los pontífices y alto clero de Israel, aliados en su mayoría, a la prepotencia romana!

Cuando Simónides cerró el libro rojo, Jhasua se dejó caer en el estrado que circundaba la sala y hundiendo su cabeza entre las manos exhaló un suspiro que parecía un sollozo.

El anciano se le acercó y se sentó a su lado.

—Señor mío —le dijo con voz más dulce—, soberano Rey de Israel, Ungido de Jehová, ¿es o no de justicia que tomes cuanto antes posesión de tu reino para remediar tantos males? ¿No ves cómo gimen los pueblos bajo una tiranía insoportable? ¿No ves cómo caen las víctimas como espigas en la siega, para ser pisoteadas por rebaños de fieras hambrientas?

"¡Tienes una flota de cincuenta navíos con bravos capitanes y valiente tripulación, que llevarán tu justicia por todos los mares del mundo! ¡Tienes inmensas caravanas que te harán dueño de todos los caminos abiertos al comercio honrado y leal!

"¡Tienes veinte mil lanzas obedientes al Scheiff Ilderin, mi amigo y aliado del desierto, que espera un aviso mío para lanzarse sobre Siria y Palestina!

"¡Tienes tres legiones de Caballeros de Judá que el hijo de Ithamar prepara en los Montes Jebel más allá de Filadelfia!

—¿Cómo lo sabes tú, si ese es mi secreto? —interrumpió Judá asombrado de que hasta allí llegase el ojo vigilante de Simónides.

—¿No te he dicho niño, que el Scheiff Ilderin es mi amigo y aliado? La ayuda que él te ha prestado, fue sugerida por mí.

—¡Eres admirable, Simónides! Merecías ser un César. Tú, sí que serías un insustituible primer ministro para nuestro glorioso Rey de Israel —exclamo el príncipe Judá—.

"¡Jhasua!... ¿no respondes nada a todo eso? —le preguntó Judá viendo su obstinado silencio.

El joven Maestro levantó su cabeza hundida entre las manos y sus dos interlocutores vieron que su rostro aparecía contraído por tremenda angustia.

—¡Señor! —dijo el anciano cayendo de rodillas ante El—. Te han lastimado mis relatos porque tu corazón es tierno como el corderillo recién nacido... ¡como la planta apenas salida del embrión!... ¡como el pajarillo implume recién asomado a los bordes del nido!... ¡Señor, perdona a tu siervo por no haber sabido tratar debidamente al Mesías Divino, lirio de los valles de Galilea!... ¡vaso de agua dulce del pozo de Nazareth!

—Ten paz en tu alma, buen Simónides, que sufro por los dolores del mundo, por el oprobio de los humildes, por la angustia de las madres, de los huérfanos, de los ancianos indefensos.

"Tu obra es grande, Simónides, y la tuya lo será asimismo, Judá, amigo mío, en esta magnífica Antioquía y en la Roma de los Césares, como será la de Faqui en Africa del norte; pero aun falta un poco de tiempo para que veáis cumplirse estas palabras mías.

"Ya estoy en posesión de mi puesto en esta vida, y llevo ya tiempo en lucha abierta con todo el mal que domina en estos pueblos.

"Ponme en contacto con todas las víctimas que tienes catalogadas, Simónides,en tu libro rojo, y si puedo contar con vosotros dos, todo ese dolor será transformado. ¡Os lo prometo en nombre de Dios!

—Bien, Señor mío, mi amado Rey. Cuando sea de tu agrado visitaremos los arrabales de esta gran ciudad, Gisiva y Carandama. Están ubicadas entre las encrucijadas y las pendientes de los Montes Sulpino y Casio, cercanos al gran Circo de Antioquía. Son hermosas aldeas edificadas con tu oro, Judá mío, y por tanto son tuyas, aunque ésto lo ignoran todos, menos mis agentes más íntimos, por medio de los cuales hice comprar esas tierras pertenecientes a un príncipe egipcio que fue desterrado y confiscados sus bienes. Por lo que valen diez estadios en sitios como ese, compré al Legado Imperial 150 estadios y lo dividí en doscientos treinta huertos con su casa habitación cada uno. (El estadio equivale a una manzana más o menos).

"En ambas villas tengo reunidos mis servidores, casi todos griegos, judíos y corintios, y entre ellos están alojadas las víctimas de los hechos que refiere mi libro rojo. En esos dos arrabales tienen su hogar los tripulantes de nuestra flota, los caravaneros y casi todos los que me prestan sus servicios por un salario convenido. Pago mejor que todos los patrones, mejor aún que pagan los agentes del César, y tal es el secreto de que todos me sirvan bien.

"En ambos arrabales, oh Señor mío, encontrarás y te espantarán más aún, todos los comprobantes de mi libro rojo. Ya estoy viendo, ¡oh mi Rey Ungido de Dios!... las maravillas que obrará tu poder allá, como lo has hecho conmigo, un inválido de siete años, que hoy se siente joven y fuerte a pesar de sus setenta años.

—Y ¿qué te proponías buen Simónides al retener bajo tu protección a esos desdichados? —preguntó Jhasua.

—¡Señor!, ¿no dijo Jehová por Jeremías: "Haced juicio y justicia, librad al oprimido de manos del opresor, no engañéis, ni robéis al extranjero, ni al huérfano, ni a la viuda, ni derraméis sangre inocente en este lugar?" Pues me proponía hacer justicia con los malvados y con los inocentes, empleando en ello parte de las rentas inmensas de mi difunto amo, en cuya memoria y amor lo hacía.

"Esto en primer lugar.

"En segundo lugar, alimentaba mi firme esperanza de encontrarme contigo, ¡oh mi soberano Rey de Israel! y preparaba con datos ciertos y con pruebas y testigos los hechos delictuosos que los invasores cometieron con tu pueblo, de la manera más inicua y criminal que pudieron hacerlo.

LOS ESPONSALES

Quedaron en que al siguiente día visitarían aquellos arrabales, y como ya llegaba el caer de la tarde, Simónides dispuso que en la posada "Buena Esperanza" se preparase una espléndida cena, en celebración de tan faustos acontecimientos. La llegada del Rey de Israel, de la familia del príncipe Ithamar, su llorado patrón y su propia curación que lo hacía un hombre renovado a sus setenta años.

El anciano ignoraba que en ese momento surgían de imprevisto dos motivos más de júbilo para todos. Judá con Faqui tuvieron un aparte; después con Jhasua y Noemí, otro, igualmente íntimo y reservado, que para los demás quedaron en secreto.

Y el gran salón de honor del palacio de Ephifanes el último Seleucida, fue mandado adornar con todas las rosas blancas y las ramas de mirtos que se encontraron en Antioquía.

El viejo Simónides estaba hecho un brazo de mar como comúnmente se dice. Y la buena Noemí, madre feliz, sonreía en una dicha suprema, a la cual nunca pensó llegar después de los grandes dolores sufridos. ¡Cuán verdad es que Dios se acerca con amor al corazón dolorido y sollozante! Había tardado mucho la hora de la piedad divina, pero había llegado de la manera más generosa, más bella y sublime que pudiera soñar.

Grandes candelabros de plata sobre altos pedestales de mármol, sostenían numerosas lámparas de aceite que iluminaban el hermoso recinto. Jhasua ocupaba el centro de la mesa con Simónides y Noemí a un lado y otro.

Le seguían de inmediato, Judá con Nebai, Faqui con Thirza y luego los dos hijos de Judas de Galaad, Isaías y Othoniel.

El lector imaginará la dulzura de aquel ambiente que respiraba con infinita placidez el Cristo encarnado. A El le debían todos, aquellos momentos de pura y santa alegría, aquella íntima paz, más suave y más dulce, que todas las riquezas y que todos los tesoros imaginables. El amor sincero, espontáneo y leal, vibraba allí en todos los tonos, sin que quedase ni un solo espacio para el recelo, la desconfianza o el temor.

—Todo el cielo de Jehová ha bajado sobre esta mesa —decía Noemí con los ojos brillantes de emoción, y el corazón desbordando de dicha inefable.

—Como que tenemos sentado a ella al resplandor de Jehová —contestaba el anciano Simónides, que en tal día representaba tener diez años menos.

Cuando los criados abrían las polvorientas ánforas de vino de Chipre, que el viejo guardaba en las bodegas de Ithamar desde muchos años atrás, Jhasua pidió un momento de silencio, a las risas como gorgeos interminables que vibraban con notas musicales en aquel ambiente elevado, pleno de concordia, de amistad y de compañerismo. Y habló así:

—Cuentan nuestras viejas crónicas sagradas, que cuando nuestro padre Abraham quiso una esposa digna y pura para su hijo Isaac, mandó a su mayordomo Eleazar a buscarla en el país de su nacimiento y encontró a Rebeca al borde de la fuente de aguas dulces, de la cual le dio de beber a él y a sus camellos.

"Nuestro Padre Celestial, amoroso y sabio en sus designios, ha querido que sea yo como el mayordomo fiel de Abraham, que tuvo el acierto de elegir una santa compañera para el hijo de su amo.

"Simónides, hombre justo, abuelo feliz; yo te pido la mano de Esther, tu nieta, para mi gran amigo el príncipe Judá, hijo de Ithamar de Jerusalén; y a ti, digna matrona judía, viuda de Ithamar y madre dichosa, pido la mano de tu hija Thirza para el Hach-ben Faqui de Cirene.

"Y que esta unión de corazones, sea como un rocío de bendiciones divinas para todos vosotros, y para la obra de liberación humana que el Padre Celestial nos ha encomendado a vosotros y a mí, en unificación de fe, de esperanza y de amor".

Dulces lágrimas de emoción temblaban en las pestañas entornadas de las tres mujeres, y humedecían los ojos de los hombres en un desbordamiento de amor y de comprensión recíprocos.

El viejo Simónides, con su voz temblorosa por un sollozo contenido, apoyó su cabeza sobre el hombro de Jhasua y sólo pudo decirle:

—¡Señor!... ¡mi Rey de Israel!... ¿quién es el hombre que puede negarte nada a ti que todo lo haces como si Dios mismo lo hiciera? Ninguna dicha será para mí mayor, que ver a mi Esther, esposa del hijo de Ithamar.

Se hizo un silencio profundo, en que parecían sentirse los latidos de los corazones, cuya dicha se juzgaba en ese instante.

Noemí se repuso de su emoción y contestó con su dulce voz sollozante:

—Si mi hija ama al Hach-ben Faqui, yo lo recibo en mi corazón como a mi propio hijo.

Todas las miradas se fijaron en Thirza y Esther. Hubo una pausa solemne.

Ambas jóvenes extendieron sus manos en silencio, hacia aquellos que pedían unir con ellas sus vidas, y quedaron así celebrados los esponsales en la más tierna y cordial intimidad.

Las bodas se celebrarían juntas, seis lunas después.

Estos cuatros seres, unidos por un amor silencioso y casto, que nació bajo la mirada del Verbo de Dios, fue en verdad rocío de bendiciones para el Cristianismo próximo a nacer, como veremos más adelante.

La misma comprensión y afecto que se prodigaron mutuamente Judá y Faqui, nació entre Thirza y Esther; tierna amistad que ofreció a la dulce y santa Noemí, las más bellas compensaciones a su inmensa tortura moral y física de siete años, enterrada viva en un calabozo de la Torre Antonia; ella, perteneciente a la nobilísima familia de Adiabenes, que durante siglos reinó pacíficamente en los valles hermosos del Tigris. La muerte de su tío Abenerig, ocurrida dos meses antes del asesinato de su esposo Ithamar, la dejó sin amparo en la vida, y tal circunstancia fue aprovechada hábilmente para despojarla a ella y a sus pequeños hijos, de cuanto tenían y hasta de la libertad. Abenerig Izate ocupaba el viejo trono de sus mayores y sus hermanos menores, jovencitos de 16 y 18 años con su madre Helena, se encontraron con Jhasua y sus amigos, en la populosa Antioquía, donde a veces venían a pasar los meses calurosos del año.

Hermosas conquistas fueron éstas para la Santa Alianza que comenzaba así a extenderrse silenciosamente hasta los valles del Eúfrates. Helena, hermana de Noemí ambas viudas, la una del rey Abenerig Adiabenes y la otra del príncipe Ithamar de Jerusalén, se encontraron en Antioquía después de una larga ausencia de doce años. Y el hilo de oro del designio divino, las unió de nuevo para que su fe inquebrantable y su piedad sin límites, sirviera de base y fundamento a la primera congregación cristiana, cuyo esbozo lo estamos ya viendo surgir con una bruma de oro en torno de Jhasua, llegado a los 22 años.

Este encuentro inesperado si se quiere, fue debido a que Simónides tenía en su poder, capitales depositados algunos años atrás por el difunto rey Abenerig, esposo de Helena, la cual se asombró grandemente de verle andar sano y fuerte cuando lo había conocido cautivo en un sillón de ruedas.

El anciano, que conocía el parentesco entre las familias de Adiabenes y de Ithamar; los hizo encontrar y saber además el gran secreto de los siervos de Dios: la presencia del Divino Ungido, el Mesías anunciado desde tantos siglos por los profetas de Israel.

Diríase que desde aquellos días felices para Jhasua, comprendido y amado de cuantos se le acercaron, quedó Antioquía, la gran metrópoli oriental, como predestinada para ser veinte años más adelante la patria adoptiva del cristianismo naciente. Téngase en cuenta que la estadía de Jhasua en ella, fue sólo de tres semanas y que pasó sin publicidad alguna, por cuanto no era aún llegada su hora, según El decía.

HACIA EL EUFRATES

Por Helena y sus hijos, tuvo él noticias del sabio maestro persa Baltasar, que le había visitado muy niño en Betlehem, y luego en el Santuario del Hermón, cuando tenía siete años. Desde Shinar, capital del reino de Adiabanes, no había más que cruzar el Tigris para encontrarse entre las montañas de Susianna, en cuya capital, Susán, se encontraba Baltasar al frente de su escuela-santuario del Divino conocimiento. La piadosa viuda Helena había consultado varias veces al sabio maestro, cuando quedó sola al frente de su país, hasta que Abenerig Izate, su hijo mayor, pudo tomar la dirección de su pueblo.

El anciano sabio le había hablado del Mesías nacido en el país de los hebreos, y cuya existencia era un secreto para todos, en previsión de los formidables enemigos que procurarían en seguida su muerte.

El único vínculo que unía a esta ilustre mujer con el país de Israel, era su hermana Noemí, a la cual lloraba como muerta desde que supo la terrible tragedia del príncipe Ithamar.

Dos días llevaba Jhasua en Antioquía, cuando se encontró con la noble viuda, que despachó en seguida un correo particular que al correr de un buen camello llevase a Susán la gran noticia para su consejero Baltasar: El Mesías Salvador del mundo se encontraba en Antioquía, donde permanecería tres semanas.

Y el gran hombre, con ochenta años, se puso de inmediato en camino hacia la costa del Mediterráneo. Navegó por el gran río Eúfrates hasta Thipsa, que quedaba a día y medio de Antioquía en buenos camellos.

Pero Jhasua no consintió que el anciano hiciera este viaje, y fue El, con Judá y Faqui, a encontrarle en la hermosa ciudad de Thipsa, a la orilla misma del Eúfrates.

Del mudo y largo abrazo de Jhasua Ungido Divino, con el anciano Baltasar, uno de los tres célebres sabios que en sus lejanos países vieron en la inmensidad azul la anunciada conjunción de Júpiter, Saturno y Marte, señal del nacimiento del gran Enviado, debió surgir una inmensa claridad, una poderosa vibración de amor sobre aquellos dichosos países, donde flotó el aliento divino, del más grande ser bajado al planeta como un rayo de luz de la Divinidad.

El joven Maestro presentó al sabio a sus dos amigos, pero la conversación secreta que tuvo con él y que duró toda una tarde, no la escuchó nadie sino la maga de los cielos, la Luz Eterna, que la recogió como a las hebras sutiles de un delicado encaje, para guardarla en el eterno archivo de sus dominios.

El joven Maestro refirió al anciano todo su camino andado ya; los poderes superiores conquistados en los años de estudio en los santuarios esenios; los admirables resultados obtenidos, y por fin, la tremenda visión que tuvo en el Gran Santuario del Monte Moab, la víspera de su consagración como Maestro de Divina Sabiduría.

Algo de todo esto conocía el anciano por revelación espiritual, y su amigo consecuente, Gaspar, tenía asimismo idénticas revelaciones. Para comprobarlo, leyó a Jhasua lo que tenía escrito en su carpeta de bolsillo bajo el epígrafe: *El camino del Mesías.*

—Antes de salir de Susán —le dijo— he despachado un mensajero al Golfo Pérsico, y de allí por navíos costaneros a las bocas del Indo, donde actualmente se encuentra nuestro amigo. De aquí a catorce días, él puede estar aquí en Thipsa para abrazarte. ¿Te dignarás esperarle? Piensa que nuestros muchos años no nos permiten la ilusión de verte de nuevo en la materia física.

—Le esperaré, sí —contestó firmemente Jhasua—. Algunos trabajos me retendrán en Antioquía por tres semanas más o menos.

—Entonces espero que Gaspar esté con nosotros, para que los tres unidos hablemos sobre el camino que ya llevas andado, Hijo de Dios y el que te falta por andar.

"Que él oiga, como yo he oído, la revelación de tu espíritu, para saborear juntos el infinito placer de haber estado en la verdad, cuando hace 21 años y meses, dimos nuestro juicio sobre tu personalidad.

"Melchor, el más joven de nosotros tres —añadió el anciano sabio persa— ha recibido del Supremo Atman la dicha de seguirte de más cerca, y por sus continuadas epístolas, hemos podido seguir desde lejos tus pasos, Gaspar y yo. La Divina Sabiduría lo ha ordenado todo de tan admirable manera alrededor de ti, oh resplandor de la Eterna Claridad, que nosotros, pequeñas lamparillas suyas, no tenemos más que acercarnos a Ella, para iluminarnos e iluminar a cuantos quieran recibir su luz.

"Si los maestros de almas y directores de las conciencias, no hubieran torcido el rumbo de la humanidad, tu pasaje por esta tierra sería un fragmento de poema inmortal de amor y de luz, en que vives en la inmensidad de Dios —añadió aún el sabio persa, como respondiendo al pensamiento que le acosaba—. Pero los hombres dirigentes de pueblos han hecho de ellos majadas de bestezuelas, que sólo suspiran por el mejor pasto; y para conseguirlo, se aplastan unos a otros, y cada cual busca la más abundante ración para sí, dejando el hambre y la necesidad insatisfecha para el más débil e incapaz en la lucha.

"Te presentas en tal escenario tú, Ungido del amor y de la fe, para enseñar a los hombres la verdadera ley; nuestro igual origen e idéntico destino, saliendo del Eterno y volviendo al Eterno en tiempo indeterminado, que nuestra inconsciencia o nuestra maldad alarga a veces inmensamente. Te presentas a decir al mundo que no debe haber ni amos, ni esclavos, ni ricos hasta la exageración, ni pobres hasta la miseria, que el que más posee, más debe dar al que carece de todo; que el que mezquina de su abundancia a los desposeídos, no merece la lluvia de las nubes, ni los besos del sol sobre sus campos. Por deber ¡oh Enviado del Padre-Amor, les reprocharás, les enrostrarás su iniquidad, su injusticia; descubrirás sus mentiras, sus engaños, el usufructo desvergonzado y deshonroso que hacen los hombres del poder, en perjuicio de las masas engañadas con eternas promesas que nunca ven cumplidas! Y entonces la víbora se volverá contra ti, se enroscará a tu cuerpo con la espantosa fuerza de sus anillos, te estrujará como a una esponja llena de miel, y la transformará en veneno, con el cual inundará el mundo, a fin de apagar la luz de tu lámpara, y que no acierte nadie a seguir el camino de la verdad, que pondrá término a su inicua dominación en la tierra.

"Yo te veo en mis largos sueños de idealista, como un astro de suave luz que ilumina todos los rincones de las más obscuras conciencias. Una legión inmensa de almas te seguirá por tus caminos radiantes de fe, de nobleza y de amor; pero la mayoría ¡oh soberano Rey de los idealistas soñadores!... buscará en ti, la esplendidez de la púrpura, el brillo del oro y las piedras preciosas, y cuando les digas que todo ello, no es más que paja y humo, comparados con los tesoros eternos de luz, de dicha y de amor, te volverán la espalda, te despreciarán, te pisotearán como a un ser inútil para la dicha que ellos buscan, como el único bien de su vida.

—Tus pensamientos —dijo Jhasua— concuerdan admirablemente con mi visión del Santuario de Moab que te he referido hoy, la cual me anuncia la terminación de mi vida con un terrible y oprobioso sacrificio.

"La voluntaria aceptación del dolor supremo de parte mía, impedirá la destrucción de este planeta, próximo a entrar en la órbita de esa terrible justicia divina, que marca las épocas de vidas evolutivas a los mundos, a las humanidades y a los individuos.

"Sólo te pido, oh sabio Baltasar, que me asistas con tu pensamiento y tu amor, para que mi naturaleza humana no llegue a predominar jamás, en lo que mi Yo superior ha aceptado ya, como divina revelación de la Suprema Voluntad.

—No temas, oh Hijo de Dios porque es tu último pasaje por la tierra, y no has venido para el fracaso, sino para el triunfo.

Jhasua invitó a sus dos amigos a hablar privadamente con el sabio astrólogo persa, a fin de que les diera orientación en sus vidas como cooperadores en su obra de salvación humana.

Averiguados los datos precisos de ambas vidas, el sabio buscó en las influencias planetarias, en las taras hereditarias y en los caminos recorridos por aquellas dos almas, a través de los siglos y de las edades, y les dijo de esta manera:

—Príncipe Judá, hijo de Ithamar: Veo tres faces en tu vida, infancia y adolescencia, iluminadas por la paz y la dicha; primera juventud atormentada por la maldad humana y sumida en grande obscuridad. La tercera faz es vida de fe, de esperanza y de amor supremo; vida dichosa en la familia y triunfante en un noble y grande ideal. Es cuanto puedo decirte.

"Hach-ben Faqui de Cirene —siguió diciendo el anciano con sus ojos cerrados y sus manos cruzadas sobre el pecho—.

"Te veo bajo la acción inmediata de una luminosa inteligencia, que tuvo especial tutela sobre ti, salvándote de grandes tropiezos que hubieran torcido el rumbo de tu vida, en la cual se diseñan con claridad dos faces: tu infancia y adolescencia sumidas en una suave inconsciencia que solo te permitía admirar la magnificencia de la naturaleza. Tu juventud y años viriles, entregado al amor humano en la familia y a la propagación de un ideal de justicia, que llena por completo las aspiraciones de tu espíritu. Es cuanto descubro en tu vida."

Al siguiente día, Jhasua y sus dos amigos volvieron a Antioquía, dejando al anciano Baltasar sumergido en el éxtasis de fe y de amor que la presencia del Hombre-Luz le había producido.

Llegaron a la media noche a la posada "Buena Esperanza". Amhra, la anciana criada, Eliacín y Shipro, les esperaban velando, a fin de conseguir que Noemí descansara. La buena mujer había quedado aterrorizada de sus años de calabozo, y temía horribles desgracias no bien sus familiares se apartaban de ella. La criada corrió a avisarle que los tres viajeros estaban de regreso sanos y salvos.

Nebai se había quedado junto a Noemí y su hija, en el deseo de proporcionarles serenidad y confianza.

El anciano Simónides tendido en un diván en la administración dormía profundamente.

Luego de tranquilizar a la atemorizada madre, y despedirse hasta el día siguiente, Jhasua con sus amigos fueron hacia la administración, por donde tenían que pasar en dirección a sus alcobas.

—Apresuraos a descansar, —díjoles el anciano— porque será grande el trabajo de mañana. ¡Oh mi Señor de Israel!...; si vieras cómo te esperan en Gisiva y Carandama!

—Será porque tu boca, mi buen Simónides, habló más de lo conveniente —contestóle sonriendo Jhasua.

—Espera Señor y óyeme: les dije solamente que eras un profeta de Dios y aunque nada les hubiera dicho mi boca, todo mi cuerpo rehecho y curado bastaba y sobraba. Todos ellos, menos los ciegos me habían visto amarrado al sillón de ruedas.

GISIVA Y CARANDAMA

Cuando el sol se levantaba en el horizonte, y la esplendidez de su claridad parecía derramar polvo de oro sobre las tranquilas ondas del Orontes, y sobre los jardines encantados y los rumorosos bosquecillos de terebintos y laureles, toda la familia emprendió el paseo matinal hacia los suburbios ya indicados.

Noemí, apoyada en Jhasua, y guiados por el anciano, abrían la marcha en la cual seguían Nebai o Esther con Thirza y Judá, Faqui y los dos hijos de Judas de Galaad.

En grupo aparte y para no llamar la atención, iba una media docena de criados con Eliacín y Shipro, llevando cestas de provisiones, pues pensaban pasar allí todo el día.

Siguieron la avenida que se dirige hacia el sur, y al llegar al arco triunfal de Epífanes, mandado construir por él mismo para glorificarse en vida, vieron sentado en el pavimento, como un contraste vivo con toda aquella magnificencia, un mendigo harapiento y sucio, que comía ávidamente un trozo de pescado asado y unos mendrugos de pan. Tenía los pies desnudos y desfigurados en tal horrible manera, que se veía claramente que había sufrido quemaduras, que aparecían ya cicatrizadas.

—¿Qué tal día tienes hoy, Simón? —le preguntó Simónides que le conocía de mucho tiempo.

—Hoy, bueno, amo, porque como, ya lo ves —contestó el mendigo—. Si no molesto, amo... ¿y qué hiciste de tu sillón?... ¿cómo es que caminas?

—La majestad de Dios anda por todas partes para el que tiene fe en su poder, amigo —contestóle el anciano, deteniéndose.

—Los dioses me han olvidado desde que caí en esta desgracia... —contestó el mendigo.

Jhasua con Noemí se detuvieron también, ante aquel cuadro, y la buena mujer cuyo corazón se había tornado aún más piadoso con sus grandes padecimientos, pensaba silenciosamente: "Ojalá que el Mesías tenga piedad de este infeliz mendigo que cure sus pies deshechos".

A Jhasua le penetró hondamente este pensamiento y dijo:

—¿Ves este arco de triunfo levantado por la soberbia de un hombre, de cuya efímera vida es el único recuerdo que queda?

—¡Sí, le veo, es magnífico! —contestó Noemí—. Es aún más rico que los sagrados pórticos de nuestro santo Templo de Jerusalén.

—Pues bien... ¡ahí tienes, mujer, al que le mandó construir para eterna gloria suya!... —Y Jhasua señalaba con su índice al sucio y harapiento mendigo.

—¡La reencarnación! —exclamó Noemí aterrada—; ¡qué tremenda es la justicia de Dios!

—¡Cuántos esclavos se quemarían pies, manos y rostros, para esculpir a fuego el oricalco y todos los preciosos metales y piedras que brillan, en este monumento!... —exclamó Jhasua con dolorosa indignación—. ¡Y sólo para satisfacer el desmedido orgullo de un hombre, del cual sólo queda polvo y ceniza! La justicia de Dios se ha cumplido de la manera que ves. He aquí al gran Epífanes de Seleucia, sentado bajo su arco de triunfo, recibiendo limosna y el desprecio de los humanos.

"¿Qué te ha ocurrido en tus pies que así los tienes deshechos? —le preguntó Jhasua.

—Trabajaba en la fragua, amo, y un terrible accidente acabó para siempre con mis pies! Ahora pido limosna.

—¿Crees en Dios? —volvió a preguntar Jhasua.

—Yo soy de Gao, sobre el río Niger, pero me crié en Chipre donde hay muchos dioses; Júpiter el de los rayos, Baco el del vino y de la alegría, Marte el de los triunfos guerreros.

—No hablo de ninguno de ellos, sino del Dios Padre Universal de todo cuanto existe, y Providencia viviente sobre todos los seres —contestóle Jhasua, emitiendo sobre él una poderosa energía—.

" ¡A ese Dios único me refiero!

—Por El, camino yo con mis pies —dijo Simónides—. ¿No lo ves?

El mendigo parecía estar como suspendido de los ojos de Jhasua, que lo miraban con gran piedad.

—¡Si el Dios de los hebreos es tan bueno como dices... sí, creo!, yo creo en El, y quiero adorarle por todo el resto de mi vida.

Jhasua se arrodilló a su lado, tomó entre sus manos los sucios y desfigurados pies del mendigo y le dijo:

—Sabe que el Dios de Israel quiere que andes sobre tus pies y en el camino de su justicia y de su amor.

" ¡Levántate! que en su nombre yo te lo mando.

El mendigo dio un aullido como si un dolor agudo le hubiera enderezado los pies, se extendió cuan largo era, y luego se levantó. Iba a comenzar a dar saltos y gritos, pero Jhasua le dijo:

—Calla por Dios, que soy extranjero en esta tierra y no has de ser causa de que me tomen por mago.

—Busca una tienda y vístete de limpio —le dijo Simónides, dándole unas monedas de plata—. Luego vente con nosotros a Gisiva que allí tendrás casa y familia. —Y siguieron su camino, dejando al mendigo mudo de asombro, que ni aún acertaba a pensar en lo que le había pasado.

Les vio pasar el arco y perderse entre la multitud de gentes que iban y venían, vendedores ambulantes, paseantes que tomaban el fresco de aquella mañana primaveral, más hermosa aún con la belleza de las aguas cristalinas que surgían chisporroteando como granillos de oro a la luz del sol, de los mil surtidores de las fuentes que embellecían los jardines a uno y otro lado de la avenida.

Por un fenómeno psíquico muy propio del alma humana, recién entonces le pareció hermosa la vida, entre todas las bellezas naturales y artificiales que le rodeaban. Miró el cielo azul de maravillosa serenidad, y le pareció que era un manto suave de seda que le cubría. Respiró a pleno pulmón la fresca brisa que venía de las cumbres vecinas del Amanus y del Cassio, aspiró con ansias el polvo de oro del sol que lo inundaba todo de luz, y por fin vio en su mano sucia y enflaquecida, las monedas de plata que le había dado Simónides, mientras le invitaba a seguirle hasta el suburbio de Gisiva donde tendría casa y familia...

Una inmensa ola de ternura y de gratitud le inundó el corazón de tal manera, que corrió como un loco hacia el lado por donde vio desaparecer a aquel joven de manto blanco que le había dicho: *Levántate y anda.* Lloraba a grandes sollozos llamando la atención de algunos transeuntes que se burlaban de él, creyéndole un loco vulgar.

Alguien dijo: —Pero ¿no es el mendigo del Arco de Triunfo de Epífanes?

Por fin le volvió al mendigo la reflexión mediante las monedas que apretaba en su diestra.

—¡Cierto!... —dijo— que me las dieron para vestirme de limpio y presentarme en Gisiva—. Entró en la primera tienda que encontró, y luego se fue a los baños públicos, donde recordó después de muchos años, que también tenía con su pobre cuerpo otros deberes más que el comer y beber. Se vistió con sus ropas nuevas y pensó con alegría en que volvía a ser un hombre entre la sociedad humana.

Se asombraba él mismo, de que la desgracia y la crueldad de los hombres le hubiesen arrastrado a tal extremo de degradación y desprecio de sí mismo.

Nuestros amigos llegaron a los primeros altiplanos de las hermosas montañas, entre las que corre el Orontes, y vieron de lejos como dos bandadas de gaviotas, las menudas casitas blancas que salpicaban el obscuro follaje de aquella vegetación exhuberante propia del país del Líbano.

Y Simónides señalándoles con la mano les decía:

—Esa es Gisiva y la vecina es Carandama. Como veis, ambas son hermosas, y su espléndida situación les promete un gran porvenir. La mayor parte de sus moradores son refugiados de distintos países, víctimas de la dominación romana que no ha podido ser grande sin dejar rastros de dolor y de sangre a su paso. Todos trabajan en lo que pueden, y hasta los ciegos se dedican a ovillar el esparto para las esteras y los hilos para los tejedores.

"Subamos por este senderillo".

Un enjambre de chicuelos que recogían moras y cerezas, les salieron al paso, ofreciéndoles de sus cestillas a cambio de las golosinas de la ciudad.

Se observaba a primera vista, muchos niños retardados, contrahechos y algunos de aspecto enfermizo. Jhasua se fijó de inmediato en un bello rostro de adolescente, de rubios cabellos y ojos azules llenos de inteligencia. Su dueño tenía la espalda cargada de una jiba tan monstruosa, que cuando se le miraba desde atrás, su cabeza no se percibía entre los hombros. Y todos le llamaban el *jiboso*. Su nombre se había borrado en la memoria de todos, para quedar solamente el del gran defecto físico que lo abrumaba, llenando de tristeza su vida.

Un tierno cariño hacia él se despertó de inmediato en Jhasua.

—¿Cómo te llamas? —le preguntó.

—*Jiboso* —contestó el niño.

—Ese no es tu nombre —le dijo Simónides.

—A mi madre le llamaban *Nelia* y si queréis, llamadme Nelio...

—La amarga sonrisa con que se expresaba, producía una especie de escalofrío.

—Ya os referiré esa historia que está en el libro rojo —dijo el anciano al joven Maestro.

—Tengo especial interés en él —dijo Jhasua en voz baja a Simónides; y luego acariciando a todos los niños, tomaba de las moras y cerezas que le ofrecían—. En la comida del medio día, os daré golosinas traidas de la ciudad —les dijo, mientras su pensamiento como una corriente magnética poderosa, dominaba completamente la ruidosa alegría de los chicuelos, dejándoles quietos y recelosos.

—Siendo tú el mayor —dijo al niño jiboso—, ven con nosotros y así podrás decir luego a tus compañeros donde estaremos. —Y Jhasua le tomó de la mano.

—¡Qué pena verle así! —dijo Noemí en hebreo para no ser comprendida del niño que hablaba el griego, como la mayoría de las gentes en la ciudad de Antioquía.

—No lo veréis así mucho tiempo —le contestó Jhasua—. Le he apartado de los otros —continuó diciendo el Maestro—, porque la curación de éste, causará gran asombro a los chicuelos que lo repetirán a gritos por todas partes.

—¿Pero este solo será curado? —preguntó Simónides.

—Lo serán todos, pero ninguno causará el estupor que éste, toda vez que los otros, no son tran monstruosamente lisiados.

"Yo soy médico —dijo al niño inclinándose hacia él— ¿quieres que te cure?

—¿Me sacarás la jiba?... ¡Oh, no podrás! La tengo desde que nací según me han dicho.

—Es verdad —dijo el anciano— yo le conocí de dos años cuando vivía su madre. Nació con la espina dorsal doblada por las torturas a que fué sometida su madre cuando le llevaba en su seno. Era una preciosa mujer venida de Bitina recién casada, y un tribuno romano de nombre Duilio se enamoró de ella tan locamente, que hizo aparecer como ladrón a su marido metiéndole entre sus ropas, joyas de gran valor pertenecientes al Legado Imperial. El marido era decorador en el palacio del Monte Sulpio donde aquel residía. El pobre hombre fué sepultado en los profundos calabozos de la Ciudadela, y a ella que era tan hermosa la obligaba a nadar en las fiestas de Mayouma entre sus cortesanas, pues le taladró la oreja con la lezna, sobre su puerta, haciéndola su esclava para toda la vida.

"Quiso ella escaparse, y el amo la ató doblada sobre una vara de hierro en forma que la cabeza tocaba con los pies. A los tres meses nacía este niño, así desfigurado por la tortura sufrida por su madre.

—¿Pero el niño no era hijo de él? —preguntó Jhasua.

—No, y de ahí el furor del malvado cuando se dió cuenta de que la mujer estaba encinta.

—No me hagáis daño por piedad —dijo de pronto el niño— parece que me rompéis la espalda.

—¡No temas, Nelio!... —díjole dulcemente Jhasua—; sólo deslizo mi mano para curarte. ¿Crees tú en Dios?

—¡Oh, sí!... mi madre que lloraba siempre, me dijo que yo tenía un Padre bueno allá arriba de las estrellas, y que él cuidaría siempre de mí —contestó casi con religiosa unción el niño.

—Y ¿tú llamas a ese Padre bueno y le pides lo que deseas? —preguntóle Jhasua.

—Sí, y me dá cuanto le pido.

—¿Nunca le pediste ser curado de tu espalda enferma?

—Algunas veces sí, cuando los chicuelos malos de la ciudad me arrojaban piedras. Aquí todos me quieren, y mi jiba no molesta a ninguno.

—Pues bien, Nelio, yo te digo que ese Padre Bueno que tu madre te enseñó a amar, quiere curarte para que seas un hombre útil a tus semejantes. Pareces tener diez años a causa de tu cuerpo doblado. ¡Mírame a los ojos!... ¡mira el cielo azul donde brilla tan hermoso el sol que todo lo fecunda!... ¡las copas de los plátanos y las palmeras que parecen vecinas de las nubes. Mira una y otra vez!... ¡Así, así!... Y ahora bendigamos juntos a ese Padre Bueno, que perfecciona tu cuerpo, para que seas un misionero de su Verdad Eterna y de su Amor Soberano.

Al mirar el niño primeramente a los ojos de Jhasua que era alto, luego al cielo, a los árboles, fué levantándose suavemente y casi sin sentirlo él mismo.

Bajo la suave presión de la mano de Jhasua que era el hilo conductor de la poderosa corriente magnética emitida por él, la espalda doblada se enderezó hasta quedar completamente vertical, y el niño apareció tal como debiera ser un adolescente de catorce años.

—¡Me has curado Señor!... ¡ya no tengo más la jiba!... ¡Yo no tengo nada para pagarte!... ¡Nada!... ¡Te serviré como un esclavo!...

Y el hermoso adolescente cayó de rodillas y se abrazó a Jhasua, mientras Noemí y Simónides hacían esfuerzos para ahogar la profunda emoción que les embargaba.

El joven Maestro emocionado también, levantó al niño mientras le decía:

—Ahora no te dejarás ver de tus compañeritos, porque ellos no sabrían guardar el secreto, y es conviente que nada de esto se divulgue.

—Yo le llevaré conmigo a la ciudad —dijo de inmediato Simónides—, y allí habrá también un trabajo apropiado para él.

—Ya llegamos a nuestro pabelloncito frente a la antigua *Gruta de Gisiva*, que ha dado nombre a este suburbio.

Noemí murmuraba a media voz un salmo de acción de gracias al Dios misericordioso, que visitaba con tales maravillas a sus criaturas sufrientes y doloridas de la tierra.

Aquellos arrabales de Antioquía, tenían su romántica leyenda de edades pretéritas. ¡Cuántas cosas llenas de mística poesía y de mitológicas creaciones pasaban de una a otra generación, como si aquellos hermosos parajes fueran o hubieran sido lugares de encantamiento!

Las faldas de aquellos montes aparecían horadadas de grutas grandes y pequeñas.

Los frondosos platanares del Orontes se prolongaban hasta allí, y los bosquecillos de mirtos, de laureles, de boj y de terebintos, formaban verdaderas murallas de eterno verdor.

Gisiva y Carandama, según la vieja leyenda, habían sido dos hermanas mellizas, a quienes el rey, su padre, las condenó a vivir en aquellas grutas, en castigo de haber amado a dos hermosos esclavos de las tierras de los hombre rubios, con ojos azules, prisioneros de guerra, a quienes ellas habían hecho escapar.

Tanto habían llorado las infelices princesas, que de su llanto se formaron los dos hilos de agua cristalina que brotaban de una grieta de aquellas rocas.

Bien comprenderá el lector, que en la antigüedad eran fácilmente creídas tas fábulas, de las cuales vivía la ignorancia de los pueblos primitivos.

Para Simónides, el genio de los buenos negocios, nada de esto le había preocupado en lo más mínimo, y si se dispuso a comprar aquellas tierras en la confiscación de bienes de Tothmes de Heliópolis, príncipe egipcio, fué por pura conveniencia, pues previó un gran porvenir comercial en aquellos suburbios de la Roma Oriental, como llamaban entonces a la fastuosa metrópoli, gloria que fué de los Seleucidas.

Para nosotros, lector amigo, que debemos levantar la vista de nuestro espíritu a más altos y bellos horizontes, podemos averiguar la verdadera historia de aquel *Monte Casio*, cuyas deliciosas quebradas llenas de grutas, desempeñaron tan importante papel en los comienzos del Cristianismo.

En la prehistoria, ocho mil años antes de la encarnación del Cristo en la personalidad de Jesús de Nazareth, el Monte Casio se llamó *Monte Kasson*, y sobre él, edificó la gran fraternidad Kobda, un santuario para refugio de las mujeres, que por la ley de la *esposa única* promulgada entonces por la Gran Alianza de Naciones Unidas, quedaban sin el amparo de su esposo, y para que no cayera sobre ellas el estigma de mujeres repudiadas, los Kobdas crearon aquel honorable refugio, donde permanecían en vida de honestidad y trabajo, hasta que un nuevo esposo las conducía al hogar.

En el tiempo que venimos historiando, se conservaban aún medio sepultadas entre las rocas y la enmarañada vegetación de la gran plataforma superior del Monte Casio, unas vetustas ruinas, de las cuales los jornaleros del buen Simónides, extrajeron no pocos bloques de piedra que echaron a rodar montaña abajo, para utilizarlos en las construcciones que mandó hacer.

Y varios autores contemporáneos, entre ellos Ernesto Renán, en su libro "Los Apóstoles" hace referencia a las ruinas y a las grutas de Monte Casio.

Esta breve disgresión nos perdonará el lector, en atención a que la hacemos para probarle hasta qué punto somos escrupulosos en ajustarnos estrictamente a la historia, no solo de la vida humana del Cristo, sino de los lugares, parajes y ciudades donde, niño, adolescente, joven o adulto, puso su pie incansable, de misionero de la verdad y del amor fraterno.

Creemos conseguir así, que los lectores le vean como viviendo de nuevo en nuestra tierra, en los mismos parajes que santificó con su augusta presencia de Ungido Divino, y que no son solamente Jerusalén, Nazareth, el lago Tiberíades, el Huerto de los Olivos y la montaña del Calvario, los únicos privilegiados con la presencia de Cristo.

Las cuatro sucintas crónicas que el mundo conoce de su Divino Salvador, Juan, Mateo, Marcos y Lucas, tan sólo relatan los tres últimos años de su vida, dejando en el silencio, los treinta anteriores no menos fecundos, por el estudio y el apostolado, con que el Cristo preparó el triunfo final de su misión de Redentor de la humanidad.

Cuando Jhasua con Simónides y Noemí llegaron a la plazoleta cubierta, que aparecía a la entrada de Gisiva, a la manera de pórtico frente por frente a la gruta de la leyenda, Judá con Nebai y Faqui con Thirza, estaban instalados en los grandes bancos de piedra que rodeaban en círculo la plazoleta, decorada con enredaderas de jazmines y madreselvas, hasta formar verdaderas cortinas en flor, pues era plena primavera. Los pájaros del Líbano cuya ilimitada variedad en colores y gorgeos son proverbiales, llenaban el aire con su ruidosa sinfonía desde las altas copas de los cedros y los pinos donde ocultaban sus nidos.

—Hermosa es nuestra Judea, Galilea y Samaria, madre, —decía Judá a Noemí— pero no pueden ser comparadas con ésto. ¿No será aquí el paraíso terrenal de que nos habla la Escritura, que relata el poema de Adán y Eva?

—No hijo mío —contestó Noemí— porque el libro sagrado dice que ese paraíso estaba entre los ríos Eúfrates y Tigris, o sea en la Mesopotamia.

—Y este adolescente tan hermoso, ¿de dónde vino? —preguntó Nebai a su abuelo.

—Es la primicia de la jornada de hoy, de nuestro Mesías Rey de Israel, —contestó el anciano con manifiesta satisfacción—. No me toman desprevenido los acontecimientos, y como mi nieta ha celebrado esponsales, yo me busco otro secretario que me iré preparando yo mismo, para cuando tú, hija mía, me dejes vacante el puesto.

Todos rieron de la oportuna salida del anciano. Solo Nebai quedó seria, y un subido carmín pasó como una llama por su hermoso rostro.

—¡Abuelo!... no era necesario anticipar así los acontecimientos —añadió la joven.

En voz baja refirió el anciano la historia de Nelio, el adolescente que hasta hacía pocos momentos era cruelmente llamado el *jiboso*. Y desde ese momento, fué considerado como un nuevo miembro de la familia.

Estaban en estos preliminares de la visita a Gisiva, cuando llegó a Simónides el intendente que él tenía para mantener el orden y la armonía en aquella aldea, donde todos eran dependientes suyos.

—¿Qué ha pasado, buen amo, que los chicuelos que recogían moras y cerezas allá abajo, reclaman al *jiboso* que es el director de todos los juegos, y alegan que lo sacaste de entre ellos y no volvió más?

—Míralo: ahí lo tienes.

El intendente abrió enormes los ojos para buscar la famosa jiba que había desaparecido.

Pero como aquel buen hombre era también un buen israelita que leía los Profetas y esperaba al Mesías, Simónides le dijo estas solas palabras:

—La jiba de éste niño se ha juntado con mi sillón de ruedas, ¿comprendes?, y han ido a ofrecerle sus servicios a Satanás en los infiernos. No les veremos más por acá.

Y con sus inteligentes ojos, envolvía en una mirada de inmensa ternura a su Señor, Rey de Israel que tenía a su frente.

—Loado sea Jehová, por las maravillas que obra entre nosotros —exclamó el buen intendente—. El caso es —añadió— que los chicuelos esperan mi respuesta, y cunde alarma entre ellos, porque los de las piernas torcidas las tienen en debidas condiciones, y los que sufrían erisipela, aparecen como figuras de porcelana. Algo hay que decirles.

—Dejadme que yo me entienda con ellos —dijo Noemí—. Traedlos aquí.

La dejaron sola en espera de los niños y todos nuestros amigos comenzaron su visita a los refugiados en Gisiva que Jhasua conocía de nombre en el libro rojo de Simónides.

Estaba allí representado el dolor en sus más variados y tremendos aspectos, desde el torturado y quebrantado físicamente en sus huesos y en sus miembros, hasta el torturado y deshecho en las fibras más íntimas de su corazón.

Casi todos se hallaban bajo las frondosas arboledas que formaban pabellones de verdor por todas partes.

Tejedores de juncos, tejedores de esparto, de lana, de algodón, de seda, aquello parecía un enjambre de laboriosas abejas.

—¡Todo ésto es hermoso! —decía Jhasua— ¡Sobremanera hermoso! Transformar el dolor, en trabajo útil a la humanidad es grande obra, Simónides, amigo mío.

—Pensad que muchos de ellos, cuyas manos se mueven tan rápidamente tienen su pies y piernas destrozados por quemaduras o dislocaduras —dijo en voz baja Simónides—. Casi todos han sido salvados, cuando después de torturados iban a ser arrojados a las fieras de los circos para alimentarlas, y que quedasen así olvidados para siempre e ignorados los motivos de esas torturas.

—Y ¿cómo te arreglabas para hacer este salvamento? —volvió a preguntar Jhasua.

—¡Oh mi Señor!... el oro es bueno para todo ésto, aunque tú digas que nada quieres con el oro. Yo tengo comprados a los guardianes de las fieras, a algunos verdugos y a ciertos gladiadores encargados de dislocar los miembros de las víctimas. Por eso están vivos todos éstos que ves.

"Ahora verás, mi Señor, algunos infelices privados de razón, que en sus momentos lúcidos han hecho declaraciones que causan escalofríos.

"Son pocos, creo que once, y la mayoría mujeres, de noble linaje, que se volvieron locas, porque en su presencia asesinaron a sus maridos o a sus hijos. De todos éstos, el más interesante es aquel hombre de cabellos negros y túnica gris, que está sentado tocando la flauta. Era un pínicipe de Listra en la Pisidia, y fué despojado de todos sus bienes, después de haber asesinado a su madre en su presencia, quitándole la esposa y muerto el primer hijito de tres meses, que era toda la familia. Encerrado él en un calabozo en Roma a donde fué llevado como esclavo, se había dado orden de arrojarlo al circo, porque sus accesos de locura lo inutilizaban para la servidumbre.

"Su juventud, su belleza física y sobre todo su habilidad para la flauta, inspiró compasión a un guardián del circo que me hizo llegar la noticia y yo se lo compré por mil sextercios.

—Acerquémonos a él —dijo Jhasua—, que quiero hablarle.

—¡Qué hermosa suena tu flauta en esta mañana tan serena! —díjole Simónides para iniciar conversación.

—Como siempre —contestó el loco.

—Simónides comenzó a hablar con otros, y con Judá y Esther que se acercaban paseando bajo los árboles, y Jhasua quedó sólo con el hombre de la flauta que seguía tocando sin interrupción.

Se sentó a su lado en el mismo banco y haciendo como que escuchaba su música, iba extendiendo la red sutil de su pensamiento y de su amor, sobre aquel espíritu ofuscado por el horrible dolor moral que había sufrido.

A su influjo poderoso a la vez, la flauta parecía que se quejaba en dolientes sollozos, y luego sacudida por una tempestad, sus sonidos eran agudos y temblorosos, como si fueran a romperse en una repentina explosión. El silencioso y metódico trabajo mental de Jhasua fué haciendo su efecto. La melodía se tornaba como en una suave queja de sonidos tan dulces y tiernos, que llegaba a parecer un canto materno junto a la cuna de un niño.

De pronto soltó la flauta que cayó al suelo y rompió a llorar en agitados sollozos.

—Amigo mío —le dijo el Maestro— sé que sufres. Cuéntame tu pena, que el dolor vaciado en otro corazón es menos terrible.

—Esa melodía tocaba yo, para dormecer mi niño, cuando entraron en mi casa como lobos hambrientos, los hombres del Tiber. ¿Eres acaso romano?

—No —le contestó Jhasua—. Soy de Israel, nazareno, de Galilea.

—También tú eres de pueblo esclavo, y comprenderás bien lo que es la esclavitud de los hombres del Tiber. ¡Yo tenía madre, yo tenía esposa y un pequeño hijito en cuyos ojos me miraba como en un espejo!... Mis viñedos y mis olivares daban pan a muchos jornaleros, y no había en Listra otro palacio más hermoso que el mío.

"Fue herencia de mi padre... y a nadie lo robé. Mis viñedos y mis olivares eran herencia también. Mis majadas de ovejas y mi rebaño de camellos no eran robados, que eran también heredados de mis mayores... Y ¿me ves ahora? ni aún la flauta en que toco, ni la túnica que me cubre son mías, pues que fuí despojado de todo!... ¡y no sé por qué me dejaron la vida!... ¡Pero no!... ¡lo sé, lo sé! Me dejaron la vida porque soy fuerte de físico y la belleza y gallardía natural de los pisidios, les hace aptos para que un amo romano luzca una hermosa y gallarda servidumbre: pero mis dioses lares me tornaron loco, para que no me forzaran a servirles como un esclavo.

—¡Cálmate amigo mío! —le dijo el Maestro tomándole una mano—. Tu situación es igual a la de muchos que cayeron bajo la zarpa de los invasores, y algunos de los cuales, más atormentados que tú, han podido rehacer su vida y hoy son felices nuevamente.

"¿Ves aquel gallardo mozo que lleva de la mano a esa doncella de traje blanco y manto negro?

—Sí los veo.

—Pues estuvo tres años condenado a galeras como un esclavo del Estado Romano; su padre fué ahogado en el mar; su madre y su hermana sepultadas vivas en un calabozo durante siete años. Y era uno de los más nobles y ricos príncipes de Jerusalén, capital de Judea.

"Dios misericordioso, encontró el camino de hacerle reconquistar lo que había perdido, y pronto será dichoso en un nuevo hogar, pues la joven que le acompaña será su esposa.

—¡Dichoso de él!; mas yo no puedo recobrar mi madre y mi niño muertos.

—Y tu esposa ¿sabes dónde se encuentra?

—Se la llevó como esclava a Roma un tribuno que fué gobernador de Iconio. No supe más de ella y hace de ésto cuatro años.

—¿Sabes el nombre de ese tribuno?

—Sí, se llamaba Marcio Fabio a quien las furias del averno confundan con el pantano.

—¿Y tú como te llamas?

—Jefté de Listra.

Jhasua tomó anotaciones de todos estos datos y luego dijo a su interlocutor.

—¡Jefté!... yo soy médico de los cuerpos y de las almas enfermas. Tu alma sufre una agonía lenta porque fué grande el dolor sufrido; pero si tú quieres, Dios poderoso te puede sanar.

—¡No me ilusiona la vida extranjero!... Si puedes, hazme morir antes y no me prolongues la vida. ¿Qué hago yo solo en el mundo? Sin madre, sin la esposa, sin el hijo... ¿qué soy yo sino un árbol seco y estéril que sólo sirve para el fuego?

—¿Y todos estos compañeros que te rodean?... —le preguntó Jhasua.

—Ni ellos me conocen, ni yo les conozco... Ni ellos me aman ni yo les amo... Ellos no me sirven para nada y yo no les sirvo para nada. ¡Nulidad!... ¡vacío, olvido!... ¡cenizas que se lleva el viento!... ¡muerte que no devuelve presa! ¡nada, nada, nada!

Jhasua irradió sobre él una poderosa corriente de amor que produjo un ligero estremecimiento en el enfermo mental y luego le preguntó:

—¿Y yo también soy para tí, vacío, olvido y ceniza que se lleva el viento?...

Los ojos de Jhasua húmedos de emoción atrajeron la mirada de Jefté que se quedó como pendiente de aquella mirada.

—¡Tú, tú!... ¡parece que me amas y que yo necesito amarte! —murmuró.

El Maestro le abrió sus brazos, y aquel enfermo del alma se arrojó en ellos sacudido por los sollozos.

—¡Amigo!... ¡hermano mío!... —díjole suavemente Jhasua mientras lo estrechaba contra su pecho—. Para la Bondad de Dios, no hay dolor que sea incurable, ni herida que no pueda cicatrizarse. Aún puedes esperar y confiar en que una luz nueva ilumine tu camino. ¡Jefté!... ¿quieres prometerme que esperarás?, ¿quieres confiar en mí que soy tu amigo de corazón?... ¿quieres creer que te hablo con el alma asomando a mis labios?... ¡Háblame! ¿No me oyes?

Los sollozos del enfermo se habían calmado lentamente hasta llegar a un silencio profundo, en el cual parecía no sentirse ni aun su respiración. Con la cabeza apoyada sobre el pecho del Maestro, parecía dormir en un plácido sueño. Jhasua comprendió que la crisis provocada por él, buscando la curación, había pasado, y que su despertar sería la luz nueva para aquella mente torturada por las terribles y dolorosas imágenes, que tan fuertemente lo habían atormentado.

Simónides observaba desde cierta distancia, y su viejo corazón se estremecía de emoción ante el cuadro magnífico que no era de la Tierra, del amor divino del Cristo, desbordándose sobre un infeliz demente olvidado de todos.

—¿Quién otro que el Mesías Rey de Israel puede hacer cosa semejante?... —murmuraba el anciano a media voz, mientras hacía esfuerzos porque la emoción no le arrancara lágrimas—. ¡Dios de Abraham, de Isaac y de Jacob!... Si habéis permitido que estas maravillas de poder y de misericordia vean estos ojos de tu siervo ¿qué mucho será que yo te ofrezca hasta el último aliento de mi vida, para hacer triunfar tú Enviado Divino ante la faz de la Tierra?

"¡Judá!... ¡Judá!... ¡Esther, hija mía!... —gritaba— preparad a todos los lisiados y enfermos en el pabellón grande, en la sinagoga, para que nuestro Señor los vea a todos reunidos y les cure a todos. ¡Pronto, pronto!... ¡que todos éstos serán servidores suyos que lo aclamarán como rey!...

—Calma Simónides —le dijo Judá asombrado de ver la prisa y la exaltación del anciano—. Acordaos que Jhasua no quiere la publicidad y tú estás hablando demasiado alto.

—¡Tienes razón hijo mío!... La felicidad de tenerle a la vista, me saca de quicio, me vuelve loco!

—Lo comprendo Simónides, pero debemos ante todo tener prudencia para no comprometerlo.

"Y aunque no estamos aquí bajo la jurisdicción del Sanhedrín de Jerusalén, ya sabes que el alto clero con Agripa y Antipas, y con los gobernadores romanos, se entienden muy pronto cuando les conviene. Dejemos a Jhasua hacer las cosas con la discreción y prudencia que acostumbra. Podemos estar muy seguros de que todos los enfermos serán curados.

Observemos entretanto a Jhasua y Jefté. Cuando éste iba a despertarse, el joven Maestro lo apoyó sobre el respaldo del banco como estaba antes de la crisis; y al igual que si nada hubiera pasado continuó hablándole: "He tomado anotaciones para buscar a tu esposa y hacerla venir a reunirse contigo —le dijo— Es lo justo, y creo que lo realizaré muy pronto con el favor de Dios.

"¡Judá!... —dijo Jhasua en alta voz—. ¿Quieres venir un momento?

El ex demente miraba a todos con ese aire de extrañeza, del que despierta en un lugar desconocido.

—Aquí estoy, Jhasua, ¿qué me quieres?

—Supongo que tendrás algunos amigos fieles en Roma, entre las amistades de tu noble padre adoptivo —le dijo—. ¿No podrías averiguar qué ha hecho el tribuno Marcio Fabio, que hace cuatro años estuvo en Listra de Pisidia, de la esposa de Jefté de Listra, que está aquí presente?

—¡Marcio Fabio!... —exclamó Judá—. Fué un grandísimo pillo, que murió abierto de una estocada por uno de los muchos enemigos que su felonía le había creado.

—¡Justicia de los dioses! —exclamó Jefté— ¿Qué habrá sido de mi pobrecita Soemia tan suave y dulce como una tórtola?

—¿Soemia era tu esposa? —preguntó Judá—. ¡oh, oh!... ¡juicio de Dios! Se habló mucho entre los enemigos de Marcio Fabio de una hermosa esclava pisidia que era una maravilla tocando la cítara, y a la cual su amo vendió porque no consiguió someterla a su capricho aunque la hacía azotar.

—¡Era ella!... ¡estoy seguro que era ella por la cítara y por la rebeldía para someterla! ¡Oh mi Soemia fiel y noble como una gacela para el amado de su corazón!... ¡Búscamela tú que conoces las madrigueras de Roma y las fieras que las habitan!... —gritaba Jefté acercándose con febril ansiedad a Judá, como si quisiera descubrir su Soemia tras de la sombra de aquél. Jhasua dió una mirada de inteligencia a Judá que le contestó prontamente:

—Sí amigo, descansa en mí, que yo despacho ahora mismo un correo a Roma para traerte a Soemia.

"La compró una de las más ricas damas romanas, Fulvia, respetable anciana, sobrina de aquella *Fulvia*, esposa de Antonio, el amante de la célebre reina egipcia Cleopatra. Su palacio es tan conocido en Roma y tantas veces estuve en él, que iría en una noche obscura y con los ojos cerrados. Por suerte para tu Soemia, esa casa es de la antigua Roma, de aquella en que vivieron las nobles matronas guardando su casa mientras hilaban el lino y la lana para las togas de los esposos y de los hijos.

"Vive recluída con su esposo paralítico, y su mundo está circunscripto a las verjas que cierran los jardines y bosques que rodean su morada. Muy cerca de la suya, se encuentra la hermosa villa en que pasé los cinco años que vivió conmigo mi padre adoptivo. Tengo en aquella, mi casa, el mayordomo, y la servidumbre antigua, que fué de él, y que por herencia suya me pertenece. Ya ves pues, Jefté, si tengo en mis manos los medios para traerte a tu Soemia.

—¡Ya está hecho!... —dijo Jhasua—. ¡Dios lo quiere así! Bendigámosle por su bondad y misericordia con sus criaturas. Jefté amigo mío —le dijo— ahora no irás que estás solo en el mundo y que todo cuanto te rodea es olvido, silencio, polvo y ceniza que se lleva el viento ¿verdad?

—Pero vosotros ¿por qué hacéis todo esto conmigo?... —preguntó como si de pronto le acometiera el temor de verse burlado por una engañosa ilusión.

—Nuestra fe, nos manda —díjole Jhasua— que amemos a nuestros semejantes como a nosotros mismos, lo cual significa el deber de hacerte todo el bien que deseamos para nosotros.

—¡Y sois del país de Israel!... Entonces vuestro Dios es el mejor de todos los dioses, porque ordena el bien, la justicia y el amor. ¡Soemia y yo seremos adoradores de vuestro Dios!...

—¡Que es el único Señor de los mundos y de los seres! —le interrumpió el Maestro—. Todo lo demás son creaciones de los hombres, y fruto del atraso y la ignorancia de la humanidad.

Esa misma tarde escribió Judá una epístola a la matrona romana Fulvia que comenzaba así:

"Excelentísima amiga de mi padre adoptivo a quien ambos hemos amado tanto".

Acto seguido le exponía la dolorosa situación del esposo de Soemia, la tragedia sufrida por ambos, cuatro años atrás, y la necesidad que sentía todo noble corazón de reunir nuevamente esos dos seres cuya cruel separación les hacía infortunados. Judá añadía que él estaba dispuesto a pagar el precio que Fulvia pusiera a su esclava Soemia. "Yo la compraré —decía Judá— no para que sea mi esclava, sino para devolverla a su verdadero dueño, el esposo que la llora como muerta".

La epístola salió en el primer barco de la flota de Simónides que zarpó a la mañana siguiente. La llevaba el capitán, con encargo expreso de entregarla de inmediato y traer la contestación.

Jhasua quiso aprovechar esta oportunidad para hacer con sus poderes internos, una experiencia que aún no había hecho en casos análogos a éste. Supo que la noble matrona romana que tenía a Soemia como esclava, padecía con la parálisis que había atacado desde varios años atrás a su marido.

"Quiero —pensó— que en el momento que su inteligencia acepte devolver a Soemia a su esposo, el paralítico sea curado de su mal. ¡Lo quiero Padre mío, Bondad Suprema!... lo pido yo que he aceptado el más grande sacrificio que puede hacer éste hijo tuyo Señor por la salvación de sus semejantes!... Lo quiero, lo pido!... lo reclamo con todas las fuerzas de mi espíritu!"

Y pensando así, su alma lúcida, radiante de amor y de fe, fué cayendo como en un éxtasis de amor supremo y de voluntaria entrega de cuanto era a su Padre amante y amado. Y en la semi inconsciencia de ese sublime estado espiritual que muy pocos encarnados conocen, continuaba murmurando en voz queda, suavísima: "Todo para Ti Padre mío! ...todo para Ti y para ellos!... Para mi, el dolor, la ignominia, el oprobio, los ultrajes y la muerte!... ¡Así lo quiero!... ¡Así lo reclamo!... ¡Así te lo pido!..."

Las inteligencias encargadas de recoger los pensamientos sublimes, y heroicos de los hombres en favor de sus semejantes, recogieron sin duda los de Jhasua que era como una explosión de estrellas en la inmensidad de los espacios. Su luz, su fuerza sobrehumana, por su heroico desinterés, debió formar necesaria y lógicamente, una corriente poderosa en idéntico sentido, modo y forma en que la creó su autor.

Cuando este secreto poema del alma de Jhasua, solitario en su alcoba en la posada "Buena Esperanza", se desarrollaba sin ruido en el fondo de su propio Yo, en la otra orilla del Mediterráneo, en la costa occidental de Italia, a la orilla del mar, en la región del Lacio, donde las antiguas familias patricias tenían sus villas de reposo en los ardores del estío, bajo las frondosas arboledas y entre un laberinto de macizos cubiertos de flores, una anciana de blanca cabellera, la dueña de aquella posesión, se hallaba tendida en un canapé, y a su lado una bella joven de mirada melancólica que ejecutaba una hermosa melodía en la cítara.

—Soemia —le decía la dama cuando terminó de tocar— ¿serías capaz de privarme de tu compañía y de tu música, si de pronto trajeran la noticia de que tus familiares te han encontrado?

—¡Mi señora!... pensad cómo se ama a una madre, a un hijito... a un esposo! ¡Tendría grande pena de abandonaros!... pero ¿qué estoy diciendo?... Si yo soy vuestra esclava, y sin vuestro beneplácito jamás podría apartarme.

—Desde que viniste a mi lado, estoy luchando conmigo misma para no quererte Soemia, sino como a una sierva que me complace en todo, por el temor de que tu situación cambie de pronto y yo pueda perderte.

"Bien ves que la parálisis de mi marido me deja en una soledad completa. Mis dos hijos murieron con gloria en las naves del Estado, y sólo de año en año veo a las nueras corintias.

"¡Oh Soemia!... si en vez de nacer en Listra hubieras nacido en el Lacio, en esta deliciosa villa a orillas del mar y hubieras sido mi hija! —La joven recostó confiadamente su cabeza sobre la mano de su ama que caía al borde del canapé, y lloró silenciosamente—.

"¡Cuánto amas a los tuyos Soemia!, yo te prometo reunirte a ellos si les encontramos aún vivos. Pero yo pondría precio a esa libertad, y ya que nada posees en tu país porque vuestros bienes fueron confiscados y vendidos yo te adoptaría por mi hija conforme a la ley, y vivirías con los tuyos en este palacio de verano, retirados de las vergüenzas de Roma que no es por cierto la que conocieron mis abuelos".

Era éste el mismo momento, en que el gran Ungido, elevado al infinito en el éxtasis divino de su oración de amor por sus semejantes, reclamaba de su Padre, el poder de curar a distancia la parálisis del marido de Fulvia, ama de Soemia, si aquella mujer daba la libertad a su esclava.

El mar estaba de por medio entre Jhasua que emitía aquellos sublimes pensamientos, como cables de oro conductores de su formidable energía, y el anciano matrimonio del Lacio: mas la distancia nada es para la transmisión del pensamiento, cuando la fuente de que emana es límpida y pura, y es el amor quien lo impulsa.

—¡Fulvia!... ¡Fulvia!... —oyeron de pronto el grito de Flaminio que desde un balcón llamaba a su esposa. Soemia corrió la primera y encontró al anciano de pie junto al balcón abierto.

—¡Estoy curado, estoy curado! —decía a gritos.

Fulvia llegó y se quedó paralizada de asombro.

—Cuando dormía —siguió diciendo Flaminio— soñé que un hermoso mago, joven y bello como un dios Apolo, me levantaba del lecho y me mandaba caminar. Cuando me desperté, vi mis pies blandos y que me obedecían dócilmente... ¡Los dioses han tenido piedad de nosotros!...

Ambos ancianos se abrazaron llorando de felicidad.

Y Soemia pensaba:

—Sólo yo no tengo dicha alguna en el mundo, en medio del cual estoy sola como una yerba inútil, que no sirve sino para pisotearla y quemarla!...

Iba a romper a llorar con indecible amargura, cuando una imagen impalpable y tenue se diseñó ante ella en la penumbra de la habitación. Era un hermoso joven de cabellos y barba rubia, con ojos luminosos y claros como reflejos de un sol de ocaso.

—¡El Apolo que curó al amo! —dijo e hizo señal de silencio a los dos ancianos, que estaban percibiendo también la visión en la penumbra del cortinado púrpura que cubría el balcón.

Los tres cayeron de rodillas y la aparición se hizo más y más perceptible.

"—No soy un mago —dijo con voz suavísima—. Soy el Mesías Salvador de oprimidos y sufrientes, que esperan con fe y amor; el anunciado por los augures y profetas de todos los pueblos, que adoran al Dios Unico Señor de todos los mundos! Soy la Fe, la Esperanza y el Amor, y porque los hay en vosotros, estoy aquí en espíritu, para consolar vuestras almas y decir a Soemia, que Jefté su esposo, vive, y que pronto se reunirá con ella.

"Contad dieciocho días desde hoy, y os llegará epístola de Antioquía con la noticia que os anticipo. Una fe nueva... la fe en el Dios Unico que gobierna los mundos, será para vosotros la estrella del reposo en los años que aún viviréis en la Tierra".

El pensamiento de los tres interrogaba: ¿quién eres?...

"—Soy el mensajero de ese Dios Unico, que no admite rivales en el corazón de sus hijos. Llamadle *Dios-Amor* y El reinará en vuestras almas como único soberano".

La aparición se fué disgregando como una nube de gasa blanca que el viento destejiera, hasta quedar tan solo el sitio vacío en la penumbra en que se había formado.

Aquellos tres seres arrodillados no acertaban a moverse ni hablar, y sólo sus miradas se interrogaban mutuamente.

La poderosa vibración se fué también extinguiendo en el ambiente y Flaminio fué el primero en levantarse. Levantó a su esposa y luego a Soemia que más sensitiva que los otros, fué quien más percibió la profunda sensación de lo infinito y extraterrestre, que allí había subsistido por unos momentos.

Jhasua por su parte, al despertarse a la realidad física, estaba seguro de lo que había ocurrido allá en la otra orilla del Mediterráneo; pero guardó silencio, porque aún no había a su lado, ninguno preparado para comprender las ocultas verdades que guarda el Supremo, en la inconmensurable grandeza de sus leyes eternas.

—Baltasar, Gaspar y Melchor, los videntes de la Luz Divina, y mis maestros esenios, comprenderían lo que acaba de ocurrir —murmuró el joven Maestro a media voz—. Mientras no llegue toda la humanidad a lo que llegaron ellos, cuán incomprendido y solo deberé sentirme mientras viva como hombre, como se sentirán así mismo los que sigan andando sobre mis huellas!

Encontremos nuevamente a los demás personajes que en los suburbios de Antioquía estaban aquella mañana, y que al igual que el mendigo del Arco de Triunfo, que el jiboso encontrado a la llegada a Gisiva y el enfermo mental Jefté, fueron vueltos a la salud física y moral por la suprema energía del verbo-Dios.

Hemos narrado con detalles, solo estas tres manifestaciones del Poder Divino en Jhasua y la del romano Flaminio, porque fueron las más extraordinarias que se realizaron aquel día memorable, en el que puede decirse con toda verdad, que quedó fundada en Antioquía la primera congregación, que años más tarde tomaría el nombre de *Cristiana*.

Gisiva y Carandama fueron llamadas después: *el arrabal de los santos* y fué la floreciente iglesia de Cristo, que encontró el apóstol Bernabé enviado desde Jerusalén por *los Doce*, para cerciorarse de lo que ellos creían exageradas noticias, referentes a la prosperidad espiritual y económica de aquella organización abierta a todos los hombres y a todas las razas, tal como lo había soñado el Divino Maestro.

Los fundamentos materiales de aquella primera y más floreciente congregación cristiana, fueron los tesoros pertenecientes al príncipe Judá, hijo de Ithamar, administrados siempre por el mago de los negocios honrados, Simónides de Antioquía, cuyo nombre originario era simplemente *Simón de En-Rogel*, pues que había nacido en el *Jardín del Rey*, hermoso suburbio de Jerusalén, que conservó ese nombre desde que Salomón construyó allí el palacio para su esposa egipcia, hija del Faraón. Al vulgar *Simón* le había añadido dos sílabas para darle tinte griego, y ocultar así aquel terrible incidente en que casi perdió la vida, a no ser salvado por el príncipe Ithamar de Jerusalén, como bien recordará el lector.

Un tenue reflejo de estos suceso, se encuentra en las *Actas de los Apóstoles*, pero tan vagos e imprecisos, que dejan muy en la sombra los grandes trabajos misioneros realizados, desde doce años antes de la muerte del divino Redentor.

En ninguna parte de Palestina y Siria adquirió mayor fuerza y esplendor la Santa Alianza, que en la populosa Antioquía, cuya enorme población venida de todas las partes del mundo, se prestaba a las mil maravillas para realizar el sueño divino del Cristo: la unificación de todos los hombres en una sola fe, en una sola esperanza y en un solo amor.

Allí no se preguntaba ¿cuál es tu fe, tu culto, tu religión?, sino ¿cuál es tu pena, tu dolor, tu necesidad?

Curado el dolor moral o físico, surge en los seres la gratitud como una hermosa flor exótica, que se aclimata de inmediato en las almas redimidas por el más puro y desinteresado amor.

Cuando nuestros amigos llevaban ya veinte días en la opulenta metrópoli oriental, llegó de Roma una nave de la gran flota que enorgullecía a Simónides, y a bordo de ella venía el mensajero enviado por él para tramitar secretamente con el ministro Seyano, favorito de Tiberio emperador, la reivindicación de la esposa e hijos del príncipe Ithamar de Jerusalén, en forma de que no pudiesen ser molestados por ninguna autoridad representativa de César en Palestina y Siria, y tuviera la libre posesión de sus bienes. Ya supondrá el lector que los ministros favoritos de aquel tiempo no eran diferentes de los actuales, lo cual quiere decir que uno era el *documento oficial* que acreditaba dicha reivindicación, firmada y sellada por el emperador, y otro el documento secreto del ministro, por el cual aconsejaba, *en previsión de un posible cambio* en la voluble voluntad del omnímodo y absoluto soberano, que los bienes de fortuna pertenecientes a la mencionada familia, estuviesen a la sombra de varios nombres de personas, cuya amistad era conveniente a Roma.

Y el sagaz ministro, en pocas palabras, hacía comprender el profundo signi-ficado de su consejo:

"Una cabeza se corta de un golpe, muchas cabezas exigen una combinación de hábiles golpes para no dejar rastro. Tu generoso regalo, buen Simónides, me-rece éste consejo que en muy raras ocasiones doy. Y puedes estar seguro de que quedo a tus órdenes para cuanto necesites en Roma".

No era para menos, pues el hábil ministro de Tiberio había recibido un en-vío de Simónides, de diez libras de oro, en barrillas.

— ¡Qué bueno es el oro para comprar la voluntad de los miserables! —decía el anciano, acostumbrado ya a ver de cerca las ruindades humanas—. Las vidas de los que amamos y su dicha y su paz —continuaba filosofando fríamente— va-len mucho más de lo que he mandado a las arcas de ese bastardo con alma de chacal.

Y el genial talento comercial de Simónides, puso la cuantiosa fortuna de Judá y su familia, que él llamaba *"los tesoros del Rey de Israel"*, bajo el escudo de seis nombres, para él, de absoluta confianza.

Judá hijo de Ithamar su verdadero dueño, el Príncipe Melchor de Horeb (egipcio), el Hach-ben Faqui de Cirenaica, el Scheiff Ilderin de la Arabia occi-dental; de Sambalat de Chipre, su agente en Roma desde que entró al servicio de Ithamar, y de Helena de Adiabenes, madre del joven rey Izate Abenerig de Shinar, en la Mesopotamia.

De todos ellos tenía el anciano en su poder, crecidos depósitos en oro y letras a cobrar, que le servían de garantía en caso de fallecimiento o de cual-quier otra eventualidad.

Bien seguro del éxito en sus hábiles combinaciones financieras, el buen anciano presentó a Jhasua un sendo papiro con todo detalle, y en presencia de Judá y de Faqui le dijo:

—Mi soberano señor Rey de Israel; dignaos poner aquí vuestra firma como aprobación de las medidas de seguridad que tomo de los cuantiosos tesoros de vuestro Reino.

Jhasua lo miró sonriente.

—Mi buen Simónides —le dijo— con su habitual dulzura. ¿Cuándo te con-vencerás de que en mi Reino no es necesario el oro?

—Si mi Señor, será como dices, pero mientras no te vea sentado sobre el tro-no de Israel y dueño de todo el mundo, mi deber es asegurar los caudales con que se fundará tu Reino dentro de breve tiempo —contestó el anciano, mante-niéndose ante Jhasua con el papiro extendido y la pluma de garza mojada en tinta.

—Bien Simónides; si para tu paz es necesaria mi aprobación de tus actos ad-ministrativos sobre éstos valores, aquí tienes mi firma que te doy de buena voluntad.

EL SCHEIFF ILDERIN

Aún estaban en esta operación, cuando un criado anunció en la puerta del gran despacho, que el Scheiff Ilderin con una gallarda escolta de veinte lanceros acababa de desmontar a la puerta de la posada "Buena Esperanza".

Simónides y Judá salieron a recibirle. El famoso caudillo árabe cuya popularidad en todo el cercano oriente lo había hecho respetar de los Cónsules y Gobernadores romanos, a quienes la conveniencia aconsejaba tenerlo de amigo, abrazó efusivamente al anciano Simónides, felicitándole por su maravillosa curación de la que le habían dado noticia.

— ¡Mi generalísimo!... —dijo estrechando las manos de Judá—. En el *Huerto de las Palmas* se adormecen tus caballadas y se enmohecen las lanzas!... ¿Cuándo hacemos sonar la clarinada de alerta?

—Serás tú mismo quien lo diga cuando llegue la hora —contestó Judá.

—Estoy ansioso de conocer al joven soberano de Israel cuya presencia en Antioquía debe marcar el comienzo de nuestra edad de oro —dijo el caudillo—.

"Llegué ayer de los montes Bazán, y hoy me tenéis aquí sin haberme sacudido bien el polvo del camino.

Aquel hombre se hacía simpático a primera vista. Demostraba tener cuarenta y cinco años. Su mirada era franca y leal, cuando un verdadero afecto lo acercaba a los que le merecían el nombre de amigos. Pero se tornaba áspera y aguda como un puñal, para aquellos en quienes sospechaba falsedad y mentira.

El príncipe Melchor de Horeb por el cual sentía un amor reverente y profundo, le había instruido sobre la ciencia divina que ayuda a los hombres a encontrar los caminos de Dios entre los negros desiertos de la vida terrestre. Pero el alma del valeroso hijo del desierto, no volaba tan alto como para concebir la idea sublime de un Salvador del mundo oprimido, que no fuera un poderoso rey a la cabeza de un invencible ejército.

Su vestidura toda blanca, su gran manto flotante al viento sujeto al cuello por una cadena de oro, su turbante rojo con plumas blancas prendidas con un grueso broche de rubíes, sus armas radiantes de oro y pedrería, le daban el aspecto de un príncipe de leyenda, envuelto como en una aureola de fantástica grandeza. Judá hizo desmontar a la escolta que con las cabalgaduras penetraron por la gran puerta de los carros.

Y como en la posada "Buena Esperanza" Simónides había tenido buen cuidado de que se hallasen a gusto los viajeros de todas las razas y pueblos del mundo, al Scheiff Ilderin le recibió en la que llamaban *Sala de los árabes*, vasto recinto circundado de divanes y con la fuente de mármol de bordes bajos al centro del pavimento para las frecuentes abluciones que ellos estilan, y que son mitad ceremonial de su credo y mitad necesidad higiénica de su vida, en un clima de fuego y azotados de continuo por las cálidas arenas del desierto.

357

— ¡Oh! ¡Dios, eterno esplendor! —exclamó dejando turbante, manto y armas y tendiéndose en un diván—. Bien sabes que en pocas partes me encuentro tan a gusto como en esta posada de mi buen Simónides, donde hasta el aire que respiro huele a fruto de palmeras y flores de arrayán...

—Y esta vez te encontrarás en el paraíso, hasta con la presencia de un arcángel de oro, de los que pueblan vuestros cielos decorados de esmeraldas y amatistas —le contestó Simónides sentándose en un sillón junto a su visitante—.

"Judá habrá ido por él —continuó el viejo en quien crecía por horas la satisfacción interna que le desbordaba al parecer por todos los poros del cuerpo.

—¿Por quién? —preguntó curioso el Scheiff.

—Pues, ¿por quién ha de ser?... por nuestro soberano Rey de Israel que habita esta misma posada. Por algo se le llamó "Buena Esperanza".

— ¡Majestad de Dios! —exclamó el árabe incorporándose en el diván—. Entonces le tienes como cosa tuya Simónides, a tu lado, en tu casa, comiendo a tu mesa...? ¿será posible?

— ¡Oh y tan real! ¡No era en vano mi fe y mi esperanza amigo Ilderin!... Jehová colmó mi vaso de su bondad y de su gloria, y no cabe ya ni una gota más. ¡Aquí viene!... ¡aquí viene como un sol de amanecer! —Jhasua avanzaba por una columnata interior con Judá y Faqui, ansiosos de conocer al Scheiff Ilderin.

El árabe saltó del diván y se plantó gallardamente en el centro del vasto recinto, mientras sus ojos devoraban con una honda mirada aquélla grácil figura blanca y rubia que avanzaba por la columnata.

—Es el del centro ¿verdad?... ¡Oh, oh!... dices bien Simónides, es un arcángel de oro en los esplendores de Dios.

—He aquí buen Scheiff que tu generalísimo —díjole Judá— te trae la gloria antes de haber luchado. Aquí tienes al esperado de Israel

— ¡Señor!... —murmuró el árabe tratando de doblar una rodilla en tierra y con sus ojos pendientes de los ojos dulcísimos de Jhasua, que le tendió ambas manos y lo estrechó sobre su corazón.

—Como lo hago con el príncipe Melchor —le dijo— lo hago contigo en quien veo brotar la llamarada viva de un verdadero afecto.

Cuando aquel bravo hijo del desierto se desprendió del abrazo de Jhasua, tenía en sus mejillas dos gruesas lágrimas que buscaban el refugio de su negra y rizada barba.

Lector amigo, paréceme leer en tu pensamiento, educado ya en la alta escuela de Divina Sabiduría, a través de esta obra y de otras obras en que tu ansiedad habrá espigado en busca del conocimiento de las inmutables leyes de Dios. Paréceme ver que tu pensamiento corre muchos siglos hacia atrás, y se detiene ante un cuadro profundamente emotivo: Abel, el dulce Abel de la prehistoria, abrazándose con su padre Adamú, cuando el joven apóstol regresa de una de sus jornadas misioneras, y encuentra al autor de sus días atormentado por una tremenda borrasca espiritual.

—Traigo para ti, ¡oh Scheiff! —dijo Jhasua— esta epístola de nuestro amigo el príncipe Melchor. —Y sacó de entre su túnica, la misiva cubierta con finísima envoltura de tela de lino, según el uso de aquel tiempo.

—Cuando el gran hombre eligió un mensajero semejante, graves asuntos deben tratarse aquí. Con vuestro permiso —dijo dirigiéndose a todos y abrió la epístola.

La leía a media voz. Escuchémosle y refrescaremos la memoria sobre la tal epístola que decía así;

"Alejandría a días 20 de Nizan (enero) del año 3250 De Mizraím.

"Al Scheiff Ilderin de Bozra, con quien será la paz de Dios.

"Hace veinte años que salvaste la vida a tres extranjeros, que salían de los montes de Moab, donde se habían refugiado, huyendo de la cólera de Herodes el Idumeo.

"Recordarás buen Scheiff, los relatos que te hicimos de aquella luz misteriosa que nos guió hasta Betlehem, donde había nacido el que esperaba el mundo de los idealistas, buscadores de justicia y de verdad.

"El portador de la presente, es aquel niño del cual te hablaron los tres extranjeros perseguidos; es el que Israel espera anunciado por sus profetas. Y si Dios te entrega así su secreto, es porque tú lo mereces y porque sabes lo que te corresponde hacer.

"El joven profeta Jhasua de Nazareth, hijo de Joseph y de Myriam, de la estirpe de David, te dirá lo que pueda necesitar de ti en auxilio de las obras que deba realizar.

"Tu buen sentido y noble corazón no necesita de otras explicaciones bien lo sé porque te conozco.

"Para servirte siempre. —Melchor de Heroópolis. Príncipe de Horeb".

— ¡Majestad de Dios!... ¡pobre de mí que poco valgo para un secreto tan grande!... —exclamó el árabe mirando a todos con asombrados ojos—.

"Sí, sí, todo esto lo recuerdo bien y como si fuera ayer, pero digo toda verdad: en aquel entonces no tenía yo treinta años, y mi sangre era fuego que hervía en mis venas. Vivía aún mi padre y a no ser por él yo hubiera arremetido a sangre y fuego arrastrando conmigo a todo el oriente en contra de Roma conquistadora y cruel. Lleno mi corazón de odio y deseos de venganza, recuerdo muy bien que las confidencias de los tres sabios extranjeros me sonaron como una música extraña, ajena a nuestro ambiente, a nuestra situación actual y a lo que es nuestra vida en la Tierra.

"De todo cuanto me dijeron sólo comprendí dos cosas: que sus vidas eran limpias como el agua dulce de las fuentes en los oasis; y que ellos decían la verdad, en cuanto a que el Poder Divino debía mandar un libertador para el mundo avasallado por la loba romana.

"Veinte años han pasado desde entonces, y ellos han pesado mucho sobre mi vida. Los relatos de los sabios extranjeros se han ido haciendo más y más comprensibles para mí, y las explicaciones de Melchor sobre Dios, los mundos y las almas de los hombres, han iluminado hasta lo más hondo de mi espíritu. El odio se ha ido apagando poco a poco, y hoy sólo queda el anhelo de la justicia, de la libertad y de la paz.

"Si tú eres, ¡oh joven príncipe hijo de David!, el que ha de darnos a todos justicia, paz y libertad, todo el desierto de Arabia se levantará a mi voz como un solo hombre, para levantarte a más grandes alturas que las que escaló Alejandro, Aníbal y Julio César.

"Melchor bien lo dice aquí; que tú, Señor, dirás en qué puede servirte este hijo del desierto.

—Mi buen Scheiff·Ilderin —le dijo Jhasua—. Tú me hablas como un hombre de armas en la hora actual, en que nadie ve otra gloria que la obtenida por ejércitos poderosos. Yo te hablaré como un hombre que ha bebido la Sabiduría

Divina, gota a gota, hasta desbordar en su corazón.

"¿Has pensado alguna vez Scheiff, en la causa y origen de todas las dominaciones y las esclavitudes?

—Sí, príncipe, lo he pensado: los hombres de occidente tienen el corazón de granito y sus fauces de fiera hambrienta. La idea de Dios ha huido de ellos... Su ley es la del más fuerte, y ningún sentimiento noble y generoso suaviza las fibras de hierro de sus corazones puestos hace mucho en el filo de sus espadas. Hieren, roban y matan porque no saben hacer otra cosa para conquistarse un puesto satisfactorio en el mundo.

—Todo cuanto has dicho, es una fiel pintura de la realidad, pero es sólo un efecto. La causa es otra, ¡oh noble hijo de Arabia legendaria! —dijo Jhasua—. Yo pienso a mi vez —continuó el Maestro— que el mundo ha caído bajo la dominación romana por su propio atraso moral e intelectual. La ignorancia es la que ha forjado uno tras otro los eslabones de la cadena que aprisionan nuestros países.

"La luz de la Divina Sabiduría, fue apagada hace siglos por la ambición y el egoísmo de los hombres, que se dividieron unos de otros en tantas formas y modos, que hay momentos en que hasta llegan a olvidarse de que todas las razas y todos los pueblos son absolutamente iguales en su origen y en su destino.

"El rey, cree que es de distinta naturaleza que sus esclavos y servidores, y que por tanto debe vivir de la manera más opuesta a la vida de aquellos. Todo para él, nada para los otros sino el yugo sobre la cerviz.

"Es necesario que los reyes, como los esclavos, sepan que sólo Dios es grande, invencible, inmutable, dueño y señor de todo cuanto existe, y que todos los demás, así estén ceñidos de una corona, como amarrados a una cadena somos ínfimas criaturas suyas, incapaces de crear una hormiga, ni añadir un cabello a nuestra cabeza, ni cambiar el color de nuestros ojos, ni la estatura a nuestro cuerpo. Todos nacemos por igual y todos morimos igualmente. Si alguna grandeza puede conquistar el hombre, es la que se obtiene por el mayor acercamiento a la grandeza de su Creador.

"Destruida la ignorancia en las masas de los pueblos, quedará destruida la causa de las dominaciones y de las esclavitudes.

"¡Oh, buen Scheiff!... Créeme que no me ilusiona absolutamente el oirme llamar *príncipe o rey,* pero si el llamarme **Maestro**, venido desde otros mundos para destruir la ignorancia, dando a ésta humanidad el agua viva de la Verdad Eterna. En esta tarea estoy empeñado, aún antes de que la Eterna Luz iluminara mi conciencia, y me descubriera el *por qué* de mi venida a este mundo.

"¿Quieres ayudarme? ¿Quieres llevar mi lámpara encendida a través de tus desiertos abrasados de sol, por los desfiladeros de tus montañas, por entre las sombras de tus palmeras, en los oasis donde murmuran las fuentes?"

—¡Señor!... ¡todo lo quiero hacer por ti!... Mas ¿qué podrá la claridad de tu lámpara y la melodía de tus palabras, ante las legiones romanas que pasan como vendavales de fuego, devastándolo todo cuando los pueblos se resisten a someterse?

—Mi obra salvadora no es para un día ni para un año, Scheiff —contestóle Jhasua—. ¡Es para muchos siglos!... para largas edades, o sea hasta que los hombres hayan aprendido a amarse unos a los otros, y hayan llegado a comprender que ante el Atman Supremo, tanto vale el alma de un rey como la de un esclavo, que todas son criaturas suyas destinadas por El a una suprema felicidad; ¡que ningún ser por grande que sea, es dueño de la vida de sus semejantes y que matarse unos a otros por unos estadios de tierra, es la mayor aberración que pueden cometer los hombres!

"¿Qué hizo Alejandro el macedonio, con todas las vidas que sacrificó a sus estupendas conquistas? Ensanchó sus dominios por cierto número de años, y hoy su momia duerme en eterna quietud en el Museo de Alejandría, mientras su espíritu errante y enloquecido escuchará por largos siglos las maldiciones de sus víctimas, que no le dejarán momentos de reposo ni en el espacio infinito, ni en las vidas físicas que realice en adelante, hasta pagar a la Justicia Divina la última lágrima que hizo derramar a los caídos bajo el casco de sus corceles de guerra, al empuje irresistible de sus ejércitos triunfadores.

"¿Qué fue de Antioco, de Nabucodonosor, de Asuero y de la grandeza de sus imperios que abarcaban desde el Mediterráneo hasta el Indo?

"Gloria efímera y momentánea, hoy reducida a un hecho que pasó, dejando como única cosa duradera el dolor de siglos, de esos espíritus, que en toda la inmensidad del infinito, no encuentran un lugar donde ocultarse, a donde no les siga como un enjambre terrible, la maldición y el odio de todos aquellos a quienes consiguieron aplastar con sus carros de oro de triunfadores.

"Cambiando de amos como de vestidos, sus pueblos fueron invadidos, dominados y esclavizados por otros.

"¡Ya ves, mi buen Scheiff Ilderin, que la grandeza y felicidad de los pueblos, no se consigue por las armas, sino por la elevación moral de las masas, cuando se extiende sobre ellas un manto de amor y de luz que despierte las conciencias a la Verdad Eterna, y a su ley soberana que dice al hombre en todos los tonos!:

"Eres igual que tu hermano al cual debes amar como te amas a ti mismo".

Jhasua calló y el caudillo árabe quedó profundamente pensativo. Simónides, Judá y Faqui comprendían muy bien este silencio, pues les hacía revivir el momento de lucha interior por el que todos ellos habían pasado antes de ponerse a la altura de la Idea Divina expresada por el Hijo de Dios: La elevación intelectual y moral de los pueblos, no la matanza y la devastación; el amor fraterno que hace florecer hasta las ruinas; no el odio que destruye y mata para engrandecer a los unos, oprimiendo a los otros; la igualdad humana como un rosedal en flor, donde cada planta tiene el agua, el aire y el sol que necesita para su crecimiento, su vida plena y su esplendorosa floración.

Como el gran silencio se prolongara, Jhasua lo interrumpió:

—¡Scheiff Ilderin! —dijo—. ¿Puedo contar contigo para mi obra de liberación?

—¡Sí, Profeta de Dios y Rey de Israel! Cuenta conmigo y con mis aliados y seguidores aunque tengamos que sacrificar nuestra vida a la hidrofobia romana. ¡No alcanzo a llegar hasta la cumbre de luz y de sol en que te veo, Señor!... ¡pero sé de cierto que eres el Salvador del mundo y te sigo aún sin acabar de comprender tu grandeza! Cuando sea la hora, Dios se dignará iluminarme para que mi pequeñez se ponga a tono con su Voluntad Soberana.

—He ahí la franca y leal respuesta de este hijo del desierto, que no tiene dobleces en su corazón —dijo el Maestro dirigiéndose a los demás—.

"Que Dios te bendiga, noble Scheiff Ilderin, y multiplique para ti sus dones porque eres fiel buscador de la Verdad Divina.

—Gracias Señor, y puedes mandar como gustes a este servidor incondicional.

— ¡El desierto es nuestro! —decía Judá—. ¡Hemos conquistado al desierto!

— ¡Y para siempre! —añadió Faqui.

— ¡Poco a poco, amigos míos! —dijo el joven Maestro—. En este plano físico tan inferior, no puede decirse muy alto esa inmensa palabra: **para siempre**, que encierra en sí la idea de **eternidad**. En los mundos de escasa evolución como éste, las grandes ideas emanadas de la Divinidad, se siembran innumerables veces, porque el mal ahoga la buena simiente, cuando sólo ha triunfado en las porciones de humanidad más adelantadas.

"En la hora presente el desierto será nuestro porque el Scheiff Ilderin con todos los suyos será su incansable sembrador. Mas no soñemos con que la simiente arrojada a la tierra por él, perdure **para siempre.** Los siglos son como la marejada, que trae simientes dañinas que lamentablemente van ahogando la buena hasta hacerla desaparecer. Pero ¿qué importa? ¿No es eterna la vida? ¿Muere acaso el alma humana, llama viva encendida en cada ser por la Eterna Inteligencia?

"Hoy es el Scheiff Ilderín el sembrador del desierto de Arabia, como Faqui lo es del desierto de Sahara y Judá de la Palestina y Roma y Simónides de la Siria y de todas las regiones donde llegan sus naves y sus caravanas.

"Cuando la marea devastadora de los siglos y de las inconsciencias humanas, destruya esta magnífica siembra, otras inteligencias o acaso las vuestras mismas, con nuevas existencias físicas, removerán los perdidos surcos, que vuestro arado de sembradores eternos abrirá nuevamente.

"¡Oh, mis amigos de la hora presente!... si en este pequeño e imperfecto mundo pudiéramos decir con toda verdad la inmensa palabra **para siempre,** no habría dominadores ni esclavos, no habría hambre para unos y hartura para otros, sino que todos, como una inmensa caravana de hijos de Dios caminarían unidos de la mano bajo la mirada de su Padre, sintiendo todos por igual en sí mismos; la suprema felicidad del amor.

"Yo sé que vosotros cuatro —continuó diciendo Jhasua— os sentís como fascinados por estas pinturas vivas que os hago de la Verdad de Dios; pero no llegáis a comprender cómo y de qué manera ha de triunfar el bien sobre el mal, sin la fuerza de las armas. ¿Verdad que es así?

Los cuatro oyentes se miraron y a una sola voz dijeron:

— ¡Es cierto!... ¡es toda la verdad!

—Bien, pues: ese triunfo será la obra de la Santa Alianza, y la lucha durará veinte siglos completos, que es el tiempo que falta a la humanidad de este planeta para cambiar de evolución. Cuando ese plazo se cumpla, la Justicia Divina hará lo que no hayan podido terminar los sembradores del Amor.

—¿Entonces, nuestro ejército en formación, queda anulado por completo? —preguntó el Scheiff Ilderin.

—No —dijo Jhasua— no está en contra de la Ley Divina que el hombre sea capaz de defender sus derechos. Y para que tengáis una idea de lo que otros hombres inspirados por la Divina Sabiduría hicieron muchos siglos atrás, os referiré lo que he leído en viejos archivos donde se guardan historias de edades pretéritas: Hubo en los valles del Nilo una gran Escuela de Divina Sabiduría que extendió su acción benéfica hasta las praderas del Eúfrates. Se llamaba **Fraternidad Kobda;** y de tal manera derramó claridad sobre los hombres, que se unieron innumerables príncipes y caudillos con sus pueblos respectivos, formando como una entidad conjunta que se denominó *"Gran Alianza de Nacio-*

nes Unidas". Esta entidad dictó leyes sabias inspiradas por la sabiduría de los Kobdas, y una gran paz y prosperidad reinó en el mundo civilizado de entonces. Pues bien; estas Naciones Unidas, formaron un gran ejército de arqueros, aportando cada cual un cierto número de individuos, cuya consigna era formar una cadena de defensa alrededor de todos los pueblos afiliados a la Gran Alianza. Esta circunstancia y la ayuda mutua que estaban obligados a prestarse unos a otros, despertó en otros pueblos el deseo de entrar en ese maravilloso conjunto, donde todos vivían felices cuanto se puede ser en esta Tierra.

"Y así llegó la **Fraternidad Kobda** a extender su acción sobre tres continentes. Desde la Etiopía en el Africa oriental hasta los países del hielo en la Europa del norte, y desde las Columnas de Hércules (Gibraltar) hasta el Indo y los países del Caspio, se extendió la magnífica red de oro que envolvía suavemente a la inmensa colmena humana, que trabajaba en paz y armonía bajo la mirada del Dios-Amor.

"La humanidad de hoy, amigos míos, no es diferente de la de aquel entonces, y sólo es necesario un plantel de almas sin egoísmo, sin interés ni ambiciones, que se capacite para imprimir estos magníficos rumbos a la humanidad de hoy. ¿Dónde están esas almas?

"Las tengo a todas en torno mío; aquí estáis vosotros cuatro como dirigentes; en Jerusalén están otros cuatro: José de Arimathea, Nicodemus, Gamaliel y Nicolás de Damasco; en Bethlehem otros cuatro: Elcana, Josias, Alfeo y Eleazar. En Galilea, Simón con los amigos cercanos al Tabor. ¿Cuántos surgirán como retoños nuevos de estos árboles ya fuertes en los caminos de la Luz?

"Y esto sin contar con dos astros de primera magnitud en las bocas del Nilo y en la Arabia de Piedra: el Príncipe Melchor y Filón de Alejandría. Y en la Persia resplandece la lámpara de Baltasar. Y en el Indo, la antorcha de Gaspar. ¿Qué decís vosotros a todo esto?

—¡Mi soberano Rey de Israel!... —exclamó Simónides— ¡eres un sol que lo ilumina todo con su arrebol dorado!... ¡Oyéndote se me figura este mundo como un jardín de encantos!... ¡Ojalá sea tu sueño una realidad, Señor, para que nadie llore sobre la Tierra!

—¡Es que debemos ser capaces de hacerlo así! —dijo con firmeza Faqui, el príncipe de Cirene.

—Falta que hable el Scheiff Ilderin y Judá —observó el Maestro.

—Yo pensaba —dijo el caudillo árabe— en cuántas lanzas necesitaré para guardar desde la cordillera de Jebel hasta Tiphsa sobre el Eúfrates.

—Y yo —dijo Judá— pensaba en cuánto oro tendré que pedir a Simónides para comprar la aprobación sacerdotal en Jerusalén y la condescendencia herodiana en Galilea.

—En cuanto a eso, déjame a mí, Judá mío —arguyó Simónides— que en el arte de convencer con un bolsillo en la mano, soy consumado maestro.

Jhasua sonrió bondadosamente mientras decía:

—Comprar con oro el buen obrar de un hombre no es excelente cosa, pero es siempre mejor que levantar armas contra nuestros semejantes y despojarles de la vida. Cuando de males se trata, optar por el menor de ellos es prudente medida.

—Mi hijo mayor —dijo de pronto el Scheiff— quiere contraer nupcias con una hermosa doncella de vuestra raza, y que es de la sangre de un héroe ilustre, sacrificado a la liberación de su patria. Es hija de la hermana de Judas de Galaad. La pretende también un hijo del Tetrarca Felipe, tercer hijo de Herodes el Idumeo, porque no quiero llamarle Herodes *el Grande.* Mas la niña prefiere la muerte a verse unida en matrimonio con esa raza de víboras. Su madre viuda, no se siente capaz de defenderla en contra del Tetrarca que seguramente hará causa común con su hijo. Viven en el país de los Gaulonitas, a cuarenta estadios de Bethsaida que está bajo el dominio del mencionado Tetrarca. El padre de la doncella, es hijo del caudillo príncipe de los Itureos, que al morir, dejó a su viuda y a sus hijos, las tierras y bosques desde el Mar de Galilea hasta Cesárea de Filipo.

—¡Oh!... sí; le conozco como a mis manos —dijo el anciano Simónides—. La doncella debe ser hija de Jair, con quien hice buenos negocios. Hombre honrado a carta cabal, incapaz de apropiarse de un denario que no sea suyo, tenía uno de los mejores rebaños de camellos y dromedarios del país. Sus caravanas se unían con las mías en Damasco para seguir juntas hasta Filadelfia.

" ¡Buen casamiento para tu hijo, Scheiff Ilderin!

—Lo sé, lo sé —contestó el caudillo— pero me coloco frente a frente con el Tetrarca Felipe, que de seguro habrá echado los ojos a los cuantiosos bienes que llevará en dote la doncella.

—Mira Scheiff: tengo veinticinco años más que tú y conozco a los hombres que hoy gobiernan estos pueblos esclavizados, como a los asnos de carga de mis caravanas. Ese Tetrarca Felipe es un hombre embrutecido por los vicios. Bebe como una sanguijuela y quien hace de él lo que quiere es su mujer favorita: Herodías, sobrina suya, puesto que es nieta de Herodes su padre. Mujer libertina y ambiciosa hasta la exageración es capaz de vender su alma por un bolsillo de oro y de piedras preciosas.

"Lástima grande sería el sacrificar a una sobrina de Judas de Galaad, nuestro mártir, uniéndola con esa raza que atropelló con nuestra libertad, y hasta con los tesoros sagrados de nuestro Santo Templo.

"Preséntate a Herodías con grandes dones, y negocia el asunto para bien de tu hijo y de la sobrina de Judas de Galaad.

—En esta misma posada —dijo Jhasua— se hospedan con nosotros los dos únicos hijos del ilustre mártir, primos hermanos de la que será tu nuera.

—¡Majestad de Dios!... —exclamó el árabe— Mayores coincidencias no pueden pedirse. ¿Y son también aliados vuestros?

—Son mayordomos de nuestras casas —dijo Judá indicando a Faqui.

Isaías y Othoniel fueron llamados y una vez impuestos del asunto se ofrecieron incondicionalmente al Scheiff Ilderin para ayudarlo a librar a su prima Nora de caer en las garras de un nieto de Herodes el Idumeo, asesino de sus propios hijos y de doscientos niños bethlemitas que los terapeutas no pudieron salvar de sus garras.

La influencia de Herodías para con el hijo de su marido, costó al Scheiff Ilderin una hermosa diadema de oro y esmeraldas con el collar y ajorcas compañeras, y un delicioso huerto en un suburbio de Cesárea de Filipos, que la madre de la doncella donó a la ambiciosa mujer de Felipe a cambio de la libertad de su hija.

—¿En qué país se ha visto esto, soberano Rey de Israel? —decía el árabe a Jhasua— ¿que tengamos los hombres honrados, que comprar a una vil cortesana, la libertad y la dicha de nuestros hijos? ¿No vale ésto, Señor, que toméis cuanto antes el gobierno de todos estos pueblos que fueron la heredad de Moisés para sus liberados de la esclavitud de Egipto?

—Aun no es llegada la hora, Scheiff —contestó Jhasua— pero ten por cierto que cuando yo sea levantado en alto, los pueblos en muchedumbre correrán hacia mí, y me llamarán, como a Judas de Galaad, el gran mártir de la liberación humana.

. —¡No!... ¡mártir no!... —gritó fuera de sí el Scheiff— que vuestra sangre traerá desgracia para quienes cometan la locura de derramarla.

Judá y Faqui tenían el espanto retratado en el semblante.

Simónides observaba al Maestro con ojos inquisidores.

—¿Por qué habéis dicho eso, mi Señor? —le preguntó acercándose con la ternura de una madre que teme un peligro para su hijo.

—¡Mis amigos!... —dijo Jhasua sonriente— . ¿Así os causa alarma el pensar que se añada un sacrificio más a los ya consumados por la salvación de estos pueblos?

—¡Pero el vuestro no será sin que muramos todos! —dijo Faqui con su mirada relampagueante de energía y valor.

—No es justo Jhasua —díjole Judá— echar acíbar en nuestra copa de miel.

—Perdonadme todos —dijo el Maestro—. No fué más que el centelleo de una idea que cruzó por mi mente.

"Dios es nuestro Padre, y mientras nos da sus flores de amor y de paz, adornemos con ellas nuestras almas.

Puso fin a esta conversación la llegada de Thirza y Nebai, que venían con un gran ramo de rosas para adornar los bordes de la fuente de las abluciones, pues pronto serían llamados a la comida del medio día.

El galante Scheiff Ilderin agradeció la ofrenda de acuerdo con las viejas costumbres de su país: deshojar rosas o jazmines en la fuente de las abluciones.

—Solo en presencia del Ungido de Dios, pueden aparecer así hermosos ángeles a deshojar flores en el camino de los hombres —dijo el árabe, contemplando la austera y delicada belleza de ambas doncellas.

Nebai, rubia como una flor de oro y Thirza con sus cabellos y ojos obscuros y la blancura mate de su tez, ofrecían un delicioso contraste.

Ajenas al parecer, a la admiración que despertaban, continuaban deshojando rosas en las serenas aguas de la fuente de mármol.

—Pronto estará servida la mesa —dijo Nebai dirigiéndose a aquel grupo de hombres que las miraban como reflejos vivos de la Belleza Inmortal. Los grandes ideales, cuando se hacen carne en los corazones nobles y buenos, todo lo idealizan, lo engrandecen y lo purifican.

LA MUERTE DE BALTASAR

Dos semanas después ocurrían grandes novedades.

Llegaba de Roma la contestación de la matrona Fulvia a la carta de Judá solicitando la libertad de la esclava Soemia.

En dicha carta explicaba la curación prodigiosa de su marido Flaminio, la misteriosa aparición de un dios benéfico que ellos se figuraban Apolo, el cual había prometido a Soemia reunirla a su esposo Jefté de Listra, por lo cual Fulvia con su esposo habían resuelto adoptar a Soemia como hija con todos los derechos que la Ley le acordaba; y suplicaban que les fuera enviado Jefté a Roma, para que juntamente con su esposa, entrasen a formar parte del honorable hogar que les abría sus puertas.

—¿Ves lo que haces tú, mi soberano Rey de Israel? —preguntaba a Jhasua el anciano Simónides, cada vez más fuera de sí, al contemplar los frutos maduros que recogían de la maravillosa siembra de amor de Jhasua, Hijo de Dios.

La otra novedad era, que Baltasar y Gaspar, los dos ancianos astrólogos que visitaron a Jhasua en la cuna, se encontraban reunidos en Tiphsa, sobre el gran río Eúfrates.

Jhasua, acompañado del Scheiff Ilderin, de Judá y Faqui emprendieron viaje a la mañana siguiente para encontrar a los dos ancianos, que haciendo un supremo esfuerzo habían podido llegar hasta allí para ver por última vez al Salvador del mundo.

¡Con qué santa ansiedad avanzaba él montado en un hermoso camello blanco, por la llanura del Eúfrates para abrazar a aquellos que habían sido los primeros en reconocerle en su cuna!

Al avisarles la llegada de Gaspar desde el golfo Pérsico, les anunciaron que el anciano Baltasar se agotaba día por día. Sus médicos dudaban si podría vivir tres días más. Esto explicará al lector la prisa que Jhasua y sus compañeros imprimían a su viaje.

Simónides les había puesto los mejores camellos persas de los rebaños de Judá en el *Huerto de las Palmas*; tan resistentes y fuertes que podían correr dos días deteniéndose sólo unos momentos para beber y recibir su ración de habas secas.

Con su voz temblando de emoción decía Jhasua a sus amigos:

—He pedido a mi Padre Celestial que Baltasar no se vaya de la Tierra sin que yo le dé el último abrazo. Y en el fondo de mi espíritu ha resonado la voz suprema, la divina promesa: "Corre a su lado y le alcanzarás antes de partir".

Se desmontó unos momentos para que su camello comiera y bebiera. Y sólo aceptó para él un trozo de pan y unos sorbos de vino.

—En estos momentos —decía a sus compañeros de viaje— es cuando dudo de ser el que vosotros creéis. ¡Me siento tan débil, tan pequeño, tan de carne humana como la más insignificante criatura dominada por sus sentimientos y afecciones íntimas!

Cuando los viajeros llegaban a Tiphsa, el viejo corazón palpitaba aún. Jhasua se arrodilló junto al diván en que el anciano reposaba con una inalterable paz.

—Ya estoy a tu lado, padre mío —le dijo con infinita ternura—. Nuestro Dios-Amor no ha querido llevarte de la Tierra sin que nos diéramos el último abrazo—. Una sonrisa de bienaventuranza iluminó el pálido rostro en el que aparecían ya los rastros de la muerte cercana.

—¡Hijo de Dios!... ¡hijo también de mis sueños y de mi amor de muchos años!... —exclamó el anciano con voz bien clara—. Tu ruego y el mío se unieron en los cielos infinitos y nuestro Padre les escuchó con amor.

"Tampoco yo quería partir sin verte por última vez. ¡Has venido, estás a mi lado... recibirás mi último aliento, mi última mirada y luego cerrarás mis ojos!...

"¿Qué más puede desear este Siervo del Señor?"

Jhasua tenía entre las suyas la mano izquierda de Baltasar, que levantando trabajosamente su diestra la puso sobre la cabeza inclinada de Jhasua y le dijo:

—¡Hijo de Dios!... mi espíritu libre te seguirá como una chispa de luz en todos los pasos de tu vida mesiánica sobre la Tierra.

"¡Te acompañaré en tu vida y en tu muerte! ¡En la hora de tu victoria final, seré el primero que te recibirá en el Reino de Dios! Mi corazón que te amó tanto, te bendice ahora cuando va a dejar de latir.

"¡Hasta luego!"

La respiración se hizo un tanto fatigosa. Los moribundos ojos continuaban fijos en el rostro pálido y sereno de Jhasua, que seguía estrechando las enflaquecidas manos.

Un suspiro más largo que los otros fue el último, y los ojos ya sin vida quedaron clavados en el bello rostro del Hombre-Luz.

Jhasua reposó su doliente cabeza sobre aquel pecho mudo para siempre, y dejó que el hombre desahogara sus sentimientos de hombre. Lloró sobre el pecho del anciano Baltasar como lloramos todos sobre los despojos mortales de nuestros seres queridos.

—¡Es el Hijo de Dios y llora! —exclamaba Gaspar contemplando el emotivo cuadro de Jhasua arrodillado junto al lecho mortuorio de su anciano amigo, y llorando silenciosamente.

—¡Padre mío!... —dijo Jhasua cuando su alma pudo serenarse—. ¡Era tuyo!... ¡has recogido lo tuyo!... ¡lo que te perteneció por voluntaria consagración en todos los momentos de su vida!

"¡Que tu claridad divina le siga en lo infinito como le siguió en la Tierra y que tu amor soberano le dé la compensación merecida!

—Así sea —dijeron todos haciendo propia la oración de Jhasua.

Una hora después, encontraban entre las ropas del lecho mortuorio de Baltasar una pequeña petaquita de cuero negro con el nombre del sabio grabado en plata.

Todos quisieron que Jhasua la abriera.

—Por lo que veo, me hacéis dueño de los secretos de los muertos —dijo. Y abrió la petaquita.

Encerraba sólo un papiro plegado en muchos dobleces y una llavecita de oro.

El pergamino decía:

"Yo, Baltasar de Susán (Persia) declaro no haber tenido más hijos, que los discípulos de mi Escuela de Divina Sabiduría. No dejo deudas, ni nadie las tiene conmigo.

"Sólo sí, tengo un pacto espiritual con los príncipes amigos Melchor de Horeb y Gaspar de Srinhagar, por el cual nos hemos comprometido solemnemente ante el Altísimo Señor de los mundos, a cooperar en la salvación humana que ha venido a realizar el Hijo de Dios, al cual juntos reconocimos en la cuna. El lugar vacío que deje en dicha obra el primero de nosotros tres que abandone la vida física, deberá ser llenado por los que quedan.

"Los bienes de fortuna heredados de mis antepasados quiero que sean invertidos la mitad en el sostenimiento de mi Escuela y de los huérfanos, ancianos y enfermos vinculados a dicha institución.

"La otra mitad de los bienes, debe ser empleada en colaborar en las obras que realice el Avatar Divino encarnado en la Tierra.

"Nombro ejecutores de mi última voluntad a mis dos compañeros de clarividencia eterna, Gaspar de Srinhagar y Melchor de Horeb.

"Que el Altísimo a quien adoro y sirvo, reciba mi espíritu cuando llegue al reino espiritual.

"Baltasar de Susan —siervo de Dios."

Gaspar declaró que en efecto, existía ese pacto entre los tres, por lo cual decidió enviar aviso al príncipe Melchor para ponerse de acuerdo en la forma de cumplirlo.

Conferenció largamente con Jhasua sobre el desenvolvimiento de su misión salvadora de la humanidad, y resolvieron encontrarse ambos y Melchor en el Santuario del Monte Hermón, cada dos años, contados desde que Jhasua cumpliera los veintidós. Los encuentros debían verificarse en la primera semana del mes de enero.

A más, cada tres lunas debían enviarse recíprocamente epístolas para mantener así latente y vivo, el fuego santo del amor divino que les había llamado a una más clara comprensión de los designios de Dios.

Los despojos mortales de Baltasar fueron embarcados en un lanchón en el Eúfrates, para conducirlos a Babilonia donde estaba la sede principal de su Escuela diseminada en las más importantes capitales persas.

De regreso Jhasua con sus amigos a Antioquía, pensó como es natural en que otros deberes le reclamaban en su tierra natal, a la cual deseaba volver antes de comenzar el verano.

Al despedirse del anciano Gaspar que se embarcó acompañando los despojos mortales de su gran amigo, Jhasua tuvo la intuición de que sería el primero en seguir al que había partido.

El anciano sensitivo captó este pensamiento y dijo con inmensa ternura al joven Maestro:

—Es verdad, que después de Baltasar, seré el primero en partir al reino de las almas, pero aún nos veremos algunas veces en el Monte Hermón.

—Pidámoslo juntos a nuestro Padre Celestial —contestó Jhasua profundamente conmovido, para que no me dejéis solo por tanto tiempo.

EN EL HUERTO DE LAS PALMAS

El llamado *Huerto de las Palmas*, a hora y media de Antioquía hacia el sudeste, y al galope de un buen caballo, era un delicioso paraje, cuyo nombre
obedecía a un espeso bosque de las más grandes palmeras que crecían en la
región. Daba sombra y frescura a un hermosísimo lago de unas tres leguas de
extensión por una de anchura más o menos. Su profundidad permitía la nave-
gación en pequeñas lanchas. Como provenía de un brazo del río Orontes, el
lago crecía y se desbordaba, cuando las aguas del Mediterráneo empujaban a
la playa las aguas del gran río.

Este paraje encantador, con tres leguas a la redonda en la verde pradera
circundante del lago, pertenecía al Scheiff Ilderin por herencia de sus lejanos
antepasados.

El título de propiedad, que con orgullo conservaba, databa de tres siglos,
o sea desde que entró en Siria la dinastía de los *Seleucidas*, cuyo primer rey,
Seleuco Nicator, donó aquel hermoso huerto con sus tierras a un lejano bisa-
buelo de nuestro Scheiff, en gratitud de grandes servicios que con sus invencibles huestes del Desierto le había prestado, para conquistar su posición y fun-
dar su glorioso Reino en toda la región del Líbano y el Orontes.

Los codiciosos romanos, cuando sojuzgaron la Siria, habían puesto los ojos
en el incomparable *Huerto de las Palmas*, cuyas praderas llenas de rebaños de
toda especie, significaba una gran riqueza.

Pero al Scheiff Ilderin obedecía la mitad del desierto, y los Parthos eran
sus amigos; y la Arabia de Piedra desde el Mar Rojo, era su hermana, y sus
caravanas caminaban juntas con las del Valle del Nilo y las de la lejana Etiopía. Muy poderosas debían ser estas razones, para que las legiones romanas no
dieran un paso hacia el delicioso paraje, adonde llevamos al lector en seguimiento de Jhasua.

El generoso y noble Scheiff, quiso que el Profeta-Rey, como él llamaba al
Maestro, visitara su posesión con la familia de Judá y los amigos venidos con él,
sin dejar a Simónides y su hermosa nieta.

Y un anochecer se presentaron en la posada de *Buena Esperanza* unos criados conduciendo del cabestro camellos enjaezados con el sillón-docel sobre el
lomo, como se usaban para viajar mujeres, ancianos o niños. Unos cuantos caballos árabes de preciosa estampa, iban destinados a los hombres jóvenes.

Ante una invitación tan gentilmente ofrecida, no era posible una negativa
y así fue que muy de mañana, la alegre caravana emprendió la marcha hasta
con los tres criados íntimos de la familia: Amrha, Eliacín y Shipro, los cuales
repetían en todos los tonos, que desde que el Profeta de Dios, andaba cerca
del amito Judá, la vida se había convertido para ellos en un paraíso.

Thirza y Nebai encontraron delicioso viajar sobre el lomo del gran camello blanco que había llevado a Jhasua hasta Thipsa recientemente; y reían con loca alegría cuando mirando hacia abajo, veían lejos allá abajo, a Judá y Faqui que las escoltaban al trote de sus pequeños y chispeantes caballos árabes.

Noemí con su fiel criada, viajaba en otro y rezaban en silencio, pues se figuraban que iban sobre la copa de un árbol, cuyo vaivén suave y monótono les producía un ligero mareo.

Jhasua con Simónides, los dos hijos de Judas de Galaad y los criados, cerraban la caravana, escoltada toda ella por los enviados del Scheiff.

—El Padre Celestial colmó de alegrías y de bellezas mi vida —decía Jhasua a sus compañeros de viaje—. No es posible que mis caminos sean siempre sembrados de rosas, de amor y de dicha...

—Tú así lo mereces, mi Señor —le contestaba Simónides—. Y pienso que no puede ni debe ser de otro modo. ¿Acaso no vives, ¡oh mi Rey de Israel! para dar contento, salud y paz a todos los que llegan a ti? Jehová es la justicia misma, y El derrama sobre ti lo que tú das a los demás. ¿No razono bien Señor?

—Según el grado de tu comprensión, razonas bien, pero hay también otro oculto razonamiento que por hoy no ves y que verás más adelante —le contestó Jhasua.

—¡Ay Señor mío!... —exclamó Simónides—. ¡No arrojes agua helada en nuestra balsa de flores!... Somos todos tan dichosos a tu lado, que si nos ofrecieran otro cielo, preferiríamos éste.

—¡Oh Simónides! te has vuelto como un niño, y en verdad te digo que a veces los parvulitos, son los que más fácilmente comprenden la gloria de Dios.

Cuando llegaron al **Huerto de las Palmas** el sol se levantaba en todo su esplendor, derramando polvo de oro sobre las azuladas ondas del lago, sobre la pradera húmeda de rocío y sobre todo, en los verdes y flotantes abanicos de aquellas palmeras centenarias cargadas de abundante fruto, que en aquella cálida región comenzaba la maduración a la entrada del estío.

El Scheiff Ilderin fuera de sí de gozo, había engalanado sus tiendas como en los días de gran solemnidad. ¿No era acaso un príncipe de la estirpe de David y Salomón, destinado por el Altísimo, a ser Rey sobre todo el Oriente quien llegaba a su morada en el desierto?

Pabellones con los colores de todos los pueblos de la Arabia, ondeaban en los mástiles centrales, sobre los que estaban armadas las tiendas, que semejaban un inmenso campamento. Tenía allí unos tres mil hombres de sus valientes lanceros, muchos de los cuales tenían mujeres e hijos. Sus familiares y su servidumbre formaban asimismo un numeroso grupo. Era pues un pueblo de tiendas frente al lago, en cuyas ondas de cristal se retrataban las altas copas de las palmeras, los mástiles adornados de gallardetes y banderas y los tres mil lanceros que formaban larga fila haciendo brillar al sol sus lanzas y jabalinas, y ondear al viento los penachos de plumas de sus turbantes.

La sangre joven de Judá y Faqui comenzó a hervir en las venas, y sin desmontarse aún, dieron un formidable grito de triunfo, que se esparció como un eco en la soledad del desierto:

—¡Viva el gran Rey del Oriente, gloria de Israel! —Los tres mil lanceros corearon el **Viva** ensordecedor, al mismo tiempo que cruzaban en alto sus lanzas para que entrara por debajo de ellas el joven Maestro al cual aclamaban.

El, se desmontó rápidamente y abrazó al Scheiff que le esperaba a la puerta de la tienda principal.

—Me recibes como a un Rey —le dijo— y yo no soy más que un Maestro, que vengo a enseñar a los hombres la divina Ley del Amor. ¡Sería yo tan feliz si tú comprendieras mi Ley!

—¡Sí Señor, la comprendo!... ¡Eres el Salvador de este mundo, y por el amor y la justicia, reinarás sobre todos los hombres de la tierra!

Los ojos de todos brillaban de entusiasmo y hasta las mujeres arrojaron sus velos, cuando el Scheiff les dijo que *"al Rey no se recibe veladas"*.

Tenía el Scheiff tres esposas secundarias que obedecían dócilmente a la primera, una austera matrona de cuarenta años que aún conservaba los rastros de su belleza juvenil.

—Azara —díjole el Scheiff— éste es el soberano, al cual servirán de escolta nuestros hijos y nuestros nietos.

La mujer se inclinó a besar la orla de la túnica blanca de Jhasua. Al mismo tiempo hizo una señal a las otras esposas y a un hermoso grupo de doncellas que se mantenían tímidamente apartadas.

El suave sonido de las guzlas y de los laúdes, comenzó a preludiar una dulcísima melodía.

Noemí, Thirza y Nebai creían estar soñando. El anciano Simónides lloraba de alegría y Judá, Faqui y los dos hijos de Judas de Galaad, llegaron a creer que de verdad Jhasua iba a ser coronado Rey de todo el Oriente. Tal era el ambiente de solemne majestad que se respiraba a la puerta de la inmensa tienda, encortinada de púrpura y flotando al viento los vistosos pabellones de Arabia.

Todos eran inmensamente dichosos; sólo Jhasua tenía los ojos llenos de lágrimas y su mirada se perdía en las azules aguas del lago, sombreadas por las palmeras y doradas por el sol.

Veía en lontananza la tremenda visión que tuvo en el gran Santuario de Moab la víspera de su consagración y dijo:

—¡Cuando yo sea levantado en alto, todos los corazones amantes se precipitarán hacia mí!... Calmad todos vuestros entusiasmos y ansiedades, porque aún no es llegada la hora.

—¿Cuándo será ese día, Señor?... —preguntó Simónides creyendo oír que le contestaba—. De aquí a un año o dos.

Pero Jhasua le contestó sonriente y afable como si anunciara un día de gloria y de felicidad: "Cuando el velo del Templo se rasgue de arriba abajo y las tinieblas cubran la tierra".

Un nuevo personaje que apareció en ese instante por la puerta interior de la tienda llamó la atención de todos. Era un anciano de alta estatura, enjuto y seco como un haz de raíces, de color trigueño, de una palidez mate y con unos ojos profundos y negros, llenos de inteligencia y de bondad. Vestía larga túnica blanca de tosca lana, ceñida a la cintura por una tira de cuero sin curtir.

Llevaba en sus dos manos un tanto levantadas, una cinta de oro, ancho de dos dedos puestos de plano, en la cual brillaban como ojillos de rojo fuego, setenta rubíes.

—Es nuestro patriarca Beth-Gamul —dijo el Scheiff Ilderin—. El ermitaño de los Montes Tadmor.

El anciano estaba ante Jhasua y le decía en lengua aramea: —"¡Profeta del Altísimo!... ¡tu día comienza y el mío termina! Has llegado con oportunidad, pues que de aquí a poco tiempo seré llamado al Paraíso de Dios, y el desierto quedará sin patriarca. El angel de las anunciaciones me dijo que eras tú el enviado para alumbrar a los hombres, y la Divina Sabiduría me manda ceñir tu cabeza con la banda de sus elegidos".

Y sin esperar respuesta la ciñó a la cabeza de Jhasua, dobló una rodilla en tierra y dijo con sonora voz. — ¡Dios te salve, Maestro!

Repitieron como en un formidable concierto más de tres mil voces unidas.

Noemí, Thirza, Nebai y Amrha, como sobrecogidas de un religioso pavor, habían caído de rodillas y plegado sus manos sobre el pecho, sus corazones llenos de piadosa ternura, daban a sus palabras fervor de oraciones, unción de plegaria, cuando repetían con los demás:

"Dios te salve Maestro".

Jhasua aparecía como petrificado en el centro de la estancia, pues sólo él permanecía de pie, como una estatua blanca, en la que se había concentrado la vida en el fulgor de sus ojos llenos de infinita ternura.

—¡Paz y amor sobre todos vosotros! —dijo por fin con su voz temblando de emoción—. Habéis doblado la rodilla ante la majestad de la Sabiduría Divina, que me consagra maestro del desierto. Sea en horabuena, y desde ahora os prometo que al igual que vuestro patriarca Beth-Gamul, cuando yo sea llamado a la vida verdadera, os dejaré un sucesor que os conduzca por los caminos del Dios-Unico, y os aparte de la engañosa ilusión de los falsos dioses que han llevado a la humanidad al abismo.

"En vuestra Arabia de Piedra coronada por el Sinaí, recibió Moisés la única Ley Divina que llevará a la humanidad terrestre a la cumbre del ideal que le fue designado. Los vientos del Sinaí llevaron los diez mandatos divinos a todos los ámbitos de vuestras montañas y de vuestros desiertos. Y la sombra de vuestras palmeras, se impregnó de la dulce melodía... Y las aguas de vuestros oasis y las arenas de las grandes dunas, embebieron sin duda el mandato divino condensado todo él, en esta síntesis que es como un altar de granito:

"Ama a Dios sobre todas las cosas y al prójimo como a tí mismo".

El viejo patriarca se confundió con el joven Maestro en un estrecho abrazo y éste dijo en alta voz:

—En ti abrazo a todos estos lanceros del desierto, a los cuales pido desde el fondo de mi corazón, que no levanten jamás sus armas sino en defensa de los débiles, de los perseguidos, de los desamparados, pues sólo así mi boca os podrá decir: *"Bienaventurados los que tienen hambre y sed de justicia porque el Eterno les hartará de ella".*

Así terminó aquella solemnidad, en un oasis del gran desierto de Siria, dominado entonces por los árabes que entraron a la alianza del Salvador del mundo, por la amplia puerta de su Corazón, templo augusto del amor Divino, hasta que la incomprensión y mezquindades humanas, les arrojó lejos de las congregaciones cristianas de los primeros tiempos, alegando que eran incircuncisos, como en la Edad Media se les quemaba por no haber recibido las aguas del bautismo eclesiástico.

¡A qué pequeñeces queda reducido en el sentir y pensar de los hombres aquel sublime: *"Ama a tus semejantes como a ti mismo"* en que el Cristo Divino fundamentó su enseñanza!

Después de la comida del medio día, una caravana de botes llenos de doncellas, de jóvenes y de niños, pobló de risas y de cantos las aguas tranquilas del lago.

—Id vosotros con la juventud y con la niñez —dijo Jhasua a sus jóvenes amigos—. Yo haré compañía al Scheiff Ilderin, al patriarca Beth-Gamul y a mi buen Simónides que se ha convertido en mi sombra.

—¡Que sea por mucho tiempo, mi Señor! —contestó el anciano sentándose en el diván central de la tienda, donde se hallaba el Maestro.

—¡Qué gran conquista ha hecho el desierto en este día! —dijo el Scheiff Ilderin—. El futuro Rey de Israel, es el Maestro y el Profeta del Desierto.

—Y esto significa —añadió el patriarca Beth-Gamul— que es el Consultor y el Juez Supremo, en los asuntos y contiendas que no puedan esclarecer los jefes de las tribus.

—Aun cuando yo acepte ser como el aliento de Dios en el Desierto, ignoro si podré cumplir debidamente la misión que cargáis sobre mis hombros —dijo Jhasua—, porque estoy aún ligado a mi familia carnal y a muchos otros compromisos desde el Nilo hasta Antioquía. Pero si vuestra voluntad hacia el Bien y la Justicia es grande, entre todos podremos llevar la gran carga que significa propender a la dicha y a la paz en el Desierto.

—Antes de ser yo avisado de que debía transmitir mi autoridad y mis deberes a tu persona, ¡oh, príncipe de David! —dijo el patriarca— yo tenía en torno mío un consejo de seis, de los más capaces entre los jefes de nuestras tribus. Uno de ellos era el Scheiff Ilderin padre, al cual reemplazó su hijo aquí presente. Los otros cinco se hallan diseminados entre los Montes Tadmor, Bazan y Jebel, pero se reunían conmigo en la última luna de otoño para realizar de común acuerdo, la repartición de las cosechas y el producido de los intercambios con los países vecinos, a fin de que no se acerque a nuestras tiendas el fantasma del hambre y la miseria.

"Una gran solidaridad une a todos los moradores del Desierto, y esto es en gran parte el trabajo del patriarca y de sus más íntimos colaboradores.

—Quiere decir esto —dijo Jhasua— que en vosotros ha penetrado más profundamente la ley de Moisés que grabó sobre piedra, el mandato divino del amor fraterno.

"En nuestro Israel en cambio, cundió como la cizaña el separatismo entre unas regiones y otras; y el odio que es fuerza destructora, ha hecho su oficio, y el pueblo está deshecho en girones, que la prepotencia de los invasores arrastra por el suelo en que corre el lodo y la inmundicia. Reconstruir por la fraternidad y el amor, todo lo que destruye el odio de los hombres, es y será siempre la obra que salvará a la humanidad.

La conversación habría continuado subiendo de tono en este sentido, a no ser porque agudos gritos de auxilio hendieron los aires puros y diáfanos que flotaban sobre el lago del *Huerto de las Palmas.*

Todos salieron de la tienda con gran precipitación. Un tumulto y una gritería en que se confundieron llantos de mujeres y gritos de niños, con voces de mando de los boteleros, formó un formidable laberinto.

Ni un solo bote había quedado en el pequeño muelle, para correr al socorro de los que pedían auxilio. Nadie sabía lo que pasaba, la esposa y los hijos del Scheiff Ilderin habían ido también al lago. Unos cuantos hombres de armas se despojaron de sus ropas y se lanzaron a nado. Pero la distancia era larga, pues el tumulto ocurría casi al otro extremo del lago.

—¡Quietos!... —díjoles Jhasua—. Volved a la orilla que os ahogaréis antes de llegar—. Los hombres se detuvieron.

Algo como una llama de luz vieron que envolvía al Maestro, y una oleada formidable de viento lo empujó sobre el nivel de las aguas que se encresparon ligeramente. Un grito unánime se escapó de todos los labios y cayeron mudos de rodillas sobre las piedras del muelle, mientras miraban paralizados por el asombro, la blanca silueta del Maestro que se deslizaba sobre las aguas con una velocidad que espantaba. No era más que un copo blanco corriendo sobre las aguas hasta que lo vieron confundirse con el tumulto allá a lo lejos.

—¡El viento de Jehová le ha llevado para salvar a los náufragos!... —gritó Simónides como enloquecido de estupor—. ¡Sálvale, Señor, que no perezca él por salvar a los otros!

—Es en verdad el Hijo de Dios... —dijo a media voz el patriarca— y le obedecen los elementos. ¡No temáis! que él es más fuerte que las aguas y que los vientos.

El Scheiff Ilderin pálido como el lienzo de su turbante, parecía no respirar siquiera y que con sus ojos inmensamente abiertos devoraba la distancia que le separaba del tumulto de los botes y de los embarcados en ellos. Les pareció un siglo el tiempo que pasó hasta que las pequeñas embarcaciones comenzaron a acercarse lentamente a la costa.

La imprudencia de unos cuantos jovenzuelos que iniciaron carreras de lanchas, fue la causa de aquel incidente. Habían chocado tres botes, tirando al agua a sus tripulantes. Las lanchas se habían abierto, produciendo la dolorosa escena de un verdadero naufragio. A no ser por la intervención supra normal del Maestro, que usó de sus poderes internos de levitación y dominio absoluto de los elementos, habrían perecido unas veinte personas entre las cuales se hallaban dos adolescentes, varón y mujer, hijos del Scheiff Ilderin.

Los náufragos referían después, que se tomaron de las manos, de los pies, de las ropas del Profeta, que se mantenía como una roca blanca sobre las aguas, hasta que se acercaron los botes más próximos, en los cuales se les recogió.

Seis de los náufragos habían sufrido heridas sin gravedad, y sólo uno presentaba una herida en la espalda que sangraba abundantemente. Jhasua se embarcó con él, y lo llevaba recostado en sus rodillas, con su diestra colocada sobre la herida abierta. Era uno de los remeros, que por salvar a uno de los niños del Scheiff, había chocado con el espolón de proa. Cuando le desembarcaron, la herida no sangraba más y sus labios se habían unido presentando el aspecto de estar curada recientemente.

Entre los pobladores del desierto de Arabia, se conservaba vivo hacia el Profeta Elías, un culto mezcla de pavor y devoción, e igualmente a Moisés, el gran Legislador hebreo y taumaturgo, que con sus poderosas facultades internas, dominó a los hombres y a los elementos, produciendo estas estupendas manifestaciones supra normales, llamadas *milagros*.

Y los moradores del *Huerto de las Palmas* decían con gran entusiasmo: "Este joven Profeta que corre sobre las aguas y deja anulada a la muerte, debe ser el alma de Elías Profeta vuelto a la tierra para hacer justicia sobre los malvados". "No, que será el gran Moisés —decían otros, y enumeraban uno por uno los prodigios que el gran taumaturgo había hecho en el Lejano Egipto, para obligar al Faraón a dar libertad a los pueblos de Israel.

—¡Es el Rey del Amor! —decía el Patriarca acallando todas las suposiciones y conjeturas—. ¡Es el Rey del Amor, que reinará para siempre sobre todos los que sean capaces de amar siguiendo sus huellas!

El patriarca árabe Beth-Gamul, ermitaño del Monte Tadmor (en Palmira), era un gran sensitivo clarividente, y había sorprendido en la personalidad de Jhasua, al Escogido del Altísimo para la obra de la liberación humana, por la magia divina del amor.

JHASUA Y JHOSUELÍN

Tres días después, Jhasua dejaba la ciudad de Antioquía y las praderas risueñas del Orontes, para regresar a su tierra natal. Volvían juntamente con él todos los que le habían acompañado, más Simónides que según él decía se había convertido en su sombra, y su hermosa nieta Nebai.

Se reunirían todos en Jerusalén, en el viejo palacio de Ithamar, en el cual entrarían con todos sus derechos, sus legítimos dueños, después de la reivindicación obtenida mediante los talentos de oro que Simónides había obsequiado al ministro favorito del César.

Valerio Graco residía por orden superior en Cesárea, la metrópoli moderna de la provincia de Samaria, y se daba por muy bien servido con que no le removieran la madeja de delitos que había cometido en Judea, llevado por su ambición de riquezas. Y así se dio por no enterado de la reivindicación de la familia del príncipe Ithamar.

Quedaba fundada la Santa Alianza en la gran metrópoli, puerta del mundo oriental, que debía ser años después del primer nido del Cristianismo tal como lo soñara el Divino Maestro.

Jhasua se separó de sus amigos en Tolemaida con la promesa de reunirse nuevamente con ellos en Jerusalén, en la próxima Pascua.

El tío Jaime había ido a esperarle al puerto de Tolemaida, y no bien estuvo a su lado le informó que su padre y Jhosuelín estaban con una salud bastante precaria, por lo cual le esperaban ansiosamente.

Jhosuelín su hermano, se agotaba día por día, y Joseph sufría frecuentemente desvanecimientos, mareos, palpitaciones de corazón. Myriam su madre, vivía en una aflicción continuada, y aunque su gran corazón había hecho la generosa ofrenda a Dios de su hijo profeta, suplicaba al Señor lo trajese cuanto antes a su lado, para aliviar los padecimientos del hogar. Ya comprenderá el lector que la llegada de Jhasua fue un día de gloria para la vieja morada del artesano de Nazareth.

La mejoría de los dos enfermos fue clara y manifiesta. Se reunieron todos los familiares y amigos, cuyo entusiasmo por el futuro de grandeza y esplendor que suponían cercano para el joven profeta, al cual todos llamaban en secreto el *Salvador de Israel*, les hacía tolerantes con la ausencia de éste.

Atribuían a sus frecuentes viajes, propósitos de proselitismo para poder escalar la alta cumbre, a donde acaso arrastraría a todos sus amigos y seguidores. El silencio del Maestro en tal sentido, era interpretado como discreción y cautela.

¿Acaso no había que precaverse de los mil enemigos que tenía en aquel país, todo el que se destacaba un tanto de entre la muchedumbre?

Jhasua comprendió muy pronto que su padre· y su hermano estaban llegando a la crisis final.

Concentrado en oración esa noche en la misma alcoba de Jhosuelín, su espíritu avezado a profundizar en los designios divinos, tuvo la lucidez para discernir que su padre había terminado honrosamente su programa de vida en la tierra, y que su organismo físico no resistiría sino unas pocas lunas más. Comprendió asimismo que Jhosuelín sufría el ansia suprema de morir. Quería el Infinito... quería la Eternidad. La vida terrestre le ahogaba. Había venido al plano físico tan sólo para servir de escudo a la infancia y adolescencia de Jhasua. Había obedecido a una alianza y pacto que no quiso romper. Jhasua era ya grande y fuerte como un cedro del Líbano, capaz de resistir a todas las tempestades.

Y en el sueño de esa noche hablando dormido, decía a su hermano que velaba a su lado:

—¡Jhasua, amado mío!... dame la libertad, que la atmósfera de la tierra me asfixia. ¿No cumplí ya el pacto contigo?... ¿Por qué me retienes aún?

El joven Maestro inclinó su cabeza dolorida sobre el pecho de su noble y querido hermano y le dijo con su pensamiento lleno de amor:

—Yo te doy la libertad hermano mío, más querido que todos los hijos de mi padre. Si Dios te lo permite, ¡vete! —Y se abrazó llorando de aquella hermosa cabeza dormida.

El sueño se prolongó una hora más. Luego le sintió exhalar un gran suspiro. Era el postrero, que se llevaba el último aliento de vida física de aquel joven por sus pocos años, pero viejo como espíritu en los largos caminos de Dios. Tenía 26 años.

Fue éste un golpe fatal para Joseph, su padre, que a no ser por la presencia de Jhasua, no habría podido quizá resistirlo. Esto lo comprendieron todos.

Pero la clara lucidez del joven Maestro y su dominio de todas las fuerzas benéficas, que en tales casos actúan para transformar en serena paz los más grandes dolores, de tal manera inundaron el alma justa y noble del anciano, que fue para todos un asombro verle caminar sereno apoyado en Jhasua, cuando el cortejo mortuorio se encaminaba hacia las grutas sepulcrales en las afueras de Nazareth.

—Muy querido era para mí este buen hijo —decía el anciano a los amigos que lo acompañaban en su duelo— pero estoy convencido de que era ya un fruto maduro, una flor llegada a su plenitud y que el Señor la quería para sí. Pasó por la tierra sin que el polvo de la vida se pegase a sus vestidos, y estoy cierto que me espera en el seno de Abraham.

Myriam estaba inconsolable; Jhosuelín había sido para ella un verdadero hijo, que juntamente con Ana, recibieron de ella los más tiernos mimos, pues eran los más pequeñines que ella encontró al entrar al hogar de su esposo Joseph.

—¡Madre!... Madre —decíale Jhasua, buscando consolarla—; no causemos pena a nuestro dulce y amado Jhosuelín, con nuestro desconsolado llorar. Si él no hizo en su vida más que amar y servir a todos en cuanto sus fuerzas alcanzaron, y tal es la Ley Divina, debemos con razón pensar que el Señor le ha llevado a su Reino, para coronar su vida con el premio inefable de su amor que es luz, paz y felicidad eterna.

"Dejemos el desconsuelo y el llanto, para los que acompañan a la fosa a un pobre ser que hizo sufrir a muchos, que sembró de malas obras su camino, que no tuvo sentimientos de bondad y de amor para nadie, y que todo lo sacrificó a su interés de lucro y engrandecimiento personal. Esos sí que son merecedores de llanto y de duelo, porque se verán hundidos en heladas tinieblas para mucho tiempo... Pero nuestro Jhosuelín madre, era una flor de ternura y suavidad hasta para el último jornalero o criado de la casa. —Y con una conmovedora alusión a todas las acciones y obras del joven desaparecido, procuró llevar la paz y la quietud a todas las almas que en aquel bendito hogar le habían amado tanto.

La tierna y dulce Ana, veía desaparecer en Jhosuelín el más íntimo confidente de sus tristezas y de sus esperanzas. Y hecha un montoncito de angustia, lloraba en un sombrío rincón de su alcoba.

Jhasua la buscó y fue hacia ella. Se sentó a su lado y la abrazó tiernamente mientras le decía:

—Ahora seré yo para ti, Jhosuelín y Jhasua al mismo tiempo. Dos hermanos en uno solo. ¿Quieres Ana que yo haga a tu lado todo cuanto hacía Jhosuelín?

"¡No me rechaces Ana, hermanita mía, porque entonces me darás la pena, de pensar que es muy poquito lo que me quieres!

Llorando amargamente Ana se abrazó de él, y sus angustiosos sollozos resonaron en toda la casa. Myriam que la oyó se acercó a Joseph, que sentado en su sillón leía el libro de Job: "El Señor me lo dio, el Señor me lo llevó... bendito sea su Santo Nombre".

Quiso calmar la mirada ansiosa de interrogación de Joseph que oía conmovido aquellos hondos sollozos.

—¡Es Ana!... —dijo Myriam—. Para ella, Jhosuelín era el ángel guardián. ¡Se comprendían tanto los dos, y él hasta parecía adivinarle el pensamiento!

—¿Para quién no era bueno este hijo?... —dijo el anciano ahogando también un sollozo—, pero Jhasua ocupará para todos nosotros el lugar de Jhosuelín. ¡Oh sí!... Jhasua nos consolará a todos, porque es capaz de amar más que todos nosotros juntos. Los ángeles de Jehová están de fiesta, porque entró uno más en el Reino de Dios. Jhosuelín me espera, Myriam, porque yo no tardaré mucho en irme con él.

—¿También tú?... —exclamó la dolorida mujer—. ¿Y yo no merezco nada acaso?

—Sí mujer, tú lo mereces todo y tendrás acaso la dicha y la gloria de ver el triunfo de nuestro gran hijo, profeta de Dios, antes de abandonar esta vida.

"Si yo te doblo la edad, ¿cómo podemos pensar que pueda vivir en la tierra tanto como tú? Vamos, comprende niña mía, y vamos juntos al cenáculo para que esperemos a los que llegarán a las preces. Ya es la hora y estamos al tercer día de duelo.

Cuando estaban allí entraron Ana y Jhasua, que habían conseguido un triunfo completo sobre aquel angustioso dolor. La joven aparecía serena.

Luego llegó el tío Jaime y los demás familiares, que durante siete días concurrieron a la casa para hacer en conjunto las preces y honras fúnebres acostumbradas.

La muerte física de un justo, dejó paz y serenidad en las almas de los que amaba, porque la Bondad Divina le permitió ser él mismo el consolador de los que lloraban su ausencia.

Si toda la humanidad comprendiera que Dios es Amor por encima de todas las cosas y que sólo pide de sus hijos amor para redimirles y salvarles, otros horizontes se vislumbrarían en esta hora de ansiedad y sombría incertidumbre.

La presencia espiritual de Jhosuelín se hizo sentir de los más sensitivos; Jhasua le había llamado con el pensamiento para consolar a los suyos, y el alma del justo, se acercó llena de ternura a los que aún lloraban por él. Myriam, Ana y el tío Jaime sintieron las mismas palabras: '' ¡Soy tan dichoso que vuestro llanto no tiene razón de ser! ¿Queréis verme siempre atormentado con mi agotamiento físico y la fatiga de mi corazón?... Tenéis a Jhasua que llenará hasta desbordar todo el vacío que mi ausencia dejó a vuestro lado.''

Los demás sólo sintieron una gran paz y tranquilidad; un inefable consuelo y certeza de que aquél que lloraban, era feliz y se limitaban a decir: ''Jehová lo llevó a su Reino temprano porque era justo que en la mañana de su vida se hizo grande por sus buenas obras; Bendito el hogar que tuvo un hijo como ese''.

A Jhasua le dijo algo más, en lo profundo de su espíritu luminoso. ''En otoño dejará nuestro padre el plano físico. Será bien que no te apartes del hogar hasta que tal hecho haya pasado''.

El Maestro pensó que el verano comenzaba entonces, que el otoño venía después... ¡Cuán breve era pues el tiempo de vida física que restaba a su padre!

Y alzando la voz para terminar las plegarias de esa noche dijo:

—Altísimo Señor de los mundos. ¡Que tu soberana voluntad se cumpla por encima de todas las cosas, y que estas criaturas tuyas, seamos capaces de aceptarla llenos de gratitud y de amor! Te damos gracias por la paz y felicidad de que has colmado a nuestro hermano y te rogamos que sea también para nosotros cuando quieras llamarnos a tu Reino inmortal''.

—Así sea, —contestaron todos y se despidieron hasta el siguiente día, en que continuarían el septenario de las honras fúnebres.

Al día siguiente, Jhasua tuvo una larga confidencia con el tío Jaime que juntamente con Jhosuelín habían sido los regentes y administradores del taller de Joseph. Se puso al tanto del estado en que se encontraban las finanzas de su padre. Vio que no había deudas y que los contratos existentes estaban para concluir los trabajos comenzados, y que había obligación de entregar a corto plazo.

Y convinieron secretamente con el tío Jaime, no aceptar más contratos y mandar suspender nuevos envíos de maderas del Líbano. Comprobó que a los hijos de Joseph que estaban casados, les había sido ya entregado su patrimonio. La dote de Ana, su padre, la tenía apartada del conjunto de haberes para cuando ella se casara. Sólo faltaba sacar el patrimonio de Jhasua; pero él renunció en ese instante a favor de su madre por medio de un documento que firmó, y guardó en la pequeña arca de encina en la que Joseph guardaba documentos y valores.

Encontró en un cofrecillo aparte que en su tapa decía: ''Tesoro de Jhasua'' y que era el donativo en oro que año tras año le hacían los tres amigos que le visitaron en la cuna: Melchor, Gaspar y Baltasar.

Contó los veintiún talentos que había prometido a la Santa Alianza, y el resto lo unió a los haberes de sus padres.

El tío Jaime presenciaba toda esta escena en silencio hasta que Jhasua le preguntó:

—¿Para cuánto tiempo crees tú que alcanzará esto a la vida de mi madre?

—¿Es que vamos a morirnos todos los hombres de esta casa que así piensas para ella? —le preguntó alarmado el buen hombre.

—Mi padre y yo, moriremos antes que ella. Tú sólo quedarás a su lado y por eso te hago esa pregunta.

—¡Jhasua!... la muerte de tu hermano te ha puesto tan fúnebre que estoy por enfadarme contigo —le reprochó su tío.

—¡Compréndeme tío Jaime!... ¡te lo ruego, compréndeme! Yo soy un misionero del Amor Eterno y me debo a la humanidad. Pero como quiero también ser un buen hijo, quiero ordenar todas las cosas en forma que la subsistencia de mi madre quede asegurada.

—Queda tranquilo Jhasua —díjole el buen tío Jaime—, que con sólo las tierras anexas al huerto de esta casa, tiene tu madre para vivir su vida con holgura.

"A más, estoy yo, y creo que no querrás hacerme morir tan pronto a mí también. Todo ésto me hace creer que has tenido anuncio de que tu padre morirá pronto. ¿Es así?

—Sí, tío Jaime, es así. En el próximo otoño dejará la vida material, y es bueno que tal acontecimiento no nos tome desprevenidos. Tal es el anuncio que tengo.

—Entonces si estás de acuerdo, comenzaré a hacer viajes ligeros a las ciudades vecinas donde hay trabajos que aún no han sido cobrados. El buen Jhosuelín daba siempre plazos a los tardíos en pagar.

—Es que un buen esenio no puede nunca poner un puñal al pecho del deudor para exigir el pago.

"Conviene sí pedir cada cual lo suyo, y perdonar cuando el deudor atraviese por circunstancias apremiantes.

El tío Jaime inició sus viajes a las ciudades galileas donde había deudores de Joseph, y Jhasua se consagró por entero a sus padres y a su hermana Ana. Por las noches, ya solo en su alcoba escribía largas epístolas a sus amigos diseminados en distintos lugares, para que no decayera el entusiasmo por la Santa Alianza salvadora de Israel. Y él mismo las entregaba a las caravanas que se detenían junto al pozo de Nazaret.

Sus hermosísimas conversaciones sobre la vida en el plano espiritual, la conformación de los mundos de luz destinados a las almas justas, la infinita bondad de Dios que da el ciento por uno a los guardadores de su ley, la corona de luz y de dicha reservada a los que han amado a su prójimo como a sí mismos, fue preparando a Joseph para su próxima partida al mundo de la luz y del amor.

Myriam escuchando embelesada a su hijo decía a veces:

—Pero ¿podremos merecer otro cielo más hermoso que éste?

Jamás pudo olvidar aquella madre, el otoño veintidós de la vida de Jhasua, en el cual conoció la más intensa dicha espiritual.

Apoyado en su brazo, paseaba el anciano Joseph por los senderitos del huerto, iluminados del sol de la tarde en los días de estío, y por la luna, en las plácidas noches galileas llenas de suavidad y de encantos. En verdad que la promesa de Jhosuelín se había cumplido, y Jhasua llenaba hasta desbordar el vacío dejado por él.

A su avanzada edad, se desarrolló en Joseph en esa temporada una gran facultad clarividente, que lo preparó más y más para su próxima entrada al plano espiritual. Gozaba de hermosas visiones que Jhasua le explicaba luego, de acuerdo con los estudios que tenía hechos en los santuarios esenios. Vio claramente algunas de sus vidas anteriores relacionadas con los actuales familiares, sobre todo con Myriam, Jhosuelín y Jhasua, a los cuales se sabía unido desde lejanas edades.

El buen tío Jaime iba y volvía de las ciudades vecinas, trayendo los valores, fruto del trabajo de aquel taller conocido en toda la comarca, como la casa de confianza donde todos estaban seguros de no ser nunca engañados. Y si no habían podido pagar algunos deudores, traía escrita la promesa de hacerlo en un nuevo plazo que era acordado siempre con benevolencia. ¿Quién podía atreverse a dejar burlado al anciano Joseph que durante toda su vida de ochenta años había sido la providencia viviente de todos los afligidos por situaciones dolorosas?

Así pasaron los meses de estío, en una inalterable paz, en una felicidad continuada que a veces alarmaba a Myriam.

—¿Será posible Jhasua, hijo mío, que tengamos dos cielos, uno aquí y otro después de la muerte? —preguntaba al Maestro cuando la paz y la dicha le desbordaban del corazón.

Entonces él, sentado como un pequeñín en un taburetito a los pies de su madre, le decía:

—Madre ¿qué te parece que debe hacer el labriego, cuando ve florecer sus campos de trigales dorados y sus huertos de toda especie de frutos?

—Recogerlos y guardarlos, para cuando vengan años malos de escasez y carestía —le contestaba ella.

—Pues bien madre mía, así debe hacer el alma humana cuando ve sus horizontes inundados de gloria y de luz, cuando su fuente desborda de agua clara y la paz de Dios flota sobre su huerto haciéndolo florecer. Recoger todos los dones divinos y fortalecernos con ellos, para cuando la voluntad del Padre Celestial manifestada en circunstancias especiales, tenga a bien probar nuestro amor a El, y nuestra fe en sus promesas eternas.

Llegó la fiesta de Pascua, y Joseph pensó en ir a Jerusalén con su esposa y su hijo Jhasua. Se les unieron los familiares y amigos, quedando los hogares encomendados para los días de ausencia, a algunos criados de confianza.

Este viaje conocido ya para el lector que nos acompañó en otros iguales, no ofreció más incidente que el encuentro con algunos enfermos infecciosos que salían al camino a implorar la piedad de los viajeros, y que curados por la fuerza espiritual extraordinaria del Profeta de Nazareth, seguían viaje a la ciudad santa juntamente con él.

Y a todos les decía igualmente: —Exijo como única recompensa vuestro silencio. Jerusalén es hermosa, grande y fuerte como David y Salomón, que la fundaron sobre el Monte Moria y el Monte Sión; pero en ella han sido sacrificados los siervos del Señor.

"Yo no es que tema a la muerte, pero la quiero para mí cuando nuestro Padre Celestial la quiera. No podemos provocarla ni buscarla, sino cuando sea la hora. Y aún no ha sonado la mía."

Casi todos los curados por él fueron fieles a esta promesa, y así se explica que llegó el Divino Salvador a los treinta años de su vida, sin haber trascendido su fama de profeta y de taumaturgo, a las altas esferas del sacerdocio y doctorado de Israel.

Algunos vagos rumores llegaron algunas veces al Gran Colegio de Jerusalén, y a los pórticos del Templo, pero los más célebres doctores judíos acallaban todo con su despreciativa frase habitual: "No perdamos el tiempo en prestar atención a tales rumores. ¿Acaso salió nunca nada bueno de Galilea?

Y de Galilea salió el más radiante sol que había de iluminar las sendas de la humanidad terrestre, quedando el viejo pueblo judío, como un árido peñón sumergido en tinieblas, por la dureza de su corazón cerrado a toda renovación.

"Toda luz ha de salir de Jerusalén", era el axioma inconmovible de los sabios Doctores y Sacerdotes de Israel, que en su ciego orgullo y prepotencia, llegaron a pensar que el Supremo Creador de los mundos supeditaba su voluntad a la de ellos. Tremendo error que ha llevado al ridículo a la mayoría de los filósofos y sabios dogmáticos, cuyas afirmaciones y premisas fueron barridas como hojarasca seca por la Ley Eterna de la Evolución, y por los descubrimientos científicos de todo orden, que han derramado claridad de evidencia, de lógica y de innegables verdades en el camino de la humanidad.

EN LA CIUDAD DE LOS REYES

De nuevo tenemos a Jhasua en Jerusalén en el último tercio del año veintidós de su vida.

Otra vez la vieja casona de Lía, la honorable parienta viuda, que con tanto amor les hospedara desde la primera infancia del Hombre-Dios.

Y con el anciano Joseph apoyado en su brazo, recorría Jhasua aquel inmenso huerto donde los cerezos y los almendros, las viñas y las higueras, los granados de rojas flores y los olivos centenarios, ostentaban con orgullo en sus duras cortezas, los grabados que Jhasua-niño les había impreso, para recordar fechas que a él le parecían muy importantes. La caída de un nido de alondras desde la copa de un cerezo, y cuyos pichoncillos piaban desaforadamente pidiendo alimento; la muerte del viejo asno color canela, sobre cuyo lomo paseaba por los senderos del huerto; su propia caída desde las ramas de una higuera donde se había escondido, con un gran resentimiento por una represión de Lía, que lo encontró dando a los tordos los más hermosos racimos de uvas. Y Jhasua, ya hombre, cargado con el peso de la humanidad, reía como un niño ante aquellos recuerdos, y hacía reír a su anciano padre, al cual refería alegremente la historia de cada uno de aquellos sucesos.

Encontró a todos sus amigos de la gran capital, con algunos desacuerdos entre ellos y los adherentes de la Santa Alianza. Este desacuerdo venía porque los íntimos de Jhasua que eran los dirigentes, ponían freno duro a los imprudentes entusiasmos bélicos de los más vehementes.

Había continuas reyertas entre algunos de los afiliados y los soldados de la guarnición romana que custodiaba la Torre Antonia, la Ciudadela o el Palacio del Monte Sión, residencia del Sumo Sacerdote y del representante de César en la Judea, que como se recordará, había sido quitada a Archelao hijo de Herodes, y puesta directamente bajo la autoridad de un gobernador romano.

José de Arimathea y Nicodemus que eran con Gamaliel y Nicolás de Damasco, la autoridad más reconocida de la Santa Alianza, no lograban calmar los ardores bélicos de muchos afiliados, que a toda costa querían romper lanzas con los intrusos dominadores de Israel, y con los dependientes del Sanhedrín que toleraban amistosamente a aquéllos.

Para celebrar onomásticos de la familia imperial, o fechas gloriosas para sus Legiones o sus flotas marítimas, engalanaban las fachadas de los edificios públicos con brillantes escudos orlados de banderas y gallardetes con las águilas romanas y las imágenes de los héroes o personajes consagrados. Esto ponía fuera de sí a algunos de los afiliados demasiado extremistas en su patriotismo judío, y a altas horas de la noche tiraban abajo toda aquella ornamentación que al siguiente día aparecía hecha menudos pedazos, o arrojados escudos e insignias al muladar de las afueras de la ciudad, donde se desagotaban los acueductos con toda clase de inmundicias.

En los sitios más públicos y destacados comenzaron a aparecer inscripciones hechas con brea: *"A la horca con los tiranos"*, *"Afuera los invasores"*, *"A lapidar a los traidores al templo y a la Ley"*, etc., etc.

De todo esto había resultado que se puso una mayor vigilancia, hasta que la autoridad romana individualizó a algunos de los autores que fueron detenidos y puestos en los calabozos de la Torre Antonia incomunicados, y por tiempo indeterminado. Jhasua recibió pues de sus amigos este doloroso informe. Los detenidos eran treinta y seis, y sus familiares como es natural estaban desesperados y culpando a la Santa Alianza como causante de todo este mal.

Para evitar las denuncias que las familias pudieran hacer en tal sentido, los dirigentes se veían forzados a sustentarlas con los fondos que tenían preparados para el glorioso futuro que todos esperaban. Les calmaban con la promesa de conseguir pronto la libertad de sus cautivos. Mas ¿cómo cumplir esta promesa, sin delatarse a sí mismos como aliados de los culpables de rebelión contra la suprema autoridad del César?

En tales circunstancias estaban, cuando Jhasua llegó a Jerusalén con sus padres, Ana su hermana y otros familiares.

—Ahí tenéis el mal que resulta de confundir en uno solo, *el Reino de Dios, con el reino terrestre* —les contestaba Jhasua—. La Santa Alianza tiene por objeto y fin, engrandecer las almas, iluminar con el Divino Conocimiento las inteligencias para ser más buenos, más justos, más desinteresados. Para ser más capaces de unión y de fraternidad, que es lo que da a los pueblos la fuerza para conquistar su libertad.

"La rebelión contra una fuerza cien veces más grande que la vuestra no puede conducir sino a una ruina mucho mayor que la que deploráis.

"Esto significa que en nuestras filas hay muchos que no han comprendido la elevada finalidad de la Santa Alianza, ni su principal objetivo: la unidad de todos bajo una sola fuerza directriz, a lo cual podemos llamar *disciplina moral, mental* y *física*, para llegar al fin que nos hemos propuesto.

"Esto significa asimismo, que si estos exaltados afiliados a la Santa Alianza, llegaran a tener el poder y la fuerza en sus manos, obrarían exactamente igual que sus adversarios: impondrían con la violencia su voluntad y modos de ver, y serían otros amos, tan tiranos y déspotas como los que buscan tirar por tierra.

Averiguó de inmediato y supo, que el Comandante que mandaba la guarnición de la Torre Antonia, era nuevo en Jerusalén. Aquel oficial que él curó, había sido trasladado a la fortaleza de la Puerta de Jaffa, llamada *Ciudadela*; pero era yerno del Comandante de la Torre Antonia.

Fue a visitarlo, dándole con ello una grandísima satisfacción. Inmensamente agradecido, todo le parecía poco para el Profeta Nazareno que lo volvió a la vida. Estaba recién casado y había jurado a su esposa que jamás tomaría parte en las carreras de circo.

El Maestro le expuso la aflicción que tenía por los treinta y seis encarcelados en la Torre Antonia, y le consultó si sería o no conveniente el pedir piedad para ellos.

—El caso es grave —le contestó el oficial romano— porque arrojaron al muladar un busto de César y todas las águilas de los escudos, símbolo de la grandeza imperial. Pero mi suegro está horriblemente desesperado porque se ha contaminado de lepra su único hijo varón. Ha hecho venir medicos notables de Persia y de Alejandría y el mal avanza a todo correr. Ya está a punto de perder los dedos de las manos y el labio superior.

"Tú eres Profeta. Si puedes curarlo, cuenta de seguro que te dará cuanto le pidas. El muchacho ha tronchado una hermosa carrera pues era compañero favorito de Druso, el hijo de César, en la Academia Militar y en la de juegos atléticos.

—Hazme el bien de presentarme a él —le dijo Jhasua— y será otra obra digna de un hombre justo la que embellecerá tu vida.

—Vamos ahora mismo —le dijo—. El infeliz padre desesperado te recibirá como a un dios del Olimpo.

Fue así en efecto.

—Aquí tienes a un profeta nazareno que cura la lepra —dijo el yerno a su suegro. Como buen romano de la época, tenía este gran desprecio por la raza hebrea, pero el dolor de perder a su hijo, al cual se veía obligado a tener encerrado en la celda de los leprosos en un apartado rincón de la misma Torre Antonia, le ablandó el corazón.

—¿Eres médico? —le preguntó.

—Sí, Comandante —contestó Jhasua—. Mi Dios, el Dios de todos los Profetas de Israel, me da el poder de curar las enfermedades ante las cuales la ciencia se ha declarado impotente. Tu yerno me ha hablado de tu hijo leproso. Aquí estoy a tu disposición.

—Tengo que decirte —añadió el yerno— que este Profeta fue quien me salvó la vida cuando estuve a punto de perecer a consecuencia de aquel accidente del circo.

El Comandante abrió grandes sus ojos para mirar a Jhasua que lo miraba dulcemente.

—Aunque me pidas cuanto tengo y cuanto soy, incluso que reniegue de César y de las águilas, lo haré Profeta, si salvas a mi único hijo.

—Nada de eso he de pedirte, sino que hagas obras agradables a mi Dios que es amor y justicia —le contestó Jhasua.

—Vamos —dijo el Comandante y siguieron los tres por largos pasillos y corredores, patios y escaleras, hasta llegar a una enmohecida torre de las muchas que flanqueaban los muros de aquella formidable fortaleza.

Entraron a una sala que era como una antecámara de la llamada *celda de leprosos*. El lector comprenderá que dicho compartimento, era sólo para los atacados que pertenecían a familias romanas de alcurnia, o muy amigos y aliados de ellos. La turbamulta de los leprosos, eran arrojados fuera de los muros de la ciudad, y se guarecían en las grutas del Cerro del Mal Consejo que ya conocemos.

El Comandante abrió un postigo enrejado, y a través de él miró hacia el interior de la sala contigua. Después invitó a Jhasua a mirar también.

Aquella sala estaba bien iluminada y amueblada pero llena de polvo y telas de araña. ¿Quién podía atreverse a entrar para hacer limpieza?

En el muro frente al postiguillo se veía un buen lecho encortinado de amarillo con excelentes mantas de lana, cobertores de piel y almohadones de seda. Y junto a la puerta en que se abría el postigo, Jhasua vio una mesa sobre la cual desde el postigo mismo podían dejarse los alimentos y el agua. El enfermo estaba recostado en el lecho y parecía dormir. Representaba un joven de veinte años, de alta estatura y que debido a los grandes cuidados en la alimentación, no aparecía muy extenuado por el mal.

—Abreme la puerta —dijo sencillamente Jhasua.

—Pero ¿cómo?... ¿Te atreves a entrar? —inquirió asombrado el Comandante—. ¡Su madre misma se llega a este postigo, mira llorando a su hijo, le deja las mejores viandas y frutas, el más delicioso vino, pero jamás me pidió que le abriera la puerta!

Jhasua se sonrió dulcemente y volvió a decir:

—Abreme la puerta.

—Abrele —añadió su yerno viendo la vacilación de su suegro—. El Profeta es vencedor de la muerte, y los males de los hombres no llegan hasta él.

—Grande es tu fe —le dijo el Maestro— y he de tenerla en cuenta.

La puerta estaba abierta, y Jhasua penetró con gran prisa en la alcoba del leproso.

Sus dos acompañantes le miraban desde el postigo.

—¡Paulo Cayo! —dijo el Maestro en alta voz.

—¡Oh! —exclamó el Comandante—, ¿quién le dijo su nombre? ¿Fuiste tú?

—¡Qué he de decir yo!... ni aún mencioné nada de tu hijo, sino sólo que estaba leproso.

El joven se incorporó en la cama y miraba a Jhasua con espantados ojos.

—¿Eres también leproso? —le preguntó.

—No, gracias a Dios. Vengo a curar tu mal.

El joven soltó una carcajada mezcla de burla y de ira, y dándose vuelta hacia la pared se acostó de nuevo.

—Hijo mío —dijo el Comandante desde el postigo—, escucha las palabras de este justo, que es el Profeta que curó a tu cuñado cuando el accidente del Circo.

—¡Paulo Cayo! —volvió a decir el Maestro y su voz debió tener tan grande fuerza, que el joven saltó del lecho, y frente a frente con Jhasua, le tendió sus dos manos que aparecían amoratadas y llenas de pequeños bultos anunciadores de las primeras pústulas que iban a destrozarlas.

—¿Qué quieres de mí? —le preguntó con febril ansiedad.

—¡Que creas en el poder que mi Dios puso en mí, para devolverte la salud y la vida! —exclamó el Maestro, con una voz tan sobrecargada de divina energía que causaba estremecimiento.

—¡Creo, creo, creo en el poder de tu Dios, Profeta!... —gritó el enfermo. Y el padre caído de rodillas al dintel de la puerta entreabierta, decía también:

—¡Creo, creo en el poder de tu Dios, Profeta!

Jhasua se concentró en sí mismo, extendió sus manos sobre el leproso y dijo:

—¡Padre mío!... Muestra a los hombres sin fe que soy tu hijo, al cual has transmitido tus poderes divinos sobre todos los dolores humanos. ¡Paulo Cayo! ¡Mi Dios quiere que seas curado!

El joven cayó desvanecido sobre el lecho como herido por una corriente eléctrica.

—¿Le has matado? —gritó el padre.

—No, Comandante. Lo que fue muerto es el mal que le consumía. Entrad sin miedo alguno, que ya no existen los gérmenes de la lepra.

Del cuerpo de Paulo Cayo habían desaparecido todos los vestigios de la horrible enfermedad.

—Llamad a su madre —dijo Jhasua— que es obra de misericordia apartar de su corazón la angustia que la está matando.

El oficial corrió al pabellón habitado por la familia, y volvió trayendo apresuradamente a una afligida mujer que creía venir a presenciar la agonía de su hijo.

—Nuestro hijo está a salvo —le dijo su marido abrazándola y acercándola al lecho del joven que continuaba en letargo. La mujer seguía llorando.

El Maestro mezcló agua y vino de las ánforas que había sobre la mesa y mojando sus dedos, sacudió sobre el rostro del joven varias veces.

—¡Paulo Cayo! Despiértate que tus padres te esperan

El joven abrió los ojos y luego se incorporo. Se miró las manos y los brazos. Se abrió la túnica y se miró el pecho.

Su madre no pudo resistir más y se arrojó sobre él, cubriéndole de besos y de lágrimas.

Habían pasado veinte meses sin acercarse a su hijo, que la lepra le había arrebatado de entre sus brazos.

El Comandante llevó a Jhasua a un suntuoso pabellón en la Fortaleza y exigió que dijera la recompensa que quería.

—Ya estoy recompensado ampliamente en cuanto a mí mismo. ¿No es mía acaso la felicidad de que os veo colmado en este instante?

—¿Pero nada quieres de verdad para ti o para tus familiares? Eres muy joven, debes tener madre, esposa, hermanos; pídeme algo para ellos si para ti nada quieres —insistía el Comandante.

—Tengo padres y hermanos, pero gracias a Dios ellos nada necesitan pues que tienen en abundancia salud, paz y alegría. Tengo otra familia que padece y que no es de mi sangre. Para ellos sí que pido tu clemencia y tu piedad.

—Habla, Profeta de tu Dios, que sea lo que sea, está concedido.

—Pido clemencia para los treinta y seis israelitas rebeldes que tienes encarcelados en esta Fortaleza.

—¡Han causado tanto desorden y agravio al César!... —respondió pesaroso.

—Todo lo sé y no estoy de acuerdo con ello. Han obrado mal, pues no son esos los caminos por donde la nación hebrea conseguirá su libertad. ¡Pero... Comandante!... no es a los justos a los que se debe perdonar, sino a los delincuentes. Porque han pecado contra la autoridad del César es porque te pido piedad para ellos.

—¡Profeta de Dios!... ino es posible que yo pueda negarte nada! Hoy mismo serán libres.

Llamó a un subalterno y mandó traer a los treinta y seis penados, la mayor parte de los cuales eran menores de veinte años. Algunos había de veintidós y veinticinco años. Todos tenían remachada una cadena en los pies que apenas les dejaba dar pequeños pasos.

—Este es un Profeta de vuestro Dios y me pide vuestra libertad! —les dijo el Comandante.

—¡Jhasua!... ¡el hijo de David!... ¡nuestro futuro Salvador!... —exclamaron varias voces a la vez.

—Sí, vuestro Salvador de la condena en que por vuestra imprudencia habéis caído —les dijo Jhasua con severidad—. ¿Por qué os habéis entregado a esos actos de violencia que no hacen sino empeorar la situación del pueblo hebreo? Las pruebas enviadas por nuestro Dios, son expiaciones de vuestros errores y hay que soportarlas con dignidad y con valor.

"El Comandante aquí presente me ha concedido vuestra libertad que se hará efectiva mediante promesa de ser dóciles a las normas que vuestros dirigentes os han marcado, ante la eventualidad del dominio extranjero sobre el país.

—Lo prometemos —dijeron todos— pero que los soldados no nos provoquen con sangrientas burlas llamándonos *perros de Israel, mutilados miserables, basuras del muladar,* etc., etc.

—¿Eso os dicen mis soldados? —gritó el Comandante encolerizado.

—Si señor y otras cosas mucho peores, que un hombre no puede aguantar sin arrojarles una piedra a la cabeza.

—Bien, de hoy en adelante las cosas habrán cambiado. Yo respondo del respeto de mi guarnición para el pueblo, y el Profeta responde de vuestro respeto para la autoridad del César. ¿Estamos de acuerdo?

—Completamente —contestó Jhasua coreado por los treinta y seis penados.

—Nuestro Dios os quiere libres y justos —exclamó en alta voz el Maestro—. Idos a vuestras casas.

Los penados echaron a andar dejando en el pavimento las cadenas que amarraban sus pies.

—¡Por Júpiter Olímpico!... —grito el Comandante—. ¿Qué significa ésto?...

—¡Comandante!... más difícil es matar la lepra que corroía el cuerpo de tu hijo, que abrir las cadenas que ataban los pies de los cautivos. Mi Dios, el Dios de los Profetas de Israel, es el dueño de cuanto existe —le dijo Jhasua—. No hay poder como el poder suyo.

—¡Eres un poderoso mago, y te harás dueño del mundo! —exclamó el austero militar entre espantado y gozoso—. ¡Tentado estoy de olvidar a los dioses del Olimpo por tu Dios, Profeta de Israel!

—Haz como lo dices y serás muy feliz —díjole Jhasua y salió detrás de los presos ya libres.

El militar le siguió con su mirada llena de asombro.

—¿Os espantáis de ver abiertas vuestras cadenas? Si tan grande es el poder de nuestro Dios, ¿por qué no esperáis tranquilamente en El, que pueda dar la libertad a Israel si fuera digno de ella? Y pensad que os sacó de vuestra prisión una vez, pero no está obligado a sacaros una vez más. La hora del Señor llegará cuando El quiera, y nosotros que somos sus criaturas debemos esperar, el cumplimiento de sus designios. El Padre Universal ha obrado de la manera que habéis visto para que nuestros dominadores sepan que cuando El sea servido, les barrerá de la faz de la tierra como hojarasca seca que se lleva el viento. Id pues en paz a tranquilizar a los vuestros, y usad de prudencia y cautela al relatar vuestra salida del presidio. El silencio, es siempre el mejor aliado de los oprimidos."

Entre los presos recientemente libertados, había un sobrino de Eliacín, tio de Shipro, que juntamente con sus padres y hermanos trabajaban en uno de los olivares y viñedos del príncipe Jesuá que ya conoce el lector. Dicho jovenzuelo corrió al palacio de Ithamar y refirió a su tío lo que había ocurrido en la Torre Antonia. De modo que cuando esa tarde fue Jhasua a visitar a sus amigos, encontró que ya estaban en posesión del secreto.

El Hach-ben Faqui preparaba su viaje de regreso a Cirene su ciudad natal, donde le esperaba su padre con urgencia, pues había muerto el anciano Amenokal de los Tuareghs, poderoso soberano del gran desierto de Sahara, y la reina Selene reclamaba la presencia de todos sus jefes en la fortaleza de rocas perdidas, entre las dunas del desierto.

Faltaban más de cuatro meses, para la celebración de las bodas de Thirza y Nebai, por lo cual tenía sobrado tiempo para ir y volver a cumplir su palabra: Jhasua envió con él, epístolas a Filón de Alejandría y al Príncipe Melchor, relatándoles cuanto había ocurrido en Antioquía, sin olvidar la partida de Baltasar al reino de las almas. Les invitaba a ambos a venir a Jerusalén, donde él se encontraba dispuesto a pasar allí todo el otoño por resoluciones de familia. Les consideraba ligados fuertemente a él, en la obra salvadora de Israel y del mundo entero, y creía que debían fortificar esa alianza con acuerdos que aún faltaban tomar.

Judá acompañó a Faqui al puerto de Ascalón, donde tomó el primer barco que zarpó con rumbo a la Ciudad de Alejandría.

El joven y vehemente africano, comprendió en aquella despedida de la familia de Judá y demás amigos de Jerusalén, cuán profundos eran los afectos que le unían a ellos en el breve tiempo que había pasado en el país de Salomón. Y con toda la sinceridad de su alma decía al partir: —"Considero como una segunda patria al país de los hebreos. Dejo toda mi alma aquí donde queda Jhasua, Thirza y Judá, donde queda Noemí la madre que reemplaza a la que me dió la vida; donde quedan lo mejores y más nobles corazones que he conocido en mi vida".

El amor de Faqui hacia Jhasua fué fecundo para la evolución espiritual y moral de la humanidad que poblaba el Africa Norte y las orillas del Nilo, como lo veremos más adelante.

La vida de Jhasua en esta temporada que pasó con sus padres en Jerusalén, fué tumultuosa, activísima y agitada, debido a los grandes esfuerzos que desplegó para volver el sosiego y la tranquilidad a los afiliados a la Santa Alianza, sin descuidar su apostolado de amor fraterno hacia sus semejantes.

Día por día se iba formando en su yo íntimo la conciencia clara de su misión de Salvador del Mundo. No había venido sólo para Israel, sino para todos los pueblos y para todas las razas de la tierra.

Con frecuencia iba al templo a buscar en los viejos archivos, los papiros ya olvidados por los flamantes doctores de ese tiempo, que los pocos sacerdotes esenios que aún quedaban le facilitaban, conociendo quién era el que los pedía. Simeón había muerto, Eléazar y Esdras vivían aún, pero ya muy ancianos sólo acudían al templo el día sábado para tomar parte de las sagradas liturgias. Era entonces cuando retirados con Jhasua en una de las celdillas que formaban parte del templo mismo, y destinadas a guardar los objetos del culto, tenían largas conversaciones sobre la verdadera ley divina, de la cual el pueblo se había apartado seducido por los doctores y sacerdotes. El espíritu de amor a Dios y al prójimo, médula de aquella ley, se había borrado del alma popular a fuerza de nuevas ordenanzas y prescripciones de orden puramente material, pero aumentadas con tal exageración, que formaban gruesos libretos que los fieles no terminaban de aprender.

Se veía clara la tendencia de los modernos preceptores sacerdotales, de hacerse cada vez más necesarios en la vida religiosa y civil de los israelitas en general.

Por todo y para todo, debían acudir a un sacerdote que pusiera su *visto bueno* a toda situación o circunstancia en su vida, sin lo cual no podían continuar sus actividades de cualquier orden que fuera.

Una mancha en la piel, exigía la intervención del sacerdote que dijera si aquello era germen de un mal que hacía impuro al hombre. El tocar las ropas u objetos que hubieran tocado a un cadáver, exigía la intervención sacerdotal y ofrendas para la purificación. Difícilmente podía pasar un hombre o una mujer un día en su vida que no se viera obligada a reclamar la intervención sacerdotal para sacarle la impureza contraída por cosas tan insignificantes que ya rayaba en lo estúpido, en lo ridículo.

En estas nimiedades sin importancia alguna, ocupaban toda la atención de los fieles a su fe, y descuidaban naturalmente el fundamento de la Ley, que era el amor a Dios y al prójimo por encima de todas las cosas.

Un día en que Jhasua permanecía en el templo en horas de concurrencia de fieles, un Doctor de la Ley, explicaba a sus oyentes una tras de otra las innumerables ordenanzas sobre las cosas impuras que manchaban al hombre en cuanto a la comida, a la bebida, al acercarse a los sepulcros, a los animales, etc., etc.

—Tú que eres un Doctor de Israel —preguntó Jhasua al orador— ¿puedes decirme cuántos fueron los mandamientos de Ley que Jehová dió a Moisés?

—¿Tan ignorante eres que no lo sabes tú? Fueron diez y son como sigue —y el Doctor relató con énfasis los mandatos del Decálogo.

—Y ¿por qué habéis corregido la plana a Moisés, añadiendo ese cúmulo de ordenanzas y de leyes que se precisaría un carro egipcio para cargarlos, y que el pueblo debe soportar de buena o mala voluntad?

—Y ¿quién eres tú, para increpar a un Doctor de la Ley, miembro del Sanhedrín que puede castigarte por tu rebeldía? —dijo el Doctor con una cólera manifiesta.

—Soy el que te puede decir, *calle tu lengua que está mintiendo ante Dios y ante el pueblo*—. Y rápido salió del templo entre el asombro de todos, porque el orador hacía esfuerzos inauditos para hablar y sólo arrojaba aullidos semejantes al graznar de los cuervos.

Algunos salieron para arrojar piedras al imprudente joven que había alterado la paz del templo, pero sólo encontraron a dos mendigos paralíticos a los cuales Jhasua cubrió con su manto azul; luchaban por quedarse cada cual con una mitad, sin percibir claramente que sus piernas torcidas y contrahechas estaban curadas, pues que ponían todo su afán en aquel manto que pretendían dividir.

Los que salían a injuriar al Maestro, cayeron sobre aquel bulto azul que tan bruscamente se movía en el atrio exterior, pues reconocieron el manto del joven que había increpado al orador. El asombro fué grande cuando vieron a los mendigos curados, que echaron a correr con el manto azul de Jhasua tomado por ambos extremos y que flotaba al viento como un retazo del cielo diáfano y puro de Judea.

—El demonio anda en todo ésto —dijeron— porque es obra de magos negros.

El orador había recobrado el uso de la palabra, pero cerrados y guardados. los libros, se había postrado en tierra y oraba llorando amargamente.

—¡Señor Dios de Israel —decía— el fuego de la Gahanna está encendido para mí, porque conociendo la verdad, he enseñado la mentira. ¡Señor!... iten misericordia de mi, que desde mi profundo abismo espero en tus promesas!...

LA MUERTE DE JOSEPH

Una noche Jhasua se despertó sobresaltado porque creyó sentir la voz de su padre que lo llamaba.

Corrió a su alcoba y lo encontró profundamente dormido. Se sentó a su lado y su luminoso espíritu se sumió en la meditación. A poco de estar allí observó que una blanca silueta transparente se diseñaba junto a él. Pidió luz divina para comprender el enigma. Era el cuerpo astral o doble de su padre dormido, pero no bajo el aspecto de un anciano, sino en plena virilidad.

Jhasua comprendió que decía: "Mi cuerpo duerme su última noche en la tierra. Mañana cuando el sol se levante al cenit, seré un espíritu libre, ansioso de luz y de belleza. Quiero dar este paso teniendo tus manos entre las mías. Ayúdame a entrar en el Reino de la luz". La blanca y transparente imagen se esfumó sobre el pecho de Joseph, y éste se despertó como buscando algo a su alrededor.

—¡Oh Jhasua!... ¿estabas tú aquí? Acabo de soñar contigo, mas no recuerdo lo que soñaba. Tienes el rostro entristecido y tus ojos quieren llorar. ¿Qué pasa?

—¡Nada, padre!... Oraba, y la verdad divina que llegaba hasta mí, me produjo intensa emoción —contestóle el Maestro.

—Debe ser muy temprano, pues aún están las sombras de la noche —dijo Joseph incorporándose en su lecho.

Jhasua descorrió las cortinas de un ventanal que daba al huerto, y una pálida luz sonrosada inundó la habitación.

—¡Es el amanecer hermoso de Jerusalén! —exclamó el anciano que parecía más alegre que nunca—.

"Cuando el sol se levante un poco más, veré desde aquí las techumbres doradas y azules del templo del Señor. Y entonces me recitarás el salmo de acción de gracias, porque el Señor me deja ver la luz de este nuevo día".

Haciendo un supremo esfuerzo, Jhasua pudo serenarse a fin de que su padre no se apercibiera de su dolor. ¡Iba a verle partir del plano físico ese mismo día, y una ola de tristeza le oprimía el corazón!

—En este momento —dijo Jhasua— recuerdo un viejo papiro que gustaba mucho leer en mi estadía en el Tabor. Refiere las hermosas visiones del reino de las almas, que tenía con frecuencia un maestro de Divina Sabiduría, que vivió en un continente desaparecido bajo las aguas hace muchísimos siglos. El continente se llamaba Atlántida y el maestro, Antulio.

—¿Y qué visiones eran esas? —preguntó Joseph.

—Te relataré algunas. Antulio veía diariamente flotar como nubecillas blancas sobre la faz de la tierra, ángeles del Señor, que él llama *Cirios de la Piedad*, los cuales iban recogiendo de la tierra como flores de un jardín, las almas de los que diariamente dejaban su cuerpo para pasar a los reinos de la luz.

Y son millares los *Ciros de la Piedad* que realizan esta nobilísima misión: desprender las almas de su materia física ya incapaz de sostener la vida, para introducirlas en el plano espiritual, que por su grado de evolución han conquistado. Se comprende desde luego, que tal solicitud y amor, es para los justos que han hecho en la tierra, cuanto bien pudieron en cumplimiento de la eterna ley de amor de los unos para los otros.

—Estoy oyéndote hijo mío, y estoy pensando que es una ignorancia y una grande incomprensión el tener horror a la muerte. ¿Verdad Jhasua que ese maestro de Divina Sabiduría debía ser un gran iluminado? —decía Joseph mirando plácidamente a su hijo.

—Lo era sin duda, y sus hermosas clarividencias han permitido a nuestras Escuelas superiores, el formar grandes tratados sobre este asunto, que abre horizontes nuevos a los buscadores del Eterno Ideal.

En este momento apareció Myriam llevando un tazón de leche caliente con miel y bollos recién asados para el anciano.

—¿Cómo es que tan temprano estás aquí, hijo mío? —preguntó a Jhasua.

—Creí sentir que mi padre me llamaba y vine.

—Busca el libro de los Salmos Jhasua, que ya el sol se va levantando —dijo el anciano, mientras tomaba el desayuno—. No te vayas Myriam —añadió— que juntos los tres daremos gracias al Señor porque hemos visto la luz de un nuevo día y porque nos colma de tantos dones.

Jhasua tomó de sobre la mesa el libro pedido por su padre, y como el que va espigando en un trigal dorado las mejores espigas, Jhasua fué escogiendo los más bellos y sugestivos versículos que fueron llenando de suavidad el alma de Joseph, próxima a desprenderse de su materia.

El sol subía hacia el cenit y sus rayos caían sobre las cúpulas doradas del Templo del Señor. La faz del anciano pareció iluminarse de una serena beatitud, mientras iba repitiendo las frases que Jhasua leía "Como el siervo gime por las corrientes de las aguas, así clama por Ti ¡oh Dios, el alma mía! ¡Mi alma tiene sed de Dios! ¡del Dios vivo! ¡Cuándo apareceré delante de Dios! Envíame tu Luz y tu Verdad, que me conducirán al monte de tu santidad y a tus tabernáculos. Y subiré al altar de Dios, al Dios alegría de mi gozo, y te alabaré con arpa y salterio, ¡oh Dios mío! Espérame Señor porque aún tengo de alabarte" (Palabras que se encuentran en los salmos 42 y 43).

Los ojos del anciano continuaron mirando el rayo solar, que resplandecía como una ascua en la cúpula del Santuario, y parecía no oír ya la lectura de su hijo, pues su voz muy baja y entrecortada seguía repitiendo: " ¡Espérame Señor porque voy a Ti para alabarte y bendecirte!... Fueron sus postreras palabras.

Una ligera sacudida estremeció su cuerpo, y el gran silencio de la muerte pareció envolverlo en su velo de misterio y de paz.

Myriam que con sus ojos entornados oraba, ni aún se apercibió de lo que había pasado.

— ¡Recíbelo Señor en tu reino de amor y de luz, porque él te amó sobre todas las cosas y por Ti amó a sus semejantes como a sí mismo! —dijo Jhasua en alta voz y uniendo sus manos sobre su pecho.

Myriam volvió en sí, de su abstracción meditativa y profunda al oir las palabras de su hijo, que repitió con su voz sollozante al comprender lo ocurrido. Miró con espanto las pupilas inmóviles del anciano, cuya cabeza vuelta hacia el ventanal, continuaban apagadas ya, pero fijas siempre en el rayo de sol que iluminaba el Santuario, que para él era la Casa de Dios.

Jhasua besó aquella venerable frente tibia aún, cerró sus ojos y lo recostó de nuevo en su lecho.

— ¡Ya no tienes padre hijo mío! —murmuró sollozando Myriam.

Jhasua la abrazó tiernamente mientras le decía:

—Le tengo en el Reino de la Luz y del Amor, madre, donde nos aguarda para continuar el salmo de adoración que acabamos de recitar juntos. —Y la llevó al cenáculo, donde llamó a la viuda Lia, a los criados y algunos familiares que al otro lado del huerto, vivían en sus hogares respectivos.

Así terminó aquel justo su jornada terrestre de esa época, acaso la más dichosa que puede vivir un hombre en el plano físico.

Jhasua se vió acompañado por sus grandes amigos de Jerusalén y por numerosos afiliados de la Santa Alianza. Y después de las honras fúnebres acostumbradas, el cadáver fué inhumado en la tumba de David que ya conoce el lector, por ser sus inmensas criptas, uno de los puntos de reuniones nocturnas, para los que soñaban en una próxima libertad de la nación hebrea.

AL DESIERTO DE JUDEA

Algo se susurró que podía afectar a la seguridad de Jhasua. Su padre había sido sepultado en la tumba real de David, luego era un descendiente suyo.

Y si el joven profeta que curaba leprosos y hacía tantas maravillas, era descendiente de David, ¿no sería el Salvador anunciado por los Profetas? Por la gran plaza-mercado de la Puerta de Jaffa, empezaron a correr voces demasiado vivas para que pasaran desapercibidas, a los oídos siempre alertas de los príncipes y doctores del Sanhedrín.

Los sacerdotes esenios lo pusieron en conocimiento de Jhasua, el cual acompañado del príncipe Judá, de Simónides y de Shipro, se internaron por el Monte de los Olivos, detrás del cual comenzaba el árido desierto de Judea, con sus laberintos de rocas y sus grutas sepulcrales.

Tenían allí los esenios un refugio para enfermos del alma y del cuerpo, y sobre todo para los obcesados, que los judíos llamaban *"endemoniados"*. La ignorancia hacía creer a las gentes que los enfermos mentales eran posesos de los espíritus del mal, y algunos de ellos cuya enfermedad era extremadamente violenta y aparecían dominados por incontenible furia, eran amarrados con cadenas a las rocas de las grutas.

Los cuatro fugitivos, caballeros sobre robustos asnos que la previsión de Simónides cargó de comestibles para varios días llegaron después de un día y una noche de viaje. No era tanta la distancia cuanto enmarañado y tortuoso el sendero, ya costeando desnudas rocas, como vadeando arroyuelos, ramificaciones que aún persistían de lo que en otras épocas fuera el caudaloso y bravío *Torrente Cedrón*.

Empezaba el martirio para el tierno corazón de Myriam, angustiado aún por la muerte reciente de Joseph. Mas para librarla de interrogaciones indiscretas que pudieran hacerle, la misma noche en que Jhasua iba a abandonar Jerusalén, fué llevada con Ana y su prima Lía al palacio del Príncipe Ithamar, donde la buena Noemí con Thirza y Nebai se encargarían de tranquilizarla.

Sólo dos semanas duró el destierro de los fugitivos de la Ciudad Santa, pues el joven Shipro que iba y venía desde las grutas a la Ciudad llevó por fin la noticia de que José de Arimathea y Nicodemus con sus amigos habían desvirtuado aquellos rumores que alarmaron a algunos miembros del Sanhedrín. Querían y esperaban al Mesías Libertador de Israel, pero querían un Mesías dócil a todas las leyes y ordenanzas de que agobiaban al pueblo, cuya voz no podía levantarse sino para ofrecer abundantes ofrendas y sacrificios, que enriquecían a las orgullosas familias sacerdotales.

Jhasua no era pues, el Mesías que el Sanhedrín necesitaba. Jhasua decía al pueblo: *La libertad de conciencia, de pensamiento y de acción, es un don concedido por Dios a la criatura humana; y siempre que esa libertad no atente contra los derechos del prójimo, comete delito, el que la impida o la destruya''.*

Cuarenta y dos enfermos mentales que las gentes llamaban *endemoniados,* fueron devueltos al uso de la razón y a la sociedad humana, en las dos semanas que permaneció Jhasua en las cavernas del desierto de Judea.

Nos haríamos interminables si hubiéramos de relatar uno a uno los intensos dramas que tuvieron lugar en aquellas grutas, donde llegó la Energía Divina y el Amor Eterno, transportados por Jhasua Verbo de Dios, sobre todas aquellas inteligencias sumidas en las tinieblas del desequilibrio mental.

Mas, para que el lector se forme una idea de la obra de amor realizada en esta ocasión por el Divino Maestro, algunos casos relataremos.

Uno era un hombre de unos cuarenta años, cuyo extravío mental consistía en que a intervalos dados y muy frecuentes, daba espantosos aullidos y se retorcía todo en una defensa terrible de enemigos que él solo veía. Con palos, con las uñas, con los dientes, con piedras de afiladas aristas, la emprendía con las rocas, con los troncos de los árboles y hasta contra las personas que osaran acercársele cuando estaba en la crisis. Había causado daño grave a muchos, y le tenían atado de la cintura con una cadena al tronco de un árbol. Le habían hecho allí mismo una choza de piedra y hojas de palmera rellena de paja, a fin de que no se hiciera daño a sí mismo.

Otro caso era el de una mujer de edad madura, cuya manía consistía en cavar fosas para enterrarse ella misma, por lo cual debían vigilarla constantemente, pues ya le habían sacado varias veces casi cubierta por completo de tierras y pedruscos, que ella misma hacía caer desde los bordes de la fosa abierta.

Y en su horrible delirio se figuraba enterrar con ella, a un odiado enemigo que le había hecho sin duda mucho daño. Unas carcajadas histéricas, que parecían graznidos de cuervos despedazando un cadáver para devorar, era la impresión que se recibía al ver a esta infeliz víctima de la maldad humana.

Los Terapeutas algo conocían de la historia trágica de aquellas vidas atormentadas.

El hombre encadenado, había sido un rico mercader que llevaba y traía mercancías desde el Mar Rojo a Jerusalén, por medio de su caravana.

Su esposa y dos hijitas mellizas de 12 años de edad quedaban siempre en Jerusalén durante sus ausencias. Un día que llegó de un viaje, encontró a las tres, madre e hijas, amarradas y amordazadas en el fondo de la bodega, desnudas y con la piel despedazada por tantos azotes, que las costillas estaban al descubierto. Las tres estaban muertas y ya en descomposición sus cadáveres, por lo cual se veía claro que habían pasado de aquel hecho, muchos días. Las ratas habían despedazado aún más aquellos cadáveres. ¿Cuál había sido el móvil de tan espantoso crimen?

Los Terapeutas no lo sabían y el infeliz demente en su incontenible furia nada sabía decir sino repartir golpes y lanzar piedras hacia todos los lados.

La mujer que quería enterrarse viva, era loca desde la degollación de los niños Betlhemitas ordenada por Herodes el Idumeo, cuando los tres viajeros del oriente se les escaparon de las manos, sin volver a decirle donde estaba el *Rey de Israel* que había nacido.

Le habían degollado su hijito de un año, y a su marido y a su padre que trataban de salvar al niño por la huida, les habían abierto el pecho a puñaladas y a los tres los habían arrojado a una fosa común. Y su manía de querer enterrarse viva, parecía obedecer el espantoso recuerdo que conservaba de aquel hecho.

Los demás casos tenían naturalmente un terrible origen: persecuciones, asesinatos, calabozos que nunca se abrían, despojos, miseria, abandono y muerte.

Jhasua con su alma toda luz asomada a sus ojos, pasaba revista en silencio a aquel doloroso escenario de tragedias humanas vividas y sentidas. Hundió su frente entre sus manos y así sentado como estaba sobre un trozo de roca, dejó correr sus lágrimas silenciosas durante un largo rato. Judá y Simónides se habían sentado mudos a su lado. El jovenzuelo Shipro con su tierna alma estremecida de espanto, se había dejado caer sobre la paja seca en que Jhasua hundía sus pies. Las lágrimas ardientes del Hijo de Dios hecho hombre, caían sobre las manos morenas de Shipro, que al verlas, no pudo más contenerse y con sus ojos cristalizados de llanto se abrazó a las rodillas de Jhasua y le dijo con la voz entrecortada por los sollozos:

—¡Príncipe de David!... Cuando yo lloraba un día sobre el cuello de mi camello, tú me consolaste dándome paz... ¡Tú lloras ahora Señor, sobre mis manos abiertas a tus pies y yo no puedo consolarte!

Jhasua apoyó su cabeza sobre la cabeza de Shipro mientras le decía:

—¡Lloro Shipro por la maldad de los hombress y a veces me falta valor para sacrificarme por ellos! Será el sacrificio de un cordero por los tigres y panteras de la selva.

Simónides y Judá que tenían la emoción anudada a la garganta, se acercaron a él y Judá le dijo: —El hombre habla en este instante. ¡Jhasua Hijo de Dios!... esperemos que hable El, que te ha enviado a los hombres!

El anciano secando sus propias lágrimas, ofreció a Jhasua su redoma con jarabe de cerezas que nunca dejaba.

—Bebe mi Señor —le dijo— que la gran fatiga sufrida te ha debilitado así.

El Maestro bebió un sorbo, sin recordar que desde la tarde anterior no habían tomado alimento alguno.

—Tú les curarás a todos ¡oh mi soberano Rey de Israel! y entonces cantarán a Jehová hasta las rocas de estos montes y hasta las arenas de este desierto.

Un Terapeuta se acercó al grupo trayendo una fuente de pan y tazones de leche caliente con miel.

—Habéis adivinado nuestra necesidad —díjole Judá recibiéndole la fuente y ofreciendo la primera porción a Jhasua—. No tomamos nada desde que salimos de Jerusalén al caer la noche.

—Ya lo suponía —dijo el Terapeuta— y para presenciar los cuadros que aquí se ven, es necesario tener bien templados los nervios, y lleno de sangre fuerte el corazón.

Para el descanso de esa noche Judá eligió una gruta espaciosa y seca, de donde fueron trasladados seis dementes que eran de los más tranquilos y que fueron puestos como vigías de los más terriblemente desequilibrados. Shipro ayudado por ellos, recogió gran cantidad de heno fresco y dispusieron lechos para los cuatro recién llegados.

Simónides que todo lo preveía sacó de su maleta de viajero sábanas y cobertores.

—Oh, esto no se ve por aquí jamás —decían los locos pacíficos que arreglaban la gruta—. Debéis ser todos de familia de reyes.

—Claro que sí —contestó Shipro—, los dos jóvenes son príncipes del país de Israel.

—¿Y qué vienen a hacer aquí entre toda nuestra miseria? —preguntó uno de los dementes.

—Eso lo sabréis mañana seguramente —contestó el joven siervo, casi seguro de que el sol del siguiente día derramaría su claridad sobre todos los dementes ya curados y felices.

Esa noche fué un silencio profundo. Los Terapeutas guardianes, que eran dos, decían que por las noches no se podía dormir en paz a causa de los terribles aullidos, gritos, lloros y maldiciones que aquellos infelices exhalaban, como si con ello desahogaran su mal.

En la gruta preparada para Jhasua y sus compañeros de viaje, se reunieron los dos Terapeutas guardianes, y después de recitar los salmos que piden misericordia al Altísimo, hicieron una larga concentración espiritual, para la cual Jhasua les preparó a todos con una sencilla explicación sobre el poder del pensamiento impulsado por el amor desinteresado y puro.

A la mañana siguiente fué Jhasua con los Terapeutas y sus compañeros a visitar uno a uno de los dementes, a los cuales encontraron perfectamente tranquilos.

—Este es un gran médico que viene a curar vuestro mal —decían los Terapeutas a los enfermos—. Es un profeta de Dios, y sólo pide de vosotros que esperéis todo del Dios de Israel que le envía.

El hombre de la cadena dormía, y así dormido fué desatado por indicación de Jhasua. Cuando despertó, vió a su lado al Maestro que le ofrecía pan y frutas secas con esa divina dulzura suya, que parecía ablandar las montañas.

—Tú me soltaste de la cadena —le dijo— y no has pensado que yo soy loco furioso, poseído de los demonios y que puedo matarte.

—¿Serías dichoso si así lo hicieras? —le preguntó Jhasua sin moverse ni cambiar de postura, sentado en tierra, con el pan y las frutas en una cestilla.

—¡No podría matarte aunque quisiera, corderillo sin hiel!... Te guardan los ángeles de Jehová, porque eres bueno como Abel y Moisés.

—Bien, mejor. Come y después hablaremos, porque yo soy el amigo que esperabas y que viene por fin a buscarte —le contestó el Maestro.

—¿Y por qué me buscabas? —preguntó el demente.

—Para que seas dichoso entre los que te amamos.

—¿Hay en la vida alguien que pueda quererme?... —volvió a preguntar el loco. Jhasua llamó en alta voz:

Judá, Simónides, Shipro. Los tres llegaron.

—¿No es verdad que este amigo nuestro volverá con nosotros a Jerusalén donde le espera la familia?

—Justamente —dijo Simónides—. Hace tiempo que yo necesito para mi casa un hombre como él. ¡No faltaba más! Si está en todo vigor y fuerza de la vida. Come hombre, y luego iremos juntos a bañarnos en el arroyo vecino, donde pescaremos hasta el medio día para prepararnos un buen almuerzo.

—Y de aquí a pocos días —añadió Judá— nos pondremos en camino a Jerusalén donde nos esperan para una gran fiesta.

—¿Estoy despierto o durmiendo todavía? —preguntó el demente.

—Hombre, si estás comiendo higos secos con pan y castañas cocidas, es porque estás bien despierto —decíale Judá riendo.

—Si este ha sido ya curado —decía un Terapeuta a Simónides en un aparte— los otros lo están ya. El silencio de anoche ya me lo hizo comprender.

Cuando todas las grutas fueron visitadas llevando el desayuno a los enfermos, comprendieron y se maravillaron todos de la formidable Energía Divina que había infiltrado el amor del Cristo en aquellas mentalidades completamente desequilibradas el día anterior a su llegada.

—¡Cuántos dolores humanos han desaparecido en una noche! ¡Oh soberano, rey de las almas y de los cuerpos! —exclamó Simónides con un entusiasmo que rayaba en delirio.

—Bendigamos al Señor —decía Jhasua— que es el Padre de todo bien.

Una semana después emprendían el regreso a Jerusalén, donde Simónides y Judá verían la forma de ubicar dignamente a todos aquellos seres arrancados al dolor y a la miseria.

Jhasua pensó muy razonablemente que la vuelta de inmediato de su madre a Galilea le sería doblemente dolorosa. Había salido de allí, acompañada de Joseph y volvía sin él

Noemí, la noble dama, con su hija Thirza y la que iba a ser su nuera, Nebai, se encariñaron de tal manera con la dulce madre del Hombre-Dios, que ya no fué posible separarla de ellas.

Dentro de cinco lunas se realizarían las bodas de Nebai y Thirza, y ambas novias deseaban la presencia de Jhasua y de su madre en tal acontecimiento.

Fué una época de incomparable dicha para todos los que moraban bajo el techo hospitalario del Príncipe Ithamar. Las veladas de éstos sobre el terrado a la luz de la luna, bajo los artísticos quioscos o pabelloncitos abiertos y encortinados de jazmineros y de rosales, tenían una inefable dulzura.

Marcos, el prometido esposo de Ana, se sumó a los concurrentes a las veladas, y el príncipe Judá, que averiguó la causa porque no realizaban su matrimonio, intervino de inmediato.

Marcos era el mayor de los hijos en su hogar, donde la muerte se llevó a su padre cuando todos eran pequeños. Era pues el apoyo de su madre y el tutelar de cinco hermanos menores, de los cuales cuatro eran mujeres. Tenían además los abuelitos maternos muy ancianos y no era posible para él pensar en formar su hogar propio desamparando a sus familiares que aún le necesitaban. A más, Marcos estudiaba filosofía y letras en el Gran Colegio, donde desempeñaba también los cargos de escribiente o escriba según llamaban entonces a los hombres de pluma, y celador o guardián del orden en algunas de las aulas del más grande instituto docente del país.

De esta forma atendía a la subsistencia de su numerosa familia.

Simónides pensaba instalar una agencia para los grandes negocios marítimos en uno de los puertos del Mediterráneo más cercano a Jerusalén.

Desde Alejandría a Antioquía, era mucha la distancia y a veces ocurrían asuntos de emergencia que requerían rápida solución. Pensaron que Marcos era la persona indicada, y Joppe la ciudad marítima que convenía, por ser punto de reunión de las caravanas que venían desde Arabia por Filadelfia y desde los países del Mar Rojo. Pusiéronlo en conocimiento de Jhasua, el cual les dio esta contestación que pone de manifiesto su extremada delicadeza cuando de beneficios materiales se trataba.

—En cuanto a esto, obrad libremente y como si yo no estuviera en medio de vosotros. Procuráis un beneficio importante para familiares míos, y creo no ser yo el más indicado para inclinar la balanza a su favor. Hacedme pues el obsequio de no contar conmigo para esta resolución.

—Bien, mi Señor —dijo Simónides asombrado de la extrema delicadeza de Jhasua—. Nos conformaremos con que sepáis la resolución que hemos tomado Judá y yo. —Debido a esto, Marcos renunció a los puestos mezquinamente remunerados en el Gran Colegio, y se trasladó a Joppe con toda su familia, donde quedó establecido como Agente General en dicho puerto, para representar a Simónides, Jefe supremo de la vasta red comercial establecida en Siria y Palestina hacía treinta años por el Príncipe Ithamar de Jerusalén.

Su matrimonio con Ana se efectuaría pues, juntamente con el de Thirza y Nebai, ya que un estrecho vínculo de amor les unía, como si de verdad fueran tres hermanas nacidas de una misma madre.

Fecunda fué esta temporada en obras de amor, que se desbordaron como un torrente sobre todos los necesitados de Jerusalén y sus arrabales, pues el palacio de Ithamar se convirtió en un taller de tejidos y preparación de vestimentas para los ancianos desvalidos y para los menesterosos en general. Myriam y Noemí eran inmensamente dichosas con los entusiasmos juveniles de las tres jóvenes doncellas, que se preparaban para entrar en las grandes responsabilidades del matrimonio, con el apostolado sublime de las obras de misericordia y amor con el prójimo.

A este noble y hermoso grupo femenino, vino a reunirse Sabad, madre de Nebai, que habiendo ya casado en Ribla a sus dos hijos varones, consagraría en adelante su vida a su padre Simónides y a su hija, para quien la Bondad Divina abría un hermoso horizonte de dicha y de bienestar. Iba a ser la esposa del príncipe Judá, heredero de una de las más nobles y antiguas familias de Jerusalén.

Sabad recordaba y refería a todos sus años lóbregos de tragedias espantosas, y los comparaba con la actual felicidad.

—El Dios de Abraham y de Jacob —decía con lágrimas en los ojos y profunda gratitud en su corazón— es poderoso y bueno; y cuando se ha soportado una prueba cruel y dura bendiciendo su Nombre, no tarda en llegar la dulzura de su amor divino como una inundación de paz, de esperanza y de dicha.

EN LA SINAGOGA DE ZOROBABEL

Durante esta larga estadía en Jerusalén, Jhasua se dedicó con especial consagración, a recorrer y estudiar en las numerosas sinagogas existentes en la ciudad, a fin de confrontar los textos sagrados que en cada una de ellas se conservaban.

Perdidas en el laberinto de las calles tortuosas de Jerusalén, en los viejos barrios, algunos de los cuales databan desde antes de la cautividad de los israelitas ordenada por Nabucodonosor en Babilonia, encontró dos sinagogas particulares, en las que fué presentado por el anciano sacerdote esenio Esdras, que ya es conocido del lector.

—Estas dos escuelas de la Divina Sabiduría —díjole el anciano— conservan todavía después de tantos siglos, el espíritu que infundieron en ellas Zorobabel y Nehemias, que fueron sus fundadores. Aquí estoy seguro hijo mío que encontrarás la verdad, no en·tan grande abundancia como en nuestros santuarios de las montañas, donde ha desbordado el Divino Conocimiento, pero si lo bastante, para que el pesimismo no te agobie en tus andanzas de apóstol entre la humanidad.

La una se encontraba en el antiquísimo barrio Noroeste de la ciudad, y como adosada a un ángulo de la muralla del llamado *Castillo de Goliat*, lóbrega fortaleza que Herodes había utilizado como tumba de enterrados vivos, durante el largo tiempo que tardó en hacer de la Torre Antonia, una verdadera ciudadela fortificada. Esta era la sinagoga llamada de Zorobabel.

La otra estaba en el barrio sur, y también en un ángulo de la muralla, a pocos pasos de la llamada *Puerta de Sión*, donde daba comienzo la *calle del Monte Sión* que corría de Sur a Norte, hasta formar ángulo con la *calle de David,* que corría de Este a Oeste. Esta era la sinagoga llamada de *Nehemias*.

Jhasua participó su descubrimiento a José de Arimathea y Nicodemus, a los cuales sabía tan ansiosos de la verdad como él mismo. Y los tres comenzaron a concurrir allí todos los sábados. Los propietarios y dirigentes se atribuían descendencia directa de sus fundadores y como siempre fué muy reducida la concurrencia, que se limitaba a unos pocos vecinos del barrio. Ambas sinagogas, muy distantes una de la otra, se mantenían en la completa quietud de las cosas ignoradas y olvidadas desde mucho tiempo.

En el segundo pórtico de la sinagoga anexa al *Castillo de Goliath*, se leía en una desgastada plancha de mármol "Casa de Sabiduría edificada por Zorobabel, hijo de Sealthiel, y sus hermanos, a la vuelta de la cautividad en el año primero de Ciro Rey de Persia, en el séptimo mes".

Asimismo en el pórtico interior de la sinagoga edificada en un ángulo de la muralla del sur, junto a la puerta de Sión, se leía en desteñidos caracteres del antiguo hebreo "Nehemias hijo de Sabassar, príncipe de Judá, fundó este altar y casa de Sabiduría, en el año primero de Ciro Rey de Persia en el quinto mes. Sobre este altar estuvieron guardados los vasos sagrados que el Rey Ciro mandó entregar a Sabassar, que con Esdras Profeta, vino a reconstruir el Templo de Jerusalén".

Ambas sinagogas tenían pues como un timbre de honor y de gloria, a más de su respetable antigüedad, el nombre y genealogía de sus fundadores, participantes de primera línea en la reconstrucción de la ciudad y templo de Jerusalén, bajo la dirección del Profeta Esdras, que hizo revivir asimismo a la Fraternidad Esenia casi desaparecida, en la desastrosa época del cruel y bárbaro invasor asirio, Nabucodonosor.

—Quiero pasar completamente desapercibido en ambas sinagogas —había dicho Jhasua a sus dos amigos Doctores de Israel— a fin de alejar todo recelo de sus nobles propietarios.

Pero ocurrió que la segunda vez que fueron a la sinagoga de Zorobabel, Hilcias, anciano escriba encargado de la documentación y viejos libros sagrados, era clarividente y vió que al entrar Jhasua, la penumbra del recinto se tornó en dorada luz que emanando de la persona del joven, se extendía como una bruma de oro por todas partes.

Tenía Hilcias una úlcera maligna en su brazo izquierdo que le dificultaba grandemente sus tareas de escriba. Al ver la poderosa irradiación que emanaba aquel jovenzuelo de tan modesto aspecto, hizo esta ferviente oración a Jehová:

—Señor Dios de los cielos y de la Tierra, si de Ti emana esta luz que percibe mi alma, dame una señal para que yo adore tus designios, que mi úlcera sea curada por el contacto de tus efluvios traídos a esta casa por ese siervo tuyo.

El escriba se hallaba en el más apartado rincón de la sinagoga, sentado en uno de los pupitres allí colocados.

Se había descubierto la parte enferma de su brazo, y con azorados ojos miraba que la llaga se secaba rápidamente, quedando sólo una pequeña mancha rojiza sobre la piel tersa y limpia.

Vió que Jhasua leía el Levítico de Moisés y sus dos compañeros hojeaban rollos buscando algún pasaje que les interesaba. Se acercó a Jhasua y le preguntó: —¿Puedo saber quién eres?

—Un hebreo que viene a buscar sabiduría —le contestó.

—¡Tú eres un Profeta de Dios y acaso no lo sabes!

—¿Y cómo lo sabes tú?

—La luz de Jehová camina contigo, y esa luz ha curado mi úlcera. Mira. —Aún se notaba en el brazo la mancha rojiza de una llaga recientemente curada.

—Buen hombre —díjole el Maestro—. Si el Señor te hizo depositario de sus secretos, es porque hay en ti capacidad de guardarlos bien. Se pues fiel al Señor y que tu silencio te haga merecedor de nuevas generosidades suyas.

Y sin más palabras continuó leyendo.

Cuando comenzaron a llegar gentes vecinas, pues que era ya la hora de comenzar la explicación de la Sagrada Escritura un majestuoso Rabino de cabellera y barbas negras como el ébano, se acercó a Jhasua y le dió el libro de Isaías.

Un criado acercó un atril y el rabino dijo al Maestro: —Maestro, mi Señor: dígnate explicar el capítulo 66 de Isaías Profeta, que por el turno corresponde para hoy.

Jhasua lo miró al fondo de sus ojos y vió sinceridad en él.

—Sea, pues tú lo quieres —dijo y puesto de pié ante el atril abrió el libro y leyó—: "Jehová dijo así: el cielo es mi solio y la tierra estrado de mis pies. ¿Dónde está la casa que me habréis de edificar, y dónde el lugar de mi reposo?

"Mi mano hizo todas las cosas, y todas las cosas fueron, dice Jehová, mas yo miraré a aquel que es pobre y humilde de espíritu, y que inclina su frente a mi palabra".

"Que el Altísimo Dios de Israel ponga la luz de sus estrellas en mi mente y el fuego de su sol en mi lengua, para que sea digno transmisor del pensamiento de Isaías —dijo Jhasua empezando su comentario—.

"Entiendo que el soberano Señor de todo lo creado busca con agrado el amante corazón de sus criaturas, para reposo de su grandeza y de su infinita majestad, y que el corazón del hombre soberbio, no puede ser jamás santuario para el Supremo Hacedor.

"Es humilde de espíritu, el que hace suyos los dolores del huérfano y desamparado, y no encuentra descanso y gozo verdadero, sino cuando ha remediado sus dolores y ha secado sus lágrimas.

"Es humilde de espíritu el que amando la verdad por encima de todas las cosas, da a Dios lo que es de Dios, y toma para sí su propia carga de imperfecciones y de atraso, que le lleva a prosternarse ante la Divina Justicia, clamando con todas sus fuerzas: No mires Señor mi iniquidad y miseria, sino tu gran misericordia para acoger a tu siervo, no por lo que es, sino por lo que tú quieres que sea, para glorificarte por los siglos de los siglos.

"Es humilde de espíritu, el que sólo quiere la vida para llenarla de obras de amor y de justicia, dignas del que ha dejado penetrar en sí la Ley Divina, que dice: "Ama a Dios sobre todas las cosas y al prójimo como a tí mismo". Y el Profeta añade, que no es con sacrificio de bueyes, de carneros y palomas, con lo que el hombre conquista el derecho de servir como santuario de reposo al Señor, sino con el sacrificio de las propias pasiones y renunciamientos, elevándose por el amor fraterno y la sinceridad de una vida pura, por encima de todas las ambiciones y de todos los egoísmos...

"¡Señor Dios de Israel! Dios de nuestros padres, Dios de nuestro corazón! —exclamó el joven orador en un impulso de amor hacia la Divinidad— ¡Muéstranos que nuestras vidas son tuyas y que nuestros espíritus florecen en obras dignas de Ti!... ¡Muéstranos que nuestro corazón es humilde conforme al pensamiento de tu siervo Isaías, y toma posesión de nosotros que te pertenecemos desde la eternidad! Abre Señor nuestro espíritu a tu Verdad y a tu Amor, y que seamos luz de cirio en las tinieblas de nuestros hermanos, y óleo de piedad sobre sus heridas profundas".

De pronto se sintió un espantoso estremecimiento en los muros de la sinagoga, que estaban como adosados al viejo Torreón de Goliath.

Una muralla del presidio se había rasgado de arriba abajo, en una negra grieta de dos pies de anchura, y por ella salían lastimeros gemidos como del fondo de una tumba.

Jhasua con sus dos amigos, más el Rabino, el escriba y los oyentes de la sinagoga, corrieron hacia la enorme abertura por donde salían tan doloridos lamentos. Con riesgo de sus propias vidas penetraron allí y los cuadros que se presentaron a la vista sobrepasaban en horror a cuanto se pudiera imaginar.

Unos espectros con formas humanas se movían débilmente, extendiendo sus manos que parecían garras de buitres por las uñas enormemente largas, y la piel reseca y ennegrecida.

Eran los enterrados vivos que había dejado Herodes el Idumeo, que ni a la hora de morir tuvo piedad para aquellas infelices víctimas de sus infamias y de sus crímenes. Catorce años que había muerto comido por un cáncer, aquel verdugo coronado, y aún sus víctimas vivían sepultadas en el lóbrego torreón olvidados de todos, sin otro alimento que los lagartos y las ratas que tenían allí su madriguera y las malezas y yerbas que crecían entre las piedras del ruinoso Torreón. La plegaria del Maestro en su alocución había dicho: "Que seamos luz de cirio en las tinieblas de nuestros hermanos, y óleo de piedad sobre sus heridas profundas".

¡Qué fuerza de Amor Divino habría en aquella plegaria del Hombre-Luz que los espíritus de Justicia rompieron la muralla para que la luz y la piedad llegasen hasta aquellas desventuradas criaturas de Dios olvidadas de todos, pero no de El!

— ¡Callad!... ¡Callad!... —dijo a todos Jhasua—. Lo que hace la Bondad Divina no debe deshacerlo la cobardía humana. —Y ayudado por todos, que le obedecían casi con pavor, fueron sacando por aquella grieta los que aún tenían vida. Un espantoso olor a cadáveres salía por la hendidura. Muchos muertos insepultos debía haber dentro. Sólo diez hombres fueron salvados y ocultos en el pajar de la sinagoga, pero con tal rapidez, que cuando los curiosos de la calle se acercaron y luego los soldados de la guarnición de la Ciudadela, no encontraron sino los esqueletos de los infelices que no habían resistido a tan espantosa vida.

—No se dirá que esto lo hicimos los romanos —decía un centurión—, pues que ignorábamos que el viejo Torreón estuviese habitado en el subsuelo.

—Esto lo hizo el Rey Herodes el Grande, que sin duda cuando Jehová el terrible le llamó a juicio, olvidó que dejaba sepultados vivos un centenar de seres humanos que han ido muriendo de hambre poco a poco —dijo un viejo que se había acercado entre los curiosos.

El Rabí de la sinagoga de Zorobabel, no acertaba a pensar si Jhasua era un arcangel justiciero mandado por Jehová, o la reencarnación del Profeta Ezequiel, que hacía andar los esqueletos de los muertos que salían de sus tumbas.

Jhasua, sin preocuparse por lo que pensaran de su persona, daba toda su vida en ondas de divina energía, a aquellos seres arrebatados de improviso de la muerte.

Mientras tanto, José de Arimathea y Nicodemus, sin darse a conocer del Rabino dueño de la sinagoga, pidiéronle retuviera en su poder a los salvados del Torreón hasta que ellos volvieran con alimentos y ropas adecuadas para ellos.

—La misericordia con los necesitados —contestó el Rabí—, es un precepto fundamental en la Ley dada por Jehová a Moisés, y si vosotros os creéis obligados en este caso, también lo estoy yo. Dejadles si os place albergados en mi casa, y todos unidos hagámosles entrar de nuevo en los caminos de la vida. — Complacidos quedaron de los piadosos sentimientos del Rabino, cuyo nombre era Sadoc y descendía en línea recta de Aarón, el primer sacerdote consagrado por Moisés para explicar la Ley Divina al pueblo de Israel.

Entre tanto que José de Arimathea y Nicodemus adquirían en el mercado lo que iban buscando, el Rabino con el escriba y Jhasua, hacían beber a las víctimas leche caliente con miel. Su aspecto había cambiado mucho, y una nueva esperanza brillaba ante ellos como una estrella azul, promesa divina de paz y de bonanza.

Casi todos ellos habían estado tan próximos a la muerte por inanición, que su debilidad era extrema y no podían aún hablar. Un temblor como de frío intenso estremecía a algunos, otros lloraban en silencio, otros miraban como embrutecidos y creyendo que aún continuaban bajo el influjo de una atroz pesadilla.

Jhasua continuaba de pie ante el mísero grupo como una estatua de alabastro con cabellos de oro, y sus grandes ojos opalinos llenos de infinita piedad, parecían decirles:

"El amor Eterno me hizo llegar a tiempo de salvaros, porque vuestras obras de misericordia de otro tiempo, atrajeron la Divina Misericordia sobre vosotros, después de haberos purificado por el dolor".

Cuando regresaron José y Nicodemus, procedieron de inmediato a higienizar aquellos pobres cuerpos como piltrafas humanas, llenas de toda clase de inmundicias.

En grandes tinajas llenas de agua mezclada con vino de palmera, tal como se usaba para el lavado y desinfección de cadáveres antes de amortajarlos, fueron introduciendo uno a uno de aquellos diez infelices que aún ignoraban lo que pensaba hacerse con ellos. Atrofiada su inteligencia, anulada su voluntad, se dejaban hacer cuanto quisieran, pues que siempre sería mejor que lo que habían sufrido.

Alguno que estaba en mejor condición que los otros preguntó en lengua aramea:

—¿Nos preparáis para el mercado de esclavos?

—No —le contestó Jhasua—. Os preparamos para entrar debidamente en la hermandad de los verdaderos servidores de Dios.

—¿Nos entregaréis nuevamente a Rabsaces el mago de Herodes? —preguntó otro, que empezaba también a despejarse y hacer uso de la palabra.

—No vive ya el mago, ni vive Herodes. Ni a los magos ni a los reyes los perdona la muerte —contestó José de Arimatea—. Rabsaces murió ahorcado en ese torreón, y Herodes murió consumido por un cáncer que le hizo sufrir en vida, la putrefacción del sepulcro. De esto hace 14 años.

—¡Catorce años! —exclamaron varias voces como en un estertor de agonía—. ¿Quién gobierna la Judea?

—Roma —fue la contestación que oyeron—. El pueblo de Israel vive bajo el imperio de las legiones romanas.

Siguió un silencio profundo, en que sólo se oía el ruido del agua que se renovaba continuamente en las tinajas.

La energía y vitalidad, afluían rápidamente en aquellos cuerpos vigorizados por la acción magnética que ejercía Jhasua sobre ellos, y por el baño de limpieza que todos habían recibido. Les pasaron a una habitación muy interior y llena de aire y de sol, y les tendieron en el estrado dispuesto con lechos muy confortables, donde les hicieron tomar un tazón de vino caliente con unos bollos de huevos de ganso, muy usados para las personas grandemente debilitadas.

—Ahora dormid —les dijo Jhasua—, pensando que hermanos vuestros os han salvado de la muerte y os iniciaron en una vida digna de servidores de Dios. Cuando hayáis descansado a satisfacción, hablaremos para que nos digáis cuánto pueda servir para vuestro desahogo y orientación de vuestra vida en adelante.

Con el mandato mental de Jhasua y la gran necesidad de descanso que aquellos infelices tenían, durmieron hasta la mañana siguiente, cuando el sol se levantaba ya como un fanal de oro por encima de los cerros coronados de palacios, que tan espléndido panorama ofrecían al que contemplaba la ciudad de Salomón.

Y aquellos diez hombres hablaban creyendo estar aún bajo el influjo de un encantamiento.

—¡Parece mentira que vemos de nuevo al sol como en nuestros días felices! —decía uno extasiado ante la contemplación de aquel magnífico sol de otoño, que lo envolvía todo en las tenues gasas doradas de sus resplandores.

—Pero ¿quién es el que nos ha salvado y por qué nos ha salvado? ¿qué le interesan nuestras vidas? —preguntaba otro—. Paréceme que nadie hace nada sin un fin determinado. ¿Cuál es ese fin?

—¡Ya lo sabremos hombre, ya lo sabremos! —decía otro—. Por lo pronto estamos fuera de ese maldito torreón donde hemos estado a punto de dejar nuestros huesos. ¿Por qué no nos dejan salir libres de aquí? —interrogaba otro.

—¡Estás loco!... ¿quieres que salgamos a la calle sin saber a dónde ir, y con este aspecto de cadáveres ambulantes, como recién escapados de una tumba? —contestaba otro.

Los diálogos continuaban en este tono, cuando se presentó Jhasua en la puerta de la habitación, con el Rabino Sadoc, con Simónides y el príncipe Judá. Detrás de ellos venían Eliacín y Shipro con grandes cestas de pan, queso y frutas.

Aunque la transformación de aquellos hombres era grande, aún causaba espanto su extremado enflaquecimiento, que los hacía asemejarse a manojos de raíces secas.

Dirigidos los dos criados por el Rabino, entraron varias mesas que cubrieron de blancos manteles y colocaron delante de los estrados.

—Ahora celebramos juntos el festín de vuestra libertad —díjole Jhasua pasando por delante de todos ellos con una afable naturalidad que encantaba.

Simónides y Judá observaban atentamente aquellas fisonomías, buscando rostros de personas conocidas que habían desaparecido hacía muchos años y que nadie pudo dar razón de ellas. En este punto era Simónides el que podía hablar.

—Hay aquí dos rostros que parecen despertar mi memoria de lejanos tiempos —dijo al oído de Judá—, y pronto sabremos si hay algo de verdad en mis sospechas.

—Veo que aún no hemos tenido la fortuna de conquistarnos vuestra confianza —dijo Jhasua en alta voz—. ¿Teméis algo de nosotros? Hacéis mal, creedme, porque no deseamos nada de vosotros, sino que os restablezcáis pronto para que podáis continuar vuestro camino en la vida.

—¡Perdonad todos!... —exclamó un anciano de mirada recelosa— el mundo fue tan cruel y despiadado con nosotros, que aún dudamos de lo que estamos viendo.

—Es muy natural —dijo Simónides—, y no creáis que con nosotros el mundo haya obrado mejor. Yo fui sometido al tormento dos veces, y si ando con mis pies, es porque este Profeta de Dios que aquí veis, curó las dislocaduras de mis miembros. —Los ex cautivos abrieron grandes los ojos para mirar a Jhasua que les miraba con inmensa ternura.

—Este joven —siguió diciendo Simónides tocando en el hombro a Judá—, es hijo del príncipe Ithamar de Jerusalén, y estuvo tres años como esclavo del Estado en las galeras, después que su padre fue asesinado.

—¡El príncipe Ithamar asesinado!... —gritó el anciano de recelosa mirada.

—¿Le conocías tú? —preguntó Simónides mirando con inteligencia a Judá.

—Yo fui mayordomo de su casa, cuando se instaló en su palacio de la calle del Comercio, donde llevó a su esposa, la doncella más pura y hermosa que yo he conocido, la dulce Noemí con ojos de gacela...

—¿No te decía yo?... —dijo Simónides a Judá—. ¿Se puede saber la causa por que caíste al Torreón?

—Nadie me dio razones al respecto, pero creo que fue porque yo pedí clemencia para el portero del Khan de Betlehem, casado con la nodriza de mis hijos. El murió en el Torreón hace tiempo. Herodes supo que tres viajeros del Oriente se hospedaron allí, cuando llegaron a este país guiados por una luz misteriosa, y diciendo que venían a adorar al gran Rey que había nacido. Como los viajeros se le escaparon de entre las manos, la cólera real se desahogó en los que tuvieron contacto con ellos, suponiendo que entre todos les habían ocultado. El infeliz portero mencionó mi nombre como una persona que podía dar fe de su honradez, y fui también llamado a responder al interrogatorio del rey. Nos hizo dar cincuenta azotes y nos enterró vivos en el Torreón, de donde acaba de sacarnos la justicia de Dios mediante esa bendita grieta que se abrió de arriba abajo.

"¿Qué pensaría el príncipe Ithamar cuando desaparecí de su casa a donde jamás volví?"

El infeliz anciano se cubrió el rostro con ambas manos y sus sollozos resonaron dolorosamente en la habitación.

—No llores así buen anciano —le dijo el príncipe Judá acercándose -. Yo soy el hijo del príncipe Ithamar y te respondo por mi padre muerto. Estás rehabilitado ante él y ante mí, y hoy mismo volverás a nuestra casa, no a trabajar, sino a descansar. Mi madre, la dulce Noemí que aún recuerdas, sigue siendo la misma, aunque los dolores sufridos cubrieron de nieve su cabeza.

"También ella estuvo enterrada viva con su hija ocho años en un calabozo de la Torre Antonia.

El viejo saltó con los puños cerrados, y sus ojos chispeantes al oír tal afirmación.

—Cálmate —siguió diciendo Judá—, que todos los servidores del gran Rey anunciado, estuvimos perseguidos, pero ya sonaron los clarines de la libertad.

Mientras este breve diálogo, Jhasua y el Rabino, con Shipro y Eliacín, se habían dedicado a servir solícitamente a los más agotados, que casi no podían hacerlo por sí mismos.

Encontraron otro prisionero, también envejecido, y cuya cabeza calva inclinada sobre el hombro izquierdo, temblaba en estremecimientos periódicos.

Jhasua se acercó para servirlo y le preguntó:

—¿Por qué está doblada así tu cabeza?

—Una dislocatura, amo, cuando me sometieron al tormento. También este brazo está torcido. Mirad.

La palma de la mano izquierda aparecía vuelta hacia afuera con todo el antebrazo que estaba descoyuntado en el codo. Con gran naturalidad, el Maestro tomó entre sus manos aquella temblorosa cabeza calva y la levantó suavemente.

—Yo quiero que mires al cielo azul que te envuelve como un manto de turquí, y los astros de Dios que ruedan en el espacio, hablándonos de moradas de paz y de dicha preparados para los justos. Yo quiero que tus manos puedan unirse sobre tu pecho cuando ores al Padre Celestial, en gratitud a sus beneficios, y en súplica permanente por tus propias necesidades.

Y mientras Jhasua pronunciaba tales palabras, iba enderezando con infinita delicadeza el enflaquecido brazo torcido del viejo, que miraba con azorados ojos los efectos producidos en su cuerpo por aquellas manos que curaban sin lastimar.

—Ahora dime ¿por qué estabas en el Torreón?

—Yo era uno de los porteros del Gran Colegio y llevaba una epístola del maestro Sharmmai para un personaje que vivía junto a la Puerta del Norte, cuando vi entrar en ella, tres enormes camellos blancos con ricos doseles de flecos de oro y campanillas de plata, que formaban una agradable música. Eran ricos viajeros venidos de lejanas tierras, y hablaban del nacimiento de un gran rey que sería el salvador del país y de todo el mundo. Les seguí cuando caminaban por la calle de Damasco y el grupo se fue agrandando. Fui yo quien contesté a sus preguntas, y les guié a la casa de Gamaliel el viejo, para que él les diese razón de los anuncios de los Profetas sobre ese gran Rey que buscaban, ya que era yo nulo en esas cuestiones.

"Cuando salieron de su casa, yo les guié hasta la Puerta Dorada, pues pedían ir al Templo.

"Cuatro días después me encerraron en el Torreón, donde me sometieron a tormentos para que dijera dónde fueron aquéllos viajeros. Desde entonces no vi más la luz del sol.

— ¡Veintidós años han pasado!... —exclamó Jhasua con voz trémula y angustiada. — ¡Qué horror tenía aquel rey a la llegada de otro rey, que no pensaría jamás en disputarle su oro ni su poder! Y ese necio temor, le hizo cargarse de tantos crímenes, que este mundo se transformará por la evolución en un mundo de justicia y de paz, y aún estará ese rey mordido en su corazón por la envidia y el remordimiento, luchando con los monstruos de los pantanos entre razas salvajes y primitivas.

El viejo de la calva oía sin comprender las palabras que pronunciaba Jhasua, mientras le servía una ración de queso y frutas.

Simónides y Judá fueron tomando nota de los datos que los ex cautivos daban, a fin de orientarse respecto a sus familias y a los oficios que cada cual había tenido.

Según ellos, habían sido ochenta y siete hombres y seis mujeres, los que cayeron a los profundos calabozos del Torreón, por aquellos tres viajeros que le quedaron a Herodes ante los ojos, y le desaparecieron como si la tierra los hubiera tragado.

Y cuando la solicitud y cuidado les pusieron en condiciones de no llamar la atención por su enflaquecimiento, fueron sacándolos de uno o dos por vez, para que de nuevo siguieran su camino en la vida entre la sociedad de los hombres.

LA HISTORIA DE MOISES

En la Sinagoga llamada de Nehemías, ocurrieron cosas muy diferentes, pero no menos importantes, para el Hombre-Luz, que sólo buscaba la Verdad y el Bien.

Era el propietario, cuñado de Esdras, el sacerdote esenio que ya conoce el lector, por lo cual Jhasua fue recibido allí con grandes consideraciones. La hermana de Esdras, Hogla, era la menor de la familia, pero ya estaba en edad madura y lloraba siempre llena de tristeza porque la Naturaleza le había negado la maternidad. ¡Deseaba tanto ver continuada su vida en un ser de su sangre, un hijo o hija que cerrase sus ojos al morir, y que perpetuase su nombre y su raza! Esdras había vivido en celibato constante y sus otros hermanos habían perecido en los motines populares en los días trágicos de Judas de Galaad, y sin haber dejado hijos.

Por su amor a la Ley de Dios, enseñada por Moisés, este matrimonio sostenía la antigua Sinagoga fundada por sus lejanos antepasados, y derramaban la piedad de su corazón sobre todos los necesitados que llegaban a su puerta. Mardocheo y Hogla, eran pues, justos ante Dios y ante los hombres.

A su Sinagoga habían llegado, hacía veintidós años, tres viajeros de lejanas tierras buscando las profecías de los videntes de Israel sobre el Salvador del mundo que había de nacer, y habían tomado apuntes de los viejos pergaminos que ellos guardaban como escondidos tesoros de su archivo milenario.

Ellos les habían hablado de una misteriosa y diáfana luz que a cada uno le apareció en su lejano país, cuando una decepción profunda de todas las filosofías y de todas las ciencias, les llevaba a desear la muerte antes de verse envueltos y arrastrados por la vorágine de egoísmo, iniquidad y miseria que ennegrecían toda la tierra.

Les aseguraron que había nacido el Salvador, pues que las profecías de Israel estaban de acuerdo con las de todos los inspirados de otras Escuelas y otros países, pero Mardocheo y Hogla no oyeron hablar nada más sobre el particular. Su hermano Esdras les decía siempre: "Cuando suene la hora del Señor para vosotros, le veréis acaso en vuestra misma casa".

Y en esta larga estadía de Jhasua en Jerusalén y ya llegado a su mayor edad, juzgó Esdras que era la hora del Señor para el misericordioso matrimonio que jamás se recogiera en su alcoba, sin haber hecho una obra de misericordia con el prójimo.

—Os traigo un joven Profeta que colmará de dicha vuestra ancianidad cercana —les dijo Esdras, cuando llevó a la Sinagoga a Jhasua.

Con tal presentación, ya comprenderá el lector que no hubo puerta cerrada para el joven Maestro, y que Mardocheo y Hogla le abrieron de par en par el viejo archivo de madera de olivo, que pasaba años sin abrirse para nadie.

Allí encontró los datos necesarios para llenar los vacíos, las lagunas que había encontrado en los viejos relatos de los Santuarios Esenios.

El archivo de la Sinagoga de Nehemías, era casi tan importante como el Archivo de Ribla, y con ambos se podía muy bien continuar la historia de la evolución humana, desde la desaparición de las antiguas civilizaciones Lemúrica y Atlante hasta la hora presente.

¡Qué grandiosa noticia tenía Jhasua para sus maestros esenios y para sus cuatro amigos, Doctores de Israel!

Y cuando él registraba el Archivo, veía ante sí, como una humilde sierva, a Hogla sentada en un tapiz sobre el pavimento, contemplando silenciosa a aquel joven Profeta que le recordaba las visiones de arcángeles de oro y nieve que más de una vez había visto en su sueño.

—¡Hogla!... —le dijo un día el Maestro, mientras ella le ofrecía un vaso de jarabe de cerezas con pastelillos de almendras hechos por ella—, observo que hay gran tristeza en tus ojos y quiero saber el motivo.

Ella se ruborizó y le contestó:

—Si tuvieras veinte años más, te lo diría; pero eres casi un adolescente y no me comprenderás.

El se quedó mirándola fijamente mientras iba bebiendo el jarabe, hasta el fondo del vaso.

—Tú padeces —le dijo—, porque deseas un hijo que no te fue dado en la juventud, y ahora lo crees un imposible por la madurez de tu edad. ¿No sabes que la Naturaleza obedece a Dios cuando El lo quiere? ¿No sabes que Elisabeth, prima de mi madre, tuvo un hijo cuando tenía sesenta años, y hoy es un joven maestro de Divina Sabiduría?

"¡Hogla, madre buena de todos los desvalidos!... Antes de un año te nacerá un hijo, que llenará con la luz de Dios, los siglos que han de venir. Yo te lo digo en nombre de Aquel que me ha enviado a la tierra...

—¡Tú eres el Mesías Salvador del mundo! —gritó Hogla—, el que me anunciaron los viajeros de lejanas tierras, porque he visto sobre ti la luz misteriosa que les guió a ellos.

—Como lo dices, así es, bendita mujer, pero guarda el secreto, y no lo digas hasta que haya nacido el hijo que yo te anuncio.

"Di a tu marido que me llevo hoy este papiro escrito por Caleb, hijo de Jhepone, para sacar una copia, y que de aquí a dos días devolveré el original."

Y salió dejando a la mujer embargada de un gozo tal, que no le cabía dentro del pecho. Su marido era tejedor y durante todo el día se hallaba entre los telares dirigiendo a sus numerosos jornaleros.

Estaban terminando un inmenso velo blanco de finísimo lino, para substituir al que cubría el Sancta-Sanctorum del Templo, que había sufrido la acción de la llama de un cirio desde un candelabro. ¡Admirable coincidencia! Ese velo fue el que once años más adelante se rasgó de arriba abajo la tarde trágica de las tinieblas que cubrieron la tierra, cuando Jhasua Hijo de Dios, expiraba sobre la montaña del Gólgota sacrificado por la maldad de los hombres.

El papiro que Jhasua encontró en el viejo Archivo de la Sinagoga de Nehemías, era como una colección de relatos de la muerte de Thotmés 1º de la XVII dinastía de los Faraones que reinaron en Tebas, y que fue el que acogió benévolamente a los descendientes de Jacob por amor a su hijo José. Los tres

Faraones *Thotmés* y los cuatro Amenopis, con la célebre reina Hatasu, dejaron engrandecerse y prosperar al pueblo hebreo, en el cual encontraron especiales condiciones para la agricultura y la ganadería.

Fue a la llegada de los *Ramsés* en la XIX dinastía, cuando los israelitas fueron declarados esclavos condenados a los más duros trabajos y perseguidos bárbaramente en sus bienes y en su vida. Y después de esta especie de prólogo, el amarillento pergamino ya carcomido en sus bordes, comenzaba a relatar el origen de Moisés.

Jhasua leía a la familia de Judá, aumentada con su madre y Ana, Simónides, su hija Sabat y su nieta Nebai en el palacio de Ithamar, a donde acudían a pasar la velada también los cuatro Doctores de Israel que ya conoce el lector.

(N.R.): En la obra "Moisés" de la misma autora, podrás conocer la vida del genial taumaturgo legislador.

UN PAPIRO DE SALOMON

Noche tras noche, la lectura de Jhasua llegó a su término, al mismo tiempo que terminaba la copia del pergamino, por lo cual volvió a la antiquísima Sinagoga de Nehemías a devolverlo, según había prometido.

Encontró a Mardocheo en el Archivo, con un extranjero ya entrado en años que había llegado a Persépolis, en la luna anterior. Se llamaba Sachbathan, y era uno de los maestros que había dejado Baltasar al frente de su Escuela en Persépolis. El objeto de su viaje era el estudio, por el cual se había presentado al Gran Colegio de Jerusalén, donde Gamaliel el viejo, era Rector por entonces, y había escuchado en silencio las lecciones de sus sabios Doctores. El mundo sideral le atraía sobre todas las cosas, por lo cual se había consagrado plenamente al estudio de los astros en todos sus aspectos, sintiéndose deslumbrado por la magnificencia de sus esplendores, y sobre todo por los misteriosos enigmas encerrados en ese infinito azul poblado de globos luminosos, cuyas estupendas leyes quisiera penetrar.

Después de haber asistido a muchas lecciones dadas por diferentes maestros, se encontró tan vacío como antes, pues que no oyó nada nuevo ni que ampliase los conocimientos que ya tenía de antes. Y no se resignaba a tornar a su Escuela con la noticia de que en la célebre Jerusalén de Salomón, el más sabio de los reyes de aquel tiempo, no había encontrado nada absolutamente que calmara la sed de más conocimientos.

En una de las lecciones escuchadas en el Gran Colegio, oyó que de paso se hacía referencia a Nehemías, que cinco siglos antes obtuvo de Artajerjes, rey de Persia, permiso para volver a la Judea y reedificar la ciudad y templo de Jerusalén. Por tradición oral entre los ancianos, se sabía que al hacer excavaciones en las ruinas de lo que fue palacio de Salomón, Nehemías había encontrado en un cofre de piedra, un rollo de papiro bajo cubierta de cobre, en cuya carátula se leía: *Sabiduría del Rey Salomón. Las leyes del Universo.* Pero nadie podía decir con precisión qué fin tuvo aquel inestimable tesoro, pues el Nehemías restaurador de Jerusalén y de su templo fue encontrado muerto en su lecho, sin dejar nada dicho ni nada escrito, como no fuera el relato referente a la reconstrucción de la ciudad y del templo, y la nómina de los príncipes, sacerdotes y nobles israelitas que ayudaron en dicha reconstrucción. El extranjero, acaso bajo una secreta inspiración preguntó si era conocido el lugar en que vivió Nehemías, hijo de Hachalías, reconstructor de la ciudad de Salomón por mandato de Artajerjes rey de Persia, y le contestaron que adosada a la puerta del sur, llamada entonces *Puerta de Sión*, existía una casa con apariencia ruinosa, donde una plancha de mármol ennegrecida por la acción del tiempo, indicaba ser allí, donde la muerte súbita sorprendió al patriarca de la Jerusalén restaurada, cinco siglos atrás. De este vago indicio se había valido el extranjero persa Sachbathan, para llegar a la Sinagoga de Nehemías.

Mardocheo, era más hombre de trabajo que de libros, y a decir verdad ignoraba él mismo lo que guardaba en su archivo. Sus antepasados habían dejado en grandes alacenas y cofres de madera de olivo, lo que ellos apreciaban en gran manera. El siguió guardando el tesoro escrito sin apreciar por completo su valor, debido a que las dificultades financieras de su vida, en esos difíciles tiempos, no le permitían otra cosa que estudiar ligeramente la ley, recitar algunos salmos, y el resto de sus días los devoraba el taller de tejidos que le daba pan y lumbre.

En estos preámbulos de entradas, se hallaban ambos personajes cuando llegó Jhasua, a devolver el rollo que había llevado tres días antes.

—Aquí tienes Jhasua —díjole Mardocheo— un extranjero que como tú gusta de desatar viejos rollos de pergamino en busca de conocimientos. Hazme el bien de hacerme de secretario en el Archivo, para mostrarle cuanto él quiera ver, y bendito el Señor si encuentra aquí, lo que su alma desea para tener la paz. El taller me llama y os dejo hasta el medio día.

—Descuida Mardocheo —le contestó Jhasua— que yo te reemplazaré lo mejor que pueda.

Y comenzó la búsqueda, que a la vez fue organización del Archivo, el cual denotaba claramente estar en poder de un hombre que no entendía de letras sino de telares.

Muy en primera línea aparecían los libros llamados de Moisés, con el monumental catafalco de ordenanzas para todos los momentos de la vida de un buen hijo de Israel; luego los libros de los Profetas Isaías, Ezequiel y Jeremías, que eran siempre los más leídos; luego los salmos, entre los cuales encontraba el alma aquello que necesitaba para las eventualidades dolorosas de la vida, o para ponerse en contacto con la Divinidad por la oración verbal.

Los demás estantes aparecían cerrados, y cubiertos de polvo y finas telillas salpicadas de pequeñísimos insectos, que iban carcomiendo aquellos librazos monumentales, que nadie se tomaba el trabajo de limpiar y menos de leer.

—El Archivo de Ribla —pensaba Jhasua— tenía un sacerdote de Homero, que conocía hoja por hoja lo que guardaba; pero el Archivo de la Sinagoga de Nehemías tiene un tejedor por guardián, y no puede distraer tiempo de su oneroso trabajo que le da el pan para su mesa.

—¡Buen patriarca Nehemías!... —exclamó de pronto Jhasua en alta voz—. ¡Si este nuestro afán de conocimiento ha de ser para la gloria de la Verdad Divina y bien de la humanidad, guíanos hacia donde está oculta la Sabiduría de Salomón, que este hermano ha venido a buscar desde la lejana Persia! —El persa lo miró asombrado, y como si una interna voz de llamada le hubiese llegado de lejos.

El movimiento involuntario de un cartapacio, hizo caer una placa de arcilla de las muchas que había con escrituras cuneiformes, sobre algo que resonó como piedra que se rompe. La plaqueta había caído sobre una lámina de piedra blanca, enteramente cubierta de polvo.

Era la tapa de un cofre de mármol, donde en antiguo arameo se leía: "Escrituras de Salomón Rey de Israel". La lámina se había partido en dos con gran desconsuelo del extranjero, que se creía culpable de un grave delito en detrimento del Archivo de la Sinagoga.

—Nada de aflicciones, amigo mío —le dijo Jhasua—. Esto es sólo la respuesta de Nehemías, siervo del Señor, que ha querido indicarnos dónde está lo que buscáis.

Y dejando al descubierto el pequeño cofre comenzaron a registrar su contenido.

"ESPOSOS ETERNOS"

Tal se leía en la carátula del primer manuscrito que sacaron de entre una espesa capa de polvo.

El extranjero y Jhasua comenzaron a traducir con gran dificultad aquellos borrosos caracteres: "Yo soy la Sabiduría, y estoy desposada con el Perfecto Invisible".

"Mi Eterno Esposo me poseía en el principio de su camino y mucho antes de sus obras.

"Eternamente El tuvo el principado, desde mucho antes del sol, las estrellas y la tierra.

"Antes de los abismos, fuimos engendrados El y Yo por nosotros mismos, que surgimos de nuestra propia vida eterna.

"Antes que fuesen los mares de las muchas aguas.

"Antes que los montes fuesen fundamentados.

"Antes que las nebulosas, madres de soles y estrellas.

"Cuando nacían de El y Yo eternos, los cielos que se tendían como doseles sobre los abismos.

"Cuando dábamos mandato a las nebulosas, para que dieran a luz sus hijos los astros radiantes, que corren como corceles de oro, carreras vertiginosas sin encontrarse jamás. El y Yo eternos, ya estábamos unidos.

"El y Yo eternos, nacimos juntos. Nos engendramos a nosotros mismos y vivimos eternamente en amor.

"El Universo todo, es de El y Mío, y lo conozco como conoce el hombre los dedos de su mano.

"Yo, sabiduría, esposa del Eterno Invisible, amo a los que me aman y me buscan en el albor de su vida, y me buscan hasta el borde del sepulcro.

"Y mi Eterno Esposo, me permite darme a los que me aman, por que mis velos de luces y de sombras, les deslumbran y no pueden herirme, ni dañarme, ni tocarme. Sólo les es permitido verme, como a la imagen reflejada en la fuente.

"Variedad infinita son los soles y estrellas que pueblan los abismos, como variedad infinita son las vidas que pueblan soles y estrellas.

"De aire, agua, fuego y polvo, fueron hechos los mundos en la noche Eterna, en que dormían los abismos, hasta que el Eterno Invisible y Yo nos engendramos en soberano connubio y fuimos, y nos amamos, y esparcimos como racimos de frutos maduros, los soles y las estrellas para moradas eternas de los que en las edades futuras debían ser nuestros amadores, nuestros hijos, nuestra continuación... nuestra propia vida prolongada y renovada hasta lo infinito.

"No hay arriba ni abajo, no hay base ni techumbre, no hay principio ni fin en las obras nacidas de El y Yo eternos. Es lo ilimitado.

"Vida, fuerza, movimiento, vibración, sonido y silencio, eso sólo hay y habrá para siempre jamás.

"Y todo ello, envuelto, penetrado por el fluido vital de la Luz, que es el gran velo de oro que nos cubre a entrambos Eternos, que damos vida y más vida a todo cuanto vive, sin que nuestra fuerza de vida se disminuya jamás.

"Hombre terrestre: como tú fuiste desde tu principio, como eres y como serás, fueron, son y serán todos los seres que pueblan todos los globos que ruedan como burbujas en los abismos del infinito.

"Soy la Sabiduría, la eterna amada del Eterno Invisible, y El me permite revelarme a los que me aman y madrugando me buscan.

"Hombre terrestre: purifica tu corazón, si buscas que yo te ame. Sólo el limpio de corazón puede verme.

"No te encierres en el huevo negro, depositado en el pantano, como el cocodrilo, que sin moverse espera la presa para devorar: así es el fanatismo y la soberbia.

"El y Yo eternos, te hemos dado tres alas poderosas: Entendimiento, Memoria y Voluntad. Agítalas en la inmensidad y nos encontrarás y nos amarás, y encenderás tu lámpara en nuestra luz, y vivirás la verdadera vida que es el Conocimiento. Paz y Amor para toda la Eternidad.

"Yo Salomón, hijo de David, fui tomado como se toma un punzón rojo, y por invencible fuerza escribí mandatos de Jehová. Sea El bendecido y glorificado por todos los siglos. El que merezca comprender, que comprenda. El Altísimo lo da todo. Bienaventurado el que tiende su mano para recibir, y abre su boca para beber.

"La Luz es el cofre de oro que lo encierra todo.

"Bienaventurado el que acierta a abrirlo y poseer sus tesoros. Es rico y feliz sobre toda la riqueza y toda felicidad".

"Alabado sea Jehová."

El extranjero y Jhasua se miraron unos segundos y en aquella mirada parecían repetir estas palabras del manuscrito: "El que merezca comprender que comprenda".

—Un profeta del antiguo Irán —dijo el extranjero Sachbathan—, dejó una escritura semejante a la de Salomón y cuando sus discípulos quisieron esparcir copias por las más grandes escuelas de Susa, Pasagarde y Persépolis, fueron muertos o condenados a perpetuo calabozo. La humanidad aborrece la sabiduría porque se halla a gusto en la ignorancia.

—No toda la humanidad, amigo mío —díjole Jhasua— porque tú y yo somos parte de la humanidad y andamos hambrientos en busca de sabiduría. El fundador de tu Escuela, Baltasar, fue otro buscador incansable de la sabiduría.

—¿Le conocías tú?... —preguntó el persa asombrado.

—Le vi morir en Tipsha a orillas del Eúfrates, no hace todavía un año. ¡Mi vida y la suya están enlazadas por un eslabón de oro!...

—¡Entonces... tú eres el que le fue anunciado por una luz bajada de la cima de un peñasco!... —gritó Sachbathan sin poderse contener—. Veo esa luz posada sobre tu frente.

—Tú lo has dicho —le contestó Jhasua— y puesto que eres un discípulo de Baltasar, que él selle tus labios para que se mantengan cerrados hasta que suene la hora.

El extranjero cayó de hinojos ante Jhasua diciéndole:

—¡Señor!... ¡Señor!... ¡el mundo está perdido por la ignorancia, y dices que mis labios sean sellados! Habla tú, Ungido de Dios, y el mundo será salvado por tu palabra.

—Ya hablaré, Sachbathan, ya hablaré, mas antes debo hacer como el que va a emprender el último viaje; dejar a mis jornaleros la era llena de grano, que les sirva para sembrar durante mi ausencia.

Y levantando al persa que lloraba de emoción, se sentaron en dos taburetes frente al archivo y Jhasua le refirió los últimos momentos de Baltasar y el pacto de continuar su obra con los que quedaban, Melchor y Gaspar.

Ya caía el sol detrás de las montañas que rodean a Jerusalén, cuando aquellos dos hambrientos de sabiduría, según la expresión de Jhasua, se despedían hasta el día siguiente, en que debían encontrarse de nuevo en el cenáculo del Palacio de Ithamar.

El viajero persa había estado a punto de emprender viaje de regreso a su país natal, creyendo que la Jerusalén de Salomón era estéril y muerta para él, y he aquí que encontraba en ella, no sólo la sabiduría del Rey hebreo, sino el vaso de sabiduría vivo y radiante, en la personalidad divina del Verbo de Dios. Y repetía para sí mismo las palabras de la escritura de Salomón: "Yo soy la Sabiduría, y me encuentran los que madrugando me buscan. Yo amo a los que me aman. El Altísimo lo da todo. Bienaventurado el que tiende su mano para recibir y abre su boca para beber".

La velada de la noche siguiente se vio aumentada con un concurrente más: el viajero persa que ya conoce el lector.

Jhasua había traído de la Sinagoga de Nehemías el manuscrito de Salomón para que sus amigos, los cuatro Doctores de Israel, emitiesen juicio sobre él.

—Con la escritura de Caleb, hijo de Jhepone, sobre el Génesis de Moisés, y con este escrito de Salomón, el Sanhedrín tiene motivo de sobra para mandarnos a morir lapidados a todos juntos —dijo sonriente José de Arimathea, que como mayor, fue invitado a hablar primero.

—¡Cuidado, cuidado!... —se oyó la voz tranquilizadora de Noemí.

—Soy yo aquí el más viejo de todos —dijo Simónides— y aunque no soy ninguna lumbrera en las ciencias, creo que algo de provecho puedo decir. En este cenáculo iluminado con la presencia de nuestro Rey Salvador, todos los asuntos pueden ser tratados con entera libertad, pero que a ninguno se le pase por la mente la idea de que estas cuestiones crucen el dintel de esa puerta. ¿Qué bien traeríamos a nuestro pueblo, muriendo ahora como reptiles aplastados por una docena de piedras, y todo por pretender rascar las orejas de los viejos del Sanhedrín con esas noticias de Moisés y de Salomón?

—En verdad —añadió Nicodemus— estos asuntos, si bien para nosotros son una grandiosa revelación, como lo serán así mismo para todos los hombres de estudio, no deben salir de entre nosotros, y mucho menos debe ocuparse de ellos Jhasua en ningún lugar público.

—Y yo que había pensado pedir la opinión al maestro Shamaí del Gran Colegio... —dijo Jhasua con mucha tranquilidad.

—El viejo Shamaí —dijo Nicolás de Damasco—, es un hombre de gran talento, y apreciaría estos escritos en todo lo que ellos valen; pero es de los que piensan que a las turbas, no se les pueden hacer entrever cosas que son incapaces de comprender.

Gamaliel no había omitido su opinión hasta ese momento y dijo de pronto:

—Tengo una idea que someto a la decisión de todos.

Varias voces dijeron a un tiempo:

—Ya te oímos, habla.

—Pienso que saquemos unas veinte copias de ambos documentos, sin expresar en ninguna forma como han sido descubiertos, para no comprometer la Sinagoga de Nehemías; y que sin decir palabra, las vayamos dejando entre los libros de apuntes que cada alumno del Gran Colegio guarda en su pupitre. Yo tengo facilidad para entrar y salir sin llamar la atención, pues que voy siempre a llevar mensajes o epístolas a mi tío, en cuya casa vivo.

—¡Oh el viejo Gamaliel! Bien podíamos hablarle, y que él hiciera de introductor de esta nueva ciencia, que es tan vieja como el Universo —añadió Jhasua, que más se inclinaba a ir a cara descubierta, que ocultándose bajo la incógnita.

—Que cualquiera hable menos tú, Jhasua —observó el príncipe Judá, que hasta entonces había guardado silencio, porque sentado a los pies de Nebai o Esther, le sostenía una gran madeja de finísima seda púrpura, que Simónides había hecho traer de Grecia para que su nieta con Myriam, Noemí y Thirza tejieran el manto real, que había de colocarse un día no lejano sobre los hombros de su amado Rey de Israel—. Nuestros adversarios —añadió— sospechan ya tu presencia en el país, y andan husmeando tu rostro como perro de presa.

—¡Ah, sí!, pues en viaje a Antioquía nuevamente —dijo Simónides con gran alarma.

—Tanto como para eso no será —observó Noemí—, pero conviene ser prudentes.

—Creo que debemos aceptar la propuesta de Gamaliel —dijo Nicodemus— si todos están de acuerdo.

—Es lo mejor —dijeron varias voces a la vez.

Acto seguido fueron colocados sobre la mesa del gran cenáculo, la tinta, los punzones, las plumas, los pergaminos, las telas engomadas, las láminas finísimas de madera blanca que unidas por pequeños anillos de cobre formaban libretas más o menos grandes.

—Justo y cabal —dijo el extranjero Sachbathan—. Entre esta variedad de elementos de escritura, nadie supondrá que todas las copias van por el mismo conducto.

Se hizo un gran silencio porque todos escribían alrededor de la mesa redonda cubierta de rico tapiz azul.

Jhasua dictaba, y hasta Noemí, Ana, Thirza y Nebai tuvieron que dejar las madejas de seda púrpura para escribir también. Myriam que quedó sin tarea, fue a sentarse al lado de su hijo y enrollaba los pergaminos que él iba desocupando.

—No dictes tan rápido niño —decía Simónides— acuérdate que tengo ya setenta años, y que para andanzas de pluma, mis pobres manos son demasiado pesadas.

Los cuatro doctores de Israel conocían muy bien el elemento que concurría a las aulas del Gran Colegio, y daban los nombres de aquellos a quienes debían dejar copias.

—Buena falta nos hubiera hecho aquí Marcos —decía José de Arimathea—. Los legajos entrarían como vino en la cuba.

—Descuidad, ya me bastaré yo solo y entrarán lo mismo —contestaba Gamaliel muy seguro de sí mismo.

Tres días después, había un revuelo en el Gran Colegio, que volvía locos a los viejos maestros.

—¿Qué genio maléfico anduvo por nuestros claustros derramando ponzoña de áspid? —refunfuñaba el viejo Gamaliel, al cual hacían coro Shami, Simeón y Anás, el que había sido Sumo Sacerdote, y que era conceptuado como una autoridad en ese tiempo.

—Esto es una espada de dos filos en las manos de mancebos inexpertos, que nada bueno harán con estas ciencias tan audaces, como para volver loco al más juicioso —decía Anás, como pronunciando una sentencia capital.

—O entregan aquí todas esas copias, o quedan expulsados del Gran Colegio —arguyó el viejo Rector.

Gamaliel el joven escuchaba la diatriba de los viejos maestros desde la antesala de la Rectoría, donde aparentaba hojear viejos textos preparando su clase de historia natural para esa misma tarde.

Los alumnos favorecidos con las copias, que nadie sabían cómo entraron al gran establecimiento docente de Jerusalén, se habían retirado a sus casas, y sólo uno de ellos, temeroso de lo que pudiera ocurrir, había entregado su rollo en la Rectoría. O mejor dicho, éste fue el intérprete de todos, a fin de que los viejos maestros tuviesen un ejemplar y se pusieran frente a frente con hechos realizados hacía quince y diez siglos, respectivamente.

Los alumnos sabían que serían amenazados con la expulsión, y puestos de acuerdo, sacaron algunas copias de ambos documentos, y dócilmente entregaron en la Rectoría las copias que les habían sido colocadas en sus pupitres.

—Al fuego con ellas —gritaron los viejos satisfechos.

—Otra vez hemos triunfado de la imprudencia de los audaces sabios modernos, que no saben el peligro que significa para la humanidad el propalar teorías que exaltan al hombre, hasta ponerlo en la cumbre de los arcángeles del Señor —decía Anás, y todos estaban de acuerdo con él.

—Claro está —decía otro— que Moisés y Salomón sabían toda la Ciencia Oculta de su tiempo; pero si ellos no la dieron al pueblo, ¿por qué hemos de darla nosotros?

—Y si todos hemos de estar igualados un día, ¿de qué sirve el haber nacido de sangre real o de casta sacerdotal? —insistía nuevamente Anás.

—¿Cómo mantendremos en obediencia a las turbas si les enseñamos que cualquiera de ellos puede ser igual a nosotros? —añadía Simeón, cuyos antepasados tenían un blasón nobiliario, que llegaba hasta el rey Josaphat, hijo del justo rey de Asa y de Azuba, su primera esposa. Su genealogía no tenía interrupciones ni injertos, ni añadidos, por lo cual solía decir con orgullo:

—Si Jehová ha de elegir una sangre limpia y una progenie ilustre para hacer encarnar su Verbo, creo que mi casa será elegida. Con siete hijos y dieciséis nietos, sobran nidos de plumas y seda para el *pájaro azul*.

Pocos días después, el extranjero persa emprendía viaje para su lejano país, llevando en su equipaje cuanto sus nuevos amigos de Jerusalén le obsequiaron en pergaminos con copias del Archivo de Ribla, del hipogeo de Mizraím perdido bajo las arenas del valle de las pirámides, y últimamente lo encontrado en la Sinagoga de Nehemías. Algo de más grande y eterno se llevaba Sachbathan en el fondo de su corazón: la imagen radiante de Jhasua Hijo de Dios, al que encontraba inesperadamente entre los polvorientos legajos de una olvidada Sinagoga de Jerusalén.

Las Escuelas de Baltasar en Susa, Persépolis y Pasagarde, donde aún flotaba el pensar y sentir del viejo maestro, como resplandores de antorcha, se verían enriquecidas con nuevos tesoros de sabiduría que venían a dar consistencia de realidad, a las hipótesis y teorías sustentadas por él.

LAS EPISTOLAS DE EGIPTO

Tres lunas habían transcurrido desde la muerte del justo Joseph, cuatro de la llegada de la familia a la vieja ciudad de los Profetas, cuando llegaron epístolas de Cirenaica, de Horeb y de Alejandría para el Hombre-Luz, cuya divina claridad se difundía ya en dos continentes.

La epístola desde Cirene, era del Hack-ben Faqui, la de Horeb del príncipe Melchor, y la de Alejandría del maestro Filón con las copias de sus escritos, prometidas en la visita de Jhasua.

—El mundo empieza a despertar y mira hacia Jerusalén —decía orgullosamente Simónides, que estaba autorizado por Jhasua para leer su correspondencia, en atención a las excelentes dotes psicológicas del anciano, que era un lince para conocer las personas y penetrar sus intenciones.

—Ven aquí mi Señor, que los países del Africa reclaman tu claridad, porque vieron que sus senderos están en sombras...

Leyendo las epístolas originales, nos pondremos al tanto de lo que entusiasmaba a Simónides.

Faqui decía:

"Arcángel de Amanai: Estoy a obscuras sin la luz de tus ojos garzos.

"La muerte de nuestro Amenokal, trajo tan grandes perturbaciones en "nuestra raza Tuareghs, que aún no entramos por completo a la calma.

"La Reina Selene, no consigue hacer escuchar su vocecita de alondra "ahogada por el torbellino de las grandes ambiciones de poder, que se desatan a "la vez en los príncipes reales que se disputan la residencia en el palacio de Taovareks (¹) y la ciudad de rocas del Timghert (²).

"Mi padre con dos ancianos más, forman el alto Consejo de gobierno "del país, y este Consejo se inclina a que continúe al frente la Reina Selene, "pues que vendría la lucha armada entre los partidarios de cada uno de "los hijos, si cualquiera de ellos sube al poder. No habiendo un varón pri- "mogénito, los dos tienen igual derecho según la Ley, y el pueblo debe ele- "gir.

"Están ya formados dos bandos que se aborrecen con todas sus fuerzas y "se amenazan de muerte.

"Hombre Luz, mensajero de la hija del Sol, di tú una sola palabra y esa "palabra pondrá la paz en mi patria.

"La Reina Selene, mi padre y yo lo esperamos todo de ti. ¿No eres el "Ungido de Amanai para dar paz a los hombres de buena voluntad?

(1) Tierra sagrada de la raza Tuareghs.
(2) La montaña santa, donde veneran los sepulcros de sus reyes y de sus héroes.

"Me permito hacerte mi mensajero ante la virgen de mis sueños. Entrega "la adjunta epístola a Thirza.

"Mi amor para todos los que allí me aman. Para ti Jhasua, un abrazo "grande y fuerte de tu fiel y reverente admirador y amigo".

Faqui.

"Posdata. – Si tú calmas esta tempestad de odios, en la próxima luna "estaré en Jerusalén, para cumplir la palabra empeñada con la familia del "Príncipe Ithamar. Si la revuelta continúa, no sé cuánto tardaré, pues que "tengo mando de 25.000 hombres y no puedo abandonar mi puesto".

* * *

La epístola de Filón refería otros descubrimientos hechos en una de las pirámides del Valle del Nilo, cuya entrada había descubierto el arqueólogo del Museo. Decía así:

"¡Oh Divino Pensamiento hecho hombre. Amor Eterno hecho corazón "humano; Jhasua, el que encierra en su personalidad espiritual cuanto ne-"cesita la humanidad para encontrar de nuevo su camino.

"Tu presencia en Alejandría abrió más amplios horizontes a mi pensa-"miento. He escrito mucho y he modificado mis escrituras de la juventud en "atención y obsequio a la verdad histórica en lo referente a Abel y Caín, "personajes ambos que sólo se comprenden después de haber leído las Escri-"turas del Patriarca Aldis, que tuviste a bien darme. En fin, por las Escrituras "que mando, podrás ver que mis piedras preciosas han sido depuradas y puli-"mentadas, para que brille la verdad en ellas, aunque no olvido tu profecía "en las noches de la tienda en el desierto: "Filón, no olvides que escribes para "hombres de carne y hueso, y no para querubines que con espadas de llamas "iluminan los abismos siderales. Te comprenderán los querubines, pero los "hombres no te comprenderán. Libro que los hombres no comprenden, es "libro que los hombres olvidan".

"Yo lo sé; me subyuga y domina el Universo Ideal, que puede no ser el "Universo Real. Es tan vigorosa la Idea que lucha con la realidad. Mas la Idea "vive dentro de mí; y la realidad está fuera de mí.

"Tú me comprendes divino Logos, nacido del Amor Eterno y de la "Eterna Idea. Pero no hay otro Tú en este mundo, donde los hombres son "niños que comprenden el pan que comen, el lecho en que duermen, la tierra "que da el fruto, el pozo que da el agua, el fuego que da calor y cuece los "alimentos. Y vamos a otro asunto.

"Nuestro arqueólogo ha descubierto en la pirámide aquella de las losas ro-"tas, un compartimento que ofrece la particularidad de que las momias allí "depositadas son todas de mujeres muy pequeñas, y parecen pertenecer a la "primera dinastía de los Faraones de Menfis, o sea a las edades remotas de "Mizraím, Naucatis, Meris, Peluphia y Menes. Dichas momias son verdaderos "trozos de piedra que resuenan al golpe del martillo.

"Por fechas comparativas, con la aparición de determinadas estrellas que "los astrólogos persas y caldeos han fijado en 8, 10 y 11 mil años atrás pode-"mos decir que estas momias están dentro de esas épocas, o sea que no son "más viejas de 14 mil años, ni son más nuevas de 8 mil.

"Los pequeños hombres de las menudas realidades terrestres, nos dirían:
"Son de los primeros seres humanos nacidos alrededor del Paraíso Terrenal,
"después del pecado de Adán y Eva. ¡Pero mi excelente Jhasua, la Eterna
"Idea nos dice otras cosas diferentes!... Tú adivinas estas vibraciones de la
"Eterna Idea, en el cerebro de este amigo y admirador tuyo, que piensa y sueña
"hasta cuando parte el pan.

"Este hallazgo nos remonta hasta el Patriarca Aldis, pues nos hace entrar
"de lleno en los horizontes donde él vio desenvolverse la humanidad.

"Cuando hayamos logrado traducir las figuras y signos que aparecen en
"los sarcófagos, podré hacerte la relación exacta de lo que aparezca como
"verdadero o posible, en el secreto de la muerte y de los siglos. Mándame tus
"noticias, que desde la venida del Hack-ben Faqui, no tengo ninguna. Tuyo
"para siempre".

Filón.

"Lleva mi envío para ti, mi hermano Alejandro, que será nombrado Ala-
"barca de Egipto por el gobierno Romano, y que de Gaza sigue viaje a Puzol,
"llamado por el ministro favorito del César. No sé si de esto saldrá la vida o la
"muerte, el bien o el mal. Nada es seguro en estos calamitosos tiempos de bár-
"bara autocracia. Andrés de Nicópolis, hermano de Nicodemus, tu íntimo, le
"recibe en el puerto de Gaza, y se encarga de hacer llegar esto a tu mano. Afec-
"tos míos a tus buenos amigos".

***

La epístola del príncipe Melchor contenía noticia que a todos interesó
enormemente. Estaba concebida en estos términos: .

"Abundancia de paz tengas en tu alma; Ungido del Altísimo para su eterno
"mensaje: Después de la partida de nuestro bien amado Baltasar, todos mis días
"fueron de meditación preparatoria para llegar a la capacidad de reemplazar
"siquiera sea una pequeña parte de su valor como maestro y como columna
"del templo que tú levantas, ¡oh Jhasua!, gran sacerdote del Señor!

"Te notifico un buen descubrimiento hecho por los adeptos de nuestra
"Escuela de Monte Horeb. En este laberinto de montañas que en veinticinco
"años de habitarlas aún no se acaba de conocerlas, hemos tropezado por fin
"con la gruta de la visión de Moisés. Antes que yo, otros la buscaron sin en-
"contrarla, debido a un derrumbamiento de rocas que al rodar desde enorme
"altura torcieron el cauce del riacho que desemboca en Dizahab, sobre el
"golfo oriental del Mar Rojo, y que la tradición lo daba como naciendo de
"una vertiente encontrada por el gran profeta, junto a la entrada de la gruta
"de los misterios de Dios. Hemos podido identificarla por unos grabados ge-
"roglíficos hechos a punzón sobre el basalto, y que documentos muy anti-
"guos refieren haber sido hechos por dos sacerdotes de Menfis que acompa-
"ñaron al desterrado de Madián.

"Algunos nombres aparecen claros, pero otros fragmentos han sido bo-
"rrados por la acción del tiempo. Ohad, Thimetis, Carmi, Amram, aparecen
"con bastante claridad. Hay alguna referencia a Karnak y al lago Meris. Todo
"Egipto y Egipto. Menciona a Ranses II junto a un número diez repetido dos

"veces, que suponemos aludirá a 20 años de su reinado.

"La gruta está en la ladera de un cerro frente a Parán. Mirando el valle
"cercano, se sueña ver a Moisés guiando las ovejas de Jethro. Mas, el valle está
"poblado de cabañas y blancas casitas de leñadores, la mayor parte de los cua-
"les, acaso no oyeron jamás hablar de Moisés.

" ¡Oh Ungido del Señor!... ¡Verbo de Dios hecho hombre!... ¡Hasta las ro-
"cas inconmovibles de esta Arabia de Piedra cantarían, si tú pusieras sobre
"ellas tu planta! ¿Vendrás algún día? ¿No podría verificarse aquí una de las
"reuniones pactadas por Gaspar y por ti junto al lecho mortuorio de nuestro
"hermano Baltasar? La gruta de los secretos de Dios revelados a Moisés, bien
"merece ser el santuario donde resuene de nuevo la Palabra de Dios vibrando
"en una lengua y unos labios humanos.

"Piénsalo Jhasua en la presencia del Altísimo, y al regreso de la caravana
"me anuncias lo resuelto, pues que para un acontecimiento semejante hemos
"de participarlo a nuestras escuelas de Esiongeber, de Cades Barnea, y del
"Monte Hor, y a nuestros penitentes solitarios del Desierto de Parán. Entre
"todos no son muchos, pero podrías contar con cuatro centenas y algo más
"de buenos apóstoles de tu enseñanza.

"Otra de las reuniones podrá realizarse en la ribera oriental del Golfo
"Pérsico, donde reside Gaspar, con la más antigua de las escuelas sostenidas
"por él.

"¿Dirás que pretendo dividirte en retazos?... ¡Oh Ungido del Altísimo!...
" ¡Comprende lo qué es, para un buscador de la Eterna Verdad, el saber que
"la tiene al alcance de su mano, personificada en Ti, y que será la postrera
"vez que el Verbo de Dios hecho hombre, ponga sus pies sobre el polvo de este
"planeta!

"Me he extendido más de lo que pensaba. No descuides presentar la ofren-
"da de mis afectos a tus familiares y amigos de Jerusalén. Y para ti, Jhasua,
"esta sola palabra: te amo por encima de todas las cosas de la tierra. Siervo
"del Señor y tuyo".

Melchor de Heróopolis

—¡Qué epistolas, Señor mío, qué epístolas! —exclamaba Simónides con
gran entusiasmo—. Ellas solas valen más que todo el imperio romano con
sus legiones y sus águilas. ¿Qué dices a esto mi soberano Rey de Israel?

—Digo que los campos del Señor son muy extensos y que los labriegos
de buena voluntad son muy pocos —contestó Jhasua.

—Pero estas epístolas —dijo Judá— indican que esos labriegos pueden au-
mentarse hasta lo maravilloso. Los Tuareghs son numerosos, como las arenas
del Sahara que habitan. Y los Madianitas de las montañas del Sinaí no serán
menos. Y los del país de Anmón en la Arabia Oriental, que obedece a nuestro
noble y bravo Scheiff Ilderin... Jhasua, ¿has olvidado todo esto?

—Niño de Jehová, ¿cuándo te convencerás que tu reino no tendrá límites? —preguntó nuevamente Simónides para convencer definitivamente a
Jhasua.

—Ven Simónides y también tú Judá; venid ambos conmigo al patio de las
bodegas.

Los tres bajaron en seguimiento de Jhasua, en la esperanza de ver algo
estupendo.

—¿Veis este senderillo que han hecho las hormigas, en su acarreo de granos de centeno y pielecillas de bellotas, que encontraron desmenuzados en los cajones de los desperdicios?

—Sí que los vemos, y mientras no hagan otro trabajo dañino se les puede perdonar, ya que así limpian los residuos inútiles —contestó Simónides.

—Mirad ahora más aquí, cerca de los cántaros de la miel y los sacos de frutas secas —díjoles Jhasua llevándoles hacia otro compartimento de las enormes bodegas.

Los cargamentos de centeno resquebrajado y los mendruguillos de bellotas para las bestias, eran dejados a mitad del camino, cuando las hormigas tropezaban con un fuentón de cera impregnada de miel, y con un saco de higos secos olvidado, quizá a mitad de su camino.

—Y esto ¿qué relación tiene mi Señor con lo que hablábamos hace un momento?

—Mucha, amigos míos. Los hombres de esta tierra son más o menos como estos pequeños insectos, que corren afanosos detrás de lo que halaga su gusto y nada más.

"Y así, cuando yo hable a los hombres como les tengo que hablar, me abandonarán como a los granos resquebrajados del centeno y a las pieles de bellotas, y correrán a la miel de los goces materiales que dan dulzura de halago a sus pasiones groseras. Desengañaos amigos míos, de que la palabra del Ungido sólo será comprendida por las minorías escogidas desde muchos siglos para esta hora postrera.

—¿Y las profecías mi Señor, las profecías que nos hablan de un Rey poderoso, cuyo reino envolverá toda la tierra y no tendrá fin jamás?... preguntó Simónides sin querer aún desalentarse por la axiomática conclusión de Jhasua—. ¿Mienten acaso las profecías de los grandes inspirados de Israel?

—No mienten las profecías, pero ellas reclaman de quienes las lean, la interpretación del pensamiento divino que encierran. "El que merezca comprender que comprenda", dice la Sabiduría por la pluma de Salomón.

"¿Crees tú, Simónides, que el Verbo de Dios fundará un reino como el que fundó David, a base de matanzas, despojos, incendios, traiciones y engaños? También dicen las profecías *"que su Reino será de justicia y que será llamado el Justo, el Santo que no apagará la mecha que aún humea, ni romperá la caña que está cascada".*

Judá escuchaba en silencio y una ligera sombra de tristeza parecía extenderse en su noble y hermosa fisonomía.

—¡Oh mi Señor!... Aún quiero aferrarme a la idea de verte coronado con el cetro en la diestra, dirigiendo a las multitudes por el camino de la dicha. ¡No eches, mi Señor, tierra de muerte en mis ojos, antes de que sea mi hora!... ¡No mates mi ilusión única, a los 70 años de mi azarosa vida! ¡Oh Señor!...

—¡Bien, bien Simónides!... perdona si te he causado pesar con mi hablar diferente de tus nobles pensamientos —dijo Jhasua con filial ternura, pasando su mano por la blanca cabeza del anciano—. Esperemos la hora en que la Divina Sabiduría nos hable, y merezcamos comprenderla.

La voz de Esther que desde el descanso de la última escalera les llamaba a la comida de medio día, terminó esta conversación a la cual Jhasua daba un giro diferente, convencido de que aún no era la hora de que el buen anciano y Judá le comprendieran.

EN LA·GRUTA DE JEREMIAS

.

Al día siguente de recibir Jhasua las epístolas mencionadas, muy de mañana, avisó a su madre y a sus amigos del palacio de Ithamar, que pasaría el día con los maestros esenios Eleazar y Esdras, los dos ancianos aquellos que le acompañaron en su viaje al Gran Santuario de Moab, cuando se consagró Maestro de Divina Sabiduría. Les anunció que volvería muy entrada la noche y que no pasasen cuidado alguno por él.

Y como notara en su madre y en Ana cierta inquietud, les dijo, que necesitaba consultar con ellos la contestación que debía dar a la epístola de Faqui.

Atravesó toda la parte norte de la ciudad y salió por la Puerta de Damasco o Puerta del Norte, encaminándose por entre grandes barrancos cubiertos de arbustos y de algunas viejas encinas, hacia un lugar de aspecto escabroso y muy solitario. A dos estadios más o menos de la muralla de Jerusalén, se encontraba una inmensa gruta perdida entre el laberinto de rocas y árboles, que en lejanos tiempos pasados había sido muy visitada de las personas devotas, pues la tal gruta era tradición que fue habitada por Jeremías, el gran profeta de los trinos, como gemidos de tórtolas. Se decía también, que allí mismo estaba sepultado, pero que los ángeles de Jehová ocultaron su cadáver, para que no lo tomasen los hijos de Israel como objeto de adoración. La ignorancia humana, lleva siempre a buscar algo visible y tangible para rendirle culto. Pocos son los que se avienen a adorar lo que no es materia. Al Eterno Invisible que es Amor, Luz y Energía, sólo espíritus adelantados pueden sentirlo.

Sea de ésto lo que fuere, sigamos a nuestro Jhasua que se acerca a la célebre gruta de Jeremías, que por entonces estaba ya casi olvidada.

La entrada sólo daba paso a un hombre muy inclinado, y dos varas de encina cruzadas en forma de X la cerraban. Por la facilidad con que el joven Maestro la abrió, denotaba que no era la primera vez que iba allí.

Con un guijarro que levantó del suelo, tiró hacia el fondo de la gruta y se produjo el sonido seco de una piedra sobre una dura roca. Un momento después, salió del interior sombrío, un viejecito con un madejón de cáñamo en que trabajaba.

—¡Oh, qué luz nueva me trae el niño-sol!... —exclamó besando el extremo del manto azul de Jhasua.

—Buen Isaac —le contestó—, ya sabes que aquí vengo cuando soy yo el que necesito luz. ¿Los maestros no vienen hoy?

—Hasta ahora no llegaron, pero si los necesitas con urgencia, ya sabes que yo puedo mandarles aviso —contestó el viejecito, haciendo entrar a Jhasua a través de una abertura que disimulaba un gran pilón de trozos de leña y gavillas de paja amontonadas allí descuidadamente. Era aquello una holgada habitación iluminada por una abertura de las rocas en la parte superior. En el pavimento y alrededor del recinto, se veían estrados rústicos hechos de troncos de árboles y cubiertos de blancas pieles de oveja. Frente a los estrados se veían tres o cuatro pequeñas mesas de una rusticidad igual que todo el mobiliario que allí aparecía.

—Hazme el obsequio de avisarles, que les espero aquí para un trabajo importante que tenemos que hacer —dijo Jhasua tendiéndose en uno de aquellos estrados, pues que la andanza por los escabrosos barrancos hasta llegar a la gruta, le había de verdad fatigado.

Sintió que el viejecito salía hacia afuera y daba fuertes silbidos por lo cual comprendió que llamaba a alguien.

—Ya salió el mensajero —dijo entrando de nuevo.

—Por lo visto buen Isaac, te permites el lujo de tener un criado a tu disposición —le dijo bromeando el joven Maestro.

—Mis nietos trabajan en la cantera vecina, y cuando los necesito los llamo. Son ellos los que duermen en estos estrados, cuando hay trabajo por aquí. Pero ellos no saben del otro recinto interior donde sólo entran los maestros y algún extranjero ilustre conocido de ellos, y traído por ellos.

Ya era pasada la mitad de la mañana cuando llegaron Eleazar y Esdras, vestidos como dos labriegos montados en sus asnos, y así todo, demostrando estar bastante fatigados.

—¿Qué te trae a la gruta de Jeremías, niño de Dios? —le preguntó de inmediato Esdras, encaminándose a la oculta puertecita de piedra que daba paso al recinto más interior.

—Te lo diré allí dentro —le contestó Jhasua. Entraron los tres, y la puerta se cerró detrás de ellos.

Era aquello como un pequeño oratorio, que a la vez se parecía mucho a un panteón sepulcral.

Sobre la roca pulimentada en forma de un cuadrado de tres pies de alto por tres de ancho, se leía en arameo: "Aquí recibió la Luz Divina el Profeta Jeremías, aquí resguardó su vida, cuando se vio perseguido por declarar la verdad a los poderosos, y aquí entregó su alma a Dios cuando El lo llamó".

En plaquetas de madera blanca enclavadas en los muros, se leían frases del santo profeta, sacerdote del Señor: "Bueno es Jehová para los que en El esperan, y al alma que le busca".

"El Señor no abandona para siempre".

"Invoqué tu Nombre, oh Jehová, desde mi cárcel profunda, y oíste mi voz, y te acercaste para decirme: No temas".

"¡Ay del que edifica su casa y no en justicia, sirviéndose de su prójimo, sin darle el precio de su trabajo!"

"Toma como tuya, la causa del afligido y del abandonado, y entonces obras el bien".

Cuando los tres estuvieron cómodamente sentados sobre los bancos cubiertos de esparto y pieles de oveja, Jhasua sacó de entre su túnica la epístola de Faqui, y la dio a leer a los ancianos.

—Tú quieres pacificar la tormenta de odios y de ambiciones que ruge en el lejano Sahara, ¿verdad? —preguntó Esdras, mirando con escrutadores ojos a Jhasua sentado junto a él.

—Justamente —contestó éste—, y espero que mi Padre que es Amor, Poder y Energía, no me negará la fuerza necesaria para realizar mi deseo desde aquí. El alma del hombre ¿no es soplo divino que va y que viene, llevando el bien a todo cuanto toca?

"Y ¿no podremos hacer esto nosotros, que hemos recibido el don divino de dar paz y amor a los que no lo tienen?

—¿Qué queréis de nosotros, ¡oh Ungido del Eterno!, dueño y Señor de todas las cosas? —preguntó a su vez Eleazar.

—Que me ayudéis con vuestro pensamiento de amor y vigiléis mi materia, para transportarme al palacio de Rocas de Taovareks, en pleno desierto de Sahara, y hacerme sentir de los hijos de Amenokal, de la reina Selene y de sus ministros y jefes guerreros. ¿Lo creéis justo y bueno? —Y al hacer esta pregunta, Jhasua se sometía humildemente al precepto de la ley esenia que decía:

"Aunque seas un Maestro de Sabiduría, somete tu juicio al juicio de los ancianos que vivieron y sufrieron más que tú, y el Altísimo te hablará por su boca".

—Es justo y bueno evitar la desolación de una guerra, que destruirá muchas vidas y causará inmensos males, peores acaso que la muerte —dijo Esdras.

—Es justo y bueno —añadió Eleazar—, quitar la angustia del corazón de las madres, de las hijas, de las esposas, y devolver la paz y la alegría a todo un pueblo, que será la víctima de las ambiciones de esos príncipes ciegos, que no reciben la luz divina por la maldad de su corazón.

—Entonces... que el Poder Divino sea con nosotros, y que me presten su concurso las inteligencias guías de la raza Tuareghs —dijo con solemnidad Jhasua, entregándose a la concentración mental.

Un profundo silencio se hizo en la gruta de Jeremías, y algo así como un soplo de divinidad comenzó a extenderse en aquel ambiente impregnado de olor a incienso, mirra y flores de heno, que se quemaban allí con frecuencia.

La amarillenta luz de tres cirios que daban opaca claridad al recinto, seguía parpadeando con ese tenue temblor que hace movibles todas las cosas, y Jhasua entró en un profundo sueño hipnótico. Era poco antes del mediodía y un dorado sol de otoño tendía velos de oro sobre montañas, valles y desiertos.

Lector amigo: según la palabra del joven Maestro, "el alma del hombre es soplo divino, que va y viene llevando el bien a todo cuanto toca", nuestra alma puede pues volar hacia el desierto de Sahara, para presenciar la obra de amor y de paz del Verbo de Dios, en aquellas dunas y montañas abrasadas por el sol.

Tenían los Tuareghs, un anciano profeta muy venerado entre ellos, porque su vida era justa y nunca sus labios se mancharon con la mentira. Y la misma mañana que Jhasua se encaminaba a la gruta de Jeremías se presentó a la reina Selene, que lloraba en gran desconsuelo la desgracia que amenazaba a su país con la muerte de su esposo.

—La voz de Amanai se me hizo sentir esta noche —dijo a la reina el Profeta— y hoy a la hora del medio día, serás consolada en tu dolor, si haces venir a tu presencia a tus dos hijos, a tus consejeros y jefes de guerra.

—¿Qué debo decirles? —preguntó la reina Selene.

—Ellos serán los que te dirán a ti: Hemos comprendido cuál es el verdadero camino de la paz y de la dicha para nuestro pueblo.

—Que Amanai sea miel en tu boca —le contestó la reina, según la frase habitual usada por ellos.

Y en la gran sala llamada del Buen Consejo, toda tapizada de seda carmesí, salpicada de menudas estrellas de oro, se encontraron reunidos los más altos personajes del numeroso pueblo Tuareghs. La reina con sus hijos, sus tres Consejeros mayores, y sus setenta jefes de guerra, entre los cuales se hallaba nuestro amigo el Hach-ben Faqui y su padre Cheij-Buyaben.

La reina fue la última en llegar, toda velada de blanco según la costumbre del luto riguroso, y sin llevar joyas de ninguna clase. El anciano Profeta estaba sentado en la tarima en que ella apoyaba sus pies.

La gran sala aparecía en penumbra, con sólo la luz de la única lámpara que permitía el ritual, durante cien días de la muerte del soberano. Ni ventanas ni luceras se permitía abrir en el gran palacio de rocas, que según sus tradiciones, contaba con tantos años, como los que hacía, desde que el Sahara dejó de ser mar, para convertirse en reseco desierto.

—Nuestro Profeta aquí presente —dijo la Reina— ha prometido que Amanai hará conocer su designio a su pueblo, hoy a la hora del medio día. Sólo Amanai es grande y poderoso. ¡Esperemos! ¡Silencio!

En el centro de la gran sala tapizada de seda carmesí, apareció de pronto la imagen de un hermoso doncel, que bien podía ser tomado por un arcángel de los que Amanai enviaba en momentos dados, a esta mísera tierra ennegrecida de odios y de iniquidad. La hermosa visión parecía dejar en suspenso hasta la respiración, según era profundo el silencio que se extendió como un velo de quietud y de serenidad.

Faqui y su padre, reconocieron en el doncel de la aparición, *al príncipe hijo de David* que habían visto en Alejandría y en el valle de las Pirámides.

— ¡Jhasua, el de los ojos garzos que derraman luz de amor! —pensaba Faqui mientras absorbía en su fija mirada la suavísima claridad de la visión amada.

La reina levantó sus velos y aquellos divinos ojos se entraron en su alma como un bálsamo de consuelo y de piedad infinita.

Cada uno de los presentes oyó en lo profundo de sí mismo una voz extraterrestre que decía:

"Esta es la hora de la justicia, del amor y de la paz. El Altísimo da a cada cual lo que le pertenece. A la piedad de la reina Selene, con piedad y amor Dios le responde. Tú eres y serás la madre de tu pueblo, que de ti aprenderá la grandeza del deber cumplido. Tus hijos no verán la luz del sol, hasta que hayan abandonado sus ambiciones de poder y de dominio, que han llevado al país al borde de un abismo: la guerra entre hermanos. ¡Selene, mujer de la misericordia y del amor! el Altísimo ha secado tu llanto y derrama la dulzura de la paz sobre ti, porque oíste la Voz Divina que clamaba:

"¡Gloria a Dios en la inmensidad de los cielos y paz en la tierra a los hombres de buena voluntad!"

Los hombres sobrecogidos de pavor, se habían postrado en tierra, porque aquella íntima voz que les hablaba dentro de sí mismos, y aquella vivísima luz de oro, llenaba su corazón de zozobra. Jamás vieron nada semejante, y recordaban las viejas leyendas y tradiciones, que sus remotos antepasados habían recogido de los emigrados atlantes refugiados en las costas montañosas de la Mauritania.

—Es el mensajero de la Hija del Sol —decían otros—, que ha conseguido de Amanai misericordia, para este pueblo próximo a tomar las armas y despedazarse entre hermanos.

La reina había bajado de su estrado, y besaba la tierra en que parecía estar detenida la áurea visión, que se fue esfumando lentamente como esas nubecillas de oro que se forman en el inmenso azul, cuando se hunde el sol en el ocaso.

Faqui se acercó a Selene para levantarla y volverla a su estrado. Aprovechó el momento para decirle a media voz: "Es la aparición del príncipe de David, Ungido de Amanai para salvar al mundo de la dominación romana. Es aquel que visitó Alejandría, y del cual te dijimos mi padre y yo, que traía el mensaje de Amanai y de nuestra Hija del Sol. Ya le has conocido, ¡oh mi reina! y su palabra ha sido para ti como un vaso de miel.

Ella subió a su estrado encortinado de púrpura bordada de oro, y con sus ojos llenos de lágrimas, le dijo:

—Mira mis hijos como dos momias ciegas, castigados por Amanai a causa de sus rebeldías y ambiciones.

"Los dos están inmóviles, mudos como estatuas de bronce, que carecen de vida y de movimiento.

Cuando Faqui se acercó al mayor y le puso una mano en el hombro, se estremeció todo y dijo con alterada voz:

—Quien quiera que seas, mátame de un golpe, porque prefiero la muerte a la vida sin luz.

—Y a mí, y también a mí —gritó el menor.

Las lágrimas silenciosas brillaron un momento en las negras pestañas de la reina, que cubrió de nuevo su rostro con el gran velo blanco de su luto.

El anciano profeta se acercó a los ciegos y les dijo:

—Vuestra ambición y orgullo os trajo este tremendo castigo, que podéis levantar cuando transforméis vuestro corazón en un vaso de justicia y de equidad para todos.

—¡Viva la reina Selene, nuestra augusta Amenokal! —clamó el profeta con toda la fuerza de que era capaz su ancianidad.

—¡Que viva y gobierne nuestro pueblo con la paz y la justicia, que sólo ella puede darnos!

—¡Que viva!

Fue un coro ensordecedor que resonó largamente en las galerías y corredores del imponente palacio de rocas, donde una larga cadena de siglos había impreso su grandiosa majestad.

Y volviendo, lector amigo, a la humilde y desmantelada gruta de Jeremías, a dos estadios de los muros de Jerusalén, vemos a Jhasua que se despierta, y ve que Eleazar le acerca una escudilla de barro con vino caliente y miel. Esdras le acerca a los pies un brasero lleno de ascuas encendidas y lo cubre con un manto de piel de camello.

—Ahora cuéntanos, si lo recuerdas, lo que has visto y oído.

—Sé que estuve entre los dirigentes del pueblo Tuareghs, pero como aquel ambiente dista mucho de ser sutil y diáfano como éste, creo que no podré recordar nada. Sólo tengo la impresión de que hemos tenido éxito en nuestro trabajo.

—El Hach-ben Faqui nos hará el relato de todo.

—Esto nos enseña una vez más, que para que una inteligencia encarnada, pueda manifestarse visiblemente en ambientes que le son extraños, la Eterna Ley le reviste de materia astral densa, o sea la túnica de protección ya observada por los antiguos maestros, que le evita daños graves pero que le trae el olvido—. Estas reflexiones las hizo Eleazar en vista del olvido completo de Jhasua de cuanto había ocurrido.

—Las leyes divinas son severas y sabias —añadió Esdras afirmando las palabras de su compañero—. Si este desdoblamiento espiritual hubiera sido para aparecer visible en el gran Santuario de Moab, habrías conservado el completo recuerdo hasta de lo que habías hablado. No obstante, debemos bendecir y glorificar a Dios, que nos ha permitido realizar este modesto trabajo que acaso restablecerá la paz y la concordia en aquel país. No teníamos otro deseo ni otra finalidad.

Una hora después, y en torno al humilde fuego del viejo Isaac, guardián de aquel recinto, comían los cuatro, el clásico plato de lentejas guisadas, una gran fuente de aceitunas con huevos de pato asados al rescoldo, y una cesta de higos, recogidos esa misma mañana por el viejo Isaac, en sus higueras de aquellos casi inaccesibles barrancos.

Antes del caer de la tarde, ambos ancianos y Jhasua, entraban a la vieja ciudad de los Reyes por la gran Puerta del Norte, la misma, por donde veintidós años atrás entraban en sus grandes camellos blancos, los tres viajeros venidos de lejanos países a rendir homenaje al gran Rey que había nacido.

EN EL PALACIO DE ITHAMAR

Treinta días más tarde desembarcaba Faqui en el puerto de Gaza, y se encaminaba solo sin haber dado aviso a nadie a Jerusalén, en busca de sus amigos.

Imposible es describir fielmente, la explosión de alegría que causó su llegada. El joven príncipe africano comprendió entonces que eran sinceros y profundos los afectos que se había conquistado en la tierra de Jhasua. Y sin esperar a que nadie le preguntase, hizo allí mismo todo el relato de lo ocurrido en el gran palacio de rocas de Taovareks, con la visita espiritual del Hombre-Luz a la reina Selene, sus cortesanos y sus guerreros.

—¿Está allí todo en paz? —preguntó Jhasua cuando Faqui terminó su hermoso relato, tal como el lector ya lo conoce.

—Absolutamente, hijo de David. Tú no haces las cosas a medias —contestó el africano.

—No hay nada que se resista al que Jehová ha hecho invencible —decía Simónides frotándose las manos como el que saborea un triunfo cercano—. Mi soberano Rey de Israel, se impondrá a todo el mundo que caerá de hinojos deslumbrado por su grandeza.

—Mi buen Simónides —le decía sonriendo Jhasua—, en tu jardín siempre florecen las rosas. ¿Cuándo tienes tú el invierno?

—¡Ya pasó mi Señor, el invierno mío y para siempre! Ahora no hay más que flores de manzanos y renuevos de palmeras, y jacintos en eterna floración. ¿No ves que hasta las arrugas de mi frente se han puesto tersas porque el día de gloria se acerca?...

—¡Padre! —le dijo riendo Sabad, su hija—, sólo falta que pienses en otras nupcias junto con la de tu nieta.

Un coro de alegres risas contestó al chiste de Sabad.

—¡Ah!... eso sí que no lo verá la luz del sol. Mi Raquel es de aquellas mujeres que no pueden substituirse jamás. ¡Ella sola y para siempre!

Pocos días después se celebraba silenciosamente en el palacio de Ithamar, la triple boda que no fue presenciada sino por los familiares y los íntimos, en atención y memoria a los amados muertos que podían contarse en las familias de las tres parejas: El príncipe Ithamar padre de Judá, Arvoth el escultor, padre de Nebai, los padres de Marcos, Joseph padre de Ana, más Raquel, la santa esposa que aún Simónides no podía olvidar.

Aquellas felices nupcias, bendecidas por el Hijo de Dios, no podían menos que traer paz, dicha y alegría para todos. Las almas de los justos se buscan y se encuentran, cuando una alianza de ley las acerca unas a las otras.

432

En las uniones de amor, el amor es la más grande y duradera compensación.

La muerte del anciano Joseph, había llenado de tristeza el alma de Myriam, que en veintitrés años de convivencia, bajo la plácida serenidad del cielo galileo, en aquel delicioso huerto poblado de pájaros, de flores y frutos, llegó a tal unificación con su anciano compañero, que parecíale haberse desgarrado su vida, o que había quedado como suspensa en el vacío.

Su alma cándida y buena, se replegó toda alrededor de Jhasua, en el cual encontraba la única compensación de los amados desaparecidos. Ahora, otro de sus más tiernos afectos, Ana, se desprendía de sus brazos maternales para seguir a Marcos, el amante esposo que la había elegido como compañera de su vida.

De acuerdo con Jhasua, había impartido órdenes a su hermano Jaime, de vender todo el mobiliario del taller de Joseph en Nazareth, y dar en arriendo la finca a unos parientes suyos, que teniendo entre ellos muchos hijos varones, podían obtener buenas utilidades con el cultivo de la tierra.

—Dejaré pasar varios años —decía ella— para que el ruido de los pasos de Joseph se haya perdido, y que sus voces de mando a sus jornaleros hayan volado con el viento, y entonces puede ser que regrese a Nazareth. ¿Qué haría yo tan sola en aquella casa grande? Demasiado comprendo, que no deberé entorpecer los caminos de Jhasua, que si ha traído misión de enseñar la Ley a los hombres, no podrá permanecer constantemente a mi lado.

—También quedo yo sola en esta inmensa casa llena de recuerdos —decía Noemí—. Thirza y Judá casados, ya son avecillas libres que pueden dejar el nido paterno cuando su vida lo reclame.

—Te equivocas madre —le contestó Judá—, porque Esther y yo hacemos aquí nuestro nido.

—Y yo —dijo Faqui— llevaré por una breve temporada en primavera a Thirza para hacerla conocer de mi soberana y de mi padre, y volveremos aquí, porque el clima ardiente de mis montañas la quemaría viva.

—Te quejabas ama mía, sin contar para nada con el amor que te rodea —le decía Simónides— porque yo, tu administrador eterno, en tu casa he de residir, y yo tengo a mi lado a Sabad mi hija, para cuidar mi vejez.

"Además no has pensado ama mía, que el Altísimo Dios de Israel multiplicó los bienes de mi amo el príncipe Ithamar en mis manos, para establecer con ellos, el Reino de Israel que se avecina. Y ¿cuál será su palacio sino éste, desde el cual se pueden mirar las cúpulas del Templo y todo cuanto tiene de grande y bello la Ciudad Santa?

—Pero mi buen Simónides —decíale riendo Jhasua—. Tú quieres hacer del palacio de Ithamar un refugio de solitarios. ¿Cómo es eso?

—¡Como lo oyes mi Señor! El palacio de mi soberano Rey de Israel será éste, y no puede ser más que éste, que el Altísimo ha arrancado milagrosamente de las zarpas romanas para devolverlo a su verdadero dueño. Aquí reside el generalísimo de los ejércitos defensores de la verdad y la justicia. Aquí reside el que hace producir el ciento por uno a los bienes con que el Rey hará la felicidad de su pueblo. ¿Dónde pues residirá el soberano sino aquí?

—¡Muy bien, Simónides, muy bien! —exclamaron Judá y Faqui—. Eres un verdadero oráculo de sabiduría, y contigo no necesitamos ir a consultar ni al Foro Romano, ni a los siete sabios de Grecia —añadió Judá, satisfecho sobremanera del giro que el buen viejo había dado a su discurso.

Myriam y Noemí sonreían con esa apacible sonrisa de las mujeres ya maduras, por la edad y por el sufrimiento.

Quedó pues resuelto que el suntuoso cuanto severo palacio de Ithamar, sería la morada de Jhasua y de su madre viuda, mientras permanecieran en Jerusalén. ·

Desde los años 23 al 25 de la edad de Jhasua, se dedicó por entero a combatir una naciente idolatría de su persona, que tomó gran incremento en algunos de los países, a donde llegó la noticia de sus obras tenidas por milagrosas, por todos aquellos que ignoraban las fuerzas ocultas en la naturaleza, y sobre las cuales puede ejercer acción el espíritu humano, debidamente cultivado con fines nobles y desinteresados.

No había sido bastante, el exigir estricto secreto a los que vieron de cerca sus grandes obras benéficas sobre enfermos incurables, o sobre acontecimientos de imposible solución, dentro de los medios puramente humanos y conocidos del vulgo.

En Jerusalén tuvo Jhasua la noticia, de que en Alejandría en el más grandioso de sus templos el "Serapeum" construído por Ptolomeo I para inmortalizar su nombre, se había colocado sobre un pedestal de mármol una efigie de alabastro, de exacto parecido a su fisonomía, con idéntica vestidura y debajo del cual se había puesto este grabado: "Horus hijo de Isis, nuevamente bajado a la tierra para salvar a los hombres del dolor y de la muerte. Es Horus-Jhasua. Mata a la lepra, da vista a los ciegos, hace andar a los paralíticos y el aire, el agua y el fuego le obedecen. Es nuestro dios Horus que está de nuevo en la tierra, para recibir la adoración de los hombres".

En un arrabal de Antioquía, en una espaciosa gruta de un cerro procedente del Monte Sulpio, en cuyas cercanías existía una antigua colonia persa, se había inaugurado una especie de templo a Ormuz, antigua divinidad del Irán, que el genio de Zoroastro simbolizó con el fuego en llamas, a fin de desmaterializar la idea de Dios.

En dicha gruta se habían hecho dos altares, el uno para la Llama Eterna, símbolo de Ormuz, el Supremo Dios de los persas. Allí ardía permanentemente una lámpara de aceite que no se apagaba nunca. En el otro se había colocado una efigie de Jhasua de pie, sobre el cuerpo enroscado de una serpiente, que representaba al espíritu del mal llamado Ariman. Un grabado en caracteres rojos decía: "Mitra", el primer genio auxiliar de Ormuz, encarnado de nuevo para aplastar a Ariman enemigo del hombre. Se le conoce por Jhasua de Nazareth, y es el vencedor de todos los males de la tierra.

Y hasta en el célebre bosque de Dafne, donde todas las licencias y todos los vicios originarios de todas las partes del mundo, parecían haberse dado cita para refinar más y más la corrupción reinante, se había instalado también entre surtidores bulliciosos y cortinados de jazmines y glicinas, un blanco mármol imagen del joven profeta de Nazareth con esta leyenda al pie: "Jhasua hermano de Adonis, que otorga junto con él las dulzuras del amor, de la alegría y de la paz".

Este fastuoso paraje de recreo de reyes, príncipes y cortesanas, estaba muy próximo a la ciudad de Antioquía, por lo cual, la noticia llegó hasta Jhasua, por medio de los representantes que Simónides había dejado en la gran capital para la atención de sus negocios.

Para un buen hijo de Israel, nacido y educado en el principio básico de un Dios Unico, Invisible, Impersonal y Eterno, estas efigies hechas por hombres para la adoración de los hombres, eran tristes amagos de idolatría naciente que había que extirpar a toda costa.

Fue esto un doloroso desengaño para el joven Maestro, cuya divina misión era enseñar la Eterna Verdad a los hombres.

—De manera —decía él hablando con Simónides, Judá, Faqui y sus cuatro amigos de Jerusalén— que a los hombres no se les puede hacer el bien con libertad y usando de los dones de Dios. ¿De qué están hechos los hombres de esta tierra, que aún del bien sacan el mal, y del amor su propia perdición?

"Se les libra del mal y del dolor, en nombre del Dios Invisible y Eterno, y en vez de rendirle adoración - sólo a El, se lanzan en pos de la criatura humana, intermediaria del beneficio divino, para darse el placer de amar la materia, lo tangible, lo que se desvanece como una sombra, lo que perece y muere!... ¿Cómo he de hacer Señor para encaminar esta humanidad ciega y demente hacia Vos, si se empeña en alimentarse de los mendrugos de carne muerta que van dejando tus enviados a lo largo del camino?

"Cuando me vean despedazado y muerto como un gladiador en las arenas del circo, me maldecirán gritando: No era Horus, ni Mitra, ni Adonis!... Era un falso profeta embaucador de multitudes!...

"¡Dios de Abraham, de Isaac y de Jacob!... Si no tuviera otra manifestación de tu grandeza, que tu eterno amor a las miserables criaturas de esta tierra eso sólo me basta y me sobra, para caer ante tu solio de estrellas gritando con todas mis fuerzas: "Porque eres la Luz Eterna, sigues alumbrando a la humanidad de esta tierra. ¡Porque es eterno e inconmovible tu Poder, sostienes en la inmensidad, esta diminuta avellana que es la tierra, habitada por orugas y asquerosas larvas!... ¡Porque es tu Amor eterna energía creadora, multiplicas aquí la vida sin parar atención en el uso que hacen de la vida! ...

La vibración dolorosa de tan terribles palabras penetraba como un fulminante anatema en los oídos que las escuchaban.

Judá recogió la gran cortina azul que dividía en dos, el cenáculo del palacio de Ithamar, y Jhasua vio a su madre, a Noemí, Thirza y Nebai que arrodilladas oraban, y lloraban por él. No pudo contenerse más, y con ligeros pasos llegóse a su madre y se abrazó fuertemente a ella. Sobre su cabeza tocada de blanco cayeron dos lágrimas mudas del Hijo de Dios, para quien su madre significaba aquella humanidad que había estado a punto de maldecir.

—Mujeres dulces y buenas, y vosotros todos que habéis oído mis desesperadas palabras, sois ante mí los que levantáis la humanidad hasta merecer el amor y el sacrificio del que fue enviado para salvarla —dijo con solemne y tiernísima voz, después de lo cual, su hermosa naturaleza, divina y humana, reaccionó de una manera bien manifiesta, y como meditando, murmuró a media voz—:

"Si esta humanidad fuera perfecta, ya estaba salvada y feliz. Porque está herida de muerte y al borde del abismo, es que necesita de un Guía Salvador.

¿De qué me quejo? Señor, ¿de qué me quejo? ¡Fue un mal momento!... Ya pasó y espero que no volverá—. Y Jhasua se sentó en un taburetito a los pies de su madre.

—Vuelve a ser el Jhasua de la fuente de las palomas, allá en la casita de piedra junto al Tabor —díjole Nebai acercándosele con delicada ternura.

—¿Qué diferencia encuentras entre el Jhasua del Tabor, y el que hoy ves en Jerusalén? —le preguntó el joven Maestro.

—Aquél florecía de optimismo como rosal en primavera —dijo ella—. Y éste es como una llovizna de invierno que hiela la sangre en las venas.

—Bien dicho está Nebai, y te prometo aprovechar tu lección.

Cuando hubo desaparecido por completo esta pequeña tormenta, Nicodemus dijo a sus amigos:

—Creo que no habréis olvidado, que esta noche celebramos la décima reunión de Mensajeros de la Santa Alianza.

—¿Habéis elegido ya el sitio apropiado? —preguntó Gamaliel.

—Bajo la dirección de Simónides lo hemos ordenado todo —respondió el príncipe Judá.

—Cuando anda Simónides por medio, no hay temor de fracasos, pues es el hombre del éxito —añadió Jhasua mirando afectuosamente al anciano. Este respondió al momento:

—En el ángulo que forma la calle del Monte Sión con la de Joppe que muere en la Ciudadela, tengo ubicado en sitio muy estratégico un gran bodegón, que es a la vez almacén de las mercancías que traen las caravanas de Damasco, de Filadelfia y de Idumea. Tiene un vastísimo subsuelo excavado en la roca, el cual comunica con una de las galerías subterráneas de la Ciudadela, que pasa por debajo de la muralla y sale al Valle de Hinom. Los de Mizpa, Emaus y Gabam vendrán por allí. Mi Señor Rey de Israel estará allí más seguro que en ninguna otra parte, pues en caso de emergencia, podemos salir de la ciudad sin *visto bueno* de nadie, como no sea de los ángeles de Jehová.

—Mi buen Simónides —díjole Jhasua, entre el asombro de todos— aquí el que de verdad merece ser Rey de Israel, eres tú, que lo piensas todo, lo dominas todo con una facilidad y un aplomo, que hasta sospecho que te sientes capaz de enfrentarte a César.

—Por ti mi niño rey, me enfrento con cincuenta Césares, sin tenerle miedo a ninguno —contestó solemnemente el anciano.

Un murmullo de risas y de aplausos recibió la valiente respuesta del viejo, cuya satisfacción era tal que parecía tener veinte años menos.

—Supongo que nuestro hábil jefe habrá pensado en que tenemos que sentarnos, que tenemos que escribir, y que acaso nos serán pocas las primeras horas de la noche y que...

—Todo, todo ha sido pensado, mis señores doctores de Israel —contestó Simónides a la advertencia de José de Arimathea.

—Desde ayer están aquí los mensajeros del Scheiff Ilderin llegados de Filadelfia, los de Tolemaida, de Sevthópolis, de Archelais y Jericó; y los del sur, la caravana trajo a los de Beersheba, Juta, Hebrón, Gaza y Bethura, hoy poco antes del mediodía.

"De Betlehem, llegarán dentro de una hora o dos a más tardar. Estos los que han llegado ya, o han dado aviso de que llegan.—Esta última información la dio el príncipe Judá, que era juntamente con el Hach-ben Faqui los que estaban al contacto con los adherentes de la Santa Alianza.

La hora de la cita era la primera de la noche, que para los israelitas comenzaba después de la puesta del sol, o sea cuando empezaba el anochecer.

—Mas decidme —observó Jhasua— ¿cómo encontrarán esas gentes el escondite de Simónides?

—¡Descuida mi Señor en tus buenos servidores! —contestó el anciano—. Todos aparentan ser gentes que vienen a vender o a comprar, y todos estarán en las tiendas de la Plaza del Mercado... si pues, allí, en la nariz de los representantes del César y del Gran Sacerdote Ismael, que desde las terrazas del palacio de Herodes les verán llegar con sus camellos y asnos cargados de mercancías y gozarán diciendo: ¡Bendición de Jehová sobre esta ciudad, cada vez más favorecida por los grandes negocios que vienen a enriquecerla!

—Bien, Simónides, veo que a organizador nadie te gana —añadió Jhasuà.

—Convengamos ahora, dónde nos encontraremos nosotros —añadió Nicodemus.

—Ustedes cuatro —dijo Judá— esperan a Faqui en el Pórtico del Gran Colegio. Con los demás, ya tenemos todo arreglado Simónides y yo.

Poco después, el palacio de Ithamar tomaba el aspecto de tranquilo hogar que siempre tenía. Era el medio día, y alrededor de la mesa cubierta de blanco mantel, Jhasua rodeado de sus íntimos repartía entre ellos el pan familiar, después de haber agradecido a Dios el alimento que les daba. Eran nueve comensales: las dos parejas de los recién casados, Jhasua con su madre, Noemí, Simónides y Sabad.

Apenas se habían sentado, cuando entraron corriendo alegremente Ana y Marcos que acababan de llegar de Gaza.

Recién volvían a verse desde el día de las bodas y Ana, que se sentía para Myriam una verdadera hija, se abrazó de su cuello y la cubrió de besos y de flores.

—Son flores de Alejandría —decía— enviadas para ti, madre, por el príncipe Melchor, junto con esta epístola para Jhasua. Han llegado anoche en el último barco.

Y mientras Marcos con Simónides y Judá tenían un animado aparte referente a la marcha de sus negocios en el puerto de Gaza, donde él era el Agente General, el resto de la familia se entregaba a la recíproca ternura de aquella inesperada reunión.

EN LA FORTALEZA DEL REY JEBUZ

Caía la tarde como en un suntuoso lecho de rosas bermejas y de arrayanes dorados, mientras un resplandeciente sol de ocaso, ceñía su aureola de gloria al Monte Sión, coronado de palacios, al Monte Moria, pedestal grandioso del Templo de Salomón, y a los altivos cerros llamados de la Corona, por la circunvalación que forman en torno a la gloriosa ciudad de David.

Jhasua con Simónides salían del palacio de Ithamar, después de haber escuchado sonrientes y por tercera o cuarta vez, las tiernas recomendaciones de su madre, de su hermana y de Nebai, que tenían por él una constante solicitud.

Judá, Marcos y Faqui, habían salido unas horas antes, pues eran, según Simónides, los lugartenientes del Soberano Rey de Israel, y debían anticipársele para disponerlo todo debidamente y evitar indiscreciones de algunos de los concurrentes.

La Gran Plaza-Mercado de la Puerta de Jaffa, era a esa hora una infernal gritería en todos los dialectos del oriente, debido a que se intensificaba el ardor de las ventas, lo mismo en las grandes tiendas donde se exhibían las más ricas telas y preciosos tejidos de plata, oro y piedras preciosas, que en los míseros tenduchos donde unas pocas cestas de higos y granadas, junto a un fuentón de manteca o una pila de quesos de cabra, formaban toda la riqueza del vendedor. El día terminaba, y la competencia mercantil crecía hasta tal punto, que un observador imparcial podía pensar: A esta pobre gente se le va la vida, en el afán de realizar una venta más en el día.

Simónides de un vistazo comprendió cuáles eran los verdaderos vendedores y cuáles los simulados, o simples espectadores. Se acercó a un tenducho que tenía excelentes frutas de Alejandría, de Chipre y de Arabia. Su dueño era un anciano con dos niños.

—Te compro todo cuanto tienes —le dijo—, si me lo entregas en las cestas en que está todo colocado.

—¡Amo!... ¿en qué traigo yo mis productos mañana? —le contestó el buen hombre, espantado de la exigencia de aquel cliente.

—¡Hombre! te pago las cestas en lo que ellas valen, pero no puedo perder tiempo en buscar otras para hacer el traslado. Mira, toma el peso que tiene este bolsillo y creo que estarás de acuerdo.

El viejo tomó el bolsillo que era de un azul vivo, lo levantó en alto y su rostro se iluminó como el que ve una visión de gloria.

Era lo que Simónides buscaba, pues que el *bolsillo azul* era una de las señales para reconocer en los recién llegados de fuera, a los hermanos de la Santa Alianza que los esperaban en Jerusalén.

Realizado el negocio, un numeroso grupo de mirones desocupados se acercaron a Simónides ofreciéndose para llevarle la compra por unos pocos denarios, al lugar que él designara. Estos eran los adherentes aleccionados, para no despertar curiosidades en las gentes ociosas que pululaban por los mercados, atisbando los pasos de sus semejantes.

—Bien, bien, vamos andando hasta mi almacén de la calle Joppe, donde los caravaneros recién llegados, esperan el pienso y no quiero que me devoren vivo. Seguidme pues. —Estas palabras las decía Simónides en alta voz como para ser oído de todos los que estaban alrededor.

Otros vendedores se le acercaron ofreciéndole cantarillos con vino de miel, jarabe de cerezas, cestas de huevos de patos y aceitunas del Monte de los Olivos.

Como viera él que aún había mirones desocupados, hizo nueva compra de lo ofrecido y otro *bolsillo azul* fue levantado en alto para pagar la mercadería.

Ya el lector comprenderá que nuestro buen amigo Simónides recolectó allí unos ochenta hombres, pobremente vestidos cual si fueran jornaleros que estaban sin trabajo.

Jhasua había observado sin mayor atención los negocios de su compañero, absorto completamente en el triste espectáculo de los egoísmos y ambiciones humanas, en la pugna feroz entre vendedores y compradores buscando sacar las mayores ventajas unos sobre otros. El latrocinio, el engaño, el embuste malicioso, buscando dar a los objetos un valor que no tenían; el impudor en la mayoría de las muchachas, aún casi niñas para atraer clientes a sus negocios, en fin, toda una enredada y negra maraña de miserias que apenaba el alma contemplar.

— ¡Humanidad, humanidad!... —exclamaba el joven apóstol a media voz—. Infeliz leprosa y ciega, que no conoces tu mal, ni aciertas con tu camino, porque persigues y matas a los que te son enviados, para conducirte a la Verdad y a la Luz.

Por fin llegaron al gran bodegón de Simónides, completamente relleno de fardos grandes y chicos, tal como podemos figurarnos, un inmenso depósito de mercancías de las más variadas especies y venidas de innumerables ciudades y pueblos.

Tres grandes vías de caravanas se vaciaban allí por entero: la de Damasco que tocaba en todas las ciudades y pueblos del Jordán, la de Filadelfia que arrastraba con los productos de la vecina Arabia del Este, y la del Mar Rojo que abarcaba Madian, Edon e Idumea. ¿Quién podía extrañarse de que Simónides, comerciante de Antioquía, tuviera en Jerusalén un almacén-depósito de grandes proporciones?

Después de cruzar salas y corredores abarrotados de fardos, de bolsas, de cofres, de cántaros de barro cocido, etc., etc., abrió Simónides un guardarropa lleno de mantas y cobertores, y detrás de ellos vieron todos una pequeña puerta que daba a la escalerilla del subsuelo.

Allí comenzaba lo sorprendente y casi maravilloso. Diríase que aquello era obra de magos y de encantamiento.

Pasada la escalerilla, se abría una gran puerta que daba paso a un pórtico severo y sencillo, donde una veintena de guardias vestidos a la usanza persa, con larga túnica bordada en colores y gracioso gorro de cintas y plumas, con el handjar al hombro, se paseaban solemnemente.

Formaron fila, y por entre ellos apareció Judá seguido de Faqui que recibieron a Jhasua con aire triunfante y feliz.

—¿Qué significa todo esto? —preguntó de inmediato el Maestro.

—Nuestra Santa Alianza tiene su sede propia en la ciudad de David, y necesita su defensa. Estos guardias son parte de nuestro ejército, que en vez de llamarse Legión, se llama Defensa. Son pues los defensores de la Santa Alianza. ¿Te parece mal? —Todo esto lo decía Judá como una explicación a Jhasua.

—Donde se buscan defensores, cabe suponer a los agresores ¿verdad mi Señor que en eso estás pensando? —interrumpió Simónides para suavizar en Jhasua la impresión que el anciano creyó adivinar.

—Justamente, no censuro lo que hacéis, pero si lamento que os veáis obligados por las circunstancias a tomar tan extremas medidas.

—Debes pensar, querido mío —dijo Faqui—, que aquí se guarda el cuantioso tesoro con que la Santa Alianza afronta los gastos de la propaganda y educación de nuestros adherentes, que por lo mismo que todo se hace en el mayor secreto, resulta doblemente costoso.

—En cuanto a eso os doy la razón —contestó Jhasua, avanzando hacia la puerta de otro recinto que sólo estaba cerrada con pesadas cortinas color púrpura.

Dos pajes la levantaron y Jhasua reconoció de inmediato en uno de ellos al bello adolescente del arrabal de Gisiva en Antioquía, que era llamado *el giboso*, antes de que el joven Maestro le curase. El otro era aquel Santiaguito goloso del arrabal de Nazareth, que solía esperar a Jhasua en el camino con el fin de conseguir mayor ración de las golosinas que El llevaba para los niños menesterosos.

Reconocerlos de inmediato y abrazarlos tiernamente, fue todo cosa de un momento.

—¿Cómo estás aquí Nelio, y tú Santiaguillo hecho un jovenzuelo casi tan alto como yo?

—Yo llegué hace tres días, en el último barco del amo que vino de Antioquía a Gaza, y hoy me trajo el Agente Marcos por orden del amo —dijo el ex giboso con grande satisfacción.

—Y yo —dijo Santiaguillo— vine hoy de mañana con el tío Jaime, que me trajo por mandato de tu madre que me quiso siempre mucho, a causa de quererte yo tanto a tí.

—Esto significa un formidable complot para sorprenderme a mí, que estaba ignorante de todo —decía Jhasua sintiéndose como arrullado por todas aquellas sinceras manifestaciones de amor y solicitud.

El recinto al cual penetraba Jhasua, era un vasto salón excavado en la roca de los cerros, sobre los cuales edificó el rey David la ciudad milenaria. Según Simónides, que era como un libro vivo de las más antiguas tradiciones hierosolimitanas, aquel subsuelo inmenso tan hábilmente utilizado por él, había sido en época muy remota, cueva de refugio para el caudillo rey de los Jebuzitas que fueron los fundadores de la antigua Jerar (Jerusalén).

El gran Jebuz de la prehistoria, aliado de los Kobdas del Nilo, y fundador de la dinastía y raza Jebuzita, debió ser un hombre de aquellos que no se dejan sorprender por traidoras agresiones inesperadas de los malos vecinos, los famosos filisteos tan agresivos y guerreros siempre. Lo demostraba claramente así, la ciclópea fortaleza de aquel recinto, socavado en las entrañas de la roca y con salida al Valle Hinom, mediante un camino subterráneo excavado a tal profundidad que pasaba por debajo de los muros de la real Ciudad.

Faqui, habituado a los palacios de rocas del Tingerth, en los peñascales impenetrables del Sahara, dió la orientación para la forma de embellecer y decorar aquella pavorosa cueva, cuyas dimensiones podían dar cabida a tres mil personas más o menos.

Artesanos de la madera y de la piedra, traídos tres meses antes de la lejana Antioquía, habían transformado la sombría caverna del rey Jebuz, en un vasto salón que tenía a la vez aspecto de templo, pues que todas las irregularidades de aquellas excavaciones, fueron utilizadas como cámaras laterales anexas al gran salón central.

—Aquí se puede soñar con la sala hipóstila de un templo de Egipto —decía Jhasua contemplando el extraño recinto, decorado en muchas partes con tablones de cedro y lleno de inscripciones cuyo significado él comprendió de inmediato.

Todos los grabados eran copia de aquellos versículos de los Profetas, en que se hacía alusión al Salvador que el pueblo esperaba tan ansiosamente.

A ambos lados del estrado de honor, se veían dos ángeles de piedra blanca que sostenían candelabros de siete brazos, los cuales iluminaban las Tablas de la Ley, que abiertas como un inmenso libro de piedra, formaban el respaldo del gran estrado principal, encima del cual se leía: "Honor y gloria a Moisés, elegido de Jehová".

Las cuatro primeras cámaras laterales ostentaban en grandes caracteres los nombres de los cuatro grandes profetas de Israel: Isaías, Jeremías, Ezequiel y Elías. Y sobre pequeños catafalcos de piedra estaban sus libros, su vida, sus hechos escritos por sus discípulos contemporáneos. En las cámaras más reducidas, se veían los nombres y los libros de los profetas llamados *menores* y de los reyes de Judá, que se habían distinguido por su amor y sus beneficios para el pueblo, por su fidelidad a la Ley de Moisés.

Mientras duró la observación de Jhasua por todo el vasto recinto, Simónides le seguía de cerca y no separaba sus ojos del rostro del joven Maestro, en el cual deseaba sorprender sus impresiones de agrado o de disgusto. Mas la fisonomía dulcísima de Jhasua, se mantuvo en la más perfecta serenidad.

Viendo que nada decía, el buen anciano se le acercó afectuosamente:

—¿Estás contento mi Señor de tus servidores? —le preguntó sin poder esperar más tiempo, para conocer el veredicto de aquel por quien tanto se había esforzado.

—Simónides —le dijo el Maestro con inmensa ternura— estoy contento de tí, y de los que te han secundado en esta obra, de la cual recojo una sola flor, la rosa bermeja de vuestro amor hacia mí, que todos habéis puesto en ella.

—¿Y no encuentras mi Señor que esta obra era necesaria para la cruzada libertadora que realizas? —volvió a preguntar el anciano—. ¿Dónde podíamos reunir a la Santa Alianza que hemos formado y que aumenta más cada día? El templo está invadido por la ponzoña interesada y vil, del sacerdocio actual corrompido y vendido al invasor con un servilismo que repugna. Los atrios de Salomón son un mercado de compra-venta de bestias, para el sacrificio, donde los sacerdotes y sus familiares recogen pingües ganancias.

441

"Los santuarios esenios y las sinagogas particulares, temen verse comprometidos y sólo abren a medias sus puertas, para cantar los salmos y explicar la Escritura Sagrada a escaso número de devotos del barrio.

"Habla mi Señor, que mi alma padece angustia hasta que te haya oído darme una respuesta decisiva.

—Tú me amas exageradamente mi buen Simónides, y yo tengo pena por tí —le contestó el Maestro deteniéndose ante el anciano—, sobre cuyos hombros puso sus manos delicadas como los nardos de Jericó.

—¿Y por qué mi Señor tienes pena por mí? —le preguntó el anciano con los ojos húmedos ante aquellos ojos garzos de incomparable dulzura, que parecían penetrarle hasta el fondo de su corazón—. ¿No ves cuán feliz soy sirviéndote mi Señor?

—Y si tú vieras a este que llamas tu Señor, tratado como un vil esclavo, y ajusticiado como un impostor. ¿Qué harías entonces?

—¡Ay!... callen tus labios Señor, que haces agravio a Jehová, a los profetas, a todo Israel que espera y confía en tí!... No mates de un solo golpe a tu siervo mi Señor... que no es para esto, que el Altísimo ha curado mi cuerpo deshecho por los tiranos!... ¡No, mi Señor, no! ¡jamás sucederá desgracia semejante, sin que antes hayamos sido despedazados todos los que te amamos!

—¿Qué pasa aquí, qué pasa? —decía Judá acercándose con Faqui, Marcos y el tío Jaime, que estaban todos como un brazo de mar, viendo ya a la Santa Alianza que tomaba formas definitivas y bien manifiestas.

—Nada —contestó Jhasua— sino que trato de calmar las fiebres delirantes de mi buen Simónides, que a veces sospecho se sale de sus casillas y se va por países de encanto y de ilusión... ¿No es ésta una obra casi de magia?

—¡Valiente magia mi Señor! Tres meses de trabajar noche y día ochenta artesanos de la madera y de la piedra, pagados a doble jornal, no es ninguna cosa del otro mundo —contestó el anciano, en cuyo noble corazón ya se había evaporado el sobresalto que recibió con las palabras de Jhasua.

—¡Está muy bien Simónides! Has alimentado a ochenta familias en esos tres meses, que a no ser por este trabajo, habría escaseado el pan y el vino en su mesa. Y a la vez tenemos un seguro alojamiento para la Santa Alianza, de la cual tanto esperamos para el futuro. ¿He hablado bien ahora Simónides?

—¡Ahora sí mi Señor!... ¡ahora sí!

—Aquí entran ya con sus vestiduras propias, los que vinieron medio disfrazados de la Plaza del Mercado —dijo Marcos—, haciendo entrar unos cincuenta hombres, casi todos jóvenes que rebosaban entusiasmo y alegría.

Una hora después, la pavorosa cueva del rey Jebuz de la prehistoria, con todos sus candelabros encendidos, era como una llama de oro que resplandecía sobre todas las cosas: sobre las Tablas de la Ley de Moisés, sobre los ángeles de piedra blanca que las sostenían, sobre versículos de los profetas anunciando al Salvador del mundo, sobre los nombres de los reyes de Judea que se habían mantenido en la adoración del Dios Unico y obedecido su Ley.

José de Arimathea, Nicodemus, Nicolás y Gamaliel llegaron también seguidos de una docena de aquellos alumnos del Gran Colegio, que habían recibido las copias de los escritos de Moisés y Salomón que ya conoce el lector.

Marcos recibía amigos suyos, escribas y celadores del mismo establecimiento docente, entre ellos un sobrino del viejo Hillel, el anterior Rector ya falleci-

442

do, lo cual significaba una magnífica conquista.

Todos cuantos llegaban, traían pintada en el semblante la ansiedad por tener noticia exacta del gran Rey vislumbrado por los profetas desde seis siglos antes.

Jhasua sentado en el extremo de un estrado que comenzaba en la cámara del profeta Isaías, observaba en silencio todo aquel movimiento de seres ansiosos de justicia, de liberación de paz. El optimismo, el ensueño, la ilusión florecían en todos los rostros, y sonreían en todos los labios.

Othoniel e Isaías, los dos flamantes mayordomos de Judá y Faqui, aparecieron guiando el uno, al príncipe Sallúm de Lohes, y el otro, al príncipe Jesua, ambos amigos del Melchor de Heroópolis, que ya son conocidos del lector.

De pronto se sintió un murmullo de voces extranjeras en dirección al pórtico de entrada, y a poco apareció la figura inconfundible del Scheiff Ilderin, el caudillo árabe que había llegado esa tarde con veinte de sus hombres de armas, desde sus tiendas en el desierto del Monte Jebel. Le hemos conocido lector amigo en Antioquía en la posada "Buena Esperanza" y luego en el Huerto de las Palmas, junto al lago aquel, sobre cuyas aguas se deslizó Jhasua con la velocidad de un rayo para salvar a los náufragos de la carrera de lanchas.

Sus brillantes ojos negros buscaron entre la multitud, de la cual salió Judá a recibirle. Le habló breves palabras al oído para indicarle que la mayoría de aquellas gentes, ignoraban que Jhasua era el Mesías-Rey que esperaban, y que por lo tanto eran necesarias ciertas reservas.

Jhasua absorto completamente en sus observaciones sobre la multitud ilusionada y soñadora, no advirtió la llegada del Scheiff Ilderin hasta que le tuvo ante sí.

—Príncipe de David, —le dijo inclinándose profundamente—. Por fin te veo en la ciudad de tu gloria y triunfo ya cercana, y que será comienzo de una era nueva.de paz y de libertad para nuestros desventurados países.

—Decís verdad Scheiff —le contestó Jhasua, emocionado por las palabras que acababa de escuchar de aquel caudillo árabe, y que tan de acuerdo estaban con lo que su interna visión le decía, sobre los acontecimientos que pocos años más tarde harían tristemente célebre a Jerusalén.

—Mas, no parece entusiasmarte mucho este lúcido prólogo de tu gran obra futura —continuó el Scheiff—. ¡Casi diría que hay melancolía en tus ojos, doncel de los cabellos de oro!...

—No me hacen feliz las muchedumbres ilusionadas Scheiff, —le contestó Jhasua haciéndole lugar junto a sí en el estrado.

—Y sin embargo la ilusión es necesaria a las masas, para moverlas en el sentido que es conveniente. ¿No lo crees tú así, Ungido del Señor? No hay más que recordar las epopeyas gloriosas de todos los hombres que han hecho algo en el pasado. Ni Aníbal, ni Alejandro, ni Darío... ni vuestro mismo rey David hubieran llegado a la cumbre, si no hubiera sido por la ilusión de las multitudes que se lanzaban en pos de ellos como detrás de una visión del paraíso, promesa de la paz y la dicha soñada —decía el Scheiff con una vehemente elocuencia capaz de convencer a cualquiera.

—Mas eso, no nos hace olvidar Scheiff el triste epílogo de esas que llamas gloriosas carreras. Detrás de Aníbal conquistador, está Cartago arrasada hasta los cimientos, y sus habitantes pasados a cuchillo como reses en el matadero.

"Darío, el gran Rey, a quien las masas ilusionadas llegaron a adorar como a un dios, se presentaba ante los pueblos empobrecidos por sus orgías en trono de oro y marfil, cuando sonó la hora de la Justicia divina personificada en Alejandro, el *Gran Rey* fue acuchillado en su huida, como un lebrel acosado por los jabalíes, y toda su obra se reduce a millones de víctimas sacrificadas a su ambición, y a una tumba excavada en una roca en Nakchi-Rusten en las afueras de Persépolis.

"Los pueblos ilusionados, dominados por otro ambicioso más fuerte que él, Alejandro, olvidaron pronto a su *Gran Rey*, para aceptar sumisamente los mendrugos que les arrojaba el vencedor.

"Y si el Macedonio unificó por breve tiempo al mundo, soñando con ser el Unico Soberano sobre la faz de la tierra, sin más ideal que su imperio, hoy lo tenemos dividido en tres girones, y su momia silenciosa que duerme el eterno sueño en el Museo de Alejandría.

"Y los pueblos ilusionados de Aníbal, Darío, Alejandro y David, hoy somos como los Ilotas de la guerrera Esparta, sin más derechos que los de recibir lo que sobra a los nuevos amos, los invasores que se adueñan del aire que respiramos y el agua que bebemos... Y en cuanto a nuestro gran rey David... tú ya lo ves Scheiff... no resta de él para el pueblo que lo aclamó más que su tumba, donde anidan los buhos y los reptiles, y las arañas tejen sus telas. Quedan también los salmos, donde pide misericordia al Señor, porque ha reconocido en la vejez sus extraviados caminos, sus manos destilan sangre, y no se atreve ni aún a tocar las piedras que formarán el templo de Jehová... Yo te digo Scheiff, que lo único que vale de David, es su arrepentimiento de los males causados en sus años de guerrero conquistador. Así despedazan los poderosos las ilusiones y los sueños de los pueblos, que inconscientes les siguen hasta que la evidencia abre sus ojos a la verdad y a la luz.

— ¡Doncel de los cabellos de oro!... ¿Quién te ha vestido esta túnica de decepción, de desengaño y de muerte en que te veo envuelto? —preguntó alarmado el noble caudillo árabe, que en verdad amaba a Jhasua y esperaba grandes cosas de él.

— ¡Experiencia de la vida de los hombres! —le contestó Jhasua—. Mas no creas Scheiff que quiera cruzarme de brazos y dejar que todo lo arrastre el viento como a las hojas de otoño. ¡No, eso no! pero créeme que me hace daño esta loca ilusión de los pueblos, sin otro punto de mira que el material, que creen al alcance de sus manos. También yo ansío y sueño con una vida mejor para todos los pueblos de la tierra, pero no como la soñaron Aníbal, ni Darío, ni Alejandro, ni David, pues que veis toda esa belleza convertida en guijarros que ruedan por la cantera y van a formar cuevas de lagartos en lo profundo de los barrancos...

—Y dime ¿cómo es tu pensar Príncipe de David y de qué oro está tejida tu ilusión... de qué alas de ángeles, prendiste la aureola de tu sueño?... dímelo y acaso yo pueda comprenderte y acercarme a tí.

—Educar a los pueblos, enseñar a las masas con la antorcha de la Verdad Eterna en la mano, para que sepan el origen y destino de la vida, su verdadero objeto y su glorioso fin. Que sepan todos los pueblos que Dios Inteligencia Suprema, Alma de todas las cosas, es Amor, Luz, Energía eternas, y que es Padre Universal de todos los seres, de todas las razas, de todos los pueblos y aún de todos los mundos, que al igual que nuestra tierra, ruedan por la infinita inmensidad sostenidos por la omnímoda voluntad del Eterno Creador. Enseñar a las multitudes, que tan hijos de Dios y hermanos nuestros son los negros del Africa Sur, como los blancos de Europa del Norte, los soñolientos hindúes, los pacíficos persas, los orgullosos romanos, los griegos artistas, los egipcios laboriosos y sumisos, todos, todos somos hijos de una madre: ¡la Tierra, y nuestro padre Uno Solo: el Eterno Hacedor de todo cuanto alienta! Enseñarles que la tierra es para sustentar a todos, como el aire, el agua y la luz, y que nadie tiene derecho a privar a su hermano de un girón de tierra donde plantar su cabaña, y donde abrir después su sepulcro.

"Enseñarles, que los caudillos por grandes y poderosos que ellos se crean, son de la misma carne y sangre que el último de sus esclavos, y que la Eterna Ley, no les adjudica otros derechos que los de servir de guías, de conductores, de padres solícitos y amantes de los pueblos que gobiernan.

"Enseñarles la sabia ley de la Justicia Divina, que las Escuelas de Sabiduría llaman *preexistencia*, o sea las existencias físicas repetidas continuamente en el correr de los siglos y de las edades, tan admirablemente ordenadas y dispuestas, en el que hoy es un soberano déspota y cruel, y que se pasea sobre las cervices inclinadas de sus súbditos, en otra encarnación futura, vendrá a vivir la vida del esclavo, para que otro déspota lo pisotee como un gusano, tal como lo hizo él en su existencia anterior.

"¿No sería ésto la terminación de todas las guerras, de todas las invasiones, latrocinios, asesinatos en masas, incendios y devastaciones? ¿No sería esto acabar con el hambre y la miseria de las muchedumbres para mantener hartos de placer y de orgía a unos pocos aventureros audaces, que medran a la sombra de la ignorancia de los pueblos?...

"¿No sería esto dar un corte decisivo y mortal en el árbol milenario de las castas, dinastías y familias privilegiadas, con todas las riquezas de la madre Tierra que lo es de todos los seres vivientes?...

"Este es mi sueño Scheiff Ilderin y mientras no lo vea realizado, mi alma gemirá como una plañidera en torno a un amado cadáver, porque muerta está la humanidad que tanto amo hasta que haya visto la luz de la Verdad Eterna!...

Los ojos de Jhasua resplandecían como dos llamas doradas, y su semblante se había coloreado del suave tinte rosado de un crepúsculo primaveral.

El caudillo árabe le tomó la mano y le dijo:

—Tu sueño, doncel nazareno, no es el sueño de un hombre. ¡Es el sueño de un Dios! ¡El Altísimo habla por tu boca y yo no dudo que todo cuanto has hablado, se realizará un día en esta tierra! ¡Muchos pasos debe andar la caravana para atravesar el desierto de arenas caldeadas y resecas!...

"¿Comprendes niño-filósofo, niño desposado con la Sabiduría Eterna?

"No de un salto se sube a la cumbre de los montes.

"No de un solo golpe de hacha derriba el leñador todos los cedros del Líbano.

" ¡No de un golpe de martillo ni de dos, convierte el escultor en estatua el bloque de piedra que arrancó de la cantera!

—Me habéis comprendido Scheiff Ilderin, me habéis comprendido, y esto sólo abate mi pesimismo y hace en mí florecer de nuevo la ilusión!

Jhasua estrechó al árabe entre sus brazos, y se confundieron en una sola madeja, los negros cabellos del hijo de Arabia y los rizos bronceados del joven nazareno.

La concurrencia los había dejado como un aparte en la cámara de Isaías, y diseminada en los distintos compartimientos del inmenso local, esbozaban en grupos, sus programas respectivos, y la forma en que los harían practicables.

La llegada de los compañeros Bethlemitas fué la señal de que la gran asamblea iba a comenzar.

Elcana, Josías, Alfeo y Eleazar seguidos de unos treinta bethlemitas entraron por el corredor subterráneo que tenía salida al Valle de Hinón. Sus ojos buscaron entre la multitud a Jhasua, sobre el cual creían ellos tener más derechos que nadie, puesto que le habían reconocido al nacer. veintitrés años hacía.

Jhasua los vió venir y fue hacia ellos para evitar que la explosión de afecto pusiera en descubierto el secreto de su personalidad.

—Lo que vosotros sabéis, muy pocos lo saben aquí —les dijo a media voz al abrazarlos—. Sed pues discretos hasta que llegue la hora de hablar.

—En la puerta que da a la calle de Joppe —dijo Elcana— deben estar ya los de Engedi, con su tropilla de asnos cargados. Los encontramos entrando en la ciudad por la puerta del Sur.

Jhasua pasó el aviso a Judá, que avisó a Othoniel para darles entrada. Eran Jacobo y Bartolomé, los porteros del Santuario del Quarantana que venían acompañados de los penitentes de aquellos fragorosos montes. Eran los redimidos de los Esenios, que les habían conseguido indulto después de una larga prueba de su verdadera regeneración. Ellos sabían que la sociedad no perdona ni olvida las faltas públicas de sus semejantes, aunque ella misma tenga en la intimidad mayores delitos que aquellos de los cuales acusa. Pero en la Santa Alianza nacida en el corazón del Cristo, cabían todos, justos y pecadores, porque el ideal sublime de liberación humana los conducía a todos por el mismo camino: la fraternidad universal.

Los dirigentes de las distintas regiones que estaban allí representadas, dejaron sobre la mesa central, la nómina de sus adherentes. El gran estrado principal fué ocupado por los dirigentes que harían uso de la palabra esa noche, y por los más ancianos de aquella numerosa asamblea.

Correspondía el turno de abrir la reunión a Nicodemus, por lo cual se le hizo ocupar el centro del estrado. A su derecha fué colocado Jhasua, como creador de la Santa Alianza y a su izquierda el príncipe Sallum de Lohes, el más anciano de toda la concurrencia.

Judá, Faqui y Marcos desempeñarían el papel de notarios, para escribir en tres lenguas de las más usuales entonces, todas las disposiciones que se tomaran.

Un silencio solemne y profundo acalló todos los rumores y Nicodemus comenzó con una invocación al Dios Unico, Invisible y Eterno, Poder Supremo, Energía inagotable, fuente de Luz permanente, hálito solemne de Amor sobre todos los seres vivientes en la Tierra.

Todas las frentes se inclinaron en ferviente adoración silenciosa, porque eran las almas que se expandían en desbordamientos de anhelos comunes, de esperanzas que florecían en todos los corazones, de ensueños, de dichas futuras que tejían sus redes sutiles alrededor de cada cabeza juvenil, para coronarlas de jazmines y de rosas como a los héroes triunfantes de otras edades.

¿No enseñaba la Santa Alianza que Dios es el amoroso Padre de todos los seres? ¿Y no habían de esperar de un tal Padre Dueño y Señor de todos los tesoros de la tierra, un vaso de felicidad para sus labios sedientos? ¿Un rayo de luz para sus pasos desorientados en el camino de la vida?... ¿Un retazo de tierra libre donde sembrar trigales dorados, para convertirlos mañana en el pan blanco de la humilde mesa? ¡Oh, sí!, todo eso esperaba aquella multitud ansiosa al inclinar la frente a la adoración de Dios Padre Universal, invitados por la palabra austera y persuasiva de Nicodemus de Nicópolis, doctor de Israel y descendiente de antigua familia levítica y sacerdotal.

Y Jhasua recibía en su Psiquis de asombrosa sensibilidad todos aquellos pensamientos, anhelos y esperanzas, y pensaba en lo profundo de sí mismo;

—¡Todos extienden la mano ante el Padre Universal para pedirle bienestar material, goces familiares, éxito en sus empresas! ¿Dónde están los que aman a Dios por El mismo, que es el Bien Supremo? ¿Dónde está uno que diga: ¡ ¡Señor! Te amo por encima de todas las cosas, y no te pido otra dicha que la de amarte guardando tu Ley hasta el último aliento de mi vida?...

Aquel momento solemne pasó, y Nicodemus explayó sus ideas en un elocuente discurso, sobre la justicia y equidad que debe regir todos los actos de la vida de un ser que se llama adorador del Dios Unico, fuente de todo bien.

Era aquella la décima asamblea celebrada por la Santa Alianza, y correspondía tratar de un modo especial el décimo artículo de la Ley de Moisés: "No codiciarás los bienes ajenos".

Nicodemus desenvolvió este tema, de actualidad en todos los tiempos y entre todas las razas y pueblos de la tierra, llegando a la conclusión de que en la severa observancia de este mandato, estaba encerrada la paz para los hombres de buena voluntad que habían cantado los ángeles del Señor veintitrés años hacia, la noche del nacimiento de su Verbo en la Ciudad de Bethlehem.

El capítulo XI de Isaías, fué comentado elocuentemente por Nicolás de Damasco, en sus primeros cinco versículos que según los grandes maestros de Divina Sabiduría, eran la viva imagen del Ungido del Señor que estaba ya en medio de su pueblo, esperando que se pusiera en condiciones de reconocerlo y de seguirle.

El Rabí de la Sinagoga de Zorobabel, ya conocido del lector, y que era dirigente de los adherentes de Anathot, hizo el comentario del capítulo III del profeta Malaquías, cuyos tres primeros versículos se refieren a la pureza de la vida que era necesaria, para ser dignos de acercarse al Mesías Salvador de Israel que todos esperaban.

El capítulo XXIII de Jeremías en sus seis primeros versículos, fué interpretado de bellísima manera por José de Arimathea, que hizo responsables a los dirigentes de multitudes, de los desaciertos de los pueblos y de los grandes dolores sufridos por ellos.

Los dirigentes de Sebaste y Sevthópolis de la región de Samaria, elogiaron con vehemencia la obra unificadora de la Santa Alianza, que tendía a destruir los viejos odios y antagonismos entre ambas regiones: Samaria y Judea.

—¿Qué culpa tenemos los samaritanos de la hora presente —decía uno de los oradores— de que nuestros antepasados se rebelasen contra el heredero del rey Salomón, para elegirse otro rey que respondiese a sus anhelos?

"Queremos acercarnos al que viene a obrar la justicia, como acaba de comentarse en Jeremías, y justicia es, que no se cargue sobre los inocentes de hoy el pecado de los culpables de ayer.

Por fin, del grupo de los bethlemitas partió este significativo clamor: "¡Que nos hable el Maestro nazareno, creador de la Santa Alianza, que nos hable Jhasua hijo de Joseph, que sabe mucho del dolor de los humildes y de los oprimidos!"

El mismo clamor se dejó oír de distintos sitios del gran recinto, donde se encontraban diseminados entre la multitud los que conocían el secreto de la personalidad de Jhasua.

—¡Ya era hora —decía a media voz Simónides— de que rebosase el grande anhelo contenido, que en cuanto a mí, ya estaba quemándome las entrañas!

El joven Maestro se puso en pie en la grada primera del estrado, para dirigir la palabra a la muchedumbre, y en ese momento se le acercó el Scheiff Ilderin y le dijo al oído:

—¡Por favor príncipe de David, no les hables como me hablaste a mí, que matarás de un golpe todas sus ilusiones!...

—Descuida Scheiff, seré discreto. —Y Jhasua les habló de este modo—:

"Dice el rey sabio, en el versículo I del capítulo IV de Eclesiastés: *"Y torméme yo, y vi todas las violencias que se hacen debajo del sol; y vi las lágrimas de los oprimidos, y sin tener quien los consuele; y vi la fuerza en la mano de sus opresores, y que para ellos no había consolador"*.

"Por esto amigos míos ha nacido la Santa Alianza en la tierra que vieron nuestro padres, y donde están sus sepulturas. Por esto ha florecido en el jardín de Jehová, el blanco rosal de la Santa Alianza, beso de amor para todos los que padecen angustias de muerte en sus hogares sin lumbre y sin pan; abrazo de fraternidad y compañerismo, para los que sienten el azote feroz de la humillación y del oprobio, en la amada tierra que los vió nacer; encuentro de almas en la misma senda, que todos vamos recorriendo en cumplimiento de la gran ley de la vida; lámpara encendida en las tinieblas, de los que buscan a tientas una mano en qué apoyarse, y un pecho amigo en qué descansar la frente fatigada...

"El Rey-Sabio, vió todo el dolor de los humildes oprimidos, y desahogó su alma en amargas quejas diciendo, que, *"todo es vanidad y aflicción de espíritu, debajo del Sol"*. La Santa Alianza ha dado un paso más, y busca la unificación, que es fuerza defensiva para todos los que sufren la opresión y la injusticia. Busca el acercamiento de todos los corazones animados de un mismo sentir, de una misma fe, de un mismo ideal: la santa libertad de los hijos de Dios, bajo la suave tutela de su Ley soberana. La única ley que iguala a todos los hombres, al grande como al pequeño, al fuerte como al débil, al rico como al desposeído, puesto que a todos les dice: *ama a tu prójimo como a tí mismo, no hagas a otro lo que no quieras para tí, honra a tu padre y a tu madre; no quites la vida, ni la honra, ni los bienes a tus semejantes; no manches tus labios con juramentos falsos, ni tu corazón con impúdica lascivia.*

"Esta es, amigos míos, la Santa Alianza de que todos formamos parte, en la cual ensayaremos nuestra capacidad de amarnos los unos a los otros, en tal forma y de tan perfecta manera, que el dolor de uno sea el dolor de todos, y la alegría del más pequeño sea compartida, vivida y sentida, por todos sus hermanos.

"No es un levantamiento armado, para tirar por tierra poderes constituidos por la fuerza bruta, y levantar otros constituídos en igual forma. Es un levantamiento espiritual, para engrandecernos hasta hacernos dignos del nombre que nos hemos dado, de pueblo elegido, pueblo de Dios, pueblo de justos, de profetas de la Verdad y de la Justicia. Hasta hoy no hemos merecido esos nombres, porque toda nuestra historia, desde la muerte de Moisés hasta hoy, es una historia de ignorancia, de ignominia y crimen, de engaños y de falsedades, de odiosa profanación contra sagradas instituciones, con fines de lucro y de dominio.

"Hombres justos y austeros hubo, que levantaron su voz inspirados por Dios para encaminar los pueblos a su sagrados deberes; pero esos hombres llamados profetas, fueron perseguidos y muertos, para que desde el fondo de sus sepulturas no se escucharan sus voces que gritaban más alto que las conciencias dormidas de los hombres: "pecáis contra Dios, pecáis contra vuestros semejantes, pecáis contra la Verdad, contra la Justicia y contra el Amor, y sobre vosotros mismos caerán las consecuencias de tan desastrosos desmanes, en contra de la Eterna Ley".

"Cuando nuestros caminos se hayan enderezado en la eterna marcha de la vida; cuando nuestros labios se hayan purificado como los del profeta Isaías, al contacto de un fuego divino, y no destilen el engaño y la mentira; cuando nuestras manos estén limpias, como el pan de flor de harina que adorna nuestra mesa, cuando nuestros ojos no se deleiten en los placeres lúbricos, y sólo busquen gozarse en las obras de Dios para alabarle eternamente, entonces amigos míos, caerán sin esfuerzo los tiranos, los déspotas, se romperán las cadenas de todas las esclavitudes, se abrirán las puertas de todos los calabozos, las armas se oxidarán en las cuevas de las fortalezas, los gritos de guerra se transformarán en canciones de cuna, en barcarolas de pescadores, en cadencias de doncellas sentadas al telar, en cantares de labriegos segando sus trigales dorados, y endechas de pastores abrevando sus ganados!...

"Tal es el sueño que agitó sus alas en mi mente, al forjar en ella el ideal de la Santa Alianza que os congrega en torno mío, como una inmensa cosecha de flores y de frutos en torno al labrador que las cultivó!

"Y si cada uno de vosotros realiza en sí mismo, mi sueño creador de la Santa Alianza, no seréis vosotros deudores míos por la iniciativa de esta obra de bien y de dicha para todos, sino que seré yo vuestro deudor, pues que habré recogido de vosotros la más pura e inmensa felicidad que puede gozar un alma humana encarnada en esta tierra!"

Una inmensa onda de amor divino se extendió por el vasto recinto, con tal fuerza y potencialidad, que todos vieron a través de ella como transfigurado, al joven Maestro que decía para terminar:

—Pido al Señor de los cielos y de la tierra, ser para todos vosotros, el ángel que purificó al profeta Isaías, para que no seáis más los hombres de ayer, sino los hombres del mañana glorioso de mi sueño, convertido en realidad.

Los amigos íntimos, los ancianos, después todos, como impulsados por una extraña fuerza, se precipitaron sobre Jhasua y lo levantaron en alto cantando:

— ¡Hossanna al Profeta de Jehová, al que viene en nombre del Señor! ¡al salvador del oprimido pueblo de Israel!

—El hombre de bien se salva a sí mismo —contestó Jhasua tendiendo sus manos hacia todas las manos que buscaban estrecharlas.

Una hora después, la mayor parte de aquella concurrencia se retiraba haciéndose unos a otros esta sugestiva pregunta:

—¿No será este joven profeta nazareno, el Mesías que Israel espera?

—Habla con autoridad de Maestro —añadían otros— y cuando él habla todos callan, hasta los más ancianos.

—Si él fuera el Mesías, ya lo habrían dicho —sugerían otros— ¿Por qué ha de ocultarse un personaje, al cual está vinculada la libertad y la dicha de toda la Nación?

—Disputamos como necios —observaban algunos— ¿Creéis vosotros que lòs poderes actuales verán con buenos ojos que se levante un Libertador para arrojarles del país como a un ladrón del redil ajeno?

—Y corre aquí el oro que es una maravilla —decía otro.

—¿Cómo lo sabes?

—A cada dirigente de región, le han dado un bolsillo repleto de monedas, para socorrer a los inválidos, ancianos y huérfanos de su pueblo. Y uno de los notarios dijo, que esperasen a dar nómina de los necesitados de su región, los que no habían recibido los socorros destinados a ellos.

—¡Por fin!... por fin hay quien se interesa por el dolor del pueblo sin pan —exclamaron varios a la vez.

—Esta Jerusalén tan rica en palacios de mármol, con ese templo que resplandece de oro, y no hay callejuela obscura, donde no veamos seis o siete fantasmas acurrucados en los portales a falta de techo donde pasar la noche.

—Todo eso va a terminar pronto hermano, yo te lo aseguro. Para mí, que el joven profeta, que parece la voz de Jehová cuando habla debe ser el mismísimo Salvador de Israel, que se oculta hasta el momento oportuno de echar fuera a todos los usurpadores de los derechos del pueblo.

"Mas, cuando todos lo callan, callémoslo también nosotros. No sea que el entusiasmo exagerado, nos haga tirar por tierra las combinaciones secretas que tendrá el Mesías con los que lo ayuden en su misión; que la Santa Alianza es de verdad santa, no nos cabe duda pues que los hechos lo pregonan bien alto.

"¿Sabes que la mayor parte de esos fardos rotulados como mercancías destinadas a comerciantes, son donativos de la Santa Alianza para los pueblos que están representados en ella?

—¡Hombre!... cuántas noticias tienes esta noche. ¡Tú lo sabes todo!

—Es que he venido en reemplazo del dirigente de nuestra agrupación de Archelais, y me entregaron seis fardos de ropas y doce sacos de legumbres y cereales para los necesitados de nuestro pueblo.

—¿Y cómo te arreglas con todo eso?

—¿Qué cómo me arreglo? Ya verás: me han dicho que mañana a primera hora esté en el Khan de Bethania, con un billete firmado por uno de los notarios, y me entregarán cuatro asnos con los cuales vendré al bodegón a cargar los donativos. ¿Qué me dices a esto?

—Pues hombre, te digo que nunca se vió cosa semejante en nuestra tierra y que ni el rey Salomón con todas sus riquezas, se ocupó de aliviar así la miseria de su pueblo.

—¡Oh! no hay duda amigo mío: el Salvador de Israel está entre nosotros, y tendrá el poder de convertir en oro, los guijarros de las canteras para socorrer a los desvalidos.

Diálogos al tenor de éste que hemos hecho oír al lector, se iban haciendo a lo largo de las tortuosas y obscuras calles de la ciudad de los Profetas aquella noche memorable, cuando la concurrencia se dispersaba en pequeños grupos desde el bodegón de Simónides a sus respectivas moradas.

Por fin quedaron solos en el inmenso recinto, aquellos que conocían el secreto de la personalidad de Jhasua o sean Simónides, los cuatro Doctores de Israel, el Scheiff Ilderin, los príncipes Jesuá y Sallum de Lohes, Judá, Faqui, Marcos, Othoniel e Isaías, más los cuatro antiguos amigos bethlemitas Elcana, Alfeo, Josías y Eleazar, total unas dieciocho personas con el joven Maestro.

El Scheiff Ilderin, asistía por primera vez a una asamblea de dirigentes de la Santa Alianza, y estaba con un entusiasmo que no le cabía dentro del pecho.

—Esto es magnífico —decía—. Está representado todo nuestro cercano oriente.

—Y aún no lo sabéis todo Scheiff —contestaba Simónides ebrio de felicidad.

Y todos juntos fueron inspeccionando los almacenes abarrotados de mercancías, dispuestas en grandes fardos rotulados para los pueblos en que debían ser repartidos entre los necesitados.

—Marcos, hijo mío, Judá... Faqui, Othoniel, Isaías, traed las listas que habéis preparado para entregar en orden todo este cargamento—. Y comenzaron a leer el número de los adherentes y de los socorridos de cada pueblo.

—¡Pero esto es un espanto!... —exclamaba—, echáis una fortuna como una lluvia sobre los pueblos.

—El otoño está terminando y el invierno llega —decía Simónides—. En esto conocerán los pueblos que el soberano Rey de Israel, no construye su trono de oro y piedras preciosas, sino de corazones agradecidos que le bendigan todos los días de su vida.

Todos hablaban comentando con grandes elogios, el bien que se derramaba sobre los pueblos recargados de tributos y onerosas contribuciones, que les empobrecían hasta carecer de lo más necesario para la vida.

El único que miraba en silencio era Jhasua, cuyo aspecto no revelaba ni entusiasmo ni desaliento. Seguramente pensaba en que es cosa fácil, hacer aceptar una teoría o doctrina a las masas colmadas de donativos de toda especie.

La ilusión de un soberano, de un Libertador cargado de riquezas y dispuesto a derramar a manos llenas sobre sus pueblos conquista de inmediato millares de corazones. Mas cuando la ilusión se desvanezca, frente a un *Salvador de Almas* que proclama el desapego de las riquezas y que su reino no está en este mundo, ¿cuál será el pensar y sentir de esas muchedumbres desengañadas?

Tal era el pensamiento que absorbía por completo al joven Maestro, ante la inmensa cantidad de donativos que la Santa Alianza derramaba sobre los pueblos diezmados en sus haberes.

—Mi Señor —le preguntó Simónides—, ¿podemos decir que cumplimos con el mandato que dice: "Ama a tu prójimo como a ti mismo"?

—Puedes decirlo Simónides, y dirás una gran verdad —le contestó Jhasua—. Te falta averiguar, si los favorecidos por tu generosidad, serán capaces de amar a su bienhechor como se aman a sí mismos, cuando la dádiva haya sido consumida.

—Con esto me quieres decir, mi Señor... que me prepare para la ingratitud ¿no es eso?

—Quiero decir que no debemos forjarnos muchas ilusiones por el entusiasmo de muchedumbres, que aún no fueron cultivadas en los conocimientos superiores, que hacen amar el bien, por el bien mismo.

"Cuando el pueblo hebreo atravesaba el desierto, ¿no murmuró contra Moisés porque disminuyó la abundancia? ¿No clamaron por la esclavitud de Egipto de que él los había sacado, cuando los cargamentos de harina y legumbres se agotaron?

—¡Es verdad... oh! ¡Y tanta verdad! —exclamaron varias voces a la vez.

—En mi Arabia —dijo el Scheiff Ilderin— hay un proverbio muy antiguo que dice: *"Nadie recuerda el río que se ha secado"*. Y creo que en esto, nuestro príncipe de David ha hilado muy fino el hilo de su telar.

El anciano príncipe Sallum de Lohes, hizo mención de la ingratitud de su pueblo, cuando le vieron perseguido por las autoridades romanas.

—Arbol caído poca sombra da —dijo el viejo príncipe— y el amor de las muchedumbres, triste es reconocerlo, tiene siempre el cien por uno de interés.

—Entonces ¿hacemos mal en derramar tanta generosidad sobre el pueblo? —preguntó Judá con visibles muestras de desaliento.

—No hacéis mal jamás en dar al que necesita —contestó Jhasua—. Lo que estaría mal, es que sembráramos el bien con la esperanza de una compensación de amor y de gratitud, porque sólo son capaces de éstos sublimes sentimientos, los espíritus de una grande evolución.

—Y ¿qué piensa mi Señor que sucede, cuando todo este cargamento haya sido repartido entre los necesitados de nuestros pueblos? —preguntó una vez más Simónides a Jhasua, mientras todos inspeccionaban los rótulos de los fardos.

—Pensarán seguramente que la Santa Alianza es una sociedad de socorros, y acudirán a ella como se acude por el agua a la fuente.

"Entonces será el momento propicio para decir a las muchedumbres: *"No sólo de pan vive el hombre, sino también de la palabra de verdad que le enseña el conocimiento de Dios y las leyes que le unen a El"*.

"Los pocos que asimilen estas palabras, serán los únicos con que podremos contar para el futuro.

"Tus donativos Simónides, atraerán a nosotros grandes multitudes, porque tanta generosidad les hará suponer inmensas riquezas acumuladas en las arcas de un rey poderoso que llega a colmarlos de bienes. Acojamos esas multitudes con solicitud y cariño, pero no alimentemos la ilusión de que ellas serán firmes a nuestro lado, en las pruebas que necesariamente llegarán. Esto sólo, es lo que me ha sugerido esta abundancia de donativos, que harán dichosos por unos días, a los favorecidos con ellos.

"¿Me has comprendido amigo mío?".

—Te comprendo mi Señor, pero me apena ver tu pesimismo con respecto a nuestro pueblo. Yo no lo creo tan desnudo de sentimientos nobles, y paréceme que le juzgas con excesiva severidad. ¿No es Señor, nuestro pueblo, bastante mejor que los demás pueblos de la tierra?

El joven Maestro sonrió tristemente, recordando con la rapidez del relámpago, la terrible visión que tuviera en el Santuario de Moab, la víspera de ser consagrado Maestro de Divina Sabiduría.

—La severidad de mi juicio, Simónides, no es sólo sobre Israel, al cual no creo peor que los demás pueblos. Mi juicio lo extiendo sobre toda la humanidad de la tierra, en medio de la cual hay diseminados algunos centenares de almas de evolución avanzada, como rosales en un campo de espinos.

"El egoísmo de lo *tuyo* y lo *mío* es aún muy potente en esta tierra. El aprecio por los bienes materiales es mil veces más fuerte y avasallador que el deseo de los tesoros inherentes al espíritu, como la sabiduría, el amor fraterno, la gratitud por los beneficios, la generosidad, en una palabra: el amor a Dios *sobre todas las cosas y al prójimo como a sí mismo*, están aún ausentes de la humanidad terrestre en general. Las excepciones son demasiado escasas, y a eso viene la Santa Alianza, a educar a las masas, de modo que en ellas, pueda encontrarse siquiera una tercera parte de seres capaces de comprender los principios de la Divina Sabiduría, que enseña a conocer a Dios en sus obras y en sus leyes, y también a valorar al alma humana, por su origen divino y por su destino inmortal y glorioso.

—Voy comprendiendo, ¡oh mi soberano Rey de Israel, que tu vuelo es muy alto, más que el del águila sobre las altas montañas, y temo que ni aún yo, con todo mi amor y mi adhesión hacia tí, sea capaz de seguirte!

"Tu sueño, tu ilusión, mi Señor, paréceme a veces como un pajarillo blanco de rápido vuelo que se lanza a la inmensidad cuando quiero prenderle en mi lazo!... se me escapa siempre, cuando quiero mirarle de cerca, y huye y se aleja como una burbuja de gas, que se desvanece en el azul de los cielos.

"¡Oh mi amado Señor, mi gran Rey soñado desde la niñez, cuando bajo los olivos centenarios de Betphagé, cansado de las caprichosas exigencias de mis mayores me decía:

"Cuando el Justo, el Mesías, el Salvador venga a esta tierra, me prenderé de su manto y le diré: llévame a tu servicio Señor, porque sólo contigo seré dichoso".

—¡Mi buen Simónides! —exclamó Jhasua enternecido por aquel grande amor—. Ya estás conmigo, y te aseguro que será para no separarte más.

El viejo le tomó ambas manos, que besó una y otra vez.

—Esas palabras quería oír de tu boca, mi Señor, para sentirme feliz aunque mi pequeñez no alcance a llegar hasta tu grandeza!

El Maestro lo miró hasta el fondo del alma y le dijo con un acento tan solemne que a Simónides le pareció profético:

—Antes de lo que piensas, amigo bueno y leal, verás mi Reino en todo su esplendor.

—¡Oh ésto sí que es toda mi gloria!... —exclamó el anciano con una tan grande alegría, que hacía sonreir a Jhasua—. Estaría por danzar, Señor, delante de tí, como David ante el Arca Santa cuando la conducía a Jerusalén.

—Oíd a nuestro buen Simónides que parece haber perdido el juicio —decía Faqui a sus compañeros de inspección, por los depósitos de provisiones que al siguiente día saldrían con diversos destinos.

—No lo he perdido, amigo, sino que lo he ganado, al saber lo que ninguno de vosotros sabe —contestó el anciano.

—Y ¿qué es ello? —preguntaron todos a la vez.

—Pues que muy pronto veré el Reino de mi Señor, en todo su esplendor y grandeza que sueño.

Muchos ojos se fijaron en Jhasua que sostuvo aquellas miradas con imperturbable serenidad.

Sonrisas de triunfo se dibujaron en las fisonomías de Judá, Ilderín y Faqui.

—Nuestros grandes Profetas —dijo Nicodemus— deben estar contando los días que faltan, para el cumplimiento de sus grandes vaticinios, sobre la venida del Mesías y su reinado de Israel.

—En cuanto a mí —dijo José de Arimathea— podéis creerme que tengo como una interna seguridad de que no veré ese reinado.

—¡Ni yo!... ¡ni yo!...—se oyeron las voces de los cuatro amigos bethlemitas y del príncipe Sallúm de Lohes.

—Pero ¿por qué? —arguyeron los demás— ¿es que tenéis firmada una sentencia de muerte a plazo fijo?

—Seguramente que no —dijo el príncipe Jesuá.

—Que se expliquen entonces, y sabremos la razón del motivo que tienen para arrojarnos ese cubo de agua fría en pleno rostro —dijo con marcada ironía Nicolás de Damasco.

—No haya enfados entre nosotros —volvió a decir José de Arimathea—. Si yo dije aquello en que me han apoyado varios, es porque no concibo el reinado del Mesías bajo un punto de vista material.

"Como profesor de historia en el Gran Colegio, he estudiado a fondo todos los reinados de ayer y de hoy, y me vería en grandes aprietos, para indicar uno solo que no hubiera sido creado y engrandecido y sostenido mediante el fraude, el engaño, la mentira y los crímenes más espantosos. Siendo esto así, no es grandemente dificultoso figurarme a nuestro dulce Jhasua, puro como un corderillo de Engadí, hecho un rey como el mejor de los reyes que hubo debajo del sol. Paréceme que eso fuera rebajarlo a un nivel muy inferior comparado con la altura en que yo le veo. Eso es todo. Una forma exclusivamente mía, de mirar las cosas.

—Entonces, explicadnos de qué forma hemos de ver cumplirse las profecías —insinuó Gamaliel, que soñaba también con un reinado material, lleno de equidad y justicia.

—Yo me he figurado siempre una apoteosis para Jhasua, o sea una gloria y una grandeza mucho más superior a la de un rey material. Muchedumbres que le aclamen por sus beneficios, innumerables labios que le llamen Salvador; multitud de corazones que comprendan su ideal, traducido en enseñanzas capaces de transformar esta humanidad, purificándola por medios que no conocemos, pero que existen, según la Ciencia Oculta que seguramente conocían nuestros profetas.

"El Profeta Malaquias en los capítulos III y IV trae palabras muy significativas: "Vendrá a su templo el Señor a quien vosotros buscáis, es el ángel del pacto al cual vosotros deseáis.

"¿Y quién podrá sufrir el tiempo de su venida? Porque El es como fuego purificador y como jabón de lavadores.

"Porque ya viene el día ardiente como un horno, y todos los soberbios y los que hacen maldad, serán como estopa.

"Mas a vosotros los que amáis mi Nombre —dice Jehová— nacerá el Sol de Justicia que en sus alas traerá salud".

—Más en Jeremías capítulo XXIII están estas palabras bien explícitas —dijo Nicolás de Damasco—:

"He aquí que vienen los días —dice Jehová— en que despertaré a David renuevo justo, y *reinará Rey*, el cual será dichoso y hará juicio y justicia en la tierra. En sus días será salvo Judá, e Israel habitará confiado. Y éste será su nombre que todos llamarán: Jehová Justicia nuestra".

"¿Dónde está pues la verdad, en Jeremías o en Malaquias?

Todos quedaron en suspenso mirándose unos a otros, hasta que todas las miradas convergieron en Jhasua.

—¡Soy el menor de todos, mis amigos! ¿Por qué vuestros ojos buscan en mí la respuesta? —preguntó sonriendo el Maestro.

—Porque tú eres el Sol de Justicia anunciado por Malaquias —dijo José de Arimathea, sosteniendo su tesis.

—Porque tú eres Jhasua, el renuevo de David que reinará como rey y será dichoso; tú eres el que todos llamarán "Justicia nuestra" —contestó Nicolás de Damasco, defendiendo la suya.

—Bien, bien mis amigos, haya paz y buen acuerdo entre vosotros porque si entre mis íntimos desafinan los laúdes ¿dónde buscará armonía el trovador?

—Si me permitís —dijo Josias— yo no soy doctor de la ley, ni tengo la debida autoridad para interpretar la Escritura Sagrada, pero con estos tres amigos (y señaló a Eleazar, Alfeo y Elcana) hemos sido testigos hace veintitrés años y meses, de la gloriosa noche del nacimiento de Jhasua en nuestra ciudad de Betlehem. Todos cuatro, más nuestros pastores que viven todavía, escuchamos voces de los cielos que cantaban: "Gloria a Dios en las alturas y paz en la tierra a los hombres de buena voluntad".

"Muchos siglos pasaron ya sobre los Profetas, y sus libros fueron desenterrados de entre los escombros de Jerusalén varias veces arrasada. La acción del tiempo habrá podido desfigurar la escritura y variar los conceptos, pero lo que nosotros hemos oído no ha podido ser desfigurado, porque aún la tierra no apagó la luz de nuestros ojos ni hizo enmudecer nuestra lengua. Desde aquella noche memorable, nosotros no hemos variado nuestro pensamiento. No concebimos a Jhasua como un David o un Salomón, en grandeza y poder, sino como el Ungido de Jehová para traer la paz, el amor y la justicia a la tierra, y a los hombres de buena voluntad.

Entonces, la reunión rodeó a los cuatro bethlemitas para escuchar acaso por centésima vez la narración ya conocida de los más ancianos, menos Simónides que había vivido en Antioquía desde antes del nacimientos de Jhasua. El anciano se llegó pues, cuanto pudo, a los de Betlehem y les hizo repetir de nuevo el relato.

—Parecéis niños jugando con una mariposa que les huye en un jardín —díjoles el Maestro de buena gana.

Pero aquellas diecisiete personas, donde había doctores, príncipes, tejedores y ganaderos, no tenían ganas de reír sino de descubrir a toda costa cuál poseía la verdad.

Que Jhasua era el Mesías anunciado por los Profetas, no les cabía duda alguna. La divergencia estaba, en que unos creían que bajo su tutela de padre, marcharían en justicia y equidad todos los hombres de la tierra. Otros lo veían como un Moisés de facultades y fuerzas ultra poderosas, que se impondría a las multitudes por las maravillas que obraría, eclipsando la grandeza y la gloria de todos los reyes de la tierra.

Por fin y viendo que no se llegaba a un completo acuerdo, Simónides, con el derecho que le daba su ancianidad y el saberse amado, se acercó mimoso al joven Maestro que con Marcos, Faqui y Judá eran como simples testigos de la controversia de los hombres maduros, y le dijo:

—¡Mi Señor!... ya lo ves, si tú no hablas, no podremos entendernos. ¡Háblanos, Señor, y seremos iluminados!

—Bien, Simónides, hablaré:

"Yo soy el Mesías anunciado por los Profetas, y todos vosotros veréis la grandeza y la gloria a que me subirá el Padre, cuando sea llegada la hora.

"Quedáis pues satisfechos por mí. Satisfacedme también vosotros, no promoviendo polémicas sobre este asunto, que debe quedar librado a la Suprema Voluntad de Dios".

Una hora después el inmenso recinto quedaba sumido en tinieblas y en profundo silencio, porque los últimos concurrentes se habían dispersado en dirección a sus respectivas moradas en la vieja ciudad, dormida bajo la amarillenta luz de la luna menguante.

EN EL MONTE HOR

Treinta días después Jhasua, en compañía del tío Jaime se incorporaba a la caravana que hacía viajes periódicos desde Jerusalén a Hesbón, y después hacia el sur, al montañoso país de Edor, donde le esperaban Melchor y Gaspar, los dos grandes amigos desde la cuna, para celebrar la primera reunión pactada el día de la muerte de Baltasar.

Apenas habían pasado Hesbón y penetrado en los peñascales de Moab, a la altura de Monte Nebo y Pisga, les salieron al encuentro dos de los setenta Ancianos del Santuario de Moab, que habían sido invitados a participar de aquella reunión.

La caravana les dejaba en Sela, y desde allí debían separarse hacia el oeste, hasta el Monte Hor, donde el príncipe Melchor tenía instalada la última escuela de Divina Sabiduría que había fundado.

En Sela aguardaba un guía, el cual reconoció en seguida a Jhasua, pues era uno de los criados que habían acompañado a Melchor, en aquel encuentro junto a las Pirámides, en Egipto.

—Podías haberte ahorrado el viaje —dijo uno de los ancianos de Moab al guía— porque nosotros conocemos el Monte Hor.

—El amo manda y yo obedezco —contestó el criado—. El Monte Hor tiene grandes precipicios, y la Escuela está en una meseta que desde el valle no se percibe.

—¿Ha llegado un viajero del Golfo Pérsico? —preguntó Jhasua.

—Hace tres días, y vino con dos compañeros más. Ayer a la mañana llegó el Maestro Filón de Alejandría, y les conduje a todos al Monte Hor.

—Han sido más diligentes que nosotros, no obstante de estar más lejos —dijo uno de los ancianos de Moab.

—Al cruzar los Montes Nedjed, el guía los extravió, que de no ser por eso, habrían llegado antes —volvió a decir el criado—.

Pero... el más anciano, parece que vió una luz misteriosa que le hizo encontrar de nuevo el camino.

— ¡Otra vez la estrella!... —dijo el tío Jaime.

—¿Qué estrella? —preguntó curioso el guía.

—Ese mismo anciano —le contestó Jhasua— con otros dos más, fueron también guiados por una misteriosa luz, como tú dices, hasta encontrar el lugar que buscaban.

—Pues si —continuó el guía— la región de Nedjed está atravesada desde el Golfo Pérsico al Mar Rojo, por una cadena de montañas con buenos oasis, que dan vida al desierto de Arabia, casi tan difícil de atravesar como el Sahara. El último huracán de arena había borrado todo vestigio de camino, y el guía se vió desorientado.

"Dicen que el anciano viajero hizo oración al Señor, y una luz que él solo veía, les guió hacia la verdadera senda.

Sela, era una pintoresca población de labriegos y pastores, pues su espléndida situación, en un valle regado por un brazo del caudaloso río Druma, y teniendo al occidente, las fértiles laderas del Monte Hor, se prestaba admirablemente para toda clase de cultivos, y para la ganadería. Era además uno de los mercados importantes, donde los árabes negociaban con ventaja los espléndidos caballos de la región del Nedjed, conocidos como los mejores del oriente.

Aún desde las calles de la ciudad, ya podía distinguirse la silueta erguida del Monte Hor, que es el pico más elevado de la cadena montañosa de Seir.

Quien visita por primera vez aquella región de Arabia, se figura que en menos de una hora de viaje ya se encuentra al pie de aquel monte, y así se lo figuró Jhasua. Mas el guía les aseguró que la subida hasta la meseta en que estaba la Escuela, les llevaría desde el medio día hasta poco antes de la puesta del sol.

El sendero demasiado tortuoso, subía en irregular espiral, que si bien salvaba los peligros, alargaba la distancia.

Cuando el guía les dijo:

—Ya hemos llegado —todos preguntaron:

—Y la casa ¿dónde está?

—En las entrañas de la roca —les dijo el guía, que de inmediato hizo sonar un silbato de aviso.

El blanco turbante de Melchor, apareció de inmediato en un hueco de las rocas, y luego el manto blanco que cubría toda su persona, se diseñó como una escultura de mármol, en el fondo verde obscuro y gris de la montaña.

La meseta se pobló al momento de esculturas blancas, con rostros de bronce y barbas de ébano, descendiendo en una fila que se adaptaba al ondulante serpenteo del camino. Todos traían antorchas, cuya llama rojiza tendida por el viento como cabelleras de fuego, daba al paisaje tonalidades fantásticas.

El dosel de púrpura y oro del sol poniente, envolvía aquel espléndido conjunto de cerros boscosos, por donde medio centenar de hombres vestidos de blanco con llameantes antorchas, aparecían a veces como suspendidos de los árboles sobre el vacío abierto a sus pies.

Cuando Melchor que abría la marcha llegó a los viajeros, los últimos aparecían con estatura de niños prendidos en las ramas de las acacias, o en los abanicos de las palmeras.

Jhasua pensó que el detalle de las antorchas era parte de un ritual acostumbrado para un honroso recibimiento, pero cuando las sombras de la noche les encontraron aún trepando la escarpada cuesta, comprendió que era una necesidad para no caer de bruces a cada instante en aquella escalera labrada a pico en la roca viva.

Cuando llegaron a la explanada superior los viajeros se encontraron agradablemente sorprendidos en una alegre plazoleta cercada de acacias y naranjos, intercalados con hermosos pedestales de piedra blanca, que en su parte superior tenían un hueco donde los que subían iban dejando sus antorchas.

Hacia el frente aparecía como un enorme lienzo, un muro blanco, que era de la misma roca calcárea bruñida y pulimentada de tan admirable manera, que parecía el frente de mármol de un templo común.

En aquella roca había sido esculpido un inmenso libro abierto, en cuyas dos páginas aparecían grabadas en negro, los Diez Mandamientos de la Ley de Moisés. Y en lo alto del formidable libro de piedra se veía una luz en forma de estrella de cinco puntas, que era una caja de piedra dentro de la cual ardía permanentemente una lámpara de aceite.

Para los viajeros que atravesaban aquella montañosa región, la estrella de luz era como un faro que les orientaba en su camino.

El príncipe Melchor, había querido dejar allí permanente recuerdo de la misteriosa luz, que les guiara un día a encontrar al Verbo de Dios bajado a la tierra.

—Tu Escuela de Sabiduría Divina, no puede tener mejor portada que ésta —díjole Jhasua—: El libro de la Ley y la Eterna Luz que le alumbra.

"Pero ésta es una Escuela sin puerta —añadió.

—Las tiene hijo mío, y bien abiertas —contestó Melchor— mira.

El gran libro aparecía colocado sobre dos enormes pedestales labrados en la misma roca de la montaña, los cuales tenían la forma de pirámides truncadas, y eran un poco más altos que un hombre de regular estatura. En uno de los lados de ambas pirámides se abrían las puertas de entrada que daban a dos galerías, cuya techumbre de cuarzo permitía penetrar allí la luz del sol, aunque bastante velada.

Lámparas de aceite las iluminaban por la noche.

A lo largo de aquellas galerías se abrían las puertas de las habitaciones, que eran grutas excavadas en la peña y recubiertas de cedro.

Ambas galerías se encontraban al final en un hermoso pórtico de diez columnas, que daba entrada al santuario de la Escuela, labrado como la sala hipóstila de un templo egipcio, o sea un recinto central más alto y ancho que los dos laterales, unidos los tres, por grandes arcos cerrados con cortinas de púrpura-violeta.

El gran recinto central del aula, era para enseñanza de la Sabiduría Divina y de las ciencias humanas. Los laterales eran destinados el uno, para las concentraciones espirituales de los Maestros y discípulos adelantados; el otro, para los ejercicios de desarrollo de los principiantes hasta el grado tercero.

Todos aparecían rodeados de estrados de madera, cubiertos de tapices de fibra vegetal, y almohadones de paja de trigo con fundas de tela de lino.

Los pupitres, atriles y mesas, todo denotaba allí, que se había tenido muy en cuenta la comodidad, y suprimido todo detalle de lujo innecesario.

Tal era la mansión de roca donde entraba Jhasua, el más joven de los Maestros en aquella época, a tener una conferencia de Divina Sabiduría con sus dos antiguos amigos Gaspar y Melchor, en ausencia material de Baltasar que seguramente les acompañaría desde el plano espiritual en que se encontraba.

Gaspar había traído consigo, dos maestros de los más experimentados en ciencias divinas y humanas. El uno, Goda-very, era hindú y estaba elegido por todas las escuelas del Indo, para sucesor de Gaspar en la regencia de las mismas.

El otro era originario de Pasagarda en Persia, y era el sucesor de Baltasar, su confidente y discípulo íntimo, en el cual habían puesto su confianza las escuelas que reconocieron por Fundador y Maestro al sabio astrólogo recientemente desaparecido. Su nombre era Abbas.

La finalidad de esta reunión, era uniformar la enseñanza que debía darse a las multitudes reunidas en las filas de lo que llamaban, en Siria y Palestina: *Santa Alianza;* en el Indo: *Collar de hierro;* en Egipto: *Huerto de las Palmeras; Corona de oro* en el país de los Tuareghs; *Espiral de incienso,* en la Arabia del príncipe Melchor y *"Antorcha encendida"* en la Persia de Baltasar.

Jhasua hubiese querido que en todas partes tuviese el mismo nombre: *Santa Alianza.* Pero los ancianos conocedores de los aires que se respiraban en los distintos países habitados por ellos, temieron que aquella institución con fines de enseñanza y ayuda mutua, fuera interpretada como una vasta organización internacional para levantar a las masas en contra de sus gobernantes, que, legales o ilegítimos, dejaban mucho que desear, y más todavía, que temer en el presente y en el futuro, para los pueblos que gobernaban arbitrariamente.

Con nombres diferentes, la finalidad era una misma: elevar el nivel moral de las muchedumbres, y suavizarles lo más posible las duras condiciones de vida que con muy pocas diferencias, tenían los pueblos de sus respectivos países.

Las Escuelas de Divina Sabiduría, que hasta entonces habían sido círculos herméticos, a los cuales sólo tenían acceso los que aspiraban a ser Maestros, debían abrir sus puertas a todos los seres que sintieran el deseo de unirse para hacerse más suave la vida, y a la vez, para elevarse de su bajo nivel, espiritual, social y material.

Quedaba a la discreción y prudencia de los Maestros, el reglamentar la enseñanza y la ayuda mutua, en forma que dieran los frutos buscados.

Con el maestro Filón, había venido el anciano profeta de los Tuareghs, que el lector vio en el palacio de rocas de la reina Selene, sentado a sus pies. Formado espiritualmente por los sabios sacerdotes de la antigua Menfis, de cuyas escuelas sólo quedaba una en el Lago Meris, era una inteligencia muy clara y un gran corazón. Para Filón había sido una verdadera antorcha, en las horas difíciles de su larga carrera en procura de la Verdad.

Se iniciaron pues las reuniones, en la gran sala central de la Escuela con diez asistentes: Jhasua y los dos ancianos de Moab, Gaspar y sus dos compañeros: Filón y el profeta de los Tuareghs; Melchor y el maestro Dan-Egadesh, elegido por las escuelas de Arabia para sucesor suyo.

El tío Jaime y dos estudiantes de la misma escuela fueron designados notarios, los cuales no tenían voz ni voto y su papel se reducía a dejar anotadas las resoluciones que se tomaran.

Al tratar de elegir al que presidiría las reuniones, todos unánimes designaron a Jhasua, que aunque el más joven en la vida física, era el más anciano como espíritu.

—Eres la Verdad Eterna encarnada en una personalidad humana, y nadie como tú para abrirnos derroteros nuevos en el laberinto de la inconsciencia humana, en que nos vemos sumidos —dijo el mayor de los ancianos de Moab. Todos participaban de este pensar y sentir, y Jhasua, no pudo resistirse al mandato de la mayoría.

Conforme a la costumbre de todas las Escuelas de Divina Sabiduría, Jhasua abrió la primera sesión con la invocación a la Triada Divina: Poder Infinito, Amor Supremo, Claridad Eterna.

—"Padre nuestro, que alientas en todo cuanto existe en el Universo, por tu Poder Infinito, por tu Amor Supremo y por tu Claridad Eterna: de tu presencia estamos dispuestos a realizar sobre este mundo tu Divina Idea, si somos dignos de ser tomados como instrumentos de tu soberana Voluntad".

" ¡Háblanos Padre nuestro, que tus hijos escuchan!".

Hubo unos momentos de silencio profundo para que cada uno buscara la unión con la Divinidad.

Acto seguido, Jhasua tomó la palabra para hacer con la brevedad que pudo, una exposición del estado espiritual y moral de la humanidad de entonces, descubriendo una por una todas sus llagas, sus enfermedades casi incurables a fuerza de ser crónicas, sus desequilibrios de todo género, en una palabra, su completa desorientación a contar desde el tiempo prehistórico, en el cual la antigua civilización Kobda había acercado a la Divina Idea, la humanidad de tres Continentes.

—Pasada aquella época —dijo— encendió el Eterno sus lumbreras en distintas regiones de la tierra, pero sus resplandores permanecieron pocos siglos a la vista de los hombres de buena voluntad, cuyas mentalidades nuevas, cedían por milésima vez a las tinieblas de errores, constituidos en leyes por los dirigentes de las multitudes.

"Tenéis la palabra —dijo— para esbozar vuestros respectivos programas".

—Volver a la obra regeneradora de Krishna y Bhuda —dijo Gaspar el hindú.

—Volver a la Ley de Moisés —dijo Melchor el maestro de Horeb y Sinaí.

— ¡Krishna, Bhuda y Moisés!... divina trilogía que trajo a la tierra la Luz de Jehová —exclamó uno de los ancianos de Moab.

—Todos los tres —dijo Filón— deben estar encerrados en el cofre de oro y cristal, del actual mensajero de la Eterna Idea, Jhasua de Nazareth. Que él esboce una síntesis de lo que será la doctrina que sembrará en esta hora de su Mesianismo, y nosotros pondremos todo nuestro esfuerzo para ser eficientes colaboradores suyos.

—Yo pienso —dijo Jhasua— que un verdadero Maestro de Divina Sabiduría, no puede nunca destruir lo que otros auténticos Maestros han enseñado, porque tal cosa sería como si la Eterna Idea se hiciera guerra a Sí Misma.

"Pienso por el contrario, que los auténticos enviados divinos como Instructores de la humanidad deben estar de acuerdo en su enseñanza, aún cuando bien se comprende que pueda tener algunas variantes sin mayor importancia, y las cuales se justifican con el mayor o menor grado de comprensión de las porciones de humanidad a quienes se dirigen.

"Y si bien lo observamos bajo un severo análisis, los Kobdas de la prehistoria que civilizaron tres Continentes, no dieron una enseñanza diferente de la de Krishna, Bhuda y Moisés. Aquel período luminoso y fecundo en grandes obras de bien y de justicia, no tuvo otros horizontes que el amor fraterno, al cual dieron formas definitivas y tangibles en aquella vasta asociación de países que denominaron *Gran Alianza.*

"Krishna y Bhuda fueron enviados al Asia Oriental; Moisés y Abel recibieron mandato para el Asia Occidental. En cuanto a mí, el postrero de todos ellos, tened por seguro que no haré más que reavivar los tintes, los tonos, los claro-obscuros del gran lienzo de la evolución humana, que todos los verdaderos Maestros de Divina Sabiduría copiamos de la Eterna Idea Madre.

"La enseñanza de todos los Instructores, se ha basado en el Amor Universal, que es la gran Ley que rige los mundos.

"La enseñanza de Krishna fue como un reflejo diáfano de los antiguos Kobdas, de los cuales estaba aún cercano: freno duro para la injusticia y la prepotencia; decidida protección para los débiles y esclavizados. Treinta centurias han pasado, y el lejano oriente en general, no recuerda ya de Krishna sino que fue un valeroso príncipe que abatió a los usurpadores.

"Tan sólo en unos pocos Santuarios-Escuelas se lee su "Baghavad-Gita", en el que se ha resumido parte de su enseñanza más adelantada.

"Quince centurias han corrido desde que Moisés grabó la Ley Divina en tablas de piedra para el pueblo, y sus cinco libros para las mentes más cultivadas.

"Seis centurias hace que Bhuda se despojó de todo, para enseñar con su propia inmolación, el desprendimiento de todos los goces materiales y groseros, cuando se busca llegar a una gran altura espiritual.

"Y la enseñanza de Krishna, de Moisés y de Bhuda ha sido igualmente falseada, adulterada y proscripta de todas las mentes y de todos los corazones, para substituirla por un monumental catafalco de prescripciones, ordenanzas y ritos, en conformidad con las tendencias interesadas de los dirigentes de pueblos, y de los interventores en el santuario de las conciencias.

"Mi enseñanza de hoy sufrirá la misma suerte, y sería necia ilusión pretender lo contrario. Mas, dada la evolución de la humanidad actual, será mayor el número de lámparas encendidas en las tinieblas que vendrán después de mí; lámparas que resistirán ardiendo hasta morir en los patíbulos, en las hogueras, en los circos, donde los arrojarán como a los vencidos en las guerras de conquista. Y el fraude, el engaño, la errónea interpretación de la Idea Divina, volverán a subir a flote enturbiando todas las aguas, hasta que los huracanes del final de ciclo, hayan barrido de la superficie de la tierra a todos los falseadores de la Verdad Eterna.

"¿Cuál será pues vuestra cooperación en mi doctrina? Constituir cada cual en su país, núcleos de discípulos conscientes para que sean los maestros del porvenir, con lo cual conseguiremos que sean más los salvados que los perdidos en las tinieblas de una nueva evolución en planetas inferiores, donde las condiciones de la vida física, nos causarían espanto a los hombres de la actualidad.

"Y para terminar os digo que, mi enseñanza para los pueblos estará basada en estas palabras de la ley de Moisés:

"AMA A DIOS SOBRE TODAS LAS COSAS Y AL PROJIMO COMO A TI MISMO".

— ¡Muy bien Jhasua!.. ¡Digno de tí!... —exclamó en alta voz el maestro Filón de Alejandría, mientras todos los demás habían expresado su conformidad sólo con movimientos de cabeza, con miradas encendidas de entusiasmo, con sonrisas que eran como una floración del alma—.

"Pero todo eso —continuó Filón— es código para las multitudes que no aspiran más que a su tranquilo bienestar material. Y para nosotros Jhasua, y para todos aquellos que como nosotros aspiran a conocer a esa Potencia Suprema que llamamos Dios. ¿Qué nos das Jhasua, qué nos das?

"El Enigma, el Misterio, el Incognoscible nos rodea por todas partes, y nuestra alma anhela saber algo de ese Dios al que quiere amar. Todos nosotros presentimos, adivinamos casi, la tumultuosa actividad, los torbellinos de vida, de fuerzas, de poderes sobrehumanos que gravitan lejos, cerca, y hasta dentro de nosotros mismos.

"La Ley de la Evolución nos dice mucho. La Ley de la preexistencia nos habla también alto. No obstante, las sombras son aún muy densas, y tú, encarnación del Pensamiento Divino, eres el llamado a disolverlas en el mar diáfano de la Verdad sin velos".

Hubo un momento de espectativa silenciosa en que todos esperaban la contestación del gran Maestro.

—Filón, amigo mío —dijo con admirable serenidad Jhasua—, estás en lo justo, y yo también lo estoy en lo que te digo, que en mundos como la tierra, cuando la Ciencia corre más a prisa que la moral, trae el desbordamiento de fuerzas tremendas, que nada ni nadie puede contener. Por tener más ciencia que moral, fueron tragadas por el abismo, la civilización Lemúrica y Atlántica. Juno y Numú, alumbraron a Lemuria con la lámpara suave del amor fraternal, antes que con la antorcha ardiente de la ciencia. Pero Lemuria, rompió los velos del Eterno Enigma antes del tiempo, y lo incognoscible la sepultó en su inmenso silencio, Anfión y Antulio iluminaron a la virgen de oro del Atlántico, y el último, le dio lo más que podía dárseles a mentes humanas del planeta tierra. Mas la ciencia de los atlantes, audaz y soberbia, rasgó con su estilete el velo del Santa Sanctorum, y la Suprema Potencia que obscurece a los soberbios, y da su luz a los humildes, desató el tremendo desbordamiento de fuerzas desconocidas y la sepultó también en el eterno silencio.

"La sabiduría más antigua que conocemos los hombres de esta hora, es la que nos dejaron en libretos de piedra los Flámenes Lemures, los Profetas Blancos de Atlántida y los Dacthylos del Atica.

"De ese rico venero, extrajeron los Kobdas de la Prehistoria, la capacidad de impulsar hacia la Verdad, el Bien y la Justicia a la humanidad de tres Continentes. Pero toda esa grandiosa ola de Sabiduría Divina, tan sólo osó levantar la punta del velo que oculta el Eterno Enigma; apenas lo suficiente para enseñar a los hombres, que Dios es Amor Infinito, Justicia Inexorable. Poder Absoluto, Energía Suprema, Vida eternamente renovada en todas y cada una de sus creaciones, desde los más radiantes soles que pueblan la inmensidad, hasta la más insignificante larva que forma su colonia en una burbuja de espuma, o en la grieta de un peñasco.

"El simbolismo incomprendido, de la célebre pareja del Paraíso, perdido por haber comido del árbol de la Ciencia que igualaba en sabiduría al hombre con su Creador, nos dice de la manera más sencilla y al alcance de todas las mentes, que este planeta con todo cuanto encierra, no es sino un organismo en formación, y que es pueril vanidad, y hasta estupenda locura, pretender subirle de un salto a la altura mental a que llegaron en centuplicados millones de siglos, los mundos radiantes habitados por Inteligencias tan poderosas y puras, que cooperan con la Suprema Potencia en la creación de nebulosas, y en la dirección de Sistemas Planetarios que aún no vislumbraron los hombres de esta tierra.

"Lo que sucedería con el embrión humano que está en formación en el seno materno, si se pretendiera conseguir prematuramente la hora del nacimiento, es lo que ocurre cuando se precipita la llegada de esta humanidad, al Templo-Luz del perfecto Conocimiento Divino.

"En nuestros Santuarios Esenios perdidos entre las grutas de las montañas, corre silenciosamente la antigua sabiduría condensada en los papiros de los Dacthylos de Antulio, que es el que más ha dicho entre los maestros de la más remota antigüedad. Su mensaje de aquella hora, estuvo casi exclusivamente dedicado a las exploraciones metafísicas, al punto de manifestarse como relator de poemas interplanetarios. A través de las crónicas de sus familiares y discípulos íntimos, podemos conocer la vida en planetas inferiores y muy superiores a la tierra. Podemos conocer la escala infinita, en la jerarquía ascendente de las inteligencias nacidas como chispas de la Eterna Llama Viva que las irradia de Sí Misma, como el sol su polvo de oro sobre nuestro pequeñito mundo.

"Mi guía —nos dice Antulio, en la crónica escrita por su madre Walkiria—, levantó una punta del gran Velo de los siete colores, detrás del cual la Eterna Potencia perfectamente feliz en Sí Misma, emite de su seno oleadas interminables de chispas inteligentes y vivas, que con vertiginosa velocidad van difundiéndose en el éter, cual átomos de oro, hasta que los grandes guías de la evolución de los mundos, les van ubicando en los millares de millones de globos grandes y pequeños, por donde comienzan su progreso las nuevas oleadas de vida que emergen del divino seno materno, eternamente fecundo.

"Y no bien la punta del velo fue levantada, que un torrente de luz potentísima, me cegó, me aturdió, me traspasó de parte a parte, me produjo un vértigo enloquecedor, como si de pronto hubiera perdido todos los puntos de apoyo, y me encontrara absorbido por el vacío.

"No quieras ver más —dijo mi guía— porque con lo poco que has visto, has comprendido bien lo pequeña que es la criatura de evoluciones *no perfectas*, para ver a cara descubierta la Esencia Divina, que sólo resisten las inteligencias más superiores y puras, de las Legiones de *Antorchas Eternas* y de *Fuegos Magnos,* que ya no descenderán jamás a existencias físicas, en mundos donde las inteligencias se revisten temporalmente de carne".

"De las crónicas antulianas, sacaron su doctrina los sabios sacerdotes de la antigua Menfis en Egipto, los maestros de las viejísimas Escuelas de Sabiduría de Golconda y de Madura, de donde la tomó Krishna; y que perseguida después por los Brahmanes, huyó a las cimas nevadas de los Montes Himalaya, y a las selvas impenetrables del Thibet; de allí la copiaron los maestros de la antigua Persia y de la Samarcanda azul, que se confunde casi con la leyenda entre sus rocas color turquesa y sus arroyuelos de zafiros...

"¡Oh, Filón amigo mío!... creo que he hablado más de lo conveniente y que con lo que he dicho, tu corazón de niño ansioso de ver maravillas se habrá aquietado ante el impenetrable Enigma, cuyo amor a sus diminutas criaturas, le hace esconderse aún, para que ellas crezcan, vivan y se perpetúen glorificándole y amándole, en sus obras y en sus leyes, que son todas, vivas manifestaciones de su Eterno Amor paternal".

Filón corrió hacia el joven Maestro, y se abrazó de él con tanta efusión y ternura, que a más de uno de los presentes se les llenaron los ojos de llanto.

Jhasua estrechó sobre su pecho, aquella hermosa cabeza en la cual brillaban ya algunas hebras de plata, demasiado prematuras, y fruto quizá de la constante cavilación en que vivía por conocer la Esencia de ese Dios que su gran corazón quería amar.

— ¡Has aquietado mi corazón para siempre! —dijo Filón cuando la emoción le permitió hablar.

Los otros maestros comprendieron a través del discurso de Jhasua, mucho más de lo que habían comprendido hasta entonces, estudiando tan sólo los escasos fragmentos que en los viejos archivos de sus Escuelas se habían podido conservar.

—¿Estáis todos de acuerdo, en que en la hora actual, nuestra enseñanza a los pueblos sea basada en estas palabras de la Ley traída por Moisés?:

"¿Amar a Dios sobre todas la cosas y al prójimo como a ti mismo?" —preguntó Jhasua a los maestros que le rodeaban.

—¡De acuerdo!... —contestaron todos—. Sólo el Amor puede tender un puente, sobre el abismo que hay entre la inteligencia humana y la Suprema Inteligencia —añadió Melchor.

—El camino del Amor es el más breve y el mejor iluminado —dijo Gaspar.

—De todas las perfecciones de la Divina Esencia —dijo el maestro Abbas, el persa—, creo que el Amor es lo que más dulcifica la áspera vida humana en este planeta, y es una fuente de aguas permanentes en las que el hombre, sea de la evolución que sea, encontrará cuanto necesita para sobrellevar la carga de su existencia con ventajas para sí y para los demás.

—El Maestro lo ha dicho, y eso basta. A sembrar todos el rosal divino del Amor sobre la tierra —añadió uno de los ancianos de Moab.

—Los peñascos del Sahara se cubrirán de rosas bermejas —dijo el Profeta de los Tuareghs—, y en sus dunas amarillentas, surgirán jardines donde el mensajero de Amanai recogerá rosas color de púrpura. Veo manchas de sangre en los peñascales del Africa del Norte. Son tus héroes, son tus mártires de mañana, Niño-Luz, que has despertado con tu palabra, todos los resplandores que dormían en la niebla de mi pensamiento.

La primera reunión terminó con una ferviente acción de gracias a la Suprema Inteligencia que les había dejado entrever, las diáfanas claridades de su Esencia Divina.

En la segunda reunión se estudiaron los principios básicos de las más antiguas Escuelas de Divina Sabiduría, y se hizo un extracto de los que podrían darse a conocer de las masas populares que se acercasen voluntariamente a los núcleos instructores. Son los siguientes:

1º — La inmortalidad del alma humana, y su progreso constante a través de múltiples existencias físicas, con el fin de conquistarse su propia felicidad.

2º — Que la Suprema Potencia, Dios, es el Bien, es el Amor, es la Justicia, y ha grabado en la esencia misma del alma humana, el principio eterno que es su única ley: *"No hagas a otro lo que no quieras para tí"*.

Los dolores, los males, las llamadas desgracias ocurridas a los seres, no son castigos de esa Suprema Potencia; son tan sólo consecuencias de las transgresiones del hombre a la Divina Ley, si no en la vida presente, en una anterior.

3º — Para la Suprema Potencia, Dios, no hay seres privilegiados, porque tal afirmación sería una negación del Amor y de la Justicia Divina, que se derrama por igual sobre toda criatura emanada de El. Hay solamente el Bien, atraído y conquistado, por el acierto y rectitud en el pensar y en el obrar.

4º — El alma humana es libre de obrar el bien o el mal. Si obra el bien, conquista el bien. Si obra el mal, atrae el mal.

5º — La muerte destruye tan sólo el cuerpo material, y da libertad al espíritu, que continúa viviendo ligado por el amor, a los que fueron en vidas físicas, sus afines, amigos o familiares, a los cuales sigue prestando apoyo y cooperación en toda obra de bien y de justicia. Son los ángeles tutelares más íntimos de que hablan todas las religiones.

6º — Sufrimiento eterno, *no existe ni puede existir*, porque la eternidad es sólo de Dios, que es Bien Supremo, y todo, absolutamente todo, ha de volver a El. El sufrimiento lo mismo en la vida física, que después de la muerte, es sólo temporal hasta tanto que la inteligencia que sufre, ha comprendido la causa y aceptado los efectos, como medios de reparar el mal causado.

Una vez reparados los efectos causados por una mala acción, el alma sigue su camino eterno con mayores facilidades y luces, debido a la experiencia adquirida.

7º — Siendo Dios Amor Supremo, que sólo por expansión de su Amor, da vida a cuanto existe, sin pedir ni esperar de sus criaturas sino que sean eternamente felices, se deduce que las faltas en contra del amor, deben ser las que atraen al alma más dolorosas consecuencias, y asimismo, que las obras de amor, grandes o pequeñas, sean las que le atraigan mayor progreso, mayor conocimiento y más felicidad.

—Estos siete principios son adaptables a todas las mentalidades, y forman como un corolario a la Ley de Moisés, basada toda en el eterno principio: *"No hagas a otro lo que no quieras para tí"* —dijo Jhasua cuando el tío Jaime concluyó la lectura de las anotaciones hechas.

—O lo que es igual: *"Ama a tu prójimo como a ti mismo"* según lo grabó Moisés en sus tablas de piedra —añadió el príncipe Melchor.

En los días siguientes se realizaron tres reuniones más, en las cuales los diez maestros trataron de encontrar, y encontraron, la perfecta armonía entre las enseñanzas esotéricas de las más antiguas Escuelas de Divina Sabiduría: la de los Flámenes Lemures, de los Profetas Blancos atlantes, de los Dacthylos del Atica y de los Kobdas del Nilo, todas las cuales están extractificadas en los *Upanishad* y el *Baghavad-Gita,* de Krishna.

Moisés y Bhuda removieron luego la tierra de aquella maravillosa siembra, para que la Divina Simiente, germinara y fructificara de nuevo.

Habían encontrado el camino del bien y de la justicia para las multitudes en los siete principios ya enumerados; ahora llegaron a fijar otros siete para los que anhelaban escalar la montaña santa del Conocimiento Superior. Aceptaron en primer término las *seis virtudes básicas* que exigía Bhuda para los buscadores de perfección, mediante la unión íntima con la Divinidad:

1º — La caridad con el prójimo.

2º — La pureza de vida en pensamiento, palabra y obra.

3º — La paciencia en todas las circunstancias de la vida.

4º — Valor para perseverar en el sendero elegido, no obstante las opiniones diversas del mundo.

5º — La concentración espiritual o meditación, buscando el propio conocimiento y la energía de la Eterna Potencia.

6º — Consagración a la ciencia, que nos descubre las obras y leyes de Dios y nos hace útiles a la humanidad.

A estas seis virtudes exigidas por Bhuda, añadieron la que Krishna consideraba como indispensable, para que el espíritu adelantado fuera investido por la Suprema Ley, de los poderes necesarios, para neutralizar y a veces anular los males de la vida humana o sea, el *desinterés*. Esta era pues la *séptima* virtud que juntamente con las seis anteriores formaban el extracto de la enseñanza que llevarían a la práctica los que quisieran llegar a la perfección, y por ella, a la más íntima unión con la Divinidad, a ser Uno con Dios.

¡Qué océano inmenso de amor debía pues, ser el alma del hombre, que quisiera llegar a esta altura!

—¡Hacer el bien, siempre el bien, con un afán incansable, sin esperar la compensación del éxito, y sin temer el fracaso! —exclamó Jhasua como subyugado por la interna visión de una Belleza Suprema—.

" ¡Así es Dios!... —continuó—, así es el Dios que se da siempre, eternamente, manteniéndose en imperturbable serenidad, ante el continuado mal uso que hacen sus criaturas de los dones de su Creador.

—¿Cuándo llegaremos a ese radiante estado de conciencia, que nos mantenga perfectamente tranquilos ante la idea del éxito o del fracaso? —preguntó a la reunión el príncipe Melchor, cuya vehemencia de temperamento, aún no estaba apagado por completo, no obstante las experiencias que había pasado y los estudios superiores a que llevaba consagrados 25 años de su vida.

—Cuando hayamos logrado poner en práctica los siete principios de la vida perfecta —contestó Jhasua con una solemnidad de inspirado, por cuyos labios parecía cruzar en ese instante, el soplo divino del Eterno Enigma.

Tomaron asimismo la disposición de que los nueve maestros que rodeaban a Jhasua, escribiera cada cual por separado, una vez vueltos a sus respectivos países y moradas, un tratadito que se denominaría *"Comentarios a los catorce principios de Divina Sabiduría*, esbozados en la reunión de maestros del Monte Hor".

Una vez escritos, debían ser remitidos a Jhasua, para que les pusiera el sello de oro de su aprobación, y que quedaran en definitiva como base perfectamente unida y sólida, de una enseñanza capaz de levantar el nivel moral de la humanidad, en los dos milenios que faltaban para finalizar un nuevo ciclo de evolución humana terrestre.

Terminado así el trabajo de los diez maestros, en el cual pusieron ellos todo su esfuerzo y buena voluntad, probados con los sacrificios hechos para llegar al Monte Hor desde lejanas regiones, con la carga de ancianidades venerables, pues que sólo Filón de Alejandría no había aún llegado a los sesenta años, el Eterno Amor que jamás se deja sobrepasar en generosidad, les dió sin pedirla, una hermosa compensación.

El príncipe Melchor en su calidad de dueño de casa, quiso obsequiar a sus huéspedes con un festín en la misma Escuela, al cual fueron llamados los estudiantes de las pequeñas escuelas de Kades-Barnea y Esion-Geber, en las que se habían repartido los estudiantes de la Escuela-Madre, que era la del Monte Horeb, perdida en los peñascales escabrosos de Madian, donde el Horeb y el Sinaí se destacan con sombría majestad y tienen la consagración de la presencia lejana de Moisés.

Eran cincuenta solitarios del Monte Hor, más veintiuno de cada una de las dos pequeñas escuelas ya mencionadas, sumaban noventa y dos. Los maestros hacían llegar los comensales a ciento dos y el tío Jaime ciento tres.

La avidez con que todos buscaban a Jhasua, el Verbo de Dios encarnado en la tierra, se lo puede suponer el lector.

Y el gran Maestro, joven como los más jóvenes estudiantes de las montañas de Arabia, pues había recién entrado a los veinticinco años, supo ponerse a tono con ellos, que se acercaron temerosos de un deslumbramiento de poder y sabiduría divinas, y se encontraron con unos ojos rientes, llenos de suave ternura, y una alegría casi infantil, mientras sentado sobre las piedras cubiertas de musgo, se divertía dando manojillos de yerba tierna a los cabritos de pintados colores que brincaban en torno suyo, con su nerviosa inquietud habitual.

—¡Venid, Venid! —les dijo tendiendo hacia ellos sus brazos abiertos—. Venid a compartir conmigo los mimos de los *Venerables*, que yo solo entre ellos, comenzaba a echarme a perder, adquiriendo hábitos de hijo único, dispuesto siempre a recibir, y nunca a dar.

Algunos de aquellos jóvenes solitarios al abrazarle, dejaron en Jhasua una impresión de amargura tan honda, que el joven Maestro sintió sus ojos húmedos de lágrimas y fijó su mirada de modo especial en ellos, para reconocerlos luego y tener un aparte en momento oportuno.

Los *Venerables* como él decía, grabaron bien en su retina la visión de aquel cuadro que trascendía a cielos anticipados; el joven Maestro de rubios cabellos y ojos claros, abrazando efusivamente a aquel numeroso grupo de jóvenes de morena faz y negras cabelleras, que dejaban en él toda la intensidad de sus temperamentos vehementes y emotivos. Eran todos hijos de la ardiente Arabia.

La gran mesa del festín estaba puesta en aquella plazoleta delantera a la fachada, que ya conoce el lector, y la cual aparecía como amurallada por acacias y naranjos. Era el anochecer y las antorchas colocadas en los pedestales de piedra, soltaban al viento sus cabelleras de llamas.

Cuando se trató de ubicar a los comensales, Jhasua habló el primero dirigiéndose en particular al príncipe Melchor.

—¿Me permites elegir mi puesto? —le preguntó con el tono habitual de un niño que suplica.

—¡Desde luego hijo mío! Tú mandas aquí.

—¡Gracias príncipe! Quiero sentarme en medio de aquellos dos hermanos, porque necesito conquistarme su confianza —dijo señalando, sin que ellos lo advirtieran, a dos jovenzuelos de elevada estatura y cuyas fisonomías se parecían tanto entre sí, que denotaban un vínculo de familia. Su tez ligeramente trigueña y sus ojos color de hoja seca, demostraban además, que había en ellos una mezcla de razas.

—¡Ya sé porque te interesan! —exclamó sonriendo Melchor—. Has percibido en ellos un secreto dolor y te propones curarles. Son hermanos entre sí y tienen una dolorosa tragedia en su vida. Buscando alivio en el apartamiento de los hombres, han venido a nuestras Escuelas; mas no sé si curados de su mal perseverarán en este camino.

—Eso pertenece a Dios y a ellos solamente. Con que ya sabes mi deseo.

—Descuidad Jhasua, que yo espero ser un buen colaborador en toda obra tuya.

De pronto sonó una campana en lo interior del Santuario, y por debajo del gran libro de la fachada, comenzaron a salir las blancas figuras de los solitarios que rodearon la mesa. Melchor ayudado por algunos de ellos, fue ubicándolos a todos en sus respectivos sitios.

—Jhasua pide —dijo— que Baltasar, Gaspar y yo presidamos esta comida.

"Y siguiendo la costumbre de las antiguas escuelas, en el sitio destinado al que vive sin la materia, aparecerá una gran corona de ramas de olivo y flores de siempreviva, símbolo de paz y de amor.

Todos aplaudieron la idea y la corona fué colocada en la cabecera principal de la mesa, dando así la preferencia al que, de los tres primeros en reconocer a Jhasua, estaba desencarnado. A ambos lados se colocaron Gaspar y Melchor, siguiéndoles los demás por orden de edad.

En la otra extremidad frente a ésa, estaba Jhasua en medio de los dos jóvenes mencionados y cuyos nombres eran Abdulai y Dambiri, que ignoraban completamente haber sido elegidos por Jhasua para compañeros de mesa. La poderosa irradiación del joven maestro de tal manera les saturaba, que por primera vez en varios años, se mostraban satisfechos y alegres.

—Mirad qué dichosos están aquellos dos —dijo Melchor a su sucesor Dan-Egadesh sentado a su lado.

—¡Pues como para no estarlo, con la compañía que tienen! —le contestó a media voz.

—Jhasua mismo lo ha pedido así porque ha percibido su gran dolor. Será para nosotros otra prueba de su poder sobre las almas, si les vemos curados de su mal.

Según la costumbre establecida allí, ninguno servía la mesa, sino que los manjares se colocaban en grandes fuentes de plata o de cobre y canastillas de mimbre, de las cuales cada uno tomaba lo que era de su gusto, para su plato particular.

Un rebaño de cabras y una gran majada de gansos que los solitarios cuidaban, les proporcionaban la materia prima para su alimentación, o sea leche, manteca y huevos.

El huerto cultivado por ellos mismos, les daba las legumbres y hortalizas; mientras que las vides que trepaban por las montañas, las higueras, los cerezos, las naranjas y las palmeras, adornaban su mesa con el esplendor de sus preciosos frutos.

Como era de esperarse, una profunda simpatía se estableció de inmediato entre Jhasua y sus dos compañeros.

—¡Qué casualidad! —dijo uno de ellos—, que tú ¡Oh Maestro! has quedado entre nosotros dos.

—Acaso no es casualidad, sino ley —le contestó el Maestro.

—Una ley que nos coloca a tu lado Maestro, es muy singular —añadió el otro—. Nosotros estamos muy lejos de tí.

—¿En qué lo conocéis? —volvió a decir Jhasua.

—En que tú eres el Ungido del Altísimo, para salvar a todos los hombres y nosotros no somos capaces de salvarnos a nosotros mismos. Creo que hay diferencia.

—Si no te explicas mejor, tardaré en comprenderte. Lo único que sé de vosotros dos, es que tenéis un gran dolor interno que os dificulta el estudio y la meditación.

—Es verdad Maestro, mas ¿cómo lo sabes?

—Mi sensibilidad lo ha percibido desde el primer momento que os vi. Por eso estáis a mi lado, porque mi corazón necesita que me abráis el vuestro. No podría irme tranquilo del Monte Hor, si el Padre Celestial no me concediera el don de dejar curada para siempre vuestra pena.

Los dos hermanos se miraron asombrados grandemente de lo que oían.

—Y ¿qué puede significar en vuestra gloriosa carrera de Mesías, el dolor de dos vidas obscuras e ignoradas como las nuestras? —preguntó Dambiri con la voz temblorosa de emoción.

—¿Esto quiere decir que nosotros estamos sentados a tu lado porque, tú, Maestro, lo has pedido? —interrogó Abdulahi.

—¡Justamente! ¿Os disgusta que lo haya hecho así?

—De ninguna manera. Me asombra sí, que os intereséis tanto por dos seres que hasta hace unas horas no conocíais.

—¿Conocéis y aceptáis la ley de la preexistencia? —volvió a preguntar Jhasua.

—Llevamos aquí tres años, y ese es uno de los principios básicos de la enseñanza —contestó Dambiri.

—Entonces no podéis asegurar que por vez primera estáis a mi lado. Y si hubieras sido algo muy íntimo mío en vidas anteriores ¿no podía despertarse fácilmente el recuerdo en vosotros o en mí mismo, traducido en forma de simpatía?

—Eso, puede ser verdad —contestó Abdulahi.

—Hay tantas circunstancias y hechos que son una realidad, y que dejamos pasar inadvertidas porque la grosera vida física nos lleva a dudar o negar todo aquello que no perciben nuestros sentidos —dijo el joven Maestro como abstraído de un pensamiento fijo. Este pensamiento presionaba aquellas mentes, para que se vaciaran en la suya. Y Dambiri que lo percibió más profundamente dijo:

—Tenemos una historia y es ésta: nuestro padre fué un extranjero que vino de la lejana Grecia, y amó a la que fué nuestra madre, a los doce años de edad. Como ese amor fué un secreto para todos, por la feroz oposición de nuestros abuelos, nosotros crecimos creyendo que éramos huerfanitos adoptados por compasión. Nuestra madre continuaba siendo una niña, que no tenía otra diversión que jugar con nosotros y colmarnos de mimos. Llegamos a amarla con un delirio rayano en locura, y así comenzaron a nacer los celos entre ambos. Un día nos sorprendió el que en verdad era nuestro abuelo, trepados a la ventana de la alcoba de nuestra madre, mientras ella dormía, con la intención de penetrar dentro. Nosotros que somos mellizos teníamos doce años y nuestra estatura era casi como la que tenemos ahora. Ni nosotros ni nuestro abuelo, conocíamos el vínculo que nos unía con aquella joven mujer, que sólo tenía veinticuatro años de edad, y cuyo amor nos tenía enloquecidos a los dos.

"Mi abuelo que era muy violento de carácter, nos tomó a entrambos por el cuello para estrellarnos en las rocas y que rodásemos al precipicio a donde daba aquella ventana. Nuestra madre se despertó, y saltó como una fiera que defiende sus cachorros. En la lucha que se trabó en defensa nuestra, ella gritó enfurecida: "Los defenderé aún a costa de mi vida *porque son mis hijos*". Su padre lívido de furor la agarró, la estranguló y la arrojó al precipicio. A nosotros nos amarró con la misma cadena y nos vendió como esclavos en el mercado de Alejandría. Ya está contado todo! Nos habíamos enamorado ambos de nuestra propia madre. La vimos morir sacrificada a su amor materno, y nosotros reducidos a la triste condición de esclavos.

—¿Y cómo estáis aquí? —preguntó Jhasua.

—Porque el príncipe Melchor pagó nuestro rescate y nos trajo a su Escuela de Esion-Geber por si nos adaptábamos a ésta forma de vida.

—¿De modo que no estáis aquí en definitiva? —preguntó nuevamente Jhasua.

—No —contestaron los dos a la vez.

—"Este retiro y ésta vida desnuda de emociones, nos mantiene sumergidos en terribles recuerdos del pasado. Están terminándose los tres años de prueba que exigen, pasados los cuales podemos resolver libremente cuál será nuestro camino a seguir —observó Abdulahi.

—¿Cuántos años de edad contáis ahora?

—Doce teníamos el día de la tragedia, seis de esclavitud y tres en la escuela de Esión-Geber.

—Veintiún años, y os parece que tenéis desecha para siempre vuestra vida ¿no es así?

—Así es justamente, y no vislumbramos siquiera la forma de rehacerla nuevamente —dijo Dambiri con profunda tristeza.

—¿Quiere decir que no creéis en el poder, ni en la sabiduría, ni en el amor de nuestro Supremo Dueño y Señor? —preguntó Jhasua.

—Creemos —dijo Abdulahi— pero pensamos que lo ocurrido en nuestra vida sea consecuencia también de nuestro impetuoso amor pasional, que nos hizo olvidar todo respeto a la casa que nos había cobijado.

—Nos dejamos cegar por el egoísmo y los celos, y llegamos hasta odiarnos —añadió Dambiri confirmando lo que decía su hermano—. Locuras semejantes, traen consecuencias desastrosas.

—Hemos pagado muy caro el error de nuestros padres y nuestros propios errores —añadió Albdulahi.

—Sois justos en reconocerlo —díjoles Jhasua— y el Eterno Amor que os sacó de su propio seno, jamás os abandona a vuestras débiles fuerzas, sino que con tierna solicitud, os pone de nuevo en el camino de vuestra felicidad futura. En nombre pues de ese Eterno Amor, os doy palabra de que antes de regresar yo a mi país, vislumbraréis por lo menos vuestras vidas reconstruídas.

—Que el supremo Señor —dijeron ambos hermanos— recoja tu santa palabra y tenga misericordia de nosotros.

Cuando la comida terminó, siguió la segunda inolvidable velada, que consistía en un magnífico concierto de laúdes, cítaras, intercaladas con canciones en que los jóvenes solitarios dejaban traslucir sus anhelos, sus pensamientos y sus recuerdos.

Jhasua profundamente psicólogo, se entregó de lleno a una silenciosa observación.

De aquellos cuarenta y dos jóvenes, ninguno pasaba los veintiséis años. Algunos habían terminado la primera prueba de tres años y comenzado la segunda que duraba cuatro años. Concluído este segundo período, pasaban al grado de aspirante de maestros, que duraba otros siete años.

Cuando terminó la parte artística de aquella velada, Jhasua tuvo un aparte con el príncipe Melchor sobre la bizarra juventud, que era la esperanza futura de las Escuelas de Divina Sabiduría fundadas por él.

Todos los demás se retiraron a sus moradas para entregarse al descanso. Sólo Melchor y Jhasua quedaron en vela, sentados junto a la mesa del recinto central, donde los tres notarios de las asambleas habían realizado su trabajo en días anteriores.

Un cirio de cera aromatizada alumbraba débilmente el recinto, y en las ascuas encendidas de un pebetero, Melchor puso un puñado de incienso, que tejió una larga y espesa espiral de humo perfumado.

—*Mi Espiral de Incienso*, Jhasua, continuará tu vida y tu doctrina a través de los siglos y de las edades! ¿no lo crees así? —preguntaba el príncipe Melchor.

—Lo creo, sí, pero paréceme que tu *Espiral de Incienso*, que es la *Santa Alianza* de Arabia, necesita expansionarse hacia el exterior —le contestó Jhasua.

—¿Qué quieres decir con eso? Te ruego explicarte con mayor claridad. Ya sabes que entre tú y yo no debe haber nada oculto, ni abrigar la menor desconfianza.

—Quiero decir —continuó Jhasua— que de todos estos jóvenes que preparas para maestros de Divina Sabiduría, por lo menos dos terceras partes, no pueden perseverar en esta vida.

—Ya lo sé hijo mío. Sé que la mayor parte de ellos saldrán de aquí antes de terminar los cuatro años de prueba superior, pero saldrán con una visión bastante clara de las verdades y leyes eternas, que aquí aprendieron. Y en el campo de acción a donde ellos lleven sus actividades, llevarán también el perfume de la *Espiral de Incienso*, y lo difundirán en los pueblos de que formen parte.

—¡Oh, qué gran corazón el tuyo príncipe Melchor, que no se desalienta ni se abate ante la idea de que la mayor parte de estos pajarillos, echarán a volar por esos mundos de Dios! —exclamó el joven Maestro.

—Mi corazón es de carne, Jhasua y de seguro lo sentiré mucho, porque les amo a todos como si fueran mis hijos; pero como quiero arrancar de mí todo egoísmo, no solamente les facilitaré su partida, sino que nuestra Espiral de Incienso les dará medios para abrirse camino en la vida y les seguirá en sus andanzas por los senderos largos, penosos y a veces extraviados por donde se lanza el corazón humano en busca de felicidad.

—Sus laúdes y sus salterios —continuó Jhasua— igualmente que sus hermosas canciones llenas de sentimiento y de melancolía, acusan una honda nostalgia de amor, de emociones de vida afectiva en el seno de la familia.

"Son muy pocos los seres que pueden trascender todo eso que es la ley de la vida en este planeta. Y los maestros de Divina Sabiduría debemos saber discernir con claridad cuándo un alma puede bastarse a sí misma y vivir sola con Dios, y cuándo necesita de los amores humanos y de la vida emotiva de la familia.

—Todos ellos —dijo Melchor— están catalogados en esa legión dolorosa que llamamos náufragos de la vida, porque bien sabes, no obstante de ser tan joven, que por lo general, los seres buscamos los caminos de Dios, cuando nos ha herido profundamente el contacto con los humanos.

—Así es —contestó Jhasua—. Los triunfadores felices de la vida material, no se toman el trabajo ni siquiera de pensar, que tienen en sí, un principio inteligente e inmortal, que pasada la vida en que han gozado de sus triunfos, les obligará a continuar viviendo indefinidamente, y de seguro en condiciones diametralmente opuestas a las que tuvieron en la vida presente. Nada tiene de extraño, que los estudiantes de tus escuelas hayan llegado traídos por el dolor y el desengaño.

—Muchos de ellos —continuó Melchor— son prisioneros de guerra, fugitivos de sus nuevos amos. Antes de verse vendidos como esclavos y tratados como bestias de carga, se refugiaban en las grutas de nuestros penitentes, de donde les hemos traído en vista de sus capacidades y aptitudes propicias, para ser cultivadas hasta un grado más de lo común.

—Y ¿has pensado hacia dónde debe encaminárseles llegado el momento de abrirles las puertas del sagrado recinto que les cobijó? —volvió a preguntar

Jhasua.

—Sí; debe ser a mi juicio, hacia el país en que tú desenvuelves tus actividades como Instructor de la humanidad. Tu país, Jhasua, debe ser para ellos la tierra de promisión.

—Se sentirán tal vez avergonzados y doloridos, de declarar abiertamente que no se sienten llamados a este género de vida, y creerán incurrir en la nota de desagradecidos abandonando a quien con tanto amor les acogió en el dolor. ¿No lo crees tú así príncipe Melchor?

—Coincidimos en todo absolutamente —contestó éste— y deseaba proponer a los maestros aquí reunidos, que hiciéramos una especie de examen de los alumnos, a fin de animarlos a definirse y declararlo abiertamente. Es necesario convencerles de que nuestra protección no ha sido para ellos más que una época de aprendizaje, de cultivo intelectual y moral. Y que nuestra *Espiral de Incienso*, necesita de la actividad de sus propios hijos para extender por los pueblos sus principios y sus leyes, basados desde luego en la Eterna Ley.

— ¡Muy bien pensado! —exclamó Jhasua—. Entre los diez maestros que estamos reunidos aquí, creo que sabremos encaminar a ese grupo de almas hacia los sitios que el Eterno Amor les tenga reservados. Estaría por pedirte príncipe Melchor, me permitieras encargarme de los jóvenes de la tragedia aquella.

—Y yo estaba por rogarte Jhasua que te los llevases contigo, si te era posible. Entre tú y ellos hay un lazo de muchos siglos.

—En verdad, lo he presentido así. ¿Puedo saber de qué se trata? —preguntó Jhasua.

—Tres de nuestros solitarios —continuó Melchor— tuvieron revelación sobre ellos y las tres manifestaciones coincidieron. Cuando Bhuda pasaba por la tierra, Abdulahi y Dambiri eran dos jóvenes brahmanes que de niños habían jugado juntos con el príncipe Shidarta en los jardines de su palacio. Le conservaron su afecto cuando él renunció a toda grandeza material, y en varias ocasiones desbarataron las asechanzas y lazos que los brahmanes tendían al gran Misionero para eliminarlo de la vida. Descubiertos en sus trabajos por salvar a Bhuda, fueron maldecidos con maldición mayor y declarados parias, arrojados de todas las ciudades donde hubiera un brahmán.

"Y por medio de edictos se hizo saber a todos los pueblos que los dos infelices debían ser corridos con piedras, de cualquier poblado a donde llegasen. Como ellos se llenaron de odio hacia sus perseguidores, se pusieron al alcance de la terrible maldición que en efecto, atrae al maldecido, una coalición de fuerzas tremendas. Locos de furor a causa del hambre y la sed, prendieron fuego a un poblado de chozas, de donde les habían corrido a pedradas, causando una muerte desesperada a mujeres, ancianos y niños. Tal es el relato que por vía espiritual hemos obtenido referente a ellos dos. Creo pues, que con este acercamiento a ti Jhasua, podrá ponerse término a la dura cadena que ellos arrastran desde aquella época lejana.

—Está bien —dijo Jhasua— si ellos están de acuerdo, los llevaré conmigo a Jerusalén, y ya tengo pensado el lugar que allí ocuparán. El Scheiff Ilderin tu amigo, ha comprado una casa en Jerusalén y otra en el puerto de Joppe, que serán agencias para colocar con ventajas los productos de su tierra natal, y a la vez para ayudar a sus compatriotas, y atraerles hacia la Palestina, donde él cree que dentro de poco se realizarán grandes acontecimientos. He comprendido que en todo esto se ha puesto de acuerdo con otro amigo tuyo, el comerciante Simónides. Ambos pretenden atraer toda la grandeza comercial del mundo a Jerusalén, para prepararla a ser digna capital del futuro Reino de Israel con que sueñan. Que se realicen o no sus sueños, mientras hagan el bien, será esa la mejor realidad. Nada mejor que estos dos jóvenes árabes y de tus escuelas, para el Scheiff Ilderin que necesita dos hombres de bien, con instrucción y buena capacidad, para colocarlos al frente de sus agencias en Jerusalén la una y en el puerto de Joppe la otra. ¿Está bien mi combinación?

—Maravillosa, como todas tus obras, Jhasua.

—Y para los demás que deban dejar el retiro de las escuelas —añadió el joven Maestro— buscaremos sitio apropiado entre los buenos amigos de Judea, ya que tienes el pensamiento de que deban residir en Palestina.

"Tenemos al buen Simónides, al príncipe Judá, cuyas inmensas actividades pueden dar trabajo a doble cantidad de brazos que representan tus discípulos. Tenemos a los príncipes Sallum de Lohes y Jesuá que figuran entre los dirigentes de la Santa Alianza, y son personas acaudaladas, inclinadas siempre a la ayuda mutua prescripta por nuestra ley. Tenemos los cuatro doctores de Israel que tú conoces, y cuya buena posición social les permite servir de protección y amparo a jóvenes que se inician en la vida.

"Con que ya ves, que colocados de esta manera, no les perderás de vista, y tu amor paternal podrá seguirles de cerca. Bajo el amparo de las personas que he nombrado, si ellos quieren seguir rectos senderos, tendrán todas las facilidades."

Con esta conversación quedó preparado el terreno, y al siguiente día se realizó una conferencia entre los diez maestros y los cuarenta y dos discípulos, de cuya perseverancia en las Escuelas, se dudaba.

Encarado el asunto en la forma que Jhasua y Melchor habían combinado, los jóvenes alumnos se franquearon con entera confianza, y resultaron veintinueve los que deseaban salir al exterior, si se les porporcionaba oportunidad de una vida honorable y justa.

Y sólo trece continuarían en el retiro de las Escuelas de Divina Sabiduría, en las cuales estaban terminando la segunda prueba.

De ésto resultaría que cuando Jhasua regresara, en vez de volver solo con el tío Jaime, volvería acompañado de veintinueve jóvenes árabes de una cultura esmerada, y con capacidad para desenvolverse noblemente en la vida.

Acto seguido se despachó un correo que tomando el camino más directo pasando por Thopel al sur del Mar Muerto, llevase una epístola de Jhasua y de Melchor para Simónides, Judá e Ilderin que aún esperaban a Jhasua en la ciudad de David. Allí se les anunciaba la llegada del joven Maestro con veintinueve jóvenes árabes, que iban a tomar puestos en las actividades honorables de los buenos servidores de Dios.

Terminado y bien resuelto este problema de ubicación de aquellos seres, entre el concierto de las vidas humanas consagradas al trabajo, los maestros esperaron el mensaje divino que les diera nuevos alientos para continuar la siembra de Verdad y de Amor sobre la tierra.

Dos días después, y a la segunda hora de la noche, los diez maestros se hallaban reunidos en el recinto lateral de la derecha, dedicado a los trabajos espirituales realizados por los maestros y discípulos adelantados. De éstos, solo había nueve en aquella escuela, y fueron llamados a participar de aquella reunión espiritual.

Pasados los primeros momentos de la evocación, entraron en la hipnosis dos de los discípulos de la Escuela: Aldebarán y Nerebin, que dos años después serían consagrados maestros.

Las Inteligencias Superiores, *Aheloin y Ariel*, guías de Jhasua en esa encarnación, habían tomado posesión de aquellos dos instrumentos y luego de pedir concentración profunda de pensamiento, cayó en hipnosis Yusufu-Dan, el discípulo que esa noche iba a consagrarse maestro y a través del cual, transmitiría su pensar y sentir Shamed, inteligencia sutilísima, próxima ya a formar parte de la Legión de Antorchas Eternas.

¿Qué dirían aquellos mensajeros divinos, venidos de los más superiores planos de evolución espiritual?

Tan poderosa era la vibración de amor, tan sutil la luz extra terrestre que penetraba como una esencia, en los cuerpos y en las almas de los presentes, que una especie de quietud extática les invadió a todos. La inmovilidad era completa. Parecían mudas estatuas sentadas, en las cuales sólo vibraba tenue la inteligencia, y latía acelerado el corazón. Jhasua llegó a pensar si estaría emancipado del plano físico, y en posesión ya de aquel Reino Eterno, del cual había bajado al obscuro destierro de este mundo inferior.

Los diez maestros pensaban igualmente, si aquello era la anulación de todas las sensaciones de la materia, y la deseada libertad del espíritu que parecía tener alas que lo impulsaban a lo eterno incognoscible.

— ¡Es la grandeza de Dios que está ante nosotros! —pensaron todos a una. Y sus párpados se cerraron y sus cabezas se recostaron hacia atrás en el respaldo de los sillones de junco.

Los tres sensitivos en hipnosis, unieron sus manos, y se formó una fuerte cadena fluídica, de la cual fué emergiendo lentamente algo así como una nebulosa de todos los colores del iris, la cual hizo desaparecer a la vista los muros del recinto, la techumbre, la montaña y cuanto la rodeaba.

Sólo quedaban como suspendidos en ella los diecinueve seres que formaban aquella reunión.

Poco a poco fueron perdiendo la conciencia de su existencia material, y unos antes y otros después, se sumergieron todos en la más inefable felicidad que pudieran haber soñado.

¡Emancipados sus espíritus, aquellos tres poderosos Guías les presentaron el desfile grandioso, infinito, incomensurable de la grandeza del Absoluto... del Supremo... DIOS!

Mas no sabían definir si eran ellos los que corrían arrastrados por vertiginosa carrera, o era aquella como cascada interminable de globos de luz de los más variados colores que corría ante ellos.

—" ¡Setenta millones de sistemas planetarios vistos en vuestro vertiginoso correr! —dijo Shamed, el que dirigía aquella estupenda manifestación—. Y cada globo encierra innumerables vidas desde las más rudimentarias, hasta las más evolucionadas, y todas ellas respiran, viven y son átomos de Dios que las anima.

"No comprenderéis al Eterno Enigma, mientras le busquéis fuera de vosotros mismos.

"Cuando obráis el bien sin violencia, cuando amáis desinteresadamente, cuando lloráis con el que llora y reís con el que ríe; cuando levantáis al caído, y derramáis como rocío vuestra piedad sobre el dolor de vuestros semejantes, sois pequeñas imágenes de Dios, que es el Eterno Amor por encima de todas las cosas.

"Dios no tiene forma definida, porque sólo la materia la tiene.

"Infinitamente múltiple en sus manifestaciones, que las inteligencias pueden apreciar en todos los mundos, la Eterna Esencia es luz en el éter, es frescura en el agua, es fecundidad en la tierra, es calor en el fuego, es blancura en la nieve, es perfume en la flor, es dulzura en el fruto, es arpegio en el canto de los pájaros, es ternura, abnegación y heroísmo en las almas amantes; es el Bien, la Sabiduría y la Justicia perfectas, en las Inteligencias llegadas a la absoluta purificación. En el conjunto de Ellas reside el poder creador, la fuerza vital, la voluntad directriz de cuanto vive y alienta en el Universo. En vuestra unificación con Ellas reside toda la fuerza, toda la luz, toda la belleza que puede tener en sí, un espíritu encarnado en planos físicos.

"¡Jhasua!... ¡Tú eres el hilo de oro, conductor de todas las perfecciones de la Divina Esencia entre tus hermanos terrestres! ¡El que a tí se une, a Dios se une! ¡El que a tí te ama, entra en el concierto maravilloso de los amantes de Dios! ¡El que comparte contigo tu obra de redención humana, es luz de Dios flotando por los caminos de las almas!

"¡Benditos sean para siempre, los seguidores del Ungido del Amor Eterno sobre la tierra, porque al entrar en el Reino de Dios que habéis conquistado, será el Amor vuestra eterna recompensa!..."

La hipnosis de este sensitivo terminó, pero la resplandeciente y sutil bruma de oro continuó cirniéndose en el ambiente, al igual que una brisa suavísima que penetraba los cuerpos y las almas, manteniéndoles en ese elevado estado espiritual que se ha llamado *éxtasis o arrobamiento*.

Cada uno, en los profundos dominios de su conciencia, prometía al Eterno Amor, todo cuanto es capaz el alma humana que ha absorbido en unos momentos de unión con Dios, la energía, el poder y la fuerza que El transmite, al que se le entrega con toda su voluntad.

Se habían encendido en esos momentos diecinueve lámparas vivas, que al contacto del Cristo Salvador, iluminarían a todas las almas merecedoras de la Luz Divina.

Puede decirse con toda verdad, que ese instante solemne marcó el comienzo de la obra de salvación humana realizada por el Verbo Divino, en esa etapa de su manifestación en medio de esta humanidad.

Cuando se hubo calmado un tanto en todos los presentes aquel intenso estado vibratorio, los otros dos Guías de Jhasua que aún mantenían la hipnosis en los sujetos elegidos, iniciaron entre ambos un diálogo sobre las corrientes astrales y etéreas, que era necesario establecer alrededor de Jhasua, para que pudieran tener entre sí comunicación espiritual, los Mesías compañeros, que en globos diferentes estaban encarnados al mismo tiempo que Jhasua en la Tierra.

Ambos guías, hicieron una suprema evocación a los Setenta Mesías de la Alianza, y como si se hubiera abierto un horizonte inmenso de luz azulada suavísima, los encarnados de la cadena fluídica, se creyeron flotando sobre un mar de olas que tenían inteligencia y vida.

El vaivén de aquellas olas radiantes acercaba y alejaba con un maravilloso ritmo de armonías inefables, infinidad de seres transparentes, lúcidos, diáfanos, que en finísimos hilos color de oro parecían tejer aquellas melodías, como pudieran hacerlo en las cuerdas de liras, de arpas o laúdes: Eran las numerosas legiones que siguen en el espacio infinito, a los Setenta Mesías de la Alianza de

Jhasua encarnado en la tierra, como muchos de ellos se encontraban encarnados en los globos que les estaban encomendados.

Por fin, y como flotando sobre aquel inmenso mar de bellezas inmateriales, fueron destacándose sesenta y siete focos luminosos de tan magnífica claridad, que los seres encarnados que presenciaban un espectáculo semejante, cayeron en el sueño hipnótico, porque la materia física no resistía una corriente espiritual tan formidable.

Sólo Jhasua, sostenido por sus dos guías íntimos se mantuvo despierto, si bien en un sutil estado de arrobamiento que le permitió comprender el pensamiento excelso de sus hermanos.

"Bebe hasta saciarte, del agua viva de la inmortalidad y del amor en esta hora de tu destierro ¡oh Ungido Eterno! porque se acerca aceleradamente el día tremendo de la inmolación, en que pedirás y no recibirás, buscarás y no encontrarás, llamarás y nadie te responderá. ¡Bebe... bebe!... alma luminosa desterrada en las tinieblas... ¡flor de amores inmortales, trasplantada al lodaza!... ¡lámpara viva ardiendo sin consumirse, en los antros pavorosos de este mundo lleno de odios y de inquietudes!

"¡Bebe!... ¡bebe!... ¡peregrino errante del amor y de la belleza, ahora que aún podemos ofrecerte nuestros cálices llenos de la ternura infinita, para que no mueras de sed cuando se descargue sobre ti todo el peso de las miserias y delitos de la humanidad!".

Los dos guías íntimos se desprendieron de los sujetos que les habían servido de instrumentos, y se unieron a la radiante asamblea que como un mar de claridad inundaba el recinto, haciéndolo desaparecer bajo el oleaje de luminosos fluidos.

Jhasua plenamente despierto, con admirable lucidez y energía, los fué llamando por su nombre uno a uno, y cada uno, le respondía con el símbolo de su nombre.

Sirio	"Resplandor de la Sabiduría".
Osiris	"Mi reposo es Dios".
Orion	"El que abre caminos".
Minerva	"Mensajero del Poder de Dios".
Venus	"Soy un beso del Eterno Amor".
Alpha	"Bálsamo de la Piedad".
Vhega	"Luz que da vida".
Andrómeda	"Despertador de durmientes".
Arcturo	"Portador del Fuego Divino".
Shamed	"Libre de ilusión".
Ghamma	"Templo de Dios".
Neptuno	"Ebrio del Agua Divina".
Mercurio	"Fortaleza del Eterno".
Júpiter	"Hijo de la Sabiduría".
Urano	"Fuego purificador".
Saturno	"Lágrimas de salud".
Marte	"Espada justiciera".
Kapella	"Intima vibración de Dios".
Cástor	"Abrazo del Supremo".
Virgho	"Reflejo de la Divina Luz".

Polux	"Siembro la Paz".
Tsadhe	"Siempre fijo en la Luz".
Thaw	"Vibración del Alma Universal".
Thoth	"He descorrido el velo".
Mahalaet	"Voz de Dios que flota en el viento".
Procion	"Dardo que hiere y sana".
Isis	"Duermo para crear".
Orfeo	"Canta el amor en mí".
Apolo	"Carroza de Luz Eterna".
Diana	"Flecha de Amor que no mata".
Urania	"Sondeo el Infinito".
Juno	"Soy el canto de la Paz".
Dyadha	"Creceré eternamente".
Beth	"El que une corazones".
Ghimel	"Plenitud de Dios".
Horo	"Hijo del Amor y de la luz".
Daleth	"Eterna transformación".
Sishav	"Luz vivificante".
Saetha	"Me impulsa el soplo Divino".
Régulo	"Como perfume me quemo al fuego".
Khap	"Eterno viviente".
Nunzain	"El que avanza siempre".
Sekania	"Amor piadoso".
Reshai	"Resplandor de la Idea Eterna".
Delphis	"Vaso lleno de rocío".
Japeth	"Palabra que da vida".
Pallus	"Eterna victoria".
Tzebaot	"Resplandor del fuego viviente".
Hams	"Ola de Energía Divina".
Aelohim	"Sembrador Eterno".
Shemonis	"Aire que apaga incendios".
Ariel	"Amor compasivo".
Healep	"La unión es fuerza".
Zaim	"Mi querer es mi poder".
Yod	"Agua que purifica".
Mem	"El eterno me vela".
Jayin	"Palabra de Sabiduría".
Phifs	"La Eterna Armonía".
Schifo	"Morir para vivir".
Thauro	"Siervo de la Majestad Divina".
Gedulá	"Soy y seré".
Keterei	"Espejo de la Eterna Belleza".
Thipert	"Llamarada de Dios".
Binahiu	"Voz de la Sabiduría y de la Justicia".
Okmaya	"Muro de fortaleza Divina".
Geburain	"Sacerdote del Amor".
Malkuadonai	"Vengo del Dios vivo".
Yedosei	"Camino al único fin".
Aoriston	"Luz de las almas".

Los sesenta y nueve a una sola voz diáfana, sonora, dulcísima dijeron: ¡¡JHASUA!!

Y él de pie con sus ojos iluminados por una viva luz, contestó abriendo sus brazos como para estrecharlos a todos:

"¡BUSCO EL AMOR ETERNO!"

Es el símbolo espiritual de su nombre, y el glorioso lema que predicó en todas sus vidas terrestres.

Se desplomó sobre su sillón de juncos y rompió a llorar a grandes sollozos.

La esplendorosa visión se le fué esfumando a través del llanto que empañaba sus pupilas, y el recinto quedó sumido en la amarillenta penumbra de los cirios.

Sus hermanos se despertaron exclamando: ¡qué sueño magnífico!

—Jhasua nos ha llevado a su cielo por unos momentos —dijo Melchor aún sumergido en un mundo de luz y de belleza suprema.

—¡Oh el cielo de Jhasua!... ¿qué deberemos hacer por ti Hijo de Dios, después de este desbordamiento de luz y de belleza? —preguntó el anciano Gaspar, secándose las lágrimas de inefable ternura que mojaban su blanca barba.

—Amar a Dios sobre todas las cosas y al prójimo como a nosotros mismos —contestó el Maestro absorto aún por el acercamiento a la Divinidad, que El sentía más intensamente que todos sus compañeros.

INDICE DEL TOMO 2°

Mibros
IMPRESIONES

Este libro se terminó de imprimir en
octubre de 2003. Tel.: (011) 4204-9013
Gral. Vedia 280 Avellaneda
Buenos Aires - Argentina
Tirada 2000 ejemplares